CW00468662

La Victoire endeuillée

Du même auteur

The Great War and the Origins of Humanitarianism, 1918-1924
Cambridge University Press, 2014

Août 14. La France entre en guerre
Gallimard, 2014

Bruno Cabanes

La Victoire endeuillée

La sortie de guerre des soldats français 1918-1920

Éditions du Seuil

Ce livre a été initialement publié
dans la collection « L'Univers historique ».

ISBN 978-2-7578-4454-0
(ISBN 978-2-02-061149-7, 1re publication)

Introduction

Dans une lettre adressée à sa fiancée Madeleine, Henri Fauconnier, propriétaire d'une plantation en Malaisie, engagé volontaire à l'été 1914, livre ses impressions au lendemain de l'armistice. « Je crains qu'on ne soit guère plus prêt pour la paix qu'on ne l'était pour la guerre en 1914. » « Nous entrons dans la période la plus critique. Heureusement que nous sommes vainqueurs [1]... » Et il ajoute : « Il n'y a de vrai enthousiasme que dans les foules ou dans les familles. La joie qu'on éprouve seul (ou à peu près seul à son propre point de vue) n'arrive pas jusqu'à la surface. » Par son caractère désabusé, un tel aveu rompt avec l'image que l'on se fait d'ordinaire de l'armistice de 1918. N'a-t-on pas célébré, pendant longtemps, la communion des Français dans l'allégresse de la Victoire, après quatre années de guerre ? Mais Henri Fauconnier avait bien compris ce que serait la démobilisation : une entreprise longue et chaotique où des millions d'hommes, déjà éprouvés par les combats, endeuillés et inquiets de l'avenir, devraient faire preuve de patience avant de retrouver les leurs.

Au lendemain du conflit, cinq millions de Français doivent être démobilisés. L'objet de ce livre est d'étudier au plus proche des soldats leur sortie de guerre, depuis l'anticipation d'une probable victoire des troupes alliées à l'été 1918 jusqu'à la libération de la dernière classe combattante. Comment les

1. Henri Fauconnier, *Lettres à Madeleine, 1914-1919*, Paris, Stock, 1998, p. 331-332.

soldats français ont-ils vécu ce basculement de la guerre à la paix ? Jusqu'à une date récente, cette question n'avait suscité chez les historiens qu'un faible intérêt, sans doute parce que, prise entre deux périodes, elle ne semblait concerner directement ni les spécialistes de la Grande Guerre ni ceux de la France des années 1920.

Et pourtant, en comparaison de la mobilisation de l'été 1914, la démobilisation de l'armée française est une œuvre beaucoup plus considérable, accomplie en un temps relativement réduit et sans désorganiser un pays déjà convalescent. Au-delà de ces problèmes administratifs et matériels, elle s'avère décisive du point de vue de la réintégration des soldats et de l'avenir du pays. Qu'on aborde cette question à l'échelle nationale ou à l'échelle individuelle des simples soldats, on sent bien que des choses essentielles se jouent alors : la reconnaissance par la nation des sacrifices des combattants, leur réinsertion plus au moins réussie dans le monde des civils, une relecture de l'ensemble du conflit par ceux qui y ont participé, l'émergence d'une mémoire individuelle et collective de la Grande Guerre, et peut-être plus fondamentalement le passage de l'anomie de la guerre aux normes du temps de paix.

Sorties de guerre

Pour étudier cette période, il fallait d'abord lui rendre sa véritable durée, car, de toute évidence, l'habitude d'enfermer la Première Guerre mondiale dans un cadre chronologique strict, qui commencerait au mois d'août 1914 et s'achèverait au mois de novembre 1918, rend illisibles à la fois les mécanismes de l'entrée en guerre, comme l'avait déjà montré Jean-Jacques Becker dans sa thèse[2], mais aussi ceux de la

2. Jean-Jacques Becker, *1914 : comment les Français sont entrés dans la guerre*, Paris, Presses de la Fondation nationale des sciences politiques, 1977.

sortie de guerre. À la fiction d'un basculement relativement rapide et facile se substitue à l'analyse une chronologie beaucoup plus complexe.

En ce qui concerne les opérations militaires, la guerre ne s'achève pas pour les Français avec le 11 novembre. Sous la conduite de Franchet d'Esperey, les hommes de l'armée d'Orient changent d'ennemi et continuent à combattre cinq mois encore, jusqu'au printemps 1919, dans un climat de crise qui culmine avec des mutineries dans le port d'Odessa. Dans un rapport de novembre 1918, leur général ne manque pas de noter le trouble que fait naître le décalage entre le front occidental et le front balkanique : « Les hommes de troupe de l'armée d'Orient à l'exception des contingents de l'active comprendraient difficilement que l'on prolongeât, dans un pays difficile, un rude exil qui ne s'impose plus à leurs yeux par des besoins d'ordre militaire. Tous ces hommes attendent une démobilisation prochaine et il semble que ce serait une grave erreur que de les destiner à des opérations actives pour lesquelles ils ne sauraient apporter qu'un enthousiasme douteux. » Sur le front occidental, on tend aussi généralement à confondre armistice et paix définitive, or ce n'est, soulignons-le, qu'à la signature du traité de Versailles, le 28 juin 1919, que les belligérants sortent officiellement du conflit. Jusqu'à cette date, les hommes déjà démobilisés – ils sont plus de trois millions – peuvent être rappelés à tout instant pour reprendre du service, tandis que les hommes encore sous les drapeaux vivent dans l'incertitude d'une reprise éventuelle des hostilités.

De surcroît, la démobilisation représente en elle-même un mouvement durable et complexe. Un « prodigieux mouvement d'hommes », a écrit Antoine Prost dans sa thèse, où il invitait à ce qu'une étude lui fût spécifiquement consacrée[3]. Elle commence dès la mi-novembre 1918, s'interrompt en

3. Antoine Prost, *Les Anciens Combattants et la Société française, 1914-1939*, Paris, Presses de la Fondation nationale des sciences politiques, 1977, vol. 1, p. 47, 3 vol.

avril 1919, reprend après la signature du traité de Versailles (28 juin 1919) et ne se termine qu'au printemps 1920 pour la classe 1918 et en mars 1921 pour la classe 1919. Aussi, lorsqu'ils sont finalement libérés à l'été 1919, cela fait de cinq à huit ans sans discontinuer que les hommes des classes 1912 et 1913 sont sous les drapeaux : à l'été 1914, ils commençaient ou venaient à peine d'achever leur service militaire. Sans cette prise en compte de l'usure qui s'est emparée des corps et des esprits, comment comprendre, à sa juste mesure, ce que fut pour les soldats ce temps suspendu entre la guerre et la paix ?

La « démobilisation culturelle » – pour reprendre un concept forgé récemment par John Horne[4] – fait apparaître enfin une dernière évolution, aux délimitations et aux rythmes encore relativement flous, mais qui prolonge encore la sortie de guerre. La déprise de la violence dans les relations internationales comme au sein des sociétés belligérantes, la poussée de l'idéal pacifiste dans les représentations collectives en sont les principales composantes. Au niveau des combattants, cette évolution des mentalités passe notamment par une lente réhabilitation de l'ennemi qui n'apparaît plus alors exclusivement comme le responsable, mais aussi comme une victime de la violence de guerre. Or, à la lecture des correspondances ou des carnets de soldats, il apparaît très clairement que les hommes ont haï l'ennemi avec force, bien au-delà de l'armistice. Qu'elle prenne la forme de menaces de représailles sur la population allemande, de tentatives d'humiliation à son égard ou de véritables actes de brutalité, cette guerre après la guerre, qu'est notamment l'occupation de la Rhénanie par les troupes alliées, repousse d'autant la démobilisation des esprits au sein des forces combattantes.

4. John Horne, « Démobilisations culturelles après la Grande Guerre », *14-18 Aujourd'hui,* Paris, Éd. Noésis, mai 2002, p. 45-53.

Ce que dit le contrôle postal

Sortir de la guerre demande donc beaucoup de temps, et étudier la sortie de guerre des soldats français s'avère très difficile tant les situations personnelles sont variées. Cela serait même pratiquement impossible sans l'apport d'un fonds d'archives encore peu exploité : le contrôle postal aux armées, dont les registres sont conservés au Service historique de l'Armée de terre au château de Vincennes. Depuis un article pionnier de Jean-Noël Jeanneney publié en 1968[5] et la thèse d'Annick Cochet sur l'opinion et le moral des soldats en 1916[6], l'utilisation des rapports du contrôle postal reste assez limitée, notamment pour l'année 1918. Pour autant, ils offrent à qui s'intéresse à l'opinion des combattants une appréciation concrète et nuancée de ce qu'on appelle souvent le « moral des troupes » et témoignent de bien des manières de l'influence réciproque de la vie au front et de la vie à l'arrière.

Au début du conflit, l'étude de l'état d'esprit des soldats n'était pas une priorité pour des autorités militaires encore convaincues d'un conflit court. Mais, en stabilisant le front, la guerre de tranchées rend le contrôle des hommes à la fois plus facile et nécessaire, car on craint les indiscrétions et l'espionnage. Le 26 janvier 1915, le Grand Quartier général commence à réfléchir à la possibilité d'un contrôle des lettres : il s'agit de vérifier que les combattants n'enfreignent pas l'interdiction qui leur est faite de préciser la localité où ils se trouvent pour ne pas renseigner l'ennemi sur les mouvements de troupes. Dans un premier temps, ce contrôle reste

5. Jean-Noël Jeanneney, « Les archives du contrôle postal aux armées (1916-1918). Une source précieuse pour l'étude contemporaine de l'opinion et des mentalités », *Revue d'histoire moderne et contemporaine,* janv.-mars 1968, tome XV, p. 209-233.

6. Annick Cochet, *L'Opinion et le Moral des soldats en 1916 d'après les archives du contrôle postal,* thèse soutenue à l'université Paris-X-Nanterre, 1986, 2 vol.

relativement sommaire, mais, en juillet 1915, des commissions permanentes de deux ou trois membres voient le jour dans chaque armée. Un an plus tard, chaque régiment est contrôlé au moins une fois par mois, à raison de 500 lettres minimum, soit en moyenne 180 000 lettres chaque semaine. Le pourcentage de lettres lues (entre 1/40 et 1/80 du total) est tout à fait exceptionnel et sans commune mesure avec les échantillons dits « représentatifs » que les instituts de sondages utilisent à l'heure actuelle. Au printemps 1917, la crise d'indiscipline intensifie encore la surveillance. « Dorénavant, les différentes autorités militaires et civiles ne cessent plus d'ausculter la France pour connaître son état moral et pour éviter d'être surprises de nouveau[7] », note Jean-Jacques Becker. À cette date, le contrôle postal est non seulement un « filtre destiné à empêcher les indiscrétions d'ordre militaire », mais aussi un « instrument pour mesurer l'étiage du moral[8] ».

Bien sûr, les conditions de construction de ce fonds d'archives plaident en faveur de la prudence méthodologique la plus élémentaire. Le présupposé de l'enquête postale selon lequel le courrier livre les opinions intimes des combattants peut paraître contestable et faire peu de cas de l'autocensure des hommes qui se savent lus par des contrôleurs. On peut avancer en outre que beaucoup de soldats n'écrivent pas et que les lettres n'émanent que des plus instruits ou de ceux qui en ont le temps et l'énergie, même si les millions de lettres en franchise postale, expédiées quotidiennement en France, prouvent à elles seules qu'il s'agit d'une pratique de masse touchant la quasi-totalité des soldats. Enfin, les événements importants comme l'armistice ne donnent pas lieu toujours à des récits immédiats dans les correspondances, comme si les

7. Jean-Jacques Becker, *Les Français dans la Grande Guerre*, Paris, Robert Laffont, 1980, p. 221.
8. Jean Nicot, *Les poilus ont la parole, lettres du front : 1917-1918*, Bruxelles, Complexe, 1998, p. 9.

soldats étaient plus occupés à vivre le moment présent, surtout lorsqu'il est intense, qu'à le décrire et à partager leurs impressions. Cette raréfaction momentanée du courrier à des périodes décisives nuance l'idée communément admise selon laquelle un événement inattendu suscite un surcroît de communication, ce que certains sociologues appellent le « partage social de l'émotion[9] ».

Étudier la correspondance des combattants à travers le filtre du contrôle postal impose dès lors de replacer chaque citation, dans la mesure du possible, dans son contexte épistolaire[10] et d'imaginer les enjeux psychologiques ou moraux qui sont à l'œuvre dans l'acte d'écriture[11]. À titre d'exemple, lorsque les hommes font état de leur attitude à l'annonce de l'armistice, lorsqu'ils parlent de l'ennemi et envisagent de se venger à la première occasion quand ils occuperont la Rhénanie, lorsqu'ils reprochent aux civils de les oublier ou de fêter la victoire avant même le retour des soldats, ces lettres nous en disent autant sur la situation des combattants démobilisables que sur leur rapport, complexe et ambigu, avec l'arrière, notamment avec les femmes de l'arrière.

Cela dit, plusieurs éléments font des archives du contrôle postal un outil de travail exceptionnel. Le sérieux des commissions de contrôle, qui comprennent chacune de 15 à 25 personnes, a été noté à de multiples reprises, en particulier par Patrick Facon qui a étudié le recrutement des contrôleurs[12]. Les informations tirées des lettres ne sont pas soumises à une

9. Olivier Luminet, *Psychologie des émotions, Confrontation et Évitement,* Bruxelles-Paris, De Bœck Université, 2002.

10. Sur le pacte épistolaire, il faut se reporter aux travaux de Philippe Lejeune.

11. Bruno Cabanes, « Ce que dit le contrôle postal », in Christophe Prochasson et Anne Rasmussen (sous la dir. de), *Vrai et Faux dans la Grande Guerre. Mythes, rumeurs et témoignages*, Paris, La Découverte, 2004.

12. Patrick Facon, *Le 12e Corps français en Italie, une étude du moral, 1917-1918*, mémoire de maîtrise sous la direction de René Rémond, Université Paris-X-Nanterre, 1972-1973.

autocensure d'un personnel soucieux de ne pas jouer les prophètes de malheur. Il s'agit à l'inverse d'« un réseau dense d'informateurs bien placés et manifestement intelligents », confirme Annie Kriegel[13]. En témoigne la précision des grilles de lecture, établies dans les instructions sur les commissions de contrôle postal du 1er décembre 1916 puis améliorées dans une note de la Section de renseignements aux Armées (SRA) le 14 novembre 1917. Reflètent-elles les préoccupations du commandement, celles des soldats, ou plus exactement les préoccupations que le commandement imagine être celles des soldats ? Le simple fait que les contrôleurs aient trié des lettres comporte le risque de laisser dans l'ombre tout ce qui ne les intéressait pas. Mais, sur ce point encore, Annick Cochet se montre rassurante dans sa thèse : « La confrontation des rapports et des correspondances intégrales montre bien que le questionnaire suivi par les contrôleurs "recouvrait" la totalité des thèmes potentiels du courrier militaire », écrit-elle. « Les rapports sont le plus souvent très détaillés et s'ils relèvent l'écho des opinions les plus répandues, ils signalent aussi celui de réactions minoritaires ou isolées[14]. »

Chaque fiche remplie par un contrôleur doit indiquer le nombre de lettres expédiées par l'unité et celui de lettres lues, puis le nombre de lettres ayant trait à tel ou tel thème préalablement défini : nourriture, permissions, confiance, lassitude, Alliés… avec, pour chaque cas, le pourcentage de lettres où il fait l'objet d'une simple allusion, d'un jugement négatif (plainte) ou positif (satisfaction). Ces éléments quantitatifs ne forment que la première partie du rapport. Vient ensuite l'évaluation qualitative des investigations : le contrôleur fournit d'abord une brève appréciation sur l'état général de l'opinion

13. Annie Kriegel, *Aux origines du communisme français (1914-1920)*, Paris, Mouton, 1964, 2 vol.

14. Annick Cochet, *L'Opinion et le Moral des soldats en 1916, op. cit.*, p. 21-22.

dans l'unité concernée, puis il commente cette indication générale en précisant dans quelle situation se trouve le régiment (au repos, en ligne, de retour d'une opération). La troisième partie du rapport réunit des extraits caractéristiques de lettres jugées significatives – avec mention du nombre d'opinions semblables exprimées dans la correspondance visée par les contrôleurs. Ils précisent généralement les destinataires des lettres (une amie, des parents, un camarade...). Dès lors, l'historien dispose d'assez longues citations qui tranchent avec le caractère austère des évaluations chiffrées et offrent une impressionnante plongée dans la vie quotidienne des combattants. Échappant aux réécritures ultérieures et aux errements de la mémoire, à la différence de beaucoup de récits d'anciens combattants, ces bribes d'échanges épistolaires sont des traces de vies, prises dans l'instant. Des moments dérobés à la guerre et à sa dureté. À ce titre, elles ne peuvent que séduire le lecteur puisqu'elles permettent de rendre à l'expérience de guerre toute sa complexité, sa diversité, sans gommer les éventuelles incohérences qu'elle peut receler.

Pour approcher au plus près l'opinion des soldats dans les mois précédant l'armistice puis lors de la sortie de guerre, nous avons opéré par sondages en étudiant régulièrement les rapports des commissions de contrôle postal des armées du front occidental à partir de l'été 1918. Lorsqu'il s'agissait de moments cruciaux, comme le début novembre 1918 ou la fin juin 1919, nous avons affiné l'analyse en relevant plus systématiquement les indications des contrôleurs. Dans l'usage des citations, nous avons veillé à préciser la date du sondage, le nom de l'unité contrôlée et à n'utiliser que des extraits, dont il était indiqué qu'ils exprimaient une idée largement partagée au sein du régiment. Quand c'était possible, nous avons cherché également à croiser cette source exceptionnelle qu'est le contrôle postal avec d'autres sources construites dans une temporalité assez semblable – comme les journaux de combattants, écrits au jour le jour – ou avec des sources personnelles mais rétrospectives – comme les souvenirs de vétérans, fragilisés toutefois par les réécritures successives dans les années d'après-guerre.

Outre cette étude de psychologie collective, il fallait aussi reconstituer les mécanismes administratifs de la démobilisation et retracer les grandes étapes du retour des hommes : entrée en Alsace-Lorraine pour certains, occupation de la Rhénanie pour d'autres, réintégration des régiments dans les villes de garnison pour tous. D'autres sources, émanant du GQG, du Quai d'Orsay et de la Croix-Rouge (pour l'étude des forces d'occupation et des prisonniers de guerre), des débats parlementaires et de la presse locale (pour le retour des régiments), permettent de se faire une idée précise du déroulement et des enjeux de la sortie de guerre. Un constat s'impose cependant : on parvient à saisir les soldats lorsqu'ils imaginent et se représentent leur retour ; on les saisit encore lorsqu'ils arrêtent de combattre, puis lorsqu'ils pénètrent dans les « provinces perdues » ou en Rhénanie. On aperçoit encore ce retour, au niveau collectif et local cette fois, à travers l'accueil qui est réservé aux troupes dans les villes de garnison. Mais les hommes rentrés dans leur foyer sortent de notre champ de vision, repris par le quotidien, par la vie de famille, par une intimité dont les sources, malheureusement, nous font souvent défaut.

De l'anticipation de l'armistice jusqu'aux fêtes du retour

Ce livre est composé de six chapitres organisés non pas sur un plan chronologique, mais sous la forme d'un panorama qui donne à voir la diversité des situations des combattants. Pour tous, le 11 novembre 1918 ne constitue qu'une coupure très relative entre le conflit et l'après-guerre. Le calendrier classique qui fixe la fin du conflit à la date de signature de l'armistice se trouve subverti par une autre chronologie qui est celle des systèmes de représentations des soldats français.

En effet, l'étude de l'imaginaire du retour (chapitre 1) montre bien que l'après-guerre a commencé pour les combattants avant même l'armistice, et naturellement avant la signature de la paix : anticipation de la défaite allemande, craintes et projets suscités par la perspective du retour à la vie civile sont des thèmes récurrents des correspondances, dès l'été 1918. Par ailleurs, la guerre se poursuit avec une violence inouïe dans les lettres adressées par les soldats à leurs proches après le 11 novembre, qui promettent à l'ennemi vengeance et destruction lorsque les armées françaises auront pénétré sur son sol.

À cette première période succèdent l'entrée de certains régiments dans les régions libérées d'Alsace et de Lorraine (chapitre 2), puis, pour d'autres, l'occupation de la Rhénanie (chapitre 3). Ces expériences successives ne sont pas de simples étapes qui retarderaient le retour des soldats chez eux. Elles jouent un rôle décisif pour des hommes qu'elles conduisent à porter un autre regard sur le conflit, à travers la découverte des destructions commises par l'armée allemande lors de sa retraite à l'automne 1918 ou des conditions de vie des Français des régions occupées. Elles donnent également l'occasion aux soldats français d'être confrontés à l'ennemi, en entrant en vainqueur dans ses villes et ses villages, puis en les occupant. Cette mise en contact avec l'Allemagne et ses habitants représente le franchissement d'un seuil très important pour des hommes qui ont connu l'invasion de leur pays et vécu la guerre avant tout comme une défense du sol national.

Dans le chapitre suivant (chapitre 4), nous dresserons un tableau général de la démobilisation française. En fait, sous l'apparence d'un mécanisme administratif parfaitement organisé, rien n'est plus complexe que ce mouvement de cinq millions d'hommes, rendus à la vie civile par classe d'âge, sur une durée de près d'un an et demi. Plutôt qu'un temps homogène entre l'état de guerre et l'état de paix, la démobilisation représente, à l'échelle des combattants, un temps de passage, composé de plusieurs phases, chaque franchissement d'une étape s'accompagnant de rites qui en facilitent le déroulement. Visite médicale, mise à jour des papiers militaires, organisation de listes nominatives des soldats démobilisés, attribution d'indemnités et dons divers sont autant de rituels qui doivent être pris au sérieux, car ils scandent le retour des combattants et semblent former des stades de « décompensation psychique » entre la vie militaire et la vie civile. Ce détour par la psychologie et par l'ethnologie – en particulier les travaux sur les rites de passage – est encore un moyen d'étudier la démobilisation dans sa dimension la plus concrète. Ce qui nous intéresse est, avant tout, l'expérience de l'impatience, des frustrations, des inquiétudes diverses. Puisqu'il n'est de réparation autre que symbolique aux dommages subis par les combattants, la question de la dette, exprimée par Clemenceau avec la formule célèbre « Ils ont des droits sur nous », se révèle fort délicate. D'un côté, les civils vivent dans la crainte – et parfois la culpabilité – de ne pas manifester assez explicitement leur reconnaissance à ceux qui se sont battus pour les défendre, de l'autre, les soldats cultivent un certain mépris à l'égard de l'arrière, tout en sachant bien qu'ils dépendent des civils pour obtenir les marques de reconnaissance qu'ils espèrent de l'après-guerre.

Dans le cas des anciens prisonniers (chapitre 5), la situation est plus complexe encore. Marginalisés durant le conflit, éloignés de leur patrie en guerre, comme le rappelle Annette Becker[15], ces hommes sont aussi des marginaux dans la période qui s'ouvre avec l'armistice de novembre 1918, puisqu'ils ne bénéficient pas, à l'instar des populations des régions occupées pendant le conflit, d'une reconnaissance de

15. Annette Becker, *Oubliés de la Grande Guerre. Humanitaire et culture de guerre, 1914-1918. Populations occupées, déportés civils, prisonniers de guerre,* Paris, Éd. Noésis, 1998. Voir aussi du même auteur, « Le retour des prisonniers », in *Finir la guerre, Les Cahiers de la Paix*, n°7, 2000, Presses universitaires de Nancy, 2000, p. 67-78.

leurs souffrances. Dans la continuité de notre démarche, nous nous efforcerons de suivre les étapes du rapatriement des prisonniers français en Allemagne, en développant en contrepoint le cas des prisonniers allemands en France qui permet de mieux comprendre comment ces centaines de milliers d'hommes sont devenus, après l'armistice, des moyens de propagande ou des monnaies d'échange.

Au terme de la démobilisation, la réinsertion des combattants dans la vie civile nous échappe largement, faute de sources. Les fêtes du retour (chapitre 6) marquent le dernier stade où les soldats sont célébrés en tant que tels. Or ces cérémonies ne sont pas de simples liturgies reproduites à l'identique un peu partout en France. Elles ont une dimension locale très marquée et expriment la joie d'une ville, d'un village, d'un quartier, de retrouver *ses* soldats, *son* régiment – faisant émerger de ce fait une mémoire locale de la Première Guerre mondiale. Par ailleurs, les cérémonies mettent en œuvre des rituels collectifs (défilés, discours, remises de décorations...) et des pratiques privées (participation à des collectes, embellissement des façades des maisons...) qui dessinent les contours d'une nouvelle sociabilité forgée par l'expérience de guerre. Il faut tenter de décrire la mobilisation des énergies citoyennes, le partage des rôles et l'engagement des élites locales dans ces fêtes où la communauté civique se met en scène autant qu'elle célèbre le retour de ses enfants. La part de la commémoration, du culte des morts, du deuil est très importante dans ces cérémonies, à tel point que les vivants et les morts sont inséparables dans les manifestations de reconnaissance de la sortie de guerre. La réintégration des soldats dans leurs communautés d'origine, l'expression de la dette contractée à leur égard par les civils, la possibilité pour une société tout entière d'entamer son deuil du conflit qui vient de s'achever : ce qui est en jeu dans cette période de fêtes qui clôt symboliquement le conflit dit à lui seul la complexité de la transition de la guerre à la paix.

Chapitre 1

Finir la guerre

été-hiver 1918

À la mi-juillet 1918, les soldats français se prennent à espérer en leur victoire. D'abord incertaine, puis repoussée à un avenir indéterminé, celle-ci semble se rapprocher à mesure que les armées alliées engrangent des succès. Les combattants sont progressivement convaincus que le temps leur donnera raison. Ils commencent même à risquer des hypothèses sur la fin du conflit. Certains optimistes (entre un quart et un tiers des lettres étudiées par le contrôle postal dans la seconde quinzaine de juillet) imaginent une victoire assez rapide, vers la fin de 1918. D'autres, plus nombreux, considèrent qu'il faudra attendre pour que l'aide américaine porte ses fruits, et qu'on ne peut escompter l'armistice avant le printemps ou l'été 1919 – ce qui signifie concrètement qu'il leur faudra encore vivre un hiver dans les tranchées.

Quelques semaines plus tôt, pourtant, après le succès des offensives allemandes en Picardie (mars 1918) et en Flandre (avril 1918), la plupart des correspondants renonçaient à se prononcer sur l'arrêt des hostilités : on attendait la « prochaine ruée boche* » et Paris était menacée. « C'est un des moments les plus critiques de la guerre », note un soldat du 56e BCP à la fin juin. « En ce moment, il y va de notre existence à tous et l'existence de notre pays – je veux dire la petite comme la grande famille qui est la France. Et quiconque aime sa famille ne peut parler autrement », confirme un combattant du 38e RI. Mais, le 15 juillet, un événement va mettre un terme à la progression des armées ennemies : l'offensive lancée en

Champagne le 27 mai par Ludendorff est bloquée à hauteur de Reims par les IVe (Gouraud), Ve (Berthelot) et Xe (Degoutte) armées françaises entraînant l'échec du mouvement des armées allemandes vers Paris et le début d'une contre-offensive alliée le 18 juillet. La progression de la Xe armée (Mangin) autour de Villers-Cotterêts consacre ce retournement de situation.

Ce qui apparaît aux historiens comme le début de la défaite des puissances centrales sur le front occidental n'échappe pas, à l'époque, à la plupart des correspondants, sensibles au caractère symbolique de cette « deuxième bataille de la Marne ». « Ce que veut le Boche, c'est Paris, c'est l'armée, c'est surtout le moral et l'esprit français [...] C'est avouer leur impuissance que de faire une attaque soi-disant décisive et échouer comme ils le font », constate un combattant du 265e RAC, qui résume l'opinion générale. « Ne t'inquiète pas trop de la guerre. Jamais depuis trois mois la situation n'a été aussi bonne », confirme un soldat de l'armée d'Orient. « Sans doute, la crise continue, mais son tournant dangereux est passé. Il y a des signes excellents. » Du coup, le contrôle postal conclut à une nette amélioration du moral, même si les termes employés pour décrire ce nouvel état d'esprit diffèrent sensiblement selon les armées : un rapport d'ensemble pour la Ire armée relève que « le moral reste satisfaisant, bien que sans grande ampleur* » ; de leur côté, les censeurs de la IIe armée vont jusqu'à conclure à « un enthousiasme général ».

Cela dit, il serait absurde, naturellement, de conclure que, vers le 15 ou le 18 juillet, les soldats français sont certains d'une victoire prochaine. Dans leurs lettres, les hommes se montrent extrêmement prudents. Ce qu'ils notent, avec la circonspection qu'impose leur expérience de la guerre, c'est tout simplement que le « boche est encore fort, puissant et à redouter » (207e RAC), mais qu'il « n'est pas invincible et qu'un

* Le numéro d'armée qui accompagne généralement les citations renvoie aux Fonds d'archives dont la liste se trouve en fin d'ouvrage.

jour viendra où il devra courber la tête » (48e DI). En d'autres termes, même si les probabilités de victoire sont grandes, la lutte pour abattre l'Allemagne sera encore dure et longue.

La victoire attendue et espérée

Mettre en parallèle artificiellement les succès militaires de l'armée française et l'amélioration du moral des troupes à l'été 1918 n'a aucun sens : l'opinion n'est pas à ce point réactive aux nouvelles et les soldats si bien informés qu'on puisse les lier l'un à l'autre. Comme le montre Stéphane Audoin-Rouzeau dans sa thèse sur les journaux de tranchées, les combattants de la Grande Guerre sont relativement isolés, ils ont une connaissance du conflit souvent imprécise et réduite à leur zone d'engagement, ils subissent autant qu'ils suscitent eux-mêmes des rumeurs qui tiennent lieu de vérité sur des événements qui les dépassent[1]. Autant dire qu'ils n'ont aucune vue cohérente sur l'évolution du conflit. L'espoir de la victoire se fonde plutôt sur la perception de quelques grandes évolutions qui leur donnent confiance : la montée en puissance des Américains, l'accroissement du nombre des prisonniers allemands et leur découragement, le retour à la guerre de mouvement.

« Je crois que les Allemands sont perdus, je vais t'en expliquer la raison : c'est parce que nous avons les Américains avec nous. » Cette remarque d'un soldat du 7e tirailleurs résume l'opinion des soldats français à la fin de l'été 1918. Les Américains accaparent l'admiration des hommes qui sont pleins d'éloges pour leur belle tenue, leur bravoure, leur cordialité. C'est même l'un des thèmes constants des correspondances puisqu'il apparaît en moyenne dans une lettre sur trois. On reconnaît la vaillance des Américains au combat,

1. Stéphane Audoin-Rouzeau, *À travers leurs journaux : 14-18, les combattants des tranchées,* Paris, Armand Colin, 1986.

leur opiniâtreté[2] – des vertus que les soldats français comparent volontiers à celles qui furent les leurs au début de la guerre : « [Les troupes américaines] valent pour leur mordant le soldat français de 1914 et les Boches n'en ont plus de pareils », résume un soldat de la IIe armée. « Ils sont les égaux des poilus de 1914 », affirme un autre, ce qui n'est pas le moindre des compliments. « Ils sont culottés, c'est tout juste s'ils ne montent pas en première ligne avec les autos pour ramasser les blessés », renchérit un combattant de la 5e DI. Pour autant, l'éloge des Américains n'est pas dénué de jalousie, « quelques-uns critiquent leur intempérance, leur sans-gêne, leur manque de prudence », notent les censeurs de la VIIIe armée. « On reproche parfois à la population civile d'être plus empressée auprès des Américains parce qu'ils ont de l'argent », et aux Sammies de contribuer à la hausse des prix.

Les Anglais sont moins appréciés, notamment à cause de leur caractère, jugé distant. « Ce qu'il y a de curieux, c'est qu'on n'a jamais pu depuis 1914 s'entendre avec les Anglais comme on le fait avec les Sammies. Nous les admirons et nous fraternisons avec eux », relève un homme de la IIe armée. Faisant allusion à l'engagement de la IVe armée de Rawlinson en Picardie, le service du contrôle postal de la IIe armée reconnaît, à la mi-août 1918, que, « malgré leurs succès récents, [les Britanniques] sont passés sous silence ». En somme, même lorsqu'ils se battent vaillamment, les Anglais restent des Anglais. Les Américains, en revanche, « se rapprochent plus que les Anglais de notre tempérament fougueux et vivace », affirment les hommes du 111e RI. Au-delà de l'ardeur guerrière des Américains et de leur esprit de camaraderie qui est très apprécié, c'est aussi la force de leur machine

2. André Kaspi, « Les soldats américains et la société française », in Jean-Jacques Becker et Stéphane Audoin-Rouzeau, *Les Sociétés européennes et la Guerre de 1914-1918,* Presses de l'université Paris-X-Nanterre, 1990, p. 323-331.

de guerre qui suscite l'admiration et donne confiance dans l'avenir. Dès la mi-juillet, les Sammies arrivent au rythme de 300000 hommes par mois. « J'ai pu me rendre compte de la puissance de l'aide américaine, ce qui fait présager que nous aurons certainement la victoire avant un an. Probablement au printemps prochain », prévoit un soldat du 107ᵉ RI. « Eh bien ! Ma chérie, je suis surpris de me trouver dans ces parages », écrit un autre, amusé. « On se croirait en Amérique, trains, camions, constructions, route, artillerie, ravitaillement, cavalerie, etc. Tout est américain. »

La présence de l'armée américaine stimule le moral des troupes (« De les voir, ça vous fait chaud au cœur », 261ᵉ RAC), elle facilite aussi le retour à la guerre de mouvement, même si les hommes ont beaucoup de mal à « secouer la boue des tranchées » suivant l'expression du général Fayolle. Le 24 juillet, Foch réunit les commandants en chef alliés, Pershing, Haig et Pétain, et donne l'ordre d'une série d'attaques partielles qui doivent permettre de reprendre l'offensive. Afin d'éviter l'erreur commise en juillet par Ludendorff dont les troupes d'assaut s'étaient trouvées isolées dans des poches difficiles à ravitailler et vulnérables, le commandant en chef interallié décide d'avancer partout à la fois et de saturer les capacités de riposte de l'armée allemande. Déclenchée le 8 août, l'attaque franco-anglaise en Picardie a pour effet, dès le premier jour, d'enfoncer les lignes ennemies d'une dizaine de kilomètres et de les refouler, une semaine plus tard, sur leurs positions de 1916. Les Allemands « prennent la pile », « la pâtée », « une belle tripotée », « un fameux bec à gaz ».

Autre élément déterminant pour le moral des troupes françaises : les prisonniers allemands se comptent par milliers : « La seule attaque du 35ᵉ corps au sud [de Montdidier] en fait 1300 en une heure », relève Louis Madelin[3]. Pour de

3. Louis Madelin, *La Bataille de France (21 mars-11 novembre 1918)*, Paris, Plon, 1920, p. 189.

nombreux combattants français, c'est l'occasion d'être enfin confrontés à ces ennemis souvent invisibles, souvent imaginés. On se moque de leur allure, de leur mine apeurée, on profite des circonstances pour les humilier, comme ce soldat allemand pris par les Américains : « Vite un rasoir, en un tour de main il est barbifié [...] Autour des moustaches, deux coups de ciseaux, et le voilà doté, sous le nez, d'une merveilleuse petite brosse à dents. Tous riaient à l'exception du boche. »

Pour autant, la satisfaction des premiers succès ne doit pas éclipser un sentiment plus profond, qui s'apparente à de la lassitude physique. En dépit des résultats obtenus sur le champ de bataille, le contrôle postal de la IIIe armée relève cet état d'esprit dans près d'une lettre sur 7. Certains hommes se plaignent du manque d'eau et de boisson, de la chaleur, beaucoup d'entre eux affirment avoir des poux. Ainsi cet homme qui combat près de Boulogne-la-Grasse, à la frontière de la Somme et de l'Oise : « On ne peut pas se laver, nous n'avons pas nos sacs et il y a vingt-cinq jours que nous n'avons pas changé de linge ; tout de même, c'est trop ; voilà comment on ménage les Français après quatre ans de guerre. » Un de ses camarades confirme, dans une lettre à ses parents : « Voilà aujourd'hui vingt et un jours que j'ai ma chemise sur le dos, après avoir sué, plein de poussière, plein de poux, tu peux croire qu'on est beau, aussi nous avons un moral excellent. » La situation est d'autant plus intolérable que sous cette chaleur accablante l'odeur des cadavres en décomposition envahit le champ de bataille : « Il fait en ce moment très chaud et en plus de cette mauvaise chaleur, nous sentons la charogne (cadavres boches non enterrés et grillant aux rayons du soleil) » (121e DI). Près de Lassigny, dans l'Oise, les villages sont dévastés, la plupart des puits ont été défoncés par les Allemands lors de leur retraite. Les hommes se lamentent du manque de ravitaillement et ont parfois le sentiment d'avoir été oubliés : « On ne parle toujours pas de nous relever ; que veulent-ils donc faire de ces malheureux qui sont en ligne depuis le 10 juin sans en sortir ? C'est abominable ! Et avec les pertes que nous avons, il faut donc qu'on y passe tous ! » (121ᵉ DI).

Cette usure sensible en août 1918 mais compensée par les succès sur le champ de bataille semble s'accentuer le mois suivant : l'essoufflement de l'armée française s'explique alors partiellement par la résistance de l'ennemi et par le fait que la paix tant espérée tarde à venir, en dépit de l'engagement actif des troupes américaines.

Vers la mi-septembre, de violentes pluies intermittentes commencent à s'abattre sur le Nord et l'Est de la France, rendant plus difficiles encore les marches forcées à la poursuite de l'ennemi. « Depuis trois mois, nous n'avons pas eu de repos. Aussi on tient debout parce que c'est la mode », soupire un soldat de la IIᵉ armée, qui se bat dans le secteur de Maucourt en Chauny (Oise). « Les hommes sont tellement fatigués qu'ils sont livides. Dès qu'ils s'arrêtent seulement cinq minutes par suite d'un coup dans la marche, ils s'endorment aussitôt. » En Argonne, les artilleurs signalent des difficultés de ravitaillement en munitions, car on ne peut plus les acheminer à cause de la boue. Les tranchées demandent un entretien constant, les boyaux se remplissent d'eau. En conséquence, le moral des troupes connaît un fléchissement très net, que les services du contrôle postal relèvent dans chacune des armées : la lassitude est particulièrement forte à la IIIᵉ armée, dont les soldats expriment leur épuisement dès la fin juillet, notable à la Vᵉ et la VIᵉ armée, où la relève est désirée par tous à la mi-août, plus faible à la Iʳᵉ et à la IVᵉ armée.

Aux conditions de vie difficiles s'ajoutent des accès de découragement, suscités par la résistance inattendue des armées ennemies et renforcés par la fatigue. Certes, une vague d'enthousiasme a salué la réduction par les troupes américaines, à la mi-septembre, du saillant de Saint-Mihiel, qui faisait une avancée dans les lignes françaises, au sud-est de Verdun : « L'attention de nos hommes se porte cette semaine, tout entière, sur l'armée américaine. La brillante victoire qu'elle a remportée pour ses débuts n'a surpris personne, mais a fortifié la confiance que nos soldats mettaient en elle », relève le service du contrôle postal de la IIe armée. Pour autant, beaucoup de correspondants jugent que les Allemands se défendent « avec une ténacité, une âpreté et un courage remarquables » et font preuve d'un « cran formidable ». Le bruit court que des mitrailleurs sont laissés en arrière avec pour mission de combattre jusqu'à la mort pour retarder la progression des Alliés. On raconte que certains artilleurs se sont même enchaînés à leurs canons et sont prêts à défendre la retraite allemande au prix de leur vie. Un soldat du 82e régiment d'artillerie lourde va jusqu'à écrire : « Des Américains, à la même offensive, ont trouvé des mitrailleuses servies par des femmes boches, qu'ils ont dû assommer à coups de crosse, car elles se défendaient comme des furies : ces faits m'ont été affirmés par ceux qui disaient les avoir vues. » Ce type de rumeur est particulièrement significatif : sa force évocatrice repose sur la transgression du genre (des femmes servant des mitrailleuses), sur la brutalité du combat rapproché (la lutte à coups de crosse), sur des références mythologiques (les guerrières mi-furies, mi-amazones).

Autant d'éléments qui révèlent le climat de peur dans l'armée française face au risque que représentent ces soldats allemands de la dernière chance, aussi déterminés que vulnérables. Ces rumeurs sont en quelque sorte l'équivalent, en 1918, des fausses nouvelles sur les francs-tireurs, très répandues dans l'armée allemande lors de l'invasion de la Belgique à l'été 1914[4]. Par ailleurs, les correspondants manifestent une crainte d'autant plus vive qu'ils se rapprochent de la ligne Hindenburg : elle semble à beaucoup d'entre eux une barrière infranchissable et n'est enlevée effectivement qu'au terme de combats furieux, entre le 27 septembre et le 4 octobre 1918.

4. John Horne et Alan Kramer, *German Atrocities, 1914. A History of Denial,* New Haven, Londres, Yale University Press, 2001.

Épuisés et effrayés par la résistance de l'ennemi, lassés par les mauvaises conditions climatiques et par les marches qu'on leur impose, les soldats français paraissent dès lors de moins en moins confiants dans une victoire proche. Une nouvelle fois, le temps des moissons a passé et les travaux agricoles se sont faits sans eux. « Ah ! Vivement que cette maudite guerre se termine pour que nous puissions reprendre le travail des champs », déclare un soldat de la VIIIe armée dans une lettre à un ami. « Je suis content de savoir que tout s'est bien passé pour le battage et la récolte est encore passable », écrit un autre à sa mère, sans doute chargée de l'exploitation agricole en son absence. Un troisième a eu plus de chance, puisqu'il était chez lui au moment des moissons. « Au pays, ça marche bien », explique-t-il à son jeune frère qui se bat dans l'armée d'Orient. « J'étais juste en permission pour le battage et je t'assure qu'il y a du bon blé cette année. Nous en avons bien quinze pérées, la famille en a donc bien pour son année. » Au fil des lettres, la nostalgie prend mille visages différents, et le souvenir de l'avant-guerre resurgit à l'évocation d'un parfum, d'un paysage, d'une saveur : « La brave grand'mère m'a fait dire qu'elle tenait à me revoir, que son raisin était mûr, ce qui veut dire qu'on va en manger, ainsi que de la tarte aux prunes, puis boire un petit coup de mirabelle », glisse un jeune homme de la 27e DI dans un courrier adressé à sa tante.

Pourtant, avec l'épidémie de grippe espagnole qui s'intensifie en France à la fin de l'été 1918, les lettres envoyées du front traduisent une profonde inquiétude pour les familles. Une première vague épidémique, sans gravité, touche le pays au mois d'avril. Une autre, au mois d'août et jusqu'à la fin de l'année 1918, est plus meurtrière. Au total, la grippe fait près de 200000 morts en France, dont la moitié de soldats[5]. « Il

5. Catherine Rollet, « The "other war" II : setbacks in public health », in Jay Winter et Jean-Louis Robert (éd.), *Capital Cities at War : Paris, London, Berlin, 1914-1919*, Cambridge, Cambridge University Press, 1997, p. 480 *sq*. Voir également Pierre Darmon, « Une tragédie dans la

nous arrive de mauvaises nouvelles de l'intérieur », explique un soldat de la VIIIe armée. « Des malades partout, des morts assez nombreuses. Les permissions sont même supprimées pour certaines régions. Nous sommes maintenant tournés vers nos familles et c'est nous qui sommes maintenant inquiets. » L'éloignement accroît encore l'angoisse et le sentiment d'impuissance. Les soldats ressentent alors ce qu'ont ressenti les familles durant toute la guerre : un retard dans le courrier, une réponse qui tarde à venir, et c'est le signe qu'un malheur est arrivé. On envoie une nouvelle lettre à sa famille, on la supplie de répondre vite et surtout de faire attention. Un fantassin de la VIIe armée à sa femme : « Écris-moi souvent car on parle tellement de la grippe et il meurt beaucoup de monde que l'on porte peine quand on ne reçoit pas de lettres. » Un soldat du 90e régiment d'artillerie lourde à sa femme : « Je vois par ta lettre que c'est un vrai cyclone qui passe au pays, aussi j'ai un cafard terrible, pas assez de la guerre, il faut que la maladie s'en mêle. Je suis bien inquiet et j'ai le pressentiment d'un malheur, fais attention, et pars le plus tôt possible. »

S'enfuir à la campagne est le conseil le plus fréquent donné par les soldats aux citadins. Certains informent leurs parents des remèdes qu'on leur a fournis à l'armée, mais sans y croire vraiment : « Comme moyen préventif, on nous donne du thé, de l'eau-de-vie, deux cachets de quinine à prendre chaque jour, des gargarismes et des inhalations de menthol et malgré cela, l'épidémie continue. » L'annonce de la maladie chez un proche, une épouse, un enfant, entraîne souvent un effondrement moral que le contrôle postal permet de saisir : « C'est en pleurant que je vous écris. Quand donc cette maladie s'arrê-

tragédie. La grippe espagnole », *Annales de démographie historique,* 2000, 2, p. 153-174. Et sur le discours médical sur cette maladie, Sophie Delaporte, *Discours médical sur les blessures et les maladies pendant la Première Guerre mondiale,* thèse, Université de Picardie-Jules-Verne, 1998.

tera-t-elle ? Jamais je ne pourrais avoir un moment sans chagrin, te savoir malade, être là sans pouvoir te secourir, je suis abattu comme jamais je n'ai été » (un soldat du 21e régiment d'artillerie à sa femme). En somme, l'épidémie confirme la vulnérabilité psychologique des soldats lorsque la survie des leurs est en jeu – ce qui apparaît également dans les lettres de combattants parisiens lors des périodes de bombardement de la capitale. La guerre est d'abord une guerre défensive (défense du sol, de la famille, du foyer), et maintenant c'est la maladie qui menace l'arrière.

Sur le front, la situation sanitaire n'est guère meilleure. Certains correspondants décrivent les ravages de la maladie dans leurs rangs, la rapidité du mal, la crainte de la contagion, ils mettent en rapport les progrès de la grippe espagnole et les mouvements des permissionnaires, craignant qu'on en profite pour supprimer les permissions. « Il y a beaucoup de grippe, en huit jours on est rétamé », rapporte un soldat de l'armée d'Italie. « Ce qu'il y a de bizarre, c'est que beaucoup de cas viennent de permissionnaires qui rentrent. Je viens d'avoir mon fourrier (34 ans) qui est rentré, il y a quinze jours, pris de fièvre, évacué deux jours après. 16 jours après, j'allais à ses obsèques, et on dit que la grippe n'atteint que les personnes de 18 à 30 ans. »

Cet épuisement des troupes en septembre-octobre 1918 ne signifie pas pour autant que les soldats soient prêts à ce que la France signe une paix rapide, à n'importe quel prix. Autant les services du contrôle postal s'inquiètent du « fléchissement du moral » à la fin de l'été, autant ils se félicitent de la détermination des combattants qui demandent qu'on fasse la guerre jusqu'au bout, de manière impitoyable : « Le moment n'est pas venu, il est nécessaire d'abattre l'ennemi avant de parler avec lui », est la remarque qui revient le plus souvent dans les correspondances. La découverte des régions dévastées par l'armée allemande lors de sa retraite, la fidélité aux compagnons morts sur le champ de bataille, le désir de « voir que les sacrifices passés n'ont pas été vains », poussent les hommes à se montrer inflexibles.

L'annonce de l'armistice intervient dans un contexte d'accélération de l'avance des troupes alliées sur le front occidental[6]. Depuis la mi-octobre, les armées françaises, belges, anglaises et américaines font mouvement vers Lille, Mons, Avesnes et les Ardennes, suivant une poussée continue, plus forte au nord et au centre du dispositif qu'à l'est. Début novembre, cette marche en avant s'accélère. Le 8, Condé, Avesnes et Tournai sont libérées tour à tour. Le lendemain, Maubeuge, Hirson, Fourmies, Mézières et Charleville sont prises. Le maréchal Foch adresse alors un télégramme aux généraux en chef : « L'ennemi, désorganisé par nos attaques répétées, cède sur tout le front. Il importe d'entretenir et de précipiter nos actions. Je fais appel à l'énergie et à l'initiative des commandants en chef et de leurs armées pour rendre décisifs les résultats obtenus. » Au cours de la journée du 10 novembre, le mouvement se poursuit. Les troupes franco-belges prennent Gand, les Anglais la ville de Mons, les Italiens Rocroi, les Américains et les Français franchissent la Meuse. Le récit rétrospectif que le général Mordacq fait de ces journées est caractéristique de l'enthousiasme qui s'est emparé du cabinet militaire du président du

6. L'un des meilleurs récits des opérations militaires d'un point de vue technique est l'*Histoire de la Première Guerre mondiale,* du général Fernand Gambiez et du colonel Maurice Suire, Paris, Fayard, 1968, 2 tomes, tome 2, *Grandeurs et Servitudes d'une victoire*. En comparaison, l'ouvrage du général René Tournès, *Foch et la victoire des alliés,* Paris, Payot, 1936, laisse apparaître une admiration excessive pour l'œuvre de Foch. Pour une réinterprétation de la conduite des armées françaises par Pétain en 1918, voir aussi Guy Pedroncini, *Pétain, général en chef, 1917-1918,* Paris, PUF, 1974, ainsi que l'article du général Jean Delmas, « Foch et Pétain, deux chefs face à l'événement », *Revue historique des armées,* 1969. On aura une synthèse sur l'année 1918 avec l'article du général Delmas, « Les opérations en 1918 », *Historiens et Géographes,* n°321, décembre 1988, p. 183-201, et une présentation minutieuse des dernières batailles dans l'ouvrage classique de Pierre Renouvin, *11 novembre 1918. L'armistice de Rethondes,* Paris, Gallimard, « Trente Journées qui ont fait la France », 1968, notamment chapitre IX.

Conseil : « Les vainqueurs capturent une foule de prisonniers, des canons et un matériel de guerre énorme. Rien ne pourra désormais les arrêter… si ce n'est un armistice[7]. »

Au cas où l'Allemagne refuserait sa signature, deux nouvelles offensives générales se préparent, l'une en Lorraine afin de frapper l'ennemi au point le plus faible et ouvrir aux armées alliées la route du Rhin, l'autre à travers le territoire autrichien jusqu'en Bavière. La première, décidée par Foch dès le 20 octobre 1918, est fixée au 14 novembre. Elle doit associer Américains et Français sur un front où leur supériorité numérique est au moins de trois contre un, comme le note l'historien Pierre Renouvin[8]. Depuis le début du mois de novembre, la situation de l'Allemagne s'est considérablement aggravée. Son armée est confrontée à une retraite générale sur le front occidental[9]. La signature de l'armistice austro-hongrois le 3 novembre a ouvert une brèche sur les frontières méridionales du Reich. Le mouvement révolutionnaire, parti de Kiel le 3 novembre, s'est étendu à d'autres villes d'Allemagne du Nord et à Munich le 7 novembre, aux villes rhénanes le 8, enfin à Berlin le 9, entraînant l'abdication de l'empereur et la démission du chancelier Max de Bade. Mais ni les généraux français ni les Alliés ne semblent soupçonner l'ampleur de l'affaiblissement militaire de l'ennemi. « La défaite allemande était plus complète que les chefs alliés ne s'en rendaient compte à ce moment-là », a écrit le général Pershing[10]. « Au

7. Général Henri Mordacq, *L'Armistice du 11 novembre 1918. Récit d'un témoin,* Paris, Plon, 1937, p. 62.

8. Pierre Renouvin, *11 novembre 1918. L'armistice de Rethondes, op. cit.*, p. 265.

9. Sur l'armée allemande, l'une des études les plus récentes est la thèse d'Anne Duménil, *Le Soldat allemand de la Grande Guerre : institution militaire et expérience du combat,* Université d'Amiens, décembre 2000.

10. Général John Pershing, *My Experiences in the World War,* New York, 1931, 2 vol. ; trad. : *Mes souvenirs de la guerre,* Paris, 1931, cité par Pierre Renouvin, *11 novembre 1918. L'armistice de Rethondes, op. cit.*, p. 267.

moment de l'armistice, nous ne savions pas exactement quel était l'état des forces allemandes, et nous avons accepté l'armistice avec l'idée que le lendemain, il pourrait n'être plus possible », se souvient Clemenceau lors d'une séance de la Commission des affaires étrangères, le 5 février 1919[11].

Les soldats allemands se replient sur la Meuse, dans un mouvement confus proche de la débâcle. « Notre artillerie est à bout de moyens », écrit Erich Maria Remarque dans *À l'Ouest, rien de nouveau*. « Elle a trop peu de munitions et les tubes des canons sont si usés que leur tir n'est pas sûr et qu'ils envoient même leurs décharges sur nos propres soldats ; nos troupes fraîches, ce sont des enfants anémiques qui ont besoin d'être ménagés, qui ne peuvent pas porter le sac, mais qui savent mourir par milliers. Ils ne comprennent rien à la guerre. »

Convaincus que la fin est proche, les combattants vivent alors dans l'angoisse d'être tués dans les heures précédant l'armistice. « Je pense que c'est aujourd'hui le 2 octobre 1918, que nous sommes près de la fin… Il ne faut pas, il ne faut plus être tué ! », témoigne Gabriel Chevallier dans son récit *La Peur*. « Jamais la vie dans sa misérable incarnation ne nous a semblé aussi désirable que maintenant », confirme Erich Maria Remarque. « Les faux bruits, si excitants, d'armistice et de paix ont fait leur apparition ; ils troublent les cœurs et

11. Cet aveu d'ignorance sur l'état exact des forces ennemies ne peut être compris sans être replacé dans le contexte des débats sur le caractère prématuré ou non de l'armistice. On en aura un bon aperçu à la lecture du livre de Pierre Renouvin sur le 11 novembre 1918 (*ibid.*, notamment chapitre XIII). Le général Mordacq, chef du cabinet militaire du président du Conseil, considère que les combats auraient dû se poursuivre jusqu'à ce que les troupes alliées pénètrent en Allemagne (*L'Armistice du 11 novembre 1918*, *op. cit.*). L'opinion analogue du président de la République Raymond Poincaré est bien connue (voir François Roth, *Poincaré,* Paris, Fayard, 2001), ainsi que celle du général Pershing. À l'inverse, le maréchal Foch – suivant le témoignage de son aide de camp, le commandant L'Hopital (*Foch, l'armistice et la paix,* Paris, 1938) –, Clemenceau et Lloyd George souhaitent que des sacrifices inutiles soient épargnés aux combattants.

rendent les départs plus pénibles que jamais. [...] Pourquoi n'en finit-on pas ? » Jamais sans doute les soldats n'ont eu autant le sentiment d'être des rescapés que le sort a miraculeusement épargnés. Il leur faut donc redoubler de prudence, de crainte que la Fortune ne se détourne d'eux au dernier moment.

Le 11 novembre des soldats français

Apprendre l'armistice

« Heure sacrée », « jour de la victoire » : les expressions ne manquent pas pour désigner le moment historique de l'armistice resté dans la mémoire nationale comme un moment exceptionnel d'élan patriotique. Et pourtant leur emphase dit autant la force des sentiments ressentis par les Français en cette occasion que la difficulté à décrire et à saisir ce qu'est réellement la fin de la Grande Guerre. Les soldats ont éprouvé cette incapacité à expliquer le 11 novembre, les lettres étudiées par le contrôle postal, les carnets de combattants, les récits rétrospectifs en témoignent. Les soldats, moins nombreux à écrire le jour de l'armistice et les jours suivants, se contentent souvent de quelques impressions livrées sans ordre apparent et s'excusent de ne pas savoir faire partager leurs sentiments à leurs correspondants. Dans les carnets de soldats, la date du 11 novembre est souvent marquée d'une simple mention « armistice ».

Le front, plus encore que l'arrière, est un monde de rumeurs. Comme le remarque très justement Marc Bloch dans son *Apologie pour l'histoire*, rédigée pour l'essentiel en 1942, « les quatre années [de la Grande Guerre] se sont montrées fécondes en fausses nouvelles. Notamment chez les combattants [...] On ne croyait pas aux journaux ; aux lettres guère plus ; car outre qu'elles arrivaient très irrégulièrement, elles passaient pour très surveillées. D'où un renouveau prodigieux de la tradition orale, mère antique des légendes et des mythes. Par un coup hardi, que n'eût jamais osé rêver le plus audacieux des expérimentateurs, les gouvernements, abolissant les siècles écoulés, ramenaient le soldat du front aux moyens d'information et à l'état d'esprit des vieux âges, avant le journal, avant la feuille de nouvelle, avant le livre[12] ». Il s'avère donc extrêmement délicat de suivre le cheminement de la nouvelle de l'armistice et d'aboutir à des conclusions générales. Ici les soldats fêtent l'armistice avant même son annonce officielle ; là on se méfie des fausses joies et l'on attend la confirmation des rumeurs, qui ne vient souvent que le 11 novembre, en milieu de matinée.

Les moins bien informés sont les groupes d'hommes à la poursuite de l'ennemi parce qu'ils manquent de contacts avec leur état-major. Un soldat du 220e régiment d'artillerie de campagne, qui pourchasse des troupes allemandes près de Vervins (Aisne) s'en explique dans une lettre à sa femme : « Depuis quarante-huit heures, pas de journaux. Mais nous savons que les Parlementaires boches se sont présentés hier soir, dit-on, au GQG. Ce soir, le bruit circule que l'armistice serait signé, mais nous n'avons pas reçu la nouvelle officielle. Actuellement tout est possible car le boche est définitivement vaincu. » Le sergent Renel, du 329e d'infanterie près de Charleville (Ardennes), se trouve dans une situation analogue : « Le 11 novembre, il est six heures et demie quand nous sortons du pays. La marche à travers bois dans le brouillard oblige à des précautions, et nous avançons assez lentement sur la route conduisant à Monthermé », rapporte-t-il. « Soudain, sur notre droite, une clameur s'élève. Sans doute nos voisins ont-ils rencontré un lièvre, peut-être même un sanglier, pour crier si fort. Mais non, c'est un cavalier qui nous apporte l'ordre de rester sur place sans chercher le contact avec l'ennemi. La joie s'empare de nous. Notre commandant nous fait remarquer

12. Marc Bloch, *Apologie pour l'histoire ou le Métier d'historien*, édition critique préparée par Étienne Bloch, Paris, Armand Colin, 1993.

qu'il n'est pas question de "cessez-le-feu". Quelques minutes plus tard, le même cavalier vient nous annoncer que l'armistice est signé et prend effet à onze heures. Il est neuf heures et demie environ [13]. » C'est vers neuf heures aussi que des formations en déplacement dans les Ardennes, entre Vouziers et Mézières, prennent connaissance de la fin de la guerre : « On apprend à l'instant la cessation des hostilités pour ce matin 11 heures. Il en est neuf ! Juge de la joie de tous, on est à moitié fou ! » (un soldat de la IVe armée).

Aux unités qui se trouvent sur la ligne de front, la nouvelle parvient le plus souvent par l'intermédiaire des ravitailleurs, des téléphonistes, des agents de liaison, ces hommes que le médiéviste Marc Bloch compare aux colporteurs et aux vagabonds du Moyen Âge, dans son article pionnier, paru dès 1921, sur les fausses nouvelles de la guerre [14]. Selon lui, dans le monde quasi immobile des tranchées où « se déplacer, c'est d'ordinaire risquer la mort » et où « le soldat n'a point le droit de bouger sans ordre », seuls quelques-uns disposent de nouvelles régulières et du pouvoir de les transmettre : « On ne saurait imaginer d'existence plus isolée que celle du soldat aux avant-postes, au moins pendant la guerre de position », conclut Marc Bloch. « Le 10, des rumeurs circulent dans les batteries ; elles émanent des téléphonistes qui, avec leurs appareils de radio, ont capté des messages où il était question des pourparlers d'armistice », explique un artilleur [15]. Le 11 novembre, la nouvelle de l'armistice est souvent transmise à l'occasion d'une relève de garde, d'un ravitaillement. « Il est deux heures du matin. J'ai vingt-deux ans. Je suis dans

13. Sergent Renel, 329e, cité par Jacques Meyer, *Le 11 Novembre,* Paris, Hachette, 1964, p. 87.

14. Marc Bloch, « Réflexions d'un historien sur les fausses nouvelles de la guerre », *Revue de synthèse historique,* 1921, rééd. in Marc Bloch, *Écrits de guerre, 1914-1918,* Paris, Armand Colin, 1997, p. 169-184, p. 182.

15. Fernand Laponce, *Journal d'un artilleur de campagne*, Bois-Colombes, à compte d'auteur, 1971, p. 118.

l'ignorance de la date qui fera date », écrit rétrospectivement un soldat du 44e chasseurs à pied. « L'agent de liaison survient. C'est un fâcheux qui porte rarement de bonnes nouvelles. À la lueur de la bougie, je remarque qu'il n'a pas sa gueule en biais des mauvais jours. Il éclate, sur un ton que nous ne lui connaissions pas : "La guerre est finie. Oui ! Je vous dis que la guerre est finie." Ma réponse fuse : "Ta... bouche ! Quand tu auras des tuyaux comme ça, tu repasseras ! File !" [...] Nous étions ignorants des pourparlers d'armistice. Aussi pauvres de nouvelles que de ravitaillement. Que faire ? Nous rentrons dans le sommeil, simplement[16]. » Un autre se souvient : « Le 11, dès huit heures, des artilleurs propagent la nouvelle qui doit prendre effet à onze heures. Mais des ordres... inspirés par la crainte de divulgation de fausses dépêches, lancées par les révolutionnaires allemands, nous avaient obligés à démonter nos appareils de radio. Allant aux nouvelles, à dix heures, nous apprenons que, dans sa joie, notre état-major avait oublié de nous prévenir [17]. »

L'incrédulité avec laquelle de nombreux soldats accueillent la nouvelle s'explique aussi par la banalité du moment de l'armistice en comparaison des attentes qu'il avait suscitées. Une banalité qui éclaire peut-être la difficulté qu'éprouvent certains témoins pour raconter le 11 novembre : « Et si c'était vrai ? Non, ce n'est pas possible : une guerre ne peut pas finir comme ça. C'est trop simple[18]. » Le contrôle postal révèle un net affaiblissement de l'activité épistolaire dans la journée de l'armistice ; les combattants, tout à leur joie, sont plus occupés à vivre l'événement qu'à le rapporter à leurs proches[19]. Ceux qui écrivent cependant se disent submergés par l'émotion : « Je vous écris les larmes aux yeux. Je viens

16. Jacques Meyer, *Le 11 Novembre*, *op. cit.*, p. 86.
17. *Ibid.*, p. 87.
18. *Ibid.*, p. 86.
19. C'est aussi le cas de certains auteurs de carnets, comme le jeune Yves Congar qui arrête son journal de guerre le 8 novembre 1918, et ne le poursuit qu'en 1923 grâce aux notes tirées du journal de son frère

d'apprendre la fin des hostilités, la fin de cette terrible guerre, c'est le plus beau jour de ma vie », confesse un soldat du 172e RI. « Je vous fais une lettre en sautant de joie, on nous apprend à l'instant que c'est signé avec les Boches, plus d'obus, plus rien, la paix ! », exulte un autre. « Voyez ma plume tremble sous mes doigts, ça m'a abasourdi », écrit un soldat du 151e RI qui ajoute : « En un instant, ce fut fini. On se demande parfois s'il est bien vrai que ce soit la fin. »

Les récits dont nous disposons sur le 11 novembre des combattants sont donc largement rétrospectifs. Ce sont des lettres soumises au contrôle postal dans les jours qui suivent l'armistice ou des souvenirs de guerre, publiés dans les années 1920 à 1930. Dans l'un et l'autre cas – même si la posture du mémorialiste diffère sensiblement de celle de l'auteur d'une lettre[20] –, la narration du 11 novembre 1918 s'efforce manifestement de satisfaire l'attente du lecteur : le combattant-narrateur cherche à être à la hauteur de l'événement, à ne pas laisser sa plume trahir la singularité de cette journée historique, à décrire les signes caractéristiques de la paix.

L'heure sacrée, le 11 novembre à 11 heures, est d'abord associée à des sons, qui officialisent la nouvelle, lui donnent une authenticité. C'est le cas notamment du carillon des cloches, qui est cité maintes fois dans les correspondances. Assimilé aux battements d'un cœur, il traduit l'impatience des soldats, puis leur joie haletante : « Enfin, ce sont bien là des cloches ! Les cloches de Sivry au fond de la vallée. Elles sonnent, elles sonnent, elles ne veulent plus s'arrêter… Et aussi par instants, comme une bouffée de fanfare ? Je n'y tiens plus ; je saute de mon lit et je m'élance dans la cour.

Robert. Voir L'enfant Yves Congar, *Journal de la guerre, 1914-1918,* présenté par Stéphane Audoin-Rouzeau, Paris, Éd. du Cerf, 1997.

20. Sur le pacte épistolaire, on peut se reporter notamment à l'ouvrage collectif dirigé par Roger Chartier, *La Correspondance. Les usages de la lettre au XIXe siècle,* Paris, Fayard, 1991.

C'est vrai ! C'est vrai ! C'est vrai ! Les fantassins ont eu le message à six heures. À onze heures, suspension des hostilités[21]. » Certains combattants opposent ces sonneries à celles de l'été 1914 : « Des types sont montés au clocher et au milieu de la nuit, ces sons de cloches sont bien les seuls que j'ai trouvés intéressants, surtout bien différents du glas d'août 1914 » (IVe armée, 74e DI)[22]. L'annonce de l'entrée en guerre est donc encore profondément inscrite dans les esprits[23]. Le glas qui retentit dans les campagnes le 1er août 1914 est en effet, avec le tambour du garde champêtre, l'une des composantes du paysage sonore de la mobilisation. Dans la mémoire collective, ses coups brefs et redoublés sont associés au deuil et aux catastrophes collectives : en 1814, en 1815, en juin 1848, en 1870-1871, et parfois lors des inventaires de 1906, rappelle Jean-Pierre Gutton, il a servi à annoncer et à authentifier une menace[24]. À l'été 1914, il provoque d'abord l'incrédulité (souvent les paysans croient à un incendie) puis la consternation[25] – et le traumatisme est si puissant qu'il réapparaît, dans les correspondances, plus de quatre ans après, à l'occasion de l'armistice.

21. Henri Ghéon, « 11 novembre 1918 : la paix de saint Martin », *Revue historique des armées,* n°212, septembre 1998, p. 111-122.

22. Sur l'importance de la sensibilité aux cloches en milieu rural, voir Alain Corbin, *Les Cloches de la terre. Paysage sonore et culture sensible dans les campagnes au XIXe siècle,* Paris, Albin Michel, 1994.

23. Dans *L'Étrange Défaite,* l'ancien combattant Marc Bloch note la persistance de la mémoire sonore de la Grande Guerre chez les combattants de 1940 : le « chant d'abeilles des balles » de 1940 rappelle celui de l'Argonne de 1914, il est « inscrit dans [ses] circonvolutions cérébrales comme dans la cire d'un disque », tel un « refrain prêt à jouer dès le premier tour de manivelle » (rééd. Paris, Gallimard, « Folio Histoire », 1990, p. 86).

24. Jean-Pierre Gutton, *Bruits et Sons dans notre histoire,* Paris, PUF, 2000, p. 134.

25. Jean-Jacques Becker, *1914 : Comment les Français sont entrés dans la guerre,* Paris, Presses de la Fondation nationale des sciences politiques, 1977 (notamment les chapitres II et III de la 3e partie). Également, du même auteur, « Voilà le glas de nos gars qui sonne… », in *1914-1918, l'autre front,* sous la direction de Patrick Fridenson, Cahiers du Mouvement social, Paris, Éd. ouvrières, 1977, p. 13-33.

« Les cloches sonnent à grande volée ; plus d'un poilu, en les entendant, avait les larmes aux yeux et la gorge serrée. [...] Les cloches de la victoire ! Comme leur carillon délivrait, soulageait, gonflait le cœur ! », rapporte Paul Tuffrau dans ses carnets de combattant, en insistant sur le plaisir physique que cela lui procure. « Tout l'après-midi, les cloches ont carillonné par intervalles ; et quand celles-ci se taisaient, on en entendait d'autres au loin, dans la vallée de la Moselle[26]. » Pour bien comprendre la signification de ces bruits de fête, il faut se rappeler que les cloches entendues par les soldats français le 11 novembre 1918 ont parfois sonné pour la dernière fois en 1914. Certaines se sont tues pendant toute la guerre, condamnées au silence par les autorités allemandes qui procédaient à des enlèvements de cloches, à titre répressif, comme ce fut le cas dans la région de Sélestat en 1917[27]. À la Malmaison, dans l'Aisne, une institutrice se souvient : « Une chose qui fit mal à bien des civils, ce fut encore l'enlèvement des cloches. Elles avaient sonné pour annoncer les grands événements de leur vie et ceux de leur famille. Mais ils se consolèrent en se disant : elles ne serviront plus au moins à augmenter notre peine en annonçant leurs victoires vraies ou fausses. » D'autres clochers n'ont pas carillonné pendant de longs mois, en raison de la proximité du front, de la fuite des habitants ou de l'abandon de la paroisse. Les sonneries du 11 novembre 1918 n'authentifient donc pas simplement la nouvelle de l'armistice, elles la ritualisent et la sacralisent. Elles restaurent dans leur dignité un certain nombre de villages, proches de la zone des combats, qui avaient perçu le silence de leurs cloches comme une « souffrance », une « atteinte

26. Paul Tuffrau, *1914-1918, quatre années sur le front. Carnets d'un combattant,* Paris, Imago, 1998 (avec une préface de Stéphane Audoin-Rouzeau), p. 226.

27. Marthe Muller, « La confiscation des cloches (en 1917), dans la région de Sélestat, Bas-Rhin », *Annuaire des Amis de la bibliothèque humaniste de Sélestat,* 1996, tome 46, p. 155-166.

au prestige, à la réputation, à l'honneur de la communauté[28] ».

Lorsqu'ils cherchent à décrire le moment de l'armistice et le basculement de l'état de guerre à l'état de paix, les combattants français de 1918 insistent également sur le silence qui se fait sur le champ de bataille, notamment sur l'arrêt de l'artillerie. « Plus tard, dans le grand silence de la campagne, Dumetz, qui me suit à cheval, me dit tout d'un coup : "Mon commandant, on entend encore le canon." Coups sourds au loin. Toutes les pensées sont ainsi tendues pour deviner plus tôt le grand événement qu'on sent imminent », note Paul Tuffrau[29]. « Eh bien cette fois, c'est fini. Inutile de vous décrire notre joie à tous et ce matin, on a entendu le dernier coup de canon », rapporte un soldat de la IVe armée. Dans la nouvelle économie sensorielle des soldats de la Grande Guerre, dans laquelle l'ouïe a manifestement pris l'ascendant sur la vue[30], la fin des coups de canon est d'abord perçue comme celle d'une menace permanente qui pesait sur les combattants. L'artillerie a causé, à elle seule, plus de 70 % des blessures de l'armée française, et un nombre de morts impossible à évaluer précisément. Elle a infligé aux corps des combattants des blessures d'une gravité sans précédent, enlevé des visages, des membres, coupé parfois en deux des soldats[31]. Elle est à l'origine de l'une des grandes peurs des

28. Sur les enlèvements de cloches et leur impact sur les communautés villageoises, voir Alain Corbin, *Les Cloches de la terre, op. cit.*, p. 61 *sq.*

29. Paul Tuffrau, *1914-1918, quatre années sur le front, op. cit.*, p. 225.

30. Pour une histoire sensorielle de la Grande Guerre, voir André Loez, *Culture sensible et Violence de guerre. Trois approches de l'expérience de guerre des combattants français en 1914-1918,* mémoire de DEA à l'École des hautes études en sciences sociales, sous la direction de Christophe Prochasson, septembre 2001.

31. Stéphane Audoin-Rouzeau, « Pour une histoire de la douleur, pour une histoire de la souffrance », *14-18 Aujourd'hui,* n°1, Paris, Éd. Noésis, 1998, p. 100-105, et, du même auteur, *Combattre,* Amiens, CRDP de Picardie/Historial de la Grande Guerre, 1995.

fantassins que le sergent Paul Dubrulle traduit en ces termes : « Quand nous entendions le sifflement au loin, tout notre corps se contractait pour supporter les vibrations excessivement puissantes de l'explosion, et à chaque fois, c'était une nouvelle attaque, une nouvelle fatigue, une nouvelle souffrance. À ce régime, les nerfs les plus solides ne résistent pas [...] Mourir d'une balle n'est rien : notre être reste intact. Mais être démembré, mis en morceaux, réduit en bouillie, c'est une crainte que la chair ne peut supporter et qui est l'essence même de l'immense douleur causée par les bombardements[32]. »

Le bruit du canon représente en outre une incontestable transgression sonore, pour une population majoritairement d'origine rurale, habituée aux bruits de métiers, aux cris de la foire, au vacarme des cloches et pas au sifflement aigu et assourdissant des obus – et le silence de l'armistice, une forme sensible de retour aux normes. Même s'il faut se montrer extrêmement prudent lorsqu'on tente une histoire des sensibilités, les seuils de tolérance différant selon les circonstances et la nature des sons[33], il semble bien que le bruit des projectiles, déchirant l'air et venant s'abattre sur le champ de bataille, ait été l'un des plus éprouvants pour les fantassins. À l'oreille, les soldats cherchent à reconnaître la direction des obus et leur point d'impact. Certains prétendent même qu'un obus ne frappe jamais là où un obus précédent est tombé. La canonnade, notamment le pilonnage des préparations d'artillerie, brise les énergies des plus valeureux.

L'interruption des combats, au matin du 11 novembre 1918, se traduit donc par un silence brutal, quelque peu irréel, ponctué de cris, de chants, et du carillon des cloches. Dans certains secteurs, le face-à-face des troupes alliées et des armées

32. Sergent Paul Dubrulle, jésuite, cité par Alistair Horne, *The Price of Glory, Verdun, 1916*, Londres, Penguin Books, 1962.

33. Sur ce point, voir Alain Corbin, *Les Cloches de la terre, op. cit.*, p. 277 *sq*.

allemandes est réduit, en ce début novembre, à quelques escarmouches et à des échanges de coups de feu. Sur la Meuse, en revanche, se déroulent, durant les derniers jours du conflit, les combats les plus violents. Répondant à un télégramme chiffré du maréchal Foch qui appelait à « rendre décisifs les résultats obtenus », le 11e corps de l'armée Gouraud tente le passage du fleuve. C'est là, sur la rive droite, entre les villages de Vrigne-Meuse et Nouvion, à quelques kilomètres de Charleville-Mézières, qu'a lieu, selon le général Henri Mordacq, qui dirige le cabinet militaire du président du Conseil, le « véritable cessez-le-feu » : la fin de l'hécatombe.

Toute la nuit, le canon tonne. Le 11 novembre, dès 7 heures du matin, le brouillard se lève, le feu redouble quand, vers 8 heures 45, un homme isolé court sur la passerelle, tombe, repart. Il agite, au-dessus de sa tête, un papier blanc, arrive jusqu'au trou d'obus où se trouve le chef du 2e bataillon : « Ça y est !... c'est signé, c'est fini à onze heures... » Ceux d'en face seront-ils avertis ? « Les balles giclent toujours rageusement sur le parapet des tranchées ; les gros obus, dans des explosions formidables, creusent des cratères. Encore à 10 heures 50 plusieurs maisons du village s'écroulent, sous une salve d'obus de 150 mm. Les montres ont été réglées. Avec fièvre, dans les PC des bataillons, on suit le mouvement des aiguilles comme quand il s'agissait de partir à l'heure H. Pour les clairons qui vont sortir de leur abri, c'est encore un peu cela. À 10 heures 57, une mitrailleuse ennemie égrène ses bandes à toute vitesse. À 11 heures, au péril de leur vie, tous les clairons ont bondi sur leurs parapets et une première sonnerie, comme hésitante et un peu étranglée se fait entendre : Cessez-le-feu[34]. » Dans le même secteur, près de Dom-le-Mesnil, l'aumônier de la 163e division observe ses compagnons d'armes qui attendent l'heure sacrée, cette minute diffi-

34. Colonel Grasset, *La Revue des deux mondes,* 1934, cité par le général Henri Mordacq, *L'Armistice du 11 novembre 1918, op. cit.*, p. 67-69.

cilement descriptible à partir de laquelle ils auront survécu à la guerre : « Sur la rive nord de la Meuse, les bataillons attendaient, l'œil au guet, le fusil à la main et le corps dans le sillon hâtivement creusé, que l'aiguille eût marqué l'heure de la fin du cauchemar. Celui-ci continuait comme si rien de nouveau n'était survenu. Les obus s'écrasaient sur le sol, la mitrailleuse débitait sa chanson de mort [...] 10 heures 45. Une salve de 150 s'abat sur Dom-le-Mesnil. 10 heures 57. Les mitrailleuses tirent des deux côtés. 11 heures. Là-bas, au bout de la passerelle, un clairon invisible a sonné : *Cessez-le-feu ! levez-vous ! Au drapeau !* Et soudain, de la terre de France, des corps invisibles qui se sont blottis dans son sein pour échapper à la mort, monte une vibrante *Marseillaise*, saluée en face par les cris des Allemands qui sortent de leurs abris et agitent leurs armes. C'était la fin[35]. »

La stupeur des soldats

Étudier, à partir des archives du contrôle postal, les réactions des combattants français au jour de l'armistice du 11 novembre 1918, c'est se placer délibérément dans le temps court, celui des « mouvements vifs et superficiels, des brusques tumultes, des émotions à la petite journée » (Georges Duby). Mais ce temps court ne doit pas faire illusion. Dans les lettres envoyées le jour de l'armistice, ou dans les quelques jours suivants, le poids des quatre années de guerre, celui des souffrances passées, en d'autres termes le poids des morts sur les survivants, émousse sensiblement le sentiment de satisfaction et structure des attitudes plus stables, qui se superposent aux réactions immédiates. Ainsi en est-il de la prudence ou de la gravité qui prévalent, dans de nombreuses lettres. Utiliser les souvenirs de combattants, écrits parfois une ou deux

35. Georges Gutton, *La Poursuite victorieuse,* cité par le général Henri Mordacq, *ibid.*, p. 66-67.

décennies après l'armistice, c'est risquer en revanche de mêler les reconstructions ultérieures (récits d'autres combattants, de civils, photographies mettant en scène la liesse du 11 novembre…) aux réactions sur le vif, telles qu'elles ont été ensevelies dans la mémoire.

Ces éléments pris en compte, il apparaît d'emblée que le sentiment dominant à l'annonce de la signature de l'armistice est l'étonnement. Le mot qui revient le plus souvent sous la plume des combattants est celui de stupeur. « Vous dire quel soulagement fut le nôtre au matin de l'armistice est impossible. C'était plutôt quelque chose qui ressemblait à de la stupeur. Habitués au danger, tout d'un coup, c'était fini ! On avait de la peine à le croire, et cependant c'était vrai », témoigne un soldat de la Ve armée à un ami suisse. « Le grand jour de la victoire, si longtemps attendu, est arrivé. On est à moitié ahuri », renchérit un combattant du 102e bataillon de chasseurs à pied. Naturellement, l'armistice était attendu depuis plusieurs semaines, et les négociations avec les émissaires allemands étaient suivies avec attention. Mais une lecture précise du contrôle postal permet de distinguer des unités où l'information, dans les jours précédant le 11 novembre, est bien diffusée de celles qui ignorent à peu près tout.

Le comportement d'une colonne d'artillerie, retirée du front de Verdun pour participer à la grande offensive de Lorraine, est caractéristique de cet état d'esprit. Le récit donné ici est largement rétrospectif, mais il permet de saisir un groupe d'hommes surpris par l'armistice. Le 11 novembre, ces soldats se trouvent à une quinzaine de kilomètres au nord-est de Châlons (Marne) : « Près de Tilloy, nous apprîmes que l'armistice était signé. La colonne ne s'arrêta pas. Elle n'accéléra ni ne ralentit son allure. Elle continuait, au pas réglementaire de cent mètres à la minute, la route que le commandement lui avait fixée », rapporte le lieutenant J. Martin. « Ce fut seulement au bout du temps de marche prévu, entre Somme-Vesle et Poix, que le groupe de trois batteries, ayant appuyé progressivement sur l'accotement de la route, s'arrêta pour faire halte. On mit pied à terre. Alors seulement avec les chevaux, les hommes dégagèrent librement leur buée dans l'air gris et déjà froid de l'automne. C'étaient des hommes de la Meuse, des Ardennes, du Nord et aussi des hommes de Paris. Ils ne commentaient pas la nouvelle. Elle seule, cependant, à cet instant, occupait leurs cerveaux. Ils songeaient à tout ce qu'ils avaient abandonné un matin d'août 1914 et vers quoi ils allaient retourner : à une femme, à des enfants, à leur hameau ou à leur ville "Paname", dont une chanson, qu'ils avaient fredonnée souvent, leur disait qu'ils la reverraient un jour. Mais, d'apprendre ainsi la fin de la guerre, eux, les soldats, par la bouche d'un paysan, ils se sentaient comme étourdis. Ils ne savaient pas mettre de l'ordre dans leurs impressions confuses, et pour cela, sans doute, ils demeuraient silencieux[36]. »

Puis la stupeur fait place à une joie retenue, à un « sentiment de contentement muet » qui répond à une pulsion de silence : « Notre joie ne pouvait éclater », reconnaît un soldat. « Cela nous faisait mal comme quand on a envie de pleurer. » « On s'aborde pour se serrer les mains. La joie est trop profonde, trop grave pour s'exprimer en paroles et en clameurs », note, dans son carnet de guerre, un aumônier militaire, l'abbé Lissorgues, tout à fait conscient que ce n'est pas l'image que les civils ont des réactions des soldats à l'annonce de l'armistice, puisqu'il ajoute : « Ceux qui me lisent auraient été profondément étonnés s'ils avaient constaté le calme qui régnait dans les régiments[37]. » Le geste des mains serrées est assez banal dans le monde des combattants : ni étreinte, ni embrassade, cette gestuelle est un signe de fraternité, empreint de dignité virile et d'émotion contenue, qui rappelle la poignée de main des camarades de combat, juste avant l'assaut.

36. Cité par le général Henri Mordacq, *ibid.*, p. 74-75.
37. Abbé Lissorgues, cité par André Ducasse, *La Guerre racontée par les combattants,* Paris, 1932.

En fait, lorsqu'ils cherchent à décrire cette joie grave ressentie par les soldats le 11 novembre 1918, les témoins l'opposent presque toujours à l'explosion de joie de l'arrière (une réaction imaginée, fantasmée, rarement connue de près) : « Il n'y eut pas une joie bruyante, débordante comme celle des Parigots », explique l'un d'eux. « Ce fut un soulagement, une joie à peine extérieure, plutôt du recueillement, quelques refrains à peine fredonnés. » Sans mettre en doute systématiquement les témoignages dont nous disposons, il faut aussi prendre en compte l'image qu'ils cherchent à diffuser : celle d'un combattant, trop conscient des malheurs de la guerre et des inquiétudes du lendemain pour se réjouir tout à fait de la victoire.

Paradoxalement, le 11 novembre qui reste dans la mémoire nationale comme un moment exceptionnel de communion entre les Français représente sans doute l'un des épisodes majeurs de la fracture entre le front et l'arrière. « Je ne puis approuver les trop grandes manifestations qui ont lieu dans certaines villes, à Paris par exemple. Elles sont prétexte à noces et beuveries », s'indigne un soldat de la IIe armée. « Non ! La victoire, si elle demande très justement à être célébrée, ne veut pas qu'on l'encense malproprement. Un peu de décence convient d'autant plus qu'il y a peu de maisons où l'on ne pleure un mort, où l'on n'ait un infirme, un blessé. » Dans le contexte sacralisé de l'armistice, les soldats se présentent comme les seuls desservants légitimes du culte de la victoire. Entre l'exubérance jugée vulgaire des civils et la retenue des sentiments sur le front, la différence est presque de nature morale. Inconséquence, insouciance, ignorance de la réalité tragique de la vie en première ligne sont des griefs fréquents de la part des soldats à l'encontre des Français demeurés à l'arrière. Ils traduisent l'incompréhension fondamentale des civils par les combattants durant la Grande Guerre[38]. À l'heure

38. Sur la médiocrité des civils vue par la presse des tranchées, voir Stéphane Audoin-Rouzeau, *À travers leurs journaux : 14-18*, *op. cit.*, p. 125-137.

de l'armistice, ces critiques portent plus spécifiquement sur l'égoïsme des gens de l'arrière, pressés de tourner la page, ignorant en particulier que l'armistice ne signifie pas la démobilisation immédiate. « Vous supposez que l'annonce de l'armistice a été suivie d'une explosion de joie ? Vous faites erreur », souligne un soldat de la Xe armée sur un ton de reproche. « Si, à l'arrière, l'enthousiasme a été débordant, sur le front, l'allégresse a été très modérée. Le mauvais temps, la boue, le désert que nous habitions à la façon des taupes, le manque de pinard pour célébrer dignement l'armistice, tout cela retenait notre joie captive. »

Dans certaines lettres, les combattants s'efforcent manifestement de culpabiliser leur entourage, qu'ils tiennent pour responsable de l'incompréhension dont ils sont les victimes. Ces propos rapportés par le contrôle postal sont souvent beaucoup plus durs que les reproches qui abondent dans la presse de tranchées durant la guerre. Ils témoignent d'une radicalisation de l'image de l'arrière, dont ils présentent un tableau peu flatteur et outrancier. « La lecture des journaux nous donne encore plus le cafard, car nous trouvons que l'on fait bien trop de fêtes à l'arrière et que l'on délaisse trop ceux qui ont souffert. Je t'assure qu'il y a de très fortes rumeurs parmi nous, car on nous prend vraiment pour de belles gourdes : cela va se gâter, je crois. C'est une honte, toutes ces fêtes ne sont pas utiles pour le moment. Pour nous autres, pas encore un seul mot de tout ce que nous avons fait » (un soldat de la 16e DI, V^e^ armée, à sa femme). « Tu me parles des réjouissances qui ont eu lieu à Bourges en l'honneur de la victoire. Cela est très bien, mais je trouve qu'on exagère un peu. Ceux qui font la fête là-bas ne sont pas ceux qui l'ont gagnée, cette victoire, ou du moins il y en a bien peu » (un soldat du 95e RI, V^e^ armée, à une amie). « Je vois que partout on a fêté la fin de la guerre. Personne ne travaillait, et cependant on leur a payé leur journée. Nous autres, aucun cadeau, pas même une chopine de vin gratuite. Tu peux croire que cela ne nous a pas fait plaisir, c'est toujours les gens de l'arrière qui bénéficient » (un soldat de la 16e DI, Ve armée, à son père).

Il est frappant de voir que, dès le 11 novembre, les exigences de la démobilisation sont déjà exprimées. Ce que réclament les combattants avant toute chose, c'est que l'arrière – cet arrière décrié, mais dont les soldats ont fondamentalement besoin pour se voir reconnaître leur statut de vainqueurs – trouve les moyens de leur exprimer sa reconnaissance. Au moment de la victoire, on demande une bouteille de vin, un repas amélioré, peu de choses somme toute en regard de l'importance de l'événement, mais des composantes essentielles du rituel festif, pour ces groupes d'hommes loin de chez eux et privés de tout confort matériel.

En fait, les impressions ressenties par les soldats sont trop complexes et trop ambiguës pour que puisse éclater leur joie : « Toute l'armée est ravie de voir la fin des hostilités, mais les fatigues et la rude discipline ont tellement assagi les hommes, ils ont eu une telle habitude de faire plier leurs sentiments et leurs volontés aux nécessités d'un devoir impérieux, que vous ne trouverez pas chez eux cet enthousiasme débordant. Le contentement est peint sur les visages ; il y a une détente de nerfs générale, mais pas d'explosion de joie. La grosse fatigue et le danger n'existent plus, mais tout n'est pas couleur de rose », écrit un officier de la Ve armée. Le sentiment qui prime est le soulagement de s'en être sorti vivant. Un sentiment individuel qui coexiste avec la joie grave des « groupes primaires » de combattants. C'est souvent la première remarque que glissent les combattants dans le courrier qu'ils adressent à leurs proches : « Enfin, maintenant, nous sommes sauvés, c'est le principal », écrit tel fantassin de la IVe armée. « Après ce qu'on a souffert, il est vraiment temps que [la paix] arrive », reconnaît tel autre, qui se battait dans le secteur de Charmes. « On commence à respirer. Au train où ça allait, je ne pensais guère ramener ma peau. » Même les soldats de l'armée d'Italie, qui ne combattent plus depuis la signature de l'armistice par l'Autriche-

Hongrie, début novembre, estiment qu'ils ont échappé à une opération d'invasion de la Bavière, qui aurait coûté de nombreuses vies humaines : « Lorsqu'on a appris le coup de l'Autriche, on était certainement content, mais la guerre n'était pas finie, puisqu'il restait l'Allemagne et qu'on avait encore le temps d'y aller voir et de s'y faire casser la gueule. »

Cette conscience très forte d'être un survivant s'exprime en particulier par une attention accrue à la nature environnante, au beau temps : « Joli soleil, temps tiède, ciel bleu avec des brumes légères », écrit Paul Tuffrau dans ses carnets à la date du 11 novembre. Trois jours plus tard, il prend encore la peine de préciser le temps qu'il fait, avec des détails qui ne relèvent en rien du bulletin météorologique : « Temps splendide, comme si la nature elle-même était soulagée. Soleil, ciel éclatant qui fait chanter les façades blanches et les drapeaux, et le soir, clair de lune limpide. » Et le lendemain : « Temps splendide et vif. Toutes les eaux de la vallée de la Moselle sont intensément bleues. Douceur des tons sur la campagne[39]. » Les soldats ne songent pas encore aux projets d'avenir, ils profitent tout simplement du temps qui passe et qui ne risque plus, d'une minute à l'autre, de leur être dérobé. Un soldat de la Xe armée confirme : « Quelle joie pour nous tous, les poilus, de nous voir à l'abri de la mort qui nous guettait à chaque instant : ce cauchemar a disparu. » Il était temps que l'armistice intervienne, « nous aurions tous passé jusqu'au dernier ».

Les réflexes de survie tendent alors à disparaître, on se surprend à ne plus baisser la tête, à ne plus tendre l'oreille dans les secteurs réputés dangereux. Un soldat de l'armée d'Italie décrit cette forme de « libération corporelle » dans une lettre à sa femme : « Nous n'avons plus peur des coups de main, ni même des marmites isolées qui tombaient parfois autour

39. Paul Tuffrau, *1914-1918, quatre années sur le front, op. cit.*, p. 226-228 et 229.

de nous, même dans les moments les plus calmes, et nous obligeaient à baisser la tête ; maintenant, plus besoin de cette gymnastique, plus besoin de passer tel ou tel carrefour ou telle piste en courant ; nous pouvons enfin marcher de notre pas, sans inquiétude sur n'importe quel chemin sans l'arrière-pensée que l'on va recevoir un coup de fusil du guetteur boche ou être repéré par l'observateur de l'artillerie ennemie. Quel changement, comme on respire, on reprend ses sens, on respire à son aise un air qui n'est pas souillé par les émanations des gaz que nous lançaient les austros, en un mot, on renaît. »

Pour autant la jouissance physique de se savoir vivant, le plaisir immense des gestes les plus simples pour ceux qui ont survécu sont altérés par la présence obsédante de la mort, lorsque les soldats ont appris la nouvelle de l'armistice sur la ligne de feu et se trouvent encore à l'endroit même où ils se battaient quelques heures plus tôt. Au soir du 11 novembre, certains corps restent à demi ensevelis à quelques mètres seulement des lignes françaises, mutilés par les obus, abîmés par la putréfaction, dont l'odeur flotte sur les tranchées. Jusqu'à l'armistice, des combats furieux ont interdit, dans certains secteurs, qu'on ensevelisse les cadavres. Lorsque le silence se fait enfin sur le champ de bataille, Allemands et Français laissent passer un peu de temps pour s'assurer qu'ils n'ont plus rien à craindre, puis nouent prudemment contact et retrouvent des rituels d'échange propres à la guerre réglée. « Un capitaine français s'est avancé entre les deux lignes. Un capitaine allemand se porte vers lui et après un échange de saluts corrects, le Français demande que les corps de nos camarades tombés soient rapportés entre les lignes », écrit le colonel Grasset. « L'Allemand s'incline. Il déclare, en français, estimer cette demande légitime et sacrée[40]. » Cette réponse de l'officier allemand, exprimée dans la langue de

40. Colonel Grasset, in général Henri Mordacq, *L'Armistice du 11 novembre 1918, op. cit.*, p. 70.

l'ennemi, est d'autant plus frappante qu'elle rompt complètement avec les usages de la Grande Guerre, où toute trêve des brancardiers, à de rares exceptions près, avait disparu[41]. Les soldats tâchent alors de localiser l'endroit où sont tombés leurs amis, dans un paysage profondément bouleversé par les combats. Mais les corps sont rendus méconnaissables, les souvenirs sont parfois si vagues que la recherche des disparus s'avère souvent infructueuse.

À cette coexistence concrète des morts et des vivants sur la ligne de feu s'ajoute un fait essentiel, trop souvent oublié : l'armée française, fût-elle victorieuse, est aussi, fondamentalement, une armée en deuil. Qui n'a pas une pensée, au moment même de l'armistice, pour ses camarades tombés au champ d'honneur, notamment pour les morts des dernières heures de la guerre ? Les correspondances du 11 novembre disent souvent le caractère amer que revêt alors la victoire, peut-être porteuse chez les survivants d'une certaine forme de culpabilité. « Je laisse quelque part sur le champ de bataille, un frère, un cousin que nous aimions bien, aussi notre bonheur n'est pas sans tache et reste-t-il calme et raisonné devant le présent et l'avenir », confesse un soldat de l'armée d'Italie dans un courrier à sa femme, le 14 novembre 1918. « Mon régiment a eu des pertes terribles. Beaucoup de mes copains ont été tués sans connaître la joie de la victoire. En songeant à ces malheureux, j'ai un cafard terrible », écrit un autre. Dans un article publié en novembre 1927, Alfred Detrey résume en ces termes les impressions mitigées que fait naître l'arrêt des combats : « C'est signé ! Nous nous sommes regardés, nous avons serré la main, nous avons choqué nos quarts et simplement, nous avons soupiré : "Alors, c'est fini ! Nous vivrons !" Alors, l'un de nous murmure : "Ah ! Si ce pauvre Millet (qui avait été tué au Mont Kemmel) était

41. Sur ce point, voir Stéphane Audoin-Rouzeau, *Combattre, op. cit.*, notamment l'introduction « Une expérience nouvelle du combat ».

là…" La joie de vivre, la pensée de nos morts, la grandeur de l'instant, voilà ce que fut pour nous l'armistice [42]. »

La souffrance du premier « cercle de deuil », celle des camarades de combat, a été négligée, jusqu'à une date très récente, par l'historiographie[43]. Elle est volontiers sous-estimée, dans les remémorations ultérieures des années vingt et trente, au profit d'une vision héroïque de la vie dans les tranchées. Elle l'est plus encore, dans les récits des civils le jour de l'armistice ou les jours suivants, lorsque la joie de la victoire semble éclipser toute mélancolie. Pourtant, « à travers les écrits [des soldats] rédigés pendant le conflit – lettres, carnets personnels, journaux de tranchées, – […] on est frappé de constater à quel point les "groupes primaires" combattants sont, en eux-mêmes, "communautés en deuil" et "communautés de deuil" », signalent Stéphane Audoin-Rouzeau et Annette Becker. « L'omniprésence de la mort au front avait banalisé les spectacles les plus atroces, et tous les

42. Alfred Detrey, *L'Intransigeant,* novembre 1927, cité par Jacques Meyer, *Le 11 Novembre, op. cit.*, p. 87. On notera ici encore l'économie de gestes dans la célébration de l'armistice sur le front, les manifestations de joie se résumant à quelques rituels comme la poignée de main ou le fait de trinquer ensemble.

43. Le thème du deuil dans les sociétés européennes durant et après la Première Guerre mondiale est encore peu exploré. Avec la notion de « communautés en deuil », l'historien Jay Winter est l'un des premiers à avoir exploré ces pistes de recherches (*Sites of Memory, Sites of Mourning,* Cambridge, Cambridge University Press, 1995, et « Communities in mourning », in Franz Coetzee et Marilyn Shevin Coetzee (éd.), *Authority, Identity, and the Social History of the Great War,* Oxford, Berghahn Books, 1995). Par ailleurs, après avoir esquissé la spécificité des deuils de la Grande Guerre (mort de masse, génération sacrifiée, absence des corps…) dans *14-18, retrouver la guerre,* Paris, Gallimard, 2000, Stéphane Audoin-Rouzeau aborde cette question dans une perspective micro-historique, celle des « cercles de deuil » (parents, amis) où ils ont été vécus, avec *Cinq Deuils de guerre, 1914-1918,* Paris, Éd. Noésis, 2001. La question de la représentativité de ces cinq récits de deuil est volontairement rejetée au profit d'une approche anthropologique déjà perceptible dans « Corps perdus, corps retrouvés. Trois exemples de deuils de guerre », *Annales, HSS,* n°1, janv.-février 2000, p. 47-71.

combattants ont noté, avec souvent une pointe d'effroi et de culpabilité, leur capacité d'endurcissement devant la mort des autres ; mais, dans le même temps, les minuscules groupes d'hommes qui constituaient le véritable tissu des armées de la Grande Guerre ont souvent pris de grands risques et dépensé une énergie considérable [...] pour organiser le culte de leurs propres morts[44]. »

Sans ce poids du deuil, comment comprendre les réactions des soldats français à la nouvelle de l'armistice ? Comment saisir par exemple la portée du discours que le jeune officier Paul Tuffrau adresse à son bataillon ? Il y a peu de textes, sans doute, qui fassent mieux comprendre la victoire telle qu'elle fut vécue, sur le champ de bataille, par les combattants. Même s'il faut naturellement tenir compte des éventuelles réécritures, c'est souvent dans ce type de sources – les discours prononcés devant les soldats dans les heures suivant l'armistice – et à ce niveau que le deuil est le plus sensible. Le discours est en effet, dans ces circonstances, un acte refondateur qui s'impose presque de lui-même aux officiers, puisqu'il participe de la reprise en main de la troupe par l'encadrement. Ses buts sont multiples : il permet de remémorer les étapes du conflit, d'inscrire l'armistice dans la continuité de la guerre ; de donner un sens officiellement à la victoire ; de verbaliser les émotions qu'elle suscite (il a donc une dimension cathartique) ; et d'apporter des consignes sur la conduite à tenir dans l'immédiat après-guerre (il a aussi une valeur normative).

Après avoir évoqué les dangers de la guerre, le soulagement d'avoir survécu, le triomphe des « vertus françaises » face à l'arrogance des Allemands, Paul Tuffrau exhorte les hommes de son bataillon, notamment les plus jeunes, à faire preuve de discipline au moment où ils vont entrer en Alsace. « Je demande [cette discipline], je l'exige d'eux, au nom des survivants et des morts », explique-t-il. « Nos morts, ils sont

44. Stéphane Audoin-Rouzeau et Annette Becker, *14-18, retrouver la guerre, op. cit.*, p. 232.

innombrables. Ils sont de toutes les classes, de toutes les origines, de tous les métiers. Ils sont morts unis pour la même cause, qu'ils ont fait triompher. Pour cette même cause-là, dans les temps difficiles qui viennent, vivons unis en pensant à eux. » La victoire est donc d'abord la victoire des morts, ou plus précisément, comme Tuffrau l'écrit lui-même, c'est la victoire qui « paie et venge » les morts de leur sacrifice. Le souvenir des disparus sert alors de ciment à la communauté des soldats, au-delà de la diversité des expériences de guerre. « Pour nos morts – à mon commandement – présentez… armes ! […] J'ai fait reposer. Et une idée m'est venue », poursuit Paul Tuffrau, « *Ceux qui ont fait les premiers combats, la Belgique, la Marne… mettez l'arme sur l'épaule.* J'en ai à peine trouvé quarante-neuf, en comptant les officiers, qui tenaient à n'être pas oubliés. *Ceux qui ont fait l'Yser… Ceux qui ont fait la Champagne et l'Artois en 1917… Ceux qui ont fait Verdun…* À mesure que j'avançais, les fusils montaient plus nombreux sur les épaules. *Ceux qui ont fait l'Ourcq… les combats de l'Aisne et de l'Oise… Ceux qui ont fait l'Italie… Ceux qui ont fait l'Orient, Sedülh-Bar, Florina, Monastir.* Il ne restait plus à la fin qu'une soixantaine d'hommes, l'arme au pied. *Les recrues, regardez vos anciens. Ils comptent parmi les plus grands soldats de l'histoire.* »

Les morts sont donc bien là au jour de la victoire, leur absence est perceptible dans les rangs clairsemés des soldats de l'été et de l'automne 1914 (la période la plus meurtrière du conflit, avec un peu plus de 60000 morts français par mois), dans l'évocation par le chef de bataillon des engagements les plus durs qu'a connus son unité. « Nous avons un capitaine qui est un père de famille et hier quand il a su ça [l'armistice], il nous a rassemblés et nous a fait un petit discours et nous a remerciés de ce que nous avons fait pour la France et nous a serré la main à toute la compagnie », rapporte un soldat de la IVe armée. « C'était un moment de joie et de tristesse, car ses paroles nous ont touchés. »

Conscients de la précarité de leur existence, du rôle qu'a pu jouer le hasard dans leur survie, certains soldats ressentent alors une intense culpabilité qui tend à les isoler de la communauté des vivants et des manifestations de joie marquant la fin de la guerre. Le « syndrome du survivant[45] » accompagne parfois la période de décompensation psychique : il se manifeste notamment par des phases de prostration qui peuvent dégénérer en une dépression mélancolique, se caractérise par des cauchemars répétitifs et des prises de conscience chroniques du caractère injustifié de la survie. « J'avais éprouvé une sorte de honte à certaines minutes, comme si les jours dont je jouissais maintenant je les avais arrachés à ces jeunes hommes que j'avais laissés là », confesse le narrateur de *La Comédie de Charleroi*[46]. Dans son roman *Le Fou*, Abel Moreau décrit une scène assez comparable : « Ils remontaient vers les bois maintenant, à travers les tombes, hésitants et gênés de vivre encore, d'avoir des raisons de vivre, quand tant de leurs frères étaient morts [...] Et pourtant, comme ils étaient près de ceux-là qui les avaient précédés dans les tombes étroites[47] ! »

Ce sentiment de culpabilité est plus souvent décrit dans des œuvres de fiction que dans les correspondances. N'affecte-t-il qu'une minorité de soldats ? Il est impossible de l'affirmer, car nul n'exprime aisément sa propre souffrance psychique. À l'inverse domine, dans les lettres adressées au lendemain du 11 novembre par les combattants, une

45. Pour une première approche, voir M. Porot, A. Couadau et M. Plenat, « Le syndrome de culpabilité du survivant », *Ann. méd.-psychol.*, 1985, n°3, p. 256-262, ainsi que Louis Crocq, *Les Traumatismes psychiques de guerre,* Paris, Éd. Odile Jacob, 1999, p. 177. L'inventeur de ce terme est W.G. Niederland, « Clinical observations of the "survivor syndrome" », *International Journal of Psychoanalysis,* 1968, n°49, p. 313-315.

46. Pierre Drieu La Rochelle, *La Comédie de Charleroi,* Paris, 1934, rééd. Paris, Gallimard, « L'imaginaire », 1996, p. 31.

47. Abel Moreau, *Le Fou,* Amiens, Edgar Malfère, « Le hérisson », 1926, p. 159.

expression d'inquiétude pour les membres de leur famille, notamment pour tous ceux, un père, un frère, un cousin, qui sont aussi sous les drapeaux. Avec un peu de superstition, on n'ose se réjouir de la victoire, sans être certain de leur sort. « Est-il vrai que nous serons bientôt libres, que nous pourrons aller partout où il nous plaira, que nous n'aurons pas à saluer tous les galons qui courent les rues ? Notre vie va-t-elle être à nous enfin ? », s'interroge Henri Fauconnier dans une lettre à sa fiancée. « Qu'il me tarde d'avoir maintenant des nouvelles de Carlo, de Jean ! Je ne serai tout à fait joyeux qu'alors. Il y a eu de rudes combats pendant les derniers jours, et je n'ose pas écrire à Mamine une lettre qui nous unisse dans notre joie avant d'être complètement rassuré. Les jours continuent à me paraître longs à cause de cette incertitude. Mais j'ai confiance, car l'un et l'autre, ils ont passé à travers tant de dangers… Vite, dis-moi qu'ils sont vivants et que nous pouvons être heureux[48]. »

Le sens d'une victoire

L'armistice est un événement trop ambigu pour satisfaire complètement les soldats français : la joie est mêlée aux deuils, les promesses de l'avenir ne parviennent pas à faire oublier les inquiétudes qu'il fait naître. Certains témoins, qui combattaient encore à la veille du 11 novembre, ne manquent pas de constater l'absurdité de la situation, puisqu'ils peuvent, du jour au lendemain, progresser de manière spectaculaire à l'endroit même où ils avaient piétiné pendant de longs mois. « Les armées, à présent, avançaient de dix kilomètres dans une journée, alors que de son temps il fallait peiner des semaines pour arracher quelques centaines de mètres, en les couvrant de

48. Henri Fauconnier, *Lettres à Madeleine, 1914-1919,* Paris, Stock, 1998, p. 330.

morts », note un personnage de Dorgelès, désabusé[49]. Dès lors, ce que montrent très bien les correspondances du 11 novembre, c'est une incontestable quête de sens, les combattants cherchant la signification profonde d'un conflit qui, jusqu'à la dernière heure, a entraîné de lourdes pertes.

Beaucoup trouvent cette signification cachée dans une sacralisation de leur combat, considéré comme celui des défenseurs de la civilisation. La victoire prend un sens religieux, que suggèrent de nombreuses lettres : elle justifie tout, y compris les morts de la dernière heure qui deviennent les martyrs d'une cause sainte et juste[50]. Les Allemands sont alors désignés comme des « barbares » (artillerie de la 2e division, IVe armée, sondage du 16 novembre 1918), des « vampires » (74e division, IVe armée, sondage du 14 novembre 1918), de « sales rosses », des « sauvages » (69e DI, 151e RI, VIIIe armée, sondage du 17 novembre 1918), des « bandits » (21e DI, IVe armée, sondage du 18 novembre 1918). Ces termes caractérisent de manière quasi systématique les troupes ennemies : il n'est presque jamais question des Allemands, mais des « Huns », des « vandales » ou des « Boches ». Sur le front italien, les « Austros » bénéficient comparativement d'une certaine bienveillance. On les considère avec pitié parce que leurs prisonniers souffrent de la faim et du froid, ils sont jugés « moins barbares que les boches », et les témoins qui découvrent, de l'autre côté de la Piave, les populations occupées par les Autrichiens jusqu'au début novembre 1918 sont unanimes sur un point : « Les vieilles gens ont l'air d'avoir pas mal souffert, mais tous ceux qui ont pu travailler, surtout les femmes, sont bien portantes parce qu'elles étaient bien nourries. Le pays a été largement pillé, mais non saccagé

49. Roland Dorgelès, *Les Croix de bois*, Paris, Albin Michel, 1919, prix Femina, 1919, p. 279.

50. Sur la belle mort du héros/martyr, voir notamment l'analyse d'Annette Becker, *La Guerre et la Foi. De la mort à la mémoire, 1914-1930*, Paris, Armand Colin, 1994, p. 24 *sq*.

méthodiquement comme en France. Aucun incendie volontaire au moment du départ. En somme, ce n'est pas le Boche ! » (309e régiment d'artillerie lourde, armée d'Italie).

Le sort réservé aux Allemands dans les correspondances du 11 novembre 1918 est sensiblement différent. Pour Stéphane Audoin-Rouzeau, l'été 1918 marque « un retour en force d'une violente hostilité envers l'ennemi : l'accusation de barbarie, estompée au cours des années précédentes, revient au premier plan, et dans les mêmes termes qu'en 1914[51] ». Il est frappant de noter que cette analyse de l'évolution du quotidien *Le Matin* durant les années de guerre s'applique plus encore au courrier des soldats : dans les correspondances, le respect de l'adversaire et l'hostilité se sont trouvés étroitement mêlés durant la majeure partie du conflit ; mais, en 1918, la distance haineuse avec l'ennemi l'emporte sur tout autre sentiment exprimé. La victoire renforce même très nettement l'animosité contre l'ennemi.

Comment expliquer cette évolution ? La « remobilisation culturelle » de l'arrière que certains auteurs ont pu constater pour la dernière année de la guerre exerce vraisemblablement une influence sur les combattants, par l'intermédiaire du courrier qu'ils reçoivent ou des journaux qu'ils lisent[52]. En ce sens, les lettres du front à l'automne 1918 ne sont que le reflet du climat général et correspondent à l'horizon d'attente de leurs destinataires civils. « 1918 est l'année d'un investissement renouvelé des sociétés belligérantes », notent Annette Becker et Stéphane Audoin-Rouzeau. « Grâce aux nouveaux exodes, grâce aussi aux bombardements de Paris par les canons à longue portée, la thématique initiale des atrocités

51. Stéphane Audoin-Rouzeau, « "Bourrage de crâne" et information en 1914-1918 », in Jean-Jacques Becker et Stéphane Audoin-Rouzeau, *Les Sociétés européennes et la Guerre de 1914-1918, op. cit.*, p. 168.

52. Sur ce point, voir John Horne, « Remobilizing for total war : France and Britain, 1917-1918 », in John Horne, *State, Society and Mobilization,* Cambridge, Cambridge University Press, 1997, p. 195-211.

reprend de la vigueur[53]. » Même si les liens entre le front et l'arrière sont extrêmement complexes, il semble bien que les soldats aient intériorisé une aspiration à la vengeance, et même parfois à l'anéantissement de l'adversaire, diffusée dans la société française à partir de l'été 1918.

Pour autant, cette intériorisation de la haine de l'ennemi ne se limite pas, comme on a pu le croire parfois, à une reproduction docile de la propagande de guerre : les soldats ont plutôt tendance à se méfier, instinctivement, de ce qui peut ressembler à du « bourrage de crâne[54] ». En fait, cette haine ordinaire de l'ennemi s'explique surtout par le retour à la guerre de mouvement, par l'énergie guerrière qu'il suscite et par la « pulsion de massacre » fréquente chez les assaillants, comme le montrent certains spécialistes d'histoire militaire, dans les situations où l'armée adverse est en fuite[55].

Dans ce contexte s'impose peu à peu une vision radicale de l'ennemi, perçu comme un être dépourvu de conscience morale, plus proche de l'animal que de l'homme. « Ils ne méritent pas d'être traités comme des êtres humains », affirme un soldat de la IVe armée dans une lettre à ses parents, tandis qu'un autre promet de « flanquer une volée terrible à ces cochons de Prussiens ! ». L'allusion au « cochon » revient souvent sous la plume des correspondants, qui marquent ainsi le dégoût qu'inspirent les pratiques guerrières des soldats ennemis. Puis ce ne sont plus uniquement les agissements des troupes allemandes qui suscitent l'écœurement, mais les Allemands eux-mêmes : l'ennemi ne se comporte plus seulement comme un cochon, c'est un cochon. Au terme d'une

53. Stéphane Audoin-Rouzeau et Annette Becker, *14-18, retrouver la guerre, op. cit.*, p. 129.

54. Pour une approche extrêmement nuancée de l'attitude des soldats français envers l'ennemi, voir Stéphane Audoin-Rouzeau, *À travers leurs journaux, 14-18, les combattants des tranchées, op. cit.*, p. 191 *sq.*

55. Sur ce point, voir, par exemple, John Keegan, *The Face of Battle,* trad. fr. : *Anatomie de la bataille,* Paris, Robert Laffont, 1993, rééd. Paris, Presses Pocket, 1995, notamment p. 169 *sq.*

dérive xénophobe, qui va jusqu'à refouler tout ce qu'il y a d'humain dans l'adversaire, le soldat allemand est réputé dégager de mauvaises odeurs[56], avoir un tempérament sanguin et des ardeurs sexuelles incontrôlables[57]. Un artilleur, qui décrit la reprise de Dercy, au nord-ouest de Laon (Aisne), le 9 novembre 1918, note, de manière banale, dans son journal : « Nous nous débarrassons des mouches, mais nous ne pouvons éliminer une odeur fade très particulière : l'odeur de boches. Je la reconnais bien pour l'avoir déjà sentie en 1917 lorsque je dormais, sur la côte du Talou, dans une sape conquise aux Allemands[58]. » Selon un procédé classique, étudié notamment par le philosophe René Girard, l'animalisation de l'ennemi permet de reconnaître en lui une altérité totale – donc de le combattre sans retenue et de lui dénier tout droit, dans les circonstances de 1918, à négocier les conditions de l'armistice avec les Alliés[59]. Un soldat de la Ve armée s'en prend par exemple au président Wilson parce qu'il ose traiter les Allemands en êtres humains : « Pour Wilson, je suis de ton avis », écrit-il à sa sœur. « Il parle aux Boches comme à des gens. Que veux-tu ? Il n'a rien vu, cet Américain-là » (328e RI)[60]. « Il ne faut pas se laisser apitoyer par la Bochie, et ce sont non seulement des barbares mais des assassins disciplinés et organisés. Quoique battus, les boches restent dangereux pour la société », insiste un autre[61].

56. À ce sujet, voir Stéphane Audoin-Rouzeau et Annette Becker, *14-18, retrouver la guerre, op. cit.*, p. 124.

57. On peut constater un certain parallèle avec le motif du cochon dans l'imaginaire antisémite, tel qu'il a été étudié par l'anthropologue Claudine Fabre-Vassas, dans *La Bête singulière. Les juifs, les chrétiens et le cochon,* Paris, Gallimard, « Bibliothèque des Histoires », 1994.

58. Fernand Laponce, *Journal de marche d'un artilleur de campagne, op. cit.*, p. 118.

59. René Girard, *Le Bouc émissaire,* Paris, Le Livre de poche, 1982.

60. Cité par Jean Nicot, *Les poilus ont la parole, lettres du front : 1917-1918,* Bruxelles, Complexe, 1998, p. 560, n. 34.

61. *Ibìd.*, p. 561.

Le thème des atrocités allemandes fait alors un retour en force dans les correspondances, qu'il s'agisse des violences de la période de l'occupation ou des exactions commises lors de la retraite des armées adverses. Témoins directs des ravages commis par l'ennemi en déroute, les soldats décrivent à leurs proches les maisons détruites, les puits empoisonnés, les arbres coupés sur pied, l'odeur pestilentielle dégagée par les cadavres des animaux massacrés. Cette violence d'une armée qui se replie se caractérise par la souillure quasi systématique des habitations et par une politique de la terre brûlée, visant à détruire les ressources agricoles des régions abandonnées. « Tous les villages que nous reprenons sont laissés par les boches dans un état repoussant, des ordures dans toutes les maisons, les matelas éventrés », rapporte un soldat de la IVe armée, de passage dans la région de Guignicourt, Boulzicourt et Mazerny, à une dizaine de kilomètres au sud-ouest de Charleville-Mézières. La destruction des vergers indigne particulièrement ceux qui savent, d'expérience, le temps nécessaire pour faire pousser des arbres fruitiers, soit trois ou quatre ans dans le cas d'un pommier. Nombreux sont ceux qui y font allusion dans leurs lettres. « J'ai remarqué sur notre passage la mutilation d'arbres fruitiers coupés pour le seul plaisir de détruire », précise un soldat de la 61e DI. À Alland'huy-et-Sausseuil, près de Rethel (Ardennes), « il ne reste plus aucun habitant, par place les Boches ont coupé tous les arbres fruitiers ». Ces remarques, au détour d'une lettre, rappellent une réflexion de soldats rapportée par la presse des tranchées en mars 1917 : « Les Normands qui sont nombreux chez nous poussent un long cri de colère : "Ah ! Les salauds ! Ils ont coupé tous les poumis." Cela, ils ne le pardonneront jamais aux Boches[62]. »

Parfois, les motivations des anciens occupants ont un caractère stratégique et visent à ralentir la progression des armées

62. *L'Argonnaute,* mars 1917, cité par Stéphane Audoin-Rouzeau, *14-18, les combattants des tranchées, op. cit.*, p. 195.

françaises. Les soldats semblent alors mieux les comprendre, mais ils pestent contre le retard que ces destructions de routes et de ponts occasionnent. « Les boches en se retirant coupent les communications aux carrefours des routes, ils font sauter tout de façon à ce que cela fasse un trou énorme », écrit un soldat de la 2e division de cavalerie à pied, IVe armée, dans une lettre à sa femme. « Ce qui nous retarde, ce sont les routes coupées, les ponts sautés, les arbres couchés sur tous les chemins », confirme un soldat du 232e RI, 59e DI, IIIe armée, dans le secteur de Braye, Bosmont et Coingt, à l'est de Vervins (Aisne).

Des rumeurs d'empoisonnement des puits suscitent un début de psychose chez les soldats français. Viscérale, irraisonnée, cette « peur de la mort à la guerre après la guerre » s'abat sur des hommes traumatisés, persuadés que la vie est fragile et qu'ils ne doivent leur survie qu'à un miraculeux concours de circonstances. Pourquoi la fortune qui les a protégés jusqu'ici ne s'éloignerait-elle pas d'eux brusquement, maintenant que la guerre est finie ? On se méfie de tout, des caisses de munitions abandonnées, des maisons en ruine qui peuvent être piégées, des points d'eau empoisonnés. « Dans la matinée, il a été trouvé dans le cantonnement quinze boîtes renfermant des tubes de bacilles pouvant donner, en les ouvrant, à toutes les troupes de passage, la peste, le choléra », écrit un soldat de la IVe armée, le 12 novembre 1918. Fausses nouvelles ou craintes justifiées, ces informations sont d'autant plus efficaces qu'elles confirment les idées préétablies sur les tactiques militaires des Allemands, de nombreux correspondants stigmatisant l'usage par l'ennemi de pratiques déloyales, qui allient la ruse, la lâcheté, l'esprit de vengeance, les pulsions destructrices. Cette intelligence rusée est naturellement condamnée de la manière la plus ferme. Implicitement sont opposées une manière française et une manière allemande de faire la guerre, d'un côté un combat loyal, conforme à certaines règles, de l'autre l'utilisation de pièges qui apparentent d'une certaine manière la guerre à la chasse[63]. « On entend des mines qui sautent, ces bandits avant de partir ont installé des mines à retard avec mouvement d'horlogerie qui éclatent vingt, trente ou cinquante heures après le départ. Aussi il faut prendre beaucoup de précautions », rapportent plusieurs correspondants stationnés dans la région de Rethel (Ardennes). « En font-ils des cruautés, ces sales boches, en quittant nos pauvres pays ! Ils minent tout et nos pauvres soldats vont encore bien souffrir avec ces monstres-là. On ne peut vraiment leur donner de nom à ces gens-là », écrit un combattant de la VIIIe armée, 87e DI, 91e régiment d'infanterie.

Dans le même temps, les récits des populations alsaciennes et lorraines semblent donner raison aux pires rumeurs sur les misères de l'occupation[64] : « C'est inimaginable ce que ces malheureux ont eu à souffrir, vexations de toutes sortes, mauvais traitements, vols et réquisitions, rien ne leur a été épargné, on leur a enlevé jusqu'au cuivre de leur lit », s'indigne un soldat de la 120e DI, IVe armée, en réserve à Terron-la-Vaudresse (Ardennes). « Il n'y a pas un village dont ils n'ont fusillé dix, douze, vingt habitants, jeunes ou vieux, sous des

63. Notons au passage que ce parallèle entre la chasse et la guerre est très ancien. Sur ce point, il peut être utile de se reporter aux origines intellectuelles de l'intelligence rusée, telle qu'elle est définie dans l'Antiquité. Pour les Grecs, l'intelligence rusée (*dolos*) est une qualité que possèdent certains dieux, mais aussi certains animaux comme la seiche. Elle se révèle dans la chasse et dans certaines formes de pratiques guerrières. Voir Jean-Pierre Vernant et Marcel Détienne, *Les Ruses de l'intelligence. La « métis » des Grecs,* Paris, Flammarion, 1974, rééd. « Champs », 1989. Pour une étude du rapprochement entre chasse et guerre pendant le premier conflit mondial, André Loez, « L'œil du chasseur. Violence de guerre et sensibilité en 1914-1918 », *Cahiers du Centre de recherches historiques* (ÉHÉSS), avril 2003, n°31, p. 109-130.

64. Sur l'importance de ces rumeurs durant la Grande Guerre, et en même temps sur l'incompréhension fondamentale du sort des civils en France occupée, voir Annette Becker, *Oubliés de la Grande Guerre. Humanitaire et culture de guerre, 1914-1918. Populations occupées, déportés civils, prisonniers de guerre,* Paris, Éd. Noésis, 1998, notamment chapitre 1.

prétextes d'une futilité puérile avec un raffinement de cruauté féroce, comme par exemple de faire assister à l'exécution d'un malheureux sa femme et ses enfants », rapporte un officier de la IVe armée, au repos entre Mézières et Rethel (Ardennes), dans une lettre à sa mère. « Ils ont fait travailler aux champs les femmes et les jeunes filles, les jeunes gens au-dessus de dix ans, par tous les temps, sous la garde des soldats, avec fusils chargés et bâtons à la main. » Un soldat qui se bat dans le secteur de Laon (Aisne) confirme : « Songe que les petites filles de huit ans étaient obligées de ramasser des orties[65]. » Les troupes françaises découvrent aussi le sort des otages que les Allemands ont emmenés avec eux dans leur déroute. « Ils ont détruit pendant leur retraite tout le Nord de la France et ils ont emmené les jeunes filles et jeunes gens de 13 à 16 ans », raconte un soldat de la IIe armée. « Beaucoup de familles de Lille ont perdu leurs enfants et ils ne savent pas dans quelle partie de l'Allemagne ils sont[66]. »

Les correspondants insistent alors sur la joie des populations libérées, mieux acceptée que celle de l'arrière parce qu'elle est jugée plus légitime. Dans leurs lettres, les soldats jouissent du statut de libérateurs qui leur est publiquement reconnu et du plaisir de le faire savoir à leurs proches. La libération des départements tenus par l'ennemi justifie la guerre qu'ils ont faite « pour protéger les civils ». Un soldat à une amie : « Nous avons délivré beaucoup de civils. Si tu voyais avec quelle joie ils nous accueillent ; les villages sont pavoisés ; à presque toutes les fenêtres, il y a un drapeau tricolore ou des guirlandes. Ils nous racontent leurs misères depuis quatre ans et je t'assure que ce n'est pas gai. » Un autre à sa femme : « J'ai trouvé quelques villages fraîchement reconquis

65. Il s'agit d'orties destinées à fabriquer un ersatz de textile (voir, par exemple, Yves Congar, *Journal de la guerre, 1914-1918,* Paris, Éd. du Cerf, 1997, p. 266).

66. Sur ce point, voir Annette Becker, *Oubliés de la Grande Guerre, op. cit.*, chapitre 1 : « Les souffrances des civils occupés ».

et où se trouvent encore quelques habitants. Vous dire la joie qui rayonne dans les yeux de ces braves gens, c'est impossible. Les enfants acclament, les vieux saluent avec une sorte d'orgueil et de fierté à soulever leurs casquettes de plein gré devant des officiers français après avoir été contraints de le faire devant des officiers allemands. »

L'armistice apparaît comme le temps du jugement, le moment où sont dévoilées toutes les atrocités commises depuis quatre ans : les mauvais traitements infligés aux enfants, notamment le travail forcé ; les exécutions sommaires, aggravées par des mises en scène sadiques ou par le choix de victimes innocentes, vieillards, femmes et enfants ; le pillage des biens des particuliers, au-delà de l'obligation faite aux habitants de loger et de nourrir les armées d'occupation. Des violences qui ont en commun l'acharnement supposé des persécuteurs et leur caractère délibéré.

Les combats livrés à Charleville et à Mézières le 11 novembre au matin sont cités fréquemment en exemple de cet effondrement des normes de la guerre. Ils constituent, il est vrai, un épisode tout à fait exceptionnel du fait de leur brutalité, des circonstances (les Allemands bombardent la ville jusqu'au terme officiel de la guerre), de la perception qu'en ont, à l'époque, les combattants. Voici ce qu'écrit, par exemple, un correspondant de guerre : « Quand j'arrivai en vue de Mézières, la canonnade faisait rage. La veille, contraint par la poussée de nos poilus d'évacuer l'importante agglomération de Mézières-Charleville, où il faisait la loi depuis plus de quatre ans, l'Allemand s'était replié dans les faubourgs extrêmes, à l'Est. Mais, pour se venger de sa défaite, il a commis, après tant d'autres, un nouveau crime. » L'auteur insiste alors sur le caractère prémédité des exactions de l'ennemi, qui viennent satisfaire, selon lui, des pulsions sadiques, puisqu'elles se concentrent délibérément sur les victimes les plus faibles, sans aucun avantage stratégique : « Il a déversé, par la bouche de tous les canons disponibles, une pluie de feu sur la cité, où il a incendié l'hôpital par un tir bien réglé d'obus spéciaux et où il a essayé d'empoisonner les blessés, les malades et leurs sauveteurs en criblant les abords de l'établissement du feu de projectiles toxiques. Ainsi Mézières, qui avait peu souffert du canon a reçu sa part à la dernière heure, sans le moindre profit pour l'ennemi, qui s'est simplement déshonoré une fois de plus. » D'un côté, les Allemands semblent jouir de leurs méfaits, tandis que les troupes françaises, présentées sous les traits émouvants de défenseurs impuissants, en éprouvent de l'horreur, pour cette simple raison qu'ils sont, eux, respectueux des ordres et du droit de la guerre, tel qu'il a été défini notamment lors des conventions de La Haye en 1899 et 1907. « Les soldats français, devant ce forfait, frémissaient de rage. Ah ! Si l'on avait donné à ce moment l'ordre d'avancer, quel quart d'heure auraient passé les Barbares ! Mais les instructions du maréchal Foch étaient catégoriques : rester sur la position et, à 11 heures, cesser le feu sur toute la ligne. On se contenta d'aveugler les pièces allemandes par un tir de contre-batterie aussi violent que possible[67]. »

Cette description éloquente que les Français de l'arrière peuvent lire dans la presse est relayée par les correspondances. Face à ces atrocités, de nombreux soldats, qu'ils aient été présents ou qu'ils aient entendu parler du bombardement par la rumeur, s'insurgent dans leurs lettres : « Quels barbares. Jusqu'au dernier moment ou presque, ils ont tiré sur Charleville et Mézières pour rien, si ce n'est pour le plaisir de faire du mal, puisque l'armistice était signé et tout devant finir quelques heures après, cela ne pouvait servir de rien si ce n'est de se faire détester un peu plus » (un artilleur de la IVe armée). « Ils ont voulu marquer leur départ, ils ont brûlé l'hospice et détruit tout un quartier de Mézières », confirme un soldat de la 74e division, IVe armée, dans un courrier à son frère. « Figure-toi que ces cochons, ces lâches de boches

67. M. d'Entraygues, cité par le général Henri Mordacq, *L'Armistice du 11 novembre 1918*, *op. cit.*, p. 71-72.

ont tiré toute la nuit et jusqu'à 10 heures 1/2 ce matin à obus à gaz et incendiaires sur Mézières où ils savaient qu'il y avait une nombreuse population. Quels bandits ! Ils ont fait beaucoup de victimes », témoigne un autre dans une lettre à sa femme, envoyée le 11 novembre. « Les boches ont fini la guerre comme ils l'avaient commencée : bombardement d'une ville pleine de civils par obus suffocants. C'était bien triste de voir les pauvres enfants et femmes fuir devant le nuage qui les suffoquait », assure un soldat du 117e RI, Ve armée.

Sadisme, lâcheté, esprit de basse vengeance : tels sont les traits dominants des troupes ennemies que résument les combats de Charleville et de Mézières. Mais il y a plus. L'usage délibéré des gaz contre les populations civiles est en effet exceptionnel durant la Grande Guerre. Les travaux d'Olivier Lepick montrent bien que les victimes civiles de la guerre chimique l'ont été principalement du fait de la proximité de leurs habitations avec le champ de bataille. Ils sont près de 5000, selon ses estimations, à avoir été touchés par des nuées toxiques dérivantes, dont une centaine mortellement[68]. À tel point que l'on peut s'interroger sur la réalité d'un tel bombardement au gaz toxique à Charleville-Mézières. S'agit-il d'une confusion des témoins avec des gaz lacrymogènes ou avec la fumée dégagée par les incendies ? On peut aussi l'envisager. Quoi qu'il en soit, le bombardement délibéré d'une ville représente une réelle transgression dans les usages de la guerre, ce que les soldats français, dans leurs correspondances, perçoivent et présentent d'ailleurs comme tel.

Nombre de correspondants avancent alors que les atrocités commises par les troupes en déroute et découvertes lors des semaines précédant l'armistice s'apparentent aux crimes perpétrés par les Allemands lors de la période d'invasion. En

68. Olivier Lepick, *La Grande Guerre chimique, 1914-1918,* Paris, PUF, 1998, p. 291-296.

d'autres termes, 1918 ne fait que rappeler 1914, le conflit revient à ses sources. Ainsi s'achève par la terreur le cycle de la guerre : les civils massacrés lors du repli des armées ennemies ont subi le même sort que les Belges ou les Français du Nord, estiment les soldats ; le bombardement d'objectifs civils est annoncé, selon eux, par l'incendie de la bibliothèque de Louvain, de la cathédrale de Reims, ou la destruction de l'église Saint-Gervais par exemple. En somme, les atteintes aux civils dans les derniers jours de l'occupation, lors du repli des troupes allemandes, ne sont qu'une souillure de plus, dans des régions martyrisées depuis quatre ans. Les maisons saccagées, les vitres brisées, les matelas éventrés sont les équivalents symboliques des violences infligées aux corps.

Cette volonté de marquer son territoire dans une période de déroute de l'armée allemande peut sans doute surprendre, tant le contexte diffère de l'ivresse de l'été 1914, mais il ne faut pas sous-estimer que l'armée allemande de 1918 et celle de l'invasion manœuvrent l'une comme l'autre en territoire hostile et qu'elles sont également tenaillées par la peur. Il est souvent bien plus difficile d'organiser le repli d'une armée que son entrée en terre étrangère : les dangers sont aussi grands, le moral des troupes est affaibli, les soldats risquent de céder plus facilement à la panique. La destruction délibérée des maisons lorraines ou alsaciennes à l'automne 1918 s'explique donc d'abord par une réaction de peur, qui est en quelque sorte exorcisée par l'action punitive. S'y ajoutent sans doute démoralisation, épuisement physique et tension nerveuse, qui sont déjà des caractéristiques de l'armée allemande de la fin août-début septembre 1914, selon Alan Kramer et John Horne[69]. Si paradoxal que cela puisse paraître, les exactions commises par les soldats allemands à

69. Voir notamment Alan Kramer, « Les atrocités allemandes : mythologie populaire, propagande et manipulations dans l'armée allemande », in Jean-Jacques Becker *et al.*, *Guerre et Cultures, 1914-1918*, Paris, Armand Colin, 1994, p. 147-164.

l'automne 1918 s'inscrivent dans un contexte défensif, puisque les forces alliées à leur poursuite sont très supérieures en nombre et en force.

Par ailleurs, les souillures imposées aux régions traversées par l'armée allemande (destructions de bâtiments, saccage des récoltes, défécations ou graffiti obscènes dans les habitations...) sont une manière de montrer, à l'été 1914 comme à l'automne 1918, que le territoire est sous son contrôle : dans le contexte de l'invasion, le nouvel occupant marquait symboliquement son pouvoir et tentait de s'approprier une part de l'identité des populations occupées, avec une volonté d'humiliation perceptible dans la pratique des viols, les destructions du patrimoine culturel ou le saccage de sépultures[70] ; dans le contexte de la défaite allemande, l'ancien occupant signifie aux troupes françaises que, quoi qu'il arrive, il garde la maîtrise du territoire qu'il a jadis conquis, puisqu'il est encore en mesure de le dévaster.

L'invention de l'avenir

L'armistice vécu par les soldats représente à la fois une ouverture inespérée vers l'avenir (tout devient possible), une prise de conscience de la réalité du moment (tout n'est pas possible immédiatement) et un retour parfois mélancolique sur le passé. Ce dernier point peut sans doute étonner. Pourtant, dans son roman *La Guerre à vingt ans*, Philippe Barrès a bien vu ce que l'armistice pouvait avoir, paradoxalement, de nostalgique : « Le dernier jour de la guerre ! Ce mot est si lourd, et d'une portée si vaste qu'on ne peut en embrasser le plein sens. Comme une vanne, en tombant, divise un fleuve, ce mot enferme définitivement dans le passé les souvenirs parmi lesquels Alain continuait à vivre. Visages d'amis et

70. John Horne, « Corps, lieux et nation. La France et l'invasion de 1914 », *Annales, HSS,* janv.-février 2000, n°1, p. 73-109.

d'ennemis, jours, nuits, hivers, étés, horreur et douceur, tout un sombre et sublime univers où l'esprit approcha du fond des choses s'évanouit. Un jour d'allégresse, sans doute, ce 11 novembre ; mais aussi, le début de quelle nostalgie[71] ! » La nostalgie du front : c'est aussi le titre d'un texte de 1917 où Pierre Teilhard de Chardin exprime sa fascination pour l'expérience de la guerre, « ces heures plus qu'humaines [qui] imprègnent la vie d'un parfum tenace, définitif, d'exaltation et d'initiation, comme si on les avait passées dans l'absolu ». Crainte du retour à un temps plus ordinaire, peur de devoir rompre avec la sociabilité rassurante des « groupes primaires » de combattants pour rejoindre l'anonymat de la vie civile, difficulté à faire son deuil des camarades de combat qui ont été emportés par la guerre : le sentiment de nostalgie que certains soldats disent ressentir le 11 novembre 1918 est-il fait de tout cela ? « Peut-être même qu'inconsciemment semblables au forçat libéré après vingt ans de bagne, ils éprouvaient, mêlée au bonheur qui tombait dans leurs âmes, une sorte de nostalgie à se séparer de la guerre, qui était devenue leur vie », explique un lieutenant d'un régiment d'artillerie[72].

Pour autant, les correspondances du 11 novembre et des jours suivants, sondées par le contrôle postal, laissent percevoir des soldats français plus tournés naturellement vers les lendemains immédiats. « J'ai la vie sauve, c'est le principal » (328e RI), disent-ils d'abord. « Quelle joie pour nous tous, les poilus, de nous voir à l'abri de la mort qui nous guettait à chaque instant : ce cauchemar a disparu » (Xe armée)[73]. Puis, à mesure que la vie renaît, s'impose à chacun la certitude d'avoir un avenir. Dans le dernier chapitre des *Croix de bois*, Roland Dorgelès a su dire cette brusque dilatation du temps

71. Philippe Barrès, *La Guerre à vingt ans,* Paris, Plon, 1924, p. 302.

72. Cité par le général H. Mordacq, *L'Armistice du 11 novembre 1918, op. cit.*, p. 75.

73. Jean Nicot, *Les poilus ont la parole, op. cit.*, p. 551.

que ressentent les combattants : « On parlait de sa vie comme d'une chose morte, la certitude de ne plus revenir nous en séparait comme une mer sans limites, et l'espoir même semblait s'apetisser, bornant tout son désir à vivre jusqu'à la relève. Il y avait trop d'obus, trop de morts, trop de croix ; tôt ou tard notre tour devait venir. Et pourtant c'est fini… La vie va reprendre son cours heureux[74]. »

La paix et l'attente de la démobilisation

L'une des premières préoccupations des soldats, c'est la date de la démobilisation : ce que beaucoup appellent la « paix du soldat ». Les combattants sont pressés d'être rassurés sur leur sort, de ne plus rester dans le flou au sujet de leur libération. Ce qu'ils demandent avant toute chose, c'est une échéance qui marquera la fin du conflit. Suivant l'opinion générale, maintenant que les combats sont finis, il est légitime que les combattants soient rendus à leurs foyers. Les poilus, qui comparent volontiers leur métier de soldat à celui de bons ouvriers, insistent sur le fait que le travail est achevé, qu'il a été fait consciencieusement, mois après mois, et qu'il mérite pour juste récompense leur libération. « La tâche est accomplie, nous sommes satisfaits », dit un combattant de la Ve armée. « Plus tard dans nos foyers, nous serons plus enthousiastes en relisant l'histoire actuelle, mais une chose nous domine tous pour l'instant, la lassitude […] Maintenant nous n'avons plus qu'un désir, rentrer chez nous et vivre la vie de famille, de tendresse, d'amour. » Un autre confirme : « [Le poilu] sait contenir sa joie, il n'aspire qu'à une chose : la libération. »

Dès le 14 novembre, le contrôle postal relève les premiers signes d'impatience, comme dans le cas de ce soldat de l'armée d'Italie : « Nous retournons en France. Il faut espérer

74. Roland Dorgelès, *Les Croix de bois, op. cit.*, p. 281.

qu'on va s'occuper de nous et qu'après cinq années de souffrances, on va nous délivrer, on se dégoûte de plus en plus, à présent que la guerre est finie, qu'on nous laisse, nous les poilus qui avons sauvé la France, revenir à nos familles ! » (34e régiment d'artillerie de campagne, 24e division). Les agriculteurs sont les plus exigeants, sans doute parce qu'ils savent que les travaux des champs n'attendent pas. Leurs familles ont besoin d'eux pour les semailles d'automne, bientôt il sera trop tard : « Que fait-on ici ? Quand donc songera-t-on à libérer les vieilles classes, quinze jours qu'on est là, sans rien faire, c'est renversant, si encore on commençait la démobilisation, ça ferait prendre courage, puis on pourrait semer un peu de blé sur des luzernes, mais on trouvera moyen de nous faire partir trop tard… J'ai un cafard monstre et le temps me dure », confie un jeune soldat dans une lettre à son père. Un autre dans un courrier à sa femme : « Je suis désolé de te savoir accablée de travail, pendant qu'inutile ici, j'ai les bras croisés, si au moins on se dépêchait de nous renvoyer, on pourrait faire les semailles, mais on n'en parle même pas. »

Tous espèrent une démobilisation rapide, mais sans y croire vraiment, sauf pour les plus âgés. À lire les comptes rendus du contrôle postal, on imagine les lettres qu'ils reçoivent de leurs proches, enthousiastes à l'idée de les retrouver bientôt et habitués à une autre temporalité, celle des civils, très différente de celle des hommes de guerre. Or, dans la plupart des cas, les combattants se montrent prudents : ils savent qu'on ne démobilise pas plusieurs millions d'hommes en quelques semaines et que la libération prendra beaucoup de temps. « Je te recommande de ne pas trop t'emballer. As-tu songé à ce qu'était une démobilisation ? Ne crois pas que nous rentrerons dans nos foyers aussi vivement que nous sommes partis », prévient un soldat du 79e RI, Ire armée, dans une lettre à sa femme. « Il est à prévoir que l'occupation du territoire sera longue et demandera beaucoup de monde. » Le 13 novembre, Henri Fauconnier fait un constat analogue : « Tu me vois libéré pour le 1er de l'An… Je crois que tu vas un peu vite. Il se peut que les permissions deviennent plus fréquentes ou qu'on nous donne des permissions de rabiot, mais je n'y compte pas beaucoup à cause de l'encombrement des chemins de fer, qui ne disparaîtra que peu à peu. Le ravitaillement des régions libérées, de l'Alsace-Lorraine, de la Belgique, de la zone d'occupation, va congestionner tous les moyens de transport pendant quelque temps. Sans compter la démobilisation des RAT. À part ces derniers, je ne pense pas qu'on démobilisera de classes avant que les conditions de l'armistice soient exécutées. Quand nous serons bien établis sur le Rhin, on pourra commencer à envoyer les gens chez eux. »

Ce que pressent Henri Fauconnier, c'est qu'il faudra faire en sens inverse le chemin de la mobilisation, avec toutes ses étapes, et qu'une telle opération sera nécessairement longue : « Si la démobilisation se fait comme elle doit régulièrement se faire, chacun doit d'abord aller à son dépôt pour remettre ses armes, etc., ce qui produira des allées et venues de tous les diables sur les chemins de fer. On pourrait facilement éviter cela en créant dans la zone des armées quelques dépôts spéciaux chargés de faire la démobilisation – solution simple mais pas réglementaire, donc peu vraisemblable. » Il faut compter en outre avec l'opinion publique, qui pousse à une libération rapide, et surtout avec des soldats qui s'impatientent : « Régulièrement, on ne devrait démobiliser qu'à la signature de la paix. Mais comme les négociations peuvent durer six mois ou un an, que la guerre a déjà coûté trop cher, et que nous avons des garanties suffisantes, on n'attendra pas jusque-là. On ira tout doucement cependant, pour ne pas lâcher sur le pays des hordes avides de mener joyeuse vie et ivres d'indépendance. La question est délicate, car si ça traîne trop, on n'arrivera plus à tenir les troupes et on s'exposera au pire danger, celui de la démobilisation automatique[75]. »

75. Henri Fauconnier, *Lettres à Madeleine, op. cit.*, p. 331.

Une analyse aussi précise et perspicace de la situation est naturellement assez rare. Dans la plupart des cas, les hommes guettent les signes de leur libération prochaine, se fondent sur des rumeurs. Certains se lancent dans des spéculations sur le temps qui les sépare de leur retour chez eux. « Il est certain que tant que la paix ne sera pas signée, on ne bougera pas beaucoup à part les vieilles classes », confie un soldat de l'armée d'Italie. La suite de ses propos montre bien qu'il est totalement inconscient de la durée que prendront les négociations de paix avec les puissances centrales : « Donc l'armistice finit le 15 décembre (36 jours), mettons un mois pour signer la paix, avec 30 jours de discussions, cela me semble suffisant, surtout que pas mal de travail doit être déjà fait ; donc le 15 janvier, signature, ensuite, que veux-tu qu'on fasse de nous ? Va-t-on garder la réserve de la territoriale, la territoriale, la réserve de l'active et l'active ? Et pourquoi faire ? Sais-tu qu'on coûte cher. Donc j'espère qu'aussitôt on lâchera le plus grand nombre possible ; je compte pour ma classe pour février, je dis cela parce que je le pense, c'est l'avis qui domine ici, et c'est logique, à une époque, j'aurais dit, c'est normal » (armée d'Italie, 23e division).

Moins d'une semaine après l'armistice, les premiers mouvements de soldats s'organisent : les hommes des classes 1887-1888 et 1889 sont libérés à partir du 16 novembre. Ceux de la classe 1890 et les auxiliaires sont alors placés en sursis illimité, tandis que les hommes d'active de la classe 1890 sont renvoyés à l'intérieur pour prendre la place de la classe 1889. La suspension des permissions pour les classes les plus anciennes (jusqu'à la classe 1899) est perçue comme un bon signe. « On ne tardera pas à renvoyer les vieilles classes. C'est une opinion générale » (9e corps, IVe armée). Mais quand les autres suivront-ils ? Les plus jeunes se doutent bien qu'ils seront envoyés en occupation en Allemagne. Les autres sont dans l'ignorance de ce à quoi il faut s'attendre.

Le retour à une stricte rigueur militaire, subvertie par la guerre, est très mal vécu : il donne le sentiment aux soldats qu'on ne tient pas compte de leurs mérites sur le champ de bataille et qu'on les traite comme des « bleus ». La reprise des exercices et de l'ordre serré, le soin apporté à la tenue, la restauration d'une distance hiérarchique entre officiers, sous-officiers et simples soldats constituent les trois aspects principaux de cette discipline qui fabrique des corps dociles, là où la guerre avait forgé des corps endurcis. « On fait toujours l'exercice du matin au soir. La vraie caserne avec toutes ses turpitudes et ses imbécillités. Il est effroyable de voir un esprit pareil après quatre ans et plus de guerre. Qui peut donner des ordres pareils », se plaint un soldat du 138e RI. « Ce matin, nous avons passé la revue des cheveux par le Colonel commandant ; depuis huit heures, nous sommes dans la neige ; aussi je te promets que nous n'avons pas les pieds chauds », précise un soldat du 107e RI. Un de ses camarades se montre encore plus virulent dans une lettre à son frère : « Revues tout le temps, les cheveux coupés ras comme en temps de paix, je crois qu'ils redeviennent aussi marteaux qu'ils étaient avant » (armée d'Italie, 138e et 107e RI). Manifestement, l'encadrement craint par-dessus tout la montée de l'indiscipline et l'inactivité, qui risquent de nuire au moral des troupes. Mais les directives sont appliquées de manière bornée, sans discernement de l'usure opérée sur les hommes par la guerre, sans ménagement pour les soldats les plus âgés. Les hommes s'estiment oubliés, incompris, notamment des députés qui concentrent sur eux l'essentiel du mécontentement : « Si tous les poilus étaient comme moi, on écrirait aux députés avec une menace de révolte s'ils ne veulent pas nous lâcher », s'indigne un soldat de la 154e DI. Parfois, c'est Clemenceau lui-même qui est interpellé dans les correspondances : « Au tour du Tigre de faire son devoir, et encore plus vite que ça ! » (133e DI, 28e bataillon du génie, 17 novembre 1918). Conscients du poids électoral qu'ils représenteront à l'issue de la démobilisation, certains envisagent de sanctionner les députés qui ne se seront pas assez démenés pour leur libération rapide.

En somme, cette question de la démobilisation cristallise le mécontentement des soldats français. Elle nourrit le sentiment, profondément ancré dans les représentations mentales des forces combattantes, qu'il existe un fossé insurmontable entre le front et l'arrière : les Français n'ont rien compris à la dureté de la vie dans les tranchées, comment comprendraient-ils le besoin que ressentent les poilus de revenir rapidement chez eux ? L'impression la plus fréquente, selon le contrôle postal, est celle d'être des « oubliés de la victoire ». Les observateurs du contrôle postal de la VIIe armée résument parfaitement la situation : « Deux choses inquiètent. 1° la probabilité du retour à la vie et à la discipline de caserne. Rien qu'à cette idée, la mauvaise humeur se fait jour. 2° La durée de la démobilisation. On l'espère et surtout on la voudrait rapide, presque immédiate. »

La paix et les possibles

Après la démobilisation, que fera-t-on de sa vie ? Cette question est sans doute l'une des plus importantes parmi celles que se posent les soldats au lendemain de l'armistice, mais c'est aussi celle dont la réponse échappe le plus aux historiens. Les services du contrôle postal, malheureusement, n'en ont guère laissé de traces concrètes, jugeant sans doute que les extraits qu'ils pourraient citer dans les comptes rendus seraient sans intérêt pour les autorités militaires. La commission se contente alors d'un simple « Nombreuses allusions au retour dans les foyers », mentionné dans les impressions générales. Et pourtant, sous la banalité d'une expression administrative, affleurent à la fois le besoin de sécurité, l'affection des siens, le plaisir du confort domestique, toutes choses dont ces hommes sans toit sont privés depuis des années. Certaines correspondances éditées après la guerre permettent cependant de compléter notre information, puisqu'elles fournissent des précisions sur les projets, familiaux ou professionnels, des combattants. S'interdire de les évoquer en raison de leur absence de représentativité n'aurait aucun sens, tant il est vrai que, dans ce domaine, les parcours restent fondamentalement individuels. On peut toutefois distinguer deux cas de figure principaux, des soldats exprimant le souhait de reprendre le travail qu'ils avaient laissé au moment de leur appel sous les drapeaux, d'autres prenant acte du bouleversement que la guerre a entraîné et décidant de changer complètement de vie.

Le cas des jeunes instituteurs du Loir-et-Cher, dont les lettres adressées au directeur de l'École normale de Blois ont été étudiées par Alain Jacobzone, se révèle extrêmement éclairant sur le premier type de comportement. Toute la correspondance de cette poignée d'hommes manifeste une continuité entre leur engagement civique avant-guerre et leur ferveur patriotique pendant le conflit : convaincus d'être devenus de bons soldats parce qu'ils étaient de bons instituteurs, ils ont transposé dans la guerre, sans trop de difficulté semble-t-il, les valeurs attachées à leur métier, notamment le dévouement et l'esprit de sérieux… Dans leurs lettres postérieures à l'armistice, ces instituteurs expriment, pour la plupart, le désir très vif de poursuivre leur mission auprès des enfants, de se mettre au service de la reconstruction morale du pays. « Quelle joie profonde vous envahit à la pensée [de la victoire], joie qu'on ressent encore mal tant ce point d'interrogation pesant sur chaque existence y a laissé l'empreinte de sa griffe », écrit l'un d'eux dans une lettre du 18 novembre 1918. « Il nous faut dès maintenant préparer l'après-guerre, nos rangs sont décimés et cependant l'effort à faire sera immense, ne serons-nous pas à la base de cette patrie nouvelle, ne donnerons-nous pas le germe des idées directrices de la vie[76] ? » Il est frappant alors de voir, dans le cas de ces normaliens âgés de 18 à 25 ans, quel rôle essentiel revient à leur ancien directeur, véritable lien entre leurs souvenirs des années d'études et leur avenir

76. Alain Jacobzone (publié par), *Sang d'encre,* Vauchrétien (Maine-et-Loire), Ivan Davy Éditeur, « Faits et gestes », 1998.

d'enseignant, entre la vie militaire qu'ils connaissent et la vie civile à laquelle ils aspirent, entre l'avant-guerre et l'après-guerre.

Du fait de sa dimension micro-historique, cette étude éclaire l'influence de certains acteurs dans la réintégration des anciens combattants. Un jeune homme qui s'inquiète des conditions de vie des futurs instituteurs dans la France d'après-guerre interroge son ancien directeur sur l'augmentation insuffisante des traitements des enseignants : « Je me rappelle cette pensée que vous nous avez dite dans une de vos leçons : une démocratie qui se désintéresse de ses instituteurs se désintéresse d'elle-même », souligne-t-il[77]. Un autre lui demande d'intervenir pour que sa fiancée « obtienne un poste à proximité de S. où [il sera] démobilisé ». Dans la France d'après-guerre, le directeur sert à la fois de référent moral, de conseiller, de protecteur.

D'autres combattants hésitent en revanche sur leurs projets d'avenir. Henri Fauconnier a trente-cinq ans lorsque la guerre éclate. Depuis 1905, il a créé en Malaisie une plantation de caoutchouc, qui lui rapporte beaucoup depuis le boom de 1910, et rêve de devenir écrivain. Sa décision de partir combattre en Europe, dès l'été 1914, ne surprend pas sa famille dont tous les hommes sont engagés volontaires. Pendant quatre ans, il écrit et répond aux lettres de sa jeune fiancée Madeleine, et sa correspondance mêle subtilement les nouvelles du front et les échos lointains de la Malaisie. Au lendemain de l'armistice, que doit-il choisir ? Retourner en Asie et reprendre le contrôle de ses affaires ? Ses lettres traduisent un profond désarroi. « Depuis que tu es revenue dans tes lettres à la question de ce que nous ferons après la guerre, cette question me trottait dans la tête, et cette nuit, un peu de fièvre aidant, elle est devenue tout à fait torturante », lui écrit-il. « Comme elle est actuellement insoluble, il est heureux que le matin ait fini par venir [...] J'étais perdu et accroché dans

77. *Ibid.*, p. 101.

des si et des mais [...] aussi inextricables que les rotins épineux de la jungle [...] Pourtant, j'ai beau y réfléchir, je ne trouve pas de solution à notre problème d'après-guerre. Je suis complètement désorbité. J'ai une famille sans maison à un bout du monde et une maison sans famille à l'autre bout. J'ai des motifs très sérieux de retourner et de ne pas retourner en Malaisie – enfin je désire et redoute le séjour en France, où d'ailleurs je ne suis chez moi nulle part. Il y a là de quoi perdre la tête[78]. »

Dans le cas d'Henri Fauconnier, et vraisemblablement pour beaucoup d'autres soldats, la fin de la guerre semble raviver tous les désirs inassouvis, en ébranlant les bases d'une vie quotidienne qui ne s'appuyait jusqu'alors que sur la force de l'habitude. « Et si j'abandonnais la plantation pour me consacrer totalement à l'écriture ? », s'interroge Fauconnier. « Tu sais que quand je suis parti pour la Malaisie, faire fortune était pour moi, non un but mais un moyen – le moyen de conquérir le loisir et l'indépendance indispensables à l'artiste. Je compte bien maintenant essayer d'utiliser ce que j'ai ainsi conquis, et j'y ai beaucoup pensé pendant la guerre », écrit-il à Madeleine[79]. Combien de soldats, marqués par le sentiment d'avoir survécu miraculeusement et d'avoir gagné, en quelque sorte, une seconde vie, décidèrent d'abandonner ce qui faisait leur quotidien, de partir à l'aventure ou de réaliser leurs rêves ? C'est le cas de Maurice Genevoix, élève de la Rue d'Ulm, appelé à la guerre en deuxième année d'École, qui renonce à suivre docilement la carrière universitaire à laquelle il est destiné : « Dès l'armistice, l'Université avait réclamé les siens. Les rares normaliens survivants de ma promotion d'avant la guerre, en application de leur engagement décennal (servir pendant dix ans dans l'enseignement public) avaient été tenus de se faire réinscrire en Sorbonne. Mais c'est à moi, comme

78. Henri Fauconnier, *Lettres à Madeleine, op. cit.*, p. 340-341.
79. *Ibid.*, p. 342.

distraitement, que Paul Dupuy avait remis ma demande de réinscription. Je l'avais déchirée sous ses yeux », rapporte-t-il[80]. Combien d'hommes, à l'inverse, se réfugièrent dans une vie calme et tranquille, faisant les mêmes gestes, retrouvant les mêmes habitudes qu'avant le conflit, comme si la guerre n'avait été qu'une parenthèse cauchemardesque ? Il est naturellement impossible de le dire, et l'historien doit reconnaître que l'essentiel, c'est-à-dire le retour à une certaine banalité du quotidien, lui reste caché. En revanche, il apparaît nettement que ces interrogations sur l'avenir sont présentes, parfois dès le lendemain de l'armistice, dans les correspondances. La victoire est, par essence, le moment brutal où tout devient possible.

La paix et l'occupation de l'Allemagne

Pour ceux qui ne seront pas libérés rapidement, l'autre perspective qu'évoquent de nombreuses lettres à la mi-novembre 1918 est l'occupation de l'Allemagne : la cinquième condition d'armistice comporte en effet « l'évacuation des pays de la rive gauche du Rhin par les troupes allemandes », ces régions se trouvant administrées désormais par les autorités locales sous le contrôle des puissances étrangères. « Les troupes des Alliés et des États-Unis assureront l'occupation par des garnisons tenant les principaux points de passage (Mayence, Coblence, Cologne), avec, en ces points, des têtes de pont de 30 kilomètres de rayon sur la rive droite, et des garnisons tenant également les points stratégiques de la région », précise le texte. « L'évacuation, par l'ennemi, des pays du Rhin (rive gauche et rive droite), sera réglée de façon à être réalisée dans un délai de quinze nouveaux jours, après l'évacuation de la France et de la Belgique, soit trente et un

80. Maurice Genevoix, *Trente Mille Jours*, Paris, Éd. du Seuil, 1980, p. 270.

jours après la signature de l'armistice[81]. » Au lendemain de l'armistice, les soldats les plus jeunes s'attendent donc à partir en Allemagne avant la mi-décembre 1918. « À présent, nous partirons comme troupe d'occupation, c'est-à-dire pour garder les frontières », rapporte un combattant dès le 12 novembre (172e RI). À l'inverse, les classes les plus anciennes espèrent être démobilisées dans la foulée de la victoire. « Maintenant, il ne nous reste plus qu'à rentrer dans nos foyers », se réjouit un combattant français de la IVe armée, 74e division d'infanterie. « Ce sera très prochainement car l'occupation des pays ennemis sera faite par les jeunes classes. »

De manière générale, les conditions de l'armistice surprennent par leur sévérité. Les soldats français, qui les ont apprises à la lecture de la presse, sont à peu près unanimes sur ce point. « J'ai pris connaissance des conditions imposées à l'Allemagne, elles sont terribles pour elle, tant mieux », note un soldat dans une lettre à sa femme, en date du 12 novembre. « Nous avons saigné à blanc notre ennemi, il ne lui sera plus possible de se relever », affirme un combattant du 328e RI[82]. Pour autant, nulle voix ne s'élève pour regretter cette rigueur : « Il faut qu'ils payent le mal qu'ils nous ont fait », disent la plupart des lettres. « [Les conditions de l'armistice] ne seront jamais assez terribles pour ces vampires », assure un soldat de la 74e DI. « Aujourd'hui, nous avons lu les conditions de l'armistice, les boches sont "salés" mais je n'ai pas éprouvé le moindre sentiment de pitié pour eux », déclare un combattant de la IVe armée dans une lettre à ses parents. « Ils ne méritent pas d'être traités comme des êtres humains[83]. »

81. Paul Tirard, *La France sur le Rhin, douze années d'occupation rhénane*, Paris, Plon, 1930, p. 2.
82. Cité par Jean Nicot, *Les poilus ont la parole, op. cit.*, p. 559.
83. Il faut remarquer que les termes « saigner à blanc » ou « saler » suggèrent eux aussi une animalisation de l'ennemi.

En fait, la plupart des soldats français craignent que les combattants allemands n'aient pas compris l'ampleur de leur défaite et cherchent à faire avec eux une paix à l'amiable. Les tentatives de fraternisation qui ont lieu ici ou là sur le champ de bataille à la suite de l'armistice sont très mal perçues par les correspondants. « Nous avons vu hier des Fritz qui sont venus chez nous en criant : "Vive la République ! Vive la France !" et qui, tous, portaient des cocardes tricolores. Ils ont été immédiatement conduits au Bureau du Colonel », rapporte un combattant de la VIIIe armée, 69e DI. Un de ses camarades confirme : « Le jour où tout était fini, ils auraient voulu fraterniser avec nous. Mais la rancune était trop grande pour leur serrer la main. » Certains s'en prennent ouvertement à la couardise de l'ennemi, prêt à toutes les bassesses parce qu'il se sait vaincu : « Ces boches sont aussi lâches que cruels, ils demandent la paix parce qu'ils sentent qu'ils sont les moins forts », constate un soldat de la Xe armée. D'autres mettent en cause la duplicité des soldats allemands qu'ils craignent de voir reprendre les armes à la première occasion. D'ailleurs, la guerre risque de se poursuivre sur d'autres fronts, par exemple sur le terrain économique, car « le premier soin [des Allemands] sera d'essayer encore d'inonder le monde de leur sale camelote » : « Nous devons donc bâillonner l'Allemagne et lui empêcher tout développement économique[84]. »

Selon eux, il faut se montrer d'autant plus vigilant que l'armistice a été conclu avant que les troupes alliées pénètrent sur le territoire allemand. L'ennemi n'a donc pas eu l'occasion de sentir concrètement son infériorité. Certes, quelques correspondants, en minorité, assurent que la situation présente est préférable à une invasion de l'Allemagne qui aurait donné lieu à des débordements. « Il eût été flatteur d'entrer en conquérant en Allemagne, mais comme tu le dis, mère, qu'on songe bien que chaque heure de guerre supplémentaire aurait

84. Jean Nicot, *Les poilus ont la parole, op. cit.*, p. 560.

coûté bien des vies, et pour payer ce soi-disant plaisir, beaucoup de familles, heureuses aujourd'hui de revoir les leurs pleureraient des disparus. Il y a aussi l'hiver que les poilus auraient dû passer une cinquième fois dans les tranchées. Et puis, si les soldats alliés avaient pénétré en Allemagne, ils se seraient terriblement vengés du mal que les Boches ont fait et aux yeux des neutres, nous serions passés pour des bandits ; car ils n'auraient pas reconnu que nous appliquions la loi du talion. Aujourd'hui, l'honneur est sauf et nous pouvons faire payer aux Boches le mal qu'ils nous ont fait » (un soldat de la Xe armée, 1er décembre 1918). Certains, notamment des officiers, cherchent même à prévenir des comportements vengeurs, lorsqu'il s'agira de partir occuper l'Allemagne : « Nous partons pour l'Allemagne. Nous avons reçu à ce sujet les instructions les plus sévères [...] Nous savons quelle doit être notre attitude vis-à-vis des Fritz » (130e RI, V^e^ armée). « Le capitaine nous a fait un discours : “Les amis, nous a-t-il dit, c'est nous les vainqueurs. Un de ces jours, nous allons entrer en Allemagne. Je veux que vous ayez une tenue correcte et que vous soyez disciplinés afin de leur faire voir que vous entrez en vainqueurs et non en assassins” » (110e régiment d'artillerie lourde, VIIe armée). Pourtant, d'autres officiers ne partagent pas ces réserves et se disent favorables à la loi du talion : « Pour ma part, je ne ferai rien pour entraver l'assouvissement de la vengeance chez mes hommes », affirme l'un d'eux. « Je me souviens trop encore de ce que j'ai vu au cours de la campagne pour avoir un peu de pitié pour ces sauvages » (112e régiment d'artillerie lourde, armée d'Italie).

Dans leur majorité, les soldats ne s'embarrassent pas de scrupules et considèrent l'occupation de l'Allemagne comme une occasion de se venger de l'ennemi. C'était déjà le cas à la fin de l'été et au début de l'automne 1918, au moment où les troupes alliées poursuivaient une armée allemande en fuite : l'armistice ne favorise donc aucun apaisement de la haine de l'ennemi, aucune tentative de rapprochement avec les soldats allemands ou de dissociation entre leur responsabilité et celle de l'État-major ou du Kaiser. « Nous avons une petite dette à régler ensemble et je voudrais bien y être pour la régler », reconnaît un soldat dans une lettre à sa mère. « Bientôt ce sera la sainte vengeance, la vengeance divine dans la victoire complète », dit un autre. La lettre suivante envoyée par un soldat de l'armée d'Italie à un camarade est particulièrement éclairante : « Comme tous les poilus, je voudrais aussi qu'on aille chez eux mais avec moins de cruauté, c'est-à-dire en ne faisant pas de mal aux vieillards, aux femmes, aux enfants. Je ne verrai pas d'un mauvais œil que l'on démolisse de fond en comble leurs villes, et surtout que l'on détruise tout ce qui peut leur être utile pour le commerce. Quant à leurs troupes, pas de grâce, il faudrait qu'on puisse les démolir jusqu'au dernier soldat. » Il est significatif que ce combattant français appelle au respect par ses compatriotes de certaines règles de la guerre qu'il estime violées par les troupes allemandes – l'immunité des civils par exemple – et, dans le même temps, à une guerre de destruction visant le patrimoine culturel de l'ennemi et son armée : le peuple allemand est jugé innocent, l'armée allemande en revanche, seule responsable des crimes de guerre, est promise à l'anéantissement physique. Cet homme se place donc à la fois dans le cadre de la guerre du droit et de la guerre totale.

Le paradoxe n'est qu'apparent, et ce type d'attitude à l'égard des Allemands est extrêmement fréquent dans les lettres du 11 novembre et des jours suivants. Manifestations de colère en souvenir de la mort d'êtres chers ou de la destruction d'une maison, d'un village par l'armée allemande ; point d'orgue d'une guerre totale fondée sur l'exaltation des valeurs nationales et la diabolisation de l'ennemi ; sursaut d'énergie au moment de pénétrer sur le territoire de l'Allemagne : ces expressions de haine à l'encontre du « Boche » relèvent de l'un ou l'autre de ces sentiments. Dans les lettres à leurs proches, notamment à leurs parents dont ils se présentent parfois comme des vengeurs par procuration, les hommes se disent déterminés et inflexibles : « Quant à la vie que nous allons mener chez ces bandits, tu peux croire que nous n'allons pas nous faire de mousse. Les salauds, tant pis pour eux. Je me vengerai de la mort de mon jeune frère et des quatre blessures de mon cadet », promet un combattant de la IVe armée, 21e DI. Dans le même temps, un soldat de l'armée d'Italie manifeste une certaine fascination pour l'œuvre de destruction à venir et évoque les villes bombardées ou pillées par les Allemands, en des termes qui rappellent un être humain : « Nos villes détruites crient vengeance, nous voulons aller chez eux pour leur faire subir la peine du talion, et je crois que nous serons sans pitié. »

Les raisons invoquées pour se venger des Allemands sont surtout personnelles : la mort des camarades, celle d'un parent, le Nord et l'Est de la France livrés au pillage et à la destruction. « Je suis bien été où mon pauvre frère d'armes est tombé mais je n'avais pas beaucoup de temps et quoique j'ai fait plusieurs fois le tour du pays, j'ai pas pu voir la tombe où reposait mon frère d'armes mais j'ose espérer que j'y retournerai encore dans cette région et que mes recherches cette fois ne seront pas infructueuses », écrit un soldat de la IIe armée, 416e régiment d'artillerie lourde. « La région est bien aussi dévastée, plus de maisons, plus rien debout. Ah ! que c'est triste de voir un travail pareil. Aurons-nous le bonheur d'aller chez eux pour leur rendre la pareille, que je serais heureux ce jour-là, partout où je passerai, je mettrai le feu, oh ! pour cela c'est sûr. » Il est frappant de voir que les destructions matérielles, villes bombardées par les zeppelins ou les obusiers allemands, maisons saccagées, sont placées à peu près sur le même plan que les pertes humaines. Les soldats manifestent un attachement viscéral à leur région d'origine, à la maison de leur enfance, au patrimoine de leur pays. Les habitations elles-mêmes sont perçues comme un prolongement naturel des corps de ceux qui les occupaient : la destruction d'une maison est vécue comme un viol, présentée comme tel.

Les lettres se réfèrent en revanche plus rarement à des réalités d'ordre général pour justifier la vengeance à venir. Peu nombreux sont ceux, par exemple, qui invoquent, à l'instar de ce soldat du 70e RI, les contentieux historiques entre la France et l'Allemagne : « Nous aurons la compensation d'aller nous amuser un peu chez les Fritz comme troupe d'occupation, car on doit y aller. Ce sera le rendu de 1870-1871, ça ne fera pas de mal de changer de pays. »

Parfois même, certaines lettres manifestent un déchaînement paroxystique de violence verbale qui ne s'accompagne d'aucune tentative de justification autre que la loi du talion. La violence devient légitime tout simplement parce qu'elle est possible. La liberté de commettre l'acte de violence est souvent l'un des éléments fondamentaux de son explication[85]. On est en présence alors d'une véritable culture de la haine, qui nourrit la « culture de guerre » du premier conflit mondial[86]. Ces lettres sont-elles nombreuses ? Il est impossible de le dire avec précision. Tantôt le contrôle postal les présente comme des « lettres saisies », indiquant de ce fait leur caractère singulier. Ailleurs, elles sont jugées représentatives par les censeurs de l'armée française ; c'est notamment le cas de celle-ci, adressée par un soldat de l'armée d'Italie à sa femme, le 4 novembre 1918, et dont le vocabulaire choisi révèle le haut niveau culturel de l'auteur : « Il faut aller en Autriche et en Bochie pour brûler et massacrer comme ils l'ont fait chez nous, autrement ces brutes ne comprendront jamais leur ignominie. La force, la peur, l'outrage, peuvent seuls les dégriser et les ramener à la raison, en les mettant à genoux dans le sang qu'ils ont fait couler. Il ne peut pas en

85. C'est ce qu'avance notamment Wolfgang Sofsky dans *L'Ère de l'épouvante. Folie meurtrière, terreur, guerre*, Paris, Gallimard, 2002, chapitre II : « Le paradis de la cruauté ».

86. Sur cette notion, voir notamment Annette Becker et Stéphane Audoin-Rouzeau, « Violence et consentement : la "culture de guerre" du premier conflit mondial », in *Pour une histoire culturelle*, sous la direction de Jean-Pierre Rioux et Jean-François Sirinelli, Paris, Éd. du Seuil, 1997, p. 251-271. Le terme de « culture de la haine » est emprunté à l'historien américain Peter Gay.

être autrement, depuis cinq ans ils sont devenus innombrables, ceux qui ont la rage au cœur et veulent venger eux-mêmes un enfant mutilé, une femme égorgée ou violée, des parents assassinés[87] », écrit-il. « Ceux-là veulent justice, châtiment et sentir le boche râler et hurler sous les coups. Ils veulent voir brûler leurs villes et hacher la foule blême de terreur qui fuira après avoir ri et pavoisé en l'honneur de ses crimes. Ils veulent voir le Kaiser qui nous menaçait de son gantelet de fer, qui se riait des femmes et enfants torpillés, ils veulent le voir souffleté, torturé et la face sanglante offert sur un bûcher à la joie des veuves et des orphelins. »

La question de la représentativité de tels propos ne doit pas être évacuée totalement : le statut que les autorités militaires, dans les limites de leurs connaissances et de leurs présupposés, ont conféré à ce type de source, la jugeant assez représentative pour figurer dans les rapports du contrôle postal, permet de se faire une première idée à ce sujet[88]. Pour autant, cette question n'a de sens que si elle stimule les tentatives d'interprétation des chercheurs, car le problème se situe bien au-delà du caractère exceptionnel ou non de ce discours de haine : le fait même que des soldats français aient pu parler de l'ennemi, en l'occurrence du Kaiser, des soldats allemands, aussi bien que des civils, en des termes aussi violents pose question.

On assiste en effet lors de la Première Guerre mondiale à l'avènement d'un langage sans précédent sur les Allemands – et, de ce fait, à des représentations de l'ennemi, originales par leur brutalité. Dans sa thèse, Michaël Jeismann a bien montré comment cet imaginaire de l'ennemi s'inscrit dans la longue durée des relations franco-allemandes, la France et

87. Cette allusion aux atrocités commises par l'armée allemande en Belgique et en France du Nord lors de la période d'invasion notamment montre bien que la propagande construite par les Alliés à leur sujet a été très nettement intériorisée par les soldats français.

88. On ignore en revanche si le contrôle postal se félicitait d'une telle combativité ou manifestait de l'inquiétude à la veille de l'occupation de la Rhénanie.

l'Allemagne se construisant depuis les guerres de la Révolution en s'opposant l'une à l'autre : « En France comme en Allemagne, l'ennemi est un élément constitutif de la conscience nationale : il n'y a pas de patrie sans ennemi[89] », écrit-il. À l'occasion de la Première Guerre mondiale, cet antagonisme se radicalise dans le sens d'une « ethnicisation de la conscience historique et politique[90] » qui s'exprime à travers des appels à l'extermination de l'ennemi en tant que race, plus nombreux au moment de l'entrée en guerre et lors de la « remobilisation culturelle » de 1918[91] : « Qu'on nous envoie en France pour vous aider et contribuer à l'écrasement de cette race immonde », réclame un combattant de l'armée d'Italie, le 8 novembre1918. « Rien de ce qui est boche ne subsistera après nous », promet un soldat de la IIe armée, 333e RI. « L'ennemi a fait usage de trop de criminels procédés de guerre pour que nous ayons encore pour lui le moindre sentiment d'humanité. La vengeance sera terrible, la rage a remplacé dans nos cœurs le peu de pardon que nous aurions encore eu pour les Boches. Nous raserons nous aussi les villes boches et nous ferons le double de ce que l'ennemi aura fait chez nous. Le boche est pillard, bandit, assassin, incendiaire, un lâche adversaire que nous voulons détruire et nous le détruirons. » Un autre combattant de l'armée d'Italie, 21e régiment d'artillerie, ajoute : « Les boches se font dresser et cela me met en joie [...] Leur territoire et eux pourront goûter des horreurs de la guerre. Ça ne leur fera que du bien. Ils en ont trop fait, il faudra les écraser à jamais. »

89. Michaël Jeismann, *La Patrie de l'ennemi. La notion d'ennemi national et la représentation de la nation en Allemagne et en France de 1792 à 1918*, trad. fr. Paris, CNRS Éditions, 1997.

90. *Ibid.*, p. 301.

91. Sur ces problèmes de périodisation, voir Stéphane Audoin-Rouzeau, « Bourrage de crâne et information en France en 1914-1918 », in *Les Sociétés européennes et la Guerre de 1914-1918, op. cit.* Voir aussi les actes du colloque organisé par John Horne à Dublin en 1993 : *State, Society and Mobilization during the First World War, op. cit.*

Ces propos tirés des correspondances de l'automne 1918 sont bien plus violents et explicites que les accents vengeurs des grands quotidiens nationaux à la même époque. Le 11 novembre 1918, le lieutenant-colonel Roussy publie un article intitulé « Crime et châtiment » dans *Le Petit Parisien :* « Le peuple germanique, l'armée, la caste militaire, tout cela n'a fait qu'un, pendant trente ans, et tout cela se dissocie maintenant parce que le coup monté de concert est manqué », écrit-il. « Mais ce qui a été lié dans le crime doit rester lié dans l'expiation[92]. » En d'autres termes, la révolution en Allemagne ne saurait dédouaner le peuple allemand de ses responsabilités dans la guerre. Trois mois plus tôt, Henri Lavedan appelait, dans *L'Illustration*, à un châtiment exemplaire de l'ennemi, en plus de la défaite qui lui serait imposée : « Ayons donc dans cette guerre et jusque dans les profondeurs de la paix l'esprit de vengeance[93]. » Ce que le même auteur précisait en ces termes : « Plus jamais de boches en France ! – Plus de style boche ! – Plus d'art boche ! – Plus de produits boches ! – Plus d'espions boches ! – Plus d'ambassade boche ! – Plus rien de boche[94] ! »

Le projet d'épurer de toute présence allemande le territoire français, ainsi sanctuarisé – on songe naturellement à la récupération de la France du Nord, à la réintégration de l'Alsace et de la Lorraine – ou les appels à l'anéantissement de la « race allemande » dans la perspective de l'occupation en Rhénanie peuvent être interprétés comme une sorte d'apogée de la dynamique de guerre. « Une détermination positive de la paix ne semblait plus possible, la paix elle-même ne constituait que la continuation de la guerre par d'autres moyens », note Michaël Jeismann. « La négation sans cesse croissante

92. Lieutenant-colonel Roussy, « Crime et châtiment », *Le Petit Parisien*, 11 novembre 1918, cité par Michaël Jeismann, *La Patrie de l'ennemi, op. cit.*, p. 316.

93. Henri Lavedan, « De la vengeance », *L'Illustration*, 21 septembre 1918.

94. *Id.*, « Les inscriptions », *ibid.*, 17 août 1918.

qu'exprimait le refus de tout ce qui était "boche" et l'intensité avec laquelle elle était proclamée montrent à quel point la conscience nationale en France s'était focalisée contre un ennemi unique[95]... ».

Le fantasme, maintes fois exprimé, de destruction de tout ce qui est allemand s'accompagne généralement d'une évocation des châtiments auxquels l'ennemi est promis, et même du type et du degré de souffrance qui lui seront imposés. On décrit des violences corporelles qui vont de la simple gifle aux tortures plus douloureuses, des tentatives d'humiliation (« mettre [l'ennemi] à genoux dans le sang qu'il a fait couler »), un désir de déshumanisation des victimes – notamment à travers la défiguration du Kaiser – et le châtiment final du bûcher qui s'apparente au rôtissage du cochon. La douleur de l'Allemand est mise en scène. Tel soldat l'imagine « râler », « hurler », « blêmir de terreur ». La souffrance infligée à l'ennemi s'inscrit dans un contexte quasi religieux, où le combat patriotique et le combat spirituel se trouvent étroitement mêlés. Faire souffrir le « Boche », c'est d'abord contribuer à dévoiler aux yeux du monde sa véritable nature, la violence permettant de mettre à nu l'abomination de l'ennemi[96] : la perspective du châtiment ne confirme-t-elle pas d'ores et déjà la lâcheté naturelle des soldats allemands qui « font l'impossible pour éviter [la] pénétration sur leur sol[97], car ils se doutent que les représailles seront terribles »

95. Michaël Jeismann, *La Patrie de l'ennemi, op. cit.*, p. 316.

96. Sur les modalités de l'interprétation du massacre, voir Denis Crouzet, *Les Guerriers de Dieu. La violence au temps des troubles de Religion. Vers 1525-vers 1610*, Paris, Éd. Champs Vallon, 1990, ainsi qu'Alain Corbin, *Le Village des cannibales*, Paris, Aubier, 1990, chapitres 3 et 4.

97. La pénétration sur le territoire national est également vécue comme un viol. Sur ce point, mais dans un autre contexte, celui de l'invasion allemande de 1914, voir notamment Stéphane Audoin-Rouzeau, *L'Enfant de l'ennemi (1914-1918). Viol, avortement, infanticide pendant la Grande Guerre*, Paris, Aubier, 1995, et John Horne, « Corps, lieux et nation. La France et l'invasion de 1914 », art. cité.

(112e régiment d'artillerie lourde, armée d'Italie) ? Sans doute la mise en œuvre du supplice, véritable anticipation ici-bas du châtiment infernal, contribuera-t-elle, de surcroît, à éclairer la réalité monstrueuse des armées ennemies.

À cette dimension apocalyptique s'ajoute une volonté de purification par la souffrance. En septembre 1918, les censeurs du courrier de la IIe armée notent que les hommes se montrent « résolus à exterminer la race maudite qui souille notre belle France depuis quatre ans ». « Inutile de se faire des illusions », résume un combattant du 109e régiment d'artillerie lourde, 18e DI. « Leur barbarie ne diminue pas, au contraire, et avant de quitter ces régions souillées par eux depuis plus de quatre ans, ils détruisent et incendient ; le châtiment inévitable qui les attend sera sans pardon. » L'un des moyens envisagés pour laver la souillure infligée par les troupes ennemies est d'imposer au peuple allemand une souillure comparable. Le saccage des corps, notamment celui des femmes, est alors fréquemment cité. Ainsi dans certaines lettres de novembre 1918, les promesses de viols sont parfaitement explicites : « Nous sommes en route pour aller en Bochie. Tu peux croire que nous y allons de bon cœur. Il faut qu'on baise les femelles boches. Ils ont assez sali les nôtres, c'est notre tour » (130e RI, Ve armée). « Nous montons vers la Bochie, nous les tenons enfin ces cochons de Boches. Je t'assure que chez eux nous ne les traiterons pas en douceur. Dans quelques jours, la Gretchen nous cassera du bois et mettra le couvert et il faudra que ça saute. Si mon Fritz est là, il faudra qu'il se débrouille, sans cela gare à ses os » (44e régiment d'artillerie de campagne, Ve armée).

L'appropriation du corps des Allemandes ou leur domestication (« casser du bois ») qui restent, dans les correspondances de la mi-novembre, au stade de la menace, s'inscrivent dans la perspective de la prise de contrôle par l'armée française du territoire ennemi. « L'invasion, parce qu'elle est invasion, s'accompagne d'un sentiment marqué de supériorité, de domination, conjugué d'ailleurs avec la peur de l'inconnu », relève Stéphane Audoin-Rouzeau[98]. Cette analyse qui concerne spécifiquement l'invasion allemande de 1914 semble pouvoir être étendue à l'occupation de la Rhénanie, qui est aussi anticipée avec angoisse. Butin de guerre, objet de convoitise et de mépris, moyen d'humilier l'ennemi en soulignant son impuissance à défendre ce qui lui appartient : l'agression des corps féminins résume à elle seule la violence de l'invasion imaginée par les soldats français.

Dès l'entrée en guerre de 1914, la perspective d'abuser des femmes ennemies avait été énoncée. « Ils rêvaient de provinces ravagées, de tonneaux percés, de villes incendiées, du ventre blanc des femmes blondes de Germanie, de butins immenses, de tout ce dont la vie habituellement les privait », rapporte Gabriel Chevallier dans *La Peur*[99]. Selon Jean-Yves Le Naour, certains wagons portent alors l'inscription « Train de plaisir pour Berlin[100] ». Durant les années de guerre, outre quelques chansons de soldats, des carnets de combattants révèlent que le sujet donne lieu à des conversations entre camarades. Ainsi, le sergent Giboulet rapporte, dans son journal, à la date du 19 octobre 1916, les fantasmes d'un de ses compagnons d'armes qui rêve d'aller en Allemagne « pour se livrer à la pratique du viol qui satisferait son tempérament excessif et son juste désir de représailles[101] ». En novembre 1918, le caractère imminent de l'entrée en Rhénanie donne-t-il plus de force aux fantasmes

98. Stéphane Audoin-Rouzeau, *L'Enfant de l'ennemi (1914-1918)*, *op. cit.*, p. 47-48.

99. Gabriel Chevallier, *La Peur*, Paris, PUF, 1930, rééd. 1951, p. 6

100. Jean-Yves Le Naour, *Misères et Tourments de la chair durant la Grande Guerre. Les mœurs sexuelles des Français, 1914-1918*, Paris, Aubier, 2002, p. 335.

101. Les carnets du sergent Jean Giboulet ont été transcrits et étudiés par Solenn Boitreau, dans un mémoire de maîtrise soutenu en l'an 2000 à l'université Toulouse-le-Mirail, sous le titre : *Les Carnets de guerre du sergent Jean Giboulet, sergent-mitrailleur dans les Vosges*, citation p. 62. Je dois cette référence à Jean-Yves Le Naour, *Misères et Tourments de la chair durant la Grande Guerre, op. cit.*, p. 337.

d'une armée animée par l'esprit de vengeance et privée au quotidien de la présence des femmes ? C'est possible. Les menaces de viols sont cependant plus complexes qu'il n'y paraît à première lecture. Pour le comprendre, il faut s'intéresser au contexte épistolaire dans lequel les viols sont annoncés.

Dans la plupart des cas, les soldats font part de leurs projets (ou simplement de leurs fantasmes, on ne sait) à d'anciens camarades de combat, des amis, des frères, bref, à d'autres hommes pour qui cette confidence équivaut à une manifestation de virilité. Les historiens spécialistes des violences sexuelles, en particulier Jacques Rossiaud pour l'époque médiévale [102] et Georges Vigarello pour l'époque moderne et contemporaine [103], ont montré depuis longtemps que le viol est un moyen pour de jeunes hommes, dans certaines sociétés et certaines circonstances, d'acquérir « le privilège de la masculinité » (Jacques Rossiaud) à travers ce qui est tantôt considéré comme un rite d'initiation, tantôt comme la manifestation d'une solidarité de groupe, tantôt comme la satisfaction d'une pulsion. Narrer en détail « ce qu'on fera aux femmes boches » permet donc à certains soldats de prouver leur virilité. « Depuis le 8, nous sommes en route et nous voici à destination tout près de Creil dans un gracieux petit village où nous sommes très bien cantonnés. Nous irons sans doute voir le boche chez lui, et ce sera alors à notre tour de secouer les puces à leurs femmes », écrit un soldat de la IIIe armée, 15e DI, dans une lettre à un ami du 24 novembre 1918. Un combattant de la IIe armée, 224e RA, se fait plus explicite : « Ah ! Si jamais nous allons en Bochie, nous allons leur faire voir un peu à ces salauds de quel bois on se chauffe, ils ont violé nos filles, déshonoré nos femmes, nous en ferons autant. »

102. Jacques Rossiaud, *La Prostitution médiévale*, Paris, Flammarion, rééd. « Champs », 1990, p. 35 *sq*.

103. Georges Vigarello, *Histoire du viol, XVIe-XXe siècle*, Paris, Éd. du Seuil, « L'Univers historique », 1998, rééd. « Points Histoire », 2000.

Ces annonces de viols tiennent à la fois de la bravade, de la plaisanterie obscène et du rituel de masculinité. Par l'affirmation d'une virilité agressive, elles ont certains points communs, *mutatis mutandis*, avec les propos licencieux des confréries de jeunesse dans le monde rural, des étudiants de médecine en milieu urbain ou des conscrits dans la France du début du siècle, des groupes composés presque exclusivement d'hommes jeunes, en marge (célibataires, sans emploi fixe…) et réduits à une « sexualité d'attente ». Le récit est alors d'autant plus efficace qu'il est détaillé et explicite, puisqu'il faut susciter l'envie du destinataire de la lettre, rivaliser avec lui en affichant une virilité débridée. De manière caractéristique, les correspondants tentent parallèlement de déprécier les Allemandes, afin de dédramatiser le viol et de se disculper. « Pour ma part, je fais un stock de capotes car j'aurais trop peur de me salir au contact de ces superbes gretchens, il paraît qu'elles sont couleur filasse, qu'elles ont du rabiot de gras double et qu'elles sentent toutes l'aigre, vivent nos petites françaises si gracieuses et si jolies, seules elles sont capables de nous inspirer de réelles passions », écrit l'un d'eux (IIe armée, 224e RA). Le viol est alors réduit à une dimension quasi ludique, provocatrice et exhibitionniste.

Dans certains cas pourtant, les soldats évoquent leurs « exploits » à venir dans des lettres adressées à leurs sœurs, à leurs fiancées ou à leurs compagnes. La transgression du genre qui s'effectue alors est difficile à comprendre : des hommes parlent ouvertement à des femmes d'un crime dont les femmes sont les victimes et les hommes les auteurs. Il est vrai, comme l'explique Jean-Claude Chesnais, que « le viol est le seul crime dont l'auteur se sente innocent et la victime honteuse[104] ». Pour autant cette constatation n'explique pas

104. Jean-Claude Chesnais, *Histoire de la violence en Occident*, Paris, Robert Laffont, 1981, p. 145. Sur la « conscience obscure de l'agresseur », voir aussi Georges Vigarello, *Histoire du viol, op. cit.*, p. 34 *sq*.

tout. Ainsi cette lettre envoyée à sa fiancée par un soldat du 47e RI, Ire armée : « On a commencé à nous dire qu'on allait aller là-bas comme troupes d'occupation et ce sera beau. Tant pis pour les belles Allemandes. On ne répond pas de la casse. » On peut avancer aussi que l'animalisation de l'ennemi contribue à banaliser les viols, à leur ôter leur caractère criminel – et cela aussi bien aux yeux des combattants que de leurs compagnes. Mais cette interprétation n'est pas plus convaincante, et, quand bien même les viols seraient banalisés, on s'explique mal que des soldats français s'ouvrent ouvertement de leurs projets dans des lettres adressées à des jeunes femmes qui attendent leur retour chez eux. Si l'on suit les perspectives ouvertes par les spécialistes de *gender history*, notamment Mary Louise Roberts[105], on peut faire une autre hypothèse : celle selon laquelle les menaces de viols ne s'adresseraient pas seulement aux Allemandes, mais implicitement aux Françaises dont leur mari souhaiterait reprendre possession après la parenthèse de la guerre.

Toutefois, les menaces de viols s'inscrivent plus vraisemblablement dans une économie de la vengeance et de l'honneur qui veut qu'aux crimes commis par l'armée allemande en France occupée répondent des actions de représailles de l'armée française. L'invasion de la Rhénanie en 1918 est d'abord une contre-invasion, qui répond à celle de la France à l'été 1914. En parlant des viols qu'ils s'apprêtent à commettre, certains soldats mettent en œuvre verbalement la loi du talion ; ils racontent à leurs proches ce qu'ils sont prêts à faire pour les venger ; les menaces de viols sont alors comme des cris de haine adressés au peuple allemand. Sans doute faut-il même aller un peu plus loin. En évoquant le saccage des corps, le pillage des maisons, la destruction des villes comme les perspectives inévitables d'une invasion vengeresse, les soldats se

105. Mary Louise Roberts, *Civilization without Sexes. Reconstructing Gender in Postwar France, 1917-1927*, The University of Chicago Press, 1994.

remémorent les propres souffrances de leur famille, et à travers elle, leur propre incapacité à les éviter. « Les sales boches sauront expier leurs crimes trop nombreux. Ma petite Marie n'est-elle pas une victime de ces bandits-là ? Aussi son grand Augustin se charge de la revanche », écrit un combattant de la IIe armée dans une lettre adressée à sa marraine de guerre. Réclamer une paix dure et exemplaire, c'est éviter naturellement toute tentation de l'ennemi de reprendre le combat. C'est aussi se montrer inflexible en temps de paix quand on n'a pas pu épargner aux siens les souffrances de la guerre, alors même que la détestation des Allemands l'emporte majoritairement sur toute volonté de réconciliation.

Chapitre 2

Une fraternité imaginaire. L'entrée des troupes françaises en Alsace et en Lorraine

L'entrée en Alsace et en Lorraine est vécue par les combattants français comme une étape décisive de la sortie de guerre[1]. Elle inaugure un temps très spécifique, celui des fêtes de réception des soldats, avec sa chronologie propre, ses moments importants : notamment l'entrée des troupes dans Metz le 19 novembre et dans Strasbourg les 22 et 24-25 novembre, ou la visite du président de la République du 8 au 10 décembre 1918[2]. Elle correspond enfin à la (re)découverte par les combattants d'un espace marginal – l'ancien Reichsland Elsass-Lothringen – adossé au Rhin, espace idéalisé par les uns (avec la récupération de l'Alsace et de la Lorraine, l'Hexagone est restauré dans ses « frontières naturelles »), considéré avec suspicion par les autres (l'Alsace et la Lorraine n'ont-elles pas subi plusieurs décennies d'une germanisation poussée ?). En d'autres termes, l'arrivée en Alsace et en Lorraine fait pénétrer les troupes

1. À la différence de la libération des régions occupées du Nord de la France qui intervient pour l'essentiel un mois avant l'armistice (Lille est libérée dès le 17octobre 1918. Pour une étude plus précise de l'accueil des soldats français dans la région lilloise, on peut se reporter à un article de Jean-Yves Le Naour, « Les désillusions de la libération d'après le contrôle postal civil de Lille (octobre 1918-mars 1919), *Revue du Nord*, tome LXXX, n°325, avr.-juin 1998, p. 393-404.

2. Jean-Claude Richez, « Ordre et désordre dans la fête : les fêtes de réception des troupes françaises en Alsace en novembre 1918 », *Revue des sciences sociales de la France de l'Est*, 1983, n°s 12 et 12 *bis*, p. 157-175.

françaises dans un cadre spatial et temporel radicalement différent de celui de la Grande Guerre.

Ce constat général mérite toutefois d'être nuancé. L'expérience de l'entrée dans les provinces perdues en 1871 diffère naturellement beaucoup selon l'origine et la génération des combattants : pour les descendants des « optants » qui ont choisi de quitter l'Alsace-Lorraine et de rejoindre la France avant octobre 1872, suivant les termes du traité de Francfort, ou pour les milliers de soldats alsaciens, déserteurs de l'armée allemande, qui sont passés au service de l'armée française en 1914, l'émotion du retour au pays d'origine – *a fortiori* dans un pays qu'ils ont contribué personnellement à libérer – est intense. Leurs récits des entrées dans les villes et les villages d'Alsace se mêlent aux souvenirs d'une enfance sous l'occupation allemande ou de l'exil en France. Les lettres aux familles, les discours prononcés par les officiers d'origine alsacienne traduisent le sentiment d'un devoir accompli.

Ainsi le général Bourgeois, à son arrivée le 30 novembre 1918 à Sainte-Marie-aux-Mines, dont il est originaire : « Mes chers concitoyens, c'est avec une profonde émotion que je me retrouve aujourd'hui parmi vous, et vous devez comprendre facilement les sentiments qui m'agitent en me trouvant, général de division de l'armée de France, dans cette ville de Sainte-Marie-aux-Mines où je suis né, où j'ai grandi et où j'ai été élevé, d'où je suis parti pour entrer à l'École polytechnique, puis dans l'armée, carrière que j'avais choisie dans l'espoir de consacrer tous mes efforts, toute ma volonté, toute mon intelligence et toute mon énergie à l'idée du retour de l'Alsace à la France. J'ai été exaucé. [...] Lorsque je me reporte en arrière, à mes souvenirs d'enfance, je me revois sur cette place, dans les derniers jours de septembre 1870 ; c'était le jour où pour la première fois, l'ennemi pénétrait ici, venant de Ribeauvillé, avec des voitures de réquisition qu'il devait remporter pleines d'étoffes de nos fabriques. Mon père, qui avait été appelé à la mairie avec d'autres citoyens pour examiner ce que réclamait l'ennemi, était venu me chercher à la maison et me disait :

Viens les voir, afin de les détester encore davantage. » Aveu remarquable qui place la moitié d'une vie sous le signe de la haine pour les Allemands et présente la libération de l'Alsace comme la fermeture « d'un cycle ouvert, il y a quarante-huit ans, sur la même place, au même lieu ». Pour les autres soldats sans attache familiale dans ces régions, les sentiments éprouvés sont sans doute moins vifs. Mais, à la lecture du contrôle postal, la libération des départements occupés est perçue très fréquemment comme la consécration de la lutte menée depuis quatre ans.

Chercher à comprendre l'expérience des troupes françaises arrivant dans les départements reconquis impose avant tout de se déprendre d'une fiction largement diffusée dans les années 1920 et 1930 : celle des retrouvailles spontanées, dans la liesse, d'un peuple alsacien et lorrain profondément francophile sinon francophone, et de soldats français, tout à leur joie d'être accueillis en libérateurs – ce qui contribue à faire oublier qu'un habitant sur 3 est alors d'origine allemande et un sur 10 issu de mariages mixtes. Cette représentation idyllique de la reconquête des départements alsacien-lorrains a longtemps masqué une réalité beaucoup plus complexe, faite de méfiance mutuelle et d'incompréhension.

L'Alsace et la Lorraine : paradis perdus ou mondes hostiles ?

Il est extrêmement difficile de saisir ce que l'Alsace et la Lorraine représentent aux yeux des soldats français durant la Grande Guerre : les citations du contrôle postal à ce sujet sont peu nombreuses, les références dans les carnets de combattants assez rares. Les journaux de tranchées n'y font presque aucune allusion. Il faut donc souvent se contenter d'hypothèses grâce aux recherches plus générales menées sur l'opinion publique française et les provinces perdues.

Une confiante indifférence

À la veille de la Première Guerre mondiale, la question de l'Alsace et de la Lorraine n'est plus, depuis longtemps, au centre des préoccupations : la plupart des hommes politiques français hésitent à leur sujet entre la compassion et l'indifférence, l'idée de la Revanche est en grande partie éteinte. Les Français de l'immédiat avant-guerre ont rarement l'occasion d'être sensibilisés à ce problème, sinon sur le mode de la nostalgie. Est-ce à dire que les provinces annexées par l'Allemagne ont sombré dans l'oubli ? Certainement pas. Mais on craint au moins autant la guerre que le renoncement à l'Alsace et à la Lorraine. De manière caractéristique, les manuels de l'enseignement primaire insistent par exemple sur les sentiments de tristesse qu'inspire la situation des provinces perdues, mais ils s'interdisent de préconiser la moindre solution militaire. De plus, les Français ont souvent de ces régions une vision romantique, forgée dans les romans d'Erckmann-Chatrian, *Le Tour de la France par deux enfants* de G. Bruno ou les dessins de Hansi : des villages fleuris, perdus dans les vignobles, forment une vision idéale et intemporelle d'un pays prospère, où le printemps est la seule saison. Vues comme une sorte de paradis terrestre, l'Alsace et la Lorraine sont plutôt idéalisées que réellement connues.

L'entrée en guerre modifie quelque peu la situation, puisqu'elle fait resurgir le souvenir traumatique de la guerre de 1870 et place le pays dans une position défensive. Sur le plan stratégique et diplomatique, il ne fait aucun doute que « la restitution de l'Alsace-Lorraine, sans plébiscite, a été, à l'égard de l'Allemagne, la seule revendication qui ait été constamment affirmée d'août 1914 à novembre 1918 », comme le note Pierre Renouvin dans un article célèbre[3]. Tou-

3. Pierre Renouvin, « Les buts de guerre du gouvernement français », *Revue historique*, 1966, n°1, p. 1-38.

tefois, à l'exception du bref épisode de la prise de Mulhouse (Haut-Rhin) par les troupes françaises (7-9 août 1914) et la libération du Territoire de Thann (Haut-Rhin) qui suscitent l'enthousiasme, l'opinion publique ne se passionne guère pour le retour des frères séparés qui est envisagé avec une confiante indifférence. La conférence d'Alsace-Lorraine, réunie autour de Louis Barthou à partir de 1915, rassemble des représentants des associations d'Alsaciens-Lorrains, des hauts fonctionnaires et des hommes politiques, qui rédigent des rapports sur le retour des provinces perdues et leur normalisation. Mais ses propositions ne bénéficient d'aucune publicité et il faut attendre le 15 septembre 1918, au moment où la victoire ne fait plus aucun doute, pour que soit créé un Service général d'Alsace-Lorraine, confié à Jules Jeanneney et doté de moyens concrets.

L'Alsace et la Lorraine sont donc présentes dans les esprits, mais toujours en second plan, et jamais avec un sentiment d'urgence. L'opinion des soldats est, sur ce point, assez semblable à celle de leurs compatriotes. Ni plus ni moins résolus que le reste des Français à libérer les départements annexés, la plupart des combattants sont convaincus de leur retour inéluctable mais exactement de la même manière qu'ils croient en la victoire de la France et au triomphe du droit : dans un avenir indéterminé.

La peur de l'inconnu

À mesure que la perspective de la victoire se rapproche, les références à l'Alsace et à la Lorraine commencent cependant à apparaître dans les correspondances, sans doute inspirées par la misère des régions libérées, les destructions provoquées par les troupes allemandes lors de leur retraite et les récits des populations civiles que découvrent les soldats dans leur progression. À lire attentivement ces quelques allusions, on découvre un vif sentiment de méfiance à l'égard des populations occupées, dont la coexistence avec les Allemands suscite des doutes sur leur esprit de résistance. Cette mythologie du « Boche du Nord », du civil perverti par quatre années d'occupation, est bien connue pour les populations des départements du Nord, de la Somme ou de l'Aisne, où elle a contribué à creuser un fossé entre les habitants de ces régions et le reste de la France, notamment durant la période de reconstruction[4]. « On n'est plus si bien reçu ici comme en Belgique. Ah ! ces salauds de gens du Nord, ils sont donc à moitié boches », écrit par exemple un soldat du 108e régiment d'artillerie lourde. « C'est pitié à voir les pauvres civils qui ont eu à subir toutes les horreurs de ces Vandales ; aussi sommes-nous les bienvenus auprès de ces gens-là », concède un soldat du 83e RI, Ire armée. Puis il ajoute : « Maintenant, il y a une exception de certaine catégorie de gens qui n'ont pas eu le regret de voir partir les boches. » Un soldat de la 9e DI glisse perfidement : « On retrouve les civils qui étaient depuis la guerre avec les Boches ; ils sont contents d'être délivrés mais ils n'ont pas l'air d'avoir été trop malheureux. »

Combien plus violents sont alors les sentiments des soldats pour des populations qui ont été « bochisées » (le terme revient à de nombreuses reprises dans les correspondances) pendant près de cinquante ans comme les Alsaciens-Lorrains. Les lettres révèlent toute une gamme de sentiments et d'attitudes, depuis la méfiance jusqu'à l'hostilité déclarée. « L'accueil que nous réservent ces Alsaciens-Lorrains ? Pour ma part, je garderai une certaine méfiance vis-à-vis de ces gens-là, car leurs témoignages de fidélité à la France me semblent des grimaces

4. Sur ce point, voir notamment Annette Becker, *Oubliés de la Grande Guerre. Humanitaire et culture de guerre, 1914-1918. Populations occupées, déportés civils, prisonniers de guerre*, Paris, Éd. Noésis, 1998, et l'article de Jean-Yves Le Naour, « Les désillusions de la libération d'après le contrôle postal civil de Lille », art. cité, p. 401-404. Lire aussi la contribution de Philippe Nivet, « Le retour des réfugiés ou la violence des ruines », *Reconstructions en Picardie après 1918*, Paris, Réunion des Musées nationaux, 2000, p. 22-33.

dans le but de se concéder nos bonnes grâces. En dépit de toutes ces protestations, mon pistolet ne me quittera pas et en cas de défaillance, il sera là pour les rappeler à de bons sentiments » (un soldat du 51e RI, VIIIe armée). « Nous ne sommes pas loin de Mulhouse. Je t'assure que ça ne représente pas la misère. C'était quelque chose de bien tenu. Ils aimeraient mieux les boches que nous » (un soldat du 1e RI, VIIe armée, à son père). « Je crois bien que la population de par ici est plutôt boche que française. On nous ferme les portes, pire qu'en Belgique » (un soldat de la VIIe armée, dans la région de Mulhouse).

Le sentiment de peur s'avère déterminant, bien entendu, dans le développement de telles réactions : pour une armée en campagne, la pénétration sur un territoire inconnu, *a fortiori* lorsqu'il est boisé et vallonné, signifie inévitablement une mise en danger temporaire, jusqu'à ce que les routes et les principaux sites stratégiques soient sécurisés. De plus, le caractère récent de la retraite allemande et la durée de l'occupation ajoutent encore à l'inquiétude : on craint les pièges tendus par l'ennemi, les attaques de francs-tireurs, l'éventuelle complicité des populations locales qui auraient fini par s'accommoder de la présence étrangère pendant près d'un demi-siècle.

Mais, à l'origine de ces sentiments, il y a surtout une profonde méconnaissance que le Commissariat général de la propagande, dirigé par le capitaine Lachouque, entreprend de réduire à la fin de la guerre, en créant un service chargé spécialement de l'Alsace-Lorraine. Après avoir rappelé les préjugés défavorables aux Alsaciens-Lorrains réfugiés en France au début de la guerre, un rapport définit en ces termes les grandes lignes de la politique à mener : « Elle s'appuiera sur quelques idées simples, de diffusion facile et dont voici les principales qui peuvent former, chacune, des chapitres séparés : l'Alsace et la Lorraine, Françaises de cœur de tout temps, se sont librement données à la France de leur plein gré, sans conquête ni contrainte. Elles ont magnifiquement prouvé leurs qualités françaises pendant les guerres de la République et de l'Empire où elles ont fourni plus d'officiers à nos armées qu'aucune autre province de la France. Elles ont été arrachées à la patrie française en 1870, malgré la plainte la plus solennelle et la plus déchirante, et elles ont ainsi servi de rançon à la libération de la France. » La vision de l'Alsace-Lorraine est donc fondamentalement victimisante. « Elle accrédite l'image romantique [d'une région] attendant la France en soupirant, subissant le joug de la tyrannie prussienne tout en restant française dans l'âme », précise Christian Baechler. Les Français de l'arrière « doivent traiter les Alsaciens non pas comme des enfants prodigues revenus au foyer après avoir cherché fortune ailleurs, mais comme des fils arrachés à ce même foyer par la force et qui ont servi de rançon pendant quarante ans à ceux qui y restaient », insiste le rapport adressé au Commissariat à la propagande.

Qu'adviendra-t-il réellement lorsque les soldats français pénétreront en Alsace-Lorraine ? Nul ne le sait vraiment. Conscient des inquiétudes, le GQG fait le point dans une notice, dès le mois de décembre 1916, sur « les mesures à prendre dans les localités d'Alsace-Lorraine au moment de l'arrivée des troupes » : elle rappelle tout d'abord que, lors de leur première avance, les soldats français ne doivent se montrer ni trop confiants – « en Alsace-Lorraine, il n'y a pas que des Alsaciens-Lorrains d'origine », – ni trop défiants – « on ne peut rendre responsables les habitants de la région d'actes de félonie, de traîtrise (coups de fusil pendant la retraite, etc.) imputables aux seuls immigrés ou à quelques rares Alsaciens germanophiles ». Cela dit, « le plus souvent les commandants d'unité (régiment, bataillon, compagnie) ne seront pas à même de distinguer avec certitude, lorsqu'ils se trouveront en présence de suspects, si ceux-ci sont ou non de véritables Alsaciens-Lorrains d'origine. L'attitude des habitants, leur empressement à l'égard des officiers n'est pas un bon indice de leurs sentiments »… Il faut donc, dans un premier temps, « convoquer le maire et les personnalités sûres » afin de « les interroger sur les organisations ennemies », puis « faire procéder à l'arrestation des suspects, des individus particulièrement douteux », les questionner et éventuellement les évacuer vers l'arrière, enfin faire placer des sentinelles devant les bureaux des services publics : postes, gares, sous-préfecture, perception, greffe…

Les parents oubliés

Sécuriser le territoire nouvellement conquis, arrêter les suspects et les évacuer : ces dispositions sont classiques dans toute période d'installation en pays hostile. Ce qui transparaît cependant dans la note du GQG et qui est spécifique à la situation en Alsace-Lorraine, c'est la crainte de ne pas savoir discerner les amis et de se mettre à dos, par excès de zèle, la population restée majoritairement francophile. « Il faut être bienveillant, mais prudent », résument les autorités militaires. Même si la note émanant du GQG s'efforce de distinguer Alsaciens-Lorrains d'origine et immigrés allemands arrivés depuis 1870, plusieurs éléments rendent leur identification difficile aux yeux des soldats français, notamment l'utilisation d'un dialecte qui ressemble, par ses sonorités, à de l'allemand. « La connaissance de la langue française n'est pas un moyen sûr de discerner les sentiments des habitants. La plupart des Alsaciens ne parlent pas le français, sauf dans certaines régions et dans les classes élevées. La majorité des Alsaciens-Lorrains parle le dialecte alsacien ou lorrain », explique le 1er Bureau. Pour compliquer encore les choses, « la plupart des immigrés allemands parlent français, mais ne parlent pas patois. Toutefois, il arrive que leurs descendants et enfants élevés en Alsace parlent patois ». Au-delà des questions de compréhension, les intonations, l'accent, la prononciation gutturale, les noms propres qui rappellent des noms allemands risquent aussi de créer des problèmes, comme ce fut le cas pour les Alsaciens domiciliés en France durant la guerre, et d'avoir sur les troupes françaises un effet anxiogène[5].

Combien d'Alsaciens-Lorrains parlent-ils couramment le français, combien en ont des rudiments suffisants pour se faire comprendre ? Nul ne le sait en outre précisément. À l'automne 1918, l'armée française dispose sur ce point de données statistiques qui remontent à 1910 et sont d'origine allemande. Dans cette enquête, 95 % des Alsaciens et 73,5 % des Lorrains affirment que l'allemand est leur langue naturelle. Les régions les plus réfractaires au français se situent dans le Bas-Rhin, à l'exception des environs de Strasbourg. On peut naturellement avancer que de telles données ne correspondent pas à la réalité et sont des réponses dictées aux habitants par la nécessité de satisfaire les forces d'occupation. Par ailleurs, elles ne permettent pas d'évaluer le bilinguisme et le trilinguisme (allemand, français, patois local) qui sont le fait d'un grand nombre d'habitants, selon les circonstances et le niveau social[6].

Dès lors, comme on ne peut pas donner à chaque soldat un dictionnaire, il faut se fier aux interprètes militaires, qui « peuvent fournir d'utiles indications en cas d'arrestation par exemple et dissiper sur l'heure de regrettables malentendus ». Il faut aussi s'en remettre à une certaine bienveillance naturelle que des auteurs envisagent de développer en faisant mieux connaître les provinces perdues et leurs habitants. En mars 1918, un officier alsacien, resté anonyme, publie par exemple un petit livret de 16 pages intitulé *Au poilu de France !*, dont on ne sait quelle fut précisément sa diffusion

5. Plusieurs auteurs alsaciens se sont efforcés de convaincre leurs compatriotes émigrés en France de corriger leur prononciation pour éviter les conflits. Voir Albert de Dietrich, *Alsaciens, corrigeons notre accent*, Paris, Berger-Levrault, 1917, ou Victor-Henri Friedel, *L'Accent alsacien-lorrain. Les inconvénients, le remède*, Paris, 1917.

6. Stephen L. Harp, *Learning to be Loyal. Primary Schooling as Nation Building in Alsace and Lorraine, 1850-1940*, The Northern Illinois University Press, 1998, p. 196.

auprès des soldats[7]. Quoi qu'il en soit, les arguments avancés sont particulièrement intéressants, puisqu'ils permettent de comprendre certains sentiments des troupes françaises et les moyens utilisés pour susciter leur sympathie à l'égard des frères séparés.

Ce texte assez court est construit autour de deux idées : la proximité entre les Français et les Alsaciens, unis « par le sang, par la race[8] » et les apparences trompeuses, qui font passer les populations des provinces perdues pour des étrangers, des agents de l'Allemagne. Ainsi l'injustice du traité de Verdun en 843, l'infamie du traité de Francfort de 1871, les grands généraux de la Révolution et du Premier Empire, Kellermann, Kléber, Rapp, Lefebvre, sont rappelés tour à tour pour montrer combien l'histoire s'est acharnée sur le peuple alsacien, alors qu'il « a donné à la patrie le meilleur de lui-même : ses hommes d'élite, ses soldats, ses lettrés ». « Avec le nôtre, le sang des fils d'Alsace a généreusement coulé sur tous les champs d'Alsace », résume l'officier alsacien – qui veut sans doute minorer la contribution de ses compatriotes, forcés de se battre dans l'armée allemande durant la Grande Guerre.

L'auteur entreprend également de vulgariser les travaux des savants qui, depuis plusieurs décennies, s'efforcent de réfuter les théories allemandes sur l'origine historique de l'Alsace : « Comme toi, l'Alsacien est un Celte, un Gaulois,

7. Un officier alsacien, *Au poilu de France !*, Paris, mars 1918.

8. Il est significatif que la métaphore du sang, le thème de la race soient si présents dans ces lignes. Ils s'inscrivent dans le cadre d'une « ethnicisation de la conscience historique et politique » dont Michaël Jeismann a étudié l'évolution dans *La Patrie de l'ennemi. La notion d'ennemi national et la représentation de la nation en Allemagne et en France de 1792 à 1918*, Paris, CNRS Éditions, 1997. La dérive raciste que de nombreux historiens de la Grande Guerre ont distinguée dans les champs politique (George L. Mosse), culturel (Stéphane Audoin-Rouzeau, Annette Becker) ou intellectuel (Christophe Prochasson, Anne Rasmussen) et qui assimile les Allemands à des êtres particuliers, plus proches des animaux que des hommes, ne facilite pas naturellement la reconnaissance des Alsaciens-Lorrains comme des Français à part entière.

un Français... », écrit-il, mettant en évidence la continuité historique entre une antiquité non germanique et l'Alsace contemporaine[9]. Par ailleurs, il insiste sur le fait que les apparences « sont quelquefois contre l'Alsacien mais [qu'il] n'y a pas là de sa faute ». Le patois alsacien en est le principal exemple : c'est lui qui risque de frapper le plus les soldats français, de les décourager de renouer des liens avec la population locale, de rendre difficile l'arrivée dans les provinces perdues. Pour l'officier alsacien, la persistance du patois, dont il admet qu'il est d'origine germanique[10], est d'abord la conséquence de la politique linguistique de la France avant 1870, qui a « professé tellement le respect des libertés des Alsaciens [...] qu'elle a négligé la propagation et l'enseignement du français ». Elle est aussi le principal témoin de la résistance des Alsaciens à la germanisation : « Le Teuton lui interdisait la langue française ; l'Alsacien, frondeur et batailleur, ne voulut pas se laisser imposer l'allemand. Alors, il lui restait son bon vieux jargon maternel et il s'y cantonna. »

À diverses reprises, les idées reçues du soldat français sont donc anticipées et utilisées pour le culpabiliser : « Boche, cela sous-entend toutes les vilenies, tous les vices, toutes les bestialités, toutes les tares humaines. Si peu, si superficiellement,

9. Les recherches sur les origines historiques de l'Alsace ont été nombreuses durant la Première Guerre mondiale et dans l'immédiat après-guerre. Voir notamment Ernest Babelon, *Le Rhin dans l'Histoire*, Paris, E. Leroux, 1916-1917, 2 vol. ; Louis Batiffol, *Les Anciennes Républiques alsaciennes*, Paris, Flammarion, 1918, et « Les Alsaciens ne sont pas des Allemands, mais des Celtes », *Revue hebdomadaire*, 9 février 1918, *L'Alsace est française, par ses origines, sa race, son passé*, Paris, Flammarion, 1919 ; Jean-Médéric Tourneur-Aumont, *L'Alsace et l'Alémanie, origine et place de la tradition germanique dans la civilisation alsacienne (études de géographie historique)*, Nancy-Paris-Strasbourg, Berger-Levrault, 1919.

10. D'autres auteurs contestent à l'inverse la provenance allemande du dialecte alsacien. Voir Alphonse Albert-Petit, *Comment l'Alsace est devenue française*, Paris, Boivin, 1915 ; J. Hommel, « Les Alsaciens ne parlent pas allemand », *La France illustrée*, 3 novembre 1917.

il ne faut pas associer le titre d'Alsacien à cette épithète : ce serait par trop injuste et cruel. » Les retrouvailles entre Alsaciens et Français sont dédramatisées et comparées à une situation familière : « L'Alsacien nous est revenu un peu comme un parent, un ami très cher, dont nous aurions été séparés pendant des années. Tu as pu rencontrer cette situation dans la vie : rappelle-toi ce que furent les premiers instants d'une rencontre souhaitée ardemment des deux côtés : après les effusions heureuses du revoir, il y a eu comme une gêne obscure. On est surpris de ne pas rencontrer tout à fait celui qu'on attendait et de lui trouver des gestes inconnus et des pensées nouvelles. La loi de la nature a opéré : l'absence et la séparation ont fait leur œuvre, chacun a dû vivre de son côté. Alors, inévitablement, il se produit de petits heurts, des froissements légers, avant que la soudure ne se refasse. » Le dernier ressort utilisé est la présentation des Alsaciens comme des victimes, c'est un peuple contre lequel « la force a toujours primé le droit », qui a été soumis à la domination allemande (« Oh ! Poilu, sois préservé de jamais la connaître »), et « sacrifié (en 1871) pour que la France, mutilée et saignante, puisse se refaire ». Ainsi, l'Alsacien n'est plus un être lointain, que tout sépare du soldat français, mais un frère qu'il « faut mettre en confiance » afin de « voir reparaître, avec les couleurs éclatantes du drapeau [tricolore], le vieux levain celtique, le Franc de Clovis et de Charlemagne qui, au fond, a résisté à tous les envahissements de toutes les Germanies… ».

Quel impact ces arguments ont-ils sur les soldats à la veille de leur entrée en Alsace-Lorraine ? En l'état actuel de nos connaissances, il est difficile de le dire. Mais une chose est certaine : l'inquiétude semble avoir fait place majoritairement à la joie lors des fêtes de réception des soldats dans les villes et villages reconquis, même si ce sentiment, présenté généralement comme spontané, participe en fait d'un ordre très précis, où les émotions exprimées, les postures, les gestes sont mis en scène et commandés par ce qu'Erving Goffman appelle un « dialecte de l'engagement[11] ». L'euphorie des retrouvailles mérite donc d'être analysée à travers ses modes d'expression, ses usages, ses rituels sociaux.

Le temps des retrouvailles : étude des rituels d'accueil

Aucun terme n'est assez élogieux, dans les lettres, les journaux, les carnets de combattants, pour traduire la ferveur des foules, la générosité des habitants, le sentiment de communion entre les civils et les soldats. Est-ce à dire que les autorités militaires s'étaient inquiétées pour rien ? Ou que la défiance initiale des soldats a disparu dès qu'ils ont été en présence des Alsaciens-Lorrains ? Des lettres envoyées dans les premières semaines de leur arrivée le laisseraient à penser. « Si parfois nous avons douté de la sincérité d'affection que l'Alsace pouvait ressentir à l'égard de la France, son ancienne patrie, la réception des troupes françaises par les habitants de ces régions reconquises devrait suffire pour nous convaincre de la fausseté de nos préjugés antérieurs », résume un soldat de la IVe armée, le 3 décembre 1918.

Cela dit, l'enthousiasme incontestable des fêtes de réception doit être considéré avec beaucoup de prudence. À ne considérer que les foules communiant dans la liesse, on risque d'oublier ceux (on ne sait combien ils sont) renfermés chez eux dans la crainte des troupes françaises ou cachés derrière leurs volets fermés : tous ceux que les soldats ne voient pas. Les fêtes correspondent en outre à une période assez brève, où les cérémonies se succèdent sans laisser le temps de la réflexion : la fête est par essence un temps à part, qui éblouit ceux qui y participent, leur donne le sentiment d'être intégrés à un groupe social, les arrache à la mélancolie

11. Erving Goffman, *Les Rites d'interaction*, Paris, Éd. de Minuit, 1993.

pour les griser de beauté et de mouvement[12]. Il faudra donc prendre la mesure d'une éventuelle retombée de l'enthousiasme, une fois les festivités achevées. Effectivement, les mois de novembre et décembre 1918 sont, en Alsace et en Lorraine, saturés d'événements festifs. Il n'est pas étonnant que les réactions sur le vif soient celles d'hommes fascinés par un tel déploiement de fastes, flambées de merveilleux après de longs mois d'ennui, d'autant que ces festivités les placent le plus souvent au premier rang et leur donnent le statut enviable de vainqueurs et de libérateurs.

Car c'est bien cela qui est en jeu dans les fêtes de réception. Le soldat qui décrit les cérémonies auxquelles il a participé cherche à donner un sens aux souffrances que ses proches et lui ont endurées. Il n'est plus un combattant comme les autres : les fêtes organisées en son honneur en font un triomphateur. L'enthousiasme des Alsaciens et des Lorrains est donc perçu comme la rançon des fatigues de la guerre, un moyen de montrer aux parents, aux amis, qu'on ne s'est pas battu en vain. Que les habitants se révèlent chaleureux, et on juge leur attitude normale ; qu'ils manifestent moins d'empressement, et on les accuse de se montrer ingrats, ou pis, de regretter la présence allemande. « Nous sommes acclamés, partout des inscriptions, des arcs de triomphe. Nous sommes littéralement couverts de fleurs [...] Ça nous fait quelque chose. C'est un peuple qui mérite d'être français », explique un combattant de la IVe armée.

Les cérémonies s'intègrent alors dans une économie de la reconnaissance, où chacun est censé donner et recevoir selon son dévouement à la cause nationale. Elles ont une valeur performative, font et défont les réputations, valorisent certains régiments et contribuent à en humilier d'autres, ce que

12. Pour une étude du phénomène festif, il faut se reporter à Mona Ozouf, *La Fête révolutionnaire, 1789-1799,* Paris, Gallimard, 1976, rééd. « Folio », 1989, et Olivier Ihl, *La Fête républicaine*, Gallimard, « Bibliothèque des histoires », 1996.

montrent bien les lettres envoyées par les soldats qui n'ont pas la chance d'y participer. Leurs auteurs soupçonnent des jeux d'influence, la bassesse de certains officiers qui auraient acheté l'honneur de défiler avec leurs hommes comme on achète des décorations. « Je n'ai pas eu comme je le croyais la bonne fortune d'aller en Alsace », regrette un combattant du 157e RI. « Cela nous a été refusé et a été accordé à d'autres ne possédant pas de meilleurs titres que les nôtres. Il n'est pas douteux que nous avons été victimes d'une de ces habiles combinaisons dont le moins qu'on puisse dire, c'est qu'elles manquent d'honnêteté. » Persuadés de l'autorité morale qu'ils ont gagnée sur le champ de bataille, les hommes souffrent d'autant plus d'être incompris ou négligés. « Nous n'avons pas eu l'avantage de figurer à cette magnifique entrée et je ne sais trop pourquoi. Cependant, il me semble que l'on a fait son devoir comme les autres et c'est vraiment dégoûtant de voir pareille chose », se plaint un soldat de la 68e DI, IIe armée.

En effet, les fêtes de libération sont l'occasion de fixer officiellement la mémoire glorieuse du régiment : manquer cette opportunité, c'est risquer de ne jamais être reconnu à la mesure de ses mérites. « Pourquoi moisissons-nous dans cette infecte Champagne pouilleuse, que nous connaissons trop, pendant que des régiments du Midi, qui n'en ont pas fichu une[13], font leur entrée à Mulhouse », soupire un soldat de la IVe armée. « Est-ce que cet honneur ne nous était pas dû, nous qui sommes une des seules divisions françaises dont tous les régiments aient la fourragère aux couleurs de la médaille militaire, qui sommes les premiers à être rentrés dans Mulhouse en 1914, qui possédons le 35e de Belfort et le 60e de Besançon et une majorité de soldats de cette région ? »

Pour les Alsaciens-Lorrains, l'enjeu des cérémonies n'est pas moindre. Il leur faut montrer leur adhésion sans réserve à

13. Jean-Yves Le Naour, « La faute aux "Midis" : la légende de la lâcheté des Méridionaux », *Annales du Midi,* oct.-décembre 2000, tome 112, n°232, p. 499-515.

la France, à la République et à ses valeurs. « Ces drapeaux qui flottent, cette joie qui éclate sur tous les visages, c'est l'expression de la reconnaissance, l'expression de la volonté du peuple d'appartenir à la France : c'est, en un mot, le plébiscite de l'Alsace et de la Lorraine », déclare le curé de Schirmeck (Bas-Rhin). « C'est un plébiscite spontané de toute l'Alsace pour le retour pur et simple à la France, notre vraie patrie », confirme le curé de Wœrth (Bas-Rhin) tandis que celui de Bourdonnay (Moselle) insiste : « Si nos drapeaux, nos cocardes ne vous rappellent pas tout ce que nous avons dû endurer, ils vous disent du moins que pour nous, Lorrains de vieille roche, le plébiscite est chose faite : nous voulons être Français... » Plus les fêtes sont présentées comme spontanées, plus, en réalité, elles sont formelles. Un remarquable document nous le prouve. Il s'agit d'un petit livre publié en 1920 à Strasbourg par un érudit local, Martin Béhé, sous le titre : *Heures inoubliables*[14]. Cet ouvrage d'apparence modeste est en fait exceptionnel : il regroupe les récits de dizaines d'enquêteurs locaux, instituteurs, maires, curés de paroisse, simples administrés, qui décrivent les circonstances de l'arrivée des troupes françaises dans plus de 80 communes alsaciennes et lorraines. La ressemblance entre les discours d'accueil, les récurrences dans les gestes et dans les attitudes le prouvent : la place laissée à l'improvisation lors de ces fêtes est faible. Chacun dans le village, dans la ville, tient un rôle déterminé : notables, anciens combattants, jeunes filles et enfants interviennent à un moment précis pour manifester l'implication de toute la population, signifier sa soumission aux armées françaises, surenchérir dans la liesse générale. Les symboles utilisés – notamment le drapeau trico-

14. Martin Béhé, *Heures inoubliables, recueil des relations des fêtes de libération, des discours prononcés dans plus de 80 villes et villages d'Alsace et de Lorraine en novembre et décembre 1918 et des impressions personnelles des maréchaux et des généraux,* Strasbourg, F.X. Le Roux & Cie, 1920.

lore qui fait l'objet d'un véritable culte lors de la libération de l'Alsace et de la Lorraine –, les références historiques – celles, nombreuses, à la guerre de 1870 –, les paroles prononcées lors des discours d'accueil méritent, de ce point de vue, une attention particulière. Ils alimentent une rhétorique de l'enthousiasme et de la soumission qui est au cœur des fêtes de réception des troupes.

Certaines nuances doivent cependant être respectées dans l'étude de ces cérémonies. Il importe par exemple de tenir compte de la chronologie générale de la libération de l'Alsace et de la Lorraine, les communes qui fêtent l'arrivée des soldats français dès les 16-17 novembre – c'est le cas de petites communes des Vosges comme Sainte-Marie-aux-Mines, Rothau ou Schirmeck – n'étant pas exactement dans la même situation que celles qui les accueillent plusieurs semaines après l'armistice. Les unes se situent dans un espace marginal, aux frontières des territoires reconquis. Elles se perçoivent comme les portes de l'Alsace ou de la Lorraine et en conçoivent un certain sentiment de responsabilité : n'est-ce pas à elles de témoigner, les premières, de la fidélité de l'Alsace et de la Lorraine à la France, donc d'établir les bases des relations nouvelles entre leurs habitants et les soldats français ? Les autres ont plutôt l'impression de confirmer cette adhésion initiale, en organisant à leur tour des festivités. À La Poutroye (Bas-Rhin), un arc de triomphe est érigé à l'entrée du village avec cette inscription « La porte de l'Alsace », parce que c'est la première commune non évacuée et non détruite sur le passage des troupes.

Par ailleurs, les modalités de l'accueil sont différentes selon qu'on se trouve en territoire majoritairement francophone ou germanophone. Les villages où l'allemand est d'usage courant à la suite de la politique linguistique de l'occupant estiment généralement devoir donner des gages de leur incorporation à la France. Plusieurs témoins, comme à Grendelbruch (Bas-Rhin), se félicitent d'avoir réussi à calmer les inquiétudes des soldats français : « Ces braves n'en furent pas peu surpris, ne s'attendant absolument pas à une réception si enthousiaste dans la première localité de langue allemande qu'ils rencontraient. » Dans ces communes, l'accent est mis sur les décorations des rues, sur les manifestations de foule, sur les gestes de sympathie à l'égard des libérateurs, puisque les discours sont nécessairement un peu maladroits. Certains, comme le curé de Wœrth, tiennent pourtant à s'excuser : « Vous voyez bien l'enthousiasme qui nous a saisis ; seulement, je vous en prie, veuillez patienter, nous ne savons presque plus la langue française, cette belle langue de Racine et de Molière, de Bossuet et de Fénelon, on l'avait supprimée chez nous pendant un demi-siècle, cette langue qui nous est si chère ! Mais vous viendrez nous la réenseigner et nous vous promettons d'être des élèves bien dociles. »

Les cérémonies sont vécues différemment, enfin, lorsqu'elles ont lieu dans les grandes villes ou en milieu rural. À Mulhouse (Haut-Rhin) (17 novembre et 10 décembre), à Colmar (Haut-Rhin) (18 et 22 novembre, 10 décembre), à Metz (Moselle) (19 novembre et 8 décembre), à Strasbourg (Bas-Rhin) (22-27 novembre et 9 décembre), l'importance des foules, l'ampleur du défilé, la complexité des rituels festifs (souvent étalés sur plusieurs jours) donnent une résonance beaucoup plus grande aux fêtes. S'y ajoute naturellement la dimension symbolique des villes traversées, notamment Strasbourg dont la libération est perçue comme le couronnement de l'effort de guerre : sa cathédrale est représentée en arrière-plan durant tout le conflit sur de nombreuses affiches d'emprunts de guerre[15], son évocation est l'un des thèmes

15. Par exemple, l'affiche de Hansi (Jean-Jacques Waltz) pour le 3e emprunt : « Souscrivez tous au 3e Emprunt de la Défense nationale. Vous aiderez nos héroïques soldats à rendre Strasbourg à la France », dit le slogan. La vieille ville de Strasbourg est représentée avec ses maisons à colombage pavoisées de drapeaux tricolores ; les soldats français en bleu horizon défilent fièrement, précédés par une foule d'enfants en costume traditionnel, qui agitent de petits drapeaux. En arrière-plan, la cathédrale arbore elle aussi les trois couleurs, que deux soldats font

majeurs de la littérature patriotique. De manière caractéristique, une carte postale éditée en 1918, avec la photographie de soldats français devant l'entrée principale de la ville de Molsheim (Bas-Rhin), porte cette légende : « Strasbourg (Alsace). Une porte » ! La capitale du Bas-Rhin est bien, par excellence, la ville alsacienne « typique », cet adjectif revenant souvent sous la plume des combattants [16].

Les cérémonies dans les grandes villes font donc l'objet d'une préparation particulière, que de nombreux soldats mentionnent dans leurs correspondances. Le 17 novembre, toutes les unités de la IIe armée se mettent en marche en direction de Mulhouse, elles ont été habillées de neuf « avec un matériel irréprochable ». « Nous attendons de défiler dans Strasbourg et Mulhouse », note un soldat dans l'une de ses lettres. « Nous passons revues sur revues. » Le résultat est à la hauteur des attentes des combattants. « 27 kilomètres dans les jambes, mais notre entrée à Mulhouse fut si triomphante que j'oubliais totalement la fatigue », confie un soldat de la IIe armée. Un de ses camarades de la IVe armée s'exclame : « Aujourd'hui Colmar ! Il y avait 300 Alsaciens en costume, 300 vieux de 1870 en tête de cortège, l'abbé Wetterlé, député de Colmar et le dessinateur Hansi, le général en tête de colonne en grande tenue qui saluait de son épée et l'artillerie défilait par pièces doublées. »

Dans le monde rural, l'accueil des soldats est vécu plutôt comme une occasion de distinction par rapport aux com-

---

flotter au vent. Les habitants sont aux fenêtres. Sur la gauche de l'affiche, deux Allemands en costume tyrolien s'enfuient avec quelques bagages. Voir François Roth, « Le retour de l'Alsace-Lorraine à la France », in *Finir la guerre,* Actes du colloque de Verdun, 12-13 novembre 1999, *Les Cahiers de la Paix,* n°7, Presses universitaires de Nancy, 2000, p. 33.

16. Cette carte postale de Molsheim, travestie en vue de Strasbourg, est reproduite par Grégory Oswald dans son article, « Novembre 1918 à Molsheim : autour des festivités de l'armistice », *Annuaire 1998 de la Société d'histoire et d'archéologie de Molsheim et des environs*, p. 99-108.

munes proches. Les habitants suivent avec inquiétude la progression des troupes françaises, en espérant que leur parcours ne les conduira pas à éviter leur village. Si cela arrive par malheur, on prétextera que les combattants étaient pressés de rejoindre le Rhin ou d'occuper l'Allemagne, mais on souffrira secrètement de cette défaveur : est-ce le signe que la commune est trop petite, trop peu digne d'intérêt, qu'elle s'est trop compromise avec l'occupant allemand ? Les fêtes de libération contribuent en effet à la réputation de ceux qui les organisent. Décrites dans les journaux locaux, elles font souvent l'objet de comparaisons entre communes rivales : on évalue l'affluence aux cérémonies, la ferveur des participants, le grade des officiers qui président. Retracées dans des procès-verbaux, qui sont conservés ensuite aux archives municipales, elles s'inscrivent officiellement dans la mémoire commune des habitants et peuvent faire l'objet d'une plaque commémorative ou motiver le baptême d'une nouvelle rue[17].

Accueillir les soldats

L'entrée des troupes françaises en Alsace et en Lorraine est, en théorie, un événement sans surprise. L'article 2 de la convention d'armistice précise que « l'évacuation des territoires envahis, Belgique, France, Luxembourg, ainsi que de l'Alsace-Lorraine sera réalisée dans un délai de quinze jours » à dater du 11 novembre ; l'article 3 que le rapatriement des habitants d'Alsace-Lorraine se fera dans les mêmes délais ; l'article 8 que le commandement allemand sera tenu de signaler dans un délai de quarante-huit heures « toutes les mines

17. C'est le cas par exemple à Bisping en Lorraine où, le 18 novembre 1918, le conseil municipal décide qu'un acte sera dressé aux archives de la commune et une plaque commémorative placée dans une salle de la mairie. Cette décision est rédigée et contresignée par les autorités militaires, les vétérans de 1870 et le curé – ce qui en accentue la solennité. Voir Martin Béhé, *Heures inoubliables, op. cit.*, p. 261.

[…], tous les dispositifs nuisibles agencés sur les territoires évacués par [ses] troupes ». Une annexe définit enfin 3 zones de même superficie en Alsace et en Lorraine que les troupes alliées pourront occuper dans le 6e, le 10e et le 16e jour après l'armistice. Les armées françaises doivent investir très rapidement un territoire sécurisé, et pour éviter tout incident, il est même prévu qu'elles ne pénètrent dans une zone que le lendemain du jour où elle aura été évacuée par les forces allemandes.

Pour autant, la réalité s'avère beaucoup plus complexe que ce que laisse entendre le texte de l'armistice. Dans des villes comme Strasbourg ou Metz, le pouvoir a cessé depuis plusieurs jours d'appartenir à l'administration allemande et repose entre les mains de conseils d'ouvriers et de soldats, qui ont pris le contrôle des mairies[18]. Par ailleurs, dans de nombreux villages, les troupes allemandes tardent à se mettre en route et ne quittent les lieux souvent que quelques heures avant l'arrivée des soldats français.

S'ensuit une situation extrêmement confuse, où les occupants allemands assistent parfois aux préparatifs d'accueil des Français. Une véritable guerre symbolique s'engage entre des troupes défaites, mais soucieuses de montrer qu'elles sont maîtresses des lieux jusqu'au bout, et des habitants pressés de se réapproprier leur commune. Les drapeaux tricolores en sont les véritables enjeux, d'abord parce qu'ils prennent la place des drapeaux allemands, et parce que interdits par les occupants depuis près d'un demi-siècle, ils sortent des cachettes où ils ont été dissimulés, ou sont fabriqués à la hâte.

« Le 17 novembre, les derniers boches quittent péniblement Ensisheim (Haut-Rhin) en traînant eux-mêmes leurs

18. Sur ce point, voir Georges Foessel, « Strasbourg sous le drapeau rouge : la révolution de novembre 1918 en Alsace », *Saisons d'Alsace,* 1968, n°28, et Jean-Claude Richez, « Novembre 1918 en Alsace : conseils ouvriers et conseils de soldats », *Cahiers de l'Alsace rouge*, janv.-février 1977, n°1.

chariots », rapporte un témoin. « Ils avaient interdit toute manifestation de joie et de patriotisme avant leur départ ; ils avaient fait retirer du haut de son mât le premier drapeau tricolore qui devait envoyer dans le lointain notre salut aux libérateurs. Mais en regardant en arrière, la dernière caravane boche aura vu la précipitation avec laquelle chaque demeure se pavoisait ! » À Schirmeck (Bas-Rhin), « la population pousse les préparatifs avec une ardeur fiévreuse sous les yeux des soldats allemands ». À Dieuze (Moselle), le 16 novembre, l'enthousiasme des habitants est perçu comme une provocation et immédiatement réprimé : « Les dernières colonnes allemandes traversaient encore la ville que, déjà, bien des drapeaux aux couleurs tant aimées surgissaient aux fenêtres. Chez M. Kœhren, pharmacien, les Allemands envahissent la maison, s'emparent des drapeaux et les mettent en lambeaux, menaçant de braquer le canon sur la première maison qui oserait encore les braver ! » Cette manifestation de violence de dernière heure est souvent présentée comme caractéristique de l'esprit germanique, semblable dans la défaite à ce qu'il est dans la victoire. À Bourdonnay (Moselle), « le 15 au matin, l'infanterie d'abord, l'artillerie ensuite, quittent pour ne plus y revenir, [le] village qu'ils ont souillé de toutes façons. Ils éprouvent en partant, le besoin de donner un dernier échantillon de leur amabilité en déchirant un drapeau arboré trop prématurément à leur gré et en menaçant de leur revolver une femme âgée qui refuse de leur dire où elle a caché son drapeau tricolore », rapporte un habitant. « Bref, jusqu'au bout, ils sont restés les mêmes : arrogants et cruels en face des faibles ».

Sans mettre en doute ces témoignages cités par Martin Béhé dans son livre *Heures inoubliables*, il faut cependant s'arrêter sur leur signification profonde. Dans ce recueil, il a été demandé à des instituteurs, maires, curés, notables des villages alsaciens et lorrains de raconter la libération de leur commune et l'accueil réservé aux troupes françaises. À les étudier attentivement, ces récits présentent une structure narrative assez semblable : ils insistent, dans un premier temps, sur la situation d'attente dans laquelle vivaient les habitants d'Alsace et de Lorraine depuis près de cinquante ans. « Nous vous avons attendus avec confiance », déclare le maire de Guebwiller (Haut-Rhin) le 17 novembre. « Ces quarante-sept années d'attente furent bien longues et bien pénibles », confirme le maire de Bühl (Bas-Rhin). Par ailleurs, les témoins rapportent presque toujours qu'au premier signe annonciateur de l'arrivée des troupes françaises, et avant même que les Allemands ne soient partis, la révolte s'est emparée de leur village : on a sorti les drapeaux des greniers ou des caves, on a pavoisé à la hâte les rues et les maisons. En d'autres termes, ces récits de libération présentent les Alsaciens et les Lorrains avant tout comme un peuple fidèle – cette fameuse fidélité de cœur à la France évoquée à de multiples reprises – et prompt à la résistance.

On s'en rend bien compte avec l'épisode des drapeaux tricolores, qui est l'un des lieux communs que reprend la quasi-totalité des narrateurs. Les uns insistent sur la clandestinité dans laquelle d'anciens drapeaux datant d'avant 1870 ont été conservés, en dépit de l'interdiction. D'autres sur l'habileté avec laquelle les drapeaux ont été fabriqués dans la perspective de l'arrivée des troupes françaises. « Ce n'est que le jour du départ définitif des troupes allemandes, le 21 novembre, qu'on put enfin sortir les drapeaux tricolores, préparés dès longtemps avec autant de soin que d'ingéniosité, car on ne pouvait rien acheter et il avait fallu teindre chez soi les tissus dont on disposait », raconte un villageois de Wœrth (Bas-Rhin). « De nombreux drapeaux tricolores, apprêtés en silence pour le grand jour, souvent fabriqués avec les restes des couleurs allemandes, auxquelles s'ajoutait un bleu de fortune, secret des ménagères, étaient sortis de leurs cachettes et s'étalaient aux fenêtres, heureux de pouvoir, eux aussi, prendre part à la joie longtemps contenue », confirme un habitant de Sarreguemines (Moselle). Drapeaux allemands subvertis et transformés en drapeaux français[19], drapeaux fabriqués et teints avec des moyens de fortune, drapeaux dissimulés aux forces d'occupation et sortis de leurs cachettes : tous témoignent du triomphe de la ruse sur la force, de la persévérance sur la contrainte. À Mulhouse, « les gens, faute de mieux, teignent des draps de lits, des taies d'oreillers, des housses, des nappes, tout ce qui est étoffe[20] ». « Quand on sait les difficultés qu'il y eut à se procurer le moindre bout d'étoffe, il faut admirer l'ingéniosité et le patriotisme de ces braves gens, d'autant plus que les événements ont marché avec une rapidité telle que toute cette décoration a dû être improvisée en quelques jours », confirme un soldat entrant dans Obernai (Bas-Rhin) le 18 novembre. « Il y a des bleus de toutes nuances ; quelques-uns peu solides, ont déteint sur le blanc, mais tels qu'ils sont, ils n'en paraissent que plus touchants. »

Ce qui frappe aussi à la lecture de ces récits, c'est l'appropriation du symbole national par chaque habitant. Les drapeaux sont dépareillés et de toutes les tailles, mais toutes les maisons sont pavoisées. À Faulquemont (Moselle), « chacun est surpris de voir un drapeau chez son voisin, tellement la discrétion et la peur, sous le régime disparu, était grande ». Les témoins mettent ainsi en avant le caractère intime de l'élan patriotique, les drapeaux, transformés par les soins des femmes de la maison, étant souvent un simple linge métamorphosé en emblème. C'est le cœur même de l'Alsace et de la Lorraine qui est donné à voir, insistent-ils, c'est la fidélité entretenue en secret et transmise comme un patrimoine

19. Le drapeau de l'Empire allemand est composé de trois bandes horizontales : noire, blanche et rouge. Certains auteurs signalent également une réutilisation des drapeaux alsaciens, composés de rouge et de blanc : « Chaque fois qu'on le mettait pour le Guillaume ou, depuis cette guerre, pour leurs victoires, en gémissant – on se disait : quand est-ce qu'on y ajoutera le bleu ? » (voir Louis Madelin, *Les Heures merveilleuses d'Alsace et de Lorraine*, Paris, Hachette, 1919, p. 59).

20. *Ibid.*, p. 72.

familial. « Chacun en son particulier préparait “l’entrée”, le père, un soir, montait au grenier, en descendait solennellement un morceau d’étoffe bleue ; le morceau rouge était tiré d’un placard par la mère : une serviette fournirait le blanc. Sans qu’on se fût donné le mot, dans une seule petite ville de mille feux, mille ménagères cousaient à la même heure les pièces d’un drapeau tricolore », rapporte Louis Madelin. « Parfois c’était inutile. “Le mien était prêt depuis juillet”, me dit fièrement un brave homme, et un autre : “Depuis Verdun !” – ce qui est caractéristique. » Relique patriotique et incarnation d’une mémoire de la résistance à l’occupant : le drapeau est à la fois ce qui relie les générations d’Alsaciens-Lorrains entre elles et les unit dans la célébration présente des fêtes de libération. Louis Madelin poursuit : « Parfois même, le très vieux drapeau, échappé, Dieu sait au prix de quelles transes, aux perquisitions, était tiré de sa cachette, déterré parfois de son trou, dévoilé devant la famille au milieu d’une émotion qui mettait le sang au visage ou les larmes aux yeux. » « Voici le tricolore. Le grand-père l’avait caché. Il l’avait dit au père avant de mourir. Le voici ! » et chacun de pleurer et de crier : « Vive la France ! »

Dans un tel climat de ferveur, que suggère ici le langage des larmes, les habitants sont attentifs à toutes les rumeurs concernant l’arrivée prochaine des troupes de libération. La venue des soldats français est espérée, pressentie, avant même d’être réellement connue. « L’intérêt prodigieux de ce moment historique s’avivait de tout ce que le mystère développe d’émotion : car l’Alsace-Lorraine [...] se demandait quand, où, comment, nos troupes entreraient, de Nancy à Remiremont », résume Louis Madelin. « On les attend avec des battements de cœur, – à faire mal. Et c’est si bon ! », confie un Colmarien. À Lauterbourg (Bas-Rhin), la foule est présentée comme « haletante » dans l’impatience de l’arrivée des soldats français.

C’est souvent à l’occasion de la messe, quelques heures seulement avant l’entrée des soldats, que les habitants apprennent leur venue prochaine : à Plaine (Bas-Rhin), le

17 novembre, le curé annonce l'entrée des soldats vers 10 heures et, à la sortie de l'église, « toute la paroisse en chœur se rend sur la route des Hauts à la rencontre des Français » ; ailleurs, comme à Wœrth (Bas-Rhin), c'est le crieur public qui annonce la nouvelle et invite les habitants à se rendre au-devant de leurs libérateurs. Tous les récits recueillis par Martin Béhé mettent en scène cette communauté civique, unie dans un même enthousiasme et un même accueil à l'armée française.

Une répartition des tâches s'organise alors : une délégation de notables, ou plus souvent des enfants ou des jeunes filles s'en vont à l'entrée du village pour y attendre et accueillir les combattants français. À Bühl (Bas-Rhin), ce sont des cyclistes qui partent en reconnaissance et reviennent vers la commune, « tremblants d'émotion ». À Ensisheim (Haut-Rhin), « de jolies Alsaciennes partent à la recherche de l'armée française, dont elles rencontrent un détachement à Ungersheim, à cinq kilomètres de là ». Aller chercher les étrangers aux confins du territoire communal pour les escorter jusqu'aux portes de la ville ou du village est un rituel d'accueil traditionnel – relevé par tous les spécialistes des entrées royales[21] – qui permet d'accentuer la ferveur de l'hospitalité et de manifester l'estime ou le respect dans lesquels on tient les nouveaux venus. Ce cérémonial est encore plus éloquent lorsque ce sont les notables de la ville qui se portent au-devant du cortège. Confier cette charge à des enfants ou à des jeunes filles a donc plusieurs sens : cette initiative est un témoignage de confiance dans les étrangers (on envoie les populations les plus vulnérables pour les accueillir), elle révèle un souci de se montrer chaleureux à leur égard (les jeunes filles partent souvent en costume traditionnel, les bras chargés de couronnes de buis, de feuillages ou de fleurs en papier), elle indique aussi un partage des rôles, les notables se réservant l'accueil

21. Par exemple, Jean Boutier, Alain Dewerpe et Daniel Nordmann, *Un tour de France royal. Le voyage de Charles IX (1564-1566),* Paris, Aubier, 1984 (chapitre XVII).

aux portes ou sur la place centrale de la commune[22]. Pour les soldats, elle renvoie à l'idée qu'ils se font de la guerre : un conflit défensif, mené pour les plus faibles[23].

Toute une géographie de l'accueil s'organise donc en seuils successifs, les limites de la commune, l'entrée du village ou de la ville, la rue et la place principales. Peu à peu, l'arrivée des soldats s'y laisse deviner. D'abord des sons, celui de la musique militaire, des « clairons entrecoupés par une joyeuse et entraînante fanfare » à Lauterbourg (Bas-Rhin). Puis l'avant-garde des habitants du village, envoyée à la rencontre des soldats. Enfin, les troupes françaises elles-mêmes, qu'on découvre au loin et qui se rapprochent, saluées par les cris de la foule et le tintement des cloches des églises[24]. Les descriptions mettent l'accent

22. Certains auteurs proposent même, dans le cas des entrées royales, de lire ce rite d'accueil comme une sorte de rite matrimonial, ce qui n'a plus de sens dans le contexte de la Grande Guerre, mais pourrait subsister cependant sous une forme symbolique : à Grendelbruch (Bas-Rhin) et Bisping (Moselle), par exemple, les jeunes filles qui vont à la rencontre des soldats sont revêtues de blanc (voir *ibid.*, p. 296).

23. Stéphane Audoin-Rouzeau, *La Guerre des enfants, 1914-1918. Essai d'histoire culturelle*, Paris, Armand Colin, 1993.

24. Cette annonce de l'arrivée des troupes françaises au son des cloches est vécue doublement comme un acte de résistance, d'abord parce que les clochers ont souvent sonné les victoires allemandes durant la guerre et aussi parce que certains d'entre eux ont été dépouillés de leurs cloches, comme à Bisping (Moselle) ou à La Poutroye (Bas-Rhin) par exemple. Dans cette dernière commune, seule subsiste en novembre 1918 la grande cloche du nom de Sainte-Odile, « la seule épargnée par les boches en raison de sa valeur historique » (Martin Béhé, *Heures inoubliables, op. cit.*, p. 23). À Hegenheim (Haut-Rhin), le curé du village s'excuse même de ne pas avoir pu faire sonner les cloches pour saluer l'arrivée des soldats français : « Combien aurions-nous voulu célébrer ce jour avec toute la splendeur que comporte un événement aussi mémorable ! Nous aurions voulu sonner les cloches, hélas ! on nous les a enlevées ; l'une d'elles était un don précieux de Louis XVIII, roi de France, portant la date de 1817. Il ne nous reste qu'une cloche dont le son lugubre et monotone que vous venez d'entendre n'est pas fait pour exprimer la joie que nous ressentons au fond de nos âmes et qui rayonne dans tous nos yeux » (*ibid.*, p. 127-128).

généralement sur l'impatience de la foule qui imagine les soldats avant de les voir, sur la beauté du spectacle qui sollicite tous les sens, sur la force symbolique de ces retrouvailles. « On vit poindre au loin, bien reconnaissables à l'uniforme bleu horizon, les premiers poilus », rapporte un habitant de Rémilly (Moselle). « Les voilà ! On écoute, on regarde, étreint par une émotion poignante. C'est la France qui approche. »

Bien souvent, cette arrivée des troupes françaises est évoquée en des termes religieux qui suggèrent une sorte de théophanie. « De nos montagnes, en quelques instants, l'armée française va descendre pour prendre possession de l'Alsace, notre Alsace martyre », explique le curé de Plaine (Bas-Rhin). « Que de fois, pendant ces années de guerre surtout, nos regards ne se sont-ils levés vers les hauteurs toutes proches, où nous savions que les enfants intrépides de la France veillaient et défendaient de leurs corps le sol sacré contre la lourde botte de l'envahisseur ! Une seule prière soulevait alors notre poitrine : Venez donc, descendez, délivrez-nous, rendez-nous à la mère patrie. Et maintenant, vous voilà, vainqueurs triomphants », déclare une habitante de La Poutroye (Bas-Rhin). Après avoir dessiné aux yeux des habitants une ligne de partage entre les départements annexés et la France, puis assourdi durant quatre ans le grondement du canon et les rumeurs des combats, cette zone montagneuse et boisée constituée par les Vosges et le plateau lorrain sert donc de décor à l'apparition des combattants français qui paraissent surgir des forêts à la manière des lutins dans les contes. Elle ménage jusqu'au bout la surprise de l'arrivée des soldats qu'elle protège en les enveloppant et ajoute ainsi au merveilleux de la libération des provinces perdues. Exaltation d'une réalité immuable dans un monde dévasté par la guerre[25], composante essentielle de la frontière germanique

25. Sur ce point, voir notamment les très belles pages de George L. Mosse, in *Fallen Soldiers*, trad. fr. : *De la Grande Guerre au*

et de ses représentations[26], la forêt joue un rôle central dans les retrouvailles de l'Alsace-Lorraine et des troupes françaises. La verdeur des sapins est d'ailleurs souvent présentée comme le symbole de la fidélité des provinces perdues. « Nous avons cueilli dans nos bois toujours verts un rameau de sapin, image fidèle de nos pensées », explique dans un discours une jeune fille d'Abreschwiller (Moselle). « Durant nos longues années d'attente, il nous disait tout bas, dans une langue que nos maîtres ne comprenaient pas : Haut les cœurs ! Espérance toujours, découragement jamais, un jour vos frères reviendront briser vos chaînes ! Ce jour, le voici, il est pour nous tous le plus beau de la vie ! »

La nature elle-même, témoin et complice de la résistance quotidienne aux occupants allemands, participe, dans de nombreux récits, à la joie des Alsaciens-Lorrains. Les témoins l'imaginent accueillant, à sa manière, les libérateurs. Ainsi l'abbé Béhé, curé de Mulhausen (Bas-Rhin), dans un discours aux soldats français : « Tout à l'heure, Messieurs, quand la terre d'Alsace a frémi sous vos pas ; quand la nature, dans sa parure d'automne, a tressailli de joie sous le battement de vos cœurs de Français, [...] nous avons senti vibrer dans notre âme un écho d'enthousiasme. » « Dès le départ des boches, notre commune avait décidé d'organiser une magnifique réception aux héros vainqueurs », rapporte un villageois de Grendelbruch (Bas-Rhin). « Mais que faire maintenant en deux heures ? Heureusement que la forêt nous prêta son concours ! En un clin d'œil, beaucoup de coquets sapins sont abattus et plantés le long des rues. » « Malgré le temps froid, la nature est en fête », écrit encore un soldat arrivant à Obernai (Bas-Rhin). « Les marronniers jaunis, les bouleaux tout dorés,

---

totalitarisme. La brutalisation des sociétés européennes*, Paris, Hachette Littératures, 1999, chapitre* V.

26. Simon Schama, *Landscape and Memory*, Londres, Fontana Press, 1995, trad. fr. : *Le Paysage et la Mémoire*, Paris, Éd. du Seuil, « L'Univers historique », 1999, p. 97 *sq*.

semblent avoir recueilli le dernier rayon du soleil d'automne pour le laisser tomber à nos pieds dans notre course au-devant de la France [...] Le temps gris et la neige fondue assombrissent les vieux toits, mais ce n'est que pour faire ressortir plus vivement l'éclat des trois couleurs, si longtemps proscrites. » De manière spectaculaire, le miracle de la libération de l'Alsace et de la Lorraine s'accompagne même parfois dans les récits d'une étonnante inversion des saisons : les balcons sont fleuris, les villageois tendent des fleurs des champs aux soldats, le soleil se met à luire en plein mois de novembre. « Cette foule immense semble portée sur les ailes du vent ! », écrit un habitant de Haguenau (Bas-Rhin). « Le printemps lui-même parut vouloir renaître en ces derniers jours de novembre où le soleil prit une large part à la fête. Les drapeaux aux trois couleurs et l'agréable verdure des sapins achevèrent le panorama de ce jour fait exprès pour le bonheur et la joie ! » À Metz, un aumônier militaire remarque que « le ciel s'est tendu de bleu, en permanence, comme s'il se croyait au printemps[27] ». L'Alsace-Lorraine éternelle, figée dans une intemporalité printanière comme celle représentée sur les gravures de Hansi, s'apprête à passer en revue ses libérateurs.

Défiler

Les défilés de la libération commencent toujours par le franchissement officiel des portes de la ville ou du village, décorées pour l'occasion : branches de sapins, guirlandes, lampions les transforment en arcs de triomphe temporaires, la référence à l'antique donnant encore plus de solennité aux cérémonies. C'est souvent à cet endroit que les notables, maire de la commune en tête, viennent à la rencontre des soldats et de leurs officiers. Au don traditionnel de cadeaux ou

27. Abbé Thellier de Poncheville, *La France à Metz*, Paris, J. de Gigord éditeur, 1919, p. 6.

à la remise des clés de la ville qui marquaient sous l'Ancien Régime les entrées royales s'est substitué un simple échange de salutations et un bref discours d'accueil. Est-ce le signe d'une banalisation du rituel ? Ce n'est pas certain. Le passage des portes, qui attire souvent l'attention des observateurs, est encore perçu comme une prise de contrôle symbolique du territoire de la ville : « Les troupes, avant-gardes de la VIIIe armée du général Gérard, sous le commandement du colonel Guillaume, passant, aux sons de la *Marche de Sambre-et-Meuse*, sous la porte de Haguenau, prirent possession, le 24 novembre, à 2 heures de l'après-midi, de Wissembourg, ville frontière, en 1870, entre le Bas-Rhin et le Palatinat », relève un témoin. Les cérémonies d'entrées dans les villes alsaciennes et lorraines sont généralement présidées par des officiers qui en sont originaires, pour manifester également qu'il s'agit d'une restauration de l'autorité française dans ses droits historiques. « Sur dix généraux d'armée, on a pu trouver un Mulhousien pour entrer à Mulhouse, Hirschauer ; un Messin pour entrer à Metz, Mangin ; le gouverneur de Strasbourg sera un Alsacien, le gouverneur de Metz, un Lorrain ; le commandant du corps d'armée qui, le premier, entrera à Strasbourg, Vandenberg, sera de Phalsbourg ; le haut chef qui viendra à Neuf-Brisach aborder le Rhin, Herr, sera un enfant de la cité », décrit Louis Madelin.

Dans les villages ou les petites villes, les soldats remontent ensuite la rue principale, transformée en « allée triomphale » avec des branchages et des alignements de sapins, comme à Schirmeck (Bas-Rhin). Dans les grandes villes, le cheminement des troupes est plus complexe : il arrive que les troupes processionnent de quartier en quartier, étendant ainsi leur domination symbolique à l'ensemble d'un espace urbain que le passage des portes ne suffit pas à livrer totalement. À Saverne (Bas-Rhin), le général Gérard tient à défiler devant le palais princier des Rohan, la caserne où un lieutenant avait insulté les Alsaciens loyalistes et le drapeau français en 1913. « C'est là que défila la troupe de la Revanche », insiste

Louis Madelin. Dans ce parcours à la fois festif et initiatique, les façades à colombage, décorées avec soin, apparaissent à mesure que les soldats s'enfoncent dans l'épaisseur de la ville : elles sont inondées de verdure, couvertes de pavois qui leur font perdre toute individualité et leur donnent un caractère intemporel. « Puis-je dire que chaque maison a son drapeau ? Non : la cité tout entière semble roulée dans un immense pavois tricolore », constate Louis Madelin à propos de l'entrée à Mulhouse le 17 novembre. « Les rues paraissent – tant les oriflammes couvrent les façades –, tendues de tricolore et – tant les drapeaux saillent des fenêtres –, de tricolore plafonnées. » La nature en fête a également envahi la ville, les rues sont métamorphosées en allées forestières. « C'est magnifique. Une décoration superbe, pleine de feuillages de sapins, de verdure, lampions et drapeaux français », s'enthousiasme un soldat de la IVe armée.

La dernière étape est alors la place principale du village ou l'une des places de la ville, avec son beffroi, son église, lieux traditionnels de rassemblement de la communauté civique. L'horloge publique a été remise officiellement à l'heure française après avoir été durant près d'un demi-siècle à l'heure allemande. « On nous interroge : “À quelle heure arrive le général ? – À midi”, et j'ajoute : “Heure française !” », explique un soldat, le 17 novembre 1918 à Mulhouse. « C'est vrai, s'écrie un papillon, l'air fort animé, c'est vrai aussi, on a oublié l'horloge (et la jeune fille montre le clocher), c'est honteux d'avoir cette sale heure de Berlin ! » Encore une joie : avoir d'un mot fait changer « la sale heure de Berlin » ; le cadran qui marquait 10 heures ne va plus en marquer que 9 et, dans son exaltation, un autre papillon crie : « On aura été Français une heure plus tôt ! » L'école publique, vestige de la politique de scolarisation française, a été pavoisée. À Steinbourg (Bas-Rhin), la mairie porte, soigneusement dissimulée avec une plaque de bois après la guerre de 1870, l'inscription « École primaire, 1832 ». « Un bon vieux Français avait recommandé à son fils, alors âgé d'une douzaine d'années, d'enlever la plaque de bois dès qu'on redeviendrait français, étant sûr qu'on le serait tôt ou tard », rapporte un témoin. « À la veille de l'entrée des Français, ce fils, fidèle à la recommandation de son père, arriva fièrement près de la maison avec échelle, tenaille et brosse, enleva, au plus grand étonnement des villageois qui ignoraient ce mystère, la plaque, et fit réapparaître avec sa brosse la belle inscription française d'autrefois[28]. »

Parfois, un sapin de Noël décore la place, comme à Saverne (Bas-Rhin). Espace assez vaste pour le déploiement des troupes victorieuses, c'est aussi un lieu de mémoire de l'identité française en Alsace et en Lorraine : certaines statues contribuent à réaffirmer le patrimoine historique commun des provinces perdues et de la mère patrie. À Strasbourg, le 22 novembre 1918 au matin, un large drapeau tricolore est hissé ainsi derrière celle de Kléber. « Escorté de son brillant État-major, le général Gouraud, glorieuse figure militaire, passe devant le monument et, visiblement ému, du sabre adresse au vainqueur des Pyramides son salut de frère d'armes. Le moment est poignant, l'émotion serre toutes les gorges. Face au monument, le glorieux mutilé des Dardanelles se découvre et d'un large geste de son képi salue à nouveau Kléber. C'est l'apothéose. L'enthousiasme de la foule est à son comble. Spontanément *La Marseillaise* éclate et se prolonge… Et le défilé continue. C'est Kléber qui passe la revue des vainqueurs de l'Yser, de la Marne, de la Somme, de Verdun et des Vosges[29]. » Confusion des époques : le héros de la Révolution et du Consulat côtoie physiquement ceux de la Grande Guerre et semble ressusciter à leur contact. Le 27, arrivant à son tour à Strasbourg, le maréchal Foch se voit offrir

28. Martin Béhé (*Heures inoubliables, op. cit.*, p. 144). La transmission familiale des vestiges de la présence française – et des secrets qui y sont attachés – est un symbole de la continuité de la résistance à l'occupant allemand et un facteur de cohésion entre les générations, y compris celles qui ont toujours vécu sous régime germanique.

29. P. Bourson, *Journal d'Alsace-Lorraine*, 24 novembre 1918.

le propre sabre de Kléber, conservé par héritages successifs dans une famille alsacienne. Parcourant à cheval la place qui porte le nom du héros, le commandant suprême des troupes alliées brandit cette relique et salue à la fois les drapeaux des troupes françaises et la statue du chef de l'armée du Rhin.

Peu à peu se dissolvent alors tous les repères dans le temps. La fête consacre, par essence, le triomphe d'une temporalité différente, le retour à un « âge d'or » antérieur à la guerre. Elle multiplie les références historiques, fait renaître des usages qu'on croyait disparus, intègre dans ses rituels des témoins d'une époque révolue, notamment les anciens combattants de la guerre de 1870, avec leurs uniformes, leurs drapeaux, leurs décorations.

On peut percevoir un symptôme de cette subversion de l'ordre ordinaire du temps dans le retour des « costumes traditionnels » à l'occasion des fêtes de réception des troupes. Pour les soldats, ces Alsaciennes et ces Lorraines avec leur coiffe semblent tout droit sorties des gravures de Hansi, c'est-à-dire de représentations stéréotypées et intemporelles des provinces perdues. Les jeunes femmes répondent ainsi à l'attente supposée des combattants français, qui aspirent à retrouver en Alsace-Lorraine des images mentales forgées par eux durant l'enfance. « Il fallait que l'Alsace-Lorraine apparût aux Français vainqueurs et libérateurs dans l'uniforme où ceux-ci s'attendaient à la voir. Ce costume légendaire pour la plupart de ceux qui allaient entrer, connu d'eux par les seuls dessins, photographies ou chromos, ou aperçu un jour parant une Alsacienne, plus ou moins authentique, au cours d'une cérémonie patriotique. Oui, il fallait que la France retrouvât, même par ses atours, l'Alsace qu'elle attendait[30]. » Ce que veut avant tout signifier cette intemporalité des fêtes patriotiques, avec ses références à l'Alsace et à la Lorraine éternelles, c'est la fidélité des provinces perdues à la France.

30. Louis Madelin, *Les Heures merveilleuses d'Alsace et de Lorraine*, *op. cit.*, p. 60.

Pour les Alsaciens-Lorrains, la familiarité avec leurs habits folkloriques n'est pas plus grande, paradoxalement. « On ne les rencontre plus guère, sauf les grands jours de fête dans certains de nos villages », relève un Strasbourgeois[31]. Et pourtant, de nombreux témoins signalent un véritable enthousiasme de la population à ressortir des greniers les habits de fête ou à en fabriquer de nouveaux sur d'anciens modèles. « Beaucoup de jupons verts, ponceau, bleus, roses ou bruns, de tabliers à fleurs, de fichus à ramages, de bonnets de linon à cocarde – s'il s'agissait de la Lorraine –, de nœuds noirs, rouges ou chamarrés – s'il s'agissait de l'Alsace –, attendaient depuis des années le grand jour. Mais maintenant que le grand jour approchait, chaque jeune fille voulait le sien », rapporte Louis Madelin. « Ces petites furent impitoyables pour nos tentures, nos rideaux, nos édredons, me disait en souriant une mère ; on éventrait les édredons rouges ; on taillait des nœuds dans toutes les robes de soie noire des grands-mères[32]. »

L'adhésion à des modèles vestimentaires anciens s'explique sans doute par ce que les historiens anglais Eric Hobsbawm et Terence Ranger ont appelé « l'invention de la tradition », c'est-à-dire par la réappropriation d'un passé mythique à des fins d'affirmation identitaire[33]. De manière caractéristique, la coiffe la plus portée durant les fêtes de libération est le grand nœud alsacien, noir ou rouge, alors qu'elle ne correspond traditionnellement qu'à une région occupant environ un quart de l'Alsace. « Pour la plupart des gens, attachés à une certaine imagerie d'Épinal ou victimes de clichés de mauvais goût, la coiffe à grand nœud symbolise l'Alsace tout entière », signale l'ethnologue Marguerite Doerflinger. Or, précise-t-elle, « il

31. Cité par Jean-Claude Richez, « Ordre et désordre dans la fête : les fêtes de réception des troupes françaises en Alsace en novembre 1918 », art. cité, p. 162.

32. Louis Madelin, *Les Heures merveilleuses d'Alsace et de Lorraine, op. cit.*, p. 60.

33. Eric Hobsbawm et Terence Ranger (éd.), *The Invention of Tradition*, Cambridge, Cambridge University Press, 1983.

n'y a que le pays de Hanau et le Kochersberg qui, durant tout le XIXe siècle et le début du XXe siècle, ont été marqués par le développement progressif du ruban et du nœud, pour donner finalement naissance à ce fameux "nœud alsacien" si galvaudé aujourd'hui [...] Lors des lendemains de guerre, ils ont resurgi çà et là, fragmentairement, à l'occasion de festivités patriotiques, ou ont été reconstitués en grande hâte, souvent d'une manière caricaturale, avec les moyens du bord, sous la forme d'un grand nœud noir à armature de fil de fer, noué sous le menton, marqué de la cocarde tricolore, le tout accompagnant une jupe invariablement rouge[34] ». Du fait de cette exclusion délibérée de ses nuances sociales et locales, le port de la coiffe alsacienne est donc moins un acte de remémoration du passé réel qu'un acte de commémoration d'un passé fictif. Discours sur l'identité régionale (présentée comme ancienne et unifiée, alors qu'elle est diverse et ne remonte guère au-delà du XIXe siècle[35]), discours sur l'identité française (présentée comme la réunion harmonieuse de toutes ses coutumes locales[36]), le vêtement folklorique célèbre la réunion de l'Alsace et de la Lorraine à la France comme la résurrection de leur identité éternelle.

Ce bricolage ethnologique apparaît de manière encore plus nette dans les devantures des magasins, « les unes naïves et touchantes, les autres pompeuses et tape-à-l'œil[37] ». Les

34. Marguerite Doerflinger, introduction à Anselme Laugel et Charles Spindler, *Costumes et Coutumes d'Alsace*, (1re édition : Strasbourg, Imprimerie alsacienne, 1902 ; rééd. Colmar, Alsatia, 1975), p. XX-XXI.

35. Anne-Marie Thiesse, *La Création des identités nationales, Europe XVIIIe-XXe siècle*, Paris, Éd. du Seuil, « L'Univers historique », 1999, notamment p. 190-197.

36. Anne-Marie Thiesse, *Ils apprenaient la France. L'exaltation des régions dans le discours patriotique*, Paris, Éd. de la Maison des sciences de l'homme, « Ethnologie de la France », 1997. Voir aussi Jean-François Chanet, *L'École républicaine et les Petites Patries*, Paris, Aubier, « Histoires », 1996 (chapitre VIII : « Faire aimer le sol natal »).

37. Charles Spindler, *L'Alsace pendant la guerre*, Strasbourg, Librairie Treuffel et Würtz, 1925, p. 739.

objets les plus variés s'y trouvent rassemblés, vestiges d'un temps mythique où l'Alsace et la Lorraine étaient françaises. « Ce qui frappe, c'est que chaque devanture, chaque fenêtre est une sorte de reposoir élevé au souvenir de la France, à la gloire de la France, à l'amour de la France », note Louis Madelin. De passage à Saverne, l'officier français remarque le caractère quasi religieux de ces collections et constate que « tout a été sorti : cadres d'or bruni où pâlit un vieux ruban de la Légion d'honneur, où pendent des croix d'honneur, des médailles militaires, des médailles de Sainte-Hélène, des médailles de Crimée, d'Italie et du Mexique, brevets d'officiers au papier jauni par les ans, daguerréotypes, photographies, dessins, portraits de grands-parents soldats de la Révolution, de la Grande Armée, de l'armée d'Afrique, des campagnes du Second Empire, chromos où Gambetta, emphatique et chevelu, s'entoure de Chanzy, Faidherbe, Bourbaki, Trochu, portraits de Napoléon Ier, de Louis-Philippe, des princes d'Orléans de la belle génération, portraits de Gambetta encore, de Thiers, de Mac-Mahon, images d'Épinal où les régiments s'alignent, des guides verts aux zouaves rouges, drapeaux à la soie passée sur lesquels le coq chante, au-dessus desquels l'aigle étend ses ailes, reproductions en gravure, en peinture, en chromolithographie, des toiles d'Alphonse de Neuville et de Detaille, aigles et coqs dorés qui jadis surplombèrent les enseignes, épaulettes d'or fané, fourragères, sabretaches, hausse-cols de cuivre, panoplies d'enfants, où de petits uniformes de turcos, de "chasseurs d'Orléans", de cuirassiers, de hussards nains s'étalent, soldats de plomb et de bois verni d'autrefois ressortis des boîtes, forts en carton avec garnison lilliputienne[38], simples feuilles de journaux illustrés bien jaunis aussi, mais où se voient nos présidents et même le général Boulanger en qui,

38. Sur les jeux pour enfants dans le contexte de la Grande Guerre, voir Stéphane Audoin-Rouzeau, *La Guerre des enfants (1914-1918) : essai d'histoire culturelle*, *op. cit.*

une heure, tint l'idée de revanche, statuettes de marbre, de plâtre, de stuc, de bois colorié, statuettes de généraux et d'hommes politiques de jadis, mais surtout, partout, statuettes et bustes du grand Napoléon, général aux longs cheveux, Consul plein de jeunesse, Petit Caporal au chapeau légendaire, Empereur gras dans la redingote grise : tout cela a été étalé dans les flots d'étoffe tricolore[39] ».

Cette longue description construite sur un effet d'accumulation fonctionne par collages de références historiques successives, qui sont autant de légitimations des liens entre l'Alsace, la Lorraine et la France, donc du bien-fondé de leur retour dans la communauté nationale. Deux époques émergent particulièrement du bric-à-brac d'objets commémoratifs, de représentations picturales et photographiques, de jouets et d'uniformes : la guerre de 1870, bien sûr, avec ses héros et ses batailles, mais tout autant les Premier et Second Empires qui, comme le montre Jean-Claude Richez, « semblent avoir été le véritable creuset de l'intégration de la grande masse des Alsaciens dans la nation française [...] beaucoup plus que la période de la Révolution française comme on le soutient habituellement[40] ». La sacralité des objets exposés (Louis Madelin compare les vitrines à des « reposoirs ») vient à la fois de leur mode de transmission (le patrimoine familial), de leur ancienneté et de leur signification symbolique (notamment pour les décorations). Même lorsqu'il s'agit manifestement d'objets produits en série, comme dans le cas des statuettes, leur banalité apparente, leur caractère commercial,

39. Louis Madelin, *Les Heures merveilleuses*, *op. cit.*, p. 122-123.

40. Jean-Claude Richez, « Ordre et désordre dans la fête : les fêtes de réception des troupes françaises en Alsace en novembre 1918 », art. cité, p. 165-166. Selon Jean-Claude Richez, « l'histoire mise en œuvre [lors des fêtes de libération] est l'histoire d'une Alsace qui est toujours restée attachée à la France. C'est surtout une histoire militaire [...] Elle censure la Révolution française, qui est pourtant réputée dans la tradition républicaine avoir conquis définitivement l'Alsace à la France : c'est un sujet tabou [qui] divise profondément les Alsaciens [de même que] le rattachement de l'Alsace à la France au XVIIe » (*ibid.*, p. 171).

une certaine vulgarité esthétique sont transfigurés par leur puissance évocatrice : le temps présent s'efface derrière l'image d'une Alsace-Lorraine idéale et éternelle.

Du fait d'une certaine intemporalité des cérémonies, l'un des miracles de ces défilés est donc la coexistence en un même lieu d'époques différentes. Les fêtes sont l'occasion de ressusciter certains usages, de retrouver certains gestes, de redécouvrir certains uniformes – abolis durant près de cinquante ans. « Un tambour-major de zouaves eut un grand succès : lançant sa canne en l'air, il la faisait tournoyer pour la recevoir ensuite dans ses mains », note un aumônier militaire, à Strasbourg le 25 novembre. « Ce geste seul ne rappelait-il pas à beaucoup de vieux Strasbourgeois les défilés d'avant 70[41] ? » Le plus frappant est bien sûr la participation aux fêtes de libération de vétérans de la guerre de 1870 ou de groupes associatifs disparus pendant la Grande Guerre, par exemple, les sociétés de musique, si importantes dans la sociabilité de la France de l'Est, qui précèdent les officiers et les troupes dans leur cheminement à travers la ville : le défilé est l'occasion non seulement de soumettre l'espace urbain au pouvoir des armées françaises, mais aussi de réaffirmer la cohésion, la stabilité et l'organisation de la communauté civique, où chacun est désormais à sa place. « À tout instant débouchent des sociétés avec leurs bannières. Corporations d'ouvriers, sociétés de vétérans, sociétés nautiques, sociétés de gymnastique, les pêcheurs à la ligne, les jardiniers, les orphéons, les chorales, les harmonies militaires », rapporte Charles Spindler à l'occasion du défilé du 25 novembre à Strasbourg. « Chacun a sa musique, ce qui produit des cacophonies épouvantables[42]. »

À Sarrebourg, le 18 novembre 1918, les pompiers défilent en tête, suivis par « la musique du Souvenir français, deux

41. Paul Schmidt, *Les Belles Journées de la délivrance, 19-27 novembre 1918,* Paris, Librairie Fischbacher, 1920, p. 33.

42. Charles Spindler, *L'Alsace pendant la guerre, op. cit.*, p. 740.

cents jeunes filles costumées en Alsaciennes et en Lorraines, le conseil municipal, le comité de réception, des vétérans de 1870 et des détenus libérés, la Société catholique des jeunes gens avec bannière ». À Haguenau, le 21 novembre, un cortège se forme pour accompagner les troupes françaises jusqu'à la place d'armes : « La musique des pompiers, les vétérans, le maire et son conseil, le clergé des deux paroisses » ouvrent la marche, précédant le général Gérard, son État-major et les soldats de la VIIIe armée. Dans la plupart des cas, ce qui frappe les observateurs est la résurgence brutale d'une époque antérieure à la guerre de 1870, sensible notamment à travers la présence de décorations, de symboles ou d'emblèmes, comme cette écharpe tricolore, transmise au maire de Mécleuves (Moselle) par son père, « vénérable relique de soixante ans d'âge, cachée pendant quarante-huit ans aux yeux des profanes », ou cette canne de tambour-major, souvenir de la dernière classe des conscrits en 1869, autour de laquelle les soldats de Bischwiller « se réunissent en silence » parce qu'elle est le vestige « d'une gloire impériale flétrie [...] et du rêve évanoui de leur jeunesse[43] ». Les uniformes anciens se mêlent à ceux des soldats de la Grande Guerre, ceux des corporations aux tenues des troupes françaises : « Les pompiers jetaient avec mépris la coiffure allemande pour reprendre le vieux casque de cuivre du temps de Napoléon III et les étudiants la casquette des universités allemandes pour arborer un béret de velours à la mode de Nancy », constate Louis Madelin. « On peut dire que soudain toute la France ressortait des placards, des caches, des trous[44]. »

Mais l'attention des habitants se porte naturellement d'abord sur les soldats français, qui sont le véritable centre du dispositif festif et émotionnel que constitue le défilé. La

43. C. Vigée, « Pourquoi est-on poète en Alsace », *Les Lettres en Alsace*, Strasbourg, Istra, 1962, p. 495-502, p. 498.

44. Louis Madelin, *Les Heures merveilleuses d'Alsace et de Lorraine, op. cit.*, p. 61.

première impression signalée par les Alsaciens-Lorrains dans la presse ou les carnets personnels est la surprise : on se souvient de l'uniforme de 1914, mais on ne connaît la tenue et le casque Adrian adoptés au printemps 1915 que de réputation. Aussi les combattants qui arrivent dans les villes et les villages étonnent-ils d'abord par leur apparence. « Une commotion électrique vient de traverser la foule au moment où apparaît, comme un nuage au-dessus des têtes, ce fameux bleu horizon, tant cité dans les livres de guerre et que nous n'avons jamais vu ! Parbleu, ce sont eux ! Deux officiers à cheval précèdent, coiffés du casque plat, ce casque que, sur les photos, je trouvais un peu donquichottesque. Pas du tout ! Il est très seyant et très crâne », rapporte Charles Spindler, premier éditeur de la *Revue alsacienne illustrée*, dans son journal rédigé lors de l'entrée des soldats français à Obernai[45]. Plus fondamentalement, les Alsaciens-Lorrains sont frappés par la tenue des troupes françaises : à Metz (Moselle), les « poilus magnifiques » ont une « tenue impressionnante » ; à Guebwiller (Haut-Rhin), on leur trouve « la mine superbe » ; à Château-Salins (Moselle), un témoin s'enflamme : « Ah ! la magnifique, l'impressionnante troupe ! Les spectateurs autour de nous n'en reviennent pas. On leur avait représenté l'armée française désorganisée, déguenillée, rebelle, mourant de faim – en tout semblable, quoi ! à l'armée allemande, à cette heure. Et ils voyaient en rangs réguliers, impeccables, des soldats de belle mine, en uniformes fanés à peine par les dernières semaines de la rude campagne, graves,

45. Charles Spindler, *L'Alsace pendant la guerre, op. cit.*, p. 726. Parfois, certains habitants expriment un peu de déception à ne « plus retrouver les anciennes culottes rouges qui étaient à leurs yeux la caractéristique de l'armée française et qui leur étaient apparues au début de la campagne, dans la brève poussée offensive » (Martin Béhé, *Heures inoubliables, op. cit.*, p. 238). C'est la raison pour laquelle le général Hirschauer choisit, selon Louis Madelin, de revêtir le dolman noir et la culotte rouge pour son entrée dans Mulhouse le 17 novembre (Louis Madelin, *Les Heures merveilleuses d'Alsace et de Lorraine, op. cit.*, p. 74).

sans forfanterie, beaux enfin[46]. » De nombreux récits font état aussi d'une certaine licence sexuelle qui, du fait de l'anonymat, de l'atmosphère de fête, porte les Alsaciennes et les combattants français les uns vers les autres : « Enfin, s'écrie une jeune femme, enfin, on va pouvoir aimer les soldats[47] ! »

Au-delà des tournures rhétoriques propres à exalter les vainqueurs, il faut bien admettre une certaine insistance à vanter l'apparence physique des soldats français. Cette admiration, maintes fois exprimée, suggère d'abord que les combattants ont été comme transfigurés par la guerre, endurcis par les épreuves et épanouis par la victoire. « C'est le *Poilu* : le casque encore bossué, les habits élimés, un régiment réduit à quelques compagnies, une compagnie de soixante hommes, le *corps* sortant de la fournaise d'hier *comme le drapeau qui le domine*, – déchiqueté et pâli – *d'autant plus superbe*, d'autant plus acclamé », relève Louis Madelin[48]. Ce type d'évocation s'intègre à une lecture mystique de l'arrivée des soldats qui la compare à une apparition : le bleu horizon est assimilé à une nuée couvrant la foule (Charles Spindler), les combattants sont comme auréolés de lumière. À Morhange (Moselle), les soldats sont accueillis comme « des envoyés du ciel », les officiers marchent « entourés de gens qui rient, qui pleurent, qui touchent leurs vêtements comme des reliques » ; le curé accourt : il veut que les officiers se rendent jusqu'à son presbytère : « Un peu plus il admettrait qu'en y entrant, ils vont sanctifier l'église[49]. »

46. Martin Béhé, *Heures inoubliables, op. cit.*, p. 267, p. 236. Ce que remarquent surtout les spectateurs, c'est la souplesse et l'élégance avec lesquelles les soldats français se déplacent. « Ils ont donc du caoutchouc sous leurs talons ? Les autres, quand ils passaient de bon matin, il n'y avait plus moyen de dormir », note un habitant de Château-Salins (*ibid.*, p. 236).

47. Louis Madelin, *Les Heures merveilleuses d'Alsace et de Lorraine, op. cit.*, p. 84.

48. *Ibid.*, p. 77. Naturellement, l'évocation du drapeau « déchiqueté et pâli » est très largement légendaire puisqu'on ne combat pas avec eux sur le champ de bataille.

49. *Ibid.*, p. 91-92.

Par ailleurs, à travers l'ordonnancement parfait des troupes, les Français révèlent des qualités morales qui viennent justifier la victoire finale. Le thème du héros sensible, que la guerre a endurci, mais n'a pas rendu indifférent au monde extérieur, est aussi l'un des lieux communs les plus utilisés dans la description des soldats victorieux. Il permet à la fois de rassurer les civils, qui ont le sentiment que les combattants sont encore des êtres accessibles, et d'esquisser une distinction avec les Allemands, dont les pratiques guerrières et la brutalité de caractère sont fréquemment stigmatisées : « Pendant deux heures, nos poilus magnifiques ont défilé sur cette esplanade, qui est un des lieux du monde les plus remplis de souvenirs militaires et de vieille gloire française », explique un journaliste de *L'Écho de Paris*, présent à Metz le 19 novembre. « La foule les acclamait, admirant leur tenue impressionnante, leurs bonnes figures où elle retrouvait toutes les expressions de la force tranquille et consciente, de la loyauté, de la sérénité d'âme, de la bonté qu'elle aime. Une tendresse émanait d'elle, et les héros des grandes batailles [...] se redressaient fièrement, souriaient, mais sentaient leur gorge se serrer, leurs yeux se mouiller. Ces hommes, rudes au combat, devenus insensibles après tant de souffrances et d'horreurs traversées, avaient là, depuis quatre ans, leur première défaillance[50]. »

Vanter l'allure générale des soldats, c'est naturellement célébrer les qualités de commandement de leurs chefs. À Lauterbourg (Bas-Rhin), par exemple, un témoin rapporte que « le bataillon à la tête duquel chevauchait gracieusement le commandant Fletter évoluait sous le commandement de son chef dont l'épée scintillante était comme une baguette magique, sous le charme de laquelle, à défaut des cris sauvages des chefs allemands, il tenait ses hommes pour leur indiquer les mouvements exécutés d'ailleurs avec une précision parfaite[51] ». Nous avons déjà eu l'occasion de noter des

50. Eugène Tardieu, *L'Écho de Paris*, 20 novembre 1918.
51. Martin Béhé, *Heures inoubliables*, *op. cit.*, p. 227.

allusions récurrentes à la magie dans l'évocation de l'arrivée des soldats : les montagnes boisées protégeant les troupes libératrices jusqu'à leur entrée dans les villes et villages alsaciens-lorrains, la végétation ensorcelée qui semble participer à la fête, la renaissance du printemps en plein automne, la transformation brutale des villes occupées en communes radieuses[52], de nombreuses mises en scène narratives semblent suggérer une part de surnaturel dans la libération des provinces perdues. Ici, le merveilleux s'inscrit dans les corps des combattants, qui paraissent répondre d'instinct aux ordres, à peine énoncés, du commandement. Le charisme des chefs militaires n'en est que plus visible : à Mécleuves (Moselle), le colonel Adam est décrit comme « populaire et affable à l'excès[53] » ; à Ensisheim (Haut-Rhin), le général Leboucq, « jeune d'aspect, au regard vif et plein de bonté, salue et tous [les] cœurs lui répondent avec transport et enthousiasme[54] » ; à Mulhouse (Haut-Rhin), « le général Hirschauer continue à s'avancer, saluant avec une gravité émue, les yeux parfois brillants de larmes », raconte Louis Madelin. « Au vol, j'entends : "Quel beau général ! Ça, c'est un vrai chef français ! Tu as vu comme il a souri en passant"[55]. » Aucune allusion à la difficulté que peuvent éprouver les hommes à reprendre l'exercice comme en temps de paix : la parade est présentée par les civils comme un prolongement naturel du champ de bataille.

Qu'en pensent, à ce moment-là, les soldats français ? Les lettres étudiées par le contrôle postal témoignent d'un

52. « Il semble, au dire des Messins eux-mêmes, que, d'un coup de baguette magique, une fée a transformé leur ville, hier encore morne et triste, aujourd'hui joyeuse et heureuse, tout en gardant une très belle tenue dans son grand bonheur » (Paul Schmidt, *Les Belles Journées de la délivrance, op. cit.*, p. 13).

53. Martin Béhé, *Heures inoubliables, op. cit.*, p. 247.

54. *Ibid.*, p. 80.

55. Louis Madelin, *Les Heures merveilleuses d'Alsace et de Lorraine, op. cit.*, p. 76.

enthousiasme mitigé pour les défilés, ne serait-ce que parce qu'ils nécessitent un entraînement contraignant qui n'est guère apprécié : « Je n'ai pas une minute à moi, car nous bardons fort. Nous faisons des manœuvres de bataillon tous les jours, du maniement d'armes plus qu'on peut en faire, si bien que le soir, on marche presque sur les genoux », confesse un soldat du 97e RI, IIe armée. « Tout cela d'après les officiers, c'est pour montrer aux boches la discipline française. Quand ils te disent cela, on se marre. » Par ailleurs, les hommes sont pressés d'être démobilisés. Ils comprennent mal qu'on perde du temps en exercices inutiles.

Mais ils semblent apprécier l'accueil qui leur est fait, et même en être un peu étonnés. La foule qui assiste au défilé est toujours décrite par eux avec beaucoup de chaleur, on la présente souvent comme une force qu'il est impossible de maîtriser : « En ce moment nous sommes à Barr », écrit un combattant de la IVe armée dans une lettre à sa mère, le 21 novembre 1918. « Le colonel a été obligé de descendre du cheval. Nous étions enlevés. » « De village en village, l'enthousiasme a été en augmentant », ajoute un autre. « À Dorlisheim, les gens ne voulaient plus nous laisser partir. Pour nous forcer à nous arrêter, ils jetaient des pétards dans les jambes de nos chevaux. » D'autres témoins sont frappés par le nombre de personnes les saluant aux fenêtres, à tel point que les façades elles-mêmes paraissent se mouvoir : « J'ai toujours sous les yeux le spectacle de ces rues, de ces places toutes remplies par la foule et où il semblait que les maisons mêmes étaient animées : à chaque fenêtre huit, dix personnes agitant mouchoirs, drapeaux ou chapeaux et acclamant. Du haut en bas de toutes les maisons, c'était ce même mouvement incessant[56]. »

Cette foule, c'est l'Alsace tout entière réunie pour l'occasion. « Oui, ce peuple est dans la joie et je ne croyais pas qu'il pût être possible de voir ce spectacle », résume le pasteur

56. Paul Schmidt, *Les Belles Journées de la délivrance, op. cit.*, p. 33.

Paul Schmidt, présent au défilé de Strasbourg le 25 novembre. « Cent mille cœurs, deux cent mille peut-être car les campagnards sont venus en grand nombre, vibrant à l'unisson[57]. » Les témoignages mettent l'accent en effet sur l'abolition, en ce jour de fête, des barrières sociales[58], des oppositions religieuses, de la distinction entre les habitants des villes et ceux des campagnes. « Dans la rue, les Alsaciennes foisonnent, quelques-unes d'authentiques campagnardes des environs de Strasbourg et de Haguenau, le plus grand nombre des demoiselles travesties dans des costumes de fantaisie. Les Français, peu versés en la matière, font fête aux unes comme aux autres », constate Charles Spindler. « Au milieu des troupes et des autos, en fin de cortège, avancent des jeunes filles en costume alsacien. D'autres qui ne sont plus des jeunes filles cherchent néanmoins à se faire remarquer en portant le costume alsacien », note ironiquement Philippe Husser, instituteur mulhousien[59].

En fait, si l'affaiblissement des distinctions sociales lors des défilés dans les grandes villes ne fait guère de doute en raison de l'affluence aux fêtes de libération et de l'atmosphère de liesse[60], l'insistance avec laquelle elle est évoquée par de nombreux témoins relève, quant à elle, du lieu commun et du procédé littéraire. La fusion des classes, des générations et des sexes en un même corps social animé par une

57. *Ibid.*, p. 27.

58. « Un vent de fraternité passe dans l'air qui rapproche toutes les classes dans une commune allégresse » (Obernai, le 18 novembre 1918) ; « Riches et pauvres rivalisent d'ardeur pour dépasser en magnificence les fêtes les plus célèbres d'autrefois. Tous les cœurs battent à l'unisson d'un enthousiasme indescriptible : jeunes et vieux sont dans la jubilation » (Haguenau, le 21novembre 1918). Voir Martin Béhé, *Heures inoubliables, op. cit.*, p. 115 et 197.

59. Philippe Husser, *Un instituteur alsacien. Entre France et Allemagne, 1914-1951,* Paris, Hachette, La Nuée bleue/Les Dernières Nouvelles d'Alsace, 1989, p. 125.

60. Jean-Claude Richez, « Ordre et désordre dans la fête : les fêtes de réception des troupes françaises en novembre 1918 », art. cité, p. 160 *sq.*

même joie revêt dans ces circonstances une réelle force symbolique : elle témoigne de l'unanimité du peuple alsacien et lorrain dans ses sentiments à l'égard de la France.

Cette communauté d'esprit est portée à son paroxysme au moment où le drapeau du régiment passe devant la foule. C'est alors sans doute que les sentiments exprimés sont les plus ardents. « Quand le drapeau tricolore passa, ce fut bien pis », raconte un soldat de la 131e DI au sujet de l'entrée à Strasbourg. « Jusqu'à ce moment, on avait pu marcher en ordre. Mais la foule arrivait de toute part. Impossible de marcher. » Cette dévotion à l'emblème national est décrite comme une joie débordante qui tient de l'adoration mystique. « Des femmes se jettent au-devant du drapeau et le baisent, inclinées devant ce signe tangible de la patrie comme devant l'ostensoir », rapporte un journaliste de *L'Illustration*, qui assiste à l'entrée à Sarreguemines (Moselle) le 17 novembre 1918[61]. Les hommes éclatent en sanglots. On imagine qu'il a été transporté sur les champs de bataille ; il est « tout maculé du sang de ses fils[62] », déclare une jeune fille d'Abreschwiller (Moselle) ; « pâli au soleil et aux intempéries des batailles[63] », ajoute un habitant de Château-Salins (Moselle). À ce titre, il trouve alors sa place, naturellement, au côté des autres reliques (drapeaux antérieurs à 1870, écharpes tricolores), consacrées par l'ancienneté et par l'esprit de résistance à l'occupant allemand.

Face aux drapeaux apportés par les troupes françaises, les drapeaux conservés religieusement par les Alsaciens-Lorrains participent eux aussi à la fête. De nombreux témoins leur prêtent une âme propre, ils les imaginent bouleversés par les retrouvailles avec l'Alsace et la Lorraine, gonflés de joie à l'approche de la foule qui les acclame : « Un nouveau frémissement les soulève quand ils nous voient accourir. Nous

61. *L'Illustration*, 30 novembre 1918, p. 498 *sq*.
62. Martin Béhé, *Heures inoubliables, op. cit.*, p. 256.
63. *Ibid.*, p. 239.

sommes des vieilles connaissances », confie l'abbé Thellier de Poncheville lors de son entrée à Metz. « Déjà ils nous ont salués avec amour au début de la campagne, lorsque nous franchissions les cols des Vosges pour descendre le long des jolies vallées alsaciennes. Avec douleur, ils nous ont vu battre en retraite aussitôt, retraverser la frontière et disparaître au loin, bien loin ! Pendant plus de quatre ans, ils n'ont cessé de nous attendre. L'écho de nos prouesses a dû pénétrer parfois jusqu'à eux, traversant d'un souffle d'espoir la tristesse de leur exil. Ils nous reconnaissent enfin aux portes de la ville. Ils nous acclament du claquement joyeux de leur soie[64]. »

L'hymne national est un autre moment de profonde émotion, provoquée d'abord par la jouissance physique de se sentir partie prenante d'un groupe qui chante d'une même voix. À Morhange (Moselle), *La Marseillaise* est « coupée de sanglots, plus sublime que toutes celles entendues jusqu'ici[65] ». À Strasbourg, l'arrivée du général Gouraud et de la IVe armée sur la place Kléber le 22 novembre 1918 est décrite en ces termes par un correspondant du *Journal d'Alsace-Lorraine* : « Le général commande : "Garde à vous. Au drapeau." Un silence absolu succède au bruit de tout à l'heure. Les clairons lancent leur clair salut au drapeau. Tous se sont découverts. La musique attaque *La Marseillaise*. Des milliers de voix entonnent le premier couplet ; ce n'est plus un chant ; c'est mieux, c'est un alléluia qui monte vers le ciel bleu et qui salue le retour des couleurs aimées dans Strasbourg[66]. » À Metz, lorsque le chant patriotique retentit pour la première fois depuis octobre 1870, un témoin décrit « des figures convulsées et des gens pris d'un grand tremblement[67] ».

64. Abbé Thellier de Poncheville, *La France à Metz, op. cit.*, p. 7.
65. Louis Madelin, *Les Heures merveilleuses de l'Alsace et de la Lorraine, op. cit.*, p. 91.
66. P. Bourson, *Journal d'Alsace-Lorraine*, 24 novembre 1918.
67. Louis Madelin, *Les Heures merveilleuses d'Alsace et de Lorraine, op. cit.*, p. 101.

La dimension mystique des cérémonies apparaît une fois encore très nettement dans ces évocations. Après avoir été bannie longtemps dans la ville même où elle fut inventée en 1792 par Rouget de Lisle, *La Marseillaise*, symbole de l'unité nationale, est un hymne à la liberté retrouvée[68]. Elle lie entre elles la période révolutionnaire et la Grande Guerre, et souligne donc l'appartenance historique de l'Alsace-Lorraine à la France. Fredonnée plutôt que réellement chantée par une foule qui maîtrise mal le français et se souvient de la musique sans se rappeler précisément des paroles, elle a été enseignée dans les jours précédant l'arrivée des Français – et souvent avant le départ des Allemands – par des instituteurs ou tout simplement les hommes les plus âgés : à Lauterbourg (Bas-Rhin), c'est le directeur de l'école préparatoire qui prend l'initiative de faire répéter la population à la veille de l'entrée du 52e de ligne. « Pendant deux heures, on épelle, on fait des exercices de prononciation, on chante », rapporte un témoin, et le résultat de cette *Marseillaise* apprise phonétiquement est jugé assez convenable[69]. À La Poutroye (Haut-Rhin), le greffier de la mairie, plus vieux que les autres, a été chargé d'entonner, le premier, l'hymne national. Quels que soient les efforts déployés pour apprendre en quelques heures un chant largement oublié, la plupart des récits insistent sur le caractère paradoxalement spontané de cette *Marseillaise*, expression instinctive de délivrance, véritable mémoire du corps que les Alsaciens et les Lorrains retrouveraient au fond d'eux-mêmes après un demi-siècle de

68. Rappelons que les cendres de Rouget de Lisle sont transférées aux Invalides le 14 juillet 1915. *La Marseillaise* et son auteur font en outre l'objet de plusieurs ouvrages de référence, publiés durant la Grande Guerre : Julien Tiersot, *Histoire de « La Marseillaise »*, Paris, Delagrave, 1916 (rééd. résumée d'un ouvrage de 1892 chez le même éditeur) ; Louis de Joantho, *Le Triomphe de « La Marseillaise »*, Paris, Plon, 1917 (l'auteur est un monarchiste rallié à l'Union sacrée) ; Louis Fiaux, *« La Marseillaise », son histoire dans l'histoire des Français depuis 1792*, Paris, Fasquelle, 1918.

69. Martin Béhé, *Heures inoubliables, op. cit.*, p. 225.

servitude. Ainsi en est-il également du cri *Vive la France !*, pourtant lancé le plus souvent avec un fort accent germanique, « cri défendu pendant tant d'années et pour lequel chacun s'est préparé en silence, dans lequel résonne toute la joie en délire de la patrie retrouvée », atteste un témoin présent à Dambach (Bas-Rhin) le 18 novembre[70].

Dans les récits de ces défilés, un dernier épisode est présenté, enfin, comme représentatif de la communion d'esprit qui règne dans les villes et villages d'Alsace et de Lorraine. C'est le moment où, pour la première fois après un long silence, la cloche de l'église ou de la cathédrale se met à sonner. Paul Schmidt se trouve à une fenêtre de l'hôtel de ville de Metz lorsque retentit la *Mutte*, une cloche si vieille et si célèbre dans la capitale lorraine que les Allemands, dit-il, n'ont pas osé l'envoyer en Allemagne pour la faire fondre. Dans son journal publié en 1920, cet aumônier protestant parvient à saisir avec beaucoup de sensibilité ce que cet événement peut représenter pour les habitants de la ville : « La sonnerie est lente et grave, solennelle : c'est qu'aussi elle sonne rarement, la *Mutte*. Elle sonna pour la dernière fois en mars de cette année-ci, lorsque les Allemands, ayant percé le front anglais sur l'Oise, s'emparèrent de Noyon. L'émotion de la foule est grande : le silence, brusquement, s'est fait dans les rues et sur les places. On écoute la *Mutte*. L'énorme tintement emplit toute la place, il plane sur la ville entière. À côté de moi, une vieille Lorraine, toute pâle d'émotion d'entendre "*notre Mutte*" sonner la victoire française, est obligée de s'asseoir pour ne pas défaillir : "J'ai trop d'émotion", me dit-elle[71]. »

Le déploiement des couleurs, les mouvements de foule, le choc sonore des cloches et des trompettes, les chants entonnés en commun contribuent à créer un cadre émotionnel où les individus, civils ou soldats, se fondent peu à peu dans une

70. *Ibid.*, p. 108.
71. Paul Schmidt, *Les Belles Journées de la délivrance, op. cit.*, p. 13.

communauté festive. L'incontestable enthousiasme des populations pousse les soldats à revoir leur jugement sur les Alsaciens et les Lorrains : « L'impression générale que vous pouvez communiquer partout, c'est que l'Alsace est restée entièrement française », écrit un soldat de la 131ᵉ DI, IIᵉ armée, qui ajoute perfidement, fidèle en cela à l'image de l'arrière qui prévaut chez certains combattants : « Plus française pour beaucoup que les Français eux-mêmes. » Plus circonspect, un de ses camarades avance : « Vraiment il y a encore des Alsaciens qui nous sont restés sincères. » Cette fidélité de cœur, que de nombreux témoins croient reconnaître dans les larmes versées, dans les applaudissements, dans les embrassades de la population, est l'un des thèmes majeurs des discours prononcés à l'adresse des soldats par ceux, maires, instituteurs ou membres du clergé, qui sont encore en mesure de parler français.

Prendre la parole

Les fêtes de libération sont bavardes[72]. Elles suscitent de nombreuses prises de parole, depuis les brefs mots d'accueil aux portes de la ville ou du village, jusqu'aux discours du maire ou aux sermons des curés et des pasteurs lors des cérémonies religieuses. Leur fonction diffère sensiblement selon le lieu et le moment où ils sont prononcés : prise de contact entre les soldats et les habitants, serment d'allégeance, remémoration des combats pour la libération de l'Alsace et de la Lorraine, explicitation des rituels d'accueil, projets d'avenir. À chaque étape, son style, sa thématique, son vocabulaire et souvent son intervenant.

Traditionnellement, les premiers mots, à l'entrée de la commune, viennent du maire ou de l'un de ses adjoints et visent à officialiser une fois pour toutes les rapports entre les habitants

72. Sur le rapport entre les discours et les fêtes, voir Mona Ozouf, *La Fête révolutionnaire, op. cit.*, chapitre VIII.

et les nouveaux venus. « Nous vous saluons, nous vous acclamons comme nos sauveurs et nos libérateurs, vaillants soldats de France », proclame un villageois de La Poutroye (Haut-Rhin) qui fait fonction de maire. « Nous déclarons hautement que nous sommes Français, que nous n'avons jamais cessé de l'être et, comme meilleure preuve, jugez-en vous-mêmes par la réception de la population tout entière, et dites-nous, après cela, si elle équivaut à un vote », insiste, dans une sorte de profession de foi, le président des vétérans de Haguenau (Bas-Rhin). Les liens établis reposent donc sur une forme de reconnaissance mutuelle, qui contribue à redessiner un territoire commun, après un demi-siècle de séparation. Chacun verbalise la place qu'il entend reconnaître à l'autre, les hôtes alsaciens-lorrains accompagnant leur déclaration d'un véritable serment d'allégeance, qui les place sous une dépendance volontaire de la France. Les circonstances de l'occupation allemande puis de la guerre n'imposent-elles pas de rompre solennellement avec l'appréhension initiale ? Ainsi, les habitants de La Poutroye déclarent-ils vouloir se lier à jamais avec la patrie : « L'Alsace est heureuse et fière de mettre les forces vives de son peuple et les richesses de son sol au service de la France », dit le premier magistrat de la commune. Elle est « sûre de les mettre ainsi au service de tout ce qui est noble, grand et beau, et de contribuer le plus efficacement à cicatriser les plaies du passé ».

Suit parfois une présentation à l'officier commandant les troupes françaises des personnalités venues les accueillir. Celle-ci ne se résume pas à une simple énumération ou à une évocation des titres des uns ou des autres, elle est souvent l'occasion de rappeler la vie quotidienne et les faits de résistance durant les mois de guerre, ou tout simplement de faire un récit des derniers jours avant l'arrivée des Français. On en a un bon exemple à Lauterbourg (Bas-Rhin), lorsque le curé introduit auprès du commandant Fletter, du 25e bataillon de chasseurs à pied, les notables présents sur la place du château. Les souffrances du passé, la difficulté à maintenir une administration digne sous occupation allemande sont esquissées au fil de ces lignes, avec un mélange de pudeur et de fierté : « Vous voyez à ma droite l'ancien adjoint de la ville pendant vingt-huit ans, M. Charles Guckert, l'oncle de Monsieur le doyen de la Faculté de médecine de Nancy, et à ma gauche Monsieur Louis Sommer, l'adjoint qui lui a succédé il y a peu d'années, tous les deux des vaillants qui ont soutenu la cause française : ils sont les délégués et du conseil municipal et du conseil de fabrique. Du personnel de l'enseignement primaire, malheureusement réduit à la suite de la guerre [...] sont présents, M. l'instituteur en chef, l'âme des manifestations patriotiques des derniers jours, et mesdemoiselles les institutrices au nombre de six. [...] Plus loin dans mon entourage, vous voyez les vétérans alsaciens de l'armée française, tous portant les signes glorieux de leurs valeurs militaires et dont les cœurs palpitent à la pensée que des frères d'armes sont venus leur serrer la main et combler leurs rangs qui s'éclaircissaient d'année en année. »

Lorsque les troupes ont achevé leur défilé dans les rues de la ville ou du village et se sont réunies sur une place, plusieurs personnages prennent la parole successivement : le maire, le curé ou le pasteur, les vétérans de la guerre de 1870, des jeunes filles représentant leur classe d'âge, enfin des femmes plus âgées, filles de vétérans et veuves de guerre. Manquent singulièrement les instituteurs, qui occupent pourtant une place privilégiée dans les fêtes communales de la IIIe République, comme l'a montré Olivier Ihl[73]. Tous ces intervenants ne sont pas sur un pied d'égalité, mais leur légitimité repose sur le fait qu'ils incarnent, chacun à sa manière, une partie du corps civique. Tantôt maladroits, tantôt émou-

73. Olivier Ihl, *La Fête républicaine, op. cit.* Cette absence s'explique peut-être par le départ de quelques-uns d'entre eux au moment de l'arrivée des troupes françaises, du fait de leurs liens avec l'administration allemande (voir, sur ce point, Stephen L. Harp, *Learning to be Loyal, op. cit.*, p. 185 *sq.*).

vants, ces rhéteurs improvisés ne maîtrisent pas, loin s'en faut, l'art du « bien parler », notamment parce que de telles occasions sont exceptionnelles et parce qu'ils ont souvent perdu l'usage du français. On peut donc s'interroger sur l'authenticité de certains discours recueillis par Martin Béhé dans ses *Heures inoubliables*. Pour autant, ce qui nous intéresse ici est aussi bien la réalité des paroles prononcées à l'occasion des fêtes de libération, que leur mémoire telle qu'elle est transmise par un recueil comme celui-ci. Les officiers, quant à eux, se contentent souvent de quelques mots de remerciement.

En s'efforçant de fournir un cadre moral aux événements, responsables religieux et responsables politiques contribuent à rehausser l'enjeu de la victoire qui devient pour les uns une œuvre sainte, pour les autres un renouvellement du baptême républicain. Vocabulaire religieux et vocabulaire patriotique sont, en l'occurrence, étroitement mêlés dans toutes les cérémonies. Dans son discours, le maire de Sainte-Marie-aux-Mines (Haut-Rhin), qui semble exalter la valeur rédemptrice de la douleur, affirme par exemple que « les habitants sont heureux et fiers d'avoir pu souffrir par amour pour la France pendant ces longues années d'une cruelle séparation ». « Nous espérons avoir ainsi gagné nos galons de citoyens français et avoir conquis le droit d'être accueillis sans méfiance dans la grande famille française », explique-t-il. La guerre est, à ses yeux, une épreuve spirituelle dont les Alsaciens-Lorrains reviennent grandis. De son côté, le curé de Plaine (Bas-Rhin) confirme la force de l'engagement politique de ses concitoyens : « L'Alsace est la terre des martyrs du patriotisme le plus tenace, le plus persévérant qui fut jamais. »

Dans ce combat à la fois religieux et patriotique, la terre d'Alsace et de Lorraine a été magnifiée. « Cette terre que foulent vos pieds, soldats de France, est sainte car c'est la terre d'Alsace : ce coin de terre où plus de six cents soldats français dorment leur dernier sommeil, après avoir lutté en 1914 sur ce terrain même où vous vous trouvez, pour la victoire que nous fêtons aujourd'hui », rappelle encore le curé de Plaine. Pour sa part, le curé de Grendelbruch (Bas-Rhin) signale que les collines qui entourent le village ont été « humectées du sang des vaillants guerriers français ». Fertilisées par les corps des martyrs, véritables reliques dispersées sur leur territoire, l'Alsace et la Lorraine ont acquis force et sacralité, affirmé leur identité, puisé les ressources de leur fidélité à la France : « C'est la *terre* d'Alsace qui a gardé intactes sa foi, ses mœurs, ses institutions d'idéal religieux et de ferveur », déclare le curé de Plaine. Sacralité redoublée d'ailleurs puisque, précise le curé de Wœrth (Bas-Rhin), elle a aussi été « abreuvée du sang des braves soldats de 1870 ». En vertu de cette spécificité, et du fait que les paroisses ont été, selon eux, des foyers de résistance à la germanisation, les hommes d'Église achèvent le plus souvent leurs interventions publiques en demandant, comme le curé de Rothau (Bas-Rhin), que soit réalisé le programme jadis développé par Joffre pour les habitants de Thann en novembre 1914 : le respect des droits, des croyances et des libertés – en particulier, le maintien du régime concordataire[74].

Lorsqu'ils prennent la parole à leur tour, les vétérans se posent en interlocuteurs privilégiés des soldats français : ne sont-ils pas pour eux des camarades, ceux dont les combat-

74. « Votre retour est définitif. Vous serez Français pour toujours », déclare le général Joffre aux habitants du Territoire de Thann fin novembre 1914. « La France vous apporte, avec le respect des libertés qu'elle a toujours respectées, le respect de vos libertés à vous, des libertés alsaciennes, de vos traditions, de vos convictions, de vos mœurs. » Notons que la conférence d'Alsace-Lorraine avait plaidé à l'inverse en faveur de l'application de la loi de séparation de l'Église et de l'État, avec des aménagements. Sur ce point, voir Stephen L. Harp, *Learning to be Loyal, op. cit.*, p. 183, et François-Georges Dreyfus, *La Vie politique en Alsace, 1919-1936,* Paris, Armand Colin, Cahiers de la Fondation nationale des sciences politiques, 1969, chapitre II. La promesse du respect des spécificités de l'Alsace-Lorraine sera renouvelée par Millerand dans un discours à Metz en septembre 1920, par Georges Alapetite son successeur en janvier 1921, par le ministre de la Justice Louis Barthou en novembre 1921.

tants de la Grande Guerre ont poursuivi la lutte ? « Je salue en vous mes compagnons d'armes de Sébastopol », lance un habitant d'Abreschwiller (Moselle) confirmant par la parole cette abolition de l'ordre du temps que nous avons déjà signalée dans les défilés. Les discours des vétérans s'inscrivent donc d'emblée dans un cadre mémoriel, fondé sur le souvenir des morts, celui des batailles des guerres du Second Empire, celui, amer, de la défaite de 1870 qu'on espère effacer grâce à la victoire de 1918 : l'armistice viendra « annuler le traité de Francfort pour toujours », assure un ancien combattant de Sainte-Marie-aux-Mines (Haut-Rhin). « Je viens parler au nom des vétérans, les vaincus de 1870-1871 », renchérit un habitant de Guebwiller (Haut-Rhin). « Nous félicitons les glorieux vainqueurs de 1918 et leur exprimons notre profonde reconnaissance de nous avoir vengés et délivrés d'une trop longue tyrannie. Nous, vétérans, n'avions plus la force de prendre les armes pour la revanche, mais beaucoup de nos enfants l'ont fait pour nous et ont vaillamment combattu dans vos rangs [...] Épuisés et minés par la famine et les soucis de toutes sortes, beaucoup de nos vieux n'auront plus à se réjouir longtemps de la délivrance ; mais quand il s'agira d'aller rejoindre la Grande Armée, nous emporterons au moins la consolation que nos os reposent en terre française. »

Derrière l'événement présent, plusieurs strates de mémoire apparaissent juxtaposées : mémoire de l'affrontement avec l'Allemagne ; mémoire de l'impureté imposée à l'Alsace-Lorraine, notamment à son sol, et plus spécifiquement à ses cimetières ; mémoire de l'épopée de l'armée française. Ces hommes qui voient la mort venir se perçoivent donc d'abord comme des militaires, ainsi que le montre le soin pris à arborer médailles, anciens uniformes et drapeaux à l'occasion des défilés : d'anciens soldats partagés entre un sentiment perceptible de honte d'avoir été battus, et de fierté de s'être défendus jusqu'au bout durant l'année terrible. L'image d'une armée impériale résistant jusqu'aux limites de ses forces en 1870 est d'ailleurs reprise par certains officiers comme le général Gérard, commandant la VIIIe armée, qui prend soin de préciser que « la défaite a été due à l'écrasement par le nombre supérieur des ennemis » et que la vaillance des combattants français n'est pas en cause. Peu importe que le régime ait changé, ou que la IIIe République ait parfois porté des jugements sévères sur la manière dont la guerre contre la Prusse avait été conduite : c'est la France éternelle qui vient de réparer l'affront infligé un demi-siècle plus tôt.

C'est alors que des jeunes filles s'avancent et s'adressent aux soldats français, après avoir remis à leurs officiers une gerbe de fleurs comme à Haguenau ou un rameau de sapin comme à Abreschwiller. On trouve dans ces gestes, dans ces discours une confirmation du rituel de séduction déjà relevé lors de l'arrivée des soldats aux confins du territoire communal : les jeunes filles, qui étaient allées les y accueillir, incarnent la promesse d'alliance entre la France et les provinces retrouvées. Avec des mots soigneusement choisis, elles esquissent un tableau exemplaire de la patrie comme d'une jeune épouse, insistant sur son harmonie naturelle et sur la place que l'Alsace et la Lorraine viennent reprendre en son sein. La brève déclaration d'une jeune fille d'Abreschwiller est tout à fait représentative du vocabulaire amoureux utilisé dans ces circonstances : « Oui, nous aimons la France, depuis la Provence parfumée par la fleur d'oranger jusqu'à la ruche flamande toujours en travail, des rives du vieux Rhin, l'égide de la France, jusqu'aux falaises de Bretagne, rongées lentement par les flots du grand Océan dans les jours de colère, de cette Bretagne qui a conservé pure de tout sang étranger la vieille race glorieuse ! » Cette vision de la géographie qui campe chaque région française dans ses paysages caractéristiques est un mélange complexe de représentation morale (à chaque pays, ses qualités) et sensuelle (à chaque pays, ses parfums, ses saveurs) de l'espace national. On notera au passage la multiplicité des lieux communs – la Provence parfumée par les agrumes, la Flandre industrieuse –

qui structurent les connaissances à la manière du *Tour de la France par deux enfants*, laissent soigneusement de côté les défauts pour ne retenir que les qualités et brossent du pays une série de panoramas suggestifs. Mais le contexte de l'immédiat après-guerre ajoute surtout un arrière-plan à cette description : l'amour de la France, évoqué ici, n'est pas une simple parole aimable à destination des soldats français, c'est à la fois une profession de foi, une déclaration d'intention, une promesse de fidélité. Le « vieux Rhin » est présenté singulièrement comme l'« égide » de la patrie, référence à sa fonction de défense naturelle et esquisse de relations méfiantes, sinon hostiles, à l'égard du voisin allemand. Quant à l'hommage appuyé à la Bretagne qui a su « conserver pure de tout sang étranger la vieille race glorieuse », il dit à la fois le traumatisme de l'occupation en Alsace-Lorraine, l'obsession de la souillure infligée par les Allemands – et plus largement la dimension raciale de la culture de guerre[75].

C'est dans cette diversité de paysages et de cultures que l'Alsace et la Lorraine vont retrouver une place. L'estime du sol natal, de la « petite patrie », en est la principale condition[76]. Pourquoi avoir honte des coutumes locales, du patois alsacien ou lorrain ? Ne faut-il pas d'abord aimer sa région pour bien aimer la France ? « Si notre langage alsacien semble être en désaccord avec notre qualité de Français, je me permettrai de vous rappeler que la diversité du langage ne change rien aux sentiments », soutient une jeune fille de Lauterbourg (Bas-Rhin). « Sans cela les braves Pyrénéens dont le maréchal Foch, le sauveur de la France, est l'honneur, ne sauraient pas non plus être de bons Français ; que le langage n'est qu'une émission des lèvres, tandis que l'amour est

75. Sur ce point, voir les développements de Stéphane Audoin-Rouzeau et Annette Becker dans *14-18, retrouver la guerre,* Paris, Gallimard, 2000, en particulier la 2e partie.

76. Sur ce point essentiel de la pédagogie à l'œuvre dans l'école républicaine, voir Jean-François Chanet, *L'École républicaine et les Petites Patries, op. cit.,* chapitre VIII.

le vrai langage du cœur, et c'est celui-là, l'amour de la France, nous en prenons l'engagement solennel, qui sera toujours le langage de notre cœur bien compris de tous. »

Par ailleurs, comme l'affirment les jeunes ambassadrices de l'Alsace et de la Lorraine, les provinces retrouvées mettent à la disposition du pays leurs richesses naturelles et leur savoir-faire. « Vous rendez le beau jardin d'Alsace-Lorraine au grand pays de France ; nous saurons y jeter de fortes racines », promet une habitante de Sainte-Croix-aux-Mines (Haut-Rhin). « Nous voulons collaborer d'une façon bien intime avec nos anciens et nouveaux compatriotes français à la prospérité et à la grandeur de notre patrie commune ; vous nous aiderez à bien cultiver ce jardin confié à nos soins, afin qu'il soit et devienne toujours davantage une parcelle bien méritante de la France et du monde civilisé tout entier. » Aussi ces propos mettent-ils en scène une forme de solidarité à l'échelle nationale, chaque région participant à la mesure de son génie et de ses ressources à la richesse nationale. Ils suggèrent que la lutte contre l'Allemagne se poursuit dans le domaine économique, par le travail et par l'effort individuel au service du bien commun[77]. Et ce qu'ils expriment par là, c'est l'enjeu culturel du retour des provinces perdues à la France : travailler demain pour la prospérité du pays, c'est contribuer au triomphe de la justice sur l'infamie, du « monde civilisé tout entier », dont l'Alsace-Lorraine aspire à devenir l'essence, sur la barbarie.

La place des enfants dans les discours de réception des soldats français se révèle donc essentielle. Leurs propos, souvent assez élaborés dans le recueil de Martin Béhé, sont une sorte de synthèse de la culture de guerre, à la fois combat

77. Quarante ans plus tôt, *Le Tour de la France par deux enfants* présente une vision assez proche de la patrie, qui doit sa prospérité à l'effort et aux vertus combinées de ses provinces et de ses habitants. Voir Jacques et Mona Ozouf, « *"Le Tour de la France par deux enfants" :* le petit livre rouge de la République », in Pierre Nora (sous la dir. de), *Les Lieux de mémoire*, Paris, Gallimard, « Quarto », 1997, vol. 1, p. 301.

contre la « barbarie allemande » et lutte pour le triomphe d'une certaine idée de la civilisation. Mais, au-delà du message exprimé, leur participation active à la fête prouve que l'esprit de résistance a été transmis d'une génération à l'autre. Cette idée est bien explicitée dans une courte allocution d'une jeune fille de Molsheim, le 20 novembre 1918, au surlendemain de l'entrée du 47e régiment de ligne : « La jeunesse qui, d'ordinaire, dans les questions politiques n'a pas droit au chapitre, n'aurait donc qu'à se taire. Et nous nous tairions volontiers, si le cœur n'avait ses raisons que la raison souvent ignore. Ah ! Permettez, Mon Général, que nous criions le bonheur de ce jour à tous les échos [...] Trop longtemps, notre drapeau rouge-blanc d'Alsace était bordé de deuil. Nous étions encore jeunes ; mais la tristesse inexplicable de nos pères, de nos mères, à l'aspect de ce pavillon en berne, ne pouvait nous échapper. Et en les voyant essuyer une larme furtive, nous nous demandions : "Oh ! Pourquoi cela ?" Nous grandissions ; et bientôt le mystère devait s'éclaircir. Dans le sanctuaire de la famille, on nous montra comme une relique le symbole de la patrie absente. Et nos parents, en portant ses franges à nos lèvres, de nous dire : "Embrasse, mon enfant, c'est la France !" Et nous buvions de nos grands yeux ce bleu d'azur qui nous faisait rêver au paradis[78]. » Témoignage fondamental, dans sa simplicité, qui montre bien que le culte de la patrie, notamment du drapeau tricolore, n'est pas seulement comparable à un phénomène religieux, mais qu'il est vécu, enseigné et compris avec la force et à la mesure d'une adoration mystique.

D'autres femmes, veuves de soldat, filles de vétérans de la guerre de 1870, interviennent enfin dans les cérémonies. Leurs mots, plus rares, plus discrets, sont là pour rappeler le souvenir des morts qui n'ont pas pu connaître les heures de la

78. Cette référence est tirée d'un article de Grégory Oswald, « Novembre 1918 à Molsheim : autour des festivités de l'armistice », art. cité, p. 100-101.

libération, et dont elles se présentent comme les porte-parole. Certaines ont revêtu leurs costumes d'infirmière pour signifier leur engagement au côté des soldats pendant le conflit : des soldats allemands sans doute, puisqu'elles sont alsaciennes, mais peut-être aussi des prisonniers français. « Le bonheur que nous éprouvons à cette heure solennelle est incomparable, c'est un avant-goût de ce que Dieu a promis à ses élus », confie par exemple une habitante de Neuf-Brisach (Haut-Rhin). Mais « que ne puissent nos pères qui ont lutté, il y a quarante-huit ans pour la même cause, soulever la terre qui les recouvre, sortir de leurs tombes pour se réjouir avec nous ! ». Puisqu'elles ne peuvent porter les armes, les femmes sont investies de la fonction mémorielle. Ce rôle de gardiennes de la mémoire est l'exact parallèle du rôle des jeunes filles, que nous venons de présenter. Il apparaît encore plus fortement dans certaines occasions, par exemple lorsque le général Gouraud défile dans Strasbourg, à la tête de ses troupes, le 22 novembre 1918. À un moment de la cérémonie, un groupe se détache de la foule : « des dames porteuses d'un drapeau en soie fanée et d'aspect vénérable – c'est le drapeau qui suivit les cendres de Kléber », rapporte un journaliste. « Celle qui les conduit, Mme Brétégnier, remet le drapeau au général Gouraud. Ce drapeau [lui] a été légué par son père, un Strasbourgeois, M. Bruder. Avant de mourir, ce dernier avait fait jurer à sa fille de remettre ce drapeau au général français qui le premier entrerait dans Strasbourg[79]. »

Les prises de parole lors des fêtes de libération tournent donc presque toujours autour de ces thèmes de la mémoire ou de la promesse. Mémoires de la résistance à l'occupation allemande, d'une armée vaincue en 1870 et vengée en 1918, des familles qui se sont transmis le culte de la France et ce qu'elles considèrent comme des reliques : drapeaux, décorations. Promesses de fidélité, d'amour éternel, d'assistance commune – qui s'inspirent fortement des engagements du

79. P. Bourson, *Journal d'Alsace-Lorraine*, 24 novembre 1918.

mariage. Pour célébrer l'union de la France et de l'Alsace-Lorraine, les défilés ne suffiraient-ils pas, eux qui suscitent pourtant la joie partagée des soldats et de la population ? En fait, seuls les discours parviennent à dépasser l'éternel présent des fêtes de libération pour les ouvrir soit sur le passé dont elles représentent la revanche, soit sur l'avenir dont elles ne sont que les prémices. Ils contribuent en outre à schématiser la situation sous des traits relativement simples, qui rappellent la structure dramatique des contes pour enfants : « Aujourd'hui, après une séparation bien douloureuse, il est donné à la France d'étreindre dans ses bras maternels sa fille chérie, l'Alsace, qu'une force brutale avait arrachée de son sein », explique une habitante de La Poutroye ; dans leur exil, l'Alsace et la Lorraine sont restées fidèles à la mère patrie, et, « pendant ces années de guerre, les regards [de leurs habitants] se sont souvent levés vers les hauteurs toutes proches où veillaient les enfants intrépides de la France » ; enfin, après une longue attente, des libérateurs ont fini par les « soustraire à la tyrannie d'une cruelle marâtre », ajoute le curé du village ; et, en ce jour de joie, l'Alsace et la Lorraine ne se lassent pas de chanter les louanges de la France et de leurs sauveurs. Autrement dit, les discours sont là pour faire du temps de la fête une histoire édifiante, inscrite dans l'histoire longue de la résistance à l'Allemagne et digne de mémoire.

Célébrer et commémorer

La présence du sacré dans les fêtes de libération est extrêmement forte. L'arrivée des soldats comparée à une apparition, l'expression sociale des émotions (visions mystiques, crises de larmes), la multiplication des pratiques cultuelles (depuis la vénération de certaines reliques patriotiques jusqu'à la glorification des trois couleurs), l'explication de la victoire de 1918 comme une manifestation de l'engagement divin au côté des soldats français : toutes les étapes et les figures de ces journées mémorables peuvent être assimilées, à des degrés divers, à des rituels ou à des symboles religieux.

Pour autant s'agit-il du religieux au sens canonique du terme ou d'une religiosité plus diffuse, qui prend la forme de la religion, mais dont le message profond s'en éloigne ? La question, quoique fort complexe, mérite d'être posée, car les défilés et les discours lors des fêtes de libération sont fréquemment suivis de cérémonies qui se déroulent dans les lieux de culte au soir ou au lendemain de l'entrée des troupes françaises, et dont le statut demande à être éclairci : simple réitération de l'élan spirituel exprimé durant la journée, ou mise en œuvre par les institutions religieuses catholiques, protestantes ou juives, de rituels spécifiques, qui n'ont pas grand-chose à voir avec la ferveur manifestée précédemment ?

Le caractère traditionnel de ces cérémonies religieuses, inscrit dans l'histoire de la religion des soldats, constitue une première réponse à cette interrogation. Célébrer Dieu au terme d'un conflit, c'est à la fois rendre l'hommage qui lui revient au maître de l'Histoire, manifester de l'humilité face à Sa volonté, lui exprimer pour ses bienfaits la gratitude des vainqueurs. Ainsi en est-il de la pratique du *Te Deum*, indissociable de la victoire des armées dans la culture de l'Occident chrétien, même si elle connaît une sensible érosion en France à partir du milieu du XVIIIe siècle[80]. « L'Alsace-Lorraine semblait tout à la fois un sanctuaire où se chantaient mille *Te Deum*, *Magnificat* et *Nunc dimittis*, et un club de 1792 où, entre deux *Marseillaises* brûlantes, s'échangeaient les baisers fraternels, les protestations d'amour éternel et la haine des tyrans », constate Louis Madelin[81]. À l'échelle modeste des villages, des célébrations sont organisées conjointement par les aumôniers militaires et les desservants

80. Michèle Fogel, *Les Cérémonies de l'information dans la France du XVIe au milieu du XVIIIe siècle,* Paris, Fayard, 1989.

81. Louis Madelin, *Les Heures merveilleuses de l'Alsace et de la Lorraine, op. cit.*, p. 194.

des lieux de culte locaux, et nous n'en avons gardé que peu de traces, le recueil de Martin Béhé, notre principale source, restant sur ce point très allusif. En ville, elles prennent en revanche une tournure beaucoup plus solennelle, comme le confirme le pasteur Paul Schmidt, présent à Strasbourg le 26 novembre 1918. Pour l'occasion, les lieux de culte ont été soigneusement pavoisés. Au Temple-Neuf, « les trois couleurs étaient partout, jusque sur les lustres, jusque sur la chaire ». Souvent, on regrette que les cloches aient été volées par les Allemands et que les grandes orgues aient été dépouillées de la même manière. Mais « si les Allemands ont pu mutiler les orgues du Temple-Neuf, ils n'ont pas réussi à diminuer la puissance des voix du chœur », souligne Paul Schmidt. « Rarement, j'ai entendu chœur aussi énergique, aussi entraînant. L'on avait l'impression que ces voix, longtemps étouffées, éclataient aujourd'hui en fanfares joyeuses de victoire[82]. » Le choix des textes bibliques, des psaumes et de l'Évangile, le thème des sermons sont l'occasion de faire un parallèle entre la situation actuelle et la délivrance d'Israël : on évoque souvent la sortie d'Égypte ou l'exil à Babylone. Les témoins relèvent en outre l'unanimité des confessions religieuses dans la célébration de la victoire et le soin mis par les officiers supérieurs à assister à tous les cultes : « L'autorité militaire française tient à marquer ici un grand respect des traditions, comme aussi des opinions », insiste Paul Schmidt. « Il y eut ce matin à la cathédrale, au Temple-Neuf et à la Synagogue, des solennités officielles, *Te Deum*, grands services d'actions de grâces pour la délivrance. Les Alsaciens, traditionalistes, ne veulent pas être froissés dans le respect du passé, dans leur attachement à la foi, et ils sont touchés de la délicatesse des grands chefs français[83]. »

La visite du chef de l'État et du président du Conseil en Alsace et en Lorraine est l'occasion d'autres cérémonies

82. Paul Schmidt, *Les Belles Journées de la délivrance, op. cit.*, p. 38.
83. *Ibid.*, p. 37.

religieuses, très ritualisées, mais assez brèves. Le 8 décembre dans l'après-midi, après une réception à l'hôtel de ville de Metz et un défilé des sociétés civiques de toute la commune, depuis les Régates messines jusqu'à la Fanfare des Jeunes Ouvriers ou la Ligue des commerçants, Poincaré et Clemenceau sont accueillis sur le seuil de la cathédrale par le vicaire général, Mgr Pelt. Le 9, ils se rendent à la cathédrale, au temple protestant et à la synagogue de Strasbourg. Dans toutes ces circonstances, les plus hautes autorités de l'État ont surtout à cœur de reconnaître aux autorités religieuses leur rôle dans la résistance à l'occupant allemand. Le clergé de Metz « a été l'exemple d'une fidélité courageuse et immuable à la mère patrie », le chapitre de la cathédrale de Strasbourg « a entretenu la sainte flamme du patriotisme », assure le président de la République. Le Consistoire de l'Église réformée « a fait beaucoup en Alsace pour y maintenir l'attachement à la mère patrie », le Consistoire israélite du Bas-Rhin est « remercié pour les sentiments qu'il a gardés envers la France[84] ». Ces cérémonies ont donc d'abord pour but de sceller un nouveau pacte entre les religions et l'État, qui s'en fait le protecteur, et, par là même, de rassurer ceux qui pourraient craindre la fin du Concordat.

Cela dit, le sens éminemment politique de ces visites officielles ne doit pas éclipser la fonction mémorielle et commémorative de l'immense majorité des cérémonies religieuses en novembre-décembre 1918. Dans des régions profondément

84. René Weiss, *Le Premier Voyage officiel en Alsace-Lorraine française, 8, 9, 10 décembre 1918*, Paris, Imprimerie nationale, 1919, p. 66 *sq.* et p. 119 *sq.* La réintégration des juifs alsaciens après la Première Guerre mondiale fait l'objet de quelques pages dans Vicki Caron, *Between France and Germany. The Jews of Alsace-Lorraine 1871-1918*, Stanford University Press, 1988. Le cas des protestants a été étudié par François-Georges Dreyfus, « Le protestantisme alsacien », *Archives de sociologie des religions*, 3, 1956, p. 51-71, celui des catholiques par Jean-Marie Mayeur, « Une mémoire-frontière : l'Alsace », in Pierre Nora (sous la dir. de), *Les Lieux de mémoire*, *op. cit.*, rééd. « Quarto », 1997, tome 1, p. 1147-1169.

marquées par les rigueurs de l'occupation, et par les deuils redoublés de la guerre de 1870 et de la Grande Guerre, les offices sont une occasion de se souvenir des morts, d'honorer leur mémoire, parfois de trouver un sens à ces disparitions dans la victoire de 1918. De manière significative, les messes sont suivies le plus souvent d'un autre rituel, la visite au cimetière, pour fleurir les tombes et associer ainsi les défunts à la fête générale. À Wissembourg (Bas-Rhin), l'entrée des troupes françaises dans la ville est l'occasion de déposer une couronne tricolore sur la pierre tombale du général Abel Douay tué à la tête d'une division du 1er corps d'armée commandé par le maréchal de Mac-Mahon, le 4 août 1870[85]. À Metz, « rue Serpenoise, à certaines fenêtres, les familles ont exposé, encadrés de guirlandes de buis, les portraits des ancêtres, ceux de 1870 [afin qu'ils] puissent assister au défilé des soldats victorieux[86] ». Lors de leur visite dans la cité lorraine, le président de la République et sa délégation se rendent également au cimetière de la ville en fin d'après-midi : « Nombreux furent les Lorrains qui ne doutèrent jamais des revanches de l'avenir et qui, avant de s'endormir, demandèrent aux êtres chers qu'ils laissaient aux foyers en deuil de faire flotter sur leurs ossuaires les couleurs de France, le jour où serait chassé le conquérant maudit », rapporte un témoin. « Le vœu a été pleinement exaucé et c'est pourquoi, en cette soirée émouvante de décembre, les Français qui passent le long des sépultures peuvent voir tant de petits emblèmes qui disent le retour à la patrie de la cité si longtemps captive. À l'une d'elles a été fixée une cocarde avec ces mots : Papa, ils sont revenus[87] ! »

85. Martin Béhé, *Heures inoubliables, op. cit.*, p. 233. La mort du général Douay est d'autant plus exemplaire qu'elle intervient lors de combats acharnés qui opposent la IIIe armée du Prince royal de Prusse à des troupes françaises dispersées, en situation d'infériorité numérique écrasante. Voir Stéphane Audoin-Rouzeau, *1870. La France dans la guerre*, Paris, Armand Colin, 1989, p. 95 *sq.*
86. René Weiss, *Le Premier Voyage officiel, op. cit.*, p. 72.
87. *Ibid.*, p. 70.

Se réjouir

Les fêtes entrent alors dans une dernière phase, celle où les danses et les chants succèdent aux marches militaires et aux discours. Temps du délassement, de la séduction et du partage, ces jeux du corps jouissent d'un attrait compréhensible auprès des soldats, qui y voient à la fois une récompense de leurs efforts et une assurance des sentiments bienveillants de la population à leur égard. Dans les lettres étudiées par le contrôle postal, les combattants se montrent très satisfaits de l'atmosphère de fête qui s'empare du moindre village d'Alsace et de Lorraine à l'approche de la nuit, notamment des banquets et des bals donnés en leur honneur.

Ces images d'abondance, indissociables de la fête, correspondent toutefois surtout à la situation de l'Alsace et de la Lorraine rurales. En ville, la réalité est tout autre. Les défilés sont certes grandioses, mais les habitants semblent manquer de tout, et les soldats sont accueillis autant en libérateurs qu'en ravitailleurs. « J'ai réussi, il y a quelques jours, à me rendre à Mulhouse, où j'ai pu constater à quel degré la famine régnait. Tous les magasins sont vides de comestibles, et les prix sont effrayants. Les enfants ont des mines émaciées et tout en criant : "Vive la France !", ils cherchent dans nos musettes s'il n'y a rien à grignoter », rapporte un soldat de la IVe armée, dans une lettre de la fin novembre 1918. « Je crois qu'ils sont heureux non pas de redevenir français, mais de voir que le ravitaillement commence à se faire régulièrement. » Certains n'en sont que plus reconnaissants à l'égard des Alsaciens-Lorrains qui ont la générosité de les loger et de les nourrir. D'autres en revanche portent un jugement cynique sur l'accueil qui leur est fait : « Je suis chez une vieille bonne femme qui ne comprend pas un traître mot de français et qui n'aime pas les Prussiens parce qu'ils n'avaient rien à manger et pillaient l'Alsace, qui est une province très riche. Mais elle aime les Français, car elle voit qu'ils ont de quoi bouffer et que leur argent sonne bien » (un soldat de la 127e DI, VIIIe armée, dans une lettre du 28 novembre).

À la campagne, la situation matérielle apparaît plus facile. L'arrivée des troupes est souvent l'occasion de partager des spécialités locales, par exemple des kouglofs, et d'offrir une tournée générale des meilleurs crus. À Grendelbruch (Bas-Rhin), « le kirsch, spécialité du pays, est offert en abondance ». Boire et manger ensemble, c'est encore une manière de sceller les retrouvailles de la France et des provinces perdues. Les bouteilles de vin sorties des caves ou déterrées des jardins où elles ont été cachées ont valeur d'un trésor que les Allemands n'ont pas eu. « Encore une que les Boches n'auront pas », disent les vignerons et les soldats, et ce fait de résistance, qui pourrait sembler moindre que d'avoir dissimulé un drapeau français, figure en bonne place dans les récits des fêtes de libération. Les bouteilles les plus anciennes ne sont-elles pas la mémoire d'un terroir, d'un vignoble, de ce corps fertile qu'est la terre d'Alsace ? Aux rituels de commensalité se mêlent en outre ceux de l'échange : le vin contre la liberté, le fruit du travail de la terre contre le sang des soldats.

« Tous les jours, il y a bal et retraite aux flambeaux, partout où nous nous arrêtons. Malgré les vingt ou vingt-cinq kilomètres que nous faisons journellement, l'on danse et je te prie de croire que l'on s'amuse », ajoute un combattant de la VIIIe armée dans une lettre à son frère. Un autre à un camarade : « Tous les jours, on marche et dans chaque pays où l'on couche, on fait retraite aux flambeaux et je t'assure que c'est joli. On a tous une petite Alsacienne » (172e RI, 127e DI, VIIIe armée). La danse rapproche civiles et soldats, forme des couples pour une nuit, pour quelques jours. Peu de soldats résistent à la fierté de raconter leurs succès aux camarades qui n'ont pas eu la chance d'entrer en Alsace et en Lorraine : « Comment es-tu là-bas ? Bien, je l'espère. Ici, c'est le rêve pour moi. Rien à f… Aussi, je me livre à toutes mes fantaisies, aidé en cela par les mœurs faciles du pays. Je suis déjà éreinté » (un soldat de la 73e DI, VIIe armée, dans une lettre du 9 janvier 1919). On vante la beauté des « petites Alsaciennes » qui « sautent au cou des soldats » lors de leurs entrées en vainqueurs. Cependant, certains se méfient et soupçonnent que l'attitude de la population n'était pas différente à l'égard de leurs anciens maîtres. « Ici, il y a beaucoup d'hommes qui attrapent des “souvenirs d'Alsace”, la plupart sont des femmes que les boches ont laissées là pour pourrir l'armée française », avance un soldat de la IIe armée, stationné près de Mulhouse, dans une lettre de la fin janvier 1919. Sans atteindre toujours la violence de ce fantasme de contamination, le regard porté par les soldats français sur les Alsaciennes est un mélange complexe de désir, de défiance et de dégoût.

Les récits publiés après la guerre sont beaucoup plus pudiques que les lettres de soldats. Les bals y sont volontairement désérotisés, présentés comme de simples moments de délassement. À Obernai, « les officiers, *aussi bien que les simples poilus*, se font remarquer par leurs bonnes manières et leur retenue, et Dieu sait si les Alsaciennes, dans la spontanéité de leur joie, leur font des avances ! », rapporte Charles Spindler, qui ajoute : « Ces demoiselles sont obligées d'insister fortement pour faire accepter par *leurs* poilus une deuxième rasade. » À Strasbourg, le 22 novembre, « la soirée est proprement enivrante. Les soldats fraternisent, mais avec la même décence qu'à Metz, avec les Alsaciennes[88] ». À en croire Louis Madelin, les fêtes sont surtout l'opportunité de résurgences nostalgiques d'une enfance lointaine. « Voici que, chose touchante, les Lorraines qui, à la vérité, viennent d'apprendre (vaguement) ce qui se passe “quand Madelon vient nous servir à boire”, rapprennent, en revanche, à nos poilus, qui sont de grands enfants joueurs, rieurs, très près du

88. Louis Madelin, *Les Heures merveilleuses de l'Alsace et de la Lorraine, op. cit.*, p. 144.

vieux berceau : “Belle, entrez dans la danse…” ; on ne chante plus guère cela en France, mais les provinces séparées ont gardé du Premier Empire, voire du temps de Madame de Pompadour, les chansons, les danses, les rondes, comme elles ont tout gardé de la France, avec une sorte de respect attendri[89]. » Cette version édulcorée des relations entre les soldats et leurs hôtesses tient peut-être à la naïveté de certains auteurs. Elle s'intègre cependant assez bien dans une représentation générale des retrouvailles entre la France et les provinces perdues : celle de relations simples et harmonieuses, où des hommes à la fois valeureux et chastes ont libéré deux captives, l'Alsace et la Lorraine, harcelées par l'Allemagne et ses soldats.

Réapprendre à vivre ensemble (hiver 1918-1919)

Une fois les fêtes de libération achevées, au début du mois de décembre 1918, l'Alsace et la Lorraine se trouvent rapidement confrontées à de sérieux problèmes. Une réorganisation administrative des départements s'engage sous la conduite de trois commissaires de la République placés sous l'autorité directe du président du Conseil, qui coordonnent en outre la reconversion des industries de guerre, l'acheminement des vivres et le maintien de l'ordre. Mais, à l'hiver 1918-1919, les mécontentements sociaux, une vague de dénonciations auprès des « comités d'épuration » pour collaboration avec l'ennemi, la désorganisation des services publics et l'inquiétude des milieux cléricaux sur l'avenir du Concordat contribuent à détériorer sensiblement le climat général. « Sans doute le sentiment français est partout très profond, et grande est la joie causée par le retour du pays à la Mère Patrie », constate le haut-commissaire à Strasbourg, dès le 25 décembre 1918.

89. *Ibid.*, p. 108-109.

« Mais il faut bien le reconnaître, certains services publics [...] ainsi que les moyens de transport ont été quelque peu défectueux, et il en est résulté quelque malaise[90]. »

À cette date, certains régiments français ont pris en Alsace-Lorraine leurs quartiers d'hiver, d'autres ont été envoyés occuper la Rhénanie, et tous vivent dans l'attente de la démobilisation. À en croire le contrôle postal, pour ceux qui restent dans les régions libérées, l'enthousiasme initial fait place également à des sentiments mitigés, où l'ennui se mêle à une irritation croissante à l'égard des populations locales. Les troupes françaises se trouvent dans une situation très particulière pour une armée victorieuse. Elles occupent une région enlevée à la France depuis près d'un demi-siècle ; qui a bénéficié durant cette période de profondes mutations économiques, sociales et culturelles à tel point que les Alsaciens-Lorrains ont développé à l'égard des Allemands une forme d'« accommodement[91] » ; qui connaît dans l'immédiat après-guerre de sérieuses difficultés de reconversion et dont la population est majoritairement germanophone. Comment contribuer à réintégrer l'Alsace et la Lorraine dans l'espace français sans s'aliéner un trop grand nombre de ses habitants, et gérer le départ des populations d'indésirables d'origine allemande, sans susciter pour autant des troubles violents et incontrôlables ? Telles sont les questions cruciales auxquelles sont confrontées quotidiennement les troupes françaises. S'y ajoute pour les officiers une difficulté tout aussi grande : comment confier cette mission délicate à des soldats qui

90. Archives nationales, AJ 30, p. 170, rapport hebdomadaire du haut-commissaire au sous-secrétaire d'État, 25 décembre 1918, cité par Christian Bæchler, *Les Alsaciens et le Grand Tournant de 1918*, Strasbourg, Imprimerie « Développement et communauté », 1972, p. 127.

91. Sur cette notion, voir F. L'Huillier, *Histoire d'Alsace*, Paris, PUF, 1948, cité par François-Georges Dreyfus, *La Vie politique en Alsace*, *op. cit.*, p. 12. La prospérité économique dans l'Alsace d'avant-guerre est bien étudiée par Philippe Dollinger dans *L'Alsace de 1900 à nos jours*, Toulouse, Privat, 1979, p. 57-72.

connaissent mal la situation des provinces libérées et qui, surtout, ne pensent qu'à rentrer chez eux ?

Un temps d'attente et d'ennui

L'abondance des fêtes, la ferveur des populations, un statut avantageux de libérateurs : aux yeux des soldats français, tout avait contribué à faire de leurs premières semaines passées en Alsace et en Lorraine un temps d'exception. Les cérémonies, si grandioses, si festives, avaient cherché à congédier la monotonie et l'horreur des tranchées et réhabilité en partie les habitants des provinces libérées. Elles avaient ému jusqu'aux larmes, subjugué par leur beauté, esquissé l'utopie d'une société où la France, l'Alsace et la Lorraine seraient harmonieusement réunies les unes aux autres.

Et, cependant, l'ennui qu'elles avaient aboli revient en force dans la quasi-totalité des correspondances à partir de la mi-décembre 1918. « Saverne, petite ville que l'ennemi a patinée, qui garde encore aujourd'hui quelques rubans tricolores du jour de la libération mais qui commence à oublier », écrit un soldat de la VIIe armée. « On ne voit plus d'Alsacienne en costume national, tout cela a disparu, *la Marseillaise* aussi, c'est triste à en pleurer » (73e DI, contrôle postal du 9 janvier 1919). Façades encore décorées, places et avenues hier noires de monde et maintenant désertées : le regard des soldats s'attarde sur le décor vide de leur triomphe, sur un espace qui semble maintenant trop grand. Sans dramatiser ce qu'il aurait perçu, en temps de guerre, comme un risque sérieux pour le moral des troupes, le contrôle postal note simplement : « ennui, manque de tabac, prix élevé du vin, mauvais temps » (IIe armée, rapport pour la semaine du 30 décembre 1918 au 6 janvier 1919) et relève certaines lettres caractéristiques de cet état d'esprit : « À ne rien faire, le temps paraît long » (un soldat de la IVe armée à ses parents, dans une lettre du 29 décembre 1918) ; « La moitié du temps passé au plumard, l'autre moitié à ne rien faire, alors tu vois que je ne sue pas, pas assez même, car le temps paraît long » (un soldat de la VIIe armée à sa femme, dans une lettre de la fin décembre 1918).

En Alsace, le temps des fêtes est fini. Et pourtant, au même moment, près de Fourmies et d'Avesnes (Nord), on se prend à envier le sort des camarades partis pour les provinces reconquises ou pour l'Allemagne, là où sûrement il se passe quelque chose : « Nous sommes toujours dans un petit trou près d'Avesnes », gémit un combattant de la 133e DI, IIIe armée. « Nous nous embêtons à cent francs de l'heure. Avec ça, il fait un temps dégoûtant. Enfin bref, c'est la barbe, et c'est malheureux pendant qu'il y en a sur le Rhin ou en Alsace que nous restions là. » L'ennui est donc bien vécu comme une sorte de frustration, ou pis encore comme une sanction disciplinaire, à l'exemple de ces régiments qui n'ont pas eu la « chance » de défiler dans les villes d'Alsace-Lorraine ou de ces hommes qui supportent mal, après avoir vécu quelques jours dans une grande ville, d'être déplacés vers une garnison isolée, sur les bords du Rhin. « Un soldat victorieux n'a pas droit à l'ennui », pense-t-on. « S'il n'est plus utile, qu'on le renvoie donc chez lui. »

Pour tromper la monotonie du quotidien, l'armée s'emploie à occuper ses hommes : services de garde sur les bords du Rhin, comblement des tranchées, travaux de reconstruction des routes et des ponts, de récupération ou d'entretien du matériel militaire forment l'essentiel des activités. À l'exemple de l'expérience menée à Thann dans les territoires libérés à l'automne 1914, certains soldats-instituteurs sont chargés de suppléer les enseignants chassés en raison de leur passé suspect ou du fait qu'ils sont allemands : près de 15 % des 6000 instituteurs alsaciens-lorrains perdent leur emploi dans ces circonstances[92]. Mais bien souvent, l'armée se

92. Georges Delahache, *Les Débuts de l'administration française en Alsace et en Lorraine*, Paris, Hachette, 1921, p. 135 ; Joseph Rossé *et al.*,

contente d'organiser des marches et des exercices, qui se révèlent épuisants et parfaitement absurdes. À la fatigue nerveuse s'ajoute alors une lassitude physique qui détruit les énergies : « Quelle barbe de toujours marcher ainsi. Nous nous esquintons la moitié plus que pendant la guerre », confie un combattant de la IVe armée. « Voilà trois jours de suite que nous marchons et des marches de trente-cinq kilomètres, je n'en ai jamais fait de pareilles dans l'active, et hier soir, en arrivant après notre marche, nous avons attendu trois heures avant d'entrer au village, après avoir transpiré en marchant. Nous grelottions de froid, ils n'avaient pas eu le temps de préparer les cantonnements. Je n'aurai pas besoin d'acheter de souvenirs pour les vaches qui nous commandent[93] » (un soldat du 147e RI, IVe armée). Un soldat de la 53e DI, VIIe armée, confirme : « Est-il possible de se voir ainsi ? Je n'aurais pas pensé être malheureux après l'armistice, comme on y est, c'est-à-dire pas comme lorsque c'était la guerre, mais on pourrait éviter de nous faire marcher comme l'on fait depuis longtemps déjà. Nous faisons le tour de Metz, nous passons par des pays où nous avons déjà passé… en attendant toujours sous la pluie et le froid. L'hiver dernier, j'étais plus heureux qu'en ce moment. »

D'où vient que cette souffrance, jusqu'ici acceptable, puisse paraître désormais absolument intolérable ? Sans

---

Das Elsass von 1870-1932, Colmar, 1932-1938, 4 vol. Ces enseignants-soldats sont peu à peu remplacés par des instituteurs venus de France, au rythme des démobilisations. Cela dit, la tâche est immense. Pour remplacer les expulsés et les morts, il faudrait près de 2250 enseignants et 700 enseignantes, d'où le rôle joué bien souvent par les ordres religieux dans ces régions. Voir Stephen L. Harp, *Learning to be Loyal*, *op. cit.*, p. 195 *sq*.

93. Des lettres analogues sont présentes en grand nombre dans le contrôle postal de la IIIe armée dans le Nord de la France. Ainsi celle-ci, en date du 11 décembre 1918 : « C'est honteux ce qu'on nous fait faire. Depuis huit jours, nous marchons continuellement. Nous sommes allés jusqu'à Charleroi (Belgique) croyant aller en Allemagne. Il y a eu contrordre et demi-tour. Et maintenant nous retournons sur Compiègne (Oise) qui sera notre point d'arrêt. »

doute d'une révolte contre l'absurdité des efforts demandés et de l'extrême hâte de revenir chez soi. Marches quotidiennes, exercices de tir, revues des troupes rappellent trop la vie de caserne. Heureusement qu'il y a des permissions qui permettent de patienter et de préparer la démobilisation. Mais les correspondants se plaignent de la lenteur des transports, et du fait que, la plupart du temps, les permissionnaires voyagent avec seulement un jour de vivres. Dans ce climat de désœuvrement, tout semble être devenu objet de récrimination : les intempéries, auxquelles les soldats sont pourtant habitués, sont régulièrement citées dans les lettres, parce qu'elles sont perçues à la fois comme une fatalité qui s'ajoute aux marches interminables dans la campagne alsacienne ou lorraine et comme un état climatique en rapport avec le moral des troupes. Parler du mauvais temps, c'est prendre à témoin les correspondants de l'injustice qui s'acharne contre les soldats victorieux – de même qu'on se plaint du retour à la vie de caserne, des rigueurs de la discipline ou des lenteurs de la démobilisation – et exprimer un sentiment dépressif, ressenti aussi bien physiquement que moralement[94].

Les règles de l'hospitalité

Pour autant, les soldats se félicitent de l'hospitalité des habitants d'Alsace-Lorraine qui leur ont ouvert leurs portes à l'occasion des fêtes de libération et qui continuent, durant l'hiver 1918-1919, à se montrer accueillants. La méfiance initiale, sensible autant chez les soldats que chez les civils, semble avoir fait place, vers la fin de l'année 1918, à un apprivoisement mutuel.

Pour les soldats et leurs officiers, la participation à des bals, la fréquentation des cafés, l'attention prêtée aux récits des

94. Alain Corbin aborde cette question de la sensibilité au temps qu'il fait dans son essai *L'Homme dans le paysage*, Paris, Textuel, 2001.

civils sur les misères de l'occupation sont un moyen de montrer aux Alsaciens-Lorrains leur désir de se faire accepter. « Je suis en Haute-Alsace. Nous avons été très bien reçus », raconte un soldat de la 68e DI, IIe armée dans une lettre à ses parents. « Les habitants ont dû être bien malheureux, et tout cela de la faute aux sales boches. Ils avaient du pain noir comme du charbon, fait avec des feuilles de chêne et de la sciure de bois. » À l'inverse, les stratégies de rapprochement des Alsaciens-Lorrains avec les soldats passent essentiellement par l'alimentation (notamment le don de cette nourriture « riche », faite pour être partagée, qu'est le vin) et par le logement. « Nous sommes tous logés chez l'habitant et tous nous avons un lit », insiste un combattant de la IVe armée, qui suggère le contraste entre le linge blanc et l'inconfort des tranchées ou les rigueurs de la vie en plein air, entre des conditions d'existence quasi animales et le retour à une certaine dignité. Ce qu'apportent les civils dans les rituels d'hospitalité, c'est fondamentalement un mode de vie, des conditions de logement, une nourriture, en rapport avec le statut de libérateurs des soldats français. « Après les fêtes officielles auxquelles nous n'avons pu prendre part qu'en partie puisque arrivés un peu tard, nous avons pu connaître l'Alsace d'une façon plus intime dans les familles, pendant les fêtes de Noël et du jour de l'An. Si après des fêtes officielles, on peut conserver un certain doute sur la sincérité des manifestations des populations, il n'en est plus de même après qu'on a pris part, pendant deux mois, à la vie intime, dirai-je, de ces mêmes populations », assure un vétérinaire de la IIe armée, dans une lettre du début février 1919.

Pas un mot sur les réquisitions ou sur la pression sociale qui s'exercent sur les populations civiles : les hommes sont censés être accueillis par les habitants dans leur espace privé, sans la moindre réticence, *a fortiori* sans la moindre contrainte – à la différence naturellement des troupes allemandes jadis. Les Français ne se trouvent plus d'ailleurs dans des rapports d'hospitalité, mais de parrainage, presque d'adoption : les combattants sont « accueillis comme des frères », écrit un soldat de la VIIIe armée. Les frontières entre les hôtes et leurs « invités » semblent alors brouillées, comme si chacun, dans sa vie personnelle, se sentait appelé à incarner les retrouvailles familiales entre la France et l'Alsace-Lorraine, entre la Mère Patrie et ses filles.

Pourtant « l'hôte est une personne en plus, parfois en trop, [...] dont l'altérité doit être reconnue, éventuellement célébrée, mais non pas niée », assure la sociologue Anne Gotman[95]. À minimiser l'effort consenti par les Alsaciens-Lorrains pour accueillir les troupes françaises, à faire passer pour naturel ce qui est en fait une contrainte, on risque naturellement de faire émerger des conflits, du moins une incompréhension réciproque. C'est vraisemblablement ce qui arrive lorsque les correspondants notent que la population fait parfois grise mine ou se révèle de moins en moins aimable. Certains se lancent alors dans des tentatives d'explication en termes de différences confessionnelles, que rien, pour tout dire, ne vient confirmer. « J'ai retrouvé mon unité près de Saverne, cette fois, c'est un pays exclusivement agricole et protestant. C'est te dire que les distractions sont plutôt rares et il est à noter que les protestants ont des sentiments moins nettement francophiles que les catholiques », écrit un soldat de la VIIe armée dans une lettre à un ami. « L'Alsace est profondément religieuse et il était fatal que l'Allemagne ait exercé plus d'influence sur ses coreligionnaires que sur les catholiques plus proches de la latinité et les Israélites essentiellement cosmopolites » (un soldat de la 73e DI, VIIe armée). Ailleurs, les préjugés portent plutôt sur l'origine sociale des Alsaciens : « C'est dans les villages, parmi les cultivateurs, qu'on trouve, je crois, le plus de franchise », assure un autre combattant de la 53e DI, VIIe armée. « Dans les villes, on sait

95. Anne Gotman, *Le Sens de l'hospitalité. Essai sur les fondements sociaux de l'accueil de l'autre*, Paris, PUF, « Le lien social », 2001, p. 491. Voir aussi le chapitre VII : « L'hôte entre les relations familiales ».

mieux feindre. » Partout, on s'efforce de fournir une interprétation rationnelle à une peur diffuse, celle de l'encerclement par un ennemi invisible, confondu dans la foule des Alsaciens : l'Allemand.

La peur de l'« ennemi intérieur »

Dès la mi-décembre, des bruits alarmants commencent à circuler au sujet des dangers encourus par les soldats français dans les villes alsaciennes et lorraines. « La nuit dernière, un civil boche a blessé grièvement de plusieurs coups de revolver un fantassin français », écrit un soldat cantonné à Haguenau (Bas-Rhin) dans une lettre à sa mère du 18 décembre 1918. « Je crois d'ailleurs qu'il a été arrêté », ajoute-t-il, ce qui montre bien qu'il s'agit d'informations indirectes. Puis il glisse, résolu : « Je ne sortirai plus maintenant sans mon pétard et le premier qui bronche, je le descends. Il n'y a que comme cela qu'ils restent tranquilles. » Trois semaines plus tard, des hommes de la IIe armée, établis dans la région d'Altkirch et Dannemarie (Haut-Rhin) font état d'incidents comparables : « Chez nous, les choses commencent à aller mal depuis trois jours. Officiers et sentinelles attaqués, il faut se méfier, car il y a encore des boches en quantité. » Un autre soldat, présent dans la région de Colmar au début de janvier, confirme : « La vie des troupes d'occupation ne me plait guère. Il faut d'abord être très prudent, nous sommes dans un pays où il y a beaucoup de boches encore. Il ne faut pas songer à sortir seul le soir, sinon on risque de se faire démolir. »

Il est très difficile d'évaluer le nombre exact d'attentats commis contre les forces françaises à l'hiver 1918-1919. Le contrôle postal offre un aperçu de l'évolution des sensibilités durant cette période. De manière indubitable, les soldats vivent alors dans un climat d'inquiétude que chacun ressent et exprime dans les lettres avec une intensité variée. Certains avouent qu'ils n'osent plus sortir le soir de leurs casernes et perçoivent globalement le monde extérieur comme hostile. Les Allemands d'origine sont parfois difficiles à repérer, et cette incertitude tend naturellement à accroître l'anxiété des troupes françaises. « Ce sont de bons compères qui nous parlent beau », reconnaît un soldat de la IIe armée, dans une lettre du 2 janvier 1919. « Heureusement que les vrais Alsaciens les connaissent bien. » Quant aux Alsaciens qui ont servi dans l'armée allemande pendant la guerre, sont-ils réellement satisfaits de redevenir français ? « Ils nous évitent du regard », écrit un soldat de la IVe armée. « Sûrement, on ne devine pas le fond de leur pensée[96]. » D'autres correspondants affirment, pour leur part, faire de la provocation et promettre l'expulsion prochaine aux Allemands qu'ils rencontrent sur leur chemin : « Tu me dis de me méfier des boches », écrit un combattant de la 38e DI, IVe armée, dans une lettre à sa femme. « Je t'assure qu'on les reconnaît facilement, il y en a, paraît-il, cinquante mille ici sur deux cent mille habitants. Mais les cochons ont plus peur de nous que nous d'eux. C'est une race qui tant qu'elle est en force vous fait toutes les misères et cruautés possibles et dès qu'elle se sent la plus faible vous fait toutes les platitudes. Voilà déjà plusieurs fois que je m'engueule avec eux et ce qui les fâche le plus, c'est que nous leur disons que nous les expulserons d'Alsace. »

Les propos tenus sont donc souvent confus et contradictoires, à l'image de la situation. D'un côté, on déclare que les Allemands sont aisément identifiables, que leur race, plus

96. Les appels successifs des classes 1866 à 1900 ont obligé près de 250 000 Alsaciens à revêtir l'uniforme allemand pendant la guerre (voir Georges Foessel, « 1914-1918 : l'Alsace, enjeu et champ de bataille », in *L'Alsace de 1900 à nos jours*, Toulouse, Privat, 1979, p. 72-95). Il faut rappeler cependant que les conscrits d'origine alsacienne n'étaient pas autorisés, avant la guerre, à faire leur service militaire en Alsace et qu'ils n'accédaient jamais aux grades d'officier. Voir Dan P. Silverman, *Reluctant Union : Alsace-Lorraine and Imperial Germany, 1871-1918*, University Park, PA, 1972.

proche d'ailleurs de l'animalité que de l'humanité, se caractérise par des comportements indignes, bref, que les Français ont le dessus et qu'ils traquent l'ennemi dans ce qui ressemble au quotidien à une sorte de chasse. De l'autre, les populations d'origine allemande semblent se fondre dans la masse, on leur prête des intentions mauvaises, et une sournoiserie naturelle qui les rend encore plus dangereuses. On comprend bien, dès lors, que la campagne d'arrestations et d'expulsions lancée contre les Allemands à l'hiver 1918-1919 rassure les soldats français autant qu'elle les inquiète. Le climat passionnel qui s'est emparé de l'Alsace et de la Lorraine, la violence de rue, l'arrestation quotidienne de civils d'origine allemande contribuent à donner le sentiment que l'ennemi est partout.

En 1915, l'abbé Wetterlé, le député de Colmar, avait déjà expliqué aux autorités françaises qu'après la guerre un triage serait nécessaire au sein de la population entre Alsaciens-Lorrains de souche et Allemands d'origine. « Nous avons toutes les raisons de penser qu'il nous sera imposé par les événements », ajoutait-il. De fait, en dépit de l'opinion largement diffusée selon laquelle les Alsaciens désirent majoritairement redevenir français (« Le plébiscite est fait », assure le président Poincaré lors de sa visite à Strasbourg le 9 décembre), le gouvernement ne souhaite pas garder dans les provinces reconquises des éléments susceptibles d'y développer des troubles. Une première vague d'émigrés est composée de membres de la haute administration allemande et de notables, comme le maire de Strasbourg, Rudolf Schwander[97], qui quittent volontairement l'Alsace et la Lorraine redevenues françaises. Ils sont bientôt suivis par ceux que les commissions de triage, composées parfois à la hâte, désignent comme indésirables : agitateurs politiques ayant participé à la révolution de novembre 1918, fonctionnaires de

97. Irmgard Grünwald, *Die Elsass-Lothringen im Reich : Ihre Organisation zwischen Integration und « Kampf um die Seele der Heimat »*, Francfort-sur-le-Main, 1984, p. 64.

l'administration allemande, syndicalistes, ou simples ouvriers d'origine germanique dont le départ permettrait de dégager des emplois pour les Alsaciens-Lorrains[98].

À pied d'œuvre dès le 20 décembre 1918, les commissions locales voient leur rôle défini en ces termes par le sous-secrétariat d'État à la Présidence du Conseil : « Elles ont été instituées pour examiner les Alsaciens et les Lorrains suspects, c'est-à-dire les personnes qui se sont montrées animées de sentiments germanophiles, qui ont fait des manifestations anti-françaises ; qui se sont livrées à des dénonciations ; qui ont prêté leur concours d'une manière blâmable à nos ennemis soit avant la guerre, soit durant les hostilités ; qui ayant été évacuées en 1914 se sont fait rapatrier en vertu des accords de Berne et en ont profité pour renseigner les Allemands sur ce qui se passait en France et notamment sur les engagements de nos compatriotes dans l'armée française ; qui ont accepté soit avant, soit pendant la guerre des grades dans l'armée allemande dans des conditions qui peuvent faire suspecter leur loyalisme[99]. »

Il s'agit en fait bien souvent d'anticiper et d'encadrer un mouvement spontané de violences et de dénonciations, qui éclate dès l'entrée des troupes françaises : au fil des jours, un nombre croissant d'Alsaciens-Lorrains malmène la popula-

98. David Allen Harvey, « Lost children or enemy aliens ? Classifying the population of Alsace after the First World War », *Journal of Contemporary History,* vol. 34, 1999, p. 544-547.

99. Archives départementales du Bas-Rhin (ADBR), AL 87 (720) citées par Christian Baechler, *Les Alsaciens et le Grand Tournant de 1918, op. cit.*, p. 125. À l'hiver 1914-1915, les autorités françaises avaient déjà procédé à des évacuations d'urgence du Territoire de Thann nouvellement conquis : les individus suspects avaient été envoyés vers l'intérieur, loin du front, ainsi tous les hommes valides appartenant à des classes qui n'avaient pu être levées, et qui étaient susceptibles d'être incorporés dans le cas d'un retour des Allemands dans cette région. Ces mesures avaient été accompagnées d'enquêtes menées par l'administration militaire et un commissaire spécial de police afin d'isoler et d'appréhender les personnes favorables à la cause allemande (voir *Rapport sur l'organisation du Territoire de Thann, op. cit.*, p. 7 *sq.*).

tion d'origine allemande et envoie des lettres de délation aux autorités militaires ou civiles, qui ne savent plus qu'en faire. Le 30 décembre 1918, le président de la Commission municipale de Strasbourg constate à regret : « Nous avons actuellement en ville un grand nombre de gens qui s'occupent gratuitement d'épuration. On ne les connaît pas, ils signent "le comité" ; nous ne savons pas qui c'est. En principe, ils attaquent les gens qui ont une position que d'autres voudraient occuper. C'est là le fond de l'affaire[100]. »

Constituées de plusieurs notables choisis parmi les personnalités sûres, et présidées par des officiers qui ne savent pas toujours l'allemand et ne possèdent que quelques rudiments de droit[101], les commissions de triage sont donc chargées de distinguer le vrai du faux dans les lettres reçues, d'entendre les suspects et des témoins de moralité, de se faire un avis, puis de prendre une décision : arrestation, expulsion ou libération. Elles ne travaillent à plein rendement qu'à partir du mois de janvier 1919, où elles examinent 790 cas et prononcent 308 condamnations[102]. À la mi-décembre, elles continuent de susciter des vagues de dénonciations qui embarrassent fort les autorités françaises, persuadées que ces témoignages reposent autant sur des faits justifiés que sur des animosités personnelles.

Certains Alsaciens voient en effet dans les commissions de triage l'occasion de régler des comptes pour des affaires qui remontent à la période de la guerre. Ainsi la femme d'un policier allemand de Schiltigheim (Bas-Rhin) dénonce des voisins aux autorités allemandes pour marché noir et se trouve accusée à son tour, puis expulsée[103]. Dans les

100. *Ibid.*, p. 124.

101. ADBR, AL 121 (902) citées par David Allen Harvey, « Lost children or enemy aliens », art. cité, p. 542.

102. ADBR, AL 140 (9), citées par Christian Bæchler, *Les Alsaciens et le Grand Tournant de 1918, op. cit.*, p. 125.

103. ADBR, AL 121 (901), citées par David Allen Harvey, « Lost children or enemy aliens », art. cité, p. 543.

villages, où chacun vit sous le regard de l'autre [104], la délation trouve sa source dans des conflits parfois beaucoup plus anciens, où jalousies et haines familiales ont leur part. Dans les villes, ce sont surtout les rivalités professionnelles qui jouent un rôle dans ces cycles de vengeance. Le 6 décembre 1918, des représentants d'une association de tailleurs strasbourgeois exigent des autorités françaises l'expulsion de leur président qu'ils désignent comme « un sale boche dans le meilleur sens du terme » et vont jusqu'à demander leur propre dissolution, car la majeure partie de leurs membres sont d'origine germanique [105]. Cette démarche s'apparente à un règlement de comptes professionnel : peut-être le président de l'association fait-il de meilleures affaires que d'autres tailleurs, peut-être s'est-il montré trop autoritaire dans ses relations avec certains de ses collègues ? Mais la demande d'autodissolution suggère aussi une autre attitude, plus complexe : ne peut-elle être interprétée comme la mise en œuvre par ces Strasbourgeois d'un fantasme de purification de ce qui, en eux, est allemand ?

Cette traque de l'ennemi s'exprime donc sous des formes extrêmement variées, dont le contrôle postal se fait l'écho. « Tu sais sans doute qu'on expulse d'Alsace, pour les conduire de l'autre côté du Rhin, toutes les familles boches habitant encore l'Alsace et la Lorraine ; on les transporte en camion-auto jusqu'au pont de Neuf-Brisach. La population alsacienne est heureuse de ces expulsions et c'est elle-même qui signale ceux qu'on pourrait oublier », raconte un soldat de la VIIe armée, dans une lettre du 19 janvier 1919. Un autre de ses camarades rapporte des faits semblables : « Hier, expulsion d'une douzaine de boches avec le cérémonial habituel,

104. Ce que l'anthropologue Julian Pitt-Rivers (*Anthropologie de l'honneur : la mésaventure de Sichem*, Paris, Le Sycomore, 1983) appelle des « sociétés de face-à-face ».

105. ADBR, AL 121 (900), citées par David Allen Harvey, « Lost children or enemy aliens », art. cité, p. 543.

c'est-à-dire que lorsque les Boches, escortés de gendarmes, sont réunis sur la place pour monter dans des camions, toute la marmaille du pays les a hués et a fait pleuvoir sur eux des trognons de choux et des pommes de terre pourries. »

Que pensent les hommes de cette violence de la foule, avec ses cris de haine, ses gestes agressifs, ses rituels d'humiliation ? Il est difficile de le dire. Leurs sentiments sont souvent contradictoires. « J'ai assisté au triste exode des Boches expulsés. Les gosses en foule innombrable les huaient et brandissaient autour d'eux des drapeaux tricolores », écrit un soldat de la IIe armée, début janvier 1919. Puis il paraît se reprendre : « Il ne faut pas plaindre ces boches qui ont fait certainement plus de mal qu'on leur en fera jamais. » Un autre semble tout aussi stupéfait de la tournure que prennent les événements : « Nous fournissons quelques camions de temps à autre pour l'expulsion des boches et le ravitaillement en vivres. Hier j'ai assisté au départ de douze indésirables protégés par les gendarmes contre la fureur populaire. Mon camion a pris quelque chose. Une grêle de vieilles boîtes de conserve et de trognons de choux, une cascade de crachats. Un libraire dont les dénonciations avaient fait emprisonner des gens du pays a failli être lynché et n'a dû son salut qu'aux braves gendarmes. Il criait en boche que dans cinq ans il reviendrait et qu'il se vengerait. Il y avait plus de cinq cents personnes sur la place de la Mairie. Curieux spectacle ! »

À la fois témoins et acteurs de cette campagne contre les Allemands vivant encore en Alsace, les soldats français ont sans doute le sentiment de ne plus être tout à fait dans leur rôle et de suppléer trop souvent la police dans sa charge. Ils découvrent en outre, à travers la mise en œuvre d'un vaste système répressif qui sert les désirs individuels de vengeance, que les sociétés alsacienne et lorraine ne sont pas unanimes dans l'euphorie des retrouvailles avec la France, comme les fêtes de libération le laissaient penser. Les provinces libérées semblent au contraire « travaillées par des fractures, des querelles et des conflits latents, qui existaient déjà avant l'éclatement de la Première Guerre mondiale, mais qui ont presque toujours été amplifiés et aggravés par l'expérience de la pénurie, de la souffrance et de la répression durant le conflit », résume l'historien américain David Allen Harvey[106].

On peut noter au passage la rareté, en l'état actuel de nos connaissances, des cas d'épuration sexuelle et de femmes tondues dans les provinces reconquises, à la différence par exemple du Nord de la France[107]. Ce contraste entre l'Alsace-Lorraine et les départements libérés du Nord sur un point très important, puisqu'il a trait au corps et à l'impureté, s'explique sans doute par la différence de durée et de nature des deux occupations allemandes, par l'existence d'un assez grand nombre de mariages mixtes dans un cas et pas dans l'autre, par la gestion différente surtout de l'immédiat après-guerre : ne peut-on envisager en effet la tonte des femmes comme une forme de substitut symbolique à l'expulsion, pratiquée beaucoup plus en Alsace-Lorraine que dans le Nord ?

L'émigration forcée s'accompagne de la mise en œuvre d'une classification de la population en 4 groupes à partir du 14 décembre 1918. Les détenteurs de la carte d'identité de type A, marquée d'une bande tricolore, sont ceux qui peuvent prouver que leurs deux parents sont français ou alsaciens-lorrains ; la carte d'identité de type B, reconnaissable à ses deux bandes rouges, est donnée aux personnes dont un seul

106. David Allen Harvey, « Lost children or enemy aliens », art. cité, p. 544.

107. Dans un mémorandum du 17 décembre 1918, le chef de l'État-major Blanchard recommande d'arrêter « les femmes de petite vertu qui sont suspectées d'avoir eu des relations avec des officiers allemands et attirent encore leur attention sur leur conduite » (ADBR, AL 121 (902) citées par David Allen Harvey, *ibid.*, p. 547). Les cas semblent peu nombreux cependant. Pour une approche générale de cette question, voir Jean-Yves Le Naour, « Femmes tondues et répression des “femmes à boches” en 1918 », *Revue d'histoire moderne et contemporaine*, 47-1, janv.-mars 2000, p. 148-158.

ascendant direct est alsacien-lorrain ; ceux qui ont une carte d'identité de type C avec deux bandes bleues sont d'origine étrangère (à l'exception des Allemands et des Autrichiens) ; les cartes d'identité de type D reviennent enfin aux habitants nés de parents allemands ou autrichiens, mais sur le sol alsacien-lorrain [108]. Au quotidien, ces cartes sont nécessaires pour voyager, voter, changer de l'argent et trouver un travail, et, théoriquement, les droits sont les mêmes pour tous. Seuls les détenteurs de la carte de type D bénéficient d'un taux de change en francs moins favorable et rencontrent des difficultés pour rendre visite à leurs proches en Allemagne. Mais comment éviter d'éventuelles discriminations à l'embauche par exemple ? Cette classification suscite, comme on l'imagine, une forte inquiétude au sein de la population, d'autant que les critères ne sont pas toujours connus ni très rigoureux, et les situations parfois totalement absurdes : un article de la *Freie Presse* donne l'exemple d'un Alsacien, possédant une carte d'identité de type A, marié à une Allemande, qui a donc une carte d'identité de type D et dont les enfants sont dotés de cartes d'identité de type B [109]. Nombreux sont les habitants des villes dans ce cas.

Telle est sans doute l'une des origines majeures du « malaise alsacien », étudié depuis longtemps par les historiens et que certains auteurs expliquent plutôt par la crise de reconversion, le particularisme régional ou les désillusions de l'immédiat après-guerre [110]. Selon David Allen Harvey, ce système discriminatoire est une trahison du principe républicain de l'égalité

108. Selon David Allen Harvey, il y a 1082650 possesseurs de cartes d'identité de type A, 183500 pour les cartes de type B, 55050 pour celles de type C, 513800 pour les cartes de type D. Pour plus de détails sur les origines, la mise en œuvre administrative et les difficultés propres à cette classification, voir l'article de David Allen Harvey, « Lost children or enemy aliens » art. cité.

109. *Die Freie Presse*, 24 décembre 1918. Citée par David Allen Harvey, « Lost children or enemy aliens », art. cité, p. 548.

110. Geneviève Baas, *Le Malaise alsacien, 1919-1924,* Strasbourg, Imprimerie « Développement et communauté », 1972.

entre les citoyens français. Du point de vue des soldats français, est-on tenté d'ajouter, il représente aussi une rupture avec l'idéal pour lequel beaucoup d'entre eux se sont battus.

Loin d'être des régions apaisées, l'Alsace et la Lorraine se révèlent donc profondément divisées à l'hiver 1918-1919. Leurs habitants ne sont plus aussi fervents à célébrer le retour à la France, car il faut prendre en compte les milliers d'entre eux qui fuient vers l'Allemagne dans les premiers jours de l'arrivée des troupes ou qui se trouvent pris à partie par la foule ultérieurement. À cette première exception s'ajoutent les victimes des commissions de triage mises en place dès la mi-décembre 1918, et tous ceux qui éprouvent des difficultés à trouver un emploi ou qui sont déçus par la politique centralisatrice menée par la France dans l'immédiat après-guerre. En d'autres termes, il ne s'agit pas seulement d'une désillusion, inévitable du fait de l'ampleur des attentes des habitants, mais de profondes divisions internes, qui éloignent les uns des autres les Alsaciens-Lorrains de souche (près de 60 % de la population), les Allemands d'origine nés sur place (un tiers de la population) et ceux, assez nombreux somme toute, issus de mariages mixtes (un dixième de la population).

Dans cette société éclatée, où la violence est perceptible quotidiennement, les combattants français peinent à trouver leur place, après avoir savouré leur statut de libérateurs. Certains civils les considèrent comme des acteurs à part entière de la politique d'épuration antiallemande, d'autres comme des éléments indispensables au maintien de l'ordre. Peu nombreux sont ceux qui comprennent que la principale préoccupation de ces hommes est de rentrer chez eux au plus vite. Au fil des jours, la liesse des fêtes de libération s'éloigne rapidement. On ne peut qu'être frappé du contraste entre les récits que les soldats font de leurs entrées dans les villes et les villages d'Alsace-Lorraine (confirmés d'ailleurs par d'autres types de sources) et ceux qu'ils adressent à leurs proches durant l'hiver 1918-1919. D'un côté, une joie débordante, une réelle efficacité des fêtes qui parviennent à combler le besoin de reconnaissance des soldats français ; de l'autre, le soupçon, l'incompréhension et bien souvent la peur.

Comment ne pas nuancer alors la représentation du retour de l'Alsace-Lorraine à la France, telle qu'elle s'est forgée à l'époque ? La joie de l'immense majorité des Alsaciens-Lorrains lors de l'arrivée des troupes est incontestable. En revanche, les fêtes que de nombreux témoins disent spontanées et unanimes sont extrêmement ritualisées. Et l'usure de cette adhésion chaleureuse à la France est sensible dès l'immédiat après-guerre. Mais c'est sous la forme fictive d'une Alsace-Lorraine fidèle et d'une France maternelle et généreuse que la mémoire de leurs retrouvailles va être construite et transmise.

Chapitre 3

La terre de l'ennemi : les Français en Rhénanie

novembre 1918-printemps 1920

L'intensité d'une guerre de plus de quatre ans, la brusque dilatation de l'avenir au lendemain de l'armistice, l'occupation d'un territoire inconnu et inviolé pendant le conflit : tant de facteurs influent sur les sentiments et les attitudes des troupes françaises s'apprêtant à entrer en Allemagne en décembre 1918 qu'il est difficile de les présenter de manière exhaustive. Au sein des forces combattantes, la curiosité de découvrir le pays de l'ennemi se mêle à la peur, la détermination à la lassitude, l'esprit de vengeance au désir d'en finir une fois pour toutes avec la guerre.

Aussi, lorsque le général Mangin adresse à ses soldats de la Xe armée un mot d'ordre à la veille de leur pénétration sur le sol allemand, son message ne peut que trahir les ambiguïtés de la présence française sur le Rhin. Certes, l'action des troupes françaises s'inscrit selon lui dans une perspective historique, celle des soldats de 1792 et de l'Empire, ainsi que dans le prolongement du combat pour la Civilisation mené en 1914-1918, mais les comportements individuels font craindre de la part des hommes l'assouvissement de désirs de revanche. « Vous allez vous trouver en contact avec des populations nouvelles qui ignorent les bienfaits passés de la domination française », écrit-il début décembre. « Personne ne peut vous demander d'oublier les abominations commises par vos ennemis durant quatre années de guerre, la violation de la foi jurée, les meurtres de femmes et d'enfants, les dévastations systématiques sans aucune nécessité militaire. Mais ce n'est pas sur le terrain de la barbarie que vous pourrez lutter contre vos sauvages ennemis, vous seriez vaincus d'avance. Donc partout vous resterez dignes de votre grande mission et de vos victoires. Sur la rive gauche du Rhin, vous vous souviendrez que les armées de la République française, à l'aurore des grandes guerres de la Révolution, se comportèrent de telle sorte que les populations rhénanes ont voté, par acclamation, leur incorporation à la France. Et les pères de ceux que vous allez rencontrer ont combattu, côte à côte avec les nôtres, sur tous les champs de bataille de l'Europe, pendant vingt-trois ans. Soyez dignes de vos pères, et songez à vos enfants dont vous préparez l'avenir[1]. » N'oublions pas qu'à cette date du 5 décembre, les soldats français viennent de parcourir des régions meurtries par l'occupation allemande et de recueillir les témoignages de leurs populations. Les propos du général commandant la Xe armée confirmeraient donc plutôt l'hypothèse d'une absence de « démobilisation culturelle » dans les armées françaises d'occupation, du moins dans l'immédiat après-guerre.

L'histoire administrative et militaire de l'occupation française en Rhénanie a été faite tant de fois qu'il semble inutile d'y revenir[2]. Dès le début des années 1930, des hauts fonctionnaires comme Paul Tirard, qui fut pendant douze ans président de la Haute-Commission des territoires rhénans, ont commencé à dresser un bilan de cette vaste entreprise, en des termes souvent subjectifs, mais avec une précision telle que ces ouvrages restent, plus de soixante-dix ans plus tard, fondamentaux[3]. Plusieurs thèses de doctorat, publiées par

1. Cité par Louis-Eugène Mangin, *Le Général Mangin, 1866-1925*, Paris, Éd. Fernand Lanore-François Sorlot, 1986, p. 273.

2. Pour une approche générale, Franziska Wein, *Deutschlands Strom-Frankreichs Grenze. Geschichte und Propaganda am Rhein, 1919-1930*, Essen, 1992. Une étude d'histoire comparée est esquissée par Rainer Hudemann, « L'occupant français et la population allemande après les deux guerres mondiales », *Relations internationales*, n°80, hiver 1994, p. 471-489.

3. Par exemple, Paul Tirard, *La France sur le Rhin. Douze années d'occupation rhénane,* Paris, Plon, 1930.

des membres du Service juridique du Haut-Commissariat de France, complètent notre documentation sur des aspects techniques de l'occupation[4].

Pour qui s'intéresse à l'occupation rhénane telle qu'elle fut anticipée, vécue, comprise par les soldats français, ces ouvrages ne peuvent servir toutefois que de cadre d'étude. Il faut plutôt se tourner vers le contrôle postal, qui constitue une fois encore une source très riche d'évaluation de l'opinion des combattants, et affiner cette première approche au moyen de récits, écrits par des vétérans ou des observateurs extérieurs. À la lumière de ces sources, le séjour en Rhénanie ne peut plus être considéré comme une simple étape dans le parcours vers la démobilisation, mais comme une expérience fondamentale de la sortie de guerre, notamment parce qu'il s'agit de la première confrontation avec la terre de l'ennemi, avec ses proches, avec son cadre de vie. On nous opposera que les forces françaises en Rhénanie ne représentent guère plus de 200000 hommes, au moment de leur apogée – ce qui paraît peu en comparaison des quelque 5 millions de soldats français démobilisables. Mais ce chiffre n'est pas négligeable pour autant lorsqu'on le rapporte aux classes d'âge 1917 et 1918 qui comptent respectivement un peu plus de 178000 et 201000 hommes dans le service armé[5]. En outre, le reste de l'armée sait que des soldats français sont entrés en Allemagne, et c'est sans doute le plus important du point de vue de l'économie de la reconnaissance.

Sur cette période de quinze mois environ, qui va de l'arrivée des premières troupes françaises jusqu'à la démobilisation de

4. André Laroque, *L'Occupation des territoires rhénans au point de vue du droit des gens,* Paris, Éd. La vie universitaire, 1924 ; Pierre Huguet, *Le Droit pénal de la Rhénanie occupée,* Paris, 1923 ; Robert Vannard, *L'Occupation des territoires rhénans et le Droit privé,* Paris, 1923.

5. Philippe Boulanger, *La France devant la conscription. Géographie historique d'une institution républicaine, 1914-1922,* Paris, Economica, 2001, p. 345.

la classe 1918 (printemps 1920), la situation évolue sensiblement. Les modalités de l'occupation des territoires rhénans sont fixées par la convention d'armistice signée à Rethondes le 11 novembre 1918. L'article 5 prévoit « l'évacuation des pays de la rive gauche du Rhin », qui restent administrés par les autorités locales, mais « sous le contrôle des Alliés et des États-Unis ». Les troupes alliées en assurent le contrôle en tenant les principaux points de passage sur le Rhin, les villes de Mayence, de Coblence et de Cologne, et, en ces points, des têtes de pont de 30 kilomètres de rayon sur la rive droite du fleuve. Par ailleurs, une zone neutre est réservée sur la rive droite, entre le Rhin et une ligne tracée à dix kilomètres de là, depuis la frontière avec la Hollande jusqu'à la frontière suisse.

Les délais du départ des troupes allemandes sont eux-mêmes clairement définis : l'évacuation doit être complète quinze jours après celle de la France et de la Belgique par l'Allemagne, soit 31 jours après la signature de l'armistice. Comme elle ne peut se faire en une seule étape, une note annexe fixe les lignes successives que pourront atteindre les troupes alliées au 6e, 10e, 16e, 19e, 23e et 27e jour, les armées d'occupation suivant à 24 heures d'intervalle la retraite des troupes allemandes. L'article 9 de la convention d'armistice définit quant à lui quelques principes d'organisation de l'occupation, statuant en particulier que « le droit de réquisition sera exercé par les armées des Alliés et des États-Unis dans les territoires occupés » et que « l'entretien des troupes d'occupation des pays du Rhin (non compris l'Alsace-Lorraine) sera à la charge du gouvernement allemand ».

Quatre zones d'occupation ont été affectées respectivement du Nord au Sud aux Belges (région d'Aix-la-Chapelle et Crefeld), aux Anglais (région de Cologne), aux Américains (région de Mayence) et aux Français (région de Coblence). À la différence de l'Europe orientale, l'évacuation des régions occupées de France et de Belgique, de la rive gauche du Rhin et de la zone neutre située rive droite, est réalisée dans les délais fixés. Mais les retards dans la livraison du matériel de guerre allemand entraînent des rétorsions de la part de la France, en particulier l'occupation des forts de la place de Strasbourg situés rive droite et celle d'une bande de territoire de 5 à 10 kilomètres de large : une nouvelle tête de pont voit donc le jour, à la date du 4 février 1919, dans la région de Kehl.

Pour l'armée française d'occupation, les problèmes sont multiples. Il faut faire face à la volonté de désengagement des Américains et des Anglais qui ne sont pas prêts à retarder leurs démobilisations respectives dans la crainte de mécontenter leurs opinions publiques. Forte de 120000 hommes environ en janvier 1919, l'armée française du Rhin est donc en nette augmentation : elle est portée à 200000 hommes en avril, puis à 220000 hommes en juin. Il est indispensable en outre de maintenir intact un potentiel de troupes suffisant pour contraindre l'ennemi à respecter les clauses de l'armistice et le dissuader de reprendre les armes – ce que beaucoup craignent dans l'entourage de Clemenceau, notamment au printemps 1919. La situation générale semble se dégrader à la fin avril 1919, au moment où les négociations de paix à Versailles piétinent. Une reprise des hostilités est envisagée et un plan d'action arrêté lors d'une réunion des chefs d'armée le 22 avril : les Alliés doivent d'abord occuper une zone limitée au nord par la mer du Nord, à l'est par la Weser et au sud par le Main. Une deuxième phase pourrait les conduire à marcher ultérieurement en direction de Berlin. À la suite de nouvelles tensions et d'une campagne hostile aux Alliés dans la presse allemande début mai, la mise en œuvre de ce projet est prévue pour le 27. Mais l'attitude réticente des Anglais aboutit à un premier report des opérations. Quinze jours plus tard, la reprise des hostilités est prévue pour le 25 juin, si les Allemands n'ont pas signé. Les permissions sont suspendues, un ultimatum est adressé aux plénipotentiaires allemands. On prévoit que Francfort, Darmstadt et Mannheim seront occupées dès le 23. Ce jour-là, le gouvernement de Weimar cède. Les mouvements de déconcentration s'amorcent le 24 juin.

Jusqu'à la signature de la paix de Versailles (29 juin 1919), l'expérience de l'occupation est donc à double titre une expérience de l'attente : attente de la démobilisation, mais aussi attente d'une éventuelle reprise des hostilités. À plus long terme, les autorités militaires doivent procéder à la dissolution des unités composées d'hommes de la Territoriale (rapidement démobilisés après-guerre), reconstituer les corps d'armée dissociés lors des opérations de guerre et veiller à ne conserver à l'armée du Rhin que les grandes unités dont la dénomination n'entraînera, à la fin de leur mission, aucun remaniement dans l'organisation de l'armée française du temps de paix. Soumise à tous ces impératifs, l'armée du Rhin est en constante recomposition dans les six premiers mois de l'année 1919. Son dispositif en Rhénanie reste cependant sensiblement le suivant : le Groupe d'armées Fayolle, dont le PC se situe à Kaiserslautern, regroupe la VIIIe armée Gérard (à Landau), composée des 3e CA (à Deux-Ponts) et 1er CA colonial (à Neustadt), et, d'autre part, la Xe armée Mangin (à Mayence), composée des 13e CA (à Wiesbaden) et 2e CA colonial (à Boppard) ; en Sarre, le 9e CA, dont le PC se trouve à Sarrebruck, est autonome depuis le 18 janvier 1919 ; échappant à l'origine au Groupe d'armées Fayolle, le 33e CA est stationné à Aix-la-Chapelle en zone belge ; enfin, des éléments de la 38e DI (IVe armée) occupent la tête de pont de Kehl à partir du mois de février 1919.

La démobilisation reprend le 1er juillet 1919, après plusieurs mois d'interruption, et l'exaspération des troupes s'apaise, sinon leur impatience. La durée de l'occupation est désormais fixée : en vertu de l'article 428 du traité, elle doit se poursuivre quinze ans, mais cette limite est modulable selon le respect par l'Allemagne de ses engagements. L'évacuation de la Rhénanie est prévue en trois phases successives de 5 ans (article 429), elle peut aussi être interrompue et aboutir à des réoccupations partielles (article 430) dans le cas où seraient constatés des manquements aux réparations. Par ailleurs, la zone française s'étend : elle couvre près de 75 %

de la superficie totale occupée. Les effectifs de l'armée française du Rhin connaissent paradoxalement dans le même temps une chute brutale, due à la reprise de la démobilisation : ils sont ramenés à 120 000 hommes environ au mois d'août 1919, c'est-à-dire au niveau atteint au début de l'année, puis à 94 000, début février 1920[6]. Cette baisse d'effectifs ne manque pas d'ailleurs de susciter des inquiétudes au sein de l'État-major français : « Je crois devoir vous faire connaître qu'à mon avis, l'ensemble des forces ainsi maintenues en territoires occupés sera insuffisant pour assurer la garde du Rhin, lorsque l'armée allemande sera réellement réduite dans les conditions prévues au Traité de paix », écrit le général Fayolle au maréchal Pétain, dans une lettre du 8 août 1919. « À l'heure actuelle, cette réduction n'est pas un fait accompli : l'Allemagne possède en abondance des hommes instruits et du matériel ; il ne conviendrait pas que la faiblesse relative de nos effectifs d'occupation ne la tente d'en faire usage[7]. » Les étapes que nous venons d'esquisser ont des incidences multiples sur l'expérience de l'occupation et sur le moral des troupes. L'incertitude sur les dates de

6. Ce chiffre de 94 000 Français sur 130000 soldats alliés, confirmé par François-André Paoli (*L'Armée française de 1919 à 1939,* Paris, Service historique de l'armée de terre, s.d., tome 1, *La Reconversion,* p. 218), tombe à 65000 en mars 1921 lors de la libération de la classe 1919 (voir Stanislas Jeannesson, *Poincaré, la France et la Ruhr (1922-1924). Histoire d'une occupation,* Presses universitaires de Strasbourg, 1998, « Les mondes germaniques », p. 33-34.) Les données chiffrées fournies par Keith L. Nelson (« The "black horror on the Rhine" : Race as a factor in Post-World War I diplomacy », *Journal of Modern History,* 1970, volume 42, n° 4, p. 606-627) sont un peu différentes : selon les archives diplomatiques américaines, on passe de 200000 soldats français pour l'hiver 1919 à 85 000 en janvier 1920.

7. Commandant Guillaumat, *Historique sommaire de l'occupation des territoires rhénans par les armées alliées,* Bureau cartographique de l'armée française du Rhin, 1930, p. 31. Selon Jean-Jacques Boisvert, *Les Relations franco-allemandes en 1920,* Presses de l'université de Québec, 1977, les effectifs militaires de l'Allemagne sont encore de 430000 hommes dans les forces actives, au 1er février 1920 (évaluations du 2e Bureau).

démobilisation, les réactions indirectes de la population aux évolutions des négociations de paix, la dislocation progressive des régiments ou leur recomposition au rythme des départs vers la vie civile : pour toutes ces raisons, l'occupation rhénane est faite d'un mélange paradoxal de surprise et d'ennui. Pour étudier l'expérience des combattants, nous avons choisi de prendre des distances avec la chronologie de l'histoire diplomatique et de distinguer deux phases successives : le temps de la pénétration en territoire ennemi, avec ce qu'il comporte de fantasmes des soldats sur les civils et des populations locales sur les vainqueurs, et le temps du face-à-face.

Pénétrer sur le territoire allemand, c'est d'abord imaginer l'ennemi avant même de le rencontrer : imaginer ses villes et leurs richesses inviolées, imaginer son intimité qu'on s'apprête à transgresser, imaginer sa famille, sa femme, ses filles qu'on menace parfois de violenter – toutes ces représentations étant à la fois extrêmement concrètes et, en même temps, des prolongements symboliques du corps de l'ennemi. C'est jouir de la peur qu'on lui inspire, de la supériorité dans laquelle on se trouve, du pouvoir qu'on est susceptible d'exercer sur lui. Même si l'occupation de la Rhénanie revêt d'emblée un caractère provisoire, pacifique et conventionnel (à la différence par exemple des occupations consécutives à des invasions en temps de guerre), l'imaginaire de l'entrée en territoire ennemi a toujours partie liée avec le pillage et le butin.

Ces remarques d'ordre anthropologique ne signifient pas naturellement que tous les soldats français de l'armée du Rhin aient rêvé de s'approprier les biens des civils ou les corps des Allemandes. Mais elles permettent d'expliquer en partie les expressions de violence à l'encontre de l'ennemi (menaces ou fantasmes, il est impossible de le dire) citées en grand nombre par le contrôle postal, au moment de l'armistice ou dans les semaines qui suivent. À partir de ce fonds d'archives se dessine peu à peu le portrait de l'ennemi imaginaire que les soldats français s'attendent à rencontrer en Rhénanie et dont l'image est faite de leurs frustrations, de leurs pulsions vengeresses et de leurs peurs. Comment les populations locales perçoivent-elles, en retour, les forces d'occupation ? Sur ce point, la confrontation des rapports du Quai d'Orsay aux témoignages français et allemands est éclairante, notamment lorsqu'on s'intéresse à un moment clé : l'entrée des troupes dans les villes occupées, avec ses rituels (le défilé des armées victorieuses), ses pratiques (les discours des officiers supérieurs à Wiesbaden et à Coblence) et les réactions qu'elle inspire (la foule silencieuse, le mélange de crainte et de curiosité).

Le risque principal avec un tel sujet consiste à forcer le trait et à ne voir que rapports conflictuels ou haine mutuelle là où il n'y a parfois que méfiance. L'arrivée des troupes françaises en Rhénanie ne se traduit pas seulement, dans le quotidien des populations civiles, par la soumission d'un territoire, mais aussi par le maintien de l'ordre et des progrès sensibles dans l'approvisionnement. En outre, l'encadrement des libertés par les réglementations nouvelles mises en place par les autorités militaires diffère sensiblement selon que ces dispositions sont appliquées à la lettre ou avec compréhension. Le temps du face-à-face, qui s'ouvre à la fin de l'année 1918, est donc à la fois un temps d'accommodement et de tensions. La violence des relations entre civils et soldats est certes quotidienne, mais elle apparaît sous des formes si variées, ressenties avec tant de nuances qu'on ne peut se contenter de termes généraux pour la décrire.

Partons dès lors de quatre points de vue successifs. L'occupation s'inscrit dans un espace essentiellement urbain, et c'est cette dimension concrète que nous voudrions essayer de rendre tout d'abord : la dégradation de certains monuments publics, le logement des soldats chez l'habitant, la mise en œuvre de réglementations vécues parfois comme humiliantes par la population locale sont autant d'occasions de confrontation entre le nouvel occupant et les civils rhénans. Les échanges de violence au quotidien (insultes, bagarres, provocations diverses) permettent également de comprendre comment la brutalité de la guerre investit la vie quotidienne de l'après-guerre, en quels lieux la violence se déchaîne, quels en sont les acteurs et quelles en sont les règles. Les liaisons entre des militaires français et des Allemandes font naître un autre pôle d'affrontements : elles suscitent en effet des réticences de la part des responsables de l'armée, mais surtout une forte réprobation dans la population civile ; les actes d'agression et d'humiliation publique contre les femmes incriminées ne sont pas rares et méritent d'être analysés parce qu'ils sont révélateurs de certaines représentations allemandes de l'occupant. Enfin, le climat de violence est soigneusement entretenu par la campagne menée contre ce qu'on appelle alors la « terreur bleue » (les « atrocités » des troupes d'occupation) et la « honte noire » (les exactions commises par les forces coloniales). Quels sont les mécanismes de cette œuvre de désinformation ? Sur quels faits avérés repose-t-elle ? Quel est son impact sur l'expérience de l'occupation rhénane ?

Pénétrer en territoire ennemi

L'ennemi imaginaire

Si l'on se place à l'automne 1918, les enquêtes sur l'opinion allemande font état d'une situation complexe et changeante où dominent la confiance dans la puissance de l'armée et l'incrédulité face aux rumeurs qui annoncent la défaite. La pénétration des troupes alliées sur leur sol n'est envisagée qu'avec beaucoup de retard par les civils allemands, soit qu'ils se laissent abuser par le discours de la propagande sur l'état réel de leurs forces et ne peuvent imaginer être vaincus, soit qu'ils peinent à concevoir l'immédiat après-guerre en terme d'occupation de leur territoire. À l'inverse, les soldats français anticipent souvent l'entrée en Allemagne dans les lettres étudiées par le contrôle postal. Pénétrer sur le territoire de l'ennemi, fouler son sol, c'est-à-dire le marquer de son empreinte et parfois le souiller, font même partie des menaces les plus fréquentes exprimées à l'encontre des Allemands. Les hommes espèrent venger ainsi les atrocités commises lors de l'occupation en France du Nord et s'assurer une position dominante indispensable à la préservation d'une paix durable. De sorte que l'évocation de la pénétration en Allemagne est indissociable à la fois du souvenir traumatique de l'invasion allemande en 1914 et de la structure même de l'échange épistolaire : en menaçant l'ennemi, les correspondants s'adressent aussi implicitement aux Français de l'arrière. Ils leur certifient que les souffrances endurées ne resteront pas impunies, que les Allemands paieront un jour ou l'autre pour ce qu'ils ont fait. « Les victoires successives m'encouragent et me fortifient l'âme et le cœur », écrit un soldat de la IIe armée. « Quelques mois encore, et les sales boches sauront expier leurs crimes trop nombreux. » Un combattant de l'armée d'Italie confirme : « On entrevoit avec la paix prochaine la certitude que l'Allemagne sera vaincue et qu'elle devra expier tous les crimes commis. »

Les lettres de l'automne 1918 se caractérisent donc par un déchaînement de violence verbale extrême à l'encontre de l'ennemi, par un déni systématique de ses souffrances durant le conflit (beaucoup de correspondants français l'imaginent épargné par la guerre) et par des tentatives de satisfaire, parfois maladroitement, la revendication victimaire des civils français. La diabolisation des uns répond presque naturellement à la victimisation des autres.

Encore s'agit-il de savoir si cette pénétration sur le territoire allemand prendra la forme d'une invasion dans le cadre des hostilités ou d'une occupation consécutive à la fin de la guerre. Même si l'imaginaire de l'entrée en Allemagne revêt dans les deux cas un caractère violent, les soldats savent bien, à l'automne 1918, que la pénétration sur un territoire ennemi en temps de paix ne répond pas aux mêmes règles que si elle s'effectue en temps de guerre. Après le 11 novembre 1918, l'importance des débats sur le caractère anticipé ou non de l'armistice[8], les regrets exprimés dans de nombreuses lettres que le conflit n'ait pas été porté au-delà des frontières allemandes semblent indiquer que beaucoup étaient attachés à l'idée de « faire goûter à l'ennemi les horreurs de la guerre », comme l'écrit un combattant de l'armée d'Italie. « L'avis de tous ici est le même », indique un soldat de la VIIe armée dans une lettre de la mi-octobre. « Franchir la frontière, pénétrer chez eux afin d'apprendre au peuple allemand ce que c'est que la guerre, car le peuple boche ignore complètement ce que c'est, il n'a eu ni maison incendiée, ni vu tomber ses proches, il faut le lui apprendre et ce sera une belle leçon. »

À la lecture de telles lettres apparaît clairement le degré d'incompréhension de ce qu'a pu être la souffrance des civils allemands. Peu importent, selon ce correspondant, le blocus économique de l'Allemagne, ses villes bombardées, les pertes de l'armée allemande sensiblement supérieures à celles de l'armée française : le peuple allemand, s'il n'est pas atteint *sur son sol*, n'a pas fait l'expérience des rigueurs de la guerre. Cette opinion, qu'on retrouve à de nombreuses reprises dans les rapports du contrôle postal, est significative, en fait, de la perception que les Français ont de la Grande Guerre : un conflit où priment la défense et la reconquête du territoire national. Dans cette perspective, les champs à l'abandon, les cultures saccagées, les villages et les villes détruits ou pillés sont présentés comme des stigmates de la souffrance de guerre – visibles par centaines dans la France du Nord, mais absents en Allemagne.

Il n'est guère étonnant dès lors que les menaces énoncées à l'encontre des Allemands portent d'abord sur l'habitat, notamment sur les villes, qui sont à la fois des lieux de vie, des éléments du patrimoine national et des représentations

8. Pour un aperçu de ces débats, voir le général Henri Mordacq, *L'Armistice du 11 novembre 1918*, Paris, Plon, 1937, chapitre XI.

symboliques du corps civique. Ces promesses de pillage ou de destruction ne s'expliquent pas par un impératif économique, comme dans le contexte de l'invasion où le vol généralisé vient souvent satisfaire les besoins d'une armée coupée de ses ressources. Elles ne peuvent être assimilées non plus à des actes de violence brute, sans règle ni objectif. Elles répondent plus exactement au souhait d'atteindre les lieux symboliques de l'identité allemande – et cela, en réponse aux violences infligées au patrimoine français durant la guerre[9]. « Nous raserons nous aussi les villes boches et nous ferons le double de ce que l'ennemi aura fait chez nous », assure un soldat de la IIe armée dans une lettre du 11 septembre 1918. « Le boche est pillard, bandit, assassin, incendiaire, un lâche adversaire que nous voulons détruire et nous le détruirons. »

Pour comprendre la portée de ces paroles, il nous faut revenir à la période d'invasion allemande de la Belgique et de la France à l'été 1914, lorsque furent incendiés la bibliothèque historique de l'université de Louvain, puis la cathédrale de Reims, et à une échelle plus réduite, mais tout aussi importante émotionnellement, des villes, des clochers d'églises, des villages par centaines[10]. Souvent décontextualisés, parfois caricaturés, les saccages de l'invasion ont alimenté les rumeurs, renforcé la mobilisation et donné naissance au concept d'« atrocité culturelle » qui met en évidence l'enjeu identitaire de telles destructions. Histoires commémoratives des régions envahies, guides touristiques[11], pamphlets et

9. Sur ce point, voir le développement par John Horne, dans son article « Corps, lieux et nation. La France et l'invasion de 1914 », *Annales, HSS,* janv.-février 2000, n°1, p. 73-109, notamment p. 101 *sq.*

10. Sur le souvenir de ces destructions, voir John Horne et Alan Kramer, *German Atrocities, 1914. A History of Denial,* New Haven et Londres, Yale University Press, 2001, p. 306 *sq.*

11. Par exemple *Le Livre du souvenir. Guide du voyageur dans la France envahie en 1914,* par A. Alexandre et P. Ginisty, Paris, 1916, ou *Les Cités meurtries. Les champs de bataille, 1914-1915,* d'O. Beauchamp, Paris, s.d.

cartes postales ont contribué à ce que les Français s'approprient les drames de ces régions devenus ceux de l'ensemble de la communauté nationale. Il en reste de nombreuses traces dans les correspondances de l'automne 1918. « Aurons-nous le bonheur d'aller chez eux pour leur rendre la pareille ? », s'interroge un soldat de la IIe armée. « Que je serais heureux ce jour-là. Partout où je passerai, je mettrai le feu, oh ! pour cela c'est sûr » (contrôle postal du 25 septembre 1918). Un combattant de la VIIe armée manifeste quelques jours plus tôt des intentions analogues : « Nos villes détruites crient vengeance, nous voulons aller chez eux pour leur faire subir la peine du talion, et je crois que nous serons sans pitié » (contrôle postal du 23 septembre 1918). Pour certains correspondants, qui rappellent les brutalités de 1914 et espèrent leur réparation en 1918, le rôle des soldats français est d'être le bras armé de la vengeance divine, de manifester la victoire des défenseurs du Bien sur les puissances du Mal : « Plus que jamais, l'avenir est aux honnêtes gens », résume un soldat de l'armée d'Italie dans une lettre du 22 octobre. « L'écrasement du Boche, c'est le symbole de la plus belle des victoires, celle du bien sur le mal, de la vérité sur le mensonge. » Autrement dit, l'entrée en Allemagne apparaît comme une confrontation de type eschatologique.

Toutefois, au mois de novembre, les perspectives des uns et des autres ont évolué sensiblement à la suite de l'armistice. L'occupation de la Rhénanie est désormais une certitude. On assiste alors à une modification des représentations mentales de l'ennemi. La promesse de l'entrée en Allemagne contribue, semble-t-il, à atténuer les aspects les plus intransigeants de l'imaginaire de l'invasion français. « Les hommes se réjouissent en général à l'idée d'aller occuper l'Alsace et l'Allemagne "pourvu que cela ne dure pas trop". Le désir de vengeance et de représailles qui les animait lorsqu'ils étaient encore à la poursuite des boches n'est plus si aigu depuis que les hostilités ont cessé », résument les services du contrôle postal, dans une note du 18 novembre 1918.

Comment expliquer ce changement ? Les sondeurs du contrôle postal ont raison, tout d'abord, d'isoler la période du repli des armées allemandes, qui va globalement de la fin août à la fin octobre 1918, de celle de l'immédiat après-guerre. L'ardeur guerrière d'une armée victorieuse à la poursuite de l'ennemi est souvent accrue par rapport à d'autres situations d'affrontement. La fuite tend en effet à transformer la guerre en une sorte de chasse, à souligner la similitude du vaincu avec un animal blessé. « Traquer le gibier boche » est une expression qui apparaît souvent sous la plume des soldats français à l'automne 1918. À l'inverse, la signature de l'armistice contribue à redonner valeur humaine à l'adversaire, ne serait-ce que parce qu'elle rétablit des règles, un calendrier, des échéances, là où pouvaient prévaloir parfois rapport de force et anomie. Cette évolution globale de l'attitude à l'égard des Allemands tient sans doute aussi aux circonstances : une fois l'armistice signé, la priorité des soldats est la démobilisation. Comparativement, le désir de revanche lui-même est secondaire. Un soldat de la IIIe armée confie à sa femme : « Nous nous dirigeons vers la Bochie, car toutes les divisions doivent y passer, nous n'y serons pas les premiers, mais nous aurons l'avantage de trouver tout organisé. Et puis, tu sais, je me désintéresse de toutes ces questions, je ne pense qu'à une chose : "la fuite" qui me ramènera auprès de mes chéris » (contrôle postal du 6 décembre 1918).

Cela ne signifie pas pour autant que les promesses de vengeance aient disparu totalement des correspondances. « Nous sommes destinés à aller voir les boches. Si on se rappelle ce que nous avons passé à cause de ces gens-là, je me demande si nous allons savoir nous contenir et ne pas taper dessus au premier cafard », s'interroge un soldat de la IIIe armée dans une lettre du 13 décembre. Certains vont jusqu'à exprimer leur impatience de ce face-à-face avec des êtres que l'opinion courante place aux marges de l'humanité civilisée : « Maintenant, nous voilà victorieux, nous partons ces jours-ci en Allemagne occuper leur territoire. Ah ! les sauvages. On va tout de même voir leurs sales gueules» (un soldat de la VIIIe armée, dans une lettre du 17 novembre 1918). Simplement, maintenant qu'il s'agit réellement d'entrer sur le sol allemand, il est probable que la peur de l'inconnu se mêle aux élans vengeurs. «On parle pour nous d'aller jusqu'à Düsseldorf, mais on nous rapporte que les populations allemandes sont fanatiques», écrit un soldat de la 12e DI dans une lettre à sa femme. «Gare à leurs gueules à ces vaches-là !» Les sentiments exprimés par les combattants français dans les lettres visées par le contrôle postal sont d'une grande complexité, puisqu'ils sont faits à la fois de crainte, de rage et de désir de vengeance. Dans tous les cas cependant, les soldats alliés se préparent à être au contact avec l'étrangeté radicale, le tout-autre : « du boche de plus en plus boche », résume Albert Londres, lorsqu'il décrit ses cinq premiers jours en Allemagne[12].

En outre, les futurs occupants de la Rhénanie comme les civils allemands semblent écrasés par un événement à la fois prévisible et stupéfiant, que ni les uns ni les autres ne parviennent à assimiler : l'entrée des troupes françaises en Allemagne. Dans un ouvrage de souvenirs publié après la Seconde Guerre mondiale, le général Ingold cherche à reconstituer les sentiments de ses soldats du 7e RIC pénétrant en territoire ennemi. « Voici les anciennes lignes allemandes que l'ennemi tenait encore il y a une semaine. On défile, mais devant qui ?», s'interroge-t-il. «Là, à notre gauche, sur le bord de la route, vient de surgir tout à coup le poteau de l'ancienne frontière, à demi-renversé. Secondes trop courtes que celles de cet inoubliable défilé. À quoi songent-ils mes soldats ? Aux souffrances de la guerre enfin terminées ? À la victoire ? À tous ceux qu'ils ont vus mourir ? À la joie, à la tristesse d'un prochain retour ? Aux pays lointains quittés pour venir se battre ?

12. Albert Londres, «Mes cinq premiers jours en territoire occupé», *Le Petit Journal,* 9 décembre 1918, reproduit dans Albert Londres, *Contre le bourrage de crâne,* Paris, Arléa, 1998, p. 268.

Ils marchèrent en silence. Nos pensées nous unissaient comme au jour des batailles[13]. »

C'est au fil des marches interminables qui les conduisent en Allemagne que les soldats français prennent peu à peu conscience de la réalité de la victoire. Dans leurs lettres, les hommes se plaignent de ces semaines d'errance qui les éloignent de leurs foyers, sans assurance sur les conditions d'hébergement du lendemain ni sur leur destination finale. Ainsi les combattants de la 12e division d'infanterie de la IIIe armée, qui se rendent par étapes en Rhénanie, semblent éprouvés par la fatigue, le mauvais temps, les cantonnements médiocres. « Ce qui est ennuyeux dans tous ces déménagements, c'est que nous sommes tous les jours très mal cantonnés. Tous les pays que nous voyons sont démolis et à peine si on y trouve de quoi se mettre à l'abri de la pluie », rapporte un correspondant.

Quelques jours plus tôt, malgré leur défaite, les premières troupes allemandes ont été accueillies en vainqueurs par la population rhénane. « Les colonnes passent la frontière. Sol allemand, villes allemandes, villages allemands. L'intérieur fait ce qui est de son devoir. Les drapeaux flottent. Des guirlandes ornent les rues », note Werner Beumelburg dans ses souvenirs de guerre[14]. Engagé volontaire à l'âge de 15 ans, promu officier après avoir participé à la bataille de Verdun, ce jeune homme d'à peine 20 ans au moment de l'armistice offre une description sensible de l'expérience de guerre, à la manière d'Ernst Jünger qu'il a bien connu. « Les forêts ont donné leur dernière verdure. Sur les visages joyeux de ceux qui reçoivent les troupes, il y a des larmes », constate-t-il. « Quel revoir ! La patrie reçoit en vainqueurs ses fils rentrant dans leurs foyers. Et cela continue à travers l'Eifel, le long

13. Général Ingold, *Sous l'ancre d'or. Hommes et gestes d'outre-mer,* Paris, Éd. Colbert, 1947, p. 77.

14. Werner Beumelburg, *La Guerre de 14-18 racontée par un Allemand,* Paris, Bartillat, 1998, rééd. 2001, p. 574 *sq.*

de la Moselle moyenne, à travers le Palatinat. Les dernières troupes. Mouchoirs agités, chapeaux, saluts, au revoir ! »

Dans le même temps, la presse allemande fait l'éloge de ses soldats qui rentrent au pays. La *Frankfurter Zeitung* du 19 novembre 1918 titre : « Les soldats allemands sont accueillis en héros. » « Soldats allemands, nous vous saluons. L'Allemagne a perdu sa guerre mais vous avez gagné la vôtre[15] ! », assure-t-elle. « Vous avez sauvé l'honneur de l'Allemagne et ce faisant, vous avez donné à notre patrie la possibilité de se reconstruire sur des bases nouvelles. » Le lendemain, la *Kölnische Zeitung* renchérit : « Ce sont des héros qui reviennent, des héros invaincus. Quelles qu'aient été leurs rancœurs intimes, les soldats – heureux de regagner leurs foyers – ont exécuté les ordres de repli d'une manière satisfaisante[16]. » Le chancelier Ebert ne dit pas autre chose, lorsqu'il accueille les premiers régiments de retour à Berlin : « Je vous salue, vous qui rentrez invaincus des champs de bataille. » À Trèves, des boutiques vendent « des livres d'images célébrant les exploits de l'armée allemande et une série de cartes postales nouvelles montrant les troupes allemandes regagnant l'intérieur du pays sous des arcs de triomphe[17] ». Cette attitude détermine largement la manière dont les Rhénans s'apprêtent à accueillir les troupes d'occupation : « Nous entendons qu'ils disent n'être pas vaincus. Savez-vous que tout le pays reçut ses troupes en retraite avec des drapeaux aux fenêtres ? », s'étonne le reporter de guerre Albert Londres, qui se trouve à Aix-la-Chapelle. « Ils se jugent la victime de circonstances malheureuses. Ils se croient toujours le géant debout ; ils font une concession : c'est que ce géant, pour un moment, doit consentir à ne plus mordre[18]. »

15. *Die Frankfurter Zeitung,* 19 novembre 1918.
16. *Die Kölnische Zeitung,* 20 novembre 1918.
17. François de Tessan, *De Verdun au Rhin,* Paris, Éd. La Renaissance du Livre, 1921, p. 52.
18. Albert Londres, « Mes cinq premiers jours en territoire occupé », art. cité, p. 269.

Mais, bientôt, les manifestations de joie font place à l'appréhension de la confrontation avec l'ennemi. « Les mains tremblantes, on roule les drapeaux, on brûle les guirlandes. Silence paralysant durant toute une journée. Abandon dont l'amertume étreint la gorge », relève encore Werner Beumelburg. Symboliquement, c'est le passage du Rhin qui manifeste le plus l'ampleur de la défaite : « Les régiments traversent les ponts les uns après les autres, en ordre parfait. Quand ils sont arrivés de l'autre côté, les musiques militaires se font entendre. Vieilles marches : marche de Hohenfriedberg, de Torgau, de Radetzky et Fredericus Rex. Puis, "Deutschland, Deutschland über alles". Cela résonne comme une vague de douleur, de fidélité et de serment au-delà du fleuve [...] Les commandants de régiment ont la main droite au casque. Les visages sont immobiles. La main ne tremble pas. Mais on peut voir l'un d'eux enlever son casque devant son régiment. Visage durci par les intempéries, cheveux blancs comme neige. Il reste ainsi, sans bouger, sur son cheval jusqu'à ce que son dernier fusilier soit passé. Puis il s'effondre. » S'y ajoute le deuil qui touche la plupart des familles allemandes et les combattants eux-mêmes : « Les voyez-vous ? Invisibles, les esprits de ceux qui sont restés là-bas au front planent au-dessus d'eux, formant une seconde armée au-dessus de l'armée visible. Et ils sont placés de telle façon qu'au-dessus de chaque vivant, il y a presque deux morts. Les commandants de régiments, qui sont à cheval, les voient, les invisibles. Les commandants de bataillon les reconnaissent aussi. Les commandants de compagnie s'entretiennent avec eux. Les habitants, qui sont rangés sur les bords de la rue, sentent leur présence au bouillonnement d'amertume qui monte de leur âme. Et chaque mousquetaire, chaque fusilier, chaque grenadier, chaque canonnier, chaque sapeur, en devine un à sa droite, un à sa gauche, un devant lui et un derrière lui, un de ceux qui ne sont plus là, mais qui marchent cependant dans la colonne[19]. »

19. Werner Beumelburg, *La Guerre de 14-18 racontée par un Allemand, op. cit.*, p. 574-575.

Avec eux, les soldats défaits apportent la nouvelle de l'arrivée prochaine des Français : « À une journée de marche derrière les troupes qui sont retirées, les colonnes ennemies suivent. Fanfares entraînantes des clairons, marches éclatantes à la cadence rapide. Spahis en manteau blanc sur des chevaux arabes. Visages de nègres aux yeux écarquillés. Bataillons en kaki, hautes silhouettes, regards curieux. Vainqueurs qui n'ont pas confiance en leur victoire ! Régiments aux visages puissants et bien portants. Têtes hautes, dans la conscience d'avoir accompli une œuvre sacrée[20]. » La peur s'empare alors de la population allemande. Selon Henry Bordeaux, ce sentiment est entretenu par la presse : « Il s'agit de discréditer à l'avance l'occupation. Une campagne s'amorce sur de prétendus excès commis par des nègres dans le Palatinat. Ou bien l'on raconte que des mesures draconiennes seront prises par les occupants. Ainsi communique-t-on une grande frayeur aux populations », souligne-t-il[21].

Cette explication se révèle pourtant insuffisante. Les phénomènes de psychose résultent souvent de causes plus complexes, et les rumeurs diffusées par la propagande ne sont efficaces que si elles se développent dans un contexte qui leur est favorable, ainsi que l'a montré Marc Bloch dans son analyse des fausses nouvelles de la guerre[22]. Quelles qu'en soient les modalités exactes de diffusion, qui restent encore largement méconnues, toutes les descriptions dont nous disposons attestent l'existence d'une panique au sein des populations de la rive gauche du Rhin. « De Ludwigshafen, beaucoup d'habitants vont se loger à Mannheim sur la rive droite pour éviter les rigueurs annoncées », témoigne Henry Bordeaux. Certains rapports adressés au Quai d'Orsay offrent une analyse compa-

20. *Ibid.*, p. 574.
21. Henry Bordeaux, *Sur le Rhin*, Paris, Plon, 1919, p. 253.
22. Marc Bloch, « Réflexions d'un historien sur les fausses nouvelles de la guerre », *Revue de synthèse historique,* 1921, rééd. in Marc Bloch, *Écrits de guerre, 1914-1918,* Paris, Armand Colin, 1997 (introduction de Stéphane Audoin-Rouzeau), p. 169-184.

rable : « Beaucoup de familles aisées quittent à la hâte Trèves, Mayence, Aix-la-Chapelle pour ne pas se trouver sous la domination ennemie. L'État-major veut empêcher cet exode qui augmente de jour en jour. Aussi a-t-il donné l'ordre qu'on ne délivre plus aux civils de billets de chemin de fer. Le service des trains sera peut-être interrompu pendant quelques heures dans la région du Rhin. Les soldats rentrent en foule en Allemagne et les trains en sont remplis, même certains voyagent sur les toits des voitures[23]. » C'est dans ce climat d'incertitude qu'a lieu le moment crucial de la confrontation : l'entrée des troupes françaises dans les villes allemandes.

Le temps de la confrontation

Le défilé des soldats vainqueurs dans une ville occupée a ceci de spécifique qu'il reproduit tous les rituels du triomphe sans s'appuyer sur l'adhésion et la participation de la population locale. Monument de la puissance conquérante, il manifeste la prise de possession du territoire au moyen d'un parcours soigneusement étudié à travers l'espace urbain. Il requiert de la part des vainqueurs une attention soutenue aux gestes et aux symboles, impose des attitudes fières, des corps redressés, des uniformes impeccables, d'autant que face à l'indifférence ou à l'hostilité des civils cette perfection formelle prend valeur de défi. Les correspondances montrent bien que les soldats français sont conscients de ces enjeux : « Nous avons beaucoup de travail, car il faut mettre en état le matériel et les chevaux afin de faire bonne impression dans les pays que nous allons traverser », écrit un artilleur de la IIIe armée. « L'ordre et la tenue doivent être à l'honneur chez les troupes victorieuses et il faut donner aux boches une grande impression de force. »

23. Ministère des Affaires étrangères (AE), A 224, télégramme du 2 décembre 1918 ; exode des populations de la rive gauche du Rhin.

La parade des troupes victorieuses dans les villes rhénanes est donc un moment essentiel de l'histoire de l'occupation. Malheureusement, rares sont les témoignages contemporains qui nous permettent d'apprécier cette prise de contact entre civils allemands et militaires français. Autant les descriptions des fêtes de réception en Alsace et en Lorraine sont nombreuses dans les correspondances, autant le contrôle postal est discret sur l'entrée des Français dans les villes de Rhénanie. Nous en sommes donc réduits à utiliser presque exclusivement des souvenirs de combattants ou des textes écrits dans une perspective d'édition comme les reportages du journaliste Albert Londres pour *Le Petit Journal* ou les notes publiées chez Plon en février 1919 par Henry Bordeaux sous le titre *Sur le Rhin*.

Par ailleurs, les réactions de la population civile à l'entrée des troupes alliées se caractérisent par leur diversité. « On voit des gens qui, pour ne pas se plier aux ordres, rentrent ; d'autres qui cherchent l'occasion de saluer. Les femmes se tiennent par le bras comme pour être plus fortes. C'est le premier jour. Le temps fait bien les choses, ça s'adoucira », souligne Albert Londres à propos de l'arrivée à Aix-la-Chapelle. « Les gamins portent le calot rond des soldats allemands. La jeunesse a son héroïque espièglerie. Il en est deux qui ont des ampoules électriques dans les mains. Comme par hasard, en passant devant nous, ils les laissent tomber. Cela imite une petite bombe. Gosses de France et de Belgique, vous leur en avez fait d'autres ! Il y a de la peur. Entrés à plusieurs dans une bijouterie, alors que nous choisissions, l'un de nous découvre sur une étagère des bustes de Guillaume et de son fils. La bijoutière croit que c'est le signal de je ne sais quelle tragédie. Elle se met à pleurer. Nous sommes Français, Madame ! … Il y a de la rage. Ceux qui habitent notre hôtel mangent dans la même salle, font comme si nous étions de purs esprits, c'est-à-dire ne nous voient pas. Ils savent que nous les voyons. Ils s'offrent pour nous montrer qu'ils ne sont pas vaincus, de nombreuses bouteilles de vin du Rhin, et chacun sait que les vaincus ne font pas la fête… Nous en buvons autant[24]. » Surenchère dans la provocation, volonté de garder la face coûte que coûte ou, au contraire, tentation de s'accommoder au plus vite de la présence étrangère : tant d'attitudes contradictoires apparaissent dans les premiers jours, pour évoluer ensuite à mesure que le temps passe.

De manière générale, le silence est cependant l'impression qui domine les récits des débuts de l'occupation. Silence lié à la peur d'une situation inconnue aussi bien pour les soldats français que pour les civils rhénans, silence de stupeur pour les premiers, silence marquant la résignation ou, au contraire, une sourde résistance pour les seconds. « Des habitants sont dans la rue. Ils sont à nous attendre ; le long d'une longue rampe qui conduit au haut quartier, ils sont accoudés », raconte Albert Londres, à l'occasion de l'entrée des Anglais à Eupen le 2 décembre 1918. « Froide minute. Les premiers cavaliers passent devant eux. Tragique, le silence est partout. Il est dehors et au fond de tous ces Allemands […] Les habitants ont les bras pendants. Les moins résignés ont un mauvais sourire forcé aux lèvres. Leur tenue sent la gêne. De ce silence lugubre, de ces attitudes, ce qui se dégage, c'est un sentiment d'écroulement. » « Un silence impressionnant plane sur la ville », confirme Pierre Mac Orlan, à propos de l'entrée des soldats français à Mayence. « Pas un cri, pas une protestation[25]… » Ce silence empreint de peur qui a envahi les rues et dicte les gestes de la population rhénane contribue paradoxalement à sacraliser encore plus la pénétration dans les villes conquises, à donner à ce moment une intensité émotive exceptionnelle. « Nouveauté. Deux habitants se parlent. C'est à voix basse. Leur seul propos est saisissant : il résume la pensée de la ville. […] Ils disent : “Il y en a

24. Albert Londres, *Le Petit Journal,* 3 décembre 1918, in *Contre le bourrage de crâne, op. cit.*, p. 267.

25. Pierre Mac Orlan, *La Fin. Souvenirs d'un correspondant aux armées en Allemagne,* Paris, L'édition française illustrée, 1919, p. 32.

encore." Instinctivement, femmes et hommes, quand ils se déplacent, le font à pas feutrés[26]. »

L'accueil réservé aux soldats français à Mayence le 14 décembre 1918 et à Wiesbaden le lendemain est d'ailleurs tout à fait comparable à celui des Anglais à Eupen : les fenêtres sont closes, et les curieux se tiennent en retrait tout en observant la scène de chez eux, cachés derrière leurs rideaux. « Le patriotisme se sauve ainsi et la curiosité ne perd pas tout », lance ironiquement Albert Londres. Henry Bordeaux, qui accompagne les troupes françaises, confirme : « On veut voir : la curiosité est très excitée. Cependant on garde encore quelque réserve. » Et comparant l'arrivée des soldats français en Allemagne à celle des troupes allemandes dans le Nord de la France en 1914, il souligne : « Tout de même, nous savons que les fenêtres étaient désertes quand le pas de parade retentissait sur les places de Lille[27]. »

L'enjeu des premières heures de l'occupation est important : c'est à ce moment-là que se met en place le rapport de force entre les armées victorieuses et les civils, du moins symboliquement. Le dispositif spatial du défilé, le parcours des soldats à travers la ville conquise acquièrent de ce fait une signification particulière, ainsi qu'en témoigne le quotidien *Die Pfälzische Volkszeitung*, imprimé à Kaiserslautern, qui donne le récit suivant de l'entrée des soldats français à Mayence : « À partir d'une heure, toutes les principales rues de la ville étaient barrées militairement. La haie était formée par de l'infanterie et des chasseurs alpins, baïonnette au canon. Un service de police très sévère était organisé. Du sable avait été répandu dans les rues. Les régiments et bataillons s'étaient formés au sud de la gare principale, au-delà du pont de chemin de fer. Les chevaux, arrivés depuis quelques jours déjà à Mayence, étaient dans un état impeccable. À deux heures précises, les

26. Albert Londres, *Le Petit Journal,* 4 décembre 1918, in *Contre le bourrage de crâne, op. cit.*, p. 263-264.

27. Henry Bordeaux, *Sur le Rhin, op. cit.*, p. 240-242.

généraux montent à cheval et, au pas, le cortège se dirige vers la Bingerstrasse, la Schillerstrasse, la Gutenbergplatz jusqu'au Hofchen. » C'est donc une bonne partie de la ville qui est parcourue par les soldats français, depuis les quartiers extérieurs, notamment celui de la gare, jusqu'au cœur historique de Mayence. Le défilé frappe par sa dramaturgie : d'abord les dragons parce qu'avec leurs lances et leurs fanions rouge et blanc, ils marquent les esprits ; puis les clairons et les tambours qui servent à introduire les chefs militaires ; enfin l'État-major français, dont l'ordonnancement répond à une hiérarchie soigneusement mise en scène. « Le général Fayolle, monté sur sa jument favorite, suivi de son chef d'État-major, le général de brigade Paquette, de son porte-fanion et de tous les officiers de son État-major, tous à cheval. Derrière, à une certaine distance, suit le général Mangin, commandant la Xe armée, dont le quartier général sera à Mayence. Plusieurs officiers d'État-major, parmi lesquels le célèbre général Gouraud qui a son quartier général à Strasbourg, se joignent à lui. »

Le défilé des soldats peut alors commencer. « La tenue correcte de toutes ces troupes, trempées par quatre années de guerre, l'ordre parfait, la discipline et le défilé irréprochable des différents détachements firent une certaine sensation. Ce n'était certes pas de cette façon qu'on se représentait l'armée française », admet la *Pfälzische Volkszeitung*. « Les brigades de cavalerie et d'artillerie, celles-ci avec leurs canons géants à longue portée et leurs obusiers, tous en très bon état, se suivaient dans un coloris bariolé. L'œil pouvait à peine se rassasier de ce splendide spectacle militaire. Car c'était la première fois, depuis le début de la guerre, qu'un si grand nombre de troupes de différentes armes traversaient notre ville[28]. » Henry Bordeaux, témoin de la scène, confirme : « Ce défilé fut aux yeux de Mayence le témoignage direct de la puissance française. Mieux que tous les communiqués du monde, il lui

28. *Die Pfälzische Zeitung,* 15 décembre 1918.

expliqua notre victoire. » Puis il ajoute, avec une intuition remarquable de l'impact de la guerre psychologique sur les civils : « Il faut des images à la foule. Ces images-là se fixent dans son imagination pour toujours. »

La démonstration de puissance des armées françaises s'appuie d'abord sur les armes nouvelles développées durant la guerre, dont le bruit assourdissant vient rompre le silence des villes vaincues : « L'artillerie, surtout la lourde, fut l'objet d'une curiosité particulière de la foule qui, un instant plus tard, vit passer les tanks avec une sorte de surprise recueillie, comme si elle flairait en eux les vainqueurs de la résistance allemande. » Henry Bordeaux insiste longuement, en outre, sur la belle tenue des soldats, sur leurs uniformes éclatants, sur leur port altier : « Nos hommes, nos admirables hommes, toujours dignes des plus différentes circonstances, avaient encore l'air de livrer une bataille et de la gagner : la bataille de l'ordre français », écrit-il. Prolongement de la guerre, la parade n'est pas seulement un spectacle ou une simple présentation des troupes. C'est un moyen de montrer aux populations vaincues la supériorité des Français dans l'art militaire, un domaine qui tient à la fois de la morale et de l'esthétique.

L'attention prêtée aux corps des combattants, magnifiés par la victoire, se porte plus particulièrement sur leurs généraux, dont Henry Bordeaux brosse un rapide portrait, usant de clichés empruntés au genre épique. Le chef de guerre est présenté comme le grand homme par excellence, qu'il convient de faire connaître, de faire admirer et de faire craindre. C'est lui qui concentre les regards et symbolise la dignité des vainqueurs. « Derrière la musique militaire, s'avance, majestueux, paisible sur un magnifique cheval noir, le général Fayolle, seul, un peu en avant de son État-major. Bien campé, l'assiette solide, le buste redressé, ses yeux clairs montrant à nu sa belle probité, il donne l'impression du parfait équilibre, de la forte organisation militaire qui ont tant contribué à notre victoire. Il est, sur ces bords, une image digne du passé qui s'évoque ici.

Il incarne le jugement latin, la précision, la méthode, le calme, l'autorité. » Le général Mangin, quant à lui, « porte l'uniforme d'avant-guerre, la tunique noire qui l'étreint, culotte rouge, gants blancs ».

Cette détermination, sensible dans la posture des généraux victorieux, apparaît également dans leurs discours prononcés devant les notables des villes occupées. La mise en scène de ces cérémonies est elle aussi étudiée avec soin. À Wiesbaden, le 15 décembre 1918, dans la salle d'honneur de l'hôtel de ville, le général Lecomte, entouré de ses officiers, prend la parole devant les personnalités de la ville, rangées devant lui, tête nue tandis que les militaires français gardent leur képi. La veille, à Mayence, c'est au palais grand-ducal que le général Fayolle, accompagné du général Mangin, a été reçu par le gouverneur de la province, le haut bourgmestre de la ville, l'évêque Mgr Kirstein, les représentants des cultes protestant et juif, le président de la chambre de commerce, le président et le procureur du tribunal, les conseillers de régence. « Les principaux fonctionnaires de l'État et de la ville arrivèrent un peu avant quatre heures, habillés de noir et sans décorations », rapporte un journal allemand. « Le général Fayolle entra le premier dans la salle, suivi du général Mangin et de tous les généraux. Il y avait là plus de cent officiers généraux et supérieurs[29]. »

Selon l'usage classique de la prise de contrôle d'une ville, tous font part, les uns après les autres, au nom du corps qu'ils représentent, de leur volonté de collaborer avec les autorités françaises. À ces marques d'allégeance répond une intervention du général Fayolle, qui prend la forme d'une récapitulation de l'expérience morale de la guerre. Traduite en allemand par un des aides de camp du général, elle est l'occasion de revenir sur les responsabilités de l'Allemagne dans la conduite du conflit, sur les atrocités commises en

29. *Die Pfälzische Volkszeitung,* 15 décembre 1918, cité par Henry Bordeaux, *Sur le Rhin, op. cit.*, p. 248.

Belgique et en France occupées, donc sur la légitimité de la victoire française. Il apparaît alors que les Allemands sont condamnés à connaître l'occupation de leurs territoires rhénans, non pas en conséquence de la défaite, mais parce qu'ils sont tenus pour responsables à la fois du déclenchement du conflit et de la manière dont il a été conduit. « Ils ne savent rien de la guerre, rien que les mensonges accrédités par le gouvernement allemand. Ils croient encore à une Allemagne provoquée et pleine de justice. Ils ignorent les dévastations et les crimes commis en Belgique et en France », explique le général Fayolle. « Ils ignorent ou feignent d'ignorer l'éclatante série de nos victoires, depuis le 15 juillet, et le désastre auquel ils étaient acculés. Pourtant, nous sommes ici. Je les instruirai[30]. »

Certes, les termes de ce discours ne sont pas nouveaux : depuis la fin de l'année 1914, les exactions des troupes allemandes ont été dénoncées comme des atteintes au « droit des gens » et stigmatisées par les propagandes alliées au moyen de nombreux pamphlets, étudiés notamment par John Horne et Alan Kramer[31]. Cela dit, le fait que ces accusations d'atrocités soient présentées de vive voix devant l'ennemi donne une bonne indication du prolongement de la « culture de guerre » au-delà de l'armistice. Par ailleurs, les paroles du général Fayolle montrent que, selon lui, l'objectif de l'occupation de la Rhénanie est d'abord moral, puisqu'il consiste à manifester la victoire du Droit, à faire sentir à l'Allemagne son indignité – même au prix de mesures d'une grande sévérité. Dès lors, « les Allemands qui étaient prêts à payer le prix de la défaite – en termes habituels – furent stupéfiés par le montant de ce prix, parce que ce prix était d'abord un prix moral », constate Jean-Jacques Becker. « Ce qui fut ressenti, ce fut davantage l'humiliation que les conditions matérielles

30. Henry Bordeaux, *ibid.*, p. 228.

31. John Horne et Alan Kramer, *German Atrocities, op. cit.*, chapitre 8.

elles-mêmes[32]. » Cette remarque qui porte spécifiquement sur le traité de Versailles vaut vraisemblablement pour les mois qui précèdent. Ce n'est pas tant lors de la publication des conditions de paix, le 7 mai 1919, que les Allemands découvrent que le prix moral de la défaite sera lourd à payer, mais dès la fin de l'année 1918 et le début de l'année 1919, avec la mise en place de l'occupation rhénane, l'absence de retour immédiat des prisonniers de guerre allemands et le maintien du blocus économique[33].

D'emblée, devant les représentants de Wiesbaden, le général Fayolle apporte un témoignage concret des dévastations qu'il impute à l'armée allemande. « Aujourd'hui, chez nous et en Belgique, des milliers de familles sont sans asile et sans ressources. Leur sol a été transformé en désert. Telle est la situation que l'iniquité de cette guerre a créée et dont vous demeurez responsables », déclare-t-il. La violence de la guerre s'inscrit donc d'abord dans un paysage, celui des départements occupés par les forces allemandes durant le conflit. Les troupes françaises marchant vers le Rhin viennent de les traverser, et le général Fayolle se fait le porte-parole d'une expérience qui donne sens à l'occupation en Rhénanie, à la fois acte de revanche et prise de garantie économique pour les dommages subis. En arrivant dans le cœur industriel de l'Allemagne, qu'ils présentent le plus souvent comme intact dans les courriers adressés à leurs proches, les soldats français ont en mémoire le spectacle de ces régions dévastées par les combats et pillées par les occupants : à la différence des villes rhénanes, le corps blessé de la France du Nord

32. Jean-Jacques Becker, « The moral issues at Versailles. L'enjeu moral de Versailles », in *Demobilizing the Mind. Culture, Politics and the Legacy of the Great War, 1919-1933,* colloque tenu à Trinity College, Dublin, en septembre 2001, actes sous presse.

33. Louis Dupeux, « Les Allemands et la paix. 1918-1925. Espoirs et désespoirs. Illusions et désillusions. Combinaisons ou radicalisation », in *1918-1925. Comment faire la paix ?*, sous la direction de Claude Carlier et Georges-Henri Soutou, Paris, Economica, 2001, p. 15-25.

s'apparente à un espace sauvage aux repères bouleversés. En septembre 1918, Albert Londres qui parcourait le front britannique de la Somme pour un reportage du *Petit Journal* offrait une description éloquente de ce désert apparu sur les champs de bataille : « C'est insensiblement que vous prend ce désert. Vous êtes au beau milieu quand vous vous rendez compte que vous ne vous êtes pas aperçu que vous l'avez franchi », écrivait-il. « Ce n'est pas une petite bande de sol qui est tombée en cet état, c'est tout un pays. Arrêtez-vous, écoutez, peut-être allez-vous saisir une manifestation de vie, vie humaine, vie végétale, on habitait, on récoltait par ici. C'est fini. Le vrai désert est plat, celui-ci est chaotique. Il est tout naturel que la paix règne sur le premier, des sables sont lisses, il est tout étonnant que l'on n'entende pas gémir le second tout transpercé. [...] Pas d'oasis, mais des pancartes. Ce sont des pancartes qui remplacent les villages. Les pierres des villages ayant disparu jusqu'à la dernière, il faut bien tout de même commémorer l'endroit. Alors on a pris tout ce qui restait du petit bourg, c'est-à-dire son nom et on l'a dressé sur un morceau de bois. Citoyens des rives de la Somme, regardez bien ce poteau, c'est là que vous êtes nés[34]. » Évoquant à son tour devant les notables de Mayence la réalité concrète de la guerre, comme s'ils l'ignoraient, le général Fayolle utilise le même terme : le désert, à la fois expérience humaine de la désolation et de la ruine, et expérience métaphysique d'un lieu à jamais marqué par la barbarie.

« Vous avez fait de la terreur un système de guerre. Vous n'avez réussi qu'à exaspérer notre force de résistance et à hâter notre victoire », ajoute-t-il. « Depuis le 15 juillet, les armées allemandes, refoulées de toutes parts, ont subi une série ininterrompue de défaites, au cours desquelles plusieurs centaines de mille prisonniers et des milliers de canons sont restés entre les mains des Alliés jusqu'au jour où, acculés au

34. Albert Londres, « Le désert de la Somme », *Le Petit Journal*, 10 septembre 1918, in *Contre le bourrage de crâne, op. cit.*, p. 209.

désastre final, vous avez demandé grâce. » En d'autres termes, les Allemands sont directement responsables du sort qui leur échoit. Mais les troupes françaises sauront se montrer magnanimes et dignes de la victoire qu'elles ont remportée, parce que c'est d'abord la victoire du Droit. N'est-ce pas ainsi que s'étaient déjà comportés les soldats de la Révolution ? « Vous redoutez de justes représailles, mais la France est restée fidèle à ses glorieuses traditions et les armées de la République ont traversé votre pays sans y faire le moindre dommage », avance le général Fayolle. « Nous ignorons la *Schadenfreude*, la joie du mal. Les habitants du Palatinat et de Mayence, dont les grands-parents ont appartenu jadis à la patrie française et ont combattu à nos côtés, ont reconnu la générosité native et la grandeur morale de nos soldats. » Dans le bilan de son action à la tête de la Haute-Commission des territoires rhénans, Paul Tirard esquisse également un parallèle historique avec l'occupation de celles qu'il appelle les « armées de la liberté ». Cette comparaison exalte la bienveillance et l'efficacité naturelles de l'administration française – aussi bien dans les années 1790 qu'au lendemain de la Grande Guerre : « Pendant toute cette période troublée, nos troupes sont bien accueillies par la population rhénane », écrit-il. « Elles recueillent ainsi le fruit d'une longue politique de protection. Par ailleurs, les généreux principes de la Révolution soulèvent l'enthousiasme[35]. »

On est bien loin de la sauvagerie imputée aux armées allemandes en France du Nord. « Aucun de nous n'oubliera jamais le mal qui nous a été fait », ajoute le général Fayolle dans son discours. « Mais personne dans nos rangs n'est capable d'en rendre responsables des femmes, des enfants, des populations sans défense, ou de détruire pour la seule joie de nuire. Vous n'avez donc rien à craindre ni dans vos personnes, ni dans vos biens, mais à la condition absolue que

35. Paul Tirard, *La France sur le Rhin, op. cit.*, p. 31.

vous vous soumettrez sans arrière-pensée à l'autorité militaire française. Elle sera représentée à Mayence par le commandant de la Xe armée, le général Mangin. Acceptez loyalement, dans votre propre intérêt, une situation qui est la conséquence des erreurs, des fautes de l'Allemagne et de sa défaite, et estimez-vous heureux d'avoir en face de vous un peuple qui, sans oublier le sort qui l'attendait, s'il eût été vaincu par vous, restera dans la victoire fidèle aux principes de justice qu'il a toujours défendus dans le monde[36]. »

Cette intervention qui explique l'attitude de la France par une longue tradition morale héritée de la Révolution est suivie d'un bref discours du général Mangin qui met en avant la tenue irréprochable des armées françaises sur le Rhin, promet d'aider à la liberté du commerce et de l'industrie, mais exige en retour une obéissance absolue. Son intention est de n'imposer à la ville que « les restrictions qui seraient nécessaires à la sécurité de l'armée française », déclare-t-il, « et celles n'entravant pas les nouvelles relations ». Ces propos rassurants mais sans concession sont repris lors du discours prononcé par Mangin devant le conseil municipal de Mayence, le 16 décembre : « Il plane toujours une erreur en Allemagne, et tant qu'elle subsistera, une attitude ferme et sévère devra être maintenue. Cette erreur, qui ressort du discours récent du ministre de la Guerre prussien adressé aux troupes de la garde rentrant à Berlin, gît dans ces mots : "Vous pouvez lever la tête, l'Allemagne n'est pas battue." Or l'Allemagne est battue sinon nous ne serions pas ici. Cette opinion, qui prédomine en Prusse, rend plus pénibles les rapports et force les Alliés à prendre des mesures rigoureuses jusqu'à ce que la Prusse se déclare battue[37]. » L'intervention de Mangin fonctionne comme une sorte de rite d'institution : elle signifie aux Alle-

36. Cité par Henry Bordeaux, *Sur le Rhin, op. cit.*, p. 243-244.

37. *Das Mainzer Tageblatt,* 17 décembre 1918, cité par Henry Bordeaux, *ibid.*, p. 249.

mands leur identité de vaincus et la leur impose en l'exprimant publiquement[38].

Le maire de Mayence entreprend alors de rassurer les autorités militaires françaises : « Aucun homme sensé ne nie que l'Allemagne ne soit vaincue et chacun de nous doit admettre ceci : nous avons perdu la guerre, mais nous l'avons perdue avec honneur, après avoir combattu loyalement et courageusement pendant quatre ans et demi contre un monde d'ennemis. C'est certainement la signification que le ministre de la Guerre prussien a voulu donner à ses paroles en disant à nos vaillants soldats de ne pas courber la tête. Personne ne pense à la reprise des hostilités. » Derrière cette concession apparente, le Dr. Göttelmann déplace le débat sur le terrain moral. Il ne s'agit pas d'argumenter sur l'issue de la guerre, mais sur la manière dont elle a été menée par les troupes allemandes. Avant même que s'ouvrent à Versailles les négociations de paix, l'Allemagne est divisée entre ceux qui croient aux rumeurs d'atrocités – notamment les milieux spartakistes qui font un parallèle entre les exactions de l'armée allemande contre les civils en Belgique et en France et la brutalité de la répression contre-révolutionnaire[39] – et ceux qui les refusent. Dans le même temps, des personnalités politiques du Centre demandent la création d'une commission d'enquête indépendante chargée de faire la lumière sur des accusations émanant non seulement des alliés mais aussi de certains soldats allemands[40]. On ne peut comprendre la portée du discours du maire de Mayence sans faire référence à ce

38. Pierre Bourdieu, « Les rites d'institution », *Actes de la recherche en sciences sociales,* 43, juin 1982, p. 58-63, repris dans *Ce que parler veut dire,* Paris, Fayard, 1982, p. 121-134.

39. Walter Schwengler, *Völkerrecht, Versailler Vertrag und Auslieferungsfrage. Die Strafverfolgung wegen Kriegsverbrechen als Problem des Friedenschlusses 1919/1920,* Stuttgart, 1982, p. 143-146 ; John Horne et Alan Kramer, *German Atrocities, op. cit.*, p. 338.

40. Walter Schwengler, *Völkerrecht, op. cit.*, p. 164, et John Horne et Alan Kramer, *German Atrocities, op. cit.*, p. 338.

contexte. L'enjeu à l'hiver 1918 n'est pas encore de négocier l'ampleur des réparations demandées par les alliés, mais d'entreprendre une histoire de la guerre qui vient de s'achever. C'est cette histoire que les généraux français et les personnalités des villes allemandes s'empressent d'esquisser lors de leurs premières rencontres, afin de s'en rendre maîtres avant l'ennemi.

La soumission d'un territoire

L'expérience de l'occupation en Rhénanie ne saurait être assimilée ni pour les armées alliées, ni pour les populations civiles, à une forme de non-droit. Le statut des régions rhénanes correspond en effet, dans un premier temps, à une occupation militaire, qui se prolonge de l'armistice du 11 novembre 1918 jusqu'à la date d'entrée en vigueur du traité de Versailles, le 10 janvier 1920. Durant cette période, les hostilités sont simplement en suspens et peuvent reprendre au terme d'un simple préavis de 48 heures. L'autorité militaire est chargée de prendre toutes les mesures adéquates pour garantir l'ordre public et la sécurité des troupes d'occupation. Ces réglementations pèsent sur le quotidien des populations civiles et participent à la mise en œuvre de rapports de force entre ceux qui sont chargés de les faire appliquer et ceux à qui elles s'appliquent. Chaque chef de famille est contraint de faire une déclaration de domicile et de demander pour ses proches une carte d'identité, obligatoire pour toute personne de plus de 12 ans. Muni de cette carte, il est possible de se déplacer à pied, de jour (entre 6 heures du matin et 20 heures) dans les limites de la commune. La circulation au moyen d'un véhicule ainsi que les déplacements plus lointains sont soumis à l'obtention d'un sauf-conduit délivré par les autorités militaires. Tous les attroupements dans la rue sont interdits et les réunions dépendent d'une autorisation préalable. Tous les imprimés destinés à être publiés et distribués doivent avoir été visés préalablement par l'autorité militaire. L'usage des postes et télégraphes, celui des pigeons voyageurs sont réglementés, la détention d'armes et de munitions interdite, la vente et la circulation d'alcool, l'accès aux restaurants et aux débits de boissons contrôlés.

Selon qu'elles sont appliquées avec sévérité ou discernement, selon qu'elles sont accompagnées de brimades ou de manifestations d'arrogance, ces règles peuvent donner naissance à un sentiment de révolte ou, au contraire, à un certain accommodement de la part de la population rhénane. Dans l'étude qu'il a consacrée à l'occupation du territoire rhénan au point de vue du droit des gens, le juriste André Laroque semble conclure à une application libérale du statut d'occupation[41]. Dès le mois de mars 1919, rappelle-t-il, on permet la circulation dans la zone d'occupation avec un simple laissez-passer. Les autorisations de réunion sont accordées en plus grand nombre, la diffusion des imprimés facilitée, ainsi que les échanges postaux. En août 1919, les autorités admettent la circulation des personnes en Rhénanie occupée sans autre justificatif qu'une pièce d'identité. Dès lors, la présence militaire française semble de mieux en mieux acceptée, comme en témoignent certains rapports adressés au Quai d'Orsay sur l'état de l'opinion dans les provinces rhénanes. « Depuis trois semaines, il y a des troupes françaises ici qui se comportent très bien », note un habitant de Kaiserslautern dans une lettre du 10 février 1919. « Les indigènes ne s'attendaient pas à tant d'égards vu leur mauvaise conscience et beaucoup ont filé outre-Rhin avec sacs et bagages. Ils s'en repentiront peut-être. »

Au-delà d'une application de plus en plus libérale des réglementations en Rhénanie occupée, il semble aussi que, pour certains habitants, la détestation de l'ennemi fasse place parfois à des relations plus cordiales. En témoigne par exemple

41. André Laroque, *L'Occupation du territoire rhénan au point de vue du droit des gens, op. cit.*, notamment p. 12 à 42.

cette attitude d'une habitante de Mayence dont le fils a été tué pendant le conflit et que rapporte Xavier de Guerpel dans un récit autobiographique : « Vous me rappelez beaucoup mon fils Willy, bien que plus jeune, il était blond comme vous ; oui, certes, nous avons perdu beaucoup de parents dans cette guerre affreuse. Je suis heureuse, voyez-vous, et fière d'avoir à loger un soldat français[42]. » Cette remarque a-t-elle été reproduite parce qu'elle est exceptionnelle ? Est-elle significative à l'inverse d'une certaine usure de la mobilisation antifrançaise ? En tout cas, l'identification à l'occupant, qui apparaît comme le degré ultime de la mise à distance de l'expérience de guerre, est citée également dans les rapports établis pour le Quai d'Orsay à partir d'études de la correspondance civile. « Tous les jours, il vient des Français ici. Ils sont très aimables et corrects. Ces gens sont aussi à plaindre d'être restés si longtemps en guerre et de ne pouvoir encore être libérés. Ils voudraient bien aussi rentrer chez eux », écrit par exemple un habitant de Nesbach dans une lettre du 10 février 1919.

Par ailleurs, les populations rhénanes trouvent manifestement certains avantages matériels à la présence française. Le maintien de l'ordre qu'apporte l'occupant contraste avec les troubles qui ont sévi à l'automne-hiver 1918. « Avant l'arrivée des troupes françaises, il y avait un conseil de soldats qui faisait la loi dans le pays, gens de situation précaire en temps de paix qui maintenant vivent facilement sans travail », explique le lieutenant-colonel Andrieux (252e RAC) dans un compte rendu sur l'état d'esprit dans les pays rhénans, à la mi-février 1919. « Après avoir cru à une occupation de courte durée, la population [de Mayence] [...] aspire surtout à son ravitaillement par la France », mentionnait un rapport du mois précédent. En fait, en milieu urbain, l'accommodement à l'occupation française doit beaucoup à la création de soupes

42. Xavier de Guerpel, *Une certaine vie de château,* Paris, Éd. Ch. Corlet, 1973, p. 54.

populaires aux abords des cantines militaires, des foyers de soldats ou des casernes, mais les villes demeurent globalement des milieux anxiogènes, où l'hostilité à l'occupant reste vive[43]. À l'inverse, en milieu rural, les relations entre Français et Allemands sont souvent meilleures : « Une sympathie réelle ne tarda pas à envelopper nos soldats, particulièrement dans les campagnes. Partout ils sont admirablement reçus ; les officiers n'éprouvent aucune difficulté à faire le cantonnement de leurs hommes. Les habitants ouvrent toutes grandes leurs demeures, assurés qu'ils ne seront pas molestés », explique un officier français[44].

De leur côté, les soldats français notent également dans leurs correspondances une évolution de l'attitude des Allemands à leur égard, qui est cependant diversement appréciée. Le contrôle postal français permet en effet d'esquisser le portrait de combattants méfiants, inquiets, que la cordialité des habitants de Rhénanie intrigue ou agace. « Les rapports avec la population civile varient selon les unités. Si quelques-uns trouvent l'Allemand hospitalier, la majeure partie le trouvent fourbe, plein de mauvaise volonté, n'obéissant qu'à la force », résume un rapport du 3 février 1919. Dans les lettres qu'ils adressent à leurs proches, les soldats français de la VIIIe armée confirment : « De l'occupation, j'ai vu le plus beau et le plus intéressant pour des vainqueurs : le premier contact. Depuis lors, on constate l'air revêche de certains boches (les plus estimables) ou la platitude d'un tas d'autres (les plus méprisables) », note l'un d'eux. « Le premier jour, ils faisaient des difficultés, mais le lendemain, ils étaient devenus on ne peut

43. Selon les autorités françaises, les populations venues récemment de la rive droite du Rhin sont un facteur d'agitation, alors que les Rhénans de vieille souche, qui composent la population des campagnes et des petites villes, leur sont moins hostiles. Voir SHAT, 19 N Sup 55, canevas d'une conférence à faire sur les rapports des troupes d'occupation avec les populations rhénanes.

44. Commandant P. Jacquot, *Le Général Gérard et le Palatinat,* Éd. Imprimerie du Nouveau Journal de Strasbourg, 1919, p. 22.

plus conciliants : quels plats coquins ! », écrit un autre. Le mépris pour l'ennemi, prêt à toutes les bassesses pour s'attirer les bonnes grâces de ses nouveaux maîtres, ne fait que conforter les Français dans leur sentiment de supériorité : « En Allemagne où nous sommes actuellement aux environs de Mayence, nous avons des saluts, des prévenances et des obséquiosités révoltantes », constate un soldat de la Xe armée, dans une lettre du 9 février 1919. « Je me suis beaucoup occupé depuis mon arrivée en Bochie de leur presse. Aussi suis-je au courant de leur politique oiseuse, plaintive. Il n'y a aucun ménagement à prendre avec eux, ils sont faux et je crois que nous ferons bien de nous tenir sur nos gardes », souligne un combattant de la VIIIe armée.

Certains ont d'ailleurs leur idée sur les raisons de ce changement d'attitude. « Puis-je te dire puisque tu t'intéresses à ces questions : 1) que dans la ville de Spire, il y a un commandant d'armes nommé Rousseau, sous-préfet français, je ne sais pas encore d'où, commandant malgré son jeune âge, et qui a réduit les réquisitions de lait que l'on faisait aux Boches pour les hôpitaux, si bien qu'il n'y en a plus assez pour les malades et que mon ambulance n'en touche plus un litre. Les boches avouent eux-mêmes qu'ils ont maintenant trois fois plus de lait que lorsque l'armée allemande était là. Les laitières avouent que leurs patrons en ont beaucoup et pourraient nous en donner beaucoup plus. 2) que le général Gérard a annoncé aux boches que comme ils étaient très gentils, ils pourraient sortir jusqu'à 9 heures 30. 3) que le même général a autorisé à Landau les civils boches à se ravitailler à nos coopératives militaires. » Cette longue lettre d'un soldat de la VIIIe armée est caractéristique de l'opinion générale : beaucoup pensent que les autorités françaises ménagent trop les Allemands, qui profitent de la situation pour se montrer arrogants ou pour manifester une politesse jugée excessive pour être sincère. « En Allemagne, le boche semble reprendre peu à peu conscience de vouloir résister aux exigences qu'on tarda trop à lui imposer », s'impatiente un soldat de la VIIIe armée, cantonné près de Landau (Rhénanie-

Palatinat). « Les boches à notre place eussent agi différemment. Comme le disait l'un d'eux à un camarade : si nos ennemis avaient été vainqueurs, les considérations d'humanité ou autres n'auraient pas pesé lourd. » Outre la faiblesse dont font preuve les armées d'occupation, il apparaît à certains correspondants que les Allemands sont naturellement hypocrites, et qu'on ne peut rien contre leur nature profonde : « Les boches sont d'une platitude à ne pas y croire ; ils ne sont pas sincères, ce sont de véritables boches. Ils voudraient qu'on oublie déjà ce qu'ils ont fait pendant quatre ans. Ils admettent très bien qu'ils sont vaincus mais ne voudraient pas payer » (VIIIe armée, 1re division marocaine, contrôle postal du 22 mars 1919).

Lorsque les civils allemands se montrent arrogants, les combattants français appellent à faire preuve de sévérité notamment à l'occasion du renouvellement régulier de l'armistice, et à ne pas baisser la garde. Selon le contrôle postal, certains hommes iraient jusqu'à charger leurs armes avant d'aller dormir : « Je ne sais pas, mais à mon idée les gens ont peur de nous et nous, nous avons peur d'eux, car je couche avec la carabine chargée », reconnaît un soldat de la VIIIe armée dans un courrier du 10 février 1919 à une amie. « Demain dimanche, je prends la garde, il faut faire attention, car les voitures que l'on garde sont abritées dans un bois, la sentinelle se trouve donc complètement isolée et dans un pays où les gens sont si peu francs, il faut veiller à ne pas se laisser surprendre. Aussi les fusils sont-ils toujours chargés. » « Nous sommes très mal reçus par les civils. Il nous faut sortir avec le revolver, et moi je l'ai sur moi avec huit balles dedans », écrit un autre dans une lettre du 3 février.

Le thème de la duplicité naturelle des Allemands est très présent durant toute la guerre dans l'imaginaire combattant. Expression d'une radicalisation du combat dans le sens d'une ethnicisation du rapport avec l'ennemi (« l'Allemand est naturellement fourbe, cruel, barbare… »), il apparaît déjà dans les lettres du front visées par le contrôle postal et dans les journaux des tranchées, la germanophobie exprimée par les soldats étant alors souvent plus radicale que celle de la presse de l'arrière[45]. « C'est l'ethnocentrisme qui, finalement est à la base de l'hostilité pour l'ennemi : "eux" et "nous", il y a là une barrière infranchissable », note Stéphane Audoin-Rouzeau dans sa thèse sur l'opinion des combattants français à travers la presse des tranchées[46]. Par ailleurs, ajoute-t-il, « plusieurs visions de l'adversaire ont fort bien pu cohabiter ou se superposer au gré des moments et des individus. Par exemple, on remarque que se produisent de brusques poussées d'animosité dans les journaux d'unités qui viennent de participer à un engagement très meurtrier, mais ensuite, dans les périodes de repos et dans les secteurs calmes, cette hostilité tend à s'émousser ou à disparaître[47] ». Manifestement, l'expérience de l'occupation en Rhénanie ne tend pas à unifier les attitudes à l'égard de l'ennemi, mais au contraire à radicaliser les points de vue : la tendance à la compassion, voire à l'identification avec les Allemands tend à s'amplifier dans la mesure où les soldats français sont désormais au contact direct de l'ennemi, jadis plus fantasmé que réellement connu ; à l'inverse cette proximité au quotidien peut avoir un effet totalement opposé, la coexistence avec les Allemands tendant à faire naître, soit par peur soit par volonté de se distinguer, une détestation de l'ennemi encore plus affirmée. Bien souvent, l'ennemi réel confirme l'ennemi imaginé.

Cette exaspération trouve parfois sa source dans la jalousie, comme le montre de manière éclairante une lettre envoyée à une amie en février 1919 par un combattant de la VIIIe armée,

45. C'est la conclusion notamment des travaux d'Annick Cochet, dans sa thèse *L'Opinion et le Moral des soldats en 1916,* sous la direction de Jean-Jacques Becker, Université Paris-X-Nanterre, 1986, 2 vol., en particulier chapitre VII.

46. Stéphane Audoin-Rouzeau, *Les Soldats français pendant la guerre de 1914-1918 d'après les journaux des tranchées, une étude des mentalités,* thèse pour le doctorat de 3e cycle, sous la direction de Jean-Jacques Becker, Université de Clermont-Ferrand, 1984, p. 299.

47. Stéphane Audoin-Rouzeau, *14-18. Les combattants des tranchées,* Paris, Armand Colin, 1986, p. 196.

cantonné dans la région de Mayence : « Il y a en particulier quelque chose qui fait rager un peu tout le monde, c'est que tous les boches de ce côté-ci du Rhin ayant été démobilisés, chacun peut voir les vaincus, officiers, sous-officiers et soldats, se promener amoureusement au bras de leurs femmes ou amies et ne pas s'en faire, et pendant ce temps, les vainqueurs montent la garde au bord du Rhin [...] C'est tout de même vexant et passablement énervant. » Ce que reprochent avant tout les combattants français à l'ennemi, c'est un retour à une certaine normalité à laquelle ils n'ont pas droit eux-mêmes : retour aux relations amoureuses quand les Français sont condamnés à la solitude et à la frustration sexuelle ; retour au foyer alors que les occupants sont loin de chez eux, en territoire ennemi ; retour à l'activité économique tandis que les soldats français se morfondent dans l'ennui et l'inactivité. À cela s'ajoute apparemment l'attitude provocatrice de certains soldats allemands récemment démobilisés : « Les boches démobilisent à force », note un combattant de la IIe armée dans un courrier du 14 février. « Il en rentre tous les jours des libérés et ce sont tous des jeunes. Ils sont contents, ils se fichent de nous. » En comparaison des avantages, souvent idéalisés, dont semblent jouir à leurs yeux les armées vaincues, rien dans leur quotidien n'identifie les occupants à des vainqueurs : « L'existence que nous menons ici est plutôt monotone », résume un soldat de la VIIe armée qui séjourne dans la région de Mayence. « [...] Les boches doivent nous trouver bien bêtes d'être si modestes en exigences. Nos règlements sont les mêmes que sur le territoire français, peut-être plus sages. » Un de ses camarades confirme : « Je suis à huit kilomètres de Wiesbaden qui n'est pas trop gai et où les habitants nous voient plutôt d'un mauvais œil. Il faut cependant qu'ils subissent notre fermeté. J'estime que nous ne sommes pas assez durs avec eux. Ah ! les bandits... s'ils étaient chez nous ! » (contrôle postal du 12 février 1919).

C'est dans ce contexte de frustration qu'apparaissent en grand nombre dans les correspondances les descriptions élogieuses de l'habitat allemand, notamment de sa modernité et de ses qualités d'hygiène. « Mon impression sur les boches est celle-ci : il y a une propreté qu'il n'y a pas en France, c'est incroyable ce qu'ils sont propres à l'intérieur, dans la cour rien ne traîne », explique un combattant français de la VIIIe armée, qui insiste aussi sur la fécondité de la population allemande, par opposition à l'épuisement de la démographie française : « Quant aux gosses, ils sont par milliers. » « La ville de Willersheim est très propre, ainsi que les villages allemands », confirme un soldat de la Xe armée. « La propreté règne beaucoup plus qu'en France. Il n'y a pas une maison même les plus pauvres où le parquet n'est ciré, pas un brin de poussière sur les meubles. L'on ne voit pas de tas de fumier devant leurs portes comme dans nos campagnes. Tous les villages sont éclairés à l'électricité. Ils peuvent être fiers de leur pays. Ils sont tous ou presque propriétaires et pas une grange ne contient moins de 12 à 1500 kilos de pommes de terre. » Les conditions de vie en France, en particulier dans le monde rural, sont effectivement moins confortables. Dans le domaine de l'électrification, de l'hygiène et du chauffage, les travaux d'Eugen Weber tendent à prouver que les changements interviennent dans la plupart des régions durant les années 1920 et 1930[48]. Les maisons que les paysans ont quittées pour rejoindre le front sont encore souvent éclairées à la lampe à huile ou à gaz ; la révolution pastorienne s'y est diffusée lentement et n'a pas toujours contribué à dicter une nouvelle hygiène domestique : « Le paysan de 1900 diffère sans doute bien davantage de celui de 1830 par ses vêtements, sa nourriture, ses distractions (ne parlons même pas de ses idées) que par sa maison », résume Maurice Agulhon[49].

48. Eugen Weber, *Peasants into Frenchmen*, Stanford University Press, 1976, trad. fr. : *La Fin des terroirs. La modernisation de la France rurale, 1870-1914*, Paris, Fayard, 1992, chapitre X.

49. Maurice Agulhon, « La société paysanne et la vie à la campagne », in *Histoire de la France rurale*, sous la direction de Georges Duby et Armand Wallon, Paris, Éd. du Seuil, tome 3, 1976, rééd. « Points Histoire », 1992, p. 298.

Parallèlement, les inégalités d'accès aux équipements urbains ont eu tendance à s'atténuer en Allemagne dans les dernières années du XIXe siècle[50], tandis qu'en France elles restent très importantes, en particulier entre Paris et les villes de province, ces « petites capitales » qu'Eugen Weber appelle plaisamment les « belles au bois dormant[51] ». Un autre combattant français, qui séjourne près de Bad-Kreuznach, fait une constatation assez semblable : « Je suis en Allemagne depuis une quinzaine de jours. L'on n'y est pas mal. Les civils ne nous font pas trop mauvaise mine et on se familiarise encore assez. J'ai trouvé une propreté dans les villes inconnue en France, l'électricité partout, les maisons sont très propres, les femmes boches lavent tout le temps. La vie de famille est poussée là-bas jusqu'à la perfection. Il est vrai que dans bien des maisons, il y a un confort extraordinaire » (contrôle postal du 9 février 1919).

Ainsi, les découvertes des conscrits français durant la guerre – la consommation de vin ou de viande, la coexistence avec des soldats originaires d'autres régions, la familiarisation avec des paysages inconnus – s'enrichissent d'expériences nouvelles au moment de l'occupation de la Rhénanie. Dans certains cas, on peut presque parler de « transfert culturel », sans qu'il soit aisé pour autant d'évaluer les conséquences pratiques de l'expérience rhénane sur la France d'après-guerre. « Je crois que nous reviendrons de notre séjour en Bochie avec beaucoup d'idées d'améliorations urgentes à apporter chez nous, et peut-être même vous demanderez-vous pourquoi chez nous, sur certains points, nous sommes beaucoup moins avancés que les boches », semble concéder un soldat de la Xe armée. « J'ai vu beaucoup chez les boches et beaucoup étudié, il y a du bon à prendre du point de vue de l'organisation sociale et commerciale », assure

50. Hans J. Teuteberg et Clemens Wischermann, *Wohlalltag in Deutschland 1850-1914. Studien zur Geschichte des Alltags*, Münster, F. Coppenrath Verlag, 1985, p. 138.

51. Eugen Weber, *Peasants into Frenchmen, op. cit.*, p. 338.

un autre. Un certain complexe d'infériorité semble même parfois gagner les troupes françaises : « Nous sommes bien petits, nous, pauvres Français à côté des Allemands, car sur tous les points de vue, ils sont plus de cinquante ans en avance sur nous : comme industrie, culture, routes, chemins de fer, cultures de la vigne, des arbres fruitiers, habitations et tous genres de construction » (un soldat de la VIIIe armée, 5e DI, à son beau-frère). « Ma première impression en Allemagne fut que cette nation est excessivement bien organisée. Le matériel de chemin de fer, par exemple, en excellent état, est plus confortable que le nôtre. Les trains sont à l'heure et les employés sont d'une politesse et d'une exactitude qui les fait prendre pour des militaires excessivement bien disciplinés » (un soldat de la VIIIe armée, 5e DI, à un ami).

Certains pourtant ne peuvent s'empêcher de regretter que des régions entières, outre-Rhin, affichent une telle aisance : « Ici c'est un pays de culture et de vignoble. Je vous assure que la contrée est très riche, les propriétaires ne manquent absolument de rien, ces gens-là n'ont pas souffert du tout. Le bétail est en excellent état et très nombreux. Ne devrait-on pas leur en prendre pour nos malheureux cultivateurs du Nord ? » (un combattant de la Xe armée, 55e DI). C'est toujours la même lecture en des termes moraux qui prévaut dans l'armée française au lendemain de l'armistice : il ne suffit pas que les Français aient vaincu l'ennemi, il faut encore qu'ils bénéficient des signes distinctifs de la victoire.

Le temps du face-à-face

Frustrés parfois de ne pas être considérés comme des vainqueurs par une population civile qu'ils jugent arrogante ou empressée d'oublier la guerre, les soldats français engagent des stratégies d'affrontement qui varient sensiblement selon le contexte et leur lieu de résidence. On passe du temps de la prise de contact à celui du face-à-face. Ces heurts prennent des formes symboliques diverses (tentatives d'appropriation d'un espace hostile ou perçu comme tel, rituels de reconnaissance entre anciens combattants fondés sur une affirmation de valeurs viriles, querelles d'honneur ou mise en œuvre de cycles de vengeance) et sont perçus comme plus ou moins violents. En recensant certains épisodes significatifs de cette tension croissante, et en leur apportant un début d'explicitation, on s'expose au risque de donner une importance excessive à des incidents minoritaires. Pour autant, partons de l'hypothèse que ces échanges de violence doivent être lus comme un prolongement de la guerre après la guerre, un symptôme de l'absence de démobilisation culturelle au sein des troupes d'occupation au lendemain de l'armistice et qu'ils méritent donc un examen approfondi.

L'occupation de l'espace urbain

L'une des questions les plus sensibles sans doute, donc la plus susceptible de dégénérer en affrontement, est celle du logement des soldats, et cela d'autant plus que l'occupation s'installe dans la longue durée. À la fin de la Première Guerre mondiale, on estime que la Rhénanie dispose d'une capacité de 80000 à 90000 logements en casernes ou en baraquements, alors que l'armée française du Rhin compte 120000 hommes environ en janvier 1919, et déjà 200000 hommes en avril, puis 220 000 hommes en juin. La réquisition des bâtiments publics est une nécessité, parallèlement à la construction de nouveaux casernements à la charge des administrations locales, mais elle n'est pas suffisante, et des affectés spéciaux sont logés chez l'habitant.

Face à cette présence quotidienne de soldats français, l'état d'esprit de la population civile varie tant d'une famille à l'autre qu'il est impossible de se faire une idée générale à ce sujet. Parfois, le logement des troupes d'occupation est ressenti comme une atteinte intolérable à l'intimité, parfois il est accepté avec compréhension. Une vieille femme de Landau, au départ d'un soldat qu'elle avait logé, lui fait en ces termes ses adieux : « Surtout si vous repassez par ici, n'oubliez point de venir nous voir ; il y aura toujours pour vous une bouteille de vin et des gâteaux ; vous êtes maintenant l'enfant de la maison[52]. » Sans doute certaines familles sont-elles touchées par la jeunesse de combattants à peine sortis de l'adolescence, mais l'attitude majoritaire est-elle celle de cette habitante de Landau ou celle décrite par un soldat de la classe 1915, qui séjourne à Hochst, près de Francfort : « Ici nous sommes en pays ennemi du Français. Ils nous reçoivent chez eux par la force, et c'est accompagné de deux hommes et en menaçant continuellement les propriétaires que j'arrive à loger les officiers, sous-officiers et les hommes de compagnie. Les simples soldats ne sont pas encore trop mal vus mais nous et les officiers, c'est une véritable haine[53]. »

Il est naturellement plus facile de connaître la manière dont les combattants abordent cette question du logement, notamment à travers leurs correspondances. Rappelons que, dans le pacte épistolaire entre les soldats des troupes d'occupation et leurs proches, le souhait de rassurer les siens se mêle à la volonté de montrer qu'on ne se laisse pas faire et qu'on ne manque pas une occasion de faire valoir ses droits auprès des vaincus. Ainsi cette lettre d'un soldat de la Xe armée à ses parents : « Nous sommes avec mon capitaine chez un gros boche et nous ne sommes pas fâchés de savoir son opinion sur la pile de première grandeur qu'ils ont reçue. Alors notre boche se lamente sur le malheur de la Germanie : le peuple allemand n'est pas responsable ; ce sont les gros qui ont fait

52. Commandant P. Jacquot, *Le Général Gérard et le Palatinat, op. cit.*, p. 22.
53. SHAT, 1 Kt 92, *Journal de guerre* de Jean-Louis Corti (classe 1915), 157e RI.

la guerre, etc. Toujours la même histoire. Enfin de toutes ces conversations, il ressort ceci : une grande admiration pour leur Kaiser qui est un homme supérieur, mais que la chance n'a pas favorisé ; leur exécration pour les Prussiens qu'ils ne peuvent pas sentir ; une chose les inquiète par-dessus tout. Que vont devenir tous ces pays sur la rive gauche du Rhin ? » (contrôle postal du 9 février 1919). On imagine sans peine, à travers ces quelques lignes, l'ordonnance d'un officier valorisant son attitude aux yeux de ses proches. L'emploi de l'argot des tranchées (la « pile de première grandeur »), les stéréotypes physiques pour décrire l'ennemi, le ton ironique de la lettre tendent à la fois à présenter la guerre sous un jour trivial, donc dédramatisé, et à renouer une complicité entre l'arrière et les combattants[54]. Rire ensemble de ce « gros boche » qui cherche une explication honorable à la défaite de son pays, c'est montrer qu'on n'est pas dupe des arguments développés par l'ennemi et, dans le même temps, manifester une supériorité intellectuelle sur les vaincus. L'occupation des habitations privées, tout à la fois pénétration dans l'intimité des civils et restriction de leur espace vital, se double donc de joutes verbales qui visent à humilier l'ennemi, à le soumettre par l'ironie.

Le logement des troupes coloniales, soldats d'Afrique du Nord, d'Afrique noire ou d'Asie, pose des problèmes particuliers qu'il faut expliquer par des préjugés raciaux préexistants. « Les rapports des troupes d'occupation sont à peu près unanimes à constater de la part des populations allemandes rhénanes un accueil froid, réservé mais sans hostilité, d'une correction marquée », note un officier français. « Seules les populations qui hébergent des troupes indigènes paraissent

54. La banalisation du conflit et la fonction de l'humour dans la culture de guerre sont longuement étudiées par George L. Mosse dans *Fallen Soldiers*, trad. fr. : *De la Grande Guerre au totalitarisme. La brutalisation des sociétés européennes*, Paris, Hachette, 1999, chapitre VI, p. 145-178.

avoir été fortement vexées[55]. » Réaction de révolte contre une inversion de la hiérarchie des races telle qu'elle est communément admise au début du siècle : les soldats noirs sont installés en maîtres en Rhénanie alors que leur utilisation comme auxiliaires de l'armée française est vigoureusement dénoncée comme barbare outre-Rhin, depuis le début du conflit. En octobre 1914, 93 intellectuels allemands – parmi lesquels Thomas Mann, le sociologue Alfred Weber et le théologien Ernst Troeltsch – publient un « appel aux nations civilisées » qui affirme que les accusations contre l'Allemagne (responsabilité dans le déclenchement du conflit, violation de la neutralité de la Belgique et du droit de la guerre) sont infondées et dénonce à l'inverse l'emploi des troupes coloniales dans les armées alliées : « Ceux qui s'allient aux Russes et aux Serbes, et qui ne craignent pas d'exciter des mongols et des nègres contre la race blanche, offrant ainsi au monde civilisé le spectacle le plus honteux qu'on puisse imaginer, sont certainement les derniers qui aient le droit de prétendre au rôle de défenseurs de la civilisation européenne. » En juillet 1915, le ministère allemand des Affaires étrangères publie à son tour une condamnation de l'utilisation des « troupes de couleur » par la France et la Grande-Bretagne[56].

À partir de l'hiver 1918-1919, les habitants de la Rhénanie craignent vraisemblablement d'être souillés au contact de populations jugées sous-développées, violentes et impures. Ce rejet quasi physique suscite l'effroi et la haine, des senti-

55. SHAT, 7 N 3481, Commandant Guillaumat, *Historique sommaire de l'occupation des territoires rhénans par les armées alliées, op. cit.*

56. *Völkerrechstwidrige Verwendung farbiger Truppen auf dem europaïschen Kriegsschauplatz durch England und Frankreich*, Berlin, 1915. Cette publication ne fait que reprendre des arguments plus anciens qui remontent à la guerre de 1870 et qui sont présentés par Amédée Brenet, *La France et l'Allemagne devant le droit international pendant les opérations militaires de la guerre de 1870-1871*, Paris, 1902, p. 47-49 (voir John Horne et Alan Kramer, *German Atrocities, op. cit.*, p. 517).

ments que Jean Renaud parvient à rendre perceptibles dans son roman *Aux pays occupés*, qui date de 1920 : « Des fenêtres et des portes se ferment, une atmosphère de véritable peur pèse au passage des coloniaux "fourragés" de rouge et des tirailleurs casqués de kaki. Il y a des reculs dans la foule et on devine que ces reculs font des ondes et que ces ondes s'élargissent et courent indéfiniment loin, loin par-delà les collines de Francfort et de Darmstadt, jusqu'à Berlin où elles signalent l'arrivée de ces terribles, dont la présence la déroute et dont la bravoure l'épouvante[57]. » Le logement des soldats coloniaux est-il pour autant utilisé délibérément par les Français pour humilier leurs ennemis vaincus ? Il est difficile de l'affirmer avec certitude, même si cet échange semble le suggérer : « Les Français noirs ! Les Allemands les détestaient cordialement. L'un d'eux ne put s'empêcher de faire une remarque désobligeante et d'un ton sarcastique s'écria : "Alors ce sont les envoyés de la civilisation que nous propose la France !" Un interprète répliqua : "Le moins civilisé de ces soldats noirs est encore supérieur aux soldats qui ont dévasté Louvain, brûlé la cathédrale de Reims, déporté les Lilloises et massacré des centaines de malheureux sans défense. Vous n'avez qu'à vous incliner devant eux"[58]. »

La provocation est l'un des modes privilégiés de l'affrontement entre les soldats français et la population rhénane à partir de 1919. L'espace urbain en est le théâtre, lieu de démonstration sonore ou visuelle du rapport de force entre occupants et occupés. Ici on s'insulte, là on entonne l'hymne national français ou allemand, là encore on rivalise pour accrocher des drapeaux sur les monuments ou à l'inverse pour les voler et les détruire. Un rapport officiel indique que le 12 février 1919, « des dégâts ont été commis sur la statue de Bismarck par des troupes françaises et belges » dans la

57. Jean Renaud, *Aux pays occupés*, Paris, Éd. et Librairie E. Chiron, 1920, p. 43.
58. François de Tessan, *De Verdun au Rhin, op. cit.*, p. 110.

ville de Mönchengladbach, portant atteinte à travers son père fondateur à l'image symbolique d'un Empire puissant et unifié. À Ems, peu après leur arrivée, les combattants du 13e tirailleur s'attaquent au monument aux morts de la guerre de 1870, « sous la conduite du commandant du régiment », ce qui donne naturellement une force particulière à l'outrage. « Les soldats français ont endommagé les noms inscrits sur le monument [...] et en outre ils ont fait ciseler par une main experte une série d'inscriptions françaises », se souvient un représentant de l'ambassade d'Allemagne à Paris, trois ans plus tard. « Au commencement du mois de décembre, le délégué du cercle fit savoir verbalement au Landrat par son officier d'ordonnance que l'autorité française d'occupation ne ferait plus aucune opposition à la mise en état du monument à condition que les noms de chaque bataille de 1870 (Sedan, etc.) ciselés en lettres d'or sur le monument ne fussent pas nouvellement dorés mais qu'ils restassent dans leur état actuel[59]. » Enjeu mémoriel et désir d'humilier l'ennemi sont ici intrinsèquement liés. Alors que la revanche de la guerre de 1870 avait joué un rôle secondaire dans la mobilisation de 1914, comme l'a montré Jean-Jacques Becker dans sa thèse[60], il semble qu'elle ait retrouvé un certain éclat dans l'immédiat après-guerre.

De tels incidents sont parfois amplifiés par la rumeur, qui nous informe non plus seulement sur la réalité, mais sur l'imaginaire de l'occupation. La provocation n'est alors que fantasmée. Tel est le cas à propos de troubles qui se seraient produits le 14 juillet 1919 à Kreuznach, du moins si l'on en croit une série de lettres provenant de militaires de la Xe armée et dont un rapport émanant du général Mangin reproduit

59. Archives du Quai d'Orsay (AE), Z 155, note de l'ambassade d'Allemagne à Paris au ministre des Affaires étrangères, 22 mars 1922.

60. Jean-Jacques Becker, *1914 : comment les Français sont entrés dans la guerre,* Paris, Presses de la Fondation nationale des sciences politiques, 1977, p. 53 *sq.*

quelques extraits. C'est un combattant français qui raconte « l'événement » à sa cousine : « Nous avions arboré le drapeau français sur la statue de Bismarck. Le lendemain 14, les boches l'ont enlevé et déchiré. Comme représailles la nuit du 14, nous avons désarmé Bismarck et la corde au cou, nous l'avons penché sur le sol quand survinrent des officiers qui nous firent interrompre l'opération. Donc le 15 au matin, grande animation du public et le soir, grande manifestation de la part des civils boches ! Ils nous insultent et hissent le drapeau prussien sur la statue en défroque et commencent à chanter leur hymne national interrompu par un de nos officiers qui met le feu à leur drapeau, revolver au poing. Alors commence la mêlée. Environ quatre cents manifestants bolchevistes et un bataillon de chez nous, quarante hommes de patrouille, chargent sur la foule et blessent quelques-uns et nous autres nous bondissons sur ceux qui restent. Plusieurs d'entre eux, quatre hommes et une femme vont être jugés[61]. » Dans ce récit à la chronologie précise, où le narrateur cherche à mettre en scène les soldats français, la provocation semble répondre à la provocation, entraînant les protagonistes dans une escalade presque inévitable. La statue de Bismarck en est l'enjeu principal : comme incarnation de la nation allemande, la destruction de cette figure tutélaire suggère « l'effacement au sens propre du père politique » (Lynn Hunt)[62]. Il ne s'agit donc pas d'un simple acte de vandalisme, mais plus fondamentalement d'une volonté de désacraliser le père fondateur de l'Allemagne moderne, sa mémoire, et l'espace urbain qui entoure la statue.

Le mémorial est d'abord couronné d'un drapeau qui sert en quelque sorte à marquer un territoire conquis par les Français

61. SHAT, 16 N 1558, *Général Mangin à groupe d'armées Fayolle, résultats d'une enquête militaire,* 28 août 1919.

62. Lynn Hunt, *The Family Romance of the French Revolution,* trad. fr. *Le Roman familial de la Révolution française*, Paris, Albin Michel, 1995, p. 71 *sq*.

(n'oublions pas que les événements se situent dans la nuit du 14 au 15 juillet). Puis, en représailles à la destruction des trois couleurs par des habitants de Kreuznach, la statue elle-même est l'objet de dégradations, elle est désarmée, couchée au sol au moyen d'une corde passée au cou de Bismarck. Le drapeau prussien que des civils s'empressent de hisser sur le monument permet alors de masquer l'outrage subi. Il souligne dans le même temps la corporéité de la statue, en la dissimulant dans un élan de pudeur : le drapeau prolonge le corps symbolique de la nation, l'enveloppe, le revêt. Il redonne une dignité au monument brisé et dépenaillé. Ainsi s'explique la violence déployée par les soldats français, dans un dernier temps, pour brûler les couleurs prussiennes sous la menace d'un revolver. La rivalité pour le contrôle du monument entre, à ce moment-là, dans une phase de combats physiques entre soldats et civils, elle s'efface progressivement devant des enjeux plus fondamentaux : une lutte pour l'honneur, où il s'agit de manifester aux yeux de tous qui sont les vaincus et qui sont les vainqueurs de la guerre. Une autre lettre, adressée à son père par un soldat de la Xe armée, met ainsi en évidence la provocation des civils allemands : « Hier, il a fallu se fâcher avec les boches et cette fois pour de bon. En effet, les boches ont voulu manifester contre nous en faisant des rassemblements et en plantant des drapeaux sur les monuments. Quelques-uns même nous ont insulté mais ceux-là ont été passés à tabac séance tenante et enfermés en prison ainsi que tous les chefs de bande. Nous avons été obligés de faire usage des tanks. »

Ces lettres relatant les incidents qui se seraient produits à Kreuznach le 14 juillet 1919 sont contredites par un rapport officiel du colonel Vignal, commandant le 55e RI. « Le drapeau n'a pas été arboré sur la statue de Bismarck [...] Il n'a par la suite ni été enlevé ni déchiré, on n'a pas insulté nos soldats et ni bataillon ni patrouille ni homme isolé n'a chargé la foule. Bismarck est toujours bien planté sur son socle qu'on n'a pas essayé de renverser [...] Il y a quatre mois des coloniaux avaient enlevé les éperons de Bismarck », corrige l'officier supérieur. Ce compte rendu d'enquête est d'autant plus intéressant qu'il ne se contente pas de rétablir la vérité, mais présente aussi, même sommairement, les mécanismes de la rumeur. « Tout ce qui s'est passé, c'est ceci : le 13 juillet, au moment où la retraite aux flambeaux passait devant la statue de Bismarck, on a allumé un feu de Bengale (d'ailleurs éteint tout de suite par la pluie) sur le socle de la statue. C'est tout, pas le moindre incident », écrit-il. « En résumé, vantardises, racontars grotesques et regrettables qui ne s'expliquent que par la connaissance de la psychologie méridionale, qui à côté des brillantes qualités qui ont mis le soldat du Midi en relief pendant la campagne, présente aussi quelques défauts parmi lesquels celui de se rendre intéressant surtout auprès de sa cousine[63]. »

L'intérêt en confrontant rapports d'enquête et correspondances n'est pas seulement de dire ce qui s'est réellement passé à la mi-juillet 1919 à Kreuznach, mais bien plutôt de présenter un imaginaire français de l'occupation, où les récits des actes héroïques contrastent avec la passivité et l'ennui qui caractérisent plus vraisemblablement le quotidien des soldats. Soit qu'ils ressentent le besoin de justifier ainsi leur présence sur le territoire de l'ennemi ou que certains d'entre eux, parmi les plus jeunes, souffrent de la frustration de ne pas avoir réellement participé à la guerre qui vient de s'achever, les correspondants aiment à peindre l'occupation de la Rhénanie sous des traits qui valorisent leur statut de vainqueurs.

Le rapport de force avec l'ennemi s'inscrit dans l'espace urbain par la prise de possession de logements privés, par la dégradation réelle ou fantasmée de monuments, en d'autres termes par une discipline imposée par l'occupant à ce que les civils ont de plus cher : leurs habitations ou leur patrimoine culturel. La soumission du territoire s'exerce plus insidieusement par le biais de règles de la vie quotidienne, en ce qui concerne par exemple la circulation dans les villes.

63. SHAT, 7 N 2631, compte rendu d'enquête du colonel Vignal au général commandant la 29e DI, 16 août 1919.

Ainsi, depuis la mise en place de l'occupation à l'hiver 1918-1919, les trottoirs sont réservés en priorité aux troupes d'occupation, ce qui ne manque pas d'être vécu par les Allemands comme une humiliation quotidienne : les civils doivent s'écarter et descendre du trottoir lorsqu'ils rencontrent des officiers français, des incidents éclatant de manière sporadique dès lors qu'ils refusent de leur céder le passage[64]. Ils doivent aussi saluer du chapeau le drapeau français dès qu'ils le voient, et cela même en l'absence de tout militaire des forces d'occupation[65].

Par ailleurs, certains automobilistes français négligent de limiter leur vitesse par un mélange d'incurie et de provocation à l'égard de la population. Les Rhénans se montrent particulièrement mécontents de ces comportements abusifs, surtout lorsqu'ils entraînent des accidents que la presse locale s'empresse de rapporter. Le 2 janvier 1919, l'*Otweiler Zeitung* raconte longuement comment un jeune garçon a été renversé par une voiture dans la ville de Kaiserslautern. Le 20 mai suivant, une note de service au Quartier général de l'Administration supérieure de la Sarre rappelle à l'ordre l'armée d'occupation : « Malgré des observations réitérées, il continue à se produire des accidents fréquents causés par l'excès de vitesse des automobiles. Il est du devoir de tout officier d'exiger des conducteurs qu'ils ralentissent suffisamment dans la traversée des agglomérations, d'autant que les

64. « Le 14 mars 1922, vers 21 heures, le canonnier Quintard (129e RAC) refusant avec raison de céder le trottoir à trois jeunes Allemands de 16 à 19 ans est frappé par l'un d'eux. Il riposte d'un coup de poignée de sa baïonnette à la figure de son agresseur » (SHAT, 19 N Supp-48, rapport du capitaine Bellay, commandant la prévôté de la DM à Landau, 15 mars 1922).

65. Voir « Worms und seine Besatzungsgeschichte », in Heinrich Wothe (éd.), *Rheinhessen. Ein Heimatbuch*, volume 3 : *Eine Festgabe zur Befreiung der Rheinlande 1930*, 1930, rééd. Francfort-sur-le-Main, 1978, p. 96, cité par Rainer Hudemann, « L'occupant français après les deux guerres mondiales », *Relations internationales*, n° 80, hiver 1994, p. 471-489, p. 480.

accidents provoqués par leur négligence ont pour résultat de produire sur la population un effet diamétralement opposé au but que nous recherchons[66]. » Deux ans plus tard, le thème de l'accident volontaire provoqué par l'occupant est repris sur un timbre de propagande, hostile aux Français. À cette époque, rappelle Christophe Studeny, l'accoutumance du public à la vitesse et à l'intrusion des automobiles dans l'espace urbain est encore faible[67]. Ces véhicules n'ont fait leur apparition dans les villes d'abord, puis dans les villages, qu'à la fin des années 1890, suscitant méfiance et appréhension. « L'hostilité de la foule est surtout nourrie et fortifiée par la peur que lui inspire l'automobile. Quoiqu'il y ait déjà de longues années que nous les voyons circuler parmi nous, nous ne pouvons nous familiariser à ces grandes machines [...] Même au repos elles effraient, et elles nous affolent quand elles entrent en trépidation », note un témoin à la veille de la Première Guerre mondiale. Par ailleurs, avant 1920, pas de code de la route ni de réglementations précises sur la vitesse autorisée : la limitation est laissée à l'appréciation des conducteurs, qui ont appris à piloter par leurs propres moyens. On se trouve donc ici dans le domaine de l'arbitraire, du rapport de force. Les militaires peuvent s'amuser à effrayer les civils en parcourant les rues encombrées à vive allure, usant de ces machines roulantes relativement récentes comme d'un moyen de manifester leur supériorité sur les populations vaincues. L'utilisation par les Français de l'automobile en centre-ville s'apparente dès lors à celle des tanks dans les défilés des troupes victorieuses, en décembre 1918, à Mayence ou à Kaiserslautern : c'est une manière de signifier le triomphe de la technique et de rivaliser de modernité avec l'ennemi.

66. SHAT, 19 N Sup 167, QG de l'Administration supérieure de la Sarre, note de service du 20 mai 1919.

67. À la veille de la Première Guerre mondiale, il n'y a pas plus de 100000 automobiles en France, soit une pour 450 habitants (voir Christophe Studeny, *L'Invention de la vitesse. France, XVIIIe-XXe siècle*, Paris, Gallimard, « Bibliothèque des Histoires », 1995, p. 307).

Échanges de violence

L'injure, l'insulte représentent, au quotidien, une autre forme de violence entre occupants français et civils rhénans. Elles sont explicitement citées dans les textes relatifs à l'organisation judiciaire des territoires rhénans et réprimées lorsqu'elles constituent une agression délibérée contre les soldats français : « Toute personne dont les paroles, gestes ou attitudes auront un caractère insultant ou inconvenant à l'égard des membres de la HCI [...], des forces de l'occupation, d'un drapeau ou d'un emblème militaire allié sera passible des peines prévues pour sanctions des ordonnances de la Haute-Commission », précise l'article 25 de l'ordonnance du 10 janvier 1920. Toutefois, les écarts de langage font l'objet de mesures de répression dès le début de la période d'occupation, comme le montre un courrier d'un officier français cité par le contrôle postal à la date du 30 août 1919 : « J'ai fait condamner hier à cent marks d'amende et quinze jours de prison un sale boche qui avait traité un sous-officier de "c... de Français !". En ce moment, ils cherchent à reprendre le dessus et si l'on n'y prend pas garde, dans quelques mois on ne pourra plus les tenir. »

L'insulte s'inscrit dans un système d'échanges entre occupants et populations occupées, où ni les Français ni les Allemands ne sont épargnés. Elle est fondée sur un vocabulaire extrêmement ritualisé et répond à des règles strictes qui n'excluent pour autant ni l'improvisation ni la créativité – à tel point que l'historien Peter Burke a pu parler d'un « art de l'insulte » à propos de l'Italie de l'époque moderne[68]. Il est donc intéressant de replacer ces offenses verbales dans leur contexte socioculturel et de les étudier comme un révélateur

68. Peter Burke, « L'art de l'insulte en Italie aux XVIe et XVIIe siècles », in *Injures et Blasphèmes, Mentalités. Histoire des cultures et des sociétés*, Paris, Éd. Imago, 1989, p. 49-62.

des stéréotypes de l'ennemi, aussi bien du côté allemand que du côté français, au lendemain de la Première Guerre mondiale.

La dénomination la plus fréquente pour désigner l'ennemi est le « boche » – avec ses dérivés « Bochiser », « Bochie »... – côté français, et le « Franzmann » côté allemand. « Une campagne de haine contre la France est menée systématiquement dans les universités allemandes. Des mesures, des instructions sont prises pour que dans les écoles publiques, on inculque aux enfants l'amour de l'armée. On leur parlera souvent des grands chefs militaires. On leur répétera chaque jour qu'ils doivent se préparer à la mission qu'ils auront à remplir : chasser les "Franzmann" dont la présence dans leurs villages doit leur rappeler toute leur humiliation », souligne un rapport adressé au Quai d'Orsay à la mi-janvier 1919[69]. Dans le même temps, le mot « boche », présent dans la quasi-totalité des correspondances visées par le contrôle postal, semble être passé dans le langage courant. Son étymologie a fait l'objet de diverses hypothèses, ainsi résumées par Jacques Meyer : « À l'origine, le terme n'était pas forcément péjoratif. Il était plus que probablement la commode abréviation du mot *Alboche*, seul connu depuis la guerre de 1870. Personnellement, je pense que la fortune de "Boche", si l'on peut dire, est due pour beaucoup à sa riche consonance avec une autre expression argotique peu obligeante, l'adjectif *moche*. R.-G. Nobécourt, dans ses *Fantassins du Chemin des Dames*, voit dans *Alboche* une analogie avec *caboche*, "grosse tête carrée, d'où [découlerait] sans allusion xénophobe *tête de boche*, tête dure" [...] Quoi qu'il en soit, le mot est devenu d'un usage si normal que, comme le relève R.-G. Nobécourt, on le trouve même souvent dans les documents d'État-major[70]... » Dès lors, c'est le contexte qui donne au terme « boche » sa valeur

69. Archives du ministère des Affaires étrangères (AE), A 227, note d'un agent sûr, 20 janvier 1919.

70. Jacques Meyer, *Les Soldats de la Grande Guerre*, Paris, Hachette, 1966, rééd. 1998, p. 266-267.

dépréciative ou qui lui conserve, à l'inverse, un caractère neutre. « J'ai vu beaucoup chez les boches et beaucoup étudié, il y a du bon à prendre du point de vue organisation sociale et commerciale », écrit par exemple un soldat de la Xe armée. « Les boches ont l'esprit d'ensemble, d'organisation, de propreté et celui du bien-être de la classe ouvrière », confirme l'un de ses camarades. Pour acquérir valeur d'insulte, le mot « boche » est souvent pourvu d'un adjectif qualificatif – en particulier « sale » – ou prononcé avec une intonation agressive : « Deux militaires se font servir à boire dans un café. L'un d'eux en état d'ivresse dégaine et d'un air menaçant lance : “À bas les boches ! Vive la France ! Si je ne me retenais pas, je les saignerais tous !” Le second militaire ayant calmé son camarade, il n'y eut pas de suite », rapporte une note du bureau militaire de Coblence[71].

L'allusion à la mise à mort du cochon (« Si je ne me retenais pas, je les saignerais tous ! ») suggère un second type d'insultes qui visent à animaliser l'ennemi, à le mettre à distance en lui ôtant son humanité, à le caricaturer en insistant notamment sur des propriétés caractéristiques des animaux, l'odeur ou la saleté[72]. L'insulte enferme alors l'ennemi dans une vision stéréotypée où prévalent des préjugés raciaux hostiles à la « race boche ». « Ah ! pauvre France, vouloir faire du sentiment avec des brutes qui n'ont d'égal que la bête », soupire un soldat de la IIe armée, dans une lettre du 16 février 1919. L'Allemand est un « porc » (IVe armée, 35e DI), un « cochon » (VIIIe armée, 6e DI), un être à la fois repous-

71. Archives nationales (AN), AJ/9/5221, note du bureau militaire de Coblence, 5 mars 1922.

72. Le motif du cochon dans l'imaginaire occidental est étudié par Claudine Fabre-Vassas dans son ouvrage : *La Bête singulière. Les juifs, les chrétiens et le cochon*, Paris, Gallimard, « Bibliothèque des Histoires », 1994. L'auteur analyse notamment l'origine des stéréotypes qui assimilent le cochon à l'autre – donc au Juif – et lui attribuent des propriétés répulsives, notamment une mauvaise odeur et une propension à la débauche.

sant par son apparence, dégoûtant par ses manières. La « bochesse » se caractérise par ses mœurs légères et par sa duplicité. « Pour du savon et du chocolat, les femmes se vendraient corps et âme », accuse un combattant de la VIIIe armée. L'insulte « cochon de boche » ne fait qu'exprimer des préjugés antérieurs sur l'ennemi, hérités du XIXe siècle et confirmés par l'expérience de guerre[73].

Rapportées par le contrôle postal ou lancées à la face des civils allemands, ces paroles hostiles n'ont toutefois pas exactement le même statut. Dans un cas, elles visent surtout à rassurer les civils sur la fermeté des troupes d'occupation, dans l'autre cas à humilier l'ennemi. « Ne m'accuse pas pour la vie ici, car j'ai le cœur à faire le contraire et je traite par le plus profond mépris ces Faïr et Fräulen qui pendant la guerre criaient : Mort aux Français », écrit un soldat de la VIIe armée dans une lettre à sa femme. « Bande de vaches. Voilà comment je les appelle » (secteur d'Oppenheim, Mayence, Ebersheim, Gouseinheim). Ces injures entrent donc dans un pacte propre au genre épistolaire, où les combattants français recherchent à distance l'assentiment et l'admiration de leurs proches. Nul ne doit être suspecté de se mêler à l'ennemi d'hier, comme le montre cette remarque indignée d'un soldat de la VIIIe armée, qui réprouve l'organisation de fêtes dans lesquelles se côtoient armée d'occupation et population civile : « Il y a eu retraite aux flambeaux, et cela en Allemagne occupée ! J'ai voulu me payer le coup d'œil. Eh bien ! J'ai promis de ne jamais y retourner. C'est un spectacle navrant et cette promiscuité qui règne derrière la musique fait mal au cœur. Je croyais que le soldat français se respectait davantage. Car ne l'oublions pas. Nous sommes en

73. Cette construction de l'image de l'ennemi héréditaire est longuement étudiée par Michaël Jeismann dans *Das Vaterland der Feinde*, trad. fr. : *La Patrie de l'ennemi. La notion d'ennemi national et la représentation de la nation en Allemagne et en France de 1792 à 1918*, Paris, CNRS Éditions, 1997.

Allemagne ! Les hommes, les fils ou les frères de ces “traînées” nous ont peut-être tiré dessus » (secteur de Ludwigshafen, Weissenburg, Worms, Frankental, Dirmstein, Crunstadt, Kallstadt).

Les cabarets et les tavernes sont le principal théâtre des affrontements entre soldats français et civils allemands, du fait de la consommation d’alcool et de la promiscuité. Dans un espace confiné, un geste anodin, mal interprété, ou un éclat de voix suffisent à enflammer les esprits. En outre, le port d’armes, obligatoire pour tout militaire circulant seul durant la nuit, contribue à développer chez l’occupant un sentiment de supériorité. Les hommes se sentent alors autorisés à agir. « Certains soldats, peu scrupuleux, se servaient de leurs armes pour se faire craindre, effaroucher le service dans un café, un vendeur », témoigne Xavier de Guerpel[74].

À la fin novembre 1920, près de Wiesbaden, voici un incident, parmi des centaines d’autres : « Le sergent Bonne et le caporal Duboisse, de la 50e section des Chemins de fer, de campagne, s’étaient rendus au café Nassauer-Hof à Niederlahstein où il y avait un bal. Ils arrivaient pour la deuxième fois vers 24 heures : ils étaient pris de boisson, surtout le sergent. Bonne était au comptoir en train de consommer quand un agent de police allemand est entré, il a voulu exiger que ce policier allemand le salue, celui-ci a refusé, a été saisi à la poitrine et secoué par Bonne. Duboisse survenant mit fin à l’incident. » L’exigence de salut n’a de sens qu’en raison du contexte : une fin de soirée, un lieu clos, des protagonistes ivres. La dispute dégénère immédiatement en affrontement physique : « Un moment après, un jeune homme entrant toucha avec la porte Bonne. Celui-ci prenant pour une provocation un fait qui, par la disposition des lieux et des personnes, était naturel, souffleta ce jeune homme et alla s’asseoir. Des protestations commencèrent à se faire entendre. » Dans cette deuxième phase, les autres participants

74. Xavier de Guerpel, *Une certaine vie de château, op. cit.*, p. 54.

de la soirée interviennent à leur tour et s'opposent discrètement aux violences exercées contre le jeune Allemand. On ne peut pas exclure une certaine provocation de la part des sous-officiers français, une volonté de marquer leur territoire en utilisant la force, au vu et au su de tous. Si, dans le privé, les tensions opposant forces d'occupation et civils rhénans trouvent souvent à se résoudre, il en va autrement sous le regard d'autrui, la publicité faite à l'altercation lui donnant une valeur d'exemple. « Ensuite les deux militaires dansèrent ensemble dans la salle de bal puis vinrent s'asseoir dans la salle de débit. En fin de soirée, le sergent Bonne fit usage de son arme, tirant dans le plancher puis en l'air. » À cette utilisation abusive des armes à feu, les civils opposent alors leur supériorité numérique. Ils se réunissent en bande, attendent le passage d'un militaire français, et certains vont jusqu'à lancer des pierres sur les troupes d'occupation[75].

Il est naturellement très difficile d'établir un bilan général des agressions verbales, suivies ou non de violences physiques, intervenues entre les soldats français et la population rhénane. Certaines échappent à la justice militaire, d'autres sont relatées par la presse avec des risques évidents de surenchère. En novembre 1922, le ministère de l'Intérieur allemand fait paraître un mémoire sur les exactions des troupes alliées d'occupation de 1918 à 1922. Ce rapport mentionne un total de 300 crimes et délits, dont 27 affaires de meurtres, 32 cas de brutalités et 127 cas d'agressions sexuelles[76]. La brochure *Sous le joug de la domination étrangère*[77], publiée à Leipzig en 1923, accuse quant à elle les troupes françaises et belges de 200 crimes commis du 25 novembre 1918 au

75. Archives du ministère des Affaires étrangères (AE), Z 155, note du général Degoutte au maréchal Foch, 7 avril 1921.

76. Archives du ministère des Affaires étrangères (AE), Z 169, mémoire du ministre de l'Intérieur allemand sur les excès commis par les troupes alliées d'occupation en territoire occupé de 1918 à 1922, Berlin, novembre 1922.

77. Leipzig, Éd. K.F. Kœhler, 1923.

24 octobre 1922. Mais les données fournies tendent à compiler des faits difficilement comparables, qui sont parfois comptabilisés à plusieurs reprises, de surcroît sans véritable hiérarchisation.

À défaut de pouvoir recenser précisément les violences de l'occupation, il semble possible d'en esquisser une chronologie sommaire. On assiste ainsi à une nette détérioration des relations entre soldats français et civils rhénans à la mi-juin 1919. À ce stade de l'occupation de la Rhénanie, le retard dans la signature du traité de paix accroît nettement les tensions[78]. Les soldats français sont impatients de rentrer chez eux, ils menacent dans leurs correspondances de s'en prendre aux civils si les Allemands ne signent pas : « Nous cantonnons aujourd'hui à Kaiserslautern, demain nous serons sur les bords du Rhin », assure un soldat de la VIIIe armée. « Je crois qu'il y aura de la casse, s'ils ne veulent pas signer. La population est franchement hostile, j'ai presque envie d'en assommer quelques-uns. » Dans une lettre à ses parents en date du 21 juin 1919, un de ses camarades confirme : « Si les boches ne signent pas, ici nous sommes prêts à bondir et cette fois, ce sera un terrible massacre chez eux, personne de chez nous ne les épargnera, comme ils ont fait en 1914, nous, nous ferons pire » (secteur de Ludwigshafen, Landstuhl, Kaiserslautern, Neustadt, Neuhafen). Un autre soldat encore, dans une lettre du 21 juin à ses parents : « Si les boches ne signent pas, je crois que les pays que nous allons tenir ne seront pas à la noce, car les poilus sont décidés de tout voler, de tout briser chez eux s'ils refusaient de signer. » Il est évident que beaucoup de ces correspondants en restent au stade de la menace. Mais il est significatif aussi que pour la première fois depuis de longs mois, on fasse allusion explicitement à une reprise éventuelle des hostilités. « La plupart

78. Bruno Cabanes, « Die französischen Soldaten und der Verlust des Sieges », in Gerd Krumeich (éd.), *Versailles 1919. Ziele, Wirkung, Wahrnehmung*, Essen, Klartext Verlag, 2001, p. 269-279.

envisagent avec une certaine satisfaction le moment où il faudra marcher en avant et frapper fort pour obliger l'Allemagne à signer le traité », résume un rapport du contrôle postal pour la VIIIe armée, en date du 21 juin.

Les jours qui précèdent ou qui suivent immédiatement le 28 juin 1919 sont d'une importance particulière du point de vue de l'étude du moral des troupes. La signature du traité de paix de Versailles est reçue par les soldats français avec une joie contenue, un sentiment assez proche de celui exprimé au moment de l'armistice. Dans les deux cas, en effet, le contrôle postal traduit le soulagement des hommes plutôt qu'une satisfaction enthousiaste : la guerre ou le risque d'une reprise des hostilités s'éloignent ; désormais, c'est la démobilisation, ce que les hommes appellent la « Paix du poilu », qui s'impose comme principale préoccupation d'une troupe désœuvrée, confrontée à l'hostilité croissante des civils. Un soldat de la VIIIe armée, dans une lettre à ses parents : « Il n'existe plus de gaieté dans le cœur du poilu ; on verra poindre un peu de gaieté le jour où le poilu partira chez lui, mais on ne sait quand, on nous a promis beaucoup de choses et maintenant, nous ne voyons trace de rien, on continue à nous mentir comme par le passé. » Un de ses camarades, dans un courrier adressé à un ami : « Hier nous avons fêté la Paix, mais moi, je n'avais plus aucun goût et je préférerais beaucoup mieux la démobilisation qui, malheureusement, n'a pas l'air de vouloir prendre un grand entrain. »

En fait, les soldats français connaissent assez mal le contenu du traité de Versailles, appris par la presse et par la rumeur. Certains semblent satisfaits, globalement, des conditions imposées à l'ennemi, espérant que l'Allemagne ne pourra pas reconstituer ses forces avant longtemps : « Je crois que chacun a accueilli avec joie l'acceptation de la Paix par les boches et nous croyons que les conditions sont telles que nos ennemis ne seront pas à même de recommencer de sitôt », assure un soldat de la VIIIe armée dans une lettre du 28 juin 1919. Toutefois, ce sont surtout les manifestations d'incrédulité et de scepticisme qui dominent : « Alors cette fois, ça y est, ils ont signé », écrit par exemple un combattant de la VIIIe armée le 30 juin. « C'est bien, mais je t'avoue que je suis plus ou moins perplexe avec cette Paix tirée par les cheveux. En tout cas, les Boches ont une façon peu banale de commencer à accomplir leurs engagements. Je me demande si on ne va pas être obligé malgré tout de leur taper dans la gueule encore un coup. »

Par ailleurs, instinctivement, les soldats français ont le sentiment d'être les seuls défenseurs de l'honneur national, eux qui ont connu la guerre, qui vivent dans le souvenir de leurs camarades tombés au champ d'honneur et qui occupent la Rhénanie pour faire prévaloir les droits des vainqueurs. En comparaison, les négociateurs de Versailles ne savent rien, selon eux, de l'expérience de guerre, ils ont donc tendance à se montrer faibles face à l'ennemi. « Je ne déclamerai pas sur la Paix qui, pour moi, n'existe pas. Le problème franco-allemand n'est pas résolu, nous continuons d'avoir à notre porte la puissance et la haine du Germain. Le boche n'a pas désarmé », regrette un soldat de la VIIIe armée dans une lettre à sa femme en date du 1er juillet 1919. « Nous avons été trop timides, trop humbles. Comme je l'ai déjà écrit, les hommes noirs ont gâché le travail des hommes bleus. Nos politiques sont des bouzilleurs. Il eût fallu Foch dictateur, faiseur de paix. Nous n'avons eu qu'un Parlement et des parlementaires. » Puis il conclut : « Hésitations et irrésolutions, mésentente chez les Alliés ont déclenché automatiquement en Allemagne arrogance, espoir, orgueil. Cet état de faits est insupportable pour celui qui s'est battu dans la pensée de régénérer et de redorer le prestige français. »

Les reproches des soldats français s'adressent principalement aux Américains et, parmi eux, à Wilson, qu'ils jugent idéaliste et ignorant des horreurs de la guerre. « Si nous n'avons pas voulu devenir boches, il ne faut pas que nous soyons Anglais, Américains », explique un combattant français à son cousin. En réalité, le sentiment de défiance à l'égard du président américain est ancien. Il apparaît dès la fin de l'année 1918. Le danger serait que Wilson « prenne les Allemands pour des hommes » et se laisse duper, affirme alors un correspondant. « Wilson reste un précieux ami, mais pour parler à l'ennemi, il n'a pas la manière. Il parle aux boches comme à des gens ; que veux-tu, il n'a rien vu cet Américain-là[79] ! » Au-delà du préjugé antiaméricain motivé par l'engagement relativement tardif des États-Unis dans la guerre, c'est le dialogue avec l'ennemi qui est mis en cause. Comment faire la paix avec un ennemi depuis longtemps déshumanisé ? Voilà l'une des difficultés principales du traité de Versailles aux yeux des soldats français.

Dans le même temps, la signature du traité entraîne un durcissement très net de l'attitude des civils allemands. Au soir du 28 juin 1919, un soldat de la Xe armée, cantonné dans la région de Wiesbaden, décrit la situation en ces termes. « La vie est intenable maintenant ici ; un de ces jours, je vais en démolir un. Hier soir, il y a eu des batailles dans la rue, car les Boches espéraient que les leurs ne signeraient pas, car ils disent que c'est l'écrasement de leur Allemagne ; alors depuis lundi, ils nous jettent des regards pleins de haine ; s'ils pouvaient tenir un Français dans un coin tout seul, ils le descendraient vivement. Quant à moi, je prends mon revolver, c'est plus prudent et je te jure que s'il y en a un qui me rate, moi, je ne le raterai pas ; vivement que l'on parte de cette Bochie de malheur, quel soupir ce jour-là. » Un rapport des services du contrôle postal confirme : « Plusieurs correspondants signalent des bagarres qui auraient eu lieu avec des civils. Tout en tenant compte des exagérations, on sent que les bons rapports du début entre soldats et civils commencent à faire place à de l'hostilité » (secteur de Hattersheim, Königstein, Falkenstein, Münster). Quinze jours plus tard, les tensions sont toujours aussi fortes. « Où nous sommes en ce moment, c'est des vrais Boches. On est

79. Cité par Jean Nicot, *Les poilus ont la parole, lettres du front : 1917-1918,* Paris, Complexe, 1998, p. 360.

aussi bien vu qu'un chien dans un jeu de quilles », écrit un soldat à un ami. « Les Boches font grise mine et cela se conçoit, les conditions de paix leur paraissent très lourdes et la présence des soldats français parmi eux ne leur plaît plus tant qu'au début », confirme un autre. La plupart des correspondants, déstabilisés par la diversité des attitudes et les brusques changements d'humeur des civils, recommandent la plus grande prudence et la fermeté. « Les Boches sont assez méchants. Ils ont tué un de nos officiers à Wiesbaden. Il se promenait avec sa femme et ils l'ont attaqué, il en a abattu trois et il a été tué ensuite. Ici à ma compagnie, il y en a trois qui ont attrapé de bons coups et on ne les épargne pas quand on trouve les boches en faute », rapporte un combattant de la Xe armée. Les soldats français semblent donc sur leurs gardes : « L'aumônier nous a montré un petit morceau de papier trouvé dans l'église sur lequel il y avait ces mots écrits en boche : Réjouis-toi de la victoire. La vengeance ne se fera pas attendre » (un soldat de la VIIIe armée à ses parents, 2 juillet 1919).

« On a pu observer une crise de mauvaise humeur après la signature du traité de Versailles », résume un rapport confidentiel sur la situation en territoire occupé, daté du 27 juillet. « Une fraction est franchement hostile, celle des jeunes gens n'ayant pas encore été mobilisés[80]. » Poussée par un esprit de revanche, par la culpabilité de ne pas avoir combattu et par la défense d'un idéal de virilité[81], une partie de la jeunesse rhénane paraît s'engager dans une politique de dénigrement, voire de résistance à l'occupation. Ce que les soldats français confirment dans les courriers visés par le contrôle postal : « Les Fritz deviennent de plus en plus arrogants et je crois qu'on va se voir forcé de leur faire un peu

80. SHAT, 16 N 1668, rapport confidentiel sur la situation politique en territoire occupé, État-major de l'AFR, 27 juillet 1919.

81. George L. Mosse, *De la Grande Guerre au totalitarisme, op. cit.*, p. 188.

peur. Quelle sale race quand même ! », écrit l'un d'eux, dans une lettre du 30 août 1919. La signature de la paix ne joue pas en faveur de l'apaisement des tensions. À l'inverse, les civils allemands cherchent à prendre leur revanche dans le cadre de rixes locales, et les soldats français à tenir leur rang de vainqueurs que le traité de Versailles vient de consacrer. Aux provocations répondent des manifestations de force des combattants français, peut-être exagérées délibérément dans les correspondances comme le montre cette lettre en date du 17 juillet 1919, citée par le contrôle postal : « Les habitants de Kreuznach se passeraient facilement de notre visite et ils ont conservé malgré la guerre leur esprit belliqueux. Quelques démonstrations de boxe anglaise et de passage à tabac leur prouvent la supériorité de la tactique française et les ramènent à de meilleurs sentiments », fanfaronne un soldat de la Xe armée. Il faut aussi parfois décoder le vocabulaire des lettres de soldats, où les meurtres sont présentés pudiquement comme une « raclée » ou une « bonne volée ». « Nous allons passer une bonne volée ce soir aux civils d'un petit patelin à côté », prévient un correspondant français dans une lettre à une amie. « Ils ont tué un de nos camarades hier soir qui se promenait dans les champs ; ils se sont jetés sur lui à sept ou huit à coups de pioche et l'ont laissé mort dans la plaine. Nous sommes une dizaine qui allons y aller ce soir et on va leur passer quelque chose comme purge. S'ils ne sont pas contents, on va les payer à coups de revolver et de poignard » (secteur de Kreuznach, contrôle postal des 17-18 juillet 1919).

Les tensions se cristallisent autour de la date du 14 juillet 1919, la première fête nationale célébrée sur le sol allemand. Pour les soldats français, les cérémonies sont manifestement l'occasion de réaffirmer leur contrôle du territoire rhénan. « Le 14 juillet a été magnifique ; nous avons défilé dans les rues de Mayence devant les Fridolins qui restaient pétrifiés », rapporte un combattant de la Xe armée. Pour autant, beaucoup estiment que les fêtes telles qu'elles ont été célébrées en France ont été trop fastueuses, que l'argent aurait pu être mieux employé à la reconstruction du pays. « Que d'argent dépensé au moment où nous en avons si besoin ! », s'indigne un soldat de la VIIIe armée. « Quel gâchis ! Et on pense qu'il y a des milliers de personnes dans le Nord et ailleurs qui n'ont pas de logis. » « Il ne faut pas lasser notre patience… car je sais que les fêtes du 14 juillet les préoccupent beaucoup plus que notre esclavage », avance un autre qui exprime ainsi l'impatience générale d'être démobilisé. En fait, ce que reprochent surtout les soldats aux civils français de l'arrière, c'est de ne pas avoir attendu leur retour pour fêter la victoire. Et, comme le disent certaines lettres, ceux qui ont été renvoyés à Paris pour y défiler ne sont pas toujours ceux qui se sont le plus battus : « Je pensais que le régiment irait tout entier pour défiler à Paris, mais contrairement à ce que je pensais, il n'y a qu'une compagnie de trois cents bonshommes qui y va pour représenter le régiment. La sélection qui a été faite est complètement ignoble et injuste comme toujours, car il y a des jeunes des classes 18 et 19 qui ont la Croix ni plus ni moins à titre de bons soldats et qui n'ont jamais pénétré dans la zone de feu puisque ces recrues venaient d'Algérie. Et comme ils étaient en retard d'une classe sur nous au front, ils n'ont pas vu le feu et voilà maintenant des types qui passent devant les autres. Eh ! je t'assure que cela finit de me mettre du baume au cœur » (contrôle postal du 11 juillet 1919).

Certains s'emploient dès lors à culpabiliser leurs proches, comme ce combattant français dans une lettre à sa femme : « Tu n'es pas maligne. Tu me racontes justement ces histoires du 14 et de balades. Si tu veux me mettre en rogne, recommence tous les jours. Je me moque pas mal de leur victoire, ce n'est pas ceux qui l'ont gagnée qui sont récompensés » (contrôle postal du 17 juillet 1919). D'autres insistent sur le caractère indécent d'une fête qui ne respecte pas le temps du recueillement : « On ne fait pas la fête avec un million cinq cent mille morts, et je trouve que les quatre millions auraient pu être mieux employés à fleurir les petites tombes des pauvres malheureux que de déparer l'avenue des Champs-Élysées », regrette un combattant français. « J'estime que la victoire ne doit pas donner lieu à des fêtes, danses et réjouissances », ajoute un soldat de la Xe armée. « Ce devrait être plutôt le contraire. On n'honore pas les morts par des orgies… comme celles que je pressens qui vont se passer à Paris. Voilà pourquoi pendant ces deux jours, les drapeaux, au lieu d'être décorés, devraient être remis dans les étuis et entourés de crêpes : jour de deuil et non de joie » (contrôle postal des 12,13 et 14 juillet 1919).

Les anciens combattants qui occupent la Rhénanie se présentent volontiers comme des gardiens de la mémoire de leurs camarades morts au champ d'honneur. Eux seuls, en vertu de l'expérience de guerre, peuvent décider quand doit cesser le deuil et quand les réjouissances peuvent décemment commencer. Par ailleurs, cette réprobation morale de l'arrière, fréquente dans les correspondances, mais accentuée par le dépit d'assister de loin à des fêtes de la victoire avant la fin de la démobilisation, se double d'un sentiment très vif que la paix de Versailles est une paix bâclée. « La signature de la paix a déçu le soldat qui attendait fébrilement sa revanche, espérant voir quelques-unes de ces belles villes d'Allemagne être mises dans le même état que Reims, Soissons, Saint-Quentin, etc. », résume une lettre en date du 4 juillet 1919.

Les mois qui suivent la mise en œuvre du traité de Versailles sont marqués par un apaisement sensible des tensions, au sein des troupes françaises, du fait de la reprise de la démobilisation, le 9 juillet 1919, avec la classe 1907. « Si vous aviez vu les rassemblements se faire autour des poilus possesseurs de journaux, puis chacun sur ses doigts faisait le compte des jours restant à faire », rapporte un soldat. « Tu as vu sur le journal d'hier soir. Eh bien ! Cette fois, il y a du bon ; pour le mois de septembre, je serai démobilisé, car certainement ça ira plus vite que l'on ne croit. Ah ! quand j'ai lu les articles du journal, j'y ai été de ma larme tellement j'étais fou de joie ;

c'est qu'il y a de quoi, depuis le temps que l'on est tenu, on peut être heureux de voir la liberté revenir », écrit un autre. Pour autant, la satisfaction n'est pas unanime. Les classes 1911 à 1913, qui ne seront libérées qu'à la fin août 1919, se plaignent de la lenteur de la démobilisation, d'autant plus que le gouvernement leur avait promis de les libérer « dès le lendemain de la signature de la paix », affirment-ils. « C'est honteux ce que le gouvernement fait en ce moment après cinq ans de guerre », se plaint un soldat de la VIIIe armée. « Ils se foutent de nous et je crois que cela tournera mal si la démobilisation va aussi lentement. » Un de ses camarades confirme : « Nous avons vu sur les journaux la marche de la démobilisation qui, je crois, ne va pas aller bien vite. Bande de cochons ! Ils nous possèdent ; voilà neuf mois que l'armistice est signé et que nous sommes toujours là à faire les poireaux » (contrôle postal du 6 juillet 1919). Les soldats qui portent l'uniforme depuis cinq à huit ans ont de la peine à comprendre qu'on les fasse attendre plus longtemps leur retour dans leurs foyers. Ils supportent mal d'être traités sans égards particuliers, de la même manière que les classes 1918 et 1919 qui n'ont rien vu de la guerre. « Ils nous font faire l'exercice avec eux. Alors juge un peu du moral qu'on peut avoir », se plaint un combattant de la Xe armée dans une lettre à sa mère.

À cette désillusion d'être « mis sur le même point que les bleus » s'ajoute une certaine exaspération devant le manque de discipline qui caractérise, selon eux, les jeunes classes. « La classe 1919 a terriblement besoin de recevoir une instruction et une éducation militaires. Ces enfants-là n'ont pas été dressés », gronde un soldat de la Xe armée. « La classe 19 qui n'a pas vu le feu laisse beaucoup à désirer au point de vue de la discipline et du bon esprit. Les jeunes classes actuelles n'ont pas bénéficié pendant la guerre de l'éducation paternelle (le père étant aux armées) », renchérit un autre. De fait, à l'été 1920, Paul Tirard adresse au général Degoutte une note dans laquelle il s'inquiète de l'attitude irrespectueuse des jeunes Français qui n'ont pas, selon lui, le « triomphe modeste » de leurs aînés. Un jeune soldat breton se vante ainsi de ses « exploits » : « Il arrive souvent qu'on se plume avec les civilots. Moi pour ma part, [...] j'en ai soumis huit à Ludwigshafen, et c'est en venant ici à ma neuvième victoire que j'ai été ciré, j'ai eu treize jours, mais le Boche doit porter encore les empreintes d'une tête de Breton sur sa gueule car il a été fadé » (contrôle postal du 19 août 1919). Dans le même temps, les jeunes Allemands qui ont assisté impuissants à la défaite de leurs pères ou de leurs frères acceptent de plus en plus mal l'occupation qui leur est imposée : « Pour nous les anciens, c'est fini, nous ne voulons pas revoir un tel fléau. Mais les jeunes d'aujourd'hui ? On les persuade que dans quinze ou vingt ans, il faudra "remettre ça". Ils répondent même *"Einverstanden gewis"*. Soit, certes, on se battra à nouveau pour la revanche », explique un ancien combattant français[82].

Il est naturellement impossible de conclure à un renouveau général de la haine de l'ennemi au sein des jeunes générations des classes 18 et 19. Pour autant, les rapports officiels comme celui du président de la Haute-Commission des territoires rhénans décrivent une situation tendue où s'opposent, dans les rues des villes rhénanes, deux jeunesses, rendues agressives par les circonstances de l'occupation : « Certains soldats des jeunes classes qui n'ont pas fait la guerre n'apportent pas vis-à-vis de la population l'esprit de modération et la correction dont leurs anciens se sont honorés au lendemain de la guerre (injures adressées à une procession religieuse, brutalité des sentinelles à l'égard des passants, enseignes de corporations d'étudiants décrochées par un gendarme comme décorées aux couleurs nationales)[83]. » Les rituels de l'offense décrits ici sont d'autant plus significatifs que leur cible a une valeur symbolique : la détérioration des enseignes de

82. Xavier de Guerpel, *Une certaine vie de château, op. cit.*, p. 64.
83. Archives du Quai d'Orsay (AE) A 231, note de Paul Tirard, haut-commissaire de la République au général Degoutte, 11 juillet 1920.

corporations étudiantes s'apparente ainsi à la destruction d'un totem. Tout à la fois transgression d'un tabou, acte de désacralisation et violation d'une identité collective.

En fait, les jeunes soldats français perçoivent leur mission comme la poursuite de l'œuvre accomplie par leurs aînés. Il leur faut se montrer dignes des anciens combattants, ne pas céder dans la période consécutive à l'armistice ce qui a été gagné de haute lutte sur les champs de bataille. L'irrespect relevé par Paul Tirard à l'encontre des populations civiles tient à la fois de la surenchère dans la haine de l'ennemi, de la bravade propre aux jeunes générations, alimentée parfois par un sentiment de culpabilité de ne pas avoir assez contribué à l'effort de guerre : « Je serai préservé des dures fatigues à passer dans les tranchées quoique j'aurais bien voulu faire comme les camarades car pour moi, il me semble que je n'ai accompli que la moitié de mon devoir », assure un soldat français dans une lettre à sa sœur. « Il y a un abîme, deux époques séparées par un seul jour, une heure, entre le plus jeune mobilisé de la classe 18, dernière classe combattante, et le plus ancien de la classe 19, qui commence les générations jeunes et la grande espérance brisée de l'après-guerre [84] », résume l'écrivain Jean Prévost né en 1901. Les jeunes classes n'ont rien vu de la guerre, elles ont donc la tentation de la rejouer, pour l'honneur, sur un mode symbolique. « Pour l'application des principes affirmés dans la proclamation initiale de la Haute-Commission, dans les proclamations du chef d'armée, du maréchal Foch, du général Mangin, du général Degoutte, je me préoccupe [...] des mesures à prendre pour que tous les éléments militaires participant à l'occupation, depuis les commandants d'unité jusqu'aux simples soldats, fussent éclairés sur l'attitude qu'ils devaient observer dans leurs rapports avec la population », mentionne

84. Jean Prévost, *Notre temps*, 1933, cité par Jean-François Sirinelli, « La génération du feu », in *14-18. Mourir pour la patrie*, Paris, Éd. du Seuil, 1992, p. 298-311, p. 300.

le haut-commissaire Paul Tirard dans ses Mémoires. « Si les combattants de la Grande Guerre avaient compris d'instinct le devoir de générosité humaine qui s'imposait à eux et avaient répondu à l'appel de leurs chefs, il convenait d'éviter que les troupiers des jeunes classes, appelés par le jeu des relèves à leur succéder – qui n'avaient pas fait la guerre, mais dont beaucoup avaient connu l'occupation allemande –, s'abstinssent de représailles indignes de nos drapeaux[85]. »

La liaison interdite

Les correspondances visées par le contrôle postal n'expriment ni désir ni sentiment amoureux pour les Allemandes (par crainte de l'incompréhension et des reproches de ceux à qui ces lettres s'adressent ?). Avec violence, elles évoquent plutôt les femmes de l'ennemi comme une sorte de butin, objet à la fois de convoitise sexuelle et de répulsion. On ne se mêle pas à l'ennemi, sinon par la force. Aussi manifestent-elles de la réprobation à l'égard des soldats qui « cèdent à la séduction » des Allemandes, présentées naturellement comme « manipulatrices ». Dans le même temps, la presse locale fait état du mépris des Rhénans pour les femmes « dévouées aux Français ». Les jeux de séduction amicale ou amoureuse, qui ont nécessairement existé entre les soldats français et les Allemandes, sont donc lus à travers le prisme des rapports de force entre occupants et populations occupées et celui des rapports entre les sexes[86].

Même s'il ne faut pas négliger l'autocensure et la mise en scène qui structurent l'écriture de soi, c'est à partir des journaux intimes de combattants – sans doute parce qu'ils

85. Paul Tirard, *La France sur le Rhin, op. cit.*, p. 257-258.
86. Mary Louise Roberts, *Civilization without Sexes. Reconstructing Gender in Postwar France, 1917-1927,* University of Chicago Press, 1994.

échappent au pacte propre aux correspondances – qu'on peut esquisser la genèse des liens sentimentaux entre occupants et populations occupées. Dans son journal de guerre, le sergent Jean-Louis Corti (157e RI) décrit ainsi le quotidien de l'occupation dans la petite ville d'Hattersheim, au printemps 1919 : « Les cruches de bière se vident et les danses recommencent. Beaucoup de ces Allemands et Allemandes causent français, aussi lorsqu'arrivent quatre heures de l'après-midi, nous sommes de bons amis, surtout avec ces demoiselles ! [...] Arrivés près du village nous prenons congé de cette bande joyeuse car notre présence parmi eux serait mal vue des chefs [...] Nous retrouvons aux portières d'un train quelques-uns de nos étudiants qui se rendaient à Francfort. Une de ces demoiselles plus expansive que les autres alla jusqu'à embrasser l'un de nous ! Les Allemands présents à la gare ne savaient quelle tête faire[87] ! » Le rapprochement des corps, facilité par la danse, l'alcool et l'atmosphère de fête, par le fait aussi que les jeunes femmes parlent le français, ne parvient pas à atténuer le malaise ressenti par ce sous-officier français. Les relations naissantes entre les Français et les jeunes Allemandes sont discrètes, sinon confidentielles. Elles se limitent souvent au cadre circonscrit des bals de village, mais laissent place à une certaine gêne dès lors que les soldats français se trouvent dans des lieux publics, à l'entrée d'un village ou dans une gare, sous la pression diffuse des convenances sociales. Le jugement des autres – « les chefs » pour les sous-officiers et les soldats français, les regards de leurs compatriotes pour les jeunes Allemandes – s'exerce alors pour prévenir toute dérogation aux rituels affectifs et pour rappeler cette règle : il n'est pas convenable de flirter avec l'ennemi[88].

87. SHAT, 1Kt92, *Journal de guerre* de Jean-Louis Corti (classe 1915), 157e RI.

88. Le problème de l'inadéquation sociale des émotions est longuement étudié dans l'ouvrage collectif dirigé par R. Harré, *The Social Construction of Emotions,* Oxford, Basil Blackwell, 1986.

De fait, certains comptes rendus sur l'état moral des troupes françaises viennent expliciter les craintes ressenties par les autorités militaires. « La jeune génération ne se rend pas compte de l'état d'esprit des Allemands, elle ne le voit pas et il faut constamment l'avertir des dangers qu'il peut y avoir à fréquenter l'élément allemand, surtout féminin[89] », avertit un rapport d'avril 1920. En des termes beaucoup plus brutaux, Pierre Mac Orlan dépeint les jeunes Allemandes qui cherchent à sympathiser avec les soldats français comme de dangereuses espionnes « trop gentilles et trop douces », dont il faut se méfier. « Cette douceur est un moyen de parvenir à des résultats militaires, comme un autre, et, dans sa sphère, une Gretchen un tantinet mélancolique obtiendra plus de résultat qu'un général en chef [...] C'est très humain et pas du tout à négliger », explique-t-il. « J'ai la conviction que l'Allemagne peut beaucoup, grâce à ses femmes. Elles ne sont pas plus difficiles à exporter que la verrerie, les appareils d'optique, les cartes postales et d'autres articles, qui ne sont pas non plus toujours de la camelote[90]. » Au-delà du vieux fonds misogyne qui s'appuie sur le stéréotype de la séductrice[91], on retrouve dans cette vision de la femme allemande une certaine conception de l'ennemi : l'Allemand est trop fourbe pour combattre les Français avec les mêmes armes qu'eux ; il utilise ses femmes pour abuser les troupes d'occupation et les conduire à leur ruine.

89. SHAT, 19 N Supp. 51, rapport sur l'état moral de l'armée du Rhin pendant le mois d'avril 1920, 12e BCA, 32e CA.

90. Pierre Mac Orlan, *La Fin, op. cit.*, p. 61-62.

91. C'est une vingtaine d'années avant le début de la Première Guerre mondiale que commence à se diffuser en Europe le stéréotype de la « flirteuse » – popularisé notamment par le roman de Marcel Prévost, *Les Demi-Vierges* (1894). Tandis que le séducteur garde presque toujours le beau rôle, la séductrice est considérée comme une perverse qui multiplie les aventures pour abandonner ensuite ses amants sans l'ombre d'un remords. Pour une analyse plus approfondie, il faut se reporter aux travaux du Groupe d'histoire des femmes, réuni autour de Cécile Dauphin et Arlette Farge, qui s'interroge sur la possibilité d'une histoire de la séduction dans un ouvrage collectif : *Séduction et Sociétés, approches historiques,* Paris, Éd. du Seuil, 2001.

La peur suscitée par la femme allemande est naturellement d'autant plus forte que les relations avec les soldats français sont poussées. La crainte du péril vénérien joue un rôle non négligeable que confirment les correspondances du contrôle postal. Cette angoisse s'enracine dans la terreur hygiénique et le spectre de la dégénérescence, qui catalysent toutes les anxiétés de la société française à la fin du XIXe siècle[92]. Mais elle a acquis durant la Première Guerre mondiale une force particulièrement grande. « L'activité des syphiligraphes avant-guerre [...] n'avait rencontré jusqu'alors qu'indifférence de la part des pouvoirs publics ; or, avec la guerre et le combat engagé sur tous les fronts pour la protection de la nation, la lutte contre les maladies vénériennes devient un impératif de l'État hygiénique et moralisateur », note Jean-Yves Le Naour[93]. Bien souvent, les soldats estiment dans leurs courriers que la syphilis est transmise intentionnellement aux troupes d'occupation, à l'initiative des autorités allemandes : « À Mayence, il y a des douzaines de poilus qui ont choppé quelque chose pour leur hiver », écrit un combattant de la VIIe armée. « Eh bien ! Rien ne me sortira de l'idée que celles qui les ont contaminés ont été amenées là exprès » (contrôle postal du 19 février 1919, secteur d'Oppenheim, Mayence, Ebersheim, Gouseinheim). Un rapport du général Degoutte au maréchal Foch va dans le même sens : « Il est permis de se demander si le gouvernement allemand n'a pas payé des femmes dans le but de contaminer nos troupes : car en ce qui concerne ce dernier danger, la forte proportion de syphilis dans la population rhénane avait été signalée par les

92. La hantise de la syphilis a été étudiée par Alain Corbin, « Le péril vénérien au début du siècle. Prophylaxie sanitaire et prophylaxie morale », « L'haleine des faubourgs », *Recherches,* 1977, n°29, et « L'hérédosyphilis ou l'impossible rédemption », *Le Temps, le Désir et l'Horreur,* Paris, Aubier, 1991.

93. Jean-Yves Le Naour, *Misères et Tourments de la chair durant la Grande Guerre. Les mœurs sexuelles des Français, 1914-1918,* Paris, Flammarion, 2002.

autorités civiles allemandes au Service de santé de l'armée d'occupation dès son arrivée[94]. » À cette peur de la contamination s'ajoute celle d'éventuelles naissances qui risqueraient de dénaturer la « race française[95] ». « Trop de bochesses affirment leur goût pour le soldat français, et l'on aboutit à la chiennerie », s'indigne un combattant de la VIIIe armée, en des termes particulièrement violents (contrôle postal du 3 février 1919, région de Lachen, Gundstadt, Obregheim).

Du point de vue allemand, les réactions sont plus vigoureuses encore, d'autant que le débat se trouve en quelque sorte « virilisé » : ce sont les hommes, donc les soldats français, qui transmettent, selon l'opinion commune, par le sperme les caractères dominants aux enfants éventuels d'une union avec des Allemandes[96]. Par ailleurs, les rapports amoureux avec l'ennemi atteignent les Allemands dans leur virilité, ils souillent le foyer, humilient les familles et assènent aux Rhénans cette vérité insupportable : les femmes leur préfèrent l'ennemi. Un rapport sur la situation militaire en territoire occupé, en date du 27 juillet 1919, indique que « les noms de femmes soupçonnées d'avoir eu des relations avec les militaires français ont été affichés dans trois localités. Quelques-unes ont même été l'objet de voies de fait[97] ». Un autre compte rendu, rédigé à la même période, explicite les violences infligées à celles qui fréquentent des Français : « Depuis quelque temps, de nombreux attentats ont été commis dans la zone de la Xe armée contre des femmes et des jeunes filles. Certaines d'entre elles ont été attaquées, ont eu

94. SHAT, 7 N 2610, lettre du général Degoutte au maréchal Foch, 29 mai 1920.

95. Ce thème de la dégénérescence de la race liée à la naissance d'enfants issus de rapports sexuels avec l'ennemi est longuement analysé par Stéphane Audoin-Rouzeau dans *L'Enfant de l'ennemi (1914-1918). Viol, avortement et infanticide pendant la Grande Guerre,* Paris, Aubier, 1995.

96. Stéphane Audoin-Rouzeau, *ibid.*, p. 142 *sq.*

97. SHAT, 16 N 1668, rapport confidentiel sur la situation politique en territoire occupé, État-major, 27 juillet 1919.

les cheveux coupés, le corps barbouillé de cirage, etc. D'autres ont vu leurs noms affichés avec des commentaires calomnieux. Ces attentats sont généralement le fait de bandes de jeunes organisés dans ce but et agissant délibérément[98]. » À Darmstadt, un quotidien appelle à la rédaction de recueils contenant les listes des femmes et des hommes qui collaborent avec l'occupant : « Comme une conduite éhontée de quelques-uns est volontiers généralisée, et que par là, il est porté atteinte à l'honneur de toute la population rhénane, ce n'est qu'un acte de légitime défense de demander (dans les territoires occupés par les armées alliées) que les noms de ces filles et de ces *Französlinge* (dévoués aux Français), publiés dans des *Dirnenlisten* et des *Besatzungbücher* (livres d'occupation) soient publiquement stigmatisés aux yeux du monde honnête de l'Allemagne de la rive droite – d'autant que les Français protègent leurs amis et amies et répriment sévèrement les tentatives de représailles contre ces hommes et ces femmes sans pudeur », explique le *Darmstädter Tageblatt*. « Dans ces "livres d'occupation", nous retrouvons le nom de ceux qui – hommes et femmes – renient leur patrie et leur race par leur conduite indigne à l'égard des Français[99]. »

Les femmes exposées aux représailles sont ostensiblement mises en marge de la communauté civique, ne serait-ce que par la publicité faite à leur dégradation publique : celles qui ont péché contre l'intérêt national, parfois dans le secret de liaisons clandestines, doivent être marquées du sceau de l'infamie et rendues infréquentables. L'atteinte porte donc délibérément sur le corps, tout à la fois signe identitaire et objet du désir d'autrui, et plus spécifiquement sur le visage, qui passe dans le langage courant pour le miroir de l'âme. La tonte de la chevelure, l'acte de dégradation corporel le plus fréquent, revêt une valeur symbolique puisqu'elle vise le

98. SHAT, 24 N 3006, rapport Hellé, 3e DIC, 12 juillet 1919.
99. *Der Darmstädter Tageblatt*, 28 mai 1921.

« signe ancestral de la féminité », selon l'expression de l'historien Philippe Perrot[100]. Les cheveux sont coupés à la hâte, parfois arrachés avec violence, et laissés sur le sol où ils seront piétinés par la foule. Ce qui a permis aux femmes de séduire les soldats français est aussi ce qui est destiné à être souillé, à être détruit. Dans ses recherches sur l'épuration de la collaboration sexuelle au lendemain de la Seconde Guerre mondiale, Fabrice Virgili rappelle en effet que la chevelure est perçue comme « l'arme du crime de la collaboration horizontale ». « Abandonnant une vision plus habituelle, le rôle de l'homme dans le rapport de séduction est effacé », écrit-il. « Séductrices et non plus séduites, les femmes sont responsables de leur sort. La chevelure devient le vecteur d'une collaboration des corps, qui relègue au second plan la part de l'idéologie et efface, quand ils existent, les sentiments[101]. » Par ailleurs la visibilité du crâne tondu contribue à isoler la « coupable » jusqu'à ce que ses cheveux repoussent. La femme tondue se trouve donc réduite à sa dimension érotique avec la mise en avant du corps sexuel.

Pour insister encore sur la souillure attachée aux relations avec l'ennemi, le marquage des corps est parfois amplifié par l'utilisation de cirage, dont on recouvre le visage des femmes tondues. Est-ce une manière de les apparenter aux soldats des troupes coloniales avec qui certaines d'entre elles sont accusées d'avoir eu des rapports amoureux ? Ou bien de signifier la noirceur morale des actes qui leur sont reprochés ? Dans tous les cas, la stigmatisation des femmes est une manière de les présenter comme les principales responsables de la défaite de l'Allemagne. Parce qu'elles se sont abaissées jusqu'à avoir des rapports sexuels avec des Français, avec des hommes qui, quelques semaines auparavant, avaient combattu leurs pères

100. Philippe Perrot, *Le Travail des apparences. Le corps féminin, XVIIIe-XIXe siècle,* Paris, Éd. du Seuil, 1984, p. 203.

101. Fabrice Virgili, *La France « virile ». Des femmes tondues à la Libération,* Paris, Payot, 2000, p. 236.

et leurs frères, elles sont perçues comme des « ennemies de l'intérieur » qui dédouanent par la même occasion leurs concitoyens de toute responsabilité. Bien souvent, ce sont de jeunes hommes qui s'attaquent aux femmes accusées de collaboration sexuelle, donc une génération qui n'a pas combattu sur les champs de bataille.

Les rapports des autorités françaises se contentent de relater ces incidents sans faire état de tentatives de rétablir l'ordre ou de protéger les femmes agressées. L'armée d'occupation craint-elle de prendre parti dans des règlements de comptes entre civils ? S'estime-t-elle soulagée que les Allemands se chargent de réprimer des relations qu'elle réprouve ? Pour autant, le silence des comptes rendus militaires ne signifie pas que les soldats français n'interviennent pas ici ou là pour calmer l'agitation. Les souvenirs du lieutenant Jacques Meyer, qui se trouve à Mayence en février 1919, semblent indiquer par exemple que des militaires jouent parfois auprès de leurs compagnes allemandes ce rôle de protecteurs : « La femme qui a été vue avec un Français s'expose à subir, quand elle n'est plus protégée par sa présence, les avanies et mêmes les insultes et les menaces de certains concitoyens particulièrement patriotes ou jaloux », écrit-il. « De là, chez elle, une vague terreur de l'avenir ; entre autres, la peur de se voir un jour couper les cheveux en signe d'opprobre. Aussi n'est-ce ni l'indignation ni la contrariété qui se manifestent lorsqu'un Français annonce, plus ou moins sérieusement d'ailleurs, qu'il n'est plus question pour nous de repartir jamais [102]. »

Pour les troupes d'occupation en Rhénanie, ces scènes de répression ne sont pas tout à fait nouvelles. Dans des circonstances sensiblement différentes, les hommes en ont fait parfois l'expérience lors de leur arrivée dans les départements libérés du Nord et de l'Est de la France. Certaines femmes accusées d'avoir eu des rapports sexuels avec l'occupant ont

102. Jacques Meyer, *La guerre, mon vieux...*, Paris, Albin Michel, 1931, p. 221.

été brutalisées par la foule, comme l'indiquent des lettres étudiées par le contrôle postal à la mi-novembre 1918. « Ici la population punit les femmes qui ont eu des relations avec les boches. On les conspue, on les promène de force dans les rues, on leur coupe les cheveux », signale un soldat de la IVe armée qui se trouve près de Mézières (Ardennes). Un de ses camarades apporte un constat semblable : « Hier, j'ai pu assister dans les rues aux sanctions prises contre les femmes de mœurs légères qui étaient très bien, trop bien même avec les boches. On leur a coupé, ou plutôt arraché les cheveux. Quel spectacle ! » (contrôle postal du 16 novembre 1918).

Face à cette forme d'épuration, qui coïncide avec l'avancée des troupes françaises dans les 10 départements envahis par l'armée allemande, le même sentiment de réprobation apparaît dans les correspondances. Les témoignages sont cependant extrêmement rares, ce que confirment les autres types de sources : la presse nationale n'évoque pas le sort subi par les « femmes à boches », les récits d'anciens combattants n'en parlent pratiquement pas[103], les sources littéraires elles-mêmes n'en disent rien, à l'exception de l'épisode de la libération de Roubaix, décrit par Maxence Van der Meersch : « On se bousculait pour l'atteindre, la toucher, la pincer, lui arracher la peau, de la chair, des cheveux, la faire crier, hurler, souffrir un peu plus [...] Un homme fier ouvrait la main, montrant haut à la foule une poignée de cheveux sanglants accrochés dans ses doigts[104]. » Pour ajouter encore à la confusion, la mémoire nationale a souvent minimisé l'importance de ces règlements de comptes, que le souvenir des femmes tondues de 1944 est venu occulter.

103. On trouve une allusion aux femmes tondues de 1918 dans *Grenadou, paysan français,* Paris, Éd. du Seuil, 1978, p. 131 : « Quand on arrivait dans ces pays-là, ils réglaient leurs comptes, de vieilles querelles du temps des Allemands. Ils coupaient les cheveux aux bonnes femmes. Tu parles d'un cirque ! On trouvait pas ça de notre goût. »

104. Maxence Van der Meersch, *Invasion 14,* Paris, Albin Michel, 1935, rééd. 1965, p. 524-525.

Selon Jean-Yves Le Naour, la rareté des sources serait révélatrice du nombre relativement faible d'incidents relevés à l'hiver 1918-1919, non pas que le pardon ait fini par prévaloir, mais parce que l'autorité militaire, mise en place rapidement, suffit à éviter les débordements. L'armée française arrive dans les départements libérés avec des consignes précises, qui datent des 5 et 10 avril 1917, au sujet des « éléments douteux, suspects ou indésirables », et notamment des « femmes signalées pour leur inconduite avec l'ennemi [105] ». Un officier trieur est envoyé dans les localités immédiatement après leur libération afin de procéder à des désignations de suspects. Il dispose de listes établies grâce aux témoignages des rapatriés ou d'informations émanant des notables locaux. Le risque de règlements de comptes personnels est naturellement très fort. Aussi le 2e Bureau l'invite-t-il à travailler rapidement mais avec circonspection. En distinguant les viols des liaisons librement consenties, une note précise par exemple que « le fait d'avoir eu un enfant d'un Allemand ne sera pas considéré comme une cause obligatoirement déterminante de l'évacuation. Au contraire, il conviendra d'évacuer sans retard les femmes ayant eu avec les militaires ennemis une mauvaise conduite habituelle [106] ».

Les femmes convaincues d'intimité sexuelle volontaire avec l'occupant sont arrêtées au titre de « suspectes pour la défense nationale », puis internées administrativement, pour certaines d'entre elles, dans des camps situés à La Ferté-Macé (Orne), à Melun-Fleury-en-Brière (Seine-et-Marne) et à Besançon (Doubs). Toutefois, les sondages effectués par Jean-Claude Farcy pour le camp de La Ferté-Macé semblent prouver que la majeure partie de celles qui sont accusées

105. SHAT, 19 N 1196, instructions du 10 avril 1917 (IIIe armée).

106. SHAT, 19 N 1196, cité par Jean-Yves Le Naour, « Femmes tondues et répression des "femmes à boches" en 1918 », *Revue d'histoire moderne et contemporaine,* vol. 47, n°1, janv.-mars 2000, p. 148-158, p. 155.

d'avoir été des maîtresses d'officiers ou de soldats allemands sont simplement évacuées vers l'intérieur, sans connaître l'internement[107]. L'organisation de la répression dans les départements libérés a des limites évidentes : c'est souvent en fonction des rumeurs que les autorités militaires décident du pouvoir de nuisance des femmes incriminées. Même si celles qui ont été accusées à tort peuvent théoriquement revenir chez elles, on craint trop le mécontentement de la population locale pour les inciter, après examen de leur cas, à rentrer dans leurs foyers. Pour autant, cette justice officielle a sans doute contribué à apaiser les élans vengeurs de la population des départements libérés et sauvé certaines femmes des violences physiques qui les menaçaient. À titre de comparaison, le châtiment des « femmes à boches » donne lieu à des débordements plus nombreux en Belgique, là où, après l'armistice, ni l'armée allemande, ni l'armée belge ne sont en mesure de faire respecter l'ordre.

La peur de la contagion, le mépris pour celles qui ont cédé à l'ennemi, ou tout simplement une certaine méfiance de guerriers à l'égard des femmes : les soldats français libérant les départements occupés, les civils qui se font justice eux-mêmes, les Allemands de Rhénanie luttant contre la collaboration sexuelle avec les troupes d'occupation ont souvent en commun les mêmes motivations. Cette violence qui s'exerce sur le corps des femmes est essentiellement le fait de groupes d'hommes, partageant un point de vue brutal, peut-être désabusé sur la féminité. Les femmes passent à leurs yeux pour le maillon faible du combat national. Ce sont elles qui, dans les départements libérés, symbolisent les petites compromissions de l'occupation. Elles qui, en Rhénanie, illustrent la thèse du

107. Les archives de La Ferté-Macé, particulièrement bien conservées, ont été étudiées par Jean-Claude Farcy dans *Les Camps de concentration de la Première Guerre mondiale,* Paris, Anthropos, 1995. Elles révèlent seulement 72 cas de femmes internées pour collaboration sexuelle, ce qui semble peu.

« coup de poignard dans le dos », relayé par la presse nationaliste. S'y ajoutent la peur des femmes partagées et celle du lien insidieux avec l'ennemi qui fait craindre la contamination. Au-delà du sentiment de trahison ressenti par les maris trompés ou par les familles humiliées, la proximité avec l'ennemi, interdite sur le champ de bataille, et mise en œuvre dans l'intimité même des foyers par des femmes « corruptrices », représente l'un des tabous les plus forts de l'expérience de guerre.

La mauvaise réputation

La mauvaise réputation attachée aux soldats des troupes coloniales, et le sentiment largement diffusé en Rhénanie que la France mène, à travers eux, une guerre brutale pour la destruction de la civilisation allemande, contribuent également à isoler les troupes d'occupation des civils rhénans[108]. « Un climat d'hostilité, comparable à celui de la guerre, était entretenu par les mythes qui circulaient en Rhénanie à propos des viols d'Allemandes par des soldats noirs des troupes d'occupation française », précisent John Horne et Alan Kramer. « L'invasion pacifique de l'Allemagne s'était accompagnée de légendes, qui rappelaient directement l'été 1914, et qui portaient sur un thème surexploité par la propagande allemande pendant la guerre : la sauvagerie des soldats coloniaux[109]. » Les soldats métropolitains se trouvent associés dans la même réprobation aux soldats des troupes colo-

108. Keith L. Nelson, « The "black horror on the Rhine" : Race as a factor in Post-World War I diplomacy », *Journal of Modern History,* 1970, volume 42, n°4, p. 606-627, à compléter par Janos Riesz et Joachim Schultz (éd.), « *Tirailleurs sénégalais* », Francfort-sur-le-Main, Peter Lang, 1989, et Jean-Yves Le Naour, *La Honte noire*, Paris, Hachette Littératures, 2004.

109. John Horne et Alan Kramer, *German Atrocities, op. cit.*, p. 362-363.

niales, puisque, en servant un pays qui a fait appel à des demi-sauvages pour le défendre, ils sont discrédités[110]. « C'est le crime le plus horrible de tous les temps. Les atrocités d'Arménie, les crimes commis par la soldatesque anglaise contre les Boers pâlissent en face des actes honteux de bestialité infligés par le gouvernement français à la population allemande des pays rhénans », s'indigne un journal de Munich au printemps 1920. « C'est une politique de contamination voulue, un moyen de combat, de lent empoisonnement intérieur employé pour la première fois par la "Grande Nation"[111]. »

Il est difficile d'avoir des chiffres précis concernant les soldats africains en Rhénanie d'autant que le contingent varie sensiblement selon les saisons : en hiver, près de la moitié des soldats sont envoyés dans le Sud de la France, à Fréjus et Saint-Raphaël, dont le climat est plus supportable pour eux. L'historien américain Keith L. Nelson avance une évaluation de 42000 hommes au printemps 1920 dont beaucoup, originaires d'Afrique du Nord (Algérie, Maroc, Tunisie), sont en Rhénanie depuis les premières semaines de l'occupation. 10000 hommes viennent de Madagascar et du Sénégal et n'arrivent en Allemagne occupée qu'en avril et mai 1919[112].

110. Ces arguments sont utilisés déjà lors de la guerre franco-prussienne de 1870, lorsque les soldats allemands sont confrontés aux « Turcos » et aux « Zuaven » de l'armée française. En 1914, certains intellectuels allemands voient dans l'utilisation des troupes coloniales un signe de la barbarie de l'armée française. Voir Louis Dimier, *L'Appel des intellectuels allemands,* Paris, Nouvelle Librairie nationale, 1914.

111. SHAT, 7 N 2658, bulletin de presse de l'armée du Rhin, 2e Bureau, 28 mai 1920, p. 8.

112. Keith L. Nelson, « "The black horror on the Rhine" », art. cité, p. 610-611. Les unités qui participent à l'entrée en Rhénanie dès la fin 1918 sont des éléments du XIXe corps d'Afrique française du Nord. Les Sénégalais (10e RTS et 11e RTS) sont au nombre de 5200 et n'arrivent à Mayence que les 5, 6 et 7 mai 1919 par quatre trains venus de Fréjus et de Saint-Raphaël. Les troupes malgaches sont composées du 1er régiment de chasseurs malgaches (2 000 hommes), du 34e régiment d'infanterie coloniale (637 hommes), du 40e régiment d'infanterie coloniale (1250 hommes) et du 30e régiment d'infanterie coloniale (869 hommes).

Quoi qu'il en soit, la violence inouïe des campagnes lancées contre la « honte noire » est sans commune mesure avec le poids démographique des troupes coloniales ou la réalité des méfaits qui leur sont reprochés.

Les Allemands n'ont pas attendu l'arrivée des premiers régiments malgaches et sénégalais pour agiter le spectre d'une occupation « africaine » des régions rhénanes. Dès le début novembre 1918, le ministre des Affaires étrangères allemand intervient pour demander qu'on « préserve le territoire allemand d'une occupation par les troupes de couleur françaises et américaines[113] », sans qu'on sache pour autant si cette question a été abordée lors des négociations d'armistice. En avril 1919, les instructions communiquées à la délégation allemande à Versailles précisent que « les troupes de couleur ne doivent pas prendre part à une armée d'occupation[114] » et, fin juin, les diplomates allemands évoquent la question des armées coloniales dans leurs protestations contre le « diktat du traité de paix ». Dans le même temps, nombreux sont ceux qui, en France, plaident en faveur de l'utilisation des soldats africains, notamment Blaise Diagne, à la tête d'un Commissariat aux Troupes noires (devenu par la suite le Commissariat aux Troupes indigènes), et le général Mangin, ardent défenseur de la Force noire qu'il a contribué à théoriser[115] et commandant du corps d'occupation en Rhénanie. Les arguments favorables à l'utilisation des troupes coloniales lors de l'occupation de la Rhénanie sont variés. En vue d'une possible reprise des hostilités, certains considèrent qu'on ne peut se passer aisément de ces quelques dizaines de

113. Wilhelm Solf au Staatssekretär A.D. Hintze, 7 novembre 1918, voir Auswärtiges Amt und Reichsministerium des Innern, *Amtliche Urkunden zur Vorgeschichte des Waffenstillstandes 1918*, Berlin, 1928, p. 258, cité par Keith L. Nelson, « The "black horror on the Rhine" », art. cité.

114. Alma Luckau, *The German Delegation at the Paris Peace Conference,* New York, 1941, p. 199-202.

115. Général Mangin, *La Force noire,* Paris, Hachette, 1910.

milliers d'hommes. D'autres s'inquiètent du risque que représente le maintien des troupes noires en métropole, l'état d'esprit des soldats indigènes étant, semble-t-il, relativement mauvais dans les camps du Midi où ils sont cantonnés en 1919[116]. Enfin, nul n'ignore le désagrément qu'une occupation de la Rhénanie par des troupes de couleur procurerait aux Allemands, de telle sorte que cette décision s'apparente vraisemblablement à une volonté d'humilier l'ennemi vaincu.

De fait, après les premiers mois de l'occupation française où les réactions à la présence de troupes coloniales en Rhénanie sont rares (à l'exception du mois du mars 1919[117]), la fin de l'année 1919 marque un net tournant dans l'attitude de l'opinion publique allemande. À cette époque, la présence des troupes coloniales est perçue comme un moyen de poursuivre une guerre de civilisation contre l'Allemagne alors même que le traité de Versailles a été signé. La Force noire n'en est que plus insupportable. « Cette paix devait soi-disant assurer la victoire de la démocratie dans le monde. Mais une démocratie qui se sert de nègres pour surveiller les Allemands nous dégoûte. Et on parle de victoire de l'humanité ! », proteste la *Deutsche Allgemeine Zeitung* du 16 décembre 1919. « Que l'on songe à ce qui doit se passer dans le cœur d'une femme allemande déshonorée qui s'aperçoit avec terreur qu'elle va devenir mère d'un petit négrillon ! [...] Cette paix de Versailles a fait de deux millions d'Allemands des chiens muets sur lesquels on continue la guerre d'une façon terrible[118]. » Des journalistes évoquent le risque d'une

116. Marc Michel, « Les troupes noires. La Grande Guerre et l'Afrique noire française après 1918 », *Historiens et Géographes,* n°364, oct.-novembre 1998, p. 237-247, p. 241.

117. Cette poussée d'hostilité à l'encontre des soldats « noirs » est identifiée par les rapports de la censure américaine (Records of the War Department, Third Army File, Historical Subdivision, box 15, Record Group 120, National Archives, Washington, D.C., semaine du 23 au 30 mars 1919). Voir Keith L. Nelson, « The "black horror on the Rhine" », art. cité, p. 614, note 34.

118. *Die Deutsche Allgemeine Zeitung,* 16 décembre 1919.

« mûlatrisation » de la Rhénanie, d'autres une tentative de « marocanisation » du pays. Dans un pamphlet intitulé *Der blaue Schrecken und die Schwarze Schmach* (« La terreur bleue et la honte noire »), Wilhelm von der Saar résume ainsi l'opinion de nombre de ses contemporains : « Les violations constantes du droit et de la morale prouvent toujours davantage qu'en réalité la honte noire fait partie du système français d'opprobre et de violence politique établi honteusement par le traité de Versailles. Il poursuit sans souci du droit et de la morale "la dépopulation de l'Allemagne", le système du "Brûlez le Palatinat", l'asservissement des Allemands et l'humiliation honteuse de nos femmes au moyen des troupes noires[119]. »

Des ligues voient le jour un peu partout en Allemagne pour coordonner la lutte contre les troupes coloniales, bénéficiant du soutien du service allemand de propagande, la *Reichszentrale für Heimatdienst*. L'une des plus importantes est sans doute le *Bund Rettet die Ehre* (la « ligue pour sauver l'honneur »), fondé à Brême en 1919 et dirigé par le pasteur Hartwich. C'est en apparence une organisation locale, mais son influence s'étend bien au-delà de l'Allemagne du Nord, puisqu'elle obtient même certains succès aux États-Unis et en Amérique latine lorsqu'elle récuse la thèse de la culpabilité allemande et s'attache à exiger le retrait des troupes noires du territoire rhénan. Plus récent, le *Deutscher Notbund gegen die Schwarze Schmach* (la « ligue allemande contre la honte noire ») a son siège à Munich où elle édite un journal, *Die Schmach am Rhein* (« La honte sur le Rhin »), traduit également en anglais et en espagnol. D'autres ligues apparaissent à partir de 1920 : le *Rheinicher Heimatbund* (la « ligue patriotique rhénane »), émanant des milieux intellectuels pangermanistes, le *Landesverband Hamburg gegen die Schwarze Schmach* ou encore la *Jung deutscher Orden*, fon-

119. Wilhelm von der Saar, *Der blaue Schrecken und die Schwarze Schmach*, Stuttgart, Éd. N. von Curt Winkler, 1921.

dée en mars 1920, et présente à Marburg, Stuttgart, Cassel et Francfort. Dans tous les cas, l'ampleur des réseaux internationaux et les traductions des pamphlets antifrançais en langues étrangères montrent bien que la lutte contre les troupes coloniales est devenue un enjeu diplomatique important.

En avril 1920, la campagne contre les troupes coloniales connaît encore un nouvel essor. Les Français ont décidé d'entrer dans Francfort, donc de franchir la limite de la zone d'occupation officielle, afin de maintenir l'ordre avec les troupes belges dans un contexte de guerre civile. Cette initiative est vécue comme une véritable humiliation d'autant que l'occupation est réalisée avec l'aide de troupes africaines. La population locale est partagée toutefois entre un sentiment de peur et une certaine curiosité à l'égard de ces soldats de couleur, ainsi que le montre l'affiche suivante, apposée le 8 avril dans les rues de Darmstadt et de Francfort : « Les autorités d'occupation ont instamment demandé que les militaires français circulant en ville ne soient plus importunés par les curieux et les enfants [et qu'ils ne soient plus] suivis et entourés par les badauds. Les autorités ont fait remarquer que, sur l'assurance des Chefs, les troupes arabes, bien disciplinées, interprètent facilement mal une pareille attitude de la population, qu'elles pourraient considérer comme hostile. Que chacun tienne compte de l'avertissement et évite dans l'intérêt général de donner lieu à des mesures répressives de la part du Commandement[120]. »

Dans le même temps, la presse se sert de la question raciale pour exciter l'hostilité des Allemands et obtenir le soutien de la Grande-Bretagne qui n'est guère favorable à la politique menée par la France[121]. « Les journaux ont annoncé

120. SHAT, 7 N 2610, avis du bourgmestre de Darmstadt à ne pas importuner les troupes indigènes par sa curiosité, 8 avril 1920.

121. F.S. Northedge, *Britain among the Great Powers, 1916-1939*, New York, 1966, p. 162-165 ; Keith L. Nelson, « The "black horror on the Rhine" », art. cité, p. 614-615.

l'occupation de Francfort et autres villes par les Français. Les Français sont exclusivement des nègres sénégalais (20000 environ), seuls les officiers sont des Blancs. D'après les dernières nouvelles, ces troupes se composeraient même de 30000 à 40000 hommes[122] », écrit la *Volksgazet*. En fait, la réalité est tout autre : les régiments qui occupent la ville comportent notamment 8 bataillons avec des soldats coloniaux, qui sont originaires d'Afrique du Nord, et dans lesquels les Français de métropole forment environ 20 % des troupes. Exagération sur le nombre d'hommes concernés, sous-évaluation de l'encadrement, confusion entre Africains du Nord et soldats d'Afrique noire : tout est utile pour accroître l'affolement. Relatant dans ses Mémoires les incidents du printemps 1920, Paul Tirard, qui préside la Haute-Commission des territoires rhénans, donne l'interprétation suivante de la campagne de presse contre les troupes coloniales : « En avril 1920, obéissant au coup de baguette d'un invisible chef d'orchestre, la presse allemande entière se déchaîna contre la France. Elle chercha, à la veille et pendant d'importantes conférences internationales, à isoler notre pays en semant le désaccord entre Alliés et l'un des moyens qu'elle estimait le plus efficace semblait être la reprise de la campagne contre la "Honte noire". Le scénario, monté avec un grand soin et le luxe d'une publicité fastueuse, devait vite, débordant le cadre national, se jouer simultanément sur les principales scènes où se forme l'opinion mondiale. Des tracts, illustrés d'images scandaleuses, ont été publiés, traduits dans toutes les langues et répandus dans le monde entier[123]. » Qu'il s'agisse de la

122. *Die Volksgazet,* 13 avril 1920.

123. Paul Tirard, *La France sur le Rhin, op. cit.*, p. 302-303. Cependant, selon Lord Derby, ambassadeur de Grande-Bretagne à Paris, l'emploi des soldats marocains à Francfort en avril 1920 est « calculé pour irriter » les Allemands (Lord Derby, ambassadeur britannique à Paris, dans une lettre à Lord Curzon, 6 avril 1920, Lord Curzon Papers, F / 22, Keddleston Hall, Derby. Cité par Keith L. Nelson, « The "black horror on the Rhine" », art. cité, p. 614, note 37). Lord Curzon,

perception par l'opinion publique allemande des soldats africains au sein de l'armée d'occupation, ou des réactions françaises à la campagne de presse contre la Force noire, la théorie du complot prévaut dans les deux cas et favorise la réactivation des fantasmes sur l'ennemi forgés durant la Première Guerre mondiale.

Cette controverse sur les troupes coloniales se cristallise sur une question particulièrement sensible : les rapports des soldats noirs avec les femmes de Rhénanie. Parmi les rumeurs d'atrocités prêtées aux combattants africains, ce sont en effet les accusations de violences sexuelles commises sur des civiles allemandes qui sont les plus fréquentes. Elles reposent principalement sur le fantasme exercé par la sexualité des soldats africains, réputés insatiables et sans pudeur, et plus largement sur une idée héritée de l'anthropologie criminelle du XIXe siècle qui veut qu'à une conduite déviante correspondent des tares physiques significatives : « L'influence de l'évolutionnisme est déterminante, bien sûr, dans cette mise en parallèle entre un comportement "primitif" et un organisme "primitif" [...] Les criminels seraient "des individus restés en arrière (dans l'évolution)", ils constitueraient "une race à part" proche des animaux supérieurs, objets de "tendances régressives transmises héréditairement" dont Lombroso inaugure l'étude avec son "homme criminel" ; les "auteurs de viols" demeurant ici prisonniers des instincts premiers, ceux de la "force brute" et des élans animaux », explique Georges Vigarello dans son *Histoire du viol*[124]. Avant même toute enquête sérieuse, les exactions dont les soldats coloniaux sont accusés trouvent donc leur confirmation dans l'anthropologie raciale de l'époque qui place les

---

qui dirige à l'époque le Foreign Office, considère quant à lui que la situation a été « aggravée » par les troupes « noires » (Lord Curzon à Lord Derby, 8 avril 1920, Lord Curzon Papers, F / 22).

124. Georges Vigarello, *Histoire du viol, XVIe-XXe siècle*, Paris, Éd. du Seuil, 1998, p. 208.

Africains à un degré inférieur de l'évolution humaine. D'où les difficultés rencontrées par les autorités militaires pour faire taire les accusations infondées et pour ramener le calme.

L'affaire des enlèvements de Sarrebrück le prouve bien. Elle commence en novembre 1919 par la diffusion de rumeurs concernant la disparition de plusieurs jeunes femmes de la ville. La presse allemande s'en fait l'écho. Ainsi un quotidien de Cologne au mois de mars 1920 : « L'attention de la commission du gouvernement de la SDN pour le bassin de la Sarre a été attirée par les autorités sur la disparition de nombreuses jeunes filles de Sarrebrück. Les Français ont opéré des recherches menées jusqu'ici sans vigueur, concernant ces mystérieuses disparitions et en ont tenu le résultat secret[125]. » L'absence de preuves, les fantasmes liés à l'identité des victimes supposées et à la présence de troupes noires à Cologne, la discrétion des enquêteurs : tout concourt à transformer ce fait divers en symbole de la violence des occupants, l'une des fonctions de la rumeur étant alors, comme l'explique le sociologue Michel-Louis Rouquette, de proposer l'énoncé d'une solution à un problème mal défini. En d'autres termes, plus la situation est confuse, plus la rumeur acquiert de force[126]. Les coupables désignés par l'opinion publique sont ceux qui incarnent la menace : les troupes d'occupation, et plus spécifiquement la Force noire.

« Il paraît hors de doute que beaucoup de ces jeunes filles ont été enlevées par des traiteurs de blanches internationaux », assène le journaliste du *Kölner Tageblatt*. « En outre, le bruit court parmi la population que les jeunes filles sont devenues les victimes de soldats noirs français. » Si l'on prend soin de décomposer les divers éléments de la rumeur, on retrouve les fondements du mythe de la « honte noire » : ce sont les troupes

125. *Das Kölner Tageblatt,* 2 mars 1920.

126. Michel-Louis Rouquette, « La rumeur comme résolution d'un problème mal défini », *Cahiers internationaux de sociologie,* volume 86, 1989, p. 117-122, p. 118.

d'occupation qui ont organisé les enlèvements, avec la mise en œuvre de réseaux internationaux de prostitution, de même qu'elles complotent à la disparition de la civilisation allemande en utilisant des soldats africains pour occuper la Rhénanie. Derrière le fait divers apparaît un complot plus vaste, dont le but final est la destruction de la race allemande. Dans le contexte général de l'occupation, les soldats africains sont chargés de terroriser la population allemande. Dans le cas spécifique des enlèvements de Sarrebrück, ils en sont les principaux bénéficiaires puisque les jeunes filles ont sans doute fini, raconte-t-on, dans des bordels qui leur sont réservés.

La presse allemande ne se contente pas de diffuser ces rumeurs. Dans un second temps, elle évoque aussi l'existence de quatre corps, retrouvés « sous le fumier dans une caserne de coloniaux ». « Plusieurs journaux prétendaient que cette découverte avait été faite non à Sarrebrück mais à Mayence, à la caserne "Zum Weissen Rose" occupée par de la cavalerie noire », énonce prudemment le 2e Bureau de l'armée du Rhin[127]. À mesure que la rumeur prend de l'importance, elle devient plus complexe et plus obscure. L'évocation de la caserne de Mayence fait resurgir une histoire plus ancienne, qui remonte à l'hiver 1919. « Un grand nombre de jeunes filles disparaissent, après avoir été violées, dans la fosse à purin de la caserne Foch à Mayence », peut-on lire dans le *Torgauer Kreisblatt* du 16 décembre 1919 : « On punit ceux qui veulent aider à faire la vérité[128]. » On se trouve donc bien en présence de stéréotypes – l'innocence violée par une force brutale et bafouée jusque dans la mort – qui dépassent le cas de telle ou telle affaire.

Il n'est que plus difficile pour les autorités françaises de rétablir la vérité dans ce tissu de rumeurs hostiles. « J'ai vu plusieurs familles signalées comme victimes. Ces personnes

127. SHAT, 7 N 26 58, bulletin de presse de l'armée du Rhin, 2e Bureau, 28 mai 1920.
128. *Das Torgauer Kreisblatt,* 16 décembre 1919.

n'ont à déplorer aucune disparition », conclut pourtant l'officier français chargé de l'enquête. « Quelques jeunes filles ont disparu volontairement, semble-t-il, puisque après une fugue de deux ou trois jours, elles sont rentrées dans leurs familles, comme les nommées Vogel et Karsh. » Au sujet des cadavres supposés avoir été découverts dans la caserne de Sarrebrück, l'enquêteur va interroger un cultivateur allemand, qui utilise le fumier pour ses champs. L'homme se montre catégorique : « Je tiens le fait pour impossible étant donné que j'ai pris du fumier dans chacune des différentes fosses qui existent dans la caserne et que ni débris humains, ni vêtements de femmes ou autres objets suspects n'ont été trouvés[129]. »

Le milieu urbain agit alors comme une sorte de caisse de résonance. L'anonymat qui règne dans les grandes villes (en 1919, la ville de Mayence dépasse 100000 habitants) rend difficile la vérification des informations. On fait confiance à ses voisins, à ses proches, qu'on imagine mieux renseignés que soi. Espace anxiogène marqué par la présence de l'ennemi – beaucoup plus sans doute qu'en milieu rural où les soldats des forces d'occupation sont souvent isolés –, la ville fait naître une forme de « sociabilité de la rumeur[130] ». Chacun n'a plus alors qu'à retrouver dans les mauvais bruits la confirmation de ses angoisses ou l'expression de ses fantasmes.

Les viols forment une catégorie de délits particulièrement citée dans la presse allemande et les brochures de propagande, justement parce qu'ils sont propres à exciter la peur et le désir de vengeance, à accroître la « crise d'identité masculine » que certains auteurs ont repérée dans l'Europe de

129. Archives du ministère des Affaires étrangères (AE), A 252, rapport d'enquête concernant l'affaire des disparitions de Sarrebrück, 28 janvier 1920.

130. Arlette Farge et Jacques Revel, *Logiques de la foule. L'affaire des enlèvements d'enfants,* Paris, 1750, Paris, Hachette, « Textes du XXe siècle », 1988, p. 119.

l'après-guerre[131] : ne sont-ils pas révélateurs de l'impuissance des hommes à défendre leur femme et leur foyer[132] ? Leur nombre exact est difficile à établir. Les sources publiées sont peu fiables, certaines ayant tendance à surévaluer les faits de diverses manières. « Un exemple frappant de cette exagération nous est donné par la brochure *Farbige Franzosen am Rhein* éditée en 1920 », dénonce un ouvrage de contre-propagande français. « Un simple examen du volume permet de se rendre compte du désir qu'ont les auteurs de faire croire, par le nombre important de plaintes qu'il renferme, qu'un véritable régime de terreur règne dans les régions rhénanes. C'est ainsi que la tentative de viol relatée sous le n° 11 est la même que celle mentionnée sous le n° 9 et qu'à la page 44 on retrouve avec un numéro spécial la numérotation à peine modifiée de la déclaration portée page 32 sous le n° 4[133]. » Une démonstration analogue peut être faite avec le fascicule *L'Afrique sur le Rhin* – consacré aux crimes des troupes coloniales – paru à Berlin en 1921 : pour la période du 1er janvier au 1er août 1920, sont relevés 14 cas de viols, 15 tentatives de viol, 13 cas d'agression, 7 cas de pédérastie. Or les tentatives de viol présentées sous les numéros 4 et 7 sont respectivement reproduites sous les numéros 17 et 11[134].

Par ailleurs, dans le cas des sources émanant du ministère de l'Intérieur allemand, l'incertitude tient à la fois au flou qui

131. Mary Louise Roberts, *Civilization without Sexes. Reconstructing Gender in Post-War France, op. cit.*

132. Stéphane Audoin-Rouzeau, *L'Enfant de l'ennemi, op. cit.*, p. 90 *sq.*

133. *Français de couleur sur le Rhin*, Mayence, Éd. G. Maréchal et Cie, 1921, p. 7.

134. *L'Afrique sur le Rhin*, Berlin, Éd. Engelmann, 1921. Je dois ces rapprochements au travail entrepris par Anthony Guiet, dans un mémoire de maîtrise soutenu à l'UCO d'Angers, en septembre 2001, sous la direction de Stéphane Audoin-Rouzeau, et intitulé *Le Mythe de la « Force noire ». Atrocités coloniales dans les pays rhénans occupés (1er décembre 1918-10 janvier 1923)*. Qu'il en soit vivement remercié.

entoure la qualification de « viol[135] », au fait que certaines victimes choisissent de se taire par honte et par souci de préserver leur réputation[136], à la tentation d'accroître artificiellement les chiffres pour alimenter l'hostilité aux troupes coloniales. Quoi qu'il en soit, les estimations les plus élevées font état de 127 cas d'agressions sexuelles pour l'ensemble des forces d'occupation entre décembre 1918 et octobre 1922 – ce qui semble modeste comparativement au nombre de soldats présents en Rhénanie, et surtout à la violence de la campagne contre la « honte noire[137] ».

« Si la presse a cessé ses attaques, la propagande allemande n'en continue pas moins à s'exercer sous d'autres formes : récemment a été éditée et tirée à 2000 exemplaires une chanson intitulée *Die Wacht am Rhein 1920* qui est, en termes obscurs, le récit des prétendus scandales auxquels se livrent les troupes noires des territoires occupés », indique un diplomate français dans un courrier du mois de janvier 1920[138]. Cette adaptation d'un des chants patriotiques allemands les plus populaires (la « garde sur le Rhin »), composé en 1840 par N. Becker, est particulièrement intéressante : elle témoigne tout d'abord du souhait de diffuser auprès du plus grand nombre la peur du soldat noir. Le chant, dit et redit en public à de multiples reprises, appris par cœur par la population, est sans doute l'un des meilleurs vecteurs de propagande. Par ailleurs, *Die Wacht am Rhein* n'est pas

135. Une étude de la qualification des crimes sexuels et de la hiérarchisation de la violence a été faite par Georges Vigarello dans son *Histoire du viol, op. cit.*, 3e partie, « Le droit moderne et l'échelle des actes ».

136. Stéphane Audoin-Rouzeau, *L'Enfant de l'ennemi, op. cit.*, p. 50-54.

137. Archives du ministère des Affaires étrangères (AE), Z 169, mémoire du ministre de l'Intérieur allemand sur les excès commis par les troupes alliées d'occupation en territoire occupé de 1918 à 1922, Berlin, novembre 1922.

138. SHAT, A 252, note du ministre de France à Stockholm, Delavaud, à Millerand, 16 janvier 1920.

seulement un hymne à la gloire de l'Allemagne, c'est un chant défensif qui exalte la résistance de la patrie face à tous les agresseurs[139]. Dans ces circonstances, il s'apparente à une sorte de cri d'alerte, à un appel à la vigilance face aux agissements insidieux des troupes coloniales.

Il faut attendre toutefois 1921 et 1922, donc plusieurs mois après la démobilisation des soldats français de la classe 1918, pour que la campagne contre les troupes noires prenne toute son ampleur. Les principaux ouvrages dénonçant la brutalité des troupes coloniales paraissent à cette époque. Leurs titres ne laissent aucun doute sur leur contenu : *Échappé au sadisme français* du Dr. Hermann Schmeck[140], *La Honte noire en Allemagne occupée* de Joseph Lang[141], *Le Roman de l'Allemagne outragée* de Guido Kreutzer[142]... Au printemps 1921, est diffusé un carnet de 9 timbres postaux représentant les crimes de l'armée française en Allemagne ; en avril 1921, le film *La Honte noire*, tourné principalement à Berlin, connaît un grand succès dans la capitale du Reich, et aussi à Munich, Leipzig et Dresde.

Face à cette poussée d'hostilité aux soldats africains, sensible à la fin de l'année 1919, au printemps 1920 mais surtout à partir de 1921, quelle est la réaction des forces d'occupation ? Les Français ne sont pas loin, en fait, de partager les a priori racistes de la propagande allemande. « L'expérience de

139. Gerd Krumeich, qui a étudié l'adaptation de ce chant patriotique aux circonstances de 1916, en tire la conclusion que les soldats allemands dans la Somme se voient « dans une situation intrinsèquement défensive » (voir Gerd Krumeich, « Le soldat allemand dans la Somme », in *Les Sociétés européennes et la Guerre de 1914-1918,* sous la direction de Jean-Jacques Becker et Stéphane Audoin-Rouzeau, Presses de l'université Paris-X-Nanterre, 1990, p. 367-374, p. 368).

140. Dr. Hermann Schmeck, *Der Französischen Sadismus entronnen,* Dorsten, H. Majet, 1921.

141. Joseph Lang, *Die schwarze Schmach im besetzen deutschen Gebiet,* Berlin, Neudeutsche Verlags, 1921.

142. Guido Kreutzer, *Le Roman de l'Allemagne outragée,* Berlin, Vogel und Vogel, 1921.

chaque jour démontre à l'évidence que la surveillance des tirailleurs algériens et le maintien de la discipline sont particulièrement difficiles, tant à cause de l'encadrement actuel de 20 % que de la qualité inférieure des cadres subalternes », conclut le général Degoutte. « Les affaires de viols, agressions ayant le vol pour mobile, etc., dont les tirailleurs sont les auteurs, sont malheureusement trop fréquentes. Elles sont de nature à jeter le discrédit sur les troupes de l'armée d'occupation ; elles sont en outre exploitées par la presse allemande dans un sens nettement défavorable à notre prestige en pays rhénans. Ce genre d'incidents ne peut qu'augmenter encore du fait de la présence d'un régiment marocain trop faiblement encadré. Soumis depuis une époque trop récente à l'influence bienfaisante de la civilisation française, le Marocain a conservé toutes les habitudes du pillard, déjà très atténuées chez l'Algérien[143]. » La solution passe donc officiellement par une augmentation du nombre des officiers et sous-officiers de métropole : « Les effectifs auxquels nous étions arrivés à la fin de la dernière guerre nous donnent pour l'ensemble des diverses armes et services une moyenne de 30 %. Tel sera l'encadrement que nous donnerons aux formations de l'armée du Rhin et à celles qui, stationnées en France, doivent être employées à la couverture. » Cette note de mars 1920 sur l'emploi des soldats indigènes dans l'armée Mangin est encore plus explicite : « La caractéristique du Sénégalais est la fidélité. Il n'y a à craindre aucune défection [...] Les deux inconvénients principaux qu'ils présentent résident dans leur moindre degré d'intelligence et leur défaut d'instruction ; il est donc nécessaire de leur donner un encadrement assez fort. »

En dépit de ces mesures préventives, le commandement français continue à craindre les débordements naturels d'hommes jeunes, réduits à l'inaction et éloignés de chez

143. SHAT, 16 N 1559, lettre du général Degoutte à M. le Ministre de la Guerre, 19 décembre 1919.

eux. À l'été 1919, le président du Conseil décide d'ouvrir dans plusieurs villes de garnison des « cafés maures » destinés à endiguer les pulsions sexuelles des soldats africains et à les prémunir contre les maladies vénériennes. « J'ai l'honneur de vous faire connaître que j'autorise pour le moment la création de cinq cafés maures dont quatre dans les cantonnements de la Xe armée et un dans ceux de la VIIIe armée. Ces établissements comporteront une annexe avec femmes arabes », écrit Clemenceau dans une lettre au maréchal Foch. « Le personnel féminin nécessaire au fonctionnement de ces établissements va être recruté en Algérie et sera dirigé sur les points que vous voudrez bien m'indiquer. Il comprendra environ cent vingt-cinq femmes dont cinquante originaires du département d'Alger, vingt-cinq d'Oran, vingt-six de Constantine et vingt-quatre de Kabylie. Le personnel féminin aura droit à une prime de deux cent cinquante francs payée avant le départ d'Algérie, au voyage gratuit à l'aller et au retour, à la faculté de percevoir des vivres remboursables dans les Centres où seront installés les cafés[144]. » Deux ans plus tard, la plupart des cafés maures sont cependant fermés et transformés en dépôt de munitions (Mayence), en ateliers (Kostheim) ou en bibliothèque (Höchst) : les prix trop élevés et la concurrence de la prostitution clandestine expliquent l'échec de cette tentative d'encadrement du commerce sexuel.

L'expérience a duré suffisamment longtemps pour susciter de vives réactions au sein de la population rhénane. De nouvelles rumeurs circulent au sujet de l'enlèvement de jeunes filles destinées à ces maisons closes. Les Allemands s'indignent aussi de l'atteinte portée, selon eux, à la réputation morale de leurs villes. La contre-attaque française ne se fait pas attendre : une campagne sur le thème de la « honte blanche » met en garde les forces coloniales contre les

144. SHAT, 8 N Sup123, télégramme de Clemenceau à Foch, 9 juillet 1919.

manœuvres de séduction des Allemandes. Au printemps 1920, le général Degoutte prend la défense des soldats sénégalais en les décrivant comme des victimes du harcèlement sexuel de la population locale : « Ce n'est pas tant vis-à-vis de nos troupes que vis-à-vis de la population féminine que nous avons à prendre garde pour éviter ou prévenir ces incidents : car ce que les feuilles allemandes obéissant au mot d'ordre venu d'en haut ne disent pas, c'est que les femmes allemandes sont extrêmement faciles et le plus souvent provoquent elles-mêmes nos indigènes pour qui elles paraissent avoir une prédilection marquée. De nombreuses lettres parmi les bien plus nombreuses encore qui sont écrites à nos indigènes en sont une preuve indéniable. Aussi, le jour du départ des troupes pour l'occupation de Francfort, bien des "Gretchen" avaient les larmes aux yeux et au 7e tirailleurs à Ludwigshafen, il fallut lancer des patrouilles pour chasser les femmes qui s'étaient rassemblées autour de la caserne et embrassaient les soldats à travers les grilles[145]. » Paul Tirard confirme cette impression dans ses souvenirs : « À Griesheim, les autorités allemandes durent prendre de sévères mesures d'ordre aux abords des casernes où des femmes venaient en grand nombre provoquer nos soldats de couleur [...] À Ludwigshafen, constate le général Allen dans son rapport, lorsque le 7e tirailleurs partit pour Francfort, il fallut envoyer des patrouilles pour maintenir à distance les femmes allemandes qui envoyaient des baisers aux troupes de couleur, à travers les grillages des fenêtres des casernes[146]. »

Les autorités françaises sont donc partagées entre les a priori racistes sur les soldats coloniaux et la nécessité de répondre aux attaques de la propagande allemande. Elles craignent l'agitation que les campagnes de presse peuvent susciter localement et aussi l'internationalisation de la contro-

145. SHAT, 7 N 2610, lettre du général Degoutte au maréchal Foch, 29 mai 1920.

146. Paul Tirard, *La France sur le Rhin, op. cit.*, p. 306.

verse. Celle-ci ne commence réellement qu'en 1921 avec la création d'une organisation américaine *« The American Campaign Against the Horror on the Rhine »* et culmine lorsque 12000 partisans du retrait des troupes coloniales se réunissent le 28 février au Madison Square Garden[147]. L'une des grandes figures de la protestation est une Américaine vivant en Allemagne : Miss Ray Beveridge, qui se bat énergiquement, dans des réunions publiques, contre ce qu'elle appelle le « déshonneur noir ».

Progressivement, cette question relativement secondaire par le nombre des crimes réellement commis entraîne une nette dégradation des relations franco-allemandes, sur le terrain diplomatique aussi bien que dans l'administration militaire des régions occupées. Quel a pu être l'impact de la campagne contre la « honte noire » sur le quotidien des soldats métropolitains ? Il est difficile de le préciser, les tensions variant sans doute selon les périodes et les lieux. Cela dit, la vigueur des attaques contre les troupes coloniales ne laisse pas indemnes les autres soldats, qui sont considérés comme des complices de l'offensive menée, grâce à la Force noire, contre la civilisation allemande. Elle permet également de décrire la période de l'occupation de la Rhénanie comme une sorte de « guerre après la guerre », certes à peu près sans pertes humaines, mais avec la même rhétorique que celle utilisée par les propagandistes du premier conflit mondial. C'est en 1920 par exemple que commence à être commercialisée une série de 8 médailles commémoratives, consacrées aux horreurs de la guerre. Elles sont l'œuvre d'un sculpteur allemand, Karl Goetz. L'une d'elles représente un soldat noir casqué, au profil simiesque, avec l'inscription *« Wacht am Rhein 1920. Liberté, égalité, fraternité »*. Au revers, une femme nue (l'Allemagne ?), est agenouillée et ligotée à un sexe en érection surdimensionné, coiffé d'un casque arborant

147. Keith L. Nelson, « The "black horror on the Rhine" », art. cité, p. 620.

la cocarde française, et surmonté du triangle maçonnique. Fabriquée en bronze, cette série a été vendue dans toute l'Allemagne, et même à l'étranger. Or l'obscénité et le caractère raciste d'une telle représentation dépassent de loin la simple dénonciation des exactions de la Force noire. Sa violence inouïe porte à son apogée la « culture de guerre ». Elle dit à sa manière l'impossible démobilisation culturelle de l'immédiat après-guerre[148].

148. Cette série de 8 médailles commémoratives est exposée à l'Historial de la Grande Guerre, à Péronne. La médaille dénonçant l'occupation de la rive gauche du Rhin est reproduite et commentée dans *Croire* d'Annette Becker, Amiens, CRDP de Picardie, 1996, p. 30-31. Elle est également commentée dans Annabelle Meltzer, « Spectacles and Sexualities. The "Mise en scène" of the "Tirailleur sénégalais" on the Western Front. 1918-1920 », in Billie Melman (éd.), *Borderlines. Genders and Identities in War and Peace, 1870-1930,* New York/Londres, Routledge, 1998, p. 213-244.

Chapitre 4

Un prodigieux mouvement d'hommes. La démobilisation des combattants français

Près de cinq millions de soldats rendus à leurs foyers en deux phases, l'une de novembre 1918 à avril 1919, l'autre de juillet 1919 à septembre 1919, auxquels il faut ajouter la jeune classe 1918 au printemps 1920 : la démobilisation représente un mouvement sans précédent d'hommes et de matériel. Par son ampleur, sa durée, la diversité de ses objectifs, la complexité des moyens mis en œuvre, elle reflète les incertitudes de l'immédiat après-guerre et les attentes des anciens combattants. Elle dit aussi les enjeux d'un pays à reconstruire, d'une nation à faire passer de l'état de guerre à l'état de paix, de millions d'hommes à réinsérer dans une société, dont ils redoutent qu'elle ne leur soit devenue largement étrangère. Dans sa thèse sur les anciens combattants, Antoine Prost prend soin de noter que la « démobilisation mérite à elle seule une étude [1] ». Mais, à l'exception de quelques travaux [2], rares sont ceux qui traitent d'une période qui reste donc, à ce jour, largement méconnue.

Le silence des historiens ne fait que prolonger l'extrême discrétion des anciens combattants sur les conditions de leur libération, dira-t-on. Sans doute. Mais la rareté des témoignages n'explique pas, à elle seule, l'absence de toute

1. Antoine Prost, *Les Anciens Combattants et la Société française, 1914-1939,* Paris, Presses de la Fondation nationale des sciences politiques, 1977, p. 47.

2. Notamment François-André Paoli, *L'Armée française de 1919 à 1939,* tome 1 : *La Reconversion,* Paris, SHAT, s.d.

recherche approfondie sur cette question. Pour beaucoup en effet, la démobilisation se résume à un entre-deux de l'Histoire[3], où s'achève la Grande Guerre et où la société des années 1920 est encore en germe. « La guerre donne le temps fort, le temps vrai, le temps peuplé de vrais événements. C'est lui qui accroche le reste de la durée, la durée molle des avant et des après-guerres, qui ne sont que de futurs avant-guerres », témoigne l'historien Pierre Chaunu, né en 1923, dans sa contribution aux *Essais d'Ego-Histoire*[4].

Cependant, à la lumière de la littérature ethnologique, la période de démobilisation se révèle beaucoup plus complexe qu'au premier examen. Plutôt qu'un temps homogène entre l'état de guerre et l'état de paix, elle semble composée de trois phases que les ethnologues spécialistes des rites de passage connaissent bien. Durant une période de séparation, le soldat se défait à la fois du contact physique avec la zone des combats, de la compagnie de certains de ses camarades, de la proximité des morts au champ d'honneur. S'ensuit une phase liminale, que le psychanalyste Daniel Sibony appelle un « entre-deux » où l'ancien combattant se forge peu à peu une nouvelle identité[5]. Enfin, lors d'une phase plus ou moins longue d'agrégation, les hommes s'intègrent – ou s'efforcent de s'intégrer – à la vie économique de l'arrière, aux règles de la société civile, au quotidien des rapports familiaux et amicaux.

Revenons à la démobilisation telle qu'elle est vécue par les anciens combattants, ce détour par l'ethnologie ayant pour but d'en souligner les difficultés. Ainsi, la phase de sépara-

3. L'anthropologue Martin de La Soudière parle d'un « *no man's time* » à propos de ces périodes de transition. Voir « Le paradigme du passage », *Communications,* Paris, Éd. du Seuil, 2000, nº 70, p. 5-31.

4. Pierre Chaunu, « L'enfant de la morte », in *Essais d'Ego-Histoire,* sous la direction de Pierre Nora, Paris, Gallimard, « Bibliothèque des histoires », 1987.

5. Daniel Sibony, *Entre-deux. L'origine en partage,* Paris, Éd. du Seuil, 1991.

tion s'accompagne chez les combattants d'un travail de deuil, sensible dès les premiers jours. À lire des travaux de psychiatres sur des conflits récents[6], on peut poser comme hypothèse de recherche que certains hommes, sinon la plupart d'entre eux, éprouvent simultanément ou successivement, durant cette période, ce qui est identifié par les thérapeutes comme le syndrome de culpabilité des survivants, un sentiment brutal d'inutilité dans un monde libéré de la guerre ou son corollaire : l'impression de ne plus être en mesure de tenir un rôle social dans la vie civile. Par la suite, la phase liminale, celle du basculement, du pivotement, est aussi la plus périlleuse. L'impatience de retrouver les siens, un cadre familier et la joie de « s'en être sorti vivant » sont mêlées d'incertitude sur l'avenir. Comment retrouver une place, *sa* place dans un monde qui, durant de longs mois, a fonctionné sans vous ? Quel sera l'accueil de la population civile, dont les vétérans attendent respect et gratitude, tout en sachant qu'elle est incapable de comprendre l'expérience du feu ? Mais c'est le plus souvent au dernier stade de la démobilisation, lorsque les vétérans ont réintégré la vie civile, qu'éclatent les réactions de dépit. Dépit de ne pas être reconnu à la mesure des sacrifices consentis. Dépit de ne pas obtenir de compensation suffisante. Pour les anciens combattants, le temps de la réintégration est, presque nécessairement, un temps de frustration.

Réfléchir sur le franchissement de chacune de ces étapes, c'est aussi interroger les rites qui les accompagnent. Ces pratiques ont pour fonction de faciliter le passage d'un état à un autre, nous apprennent les ethnologues. Arnold Van Gennep

6. Notamment Claude Barrois, *Psychanalyse du guerrier,* Paris, Hachette, « Pluriel », 1993, p. 243 *sq.* ; Louis Crocq, *Les Traumatismes psychiques de guerre,* Paris, Éd. Odile Jacob, 1999, et Françoise Sironi, « Les vétérans des guerres "perdues" », *Communications,* Paris, Éd. du Seuil, 2000, n° 70, p. 257-270. Voir, également, Benjamin Bieber, *Wie Kriege enden : die Reintegration von Soldaten in Nachkriegsgesellschaften,* Hambourg, Kovac, 2002.

écrit par exemple que « tout changement dans la situation d'un individu comporte des actions et des réactions entre le profane et le sacré, actions et réactions qui doivent être réglementées et surveillées afin que la société générale n'éprouve ni gêne ni dommage[7] ». Sommes-nous si loin de la situation de sortie de guerre ? En fait, l'historien gagne beaucoup à examiner le détail de l'entreprise de démobilisation. Visite médicale, mise à jour des papiers militaires, organisation de listes nominatives et de convois, arrivées dans les dépôts démobilisateurs, attribution d'indemnités, dons divers, notamment un costume et un casque, aides à la réinsertion et à la recherche d'un travail : toutes ces étapes, qui peuvent nous sembler banales, doivent être prises au sérieux. Comme autant de sas de décompensation psychique entre la vie militaire et la vie civile, elles scandent le parcours du soldat démobilisé. De leur succès dépendent la bonne gestion des armées, la fluidité des moyens de transport, la reconstruction économique du pays et, bien sûr, la réintégration des anciens combattants.

Pour autant, les hommes politiques et les militaires français avaient-ils anticipé ces enjeux et ces difficultés ? Rien ne permet de l'attester à la lecture des débats parlementaires qui se limitent souvent à des considérations générales et semblent traîner en longueur. À l'été 1918, les discussions s'engagent au Parlement au sujet de la libération des vieilles classes, dans la perspective initiale des semailles d'automne. Durant les débats sur le recensement et la révision de la classe 1920, le gouvernement envisage en effet de lier l'incorporation de ces hommes et la démobilisation des vieilles classes. Aucune décision ferme n'est prise. Lors de la séance du 18 octobre 1918, les députés Durand et Lauche plaident à leur tour en faveur du retour rapide des vieilles classes, tant pour assurer les travaux des champs que pour maintenir le moral qu'ils

7. Arnold Van Gennep, *Les Rites de passage,* Paris, 1909, rééd. Paris, Picard, 1994, p. 4.

jugent défaillant. Le débat est relancé par une demande d'interpellation du député François-Fournier, lors de la séance du 29 octobre et se poursuit le 22 novembre 1918. À cette date pourtant, onze jours après l'armistice, le gouvernement rejette toute proposition de commencer la démobilisation de certaines classes de l'armée française. Ce serait un acte de trahison envers le pays que d'affaiblir sa force militaire, alors que l'Allemagne n'a pas commencé la démobilisation de son armée, explique en substance Léon Abrami. Le sous-secrétaire d'État pose alors la question de confiance contre l'ordre du jour présenté par les députés socialistes Aubriot et Auriol invitant le gouvernement à libérer les classes 1890 à 1897 avant le 1er janvier 1919. Cet ordre du jour est rejeté par 348 voix contre 136. À l'inverse, l'ordre du jour des députés Durand, Honnorat et Landry, « prenant acte des déclarations du gouvernement que dès que les conditions de l'armistice auront été remplies, la libération des hommes de la RAT se fera classe par classe », est adopté par 391 voix contre une.

Il faut attendre le 6 décembre 1918 pour que Georges Clemenceau évoque, dans une allocution devant les députés, la complexité d'une entreprise gérée jusqu'alors par plusieurs départements ministériels, souvent en concurrence les uns avec les autres. Pour faire face à ces difficultés, le président du Conseil propose la création d'un sous-secrétariat d'État chargé de « provoquer et coordonner toutes les mesures propres à assurer, dans toutes les branches de l'activité militaire et civile, le passage progressif de l'état de guerre à l'état de paix et en suivre l'exécution ». Rattaché directement au ministre de la Guerre et président du Conseil, c'est à lui qu'il revient de « prendre toutes les décisions ayant trait à la démobilisation [...] dans la limite des délégations qui lui sont consenties par les ministres intéressés », cette dernière précision laissant envisager d'éventuels conflits de compétence. Par ailleurs, dans un souci de prise en charge de l'ensemble des soldats, le rapatriement des prisonniers de guerre relève également du sous-secrétariat d'État à la Démobilisation, même si la mission Dupont à Berlin et les services de la Croix-Rouge jouent un rôle décisif dans ce domaine.

À sa tête, un homme de 39 ans, Louis Deschamps, député d'Ille-et-Vilaine depuis le mois d'août 1913. Sa profession de foi du printemps 1914, où il se présente sous l'égide du « Comité d'union républicaine », atteste des préoccupations d'ordre social : retraites ouvrières, allocations, protection des travailleurs. Favorable à la loi des trois ans, il se soucie durant la guerre des conditions de vie des soldats et de leur famille, défend le droit à un congé pour les femmes de permissionnaires, s'intéresse au ravitaillement des civils dans la zone des armées. Il propose en outre la création d'une Cour de justice pour juger les fautes commises par les officiers généraux dans l'exercice de leur commandement. Il est donc nommé le 6 décembre 1918 sous-secrétaire d'État à la Démobilisation, et, après la suppression du secrétariat le 28 novembre 1919, il se verra confier les Postes, Télégraphes et Téléphones jusqu'en janvier 1921.

Pour l'heure, sa charge principale est d'organiser le retour des hommes. Mais il doit également faire stocker et redistribuer le matériel militaire, une tâche gigantesque dont on peine à imaginer aujourd'hui l'ampleur : il faut entreprendre en effet de regrouper les armements et les acheminer vers l'arrière, mais aussi équiper les troupes d'occupation, tout en commençant à prévoir la reconstruction des régions dévastées par la guerre. Or, bien souvent, le réseau ferroviaire ne suffit pas à l'évacuation des matériels, et dans le même temps, ceux commandés pour la grande offensive prévue initialement à l'hiver 1918 continuent à arriver dans les dépôts du Génie, qui ne livrent plus. Un désordre inextricable découle de ce va-et-vient entre l'arrière et la zone des armées. Des stocks importants s'accumulent à ciel ouvert. À la Chambre, certains parlementaires des régions envahies se plaignent du gaspillage et exigent que ce qui peut l'être soit reversé en faveur de l'effort de reconstruction. Des rapports de l'Inspection générale de la

Démobilisation leur font écho et dénoncent l'abondance des excédents militaires dans une période où nombre de civils souffrent de la faim. Mais il semble que le manque de coordination entre les divers services condamne tous ces efforts. Ce qui arrive à Besançon au mois de mars 1919 en est une parfaite illustration. À cette date, des militaires découvrent par hasard d'importants stocks de vivres inutiles à l'Armée, dans l'ancien magasin du Service de santé, géré par l'Intendance. Le préfet du Doubs s'y intéresse. Il demande au ministre du Ravitaillement de les céder à la population urbaine qui pourrait, selon lui, s'y approvisionner pendant six mois. Mais les discussions s'éternisent, nul ne parvient à prendre de décision ferme. Après bien des hésitations, on finit pourtant par ouvrir les magasins. Il est trop tard. La plupart des denrées ont pourri sur place. À la même période, une mésaventure analogue a lieu à l'entrepôt frigorifique de Belfort, qui ne peut plus absorber les nouveaux arrivages de viande congelée, alors que la population civile vit dans la misère.

Situations absurdes, sans doute, qui révèlent les lourdeurs de l'administration et l'absence de coordination entre les besoins de la population et les excédents des armées. Lorsqu'il s'agit de démobiliser les animaux utilisés durant la guerre, le problème est le même. En apparence, la solution est simple : l'armée dispose d'un nombre considérable de chevaux et de mulets, tandis que le déficit des campagnes en bêtes de trait est évalué début 1919 à près de 900000 têtes. Les animaux sont donc dirigés vers des centres de groupement où les bêtes de travail sont séparées des poulinières et des animaux impropres à tout travail. Mais, selon les rapports de l'Inspection générale de la démobilisation, les cultivateurs ne manifestent aucun enthousiasme à acheter des chevaux trop faibles ou blessés. « Tous les États-majors se plaignent de ne pas avoir le personnel nécessaire pour soigner les chevaux, qui sont galeux pour la plupart. Les détachements de cuirassiers à pied mis à leur disposition auront permis de donner les soins nécessaires, mais pas d'acheminer les animaux vers l'arrière », témoigne une note du 28 février 1919. La plupart des animaux finissent donc à l'abattoir.

La démobilisation des chiens, utilisés pendant le conflit pour garder les postes de guet, secourir les blessés, transporter des caisses de cartouches ou traîner des pièces d'artillerie, pose elle aussi des problèmes importants. Près de 10000 d'entre eux sont « rendus à la vie civile », comme on le dit alors, dans les semaines qui suivent l'armistice, mais qu'en faire ? Dans un premier temps, un dépôt-chenil est créé à Satory pour trier les bêtes, certaines étant destinées à rester au service de l'armée. Quant aux autres, elles sont dirigées vers un chenil situé au Jardin d'acclimatation de Paris, dans l'attente d'être vendues à des particuliers. L'utilisation ultérieure de ces chiens militaires est parfois assez surprenante. Ainsi à Lille, près de 300 d'entre eux servent au transport des colis dont la gare est encombrée. Finalement, un sous-secrétariat d'État chargé de la liquidation des stocks est créé à la mi-octobre 1919, il fonctionne jusqu'au 15 janvier 1920, mais l'impression qu'il laisse est celle d'une inadéquation entre des moyens faibles et un travail de longue haleine.

Les enjeux d'une démobilisation égalitaire

Les principes de la démobilisation

En novembre 1918, plusieurs possibilités s'offrent aux gouvernements pour organiser la démobilisation. Certains envisagent de libérer les soldats par unité, en privilégiant les besoins de l'armée et en gardant sous les drapeaux les hommes les plus qualifiés, quels que soient leur âge et la durée de leur présence au front. Ce système sera adopté par l'armée américaine. D'autres préfèrent donner la priorité aux besoins des entreprises, en renvoyant chez eux ceux des soldats qui répondent à telle ou telle offre d'emploi : c'est ce que feront les Britanniques, dans un premier temps du moins. Les

Français et les Italiens, quant à eux, choisissent une démobilisation à l'ancienneté, qui a le désavantage apparent de ne pas tenir compte prioritairement des impératifs de reconstruction de l'après-guerre, mais qui satisfait au principe égalitaire, auquel de nombreux anciens combattants, sinon la totalité d'entre eux, sont viscéralement attachés : il s'agit donc d'une forme de démobilisation citoyenne, qui est une sorte d'inverse de la conscription.

Le cas des puissances centrales est naturellement à part. Les plans de démobilisation existent bel et bien, depuis 1916 pour l'armée allemande, depuis l'hiver 1917 pour l'armée autrichienne, mais ils ne sont pas mis en œuvre, du fait de la tournure que prennent les événements. Dans les projets initiaux, c'est une démobilisation par catégories professionnelles qui est envisagée, mais elle fait place à une libération à l'ancienneté, et surtout à une autodémobilisation quasi générale[8]. Avant même l'annonce de l'armistice, des régiments entiers se débandent. Les soldats qui estiment ne plus avoir de chef depuis la fuite du Kaiser aux Pays-Bas choisissent souvent d'anticiper la démobilisation et de rentrer dans leurs foyers. D'abord sommés de regagner leurs postes, ils voient leur situation régularisée par une directive du 21 novembre 1918. Ils sont donc mis en congé illimité, à condition qu'ils n'appartiennent pas aux classes 1896 à 1899 qui restent d'active, et reçoivent une somme de 15 marks, un complet civil et, à défaut, des vêtements militaires en bon état – dont on estime qu'ils peuvent favoriser une certaine stabilité, avec la présence visible de l'armée dans le paysage urbain de

8. Pour une approche générale, Richard Bessel, *Germany after the First World War,* Oxford, Clarendon Press, 1993, rééd. 2002. Ainsi que Gerald D. Feldman, « Wirtschafts- und sozialpolitische Probleme der deutschen Demobilmachung, 1918-1919 », in *Industrielles System und politische Entwicklung in der Weimarer Republik,* Hans Mommsen, Dietmar Petzina, Bernd Weisbrod (éd.), Düsseldorf, 1974, et Gerald D. Feldman, « Economic and social problems of the German demobilization, 1918-1919 », *Journal of Modern History,* vol. 47, 1975.

l'immédiat après-guerre. Mais ce ne sont que vains espoirs. Le chaos qui prévaut en Allemagne à l'hiver 1918-1919 remet en cause tous les plans échafaudés par l'État-major et le gouvernement. Contrairement à ce qui avait été prévu, les anciens combattants ne bénéficient pas de l'aide des chambres de commerce et des syndicats pour retrouver du travail. Les commissaires de la démobilisation, établis dans chaque province, se caractérisent par leur incompétence. Et dans un pays au bord de l'asphyxie, les soldats doivent faire face, par eux-mêmes, aux rigueurs de la sortie de guerre.

Les puissances alliées s'efforcent, quant à elles, de ne pas démobiliser les troupes trop rapidement. L'objectif est stratégique, mais aussi économique. Dans ses interventions devant le Congrès, le président Wilson réaffirme la nécessité de ne pas baisser la garde face à l'Allemagne et de réorganiser progressivement l'économie américaine, afin de la faire passer de l'état de guerre à l'état de paix. Le gouvernement américain poursuit ainsi, durant quelques mois, ses commandes de guerre à l'industrie pour éviter toute déstabilisation. En Angleterre, le choix d'une démobilisation individuelle s'explique également par des préoccupations d'ordre économique[9]. Commencée en décembre 1918 et achevée seulement au printemps 1920, en raison de l'éparpillement des troupes sur des théâtres d'opérations éloignés et des grèves de cheminots qui avaient entravé le transport des hommes, cette entreprise gigantesque repose, dans l'idéal du moins, sur l'adaptation de la démobilisation aux besoins des employeurs. Ainsi, chaque soldat britannique est-il tenu de remplir, avant son retour, un formulaire succinct où il indique le secteur d'activité qui l'intéresse, ses qualifications, et éventuellement les garanties

9. S.R. Graubard, « Military demobilisation in Great Britain following the First World War », *The Journal of Modern History*, 1947 ; in Ian Beckett et Keith Simpson (éd.), *A Nation in Arms : A Social Study of the British Army in the First World War,* Manchester University Press, 1985.

dont il dispose pour retrouver un emploi. Grâce aux bourses du travail, les questionnaires collectés sont comparés aux demandes des chefs d'entreprise – notamment dans les secteurs jugés prioritaires par le ministère du Travail et le *War Office*. Les démobilisés sont donc à peu près certains de trouver un travail, de retour chez eux. Dans le cas contraire, ils reçoivent, durant une période de 12 mois, une somme hebdomadaire de 24 shillings, accrue de 6 shillings pour le premier enfant et de 3 pour les suivants. Ce qui frappe, naturellement, c'est le pragmatisme d'un tel système, qui prévoit par exemple le renvoi, début décembre 1918, de quelque 150000 hommes-pivots (*pivotal men*), chargés de remettre en état l'appareil de production, avant l'arrivée massive des soldats démobilisés. Pour sa mise en œuvre, le gouvernement prend soin de faire appel, quand c'est nécessaire, aux organisations syndicales, comme le Conseil exécutif de la Fédération des mineurs, afin de s'assurer que les démobilisés sont bien dirigés vers des emplois réels et qu'ils sont réintégrés rapidement dans la vie des entreprises.

Mais ce choix d'une démobilisation personnalisée, qui propose à chaque soldat un rapatriement adapté à ses qualifications et aux besoins économiques du pays, a aussi d'autres origines. Il s'enracine dans une tradition protestante de respect de l'initiative individuelle, dont l'expression la plus frappante est l'armée de volontaires mise sur pied, et avec quel succès, dans les deux premières années de la Grande Guerre. Dans la réalité pourtant, ce type de démobilisation, qui résulte d'une réflexion approfondie menée sous la direction du général Bennet Hitchcock depuis la fin de 1917, se heurte à l'opposition violente de certains soldats permissionnaires. Même si les textes esquissent des droits à un retour anticipé, en fonction de la durée du service et de la situation familiale des soldats, nul ne comprend vraiment que la démobilisation soit fondée quasi exclusivement sur les exigences du marché de l'emploi. Dans les ports de Folkestone et de Douvres, ou à proximité du *War Office* à Londres, des troubles éclatent vers la fin de décembre 1918. « Il est urgent de renvoyer dans leurs foyers les engagés volontaires de l'été 1914 », affirme-t-on en substance. « Les états de service ne sont-ils pas prioritaires sur les besoins économiques ? » Le gouvernement s'en émeut. Un nouveau règlement est publié le 29 juin 1919. Abandonnant la démobilisation sur des critères économiques, il reprend les mêmes orientations que le système français, qui sert alors de modèle.

En effet, en France, comme en Italie d'ailleurs, le gouvernement fait le choix de démobiliser les hommes à l'ancienneté, en d'autres termes par classes en commençant par les militaires les plus âgés, indépendamment du grade, de l'emploi dans le civil, ou des états de service des soldats. Le système retenu est naturellement subordonné à des exigences concrètes, que les députés tendent à oublier, mais que les responsables gouvernementaux ne cessent de rappeler dans les débats parlementaires. « Rien n'est plus simple, je le sais bien, que de prendre une plume et d'écrire : "je démobilise toute l'armée française", ou bien : "je démobilise toutes les vieilles classes" », s'écrie Léon Abrami, sous-secrétaire d'État à l'Administration de la guerre, dans un débat un peu houleux, le 22 novembre 1918. « Mais quand on aborde les problèmes pratiquement, on aperçoit alors les difficultés. Nous sommes des hommes d'action, réunis pour faire de l'action, il faut voir les choses telles qu'elles se présentent. Ce ne sont pas des mots ni des intentions qui résoudront ces problèmes. »

Cela dit, la démobilisation par classes est également un choix idéologique, qui découle directement d'une représentation de l'armée républicaine et de ses soldats. Les députés et les sénateurs restent fidèles, en la circonstance, à une tradition d'égalité des citoyens devant l'« impôt du sang », inscrite dans la conscription obligatoire et transposée fidèlement lors de la démobilisation. Par ailleurs, il faut bien voir combien les classes de conscription structurent les générations, organisent les sociabilités, dictent l'appartenance des individus à tel ou tel groupe de jeunes gens[10]. De leur entrée sous les drapeaux jusqu'à leur retour définitif dans leurs foyers, les soldats de la Grande Guerre sont des citoyens en armes, égaux en droits. « Notre armée de soldats citoyens mérite d'être traitée avec justice et égalité », résume le député socialiste de la Seine Jacques Lauche, lors de la séance du 22 novembre 1918. Puisqu'il est impossible de les rendre tous en même temps à la vie civile, le critère de démobilisation le plus juste semble donc celui de l'âge.

En témoigne cet échange, durant la séance du 22 novembre 1918, lorsque Léon Abrami, à la tribune, rappelle les principes généraux qui guident l'action gouvernementale : « Un certain nombre d'esprits, en France, se sont demandé s'il ne conviendrait pas à ce pays de réaliser ce qui a été prévu dans d'autres États : une démobilisation par catégories professionnelles… » À l'extrême gauche : « Non ! Non ! » Le sous-secrétaire d'État : « Non ! Le principe adopté par le Gouvernement sera celui d'un renvoi égalitaire, classe par classe [Très bien ! très bien !], et, dans chaque classe, les auxiliaires assimilés aux hommes du service armé. [Très bien ! très bien !] Nous ne procéderons pas au compte-gouttes, mais, je le répète, par larges renvois portant sur le plus grand nombre de classes possibles [Très bien ! très bien !]… »

Cette unanimité de façade est toutefois rompue dès que les députés abordent la question des sursis. La gauche socialiste et certains radicaux-socialistes comme Louis Guichard plébiscitent une démobilisation rapide et sans privilège autre que l'ancienneté ; la plupart des parlementaires souhaitent qu'on prenne également en compte les difficultés économiques du moment. Les premiers exigent qu'on libère au plus vite les hommes les plus âgés, notamment les classes 1890 et 1891 qui, à la mi-novembre 1918, ne sont pas encore rendues à la vie civile. Les autres mettent en avant les besoins prioritaires

10. Odile Roynette, *Bons pour le service. L'expérience de la caserne en France à la fin du XIX*e *siècle,* Paris, Belin, 2000.

de tel ou tel secteur économique et seraient tentés par un égalitarisme à la française, mâtiné de pragmatisme à l'anglaise.

« Démobilisez donc, Monsieur le sous-secrétaire d'État, et le plus grand nombre de classes possible. Démobilisez classe par classe, sans distinction de profession et donnez un emploi immédiat et rémunérateur à ceux qui ne pourront trouver de suite leur ancienne situation ou une situation nouvelle », exige Louis Guichard, député radical du Vaucluse. « D'urgence, il faut que vous libériez les vieux. Il faut qu'ils reviennent. Vous l'avez promis, tenez vos promesses. La justice et l'intérêt général l'exigent », renchérit le député socialiste Jacques Lauche. Pour appuyer leurs demandes, ces députés de gauche s'empressent de dresser un tableau peu flatteur de l'emploi des soldats les plus âgés, dont le maintien sous les drapeaux est cause de scandale. « On leur fait faire de l'exercice, de la gymnastique d'assouplissement. Vous estimerez que cela ne convient pas à des hommes de quarante-neuf ans », ironise Louis Guichard. « Il serait préférable qu'ils puissent aller chez eux semer du blé ou planter des pommes de terre, au lieu de se livrer à des exercices ridicules pour leur âge dans les casernes ou ailleurs. » Et cela est d'autant plus vrai que les aînés des combattants sont aussi ceux qui ont eu des responsabilités dans la vie économique du pays avant la guerre. « Vous êtes préoccupé de donner du travail aux hommes libérés. Justement, dans ces vieilles classes, il y a des chefs d'industrie, des commerçants, qui peuvent donner à l'activité du pays l'impulsion nécessaire. Si vous les libérez, ils pourront remettre au point leur industrie ou leur commerce, et, au fur et à mesure que les hommes des classes plus jeunes seront libérés, ils pourront donner du travail », préconise le député Jacques Lauche.

À l'irresponsabilité du gouvernement est alors souvent opposé le sens du devoir de ces vieux soldats qui accepteraient de rester sous les drapeaux pour servir leur patrie, mais se refusent à retarder leur retour chez eux, s'ils sont condamnés à l'inactivité. « Dans toute la journée d'hier, j'ai travaillé une demi-heure à plier des couvertures ; le reste du temps, je demeure là à ne rien faire. Mais je ne puis pas sortir et les officiers regardent si je me tiens bien », rapporte un soldat de la classe 1891, dont le témoignage est donné en exemple. Les détracteurs de l'action gouvernementale cherchent à culpabiliser les responsables de la démobilisation, en pointant du doigt les défauts d'organisation et en les confrontant aux sacrifices déjà consentis par les plus âgés des combattants. « Nous avons une dette d'honneur et de reconnaissance vis-à-vis de nos chers poilus, nous sommes prêts à l'acquitter sans marchander », résume Louis Guichard. Sur les principes d'une démobilisation égalitaire, les députés de gauche restent donc inflexibles. Il est essentiel, à leurs yeux, de démobiliser rapidement, en commençant par les classes les plus anciennes. Le respect dû aux combattants en dépend, mais aussi la paix sociale. « Notre illustre ministre de la Guerre, M. Clemenceau, nous a dit à diverses reprises : “Je fais la guerre”, et il l'a bien faite, nous sommes unanimes à le reconnaître. Aujourd'hui, il doit dire “Je veux faire la paix, la paix sociale, en démobilisant tous les RAT, sans distinction ni de classe ni de profession” », exhorte le député du Vaucluse. « C'est avec le seul souci de voir se maintenir la paix sociale, si indispensable au relèvement économique et industriel du pays, que je vous prie de bien réfléchir aux décisions que vous avez à prendre et de renvoyer les classes dans le plus bref délai possible. »

Les autres parlementaires privilégient quant à eux les exigences économiques, jugeant qu'il faut certes tenir compte de la durée du service actif des anciens combattants pour fixer leur date de libération, mais aussi des besoins du pays. « Ce qu'il faut éviter, c'est de faire une loi Mourier[11] de la démobilisation, c'est-à-dire de créer toutes sortes de catégories minuscules, selon lesquelles les uns seraient démobilisés

11. Barthélemy Mayéras fait allusion à la loi promulguée le 10 août 1917, pour compléter la loi Dalbiez de 1915 sur le recrutement et la mise en place des ouvriers militaires.

tandis que les autres seraient conservés sous les drapeaux », rétorque le député socialiste Mayéras. « Vous savez ce qu'il en serait ; personne ne serait content et à force de décrets, de circulaires, de décisions, d'instructions du Grand Quartier général, de sous-instructions des quartiers généraux, on arriverait à ne plus rien y comprendre et nous serions aussi embarrassés pour savoir quels sont les hommes qui doivent être démobilisés que nous l'avons été pour savoir comment ces hommes devaient être affectés. Je ne veux pas dire et aucun de nous ne pense que certaines catégories ne doivent pas être prises en considération ; mais les catégories ne doivent pas primer sur la classe. »

En lisant les débats à la Chambre des députés et au Sénat, on a pourtant le sentiment que chacun se fait le défenseur d'une profession, d'une catégorie sociale. Ainsi, lors de la séance du 22 novembre 1918 : « M. Jean Durand : Avez-vous, Monsieur le sous-secrétaire d'État, pensé à démobiliser ces hommes ? Pensez-vous, dans l'intérêt de la nation, pouvoir rendre à la terre avant les semailles de printemps tous les agriculteurs RAT ? – M. Charles Leboucq : Il ne faudrait pas oublier non plus le commerce et l'industrie. – M. Lenoir : Il ne faut pas oublier de libérer les territoriaux de la frontière qui ont été appelés six mois avant les autres. » Les agriculteurs, dans un pays encore majoritairement rural, sont les plus souvent cités. Ils sont représentés au Parlement par un grand nombre de propriétaires fonciers, dont la diversité de fortune et de condition est toutefois non négligeable[12]. « Les semailles d'automne sont finies depuis bien longtemps ; elles se sont, d'ailleurs, faites dans des conditions très imparfaites par faute de main-d'œuvre, mais les labours nécessaires aux

12. Sur le personnel parlementaire en 1914-1918, voir Fabienne Bock, *Un parlementarisme de guerre. Recherches sur le fonctionnement de la Troisième République pendant la Grande Guerre,* thèse présentée à l'Institut d'études politiques de Paris, 1998, 3 vol., 1104 p., ou, sous sa forme abrégée, *Un parlementarisme de guerre, 1914-1919,* Paris, Belin, 2002.

semailles du printemps vont bientôt commencer», plaide le député de l'Ain Laurent Derognat, qui s'est intéressé particulièrement durant la guerre au cas des agriculteurs et pères de famille nombreuse mobilisés. «Je veux aussi, comme beaucoup de mes collègues – j'insiste *comme représentant d'une région agricole* – le renvoi immédiat dans leurs foyers des agriculteurs de la classe 1892 [...] afin qu'ils puissent faire leurs derniers travaux, labours et semailles, avant le 20 ou 25 décembre, date extrême des ensemencements. Vous savez mieux que moi que l'appoint du blé de printemps dans notre pays est insignifiant», ajoute le député radical de l'Indre Paul Patureau-Baronnet. Les raisons invoquées sont convaincantes: «C'est le problème le plus urgent: il ne faut pas manquer de pain.» Et le député se fait même, à l'occasion, menaçant: «Ne risquons pas une aventure qui pourrait être funeste, car M. le ministre du Ravitaillement, malgré son éloquence persuasive, son autorité et son talent, ne pourrait faire admettre à ce pays qu'on peut ravitailler les Boches quand les Français meurent de faim.»

La terre et les paysans: c'est le pain qui nourrit la France victorieuse, ce sont également les valeurs pour lesquelles les soldats de la Grande Guerre se sont battus dans un combat présenté fondamentalement comme défensif: «La terre ne crie-t-elle pas, en quelque sorte à ses enfants qui la cultivaient naguère, qu'elle a besoin de leurs bras pour la fertiliser à nouveau?», lance le député socialiste Olivier Deguise, dont l'essentiel des interventions à la Chambre porte sur les indemnités des habitants des régions envahies et sur les réparations de guerre. «Demandez à tous ceux qui connaissent la terre, aussi bien aux cultivateurs qu'aux simples ouvriers des champs qui en vivent également, si ce n'est pas pour eux un souci poignant de voir, en se rendant dans leurs foyers libérés, cette terre inculte et inerte depuis de longs mois, sinon depuis des années.» Le député de l'Aisne plaide naturellement en faveur des habitants des régions envahies, dont il est le représentant. Les paysages ruraux sont identifiés au corps supplicié de la France. Un corps qu'il faut régénérer par l'agriculture.

André Maginot, ancien ministre des Colonies et grand blessé de guerre, ne dit pas autre chose. Dans un discours inspiré qu'il prononce le 28 janvier 1919 devant la Chambre, celui qui est député de la Meuse depuis près de dix ans défend un retour rapide des soldats originaires des anciens départements occupés. « On a parlé du mécontentement que pourraient éprouver certains en voyant des démobilisés plus jeunes qu'eux rentrer dans leurs foyers à la faveur des sursis, alors qu'eux-mêmes se verraient dans l'obligation de demeurer sous les drapeaux pendant deux ou trois mois encore. Que peuvent peser, je vous le demande, dans l'esprit des populations que nous représentons, des possibilités de mécontentement de cet ordre, en face de l'intérêt supérieur, de l'intérêt commun, qui exige que la vie renaisse chez nous le plus tôt possible et que nos réfugiés exilés aux quatre coins du pays voient cesser leur exil. » Cet exorde peut sembler assez osé dans le contexte de l'immédiat après-guerre. Ne suggère-t-il pas que des vétérans, les héros victorieux de la Grande Guerre, se laissent gagner par la défense de leur intérêt personnel au détriment de l'intérêt collectif ? Et l'orateur va plus loin, dénonçant ouvertement les retards de la reconstruction et l'incurie gouvernementale. « Le mécontentement dans nos régions n'est pas à venir, il existe. Il existe parce qu'on s'y rend compte que, depuis la victoire, la situation ne s'y est aucunement améliorée, et qu'on ne fait pas d'effort suffisant pour y ramener la vie », gronde-t-il. « On m'objectera peut-être qu'il serait regrettable d'instituer ainsi deux régions et d'avoir, pour les départements blessés et sinistrés, en ce qui concerne les sursis, un régime différent de celui appliqué aux autres départements. Si c'est regrettable, Messieurs, c'est surtout regrettable pour nous. »

L'égalité contre la justice : voilà l'essentiel des débats parlementaires sur les principes généraux de la démobilisation.

Lors de la discussion sur l'évolution du système des majorations de classes, en juillet 1919, Louis Deschamps reconnaît lui-même le caractère utopique d'une libération à l'ancienneté : « Voyez la carte de France ; il y a des régions fertiles qui n'ont rien connu des misères de la guerre. Il y a des régions tristes et désolées qui ont besoin de se refaire, et en faveur desquelles le principe d'égalité doit subir un échec. La justice veut qu'il en soit ainsi. »

Faire référence à la terre nourricière, figure quasi maternelle meurtrie par les combats, c'est exercer sur le gouvernement une irrésistible pression morale afin qu'il libère en priorité les agriculteurs. Qui refuserait de renvoyer chez eux ceux dont dépend la prospérité du pays, ces hommes chargés d'effacer par leur travail la souillure de la guerre et de l'occupation ? « La terre de France est généreuse, et pour qui sait la comprendre, pour qui sait se pencher sur elle, *cette terre palpite, elle vit*. Si vous allez dans les régions dévastées, vous la verrez cette terre ; elle est meurtrie, elle est incapable d'efforts, elle est comme épouvantée de receler dans ses entrailles les ossements de ceux qui l'ont défendue, et dans ces tranchées, dans ces arbres abattus, dans cette désolation, dans cette tristesse infinie, il y a les larmes des choses, car *les choses aussi pleurent* », insiste le président du groupe de la Défense paysanne, Jean Durand. « Les champs incultes ressemblent à un manteau de deuil, ils attendent la venue des absents pour être fécondés et pour donner à la France les cent millions de quintaux de blé qui lui sont nécessaires [...] Je le répète, vous ferez de l'agriculture, non pas avec des lois, mais avec des agriculteurs. » De même, qui s'opposerait à la libération en priorité des pères de famille nombreuse, comme le demande le député Bonnevay [13], ou des militaires dont le

13. Cela dit, l'accueil de cette mesure par les combattants est assez varié. « Pourquoi favoriser les pères de famille nombreuse ? Est-ce qu'un père de cinq enfants a fait son devoir mieux qu'un père de deux ? Non, je pense. Le père de cinq a été mis à l'abri de nombreux mois avant la

père ou les frères ont été tués au combat ? Une économie à reconstruire, des terres à labourer, des familles éprouvées par le deuil qu'il faut secourir : ce sont ces critères qui décident de l'ordre à suivre dans le renvoi des hommes, lorsque la démobilisation à l'ancienneté cesse d'être la règle absolue.

La hiérarchie des souffrances de guerre

La règle générale veut que les militaires soient renvoyés dans leurs foyers en fonction de leur classe d'âge, année de leurs 20 ans, et cela en commençant par les classes les plus anciennes. Les hommes des classes 1887 à 1891 sont les premiers à être libérés, leur démobilisation intervenant entre le 16 novembre et le 20 décembre 1918. Suivent les hommes des classes 1891 à 1906, libérés entre le 25 décembre 1918 et le 3 avril 1919. Puis, après une interruption de plusieurs mois liée aux tensions diplomatiques avec l'Allemagne, les classes 1907 à 1918, démobilisées entre le 9 juillet 1919 et le 14 juin 1920. Il en est de même pour les engagés volontaires, appartenant à des classes qui n'ont pas encore été appelées sous les drapeaux, notamment les jeunes des classes 1919 et 1920 : leur temps de service durant le conflit leur est décompté de leurs obligations militaires et ils peuvent rentrer chez eux dans les semaines qui suivent l'armistice.

Par ailleurs, rien n'interdit aux soldats qui le souhaitent de prolonger leur présence sous les drapeaux jusqu'au décret de cessation de l'état de guerre, qui paraît finalement au mois d'octobre 1919. C'est le cas aussi des officiers de complément, promus durant le conflit, à la suite des coupes claires

---

signature de l'armistice, tandis que l'autre restait exposé. Ce que je crois, c'est que déjà nos députés ont le cauchemar des élections, et ils flattent ceux qui, pensent-ils, peuvent leur apporter des voix. Le député sortant a beau faire : je ne voterai pas pour lui » (un correspondant du 18e RIT, Ve armée, dans une lettre du 17 décembre 1918).

des premiers mois, bons meneurs d'hommes formés sur le terrain qui, s'ils n'épousent pas tous une carrière militaire, demeurent dans l'armée, le plus souvent, jusqu'au terme officiel des hostilités. Tant que ce décret de cessation des hostilités n'est pas paru au *Journal officiel*, les soldats démobilisés restent d'ailleurs en congé illimité de démobilisation. Ils sont tenus, au cas où la guerre reprendrait, de rejoindre au plus vite leur régiment. Tels sont les principes qui régissent la démobilisation à l'ancienneté. Or ils se trouvent nuancés, comme nous l'avons déjà dit, par la mise en place d'un système complexe de majorations de classe. Les autorités militaires s'efforcent de s'adapter ainsi aux besoins du pays et, dans le même temps, de compenser symboliquement les sacrifices consentis pendant la guerre par telle ou telle partie de la population.

Les pères d'au moins 4 enfants vivants bénéficient déjà de la loi du 21 mars 1905 qui les rattache à une classe de mobilisation d'un an plus ancienne que la leur. À l'hiver 1918-1919, cette mesure est complétée par d'autres majorations. Par exemple, les militaires ayant eu 2 frères tués au champ d'honneur gagnent une classe, et 2 classes s'ils ont perdu au combat plus de 2 frères ; les frères aînés de 6 enfants, orphelins de père et de mère, 2 classes ; les aînés d'au moins 8 enfants orphelins, 4 classes. Et 4 classes aussi pour les militaires agriculteurs et fils aînés de veuves cultivatrices. Les pères de famille bénéficient quant à eux d'une classe par enfant, avec une majoration supplémentaire d'une classe pour les veufs. D'autres avantages sont accordés encore au mois de juillet 1919, après la signature du traité de paix et au moment de la reprise des opérations de démobilisation : les militaires dont les parents sont morts pour la France, disparus depuis 6 mois ou décédés durant un bombardement, les frères aînés d'orphelins, les mobilisés résidant en Corse gagnent une classe ; ceux qui résidaient en Algérie-Tunisie au moment de leur mobilisation 2 classes, ceux qui viennent des régions envahies bénéficient d'une majoration de 4 classes…

Avec la diversité des cas individuels, l'incessante modification des majorations de classe dans les mois qui suivent l'armistice, les soldats et leurs familles hésitent sur leurs droits. Par milliers, des lettres affluent au ministère de la Guerre. Certains combattants semblent mal renseignés. La plupart espèrent que leur situation personnelle ou celle de leurs proches peuvent leur valoir d'être intégrés à telle ou telle catégorie. Rien n'interdit de tenter sa chance et de chercher à apitoyer les responsables de la démobilisation. Le « classement des souffrances[14] » n'est-il pas absurde après tout, lui qui assimile « à une veuve une femme cultivatrice dont le mari est aveugle », mais déclare qu'un « militaire frère aîné de 6 enfants orphelins de père et dont la mère est infirme ne peut être assimilé à un frère aîné de 6 enfants orphelins de père et de mère » ? De même, note le commandant d'un camp militaire du Sud de la France en mai 1919, n'est-il pas étonnant qu'un « orphelin de père et de mère, agriculteur, ayant eu un frère tué à l'ennemi, et lui-même frère aîné de 2 sœurs, n'ait droit d'après les circulaires en vigueur qu'à une majoration d'une classe pour frère tué » ? Il est ainsi « dans une situation moins avantageuse qu'un fils unique de veuve cultivatrice qui bénéficie d'une majoration de 4 classes. La mort de sa mère le prive de cet avantage. Il est cependant chef de famille, puisque ses 2 sœurs sont à sa charge ».

Par ailleurs, les rumeurs sur l'existence de tel ou tel avantage tiennent souvent lieu d'informations. « J'ai entendu dire, Monsieur le ministre, qu'il y avait une circulaire qui spécifiait qu'un militaire ayant eu 2 frères tués à l'ennemi était renvoyé à l'arrière à proximité de sa résidence. Mon beau-frère Albert Alix, appartenant au secteur postal 132, se trouve dans cette situation », écrit un ancien maréchal des logis de gendarmerie, qui ne manque pas de préciser qu'il est décoré de la médaille

14. L'expression est de Jean-Michel Chaumont (*La Concurrence des victimes : génocide, identité, reconnaissance,* Paris, La Découverte, 1997).

militaire, et surveillant général à l'école Victor-Vassal pour la rééducation des grands blessés de guerre, près d'Oran. « Je viens vous prier, Monsieur le ministre, s'il ne vous serait pas possible de donner des ordres aux Chefs de mon beau-frère, à seule fin qu'ils veuillent bien le faire évacuer à l'arrière, en le faisant diriger dans le département d'Oran sur son corps d'origine. »

Dans de nombreux cas, ce sont les soldats eux-mêmes qui prennent la plume pour s'informer auprès de l'État-major de l'armée. « Je suis de la classe 1916, mon père a été tué dans le courant de la guerre. Le cas d'un père décédé par faits de guerre est-il assimilable à la perte d'un frère et comme tel fait-il bénéficier de la majoration d'une classe ? », s'enquiert un brigadier de l'État-major du 3e corps d'armée. Fin mars 1919, au moment où la démobilisation s'interrompt pour quelques mois, après la libération de la classe 1906, un chasseur de la classe 1907 essaie lui aussi de faire valoir ses droits à un retour anticipé : « Mobilisé depuis le 7 janvier 1916, aîné de 5 enfants vivants nés respectivement en 1908, 1910, 1911 et 1914, fils de veuve, mon père Ducloy Eugène ayant été tué au champ d'honneur le 25 septembre 1915 à Pontavert (Aisne), j'ai l'honneur d'attirer votre attention sur ma situation particulière. N'étant pas cultivateur mais cimentier, je ne puis bénéficier de la circulaire du 21 janvier 1919, en conséquence, je vous demanderais, étant donné la situation fâcheuse de ma mère avec mes jeunes frères s'il me serait possible de bénéficier des avantages de démobilisation accordés aux fils aînés de veuve cultivatrice même quand le fils est unique. Trois de mes oncles qui auraient pu aider ma famille sont également morts au champ d'honneur, un en novembre 1915, le second en mars 1916, le troisième en août 1916. » Dans d'autres cas, c'est le maire de la commune d'origine qui apporte son soutien aux demandes des familles. Ainsi, cette attestation envoyée le 3 juillet 1919 à l'État-major de l'armée : « Le maire de la Commune de Saint Potan (Côtes-du-Nord) soussigné certifie que Madame Josselin Marie femme Balavoine

François, mère du soldat Balavoine François actuellement au 2e génie à Montpellier (Hérault) exerce la profession de cultivatrice et exploite plus de 5 hectares de terre, qu'ayant son mari en traitement à l'asile des aliénés de Dinan, elle peut être considérée comme veuve. Elle est restée seule avec 2 enfants âgés de 9 et 12 ans. Aussi la susnommée désirerait que son fils soit considéré comme étant son seul soutien et que, de ce fait, il bénéficie des majorations prévues pour sa démobilisation et son retrait des troupes d'armée d'Orient. »

La réglementation sur les majorations de classe semble particulièrement absurde aux soldats originaires des régions libérées. S'ils ont quitté la zone envahie au début de la guerre et se sont réfugiés en France intérieure, ils n'ont pas droit à une majoration de classe, à l'exemple de ce sous-lieutenant du 70e régiment d'artillerie qui « était au moment de la déclaration de guerre élève à l'Institut catholique des arts et métiers de Lille, ville dans laquelle [il] se trouvait depuis deux ans, et a dû suspendre ses études, à cause de l'invasion, pour rejoindre [sa] famille à la Trinité-sur-Mer (Morbihan) ». En outre, la délimitation géographique des régions libérées, qui donne droit à des avantages pour les soldats démobilisables, est elle-même particulièrement contestée : « Domicilié à Moussey, canton de Senones, département des Vosges, je comptais bénéficier des majorations de classes accordées dans la circulaire du 8 juillet 1919 aux militaires de complément résidant dans les régions libérées », explique un capitaine de réserve de l'État-major de la IVe armée. « Or le décret du 5 décembre 1918 ne classe pas dans les régions libérées l'arrondissement de Saint-Dié et notamment les cantons de Raon-l'Étape, de Senones et de Saint-Dié gravement éprouvés par la guerre. N'y a-t-il pas contradiction avec l'instruction du 13 novembre 1918, portant attribution d'indemnité de repliement et attribuant la qualité de réfugié aux habitants de ces cantons ? »

À ces majorations de classes s'ajoutent, en janvier 1919, des sursis accordés aux commerçants, industriels et cultivateurs, qui ne peuvent être donnés, précise Louis Deschamps, « qu'à titre tout à fait exceptionnel et uniquement quand un intérêt général évident l'exige », notamment pour « assurer la reprise de la vie économique et administrative [...] dans les régions libérées ». À titre d'exemple, le 22 juillet 1919, Clemenceau promet une mise en sursis « dans le plus bref délai possible » aux « mineurs de houille et aux mineurs des mines métalliques et des ardoisières appartenant aux classes 1913, 1914 et 1915 » sous condition qu'ils soient employés à nouveau dans les industries minières. Pour les commerçants et les industriels, les demandes adressées aux généraux commandant les régions concernées sont soumises pour avis à des commissions mixtes composées de patrons et d'ouvriers, puis transmises au sous-secrétariat d'État à la Démobilisation en cas de refus. En ce qui concerne la France rurale, les commissions départementales de la main-d'œuvre agricole peuvent donner des sursis aux anciens combattants employés dans des industries travaillant pour l'agriculture, aux spécialistes agricoles (maréchaux-ferrants, bourreliers...), aux professions agricoles saisonnières, ainsi qu'aux militaires dont la présence à la terre est nécessaire à l'exploitation agricole : fils aîné d'un invalide ou d'une veuve exploitant elle-même, et dont les autres fils sont mobilisés, ont été tués à la guerre ou ne participent pas à l'exploitation ; veuf ayant au moins 3 enfants à sa charge ; agriculteur ayant eu 2 frères tués à la guerre et reconnu soutien indispensable de famille.

Cela dit, les soldats originaires des régions libérées n'ont l'autorisation de retourner chez eux que dans la mesure où leur famille y réside encore[15]. Tout homme qui demande à revenir dans une localité anciennement occupée par l'armée

15. SHAT, 7 N 588, 20 décembre 1918. Il faut noter une certaine analogie avec les règles administratives concernant les réfugiés : le retour des habitants des régions libérées est soumis à une autorisation du préfet du département destinataire, qui est réservée à ceux qui disposent d'un logement sur place ou dont la présence est jugée utile pour la reconstruction.

allemande est tenu de fournir un certificat du maire ou du commissaire de police, attestant la présence de ses parents sur place, ou, à défaut, une autorisation du préfet du département. Sans ces justificatifs, le démobilisé est dirigé vers une localité de l'intérieur. Le but des autorités de l'État est naturellement d'éviter l'afflux d'hommes sans travail, sans famille, ou sans ressources, dans des zones détruites ou en cours de reconstruction. Faut-il permettre aux démobilisés de rejoindre ces régions dévastées et ajouter ainsi au désordre et au désespoir ? Ne risquent-ils pas, comme ces anciens habitants de Lens décrits par leur député Louis Dubois, de « rester assis pitoyablement sur les décombres dans le petit coin qui reste de la place, rêvant à je ne sais quelle résurrection, se demandant, sans doute, comment, par quelle baguette magique, par quel effort de bras titanesque on pourrait arriver à déblayer tout cela[16]... » ? L'hiver n'est sans doute pas la saison la plus appropriée pour commencer des travaux de reconstruction, ajoutent certains.

Pourtant, rien ne semble devoir résister au désir de revenir chez soi. De récents travaux sur les réfugiés montrent que les retours, autorisés ou spontanés, sont très rapides[17]. En juin 1919, le ministre des Régions libérées, Albert Lebrun, reconnaît que les choses ne se sont pas toujours passées

16. Philippe Nivet, « Le retour des réfugiés ou la violence des ruines », *Reconstructions en Picardie après 1918,* Paris, Réunion des Musées nationaux, 2000, p. 22-33. La description faite par Louis Dubois, notamment l'hébétude des réfugiés, permet d'avancer l'hypothèse de personnes atteintes de PTSD (voir Louis Crocq, *Les Traumatismes psychiques de guerre*, *op. cit.*).

17. Philippe Nivet, « Le retour des réfugiés... », art. cité, ainsi que David De Sousa, *La Reconstruction et sa mémoire dans les villages de la Somme,* mémoire de maîtrise sous la direction de Stéphane Audoin-Rouzeau, Université de Picardie-Jules-Verne, 1997, Woignarue, Éd. La Vague verte, 2001. Voir aussi Hugh Clout, *After the Ruins. Restoring the Countryside of Northern France after the Great War,* Exeter, University of Exeter Press, 1996, et Helen McPhail, *The Long Silence. Civilian Life under the German Occupation of Northern France, 1914-1918,* Londres, New York, I.B. Tauris Publishers, 1999, chapitre IX.

comme prévu, et que les réfugiés sont souvent rentrés sans autorisation, ou contre l'avis des autorités préfectorales. Les vétérans originaires des régions libérées partagent avec leurs concitoyens la même impatience de reconstituer la vie d'avant-guerre, le même sentiment d'abandon lors des premiers mois, la même révolte contre les incohérences de la reconstruction. Le même dépit aussi qui les pousse parfois à repartir et à aller s'installer ailleurs.

Qu'advient-il en outre de tous les combattants, assez nombreux, qui apprennent la signature de l'armistice alors qu'ils se trouvent temporairement à l'arrière, en permission ou en convalescence par exemple ? Dans leur cas, le principal souci des autorités militaires est de faire des économies de transport et d'intendance. Il faut éviter, dans la mesure du possible, de les renvoyer dans la zone des combats, pour avoir ensuite à les en ramener quelques semaines plus tard. La situation des permissionnaires est assez simple. Si leur permission expire moins de 10 jours avant le renvoi de leur échelon, ils doivent se présenter au commandant d'armes ou à la brigade de gendarmerie la plus proche de leur lieu de séjour, afin de vérifier qu'ils remplissent les conditions d'une démobilisation prochaine. Ils sont ensuite dirigés vers leur dépôt démobilisateur. Toutes les mesures sont prises pour que le démobilisé reçoive dans les meilleurs délais les effets personnels qu'il a pu laisser en partant en permission, ainsi que son carnet de pécule s'il ne l'a pas pris avec lui. Cela dit, la réalité est souvent assez chaotique. « Journellement se présentent chez les commandants d'armes des hommes dont la permission expire 11, 12 ou 15 jours avant la date de renvoi de leur échelon. Beaucoup sont des armées et n'arrivent qu'après un voyage de 4 jours à leurs camps, d'où ils repartent au bout de 5, 6, ou 7 jours pour le centre de groupement », explique le commandant des dépôts d'infanterie de Riom et de Montluçon. « Après une quinzaine presque entièrement passée dans les gares ou en chemins de fer, ils reviennent au dépôt démobilisateur près duquel ils se trouvaient en permission, exaspérés par deux voyages longs et fatigants dont ils ne comprennent pas l'utilité. On peut admettre que pendant les quelques jours qu'ils passent aux armées, ces hommes n'y rendent pas grand service, aussi serait-il peut-être préférable d'augmenter le délai fixé. » Par ailleurs, il n'est pas toujours facile pour les permissionnaires, même avec de la bonne volonté, de retrouver leur unité d'origine, qui a changé d'implantation depuis l'armistice. « Jamais depuis que je voyage, je n'ai vu pareille pagaille dans toutes les gares. Tout poilu que l'on rencontre ne sait pas où il va », reconnaît un soldat de la Ve armée dans une lettre du 9 décembre 1918. « Si ! Ceux-là seuls qui vont en permission, eux seuls savent quel chemin prendre. Mais les autres ! Ils se laissent vivre, ils vont là où on les dirige. Comme tous les régiments sont en déplacement, on a le temps de chercher. Je vais aux renseignements. On n'est pas capable de me dire si ma division est encore à Strasbourg. » Les soldats en convalescence bénéficient des mêmes dispositions que les permissionnaires, à l'exception des hommes en congé illimité d'instance de réforme, qui doivent attendre qu'on statue sur leur cas. Quant aux hospitalisés, ils ne sont renvoyés chez eux que lorsque leur état de santé le leur permet, à condition également de ne pas être en instance de réforme[18]. Mais l'arrière, ce sont aussi les mobilisés agricoles et industriels. Les premiers sont souvent des soldats mutilés ou traumatisés, qui ont été affectés dans des régions rurales, faute de pouvoir retourner au front. Ils y rendent des services

18. La question du retour des mutilés, abordée dans une perspective associative par Antoine Prost (*Les Anciens Combattants et la Société française, op. cit.*, vol. 1), est également étudiée par Jean-François Montès d'un point de vue économique (*1915-1939, (re)travailler ou le retour du mutilé : une histoire de l'entre-deux-guerres,* Paris, Office national des anciens combattants et victimes de guerre, décembre 1991) et d'un point de vue médical par Sophie Delaporte (*Les Gueules cassées. Les blessés de la face de la Grande Guerre,* Paris, Éd. Noésis, 1996, et « Le retour des mutilés : de la douleur », in *Finir la guerre,* Actes du colloque de Verdun, 12-13 novembre 1999, *Les Cahiers de la Paix,* nº 7, 2000, p. 90-100).

aux champs, dans des zones frappées durement par le manque de bras, où l'on se dispute la main-d'œuvre des prisonniers allemands. Les seconds bénéficient d'un statut d'ouvriers militaires, qui remonte au mois d'août 1915, lors de la promulgation de la loi Dalbiez. Suivant cette loi, complétée le 10 août 1917 par la loi Mourier, les hommes placés en sursis d'appel ou détachés d'un corps d'armée sont considérés comme affectés à l'usine où ils travaillent ; ils bénéficient de la législation sociale et ouvrière, mais demeurent sous l'autorité directe du ministre de la Guerre qui peut à tout moment décider de les transférer à un poste plus utile à l'économie nationale. Ils sont astreints à résider dans la ville où se trouve l'établissement où ils ont été affectés, portent un insigne distinctif et doivent théoriquement le salut aux officiers.

Dans le cas des mobilisés agricoles, le dépôt démobilisateur, quelle que soit l'arme d'origine, est le centre de rattachement des mobilisés agricoles du département de leur résidence. Au moment de la démobilisation, les contrôleurs de la main-d'œuvre agricole vérifient quels sont les hommes sous leurs ordres faisant partie de l'échelon démobilisable et s'assurent de leur résidence. Ceux de ces hommes qui se trouvent dans le lieu de leur résidence, mais dont le dépôt démobilisateur n'est pas dans cette localité sont fréquemment démobilisés sur pièces, afin d'éviter des déplacements inutiles et coûteux. Il revient dès lors aux autorités militaires d'envoyer aux dépôts démobilisateurs les fiches de recensement des intéressés. L'ordre de route donné à chaque mobilisé agricole prescrit cependant qu'en cas de rappel de son échelon l'intéressé restera, comme mobilisé agricole, dans la localité où il se trouve au moment de la démobilisation de son échelon.

Les mobilisés en usines font l'objet de vérifications analogues de la part des contrôleurs de la main-d'œuvre militaire. Ceux qui sont maintenus dans leur emploi sont démobilisés sur pièces à moins que leur dépôt démobilisateur ne se trouve dans la localité où ils travaillent. Les autres sont envoyés par les soins du commandant d'armes ou du commandant de la brigade de gendarmerie de la localité dans laquelle ils se trouvent sur leur dépôt démobilisateur, qui procède à leur démobilisation dans les mêmes conditions que pour les militaires du territoire.

Reste la situation des hommes qui ont été condamnés à des peines de prison au cours du conflit. Faut-il les libérer avec leur classe d'âge et risquer de provoquer le mécontentement des Français qui estiment le plus souvent que ces soldats ont vécu à l'abri pendant une partie de la guerre ? Une circulaire du 10 juillet 1919 met un terme à cette injustice en instituant un système plus équitable : le temps passé en prison n'est pas pris en compte dans le calcul de la durée du service actif, de telle sorte que les intéressés ne sont pas démobilisés avec leur classe de mobilisation, mais un peu plus tard, avec une classe ultérieure. Échappent naturellement à cette mesure les réhabilités et les bénéficiaires des lois d'amnistie, qui sont rendus à leurs foyers en même temps que leurs camarades du même âge.

Une entreprise longue et délicate

Les étapes du parcours du soldat démobilisé

Le long parcours du soldat démobilisé débute dans son unité d'origine. Dès qu'il a reçu l'ordre de leur mise en congé, c'est le commandant de l'unité qui établit la liste nominative des démobilisables puis la transmet au responsable du convoi vers le centre de groupement. Il lui faut organiser au plus vite la mise en route de ces hommes, afin de ne pas ralentir le processus de démobilisation. Or cette première étape est vécue par les combattants comme une rupture souvent douloureuse. Il faut bien comprendre en effet qu'à l'exception de quelques unités de la « Territoriale » il n'existe plus, à la fin de 1918, de régiments homogènes composés d'hommes du même âge. Les pertes durant les combats ont fini par mêler, au sein des mêmes unités, des hommes relativement âgés et des nouveaux venus qui ont appris, à leur côté, le métier des armes. La solidarité des « groupes primaires » de combattants, les épreuves endurées en commun, l'aide mutuelle promise en cas de malheur ont contribué à atténuer ces différences d'âge. Et c'est cette même solidarité qui avive le désarroi des hommes, le jour où certains d'entre eux, quelquefois une poignée de soldats, sont appelés à retourner dans leur foyer. Il faut aussitôt refondre les unités, mais pour un ou deux mois seulement, avant qu'une nouvelle classe ne soit démobilisée. L'ordre apparent de la démobilisation par classes masque donc la profonde désorganisation d'une armée dont l'esprit de corps se dissout, à mesure que les hommes qui ont combattu ensemble se séparent. Ajoutons à ces sentiments celui de devoir rompre avec la sociabilité combattante, avec un rythme de vie et des paysages familiers, et l'on retrouvera ce qui fait le propre de la phase de séparation dans les rites de passage.

Avant leur départ, les militaires sont alignés en solde et n'ont droit, à dater de ce jour, qu'aux allocations prévues pour l'intérieur. Le montant du carnet de pécule est arrêté en toutes lettres, puis visé par le commandant de l'unité d'origine. Ce carnet est obligatoirement remis à chaque homme au moment de la mise en route. Un certificat de cessation de paiement individuel lui est adjoint, avec mention de la carrière militaire du soldat, du taux de solde dont il bénéficie, du détail des sommes déjà versées par l'unité d'origine, des sommes à payer par le dépôt démobilisateur. Les fiches de recensement sont également mises à jour et portent la mention : « renvoyé le… à destination de… Département de… ; …e échelon », suivie de la signature et du cachet du commandant de l'unité. Une fois ces opérations effectuées, les hommes peuvent se rendre, à pied, à la gare d'embarquement.

Ce système apparemment rigoureux présente, en pratique, de nombreuses failles. Ainsi, certains hommes prétendent avoir perdu en cours de route leur carnet de pécule afin de recevoir une seconde fois, à leur arrivée au dépôt démobilisateur, leur indemnité fixe de démobilisation. D'autres dissimulent le certificat de cessation de paiement et réclament des arriérés de solde. Les fraudes sont si nombreuses qu'elles finissent par attirer l'attention des autorités militaires. « Il serait indispensable de prendre des mesures rigoureuses contre la perte du livret individuel en revenant aux pratiques anciennes, sanctionnées par l'expérience, qui faisaient du livret individuel le relevé complet des services et des mutations de l'homme dans les pages numérotées et non sur des papillons (papillons des permissions, des avis des médecins spécialistes, etc.) qu'il est trop facile d'enlever ou de remplacer », suggère le gouverneur militaire de la Corse.

À l'arrivée dans le centre de groupement, les groupes de démobilisés sont réorganisés, les soldats regroupés par arme et par dépôt démobilisateur. On doit, avant de mettre les hommes en route, vérifier que chacun d'eux est bien en possession de sa fiche de recensement. Au cas où un homme se présenterait sans cette fiche, il y a lieu de vérifier, au moyen de ses pièces d'identité, qu'il remplit les conditions voulues pour faire partie de l'échelon en cours de démobilisation. En cas de fraude, le démobilisé est renvoyé à son unité, avec d'éventuelles poursuites disciplinaires. Par ailleurs, chaque chef de détachement reçoit, avec les certificats de cessation de paiement, une liste nominative des militaires démobilisés, qui fait office de feuille de route. Il peut ainsi percevoir les vivres correspondant au nombre d'hommes dont il a la charge, durant le voyage vers le dépôt démobilisateur.

Naturellement, la durée du séjour dans le centre de groupement est la plus brève possible. Il n'est pas facile en effet de maintenir la discipline lorsque les hommes sont impatients de rentrer chez eux et ont le sentiment de perdre leur temps. En outre, l'alimentation des nouveaux venus est à la charge du camp qui les héberge, ce qui ne manque pas de créer des problèmes, en cas d'une arrivée massive de démobilisés. « Après avoir interrogé quelques officiers, gradés et soldats, de ces divers détachements, qui se sont présentés ultérieurement pour se faire démobiliser, j'en ai conclu que la responsabilité des chefs de détachement était atténuée considérablement par la confusion inexprimable qui régnait au centre de groupement de Mailly. Là, rien n'avait été préparé pour faciliter la tâche des chefs de détachement, les trains se présentaient dans n'importe quel ordre sans pancartes, sans indications, et les hommes surexcités par les souffrances endurées au cours d'une nuit passée dans la boue glacée d'un camp, sans abri, sans nourriture, se précipitaient dans les trains dès qu'ils se présentaient », témoigne le commandant du dépôt de démobilisation de l'École militaire. Un télégramme envoyé le 30 décembre 1918 au sous-secrétariat d'État à la Démobilisation confirme l'existence de difficultés analogues au centre de groupement d'Arras : « Cadres et troupe du centre arrivés trop tardivement. Cantonnements et installations insuffisants et malsains. Alimentation non assurée (ration anglaise, mais ni pain, ni vin, ni coopérative). Formation des trains lente et défectueuse. Vous prie de bien vouloir prescrire urgence améliorations indispensables ou même déplacement du centre. »

Vient alors le jour du départ vers le dépôt démobilisateur. Le voyage s'effectue le plus souvent en deux temps, d'abord vers une gare de répartition, qui réorganise les convois en direction de la ville la plus proche du domicile du démobilisé, puis vers le dépôt démobilisateur lui-même, qui est fixé par le commandant d'unité d'après le lieu où se trouve la famille du militaire. « Il y a lieu de veiller d'une manière stricte à ne renvoyer sur Paris ou sur les grandes agglomérations urbaines, telles que Lyon, Marseille, Bordeaux, Rouen, Le Havre, Nantes, Saint-Étienne, Toulon, que les hommes qui y ont bien résidence », précise l'instruction générale du 7 décembre 1918 sur la démobilisation. Toutefois, « un nombre d'erreurs individuelles assez considérable a été relevé dans les indications portées sur les fiches de recensement. Certaines unités ou certains groupes appelés à les rédiger ignorent ou perdent de vue ce principe : le dépôt démobilisateur est le dépôt de l'arme voisin de la résidence. Certains dirigent sur le centre de recrutement originaire ; d'autres aiguillent sur les dépôts n'appartenant pas au territoire de la région où l'homme se retire, ceci faute de connaître la géographie élémentaire et les limites des anciens corps d'armée. En ce qui concerne la 2e Région, il est arrivé à Amiens de trop nombreux soldats devant se retirer dans les environs de Compiègne et Senlis (6e Région). Il en est résulté de nombreuses marches en retour avec tous les inconvénients qu'elles comportent ».

« Des hommes annoncés manquent ; par contre, d'autres se présentent à un dépôt alors qu'ils auraient dû être dirigés vers un autre », confirme le général Coutanceau, commandant la 10e Région. « Le dépôt démobilisateur du Génie de Nantes rend compte que la moitié des hommes du Génie reçus dans la nuit du 27 au 28 [décembre 1918] et venant du centre de groupement de Compiègne sont arrivés sans avoir reçu les vivres dont ils doivent être munis jusqu'au jour de leur arrivée. Le même dépôt signale que plus de 300 hommes de la même provenance sont arrivés sans pièces d'identité d'où un retard considérable dans l'établissement des congés et la mise en route des démobilisés. »

La situation semble particulièrement chaotique en région parisienne, du fait, semble-t-il, de la désorganisation du centre de groupement de Mailly. Un rapport du capitaine Loncle, chargé de la démobilisation du Gouvernement militaire de Paris (École militaire), en témoigne, dans une note du 24 janvier 1919 : « J'avais dans mon détachement des hommes de tous les arrondissements, tant infanterie, cavalerie, artillerie, et non pas seulement ceux des 10e, 11e, 12e et 13e arrondissements et du canton de Charenton. En conséquence gros travail pour le dépôt démobilisateur qui doit refaire un nouveau classement. Dès la répartition terminée (10 heures 30), les hommes ont été envoyés dans des baraquements non chauffés et par un froid de 6° en dessous, où ils sont restés jusqu'à 19 heures, heure à laquelle le train de

Paris a été formé. Aucun ordre concernant l'arrivée à Paris. C'est ainsi que le train, entré en gare de Est-Ceinture à 10 heures 45, est resté 30 minutes en gare sans ordre sur la destination. Malgré l'interdiction de descendre du train, les hommes ont passé outre. »

On imagine, dans ces circonstances, combien il est difficile pour les dépôts démobilisateurs de procéder aux dernières démarches avant la libération finale. Théoriquement, trois locaux doivent être réservés aux opérations de démobilisation. Dans un premier baraquement, on vérifie l'identité du soldat démobilisé, au moyen des pièces dont il est possesseur, notamment la fiche individuelle de recensement, puis on établit un titre de congé. Les fiches individuelles de recensement sont destinées à être conservées dans un fichier spécial dit « fichier de mobilisation ». Chaque démobilisé se trouve ainsi représenté par sa fiche de recensement au dépôt qui l'a envoyé en congé et qui est également, jusqu'à nouvel ordre, son dépôt mobilisateur en cas de rappel sous les drapeaux. Si, par suite de changement de domicile, un homme en congé illimité change de dépôt mobilisateur, sa fiche de recensement est envoyée au nouveau dépôt. Par ailleurs, la fiche individuelle de recensement sert au dépôt démobilisateur pour établir le titre de congé illimité, remis à chaque démobilisé. Du même format que le livret individuel dans lequel il se trouve inséré, il est accompagné d'un ordre de route, qui sert de fascicule de mobilisation pour son détenteur en lui indiquant ce qu'il aurait à faire en cas de rappel sous les drapeaux de l'échelon dont il fait partie.

Pour autant, la situation est compliquée par le fait que certains hommes arrivent au centre de démobilisation avec des documents « en général pliés, maculés, déchirés », durant le voyage, ou bien sans fiche de recensement. « La commission régulatrice de démobilisation de la 5e Région signale que les fiches de recensement qui doivent suivre les démobilisés sont remises en vrac au chef de train », témoigne le général de L'Espée, commandant l'État-major de la 5e Région à Orléans. « De grands désordres, des retards de trains et des pertes de fiches de recensement, sont inévitables si les centres de groupement n'opèrent pas suivant les instructions données et si une surveillance en cours de route n'empêche pas le mélange des détachements. » Faut-il confier aux démobilisés la responsabilité de leurs papiers individuels ? C'est ce que suggère un officier de l'École militaire. « Il est nécessaire de laisser à chaque homme sa fiche de recensement et son certificat de cessation de paiement pour qu'à l'arrivée au dépôt démobilisateur il puisse être libéré séance tenante sans qu'on soit obligé de rechercher des fiches et certificats introuvables parce que les chefs de détachement les ont égarés ou mélangés avec d'autres. » À la lecture de tous ces rapports officiels, envoyés à l'EMA durant l'hiver 1918-1919, transparaît une même inquiétude : celle de compromettre, par des retards successifs, le bon déroulement de la démobilisation par classes, et de ne pas tenir les délais. « On est forcé de leur établir un duplicata, d'où perte de temps », écrit le chef du bureau de la démobilisation de Dijon, le 31 décembre 1918.

Dans un deuxième bâtiment, les démobilisés reçoivent leur solde et le paiement de leurs frais de route ainsi que des tickets de pain. Une copie du certificat de cessation de paiement est alors établie. Mais encore faut-il que les dépôts ne soient pas submergés par le nombre des nouveaux arrivants. « Les dépôts démobilisateurs ne sont pas prévenus suffisamment à temps de l'arrivée des trains amenant les hommes démobilisables », se plaint le général Ebener, gouverneur militaire de Lyon. « Il en résulte quelques difficultés à distribuer, à des hommes ayant roulé pendant plusieurs jours et bien souvent fatigués, immédiatement des repas chauds [...] Le délai de 24 heures prescrit par les instructions pour le renvoi des hommes a pu être observé et même réduit pour les petits détachements. Pour les détachements à gros effectifs, malgré le travail ininterrompu des bureaux démobilisateurs, il a été souvent dépassé (exemple : le 14ᵉ escadron du Train a reçu le 4 janvier 1500 démobilisables). Il semble d'après l'expérience que les dépôts démobilisateurs ne devraient pas recevoir plus de 400 hommes par jour. »

Enfin, un local est réservé aux opérations d'habillement. Mais « quantité de démobilisés (80 à 90 %) se présentent au dépôt prétendant n'avoir pas été munis des effets qu'ils sont autorisés à emporter. Il en résulte des réclamations nombreuses, surtout pour les chaussures. 90 % des hommes n'ont qu'une seule paire de chaussures et le plus souvent en mauvais état. Les dépôts démobilisateurs n'ont pas des approvisionnements d'effets suffisants pour en distribuer en aussi grande proportion ». Dans un rapport adressé au général commandant la 15e Région, le général Deleuze, gouverneur de la Corse, confirme les abus auxquels donne lieu la démobilisation : « C'est ainsi que presque tous les démobilisables se présentent avec des brodequins hors de service et reçoivent des brodequins neufs, alors qu'il est matériellement impossible que les unités qu'ils quittent les aient laissé partir ou même servir avec des chaussures en aussi mauvais état », explique-t-il. « Pour 6 500 militaires démobilisés, il a fallu distribuer 1 203 paires de brodequins, soit pour une valeur de 23 000 francs. La morale, la discipline et les finances de l'État souffrent terriblement de ces pratiques qui correspondent à un véritable pillage des approvisionnements. D'autant que les parents ou certains marchands procurent en cachette aux démobilisables de vieilles chaussures pour les présenter au dépôt démobilisateur. »

Aussitôt après avoir réglé toutes les questions relatives à l'habillement, au paiement de la solde et des indemnités, à l'établissement du titre de congé illimité, le dépôt démobilisateur met l'homme en route vers sa résidence définitive. Le commandant du dépôt démobilisateur se charge alors d'informer deux fois par jour le chef de gare du nombre d'hommes dans chaque direction.

Les soldats face aux lenteurs de la démobilisation

Après le retour dans leurs foyers des soldats les plus âgés (les classes 1887 à 1891 licenciées entre le 16 novembre et le 20 décembre 1918), la libération en l'espace de 3 mois, du 25 décembre 1918 au 3 avril 1919, de plus de 3 millions de soldats posait des problèmes concrets, sans doute mal anticipés : avec des infrastructures ferroviaires souvent détruites ou fatiguées, il fallait à la fois assurer le retour des soldats et des prisonniers, le rapatriement des blessés, et, dans le même temps, le transport et le ravitaillement des troupes d'occupation. Et cela sans réduire le trafic intérieur et handicaper la vie économique du pays. Quelle priorité choisir ? Quels moyens mettre en œuvre ? À une première phase de démobilisation (décembre 1918-avril 1919) particulièrement chaotique, succède une période allant de juillet 1919 à septembre 1919 où les opérations sont, semble-t-il, mieux organisées. Le contrôle postal en témoigne : les plaintes concernant l'acheminement à l'arrière se font de plus en plus rares.

Dans un premier temps, l'organisation de transports spéciaux par wagons de marchandises, faute de wagons de voyageurs en nombre suffisant, avait fortement mécontenté les soldats. « Je te souhaite un voyage de démobilisation plus rapide que le mien », écrit un ancien combattant dans une lettre de février 1919. « Je suis parti de Cussy le 25, et sais-tu quand je suis arrivé chez moi ? Le vendredi 31 janvier… Et pourtant, je n'ai pas passé deux nuits au même endroit. Quelle fumisterie que ce centre de regroupement de Mailly… Il ne fait pas chaud dans les wagons à bestiaux au départ de Mailly, ni dans ceux dont tous les carreaux sont brisés. Aussi, tout le monde rouspète en chœur ! Et quel chœur ! » « J'avais signalé dans le rapport du 14 janvier que les wagons n'avaient pas été éclairés pendant les transports du premier échelon », confirme le général Hallouin, commandant à Bordeaux la 18e Région militaire. « Il continue à en être de même et les hommes suppléent à ce manque d'éclairage au moyen de lanternes ou de bougies leur appartenant. Un wagon d'un des trains provenant de Mailly a pris feu quelques minutes après le débarquement des RAT et a été complètement brûlé. »

Devant l'indignation des intéressés, on finit par composer les convois, pour moitié, de trains de voyageurs et l'on en améliore le confort. On s'efforce notamment de limiter le nombre de démobilisés par wagon : « Il m'est signalé que la plupart des trains de démobilisés mis en route des centres de groupement vers l'intérieur, dépassent l'effectif de 1700 hommes, souvent même de 1800 et parfois 2000, alors que l'effectif normal prévu est de 1500 pour un train de 47 wagons couverts », avertit le GQG des armées du Nord et de l'Est. « Pour le cas où cet accroissement d'effectif serait obtenu en augmentant le nombre d'hommes embarqués dans chaque wagon, j'appelle votre attention sur les inconvénients qui en résultent pour le bien-être des hommes. On ne saurait en effet accroître l'effectif embarqué dans chaque wagon sans augmenter les fatigues d'un voyage souvent de longue durée. » Les autorités militaires veillent aussi à assurer aux démobilisés des repas chauds, ou du moins « une soupe et deux cafés par période de vingt-quatre heures ». À cet effet, « chaque train partant d'un centre de groupement transportera 3 arrière-trains de cuisines roulantes. Les vivres nécessaires à la préparation des repas chauds seront fournis par les Armées et délivrés par les centres de groupement. Ils seront calculés en tenant largement compte des délais de transport, et pris en compte avant le départ par le Commandant du train ». Les conditions matérielles de la démobilisation semblent faire l'objet d'une certaine amélioration, surtout à partir du début de l'année 1919.

Mais cela ne suffit pas, bien sûr, à calmer l'agitation. Tout à leur joie de revenir chez eux, les démobilisés chantent, ils boivent, ils s'invectivent. Certains gradés sont pris à partie. Que peuvent craindre des soldats en cours de libération ? Des notes font état de destructions assez coûteuses. « Il a été signalé, au cours des derniers mois, une moyenne mensuelle de 13000 bris de glaces et 400 avaries de portières », précise un rapport du 15 mai 1919. Et pourtant, depuis le début de l'année 1919, les rappels à l'ordre ont été nombreux. Une circulaire du 21 février 1919 cherche à renforcer le service d'ordre dans les gares, lieux où se concentrent les troubles. Le 26 février 1919, une note rappelle les consignes de discipline dans les trains de démobilisés : « Les Compagnies continuent à signaler des bris ou vols de matériel (vitres, portières, coussins, lampes-signaux), commis par des militaires transportés en chemin de fer. Ces faits dénotent une inobservation complète des ordres donnés et répétés, touchant la discipline des trains. Ils contribuent à aggraver les conditions des transports défectueuses dont se plaignent un grand nombre de démobilisés, par suite de la difficulté qu'ont actuellement les Compagnies pour remplacer le matériel détérioré ou enlevé. Ils exposent enfin les voyageurs tant civils que militaires à de graves incidents qui peuvent être la conséquence de l'absence ou de la détérioration des signaux. Ils doivent immédiatement cesser. » Rien n'y fait, cependant. Et en dépit des remarques répétées des autorités militaires, la démobilisation continue à se faire dans un beau désordre.

Reste l'encombrement du réseau ferroviaire dont les journaux ne tardent pas à donner leur version : « À une époque où le pays souffre tout à la fois d'une crise de charbon et d'une crise de transport, des officiers généraux ou supérieurs, pour des motifs qui n'ont souvent rien à voir avec la défense nationale font chauffer des trains spéciaux qui embouteillent des lignes déjà surchargées », s'indigne un journaliste du *Matin* (23 juin 1919). « C'est un général faisant de cette façon seigneuriale le trajet de Chantilly à Strasbourg. C'est un simple colonel, présidant une commission de réseau, qui, pour ne pas attendre pendant deux heures l'express de Metz, commande immédiatement un train spécial. » La situation est naturellement beaucoup plus complexe que ne le laissent penser certains articles de presse. Ainsi, dès le 15 novembre 1918, une note du ministère des Travaux publics et des Transports fait état de l'inquiétude du gouvernement face aux perturbations du trafic ferroviaire : « Il y a tout lieu de croire que le trafic des réseaux ne sera pas ralenti pendant la période qui commence. Le transport des matières premières s'imposera pour l'alimentation de toutes les industries, afin de prévenir le chômage. Les ravitaillements des armées continueront, quoique avec une importance moindre. Le ravitaillement du pays devra être assuré avec la plus grande régularité, car on admettrait difficilement la nécessité de privations, qui étaient justifiées pendant la guerre. Les transports des charbons, des engrais, des matériaux, pour la reconstitution des régions libérées, etc., entraîneront des charges très lourdes. Enfin, le rapatriement des prisonniers de guerre alliés et la démobilisation nécessiteront un effort considérable. »

Ce sont aussi les centres de groupement et les dépôts démobilisateurs qui, à leur tour, irritent les soldats démobilisés. Les hommes ne rentrent pas directement dans leurs foyers. Ils doivent passer préalablement par des étapes obligées. Or le rapport parlementaire sur le contrôle des dépôts démobilisateurs, effectué pour les mois de décembre 1918 et janvier 1919, témoigne de l'improvisation qui affaiblit ce système apparemment sophistiqué. La localisation des centres laisse à désirer. Certains sont loin de tout, comme celui d'Arras, d'autres sur des terrains boueux, comme celui de Mailly dans l'Aube. Les hommes comprennent mal la nécessité de ces diverses étapes qui ralentissent inévitablement le trajet de retour. L'accueil qui leur est réservé dans les centres ne leur convient pas, la plupart du temps. Ils se sentent incompris, jalousés de ceux qui restent sous les drapeaux, mal considérés. La nourriture est insuffisante, les démobilisés couchent parfois à même le sol. Les soldats chargés auprès d'eux des démarches administratives sont souvent plus jeunes et n'ont rien vu de la guerre. Plus grave encore aux yeux des militaires en cours de démobilisation, on leur impose des exercices qui n'ont plus aucun sens et les hommes ont le sentiment que leur expérience de guerre n'est pas prise en considération. Peu à peu, les autorités militaires semblent prendre conscience du problème. Ainsi, au printemps 1919, l'État-major invite les commandants de dépôt à rendre les honneurs militaires à l'ensemble des démobilisés et à organiser, à cette occasion, des banquets festifs. Il aura donc fallu quatre ou cinq mois pour que soit réellement prise en compte l'importance affective des derniers moments passés sous l'uniforme, étape essentielle dans ce que les psychiatres militaires appellent « la recomposition de l'image de soi ».

« Au moment de la victoire, on avait tressé des couronnes à nos soldats, on leur avait jeté des fleurs, lancé des proclamations ; le poilu était le soldat rempart du monde, le champion du droit ; on lui avait promis le défilé sous la voûte triomphale au milieu des acclamations. Il ne faudrait pas donner au poilu l'impression qu'on oublie déjà ses services », explique le député Camille Blaisot lors de la séance du 26 février 1919. « Je répète qu'on lui avait promis un retour triomphal, on lui a offert le cahotement interminable pendant des jours et des nuits dans des wagons ouverts à tous les vents où on a entassé pêle-mêle officiers et soldats jusqu'à leurs dépôts démobilisateurs. Voulez-vous toute ma pensée à ce propos ? J'estime que l'autorité militaire ou le Gouvernement auraient dû décider que, pendant la durée de la démobilisation, quelques officiers combattants retour du front seraient affectés spécialement aux dépôts démobilisateurs pour y recevoir les poilus [Très Bien ! Très Bien !], s'occuper d'eux, leur serrer la main à leur arrivée et, au départ final, leur dire l'affectueux merci de la France reconnaissante qu'ils avaient bien servie [Applaudissements]. Ce n'était pas difficile à faire. Au lieu de cela, le poilu, venant du front, a été accueilli trop souvent en gêneur, au dépôt démobilisateur, et ce furent des discussions interminables avec des scribes au sujet de ses indemnités de combat, de son carnet de pécule, de son droit au vêtement de 52 francs, que sais-je ? Et le poilu est rentré chez lui attristé, le cœur chagrin. Lui devenu si sensible et si fier, il s'est senti blessé. » De cette longue citation du député du Calvados ressort l'image saisissante d'un soldat fragile, accessible aux blessures d'amour-propre après quatre années de guerre – un soldat-enfant auquel la patrie se doit d'exprimer des sentiments d'affection quasi maternelle.

L'attitude des soldats à l'égard de la démobilisation dépend naturellement d'un certain nombre d'éléments, en particulier de leur classe d'âge, les plus âgés ayant l'assurance de rentrer assez rapidement chez eux, tandis que les autres sont condamnés, selon toute vraisemblance, à patienter plusieurs mois. Ainsi, en novembre 1918, seules les classes 1916, 1917 et 1918, composées d'hommes de 20 à 22 ans, sont d'active et doivent achever leurs trois années de service, avant de pouvoir prétendre à leur libération. Les soldats des classes précédentes appartiennent en revanche à la réserve d'active, la Territoriale ou la RAT[19]. Certains portent les armes en même temps que leurs fils ou combattent aux côtés d'hommes qui auraient pu être leurs fils. « Nos âges ? Nous avons tous les âges. Notre régiment est un régiment de réserve que des renforts successifs ont renouvelé en partie avec de l'active, en partie avec de la territoriale. Dans la demi-section, il y a des RAT, des bleus et des demi-poils », soulignait déjà Henri Barbusse, en 1916, dans *Le Feu*. « Fouillade a quarante ans. Blaire pourrait être le père de Biquet, qui est un duvetier de la classe 3. Le caporal appelle

19. Mis en congé après avoir effectué ses 3 années de service militaire actif (loi du 7 août 1913), le soldat reste disponible pour une durée de 28 ans, durant laquelle il effectue des périodes d'exercice qui sont le prolongement naturel du service militaire : soit, depuis 1908, 2 périodes de 23 et 17 jours pendant le temps de réserve de l'armée active, et une période de 9 jours pendant le temps de réserve de la territoriale. Selon Jules Maurin et Jean-Charles Jauffret (« Sous les drapeaux », in *Histoire militaire de la France,* sous la direction d'André Corvisier, Paris, PUF, tome 3, 1992), il semble que ceux qui effectuent leurs deux périodes de réserve soient plus nombreux (entre 85 % et 91 % d'une classe) que ceux qui font leur période de 9 jours durant leur temps d'armée territoriale.

Marthereau "grand-père" ou "vieux détritus" selon qu'il plaisante ou qu'il parle sérieusement... Dans notre groupe disparate, dans cette famille sans famille, dans ce foyer sans foyer qui nous groupe, il y a, côte à côte, trois générations[20]... » C'est encore largement le cas en 1918. Les plus âgés, ceux des classes 1887 à 1889, des hommes de 49 à 51 ans, considérés comme des hommes âgés à l'époque, ont même dépassé les 28 années au cours desquelles chaque citoyen peut être appelé sous les drapeaux. Pour ces derniers, tout maintien dans l'armée après l'armistice, même pour quelques semaines, pour quelques mois, est vécu comme une injustice profonde.

Les classes les plus anciennes montrent donc des signes d'impatience dès la mi-novembre, comme le signalent de nombreux commandants de région. « Toujours rien pour la démobilisation. Tous ceux qui sont ici sont comme moi, anxieux et mécontents de ne rien savoir et de toujours attendre », avoue un soldat de la Ve armée dans une lettre de la fin novembre 1918 à sa femme. « Si Abrami ne tient pas sa parole : "démobilisation des vieilles classes au 31 janvier, gare, ça va ch..." » (lettre des 4-5 décembre 1918, V^e^ armée). Cette attente est d'autant plus difficile à supporter que les soldats les plus âgés ont le sentiment qu'on les occupe à des tâches secondaires, à des exercices militaires inutiles. « Il est temps qu'ils nous lâchent après bientôt cinq ans de métier militaire. Ça suffit bien, et tout le monde respire après », proteste un soldat de la VIIIe armée (contrôle postal du 3 février 1919). « Ce n'est plus la guerre ; ce n'est pas encore la paix. Période de transition pénible. Ennui et dégoût de tout. On a l'impression qu'on mène ici une vie inutile. Et pourtant, il y a tant de choses à faire et qui sont en suspens », résume un soldat de la Ve armée, dans une lettre à sa femme (contrôle postal du 19 décembre 1918). Partagés entre exaspération (ne seraient-ils pas plus utiles dans leurs familles, à s'occuper de

20. Henri Barbusse, *Le Feu,* Paris, Flammarion, 1916.

leurs exploitations agricoles ou à reconstruire leurs régions dévastées par le conflit ?) et humiliation (est-ce ainsi que les autorités militaires et le gouvernement récompensent des combattants qui ont « fait les quatre années de guerre » ?), certains en viennent à refuser le salut aux officiers, comme le remarque le commandant du 87e RI : les vieilles classes ne sont déjà plus des soldats en attente de leur démobilisation, mais des civils en uniforme.

Après la libération des classes 1887 à 1891 entre le 16 novembre et le 20 décembre 1918, la démobilisation se poursuit à un rythme régulier jusqu'au mois d'avril 1919. Il faut en moyenne une dizaine de jours pour libérer les hommes d'un échelon (soit 2 ou 3 classes d'âge), et de 3 semaines à un mois, si l'on ajoute aux soldats présents dans la zone des armées ceux de l'intérieur. Le principe retenu par l'État-major est simple : on attend d'avoir démobilisé un échelon avant d'engager la libération de l'échelon suivant. Cette façon de procéder, qui peut sembler maladroite puisqu'elle accroît l'impatience des hommes, a surtout pour but d'éviter les engagements hâtifs. Pourquoi se lier les mains avec des dates de démobilisation, quand une brusque tension des relations diplomatiques avec l'Allemagne ou des incidents matériels peuvent les remettre en cause ? Il semble préférable aux autorités civiles et militaires d'annoncer la libération seulement en temps voulu à ses bénéficiaires.

Pourtant, l'incertitude des soldats démobilisables, qui ne peuvent pas prévenir leur famille à l'avance ou prévoir leur retour, est un des facteurs les plus déstabilisants pour le moral des troupes. « Quand donc ces Messieurs du gouvernement se décideront-ils à démobiliser autrement qu'au compte-gouttes ? Nous attendons avec une patience non illimitée », se plaint celui-ci. « Ils prennent du temps pour démobiliser une classe. Il n'en fallait pas tant pour les appeler », ajoute celui-là. « Je me fais des cheveux de voir que l'on ne nous annonce pas la date de la fuite plus vite que ça. C'est bien la peine de nous bourrer le crâne en nous disant que les classes 07 et 08 partiraient le lendemain de la signature, mais je ne sais pas quel lendemain ! », se désespère un soldat de la VIe armée.

Les hommes lisent fébrilement les journaux, espérant y trouver la confirmation de leur démobilisation prochaine. « Que penser de la libération ? Ils ne parlent pas souvent de nous ! J'ai toujours espoir pour le 15 décembre quoique les journaux deviennent muets sur ce sujet », note un soldat de la Ve armée dans une lettre du 3 décembre 1918. « Je trouve que ça ne marche pas bien vite et j'ai peur d'être ici au mois de mars et peut-être plus, car les journaux disent bien pour les RAT, mais pas du tout question pour les territoriaux. Enfin je trouve qu'ils n'en parlent pas assez vite », ajoute un autre. Nombreux sont ceux, alors, qui prêtent une oreille attentive aux rumeurs, désireux à la fois de croire celles qui leur promettent une libération rapide, et incrédules jusqu'à ce que l'ordre de démobilisation arrive effectivement entre les mains de leur commandant d'unité. « Nous verrons si l'on ne m'a pas bourré le crâne. Il paraît que la démobilisation se ferait jusqu'à la classe 1904 », écrit prudemment un soldat de la Ve armée, le 7 décembre 1918 (la classe 1904 ne sera libérée qu'au mois de mars 1919). « Je vois que pour la démobilisation ça ne va pas bien vite », reconnaît un soldat qui semble avoir perdu ses illusions initiales. « Je ne compte plus être libéré pour la Noël, ils nous tiennent et ils en profitent. » « Je comptais être libéré en janvier, mais je crois qu'il me faudra attendre quatre ou cinq mois de plus », affirme un autre.

Or, à la mi-avril 1919, la démobilisation s'interrompt brutalement. Cet arrêt des opérations correspond à une phase de tensions dans les négociations de paix entre les Alliés et les puissances centrales. Dans de telles circonstances, il importe aux représentants français de garder une certaine crédibilité face aux négociateurs allemands et de ne pas avoir, le cas échéant, à remobiliser massivement. Rappelons en effet qu'à cette date 3 millions d'hommes sur 5 millions de démobilisables ont déjà été rendus à leurs foyers. La nouvelle de l'interruption de la démobilisation est accueillie avec stupeur et consternation, en particulier par la classe 1907, des hommes de 32 ans, qui auraient dû être démobilisés au printemps 1919. N'y a-t-il pas quelque injustice pour eux à rester sous les drapeaux, sans aucune garantie de libération rapide, alors que la classe 1906 a été rendue à la vie civile ? Le contrôle postal permet de constater une recrudescence du thème de la démobilisation dans le courrier, ainsi qu'une forte croissance des opinions négatives à ce sujet. « Ce qui me met en rage, et ce matin je suis fou de rage, c'est de voir qu'après une chose c'est une autre, je lis sur le journal que notre espérance d'être ensemble dans la première quinzaine d'avril est déçue », reconnaît un soldat du 68e RI. « Les salauds, ils ont fait un échelon avec les auxiliaires et les mobilisés ayant 3 membres tués dans leur famille, et cet échelon finit le 20 avril. Comme ils font de l'opinion publique ce qu'ils veulent, ils ont commencé à nous préparer en disant que ce serait sans préjudice pour les autres classes que ces auxiliaires soient démobilisés. Aujourd'hui ils les mettent à notre place. Je suis d'une colère rouge après eux et navré. » À l'annonce de la signature imminente des négociations de paix, des manifestations s'organisent pour demander la reprise de la démobilisation, comme dans les rues de Cherbourg le 23 et le 24 juin 1919. À Chartres, de 5000 à 6000 hommes manifestent sur la voie publique le 1er juillet. À Rennes, une cinquantaine d'hommes du dépôt du 7e RAC font du tapage. Chaque fois, les sanctions prises contre les meneurs suffisent à ramener le calme.

Notons que l'indiscipline est particulièrement forte dans les régiments de l'intérieur, surtout lorsque les hommes sont cantonnés à proximité de leur lieu de résidence et de leur famille. Dans l'attente d'une libération qu'ils espèrent proche, les soldats ont à la fois l'allure et l'état d'esprit de civils en uniforme. Pour les commandants d'unité, c'est la camaraderie des tranchées qui est en cause. Elle « pouvait provoquer une saine émulation et une confiance réciproque précieuse devant l'ennemi », mais elle « se continue dans l'intérieur, avec des effets différents ». En effet, « le gradé subalterne est plus souvent le complice du soldat que son modèle et son chef », regrette le commandant de la XVe région militaire, dans un rapport du mois de mai 1919. Les manifestations d'indiscipline sont en fait extrêmement variées. Elles vont de l'organisation de marches de protestation sur la voie publique – impossibles à comptabiliser, mais, semble-t-il, exceptionnelles – jusqu'au refus de saluer les officiers. Elles se limitent, le plus souvent, au port de tenues inappropriées, manteaux à col de fourrure ou pardessus de fantaisie durant l'hiver 1918-1919 qui est rigoureux, chaussures de ville, cravates et foulards. Autant de subversions de l'uniforme, qui traduisent un désir de réaffirmer des individualités. Dans les villes universitaires, certains soldats ressemblent à des « étudiants de bonne fortune ». D'autres portent les cheveux trop longs, à tel point que le commandant de la XVIIe région militaire en vient à suggérer le port obligatoire du casque en tenue de sortie…

La reprise de la démobilisation le 9 juillet 1919 est décisive pour le retour au calme. Pour autant, seules les classes 1907 à 1909, soit près de 500000 hommes, sont immédiatement concernées : elles sont libérées dans un délai d'un mois, entre le 9 juillet et le 9 août 1919. Pour les autres classes, aucune certitude, aucune indication. Les hommes attendent sous les drapeaux qu'on veuille bien les démobiliser. « Il faut que de ce débat sorte une décision définitive », s'impatiente le député Victor Dalbiez. « Faire connaître qu'une fois la paix signée, on garde sous les drapeaux ceux qui ont gagné la victoire, c'est la nouvelle la plus surprenante qu'on pouvait apporter au pays [...] Vous avez donné quatre mois à l'Allemagne pour ramener ses effectifs à 200000 hommes, mais ce n'est que le 31 mars 1920 que l'Allemagne réduira ceux-ci de 200000 à 100000 hommes. Garderez-vous toutes les classes jusque-là ? [...] Aujourd'hui, vous n'avez donc pas le droit d'invoquer les clauses du traité pour retarder la démobilisation. Alors quel argument pouvez-vous mettre en avant ? Les élections ? Je crains bien, en effet, que ce soit le vrai motif. On ne démobilise pas, parce qu'on veut procéder à la consultation électorale avec les hommes sous les drapeaux, afin d'exercer sur eux toute la pression voulue. Est-ce qu'il y aurait une Chambre républicaine pour tolérer cela ? »

Soucieux de restaurer les libertés publiques, l'élu des Pyrénées-Orientales se bat pour une libération rapide des soldats mobilisés, afin de favoriser la reprise économique et les conditions d'une vie politique normale. Selon lui, il est possible de démobiliser à raison de 5 jours par classe. Pour l'occupation de la rive gauche du Rhin, 150000 hommes seraient suffisants. « Resteront sous les drapeaux les classes 1918, 1919 et la classe 1920 à appeler, qui comptent 600000 hommes. Ajoutez-y les engagés volontaires, le corps des officiers, plus l'armée noire, et vous voyez que la France aura encore une armée de 800000 hommes. Il semble que de tels effectifs soient amplement suffisants », ajoute Victor Dalbiez, qui conclut sous des applaudissements nourris : « Vous n'avez pas, je pense, la prétention de garder deux millions d'hommes sous les armes ? »

Sur le terrain, les classes d'âge encore mobilisées réagissent de manière variée à l'attente qui se prolonge. Les soldats de 26 à 28 ans (classes 1911 à 1913) semblent particulièrement revendicatifs : lorsque la guerre avait éclaté au mois d'août 1914, ils achevaient ou commençaient leur service militaire de trois ans. À l'été 1919, cela fait donc entre 5 et 8 ans sans discontinuer qu'ils sont sous les drapeaux. L'état d'esprit des classes 1914 à 1917 n'est guère meilleur, s'il faut en croire les rapports des commandants des régions militaires. Chacun attend avec angoisse la publication du calendrier de la démobilisation, avec des exigences égalitaires plus fortes que jamais : « Le journal annonce aujourd'hui que le 2e échelon de la démobilisation comprendrait la classe 15 inclus. Et la classe 16 alors ? La classe 15 est partie trois mois avant nous. J'espère bien qu'on marchera avec elle et non avec la classe 17 qui est partie après » (un soldat de la VIIIe armée).

Les classes 1918 et 1919, ceux qu'on appelle parfois les « Marie-Louise » en référence aux jeunes conscrits de 1814 et 1815, forment, dans ce contexte, un groupe à part. Identifiés comme les « bleus » par les classes plus anciennes, ils doivent encore effectuer, à l'été 1919, tout ou partie de leur service militaire de 3 ans. Toutefois, ces jeunes soldats se distinguent les uns des autres, selon qu'ils ont combattu, même durant quelques mois, ou qu'ils n'ont jamais vu le feu. Les uns peuvent faire état de leur participation à la campagne victorieuse de l'automne 1918. Les autres sont partagés entre le soulagement et les regrets.

Combien furent-ils à vivre douloureusement – mélange d'humiliation, de syndrome du survivant et de frustration – leur appartenance à une génération trop jeune pour avoir participé aux combats ? Né en 1901, l'écrivain Jean Prévost reconnaît en juillet 1933 – près de 15 ans après l'armistice : « Il y a eu un moment où l'on a senti la coupure : c'est la fin de la guerre. Les Français à ce moment se sentaient divisés en trois groupes : ceux qui étaient trop âgés ou trop chétifs pour avoir fait la guerre, ceux qui avaient fait la guerre, et enfin nous, tous ceux qui étaient arrivés à la conscience d'eux-mêmes au moment où des affiches commençaient à les prier de se préparer à mourir. » Dans *Un voyageur dans le siècle*, Bertrand de Jouvenel (classe 1923) confirme : « La vague à laquelle j'appartenais était délimitée de la façon la plus claire : ceux qui avaient été tout juste trop jeunes pour faire la guerre, mais d'âge à en suivre les péripéties, à en comprendre les horreurs, à en subir les pertes dans leurs familles. »

Ceux qui « ont fait les quatre années de guerre » et notamment ceux qui « ont fait Verdun » n'ont pas le même statut que les jeunes classes. Les uns ont été initiés à la guerre, les autres n'en ont rien vu. Les premiers ont acquis dans les combats leur rang d'hommes adultes, les seconds, « puceaux de l'horreur » (Louis-Ferdinand Céline) ne sont pas encore sortis de l'adolescence. L'âge est une variable essentielle, lorsqu'on cherche à étudier l'opinion des soldats face à la démobilisation. L'appartenance à telle ou telle classe structure l'identité combattante ; elle renvoie à une expérience plus ou moins longue, plus ou moins glorieuse de la guerre ; elle justifie, aux yeux du monde combattant, une démobilisation plus ou moins rapide, qui est perçue par les hommes comme un droit gagné sur les champs de bataille.

Toutefois, ce n'est pas le seul élément à prendre en compte. L'étude du contrôle postal met en évidence l'importance d'un autre facteur explicatif, celui du degré d'intégration des soldats dans la vie sociale et économique d'avant-guerre. De manière générale, les combattants ayant déjà exercé une profession, *a fortiori* lorsqu'ils sont en charge d'une exploitation agricole ou d'une entreprise, manifestent une impatience plus grande de rentrer chez eux. Certains sont pressés de retrouver leur emploi et craignent que les hommes démobilisés avant eux prennent les meilleures places. D'ailleurs, les échos venus de l'arrière ne sont pas toujours encourageants. En théorie, les patrons sont obligés de reprendre leurs anciens employés à des conditions qui ne peuvent être inférieures à celles d'avant-guerre. En fait, il faut d'abord que le démobilisé ait pris soin d'informer son employeur de son retour par lettre recommandée dans les 15 premiers jours de sa démobilisation, ce que beaucoup oublient de faire dans l'enthousiasme du retour. Il faut également que le soldat soit demeuré apte au poste auquel il prétend, qu'il n'ait pas perdu son savoir-faire. Enfin, bien souvent, le soldat démobilisé a déjà été remplacé dans le poste qu'il occupait, et il est impossible à l'entreprise de créer un deuxième emploi analogue. En d'autres termes, si la législation du 22 novembre 1918 garantit aux anciens combattants leur travail d'avant-guerre, la réalité est différente, et les soldats doivent souvent se contenter des listes d'employeurs ou des consultations juridiques gratuites offertes par les Foyers du soldat. Le soldat démobilisable vit donc autant dans l'angoisse de l'avenir que dans la joie du retour à la vie civile. Sa hâte d'être démobilisé cache souvent un besoin d'être rassuré sur son avenir professionnel – ou peut-être, tout simplement, sur sa capacité à retrouver une place dans la « vie ordinaire ».

La situation des agriculteurs est un peu différente. Ils sont impatients de soulager l'effort de leur famille, qui effectue tant bien que mal les travaux des champs depuis plusieurs années. La perspective des moissons, des vendanges est propice à ces sentiments. À l'été 1919, le nombre des lettres se plaignant des lenteurs de la démobilisation croît sensiblement. « Qu'ils se dépêchent de faire vite. Je voudrais bien être chez moi pour les vendanges, et je ne pourrai pas s'ils ne nous démobilisent qu'au mois d'octobre », écrit un soldat de la Xe armée dans une lettre à son oncle, qui exploite peut-être la vigne familiale en son absence (contrôle postal du 15 juillet 1919). Cette attitude est encore plus nette lorsque les combattants viennent du Nord et de l'Est de la France, des territoires tour à tour envahis, occupés et sinistrés. « Les régiments de Metz comprennent une forte proportion d'hommes originaires des régions libérées. Tous sont hantés par le désir de s'occuper de la reconstitution de leurs maisons et de leurs affaires », constate le commandement supérieur du Territoire de Lorraine, au mois de juin 1919. « Les lettres de leurs familles, qui les tiennent au courant de la lenteur des opérations, sont loin de les rassurer. » « L'influence des permissions et du courrier n'est pas toujours bonne », confirme le contrôle postal de la Xe armée, le 30 juin 1919. « Les lettres venant des pays envahis ont une grande influence sur le moral de ceux qui les reçoivent. Celles venant des autres régions incitent peut-être trop les hommes à penser à la démobilisation. »

Mais c'est surtout l'oisiveté qui pèse lourdement sur le moral des troupes, tant est forte la certitude, maintes fois exprimée par les soldats, qu'ils seraient plus à leur place dans leurs foyers. Dans son éditorial du 30 juin 1919, le quotidien

Le Matin met en garde contre ce sentiment d'inutilité qui risque, à terme, de nourrir l'indiscipline des armées : « Pendant toute la guerre, l'état d'esprit des troupes a été bien meilleur sur le front que dans les dépôts de l'arrière. Le Français a besoin de sentir qu'il est utile dans le poste où on l'a placé. La présence de l'ennemi, la garde à monter, l'effort à donner, la constance du danger, autant de raisons de tenir, de souffrir, d'abdiquer sa liberté, de renoncer à son labeur et à son foyer. Ces raisons ont disparu. L'armée ne sera plus qu'un immense dépôt. Si ces hommes qui perçoivent l'urgente nécessité de refaire la France ne sont pas persuadés qu'une nécessité plus forte les maintient sous les drapeaux, c'est le sentiment du devoir militaire qui va s'obscurcir en eux. » Sans doute les circonstances expliquent-elles la publication de cet article : on est au surlendemain de la signature du traité de Versailles, et les opérations de démobilisation sont toujours interrompues. La menace d'une reprise des hostilités s'est évanouie. N'est-il pas temps de rendre à leur travail des hommes impatients de participer à la reconstruction du pays ? Mais le quotidien se fait aussi l'interprète d'un mouvement d'opinion, qui semble aller croissant à l'été 1919. Le contrôle postal confirme d'ailleurs une détérioration brutale du moral des soldats, entre la signature de la paix (28 juin 1919) et la reprise de la démobilisation (9 juillet 1919). « Avant la signature, on nous a promis tout un tas de choses », affirme la lettre d'un soldat de la VIIIe armée, le 2 juillet 1919. « Tous les journaux étaient d'accord à dire que sitôt la signature, on aurait poursuivi la démobilisation mais depuis au contraire, on dément tout… C'est pénible. »

À la diversité des âges et des situations économiques, il faut encore ajouter un dernier facteur qui explique que les combattants réagissent différemment aux opérations de démobilisation. En s'intéressant au retour des soldats français, on risque effectivement de privilégier le front occidental et d'oublier que la démobilisation ne se fait pas tout à fait au même rythme ni à la même période pour les combattants de tous les fronts de la Grande Guerre. Ainsi, les soldats de l'armée d'Orient vivent une situation particulière[21].

Au terme de l'offensive alliée lancée le 15 septembre 1918 par le général Franchet d'Esperey, le commandement bulgare demande, le 25, un armistice qui est signé le 30 septembre. À cette date, l'Empire ottoman, qui compte près de 850000 morts et 500000 déserteurs sur les 3 millions de mobilisés depuis 1914, n'est plus à l'abri d'une attaque de l'armée d'Orient contre Istanbul. La situation est devenue intenable également pour les puissances centrales. Le 31 octobre 1918, le gouvernement ottoman signe l'armistice dans la rade de Moudros. Le 3 novembre, c'est le tour de l'Autriche-Hongrie à Villa Giusti, près de Padoue.

Pour autant, l'armée française en Orient n'est pas démantelée. Dès les premières pages de son roman *Capitaine Conan* (1934), Roger Vercel, ancien combattant du front balkanique, met en scène l'absurdité de la situation. Le 22 novembre, en début d'après-midi, un régiment français, miné par la dysenterie, épuisé par le froid, participe à une prise d'armes sur les bords du Danube. Le colonel s'avance un papier à la main. « Mes amis, j'ai à vous annoncer une grande nouvelle. Nous sommes vainqueurs ! Depuis le 11 novembre, la guerre est finie sur le front français. » Puis il lit le célèbre communiqué de Philippe Pétain : « Au cinquante-deuxième mois d'une guerre sans précédent dans l'histoire… », replie son papier et

21. L'armée d'Orient reste peu étudiée par les historiens de la Grande Guerre. Signalons toutefois l'important travail de Patrick Facon, *Soldats français de l'armée d'Orient, 1915-1919. Recherches sur le moral et approche des mentalités,* thèse de doctorat de 3e cycle, sous la direction de René Girault, Université Paris-X-Nanterre, 1977-1978, 3 vol., l'article de Francine Roussane, « Un front méconnu : le front d'Orient (1915-1918) », in *Histoire militaire de la France, op. cit.*, tome 3, p. 186-201, ainsi que la synthèse de Pierre Miquel, *Les Poilus d'Orient,* Paris, Fayard, 1998. Sur les derniers mois de la guerre dans les Balkans, voir B. Hamard, « L'assaut de l'armée d'Orient (sept.-novembre 1918) », *Revue d'histoire moderne et contemporaine,* volume 43, nº 2, avr.-juin 1996.

laisse tomber négligemment : « L'armistice est entré en vigueur ce matin à onze heures[22]. » Les hommes de l'armée d'Orient vivent difficilement cette marginalité. Persuadés d'être négligés par rapport aux soldats du front occidental, isolés par les retards du courrier qui met 4 ou 5 semaines à leur parvenir, ils ont le sentiment d'être des oubliés de la victoire. Dans leur jargon, l'abréviation AO perd sa signification initiale, armée d'Orient, et prend celle d'armée oubliée[23].

Ceux qui sont immédiatement démobilisables sont naturellement renvoyés chez eux, mais ils doivent subir un interminable périple qui les mène, d'Istanbul ou de Salonique, vers des camps de transit grecs, puis à Tarente, d'où il faut encore 4 jours et demi de voyage dans des trains médiocres pour regagner la France. Les autres changent d'ennemis et continuent la guerre car, comme l'indique Clemenceau au commandant des armées alliées en Orient, le général Franchet d'Esperey, dans un télégramme du 27 octobre 1918, il faut « réaliser l'encerclement du bolchevisme et en provoquer la chute ». Or cette poursuite des hostilités s'effectue dans un climat général de crise des effectifs et de l'encadrement. « Le manque d'hommes dans les unités représente plus d'un tiers de l'effectif total de l'armée d'Orient », note Patrick Facon, qui relève par ailleurs le faible nombre de volontaires : du 1er décembre 1918 au 11 avril 1919, seuls 1385 hommes (sur 16887 !) ont accepté de leur plein gré leur envoi en Orient. Le cas des officiers n'est pas très différent : en février 1919, sur 107 officiers débarqués en Orient, 64 ont été désignés d'office ; en mars, ils sont 217 sur 234 dans cette situation. Pour être exclu d'emblée, il faut être le père d'au moins

22. Roger Vercel, *Capitaine Conan,* prix Goncourt 1934 ; rééd. Paris, Albin Michel, 1988, p. 15-16.

23. Le développement qui va suivre sur l'opinion des soldats de l'armée d'Orient doit beaucoup aux travaux de Patrick Facon, notamment sa thèse, *Soldats français de l'armée d'Orient, op. cit.*

4 enfants, avoir perdu à la guerre 3 frères ou 2 fils, être originaire des régions libérées, avoir déjà servi 18 mois au moins dans l'armée d'Orient ou avoir été atteint de paludisme, dysenterie ou typhus. En fait, les troupes d'Orient sont, au début de 1919, totalement démoralisées, mal encadrées, minées par les démobilisations successives. Elles forment une armée bien incapable de poursuivre les combats efficacement.

Dans un rapport du mois de novembre 1918, le général Franchet d'Esperey met déjà en doute la capacité de ses hommes à continuer la guerre au-delà de l'armistice, et cela quel que soit l'ennemi : « La victoire définitive fait luire à leurs yeux la promesse d'un retour prochain au foyer où ils doivent reprendre la défense des intérêts qu'ils ont abandonnés. Éloignés de France, il est compréhensible que cette disposition d'esprit se révèle avec une plus grande acuité que chez leurs camarades du front du Nord et du Nord-Est. »

Une analyse que confirme, un mois plus tard, le rapport d'un chef de corps sur l'état moral du 54e RIC, en date, il est vrai, du jour de Noël 1918 : « La fin de la guerre, survenue si rapidement, a apporté dans l'esprit du mobilisé, le désir bien légitime de rentrer au foyer. Il est assurément plus ardent chez les troupes d'Orient que chez celles du front occidental. La cause en est aux longs mois passés loin de la famille, sans permissions, dans un pays ingrat, loin de tout confort, de tout plaisir. L'idée d'une longue période d'occupation de nos récentes conquêtes n'avait jamais germé dans l'esprit du soldat d'Orient. » Dans les rapports du contrôle postal, les lettres citées oscillent entre le désespoir de se sentir abandonné et la rancune envers les parlementaires ou le gouvernement : « La France oublie ceux qui sont loin d'elle et qui pourtant ont fait leur devoir comme ceux qui sont chez elle. Voilà la récompense d'une mère patrie après cinq ans de souffrances et de misères pour elle », dit l'un. « Nous ne sommes pas contents après le gouvernement et encore moins après les parlementaires qui nous laissent complètement tomber. Ils se foutent de nous aussi ils n'auront plus nos voix », menace l'autre. En fait, on craint que la marginalisation de l'armée d'Orient, déjà violemment ressentie par les hommes, ne s'accroisse au fil des mois : « On nous laisse végéter dans ce sale pays. Cependant il me semble que la guerre est finie. Ils pourraient bien faire quelque chose pour nous car quand on a passé dix-huit mois ici, cela n'a rien d'étonnant qu'en arrivant en France, on nous prenne pour des sauvages. »

En décembre, une division française débarque à Odessa, parallèlement à une division britannique à Batoum, mais n'y reste que quelques mois, après que des mutineries eurent éclaté début avril 1919. Dans le même temps, les troupes françaises et anglaises envoyées depuis le printemps et l'été 1918 en Russie septentrionale, à Mourmansk, puis Arkhangelsk, commencent à faire preuve d'indiscipline[24]. En Russie du Nord, ce sont 2 181 soldats français et 67 officiers qui se battent dans des conditions matérielles éprouvantes : une nourriture médiocre, des uniformes insuffisants pour les protéger du froid, l'isolement surtout, que ne parviennent à rompre ni de rares distributions de courrier ni la lecture d'un modeste bulletin bihebdomadaire, *L'Écho polaire*, qu'on distribue aux troupes. L'apparition de cas de scorbut, la crainte d'une épidémie de typhus, une usure physique et morale généralisée en résultent. Comme leurs camarades engagés en Russie méridionale, les soldats de Mourmansk et d'Arkhangelsk ne veulent pas risquer leur vie pour une cause qu'ils ne comprennent pas. « Tous les hommes avec qui j'ai parlé, et ce sont de fameux gaillards, sont un peu décontenancés par cette guerre spéciale, et bien qu'ils aient tous demandé à partir pour la Russie, ils regrettent presque le front français.

24. Cette crise, assez méconnue, fait l'objet d'une étude détaillée, du point de vue de l'opinion des soldats, dans l'article de Patrick Facon, « Les mutineries françaises en Russie septentrionale (décembre 1918-avril 1919) », *Revue d'histoire moderne et contemporaine,* tome 24, 1977, p. 455-474.

Ils disent que les bolcheviks se battent courageusement, de même d'ailleurs que les Russes volontaires qui sont de notre côté, mais c'est une lutte sauvage et sans merci », rapporte un diplomate français[25]. « Ces hommes étaient volontaires autant qu'on peut être volontaire pour une cause assez mal définie et à peu près inconnue », confirme un rapport d'enquête ministériel, au mois de juin 1919.

Par ailleurs, l'incertitude sur le bien-fondé de l'engagement en Russie s'est naturellement accrue avec l'annonce de l'armistice sur le front occidental en novembre 1918. Les soldats commencent à invoquer l'absence de déclaration de guerre officielle à la Russie bolchevique pour refuser de combattre : « En France, nous savions que nous combattions un ennemi impitoyable qui voulait notre écrasement. Nous avons le droit de savoir, en tant que citoyens de la République française, pourquoi nous combattons ici. Qu'on nous montre un décret, un ordre du Parlement et nous marcherons comme nous avons toujours marché contre les ennemis de la France[26]. » « Ils ne désirent plus se battre lorsque la lutte aura cessé sur les autres fronts », avait prévenu l'attaché militaire français, le lieutenant-colonel Donop, dans un rapport du 4 novembre 1918. Selon l'ambassadeur Noulens, « du jour où ils apprendront que leurs camarades ne combattent plus contre les Allemands, nous pouvons les voir refuser de continuer la lutte contre les Bolcheviks[27]. » C'est effectivement ce qui arrive durant la troisième semaine de novembre 1918. Le 22, un premier incident éclate au 21e Colonial, dont les hommes refusent de monter au front. On craint l'effet que cette manifestation d'indiscipline pourrait avoir sur les Alliés. La répression est donc rapide, les meneurs déférés devant un

25. L. de Robien, *Journal d'un diplomate en Russie, 1917-1918,* Paris, Albin Michel, 1967.

26. SHAT, 7 N 817, rapport du capitaine Dumayet, mars 1919.

27. SHAT, 7 N 816, ainsi que les Mémoires de Joseph Noulens, *Mon ambassade en Russie soviétique, 1917-1919,* tome I et II, Paris, Plon, 1933.

conseil de guerre, dont on ne connaît pas la sentence, puisque les archives sont égarées. Au début de janvier 1919, l'ordre semble rétabli. « Je rentre de faire une visite au front », note l'attaché militaire français. « J'ai été heureux de constater que le moral du 21e Colonial paraissait sensiblement amélioré. »

Pourtant, un mois plus tard, une crise beaucoup plus grave éclate dans des unités relativement éloignées les unes des autres, la 3e compagnie de skieurs dans le secteur de Soroka et, de nouveau, le 21e Colonial. L'exaspération est à son comble. « Nos hommes n'en peuvent plus, ils ne veulent plus se battre », écrit le lieutenant-colonel Donop. Jusqu'au 22 mars, près de 146 mutins – soit 7 % du corps expéditionnaire français, mais une forte proportion des unités concernées – refusent de monter en ligne. Ni les idées ni la propagande bolcheviques ne sont avancées par les autorités militaires pour expliquer de tels incidents. L'influence du courrier semble, à juste titre, plus déterminante.

Dans les lettres des familles transparaît en effet la lassitude de ceux dont les proches se battent encore, alors qu'en France on célèbre la victoire, on panse les blessures et qu'on reconstruit le pays : « Voilà la guerre finie. Les frères, les amis rentrent de captivité, viennent en permission du front. C'est la joie dans les foyers [...] Pourquoi continuer à vous battre en Russie ? La France n'est-elle pas suffisamment en deuil ? » Dans le même temps, des protestations parviennent à l'État-major de l'armée, à Paris, comme cette lettre d'une habitante d'Épernay, le 23 mars 1919 : « Mon frère, classe 1905, est à l'armée d'Orient depuis quinze mois. Depuis ces quatre derniers mois, il a énormément souffert du froid, du mauvais ravitaillement, étant de plus atteint des fièvres. Forts des déclarations de Monsieur Abrami, nous attendions sa libération du 25 au 31 mars avec le 6e échelon. Nous nous en réjouissions d'autant plus que très éprouvés à Reims, notre maison étant complètement détruite, nous attendions impatiemment ce retour pour essayer de remettre en marche la maison de commerce et contribuer par nos faibles moyens à la reprise de la vie économique de notre pays détruit. Par une lettre reçue ce matin et datée du 16 mars, mon frère nous informe qu'il n'est pas du tout question de son retour et que, au contraire, il va partir en Russie avec la section sanitaire dont il fait partie. Il ne se trouvera donc pas en France à l'époque fixée pour la démobilisation de son échelon. Il y a donc deux poids et deux mesures ! Pourquoi les instructions ne sont-elles pas exécutées à l'armée d'Orient et pourquoi y retient-on des hommes qui comptaient sur leur libération et la fin de leur exil ? Ils ont autant que ceux qui sont en France des intérêts à sauvegarder[28]... »

Ce que ne comprennent ni les familles ni les soldats, c'est que l'armée d'Orient ne connaisse pas un sort analogue à celui des armées d'Italie[29] ou du Rhin. Il en est d'ailleurs de la démobilisation comme des permissions, ce qui constitue, selon le général Henrys, « une nouvelle cause de mécontentement[30] ». D'autant que, comme le note justement le commandant Darde, en février 1919, « il faut autant de temps pour aller de Neusatz à Marseille que de Mayence à Bayonne ». Certains hommes s'inquiètent de ne pouvoir préparer leur retour, d'autres de ne plus trouver d'emploi en arrivant après les démobilisés du front occidental. Les officiers n'échappent pas à cet état d'esprit : « En ce qui concerne les officiers, ceux-ci estiment, d'une façon générale, que leur séjour en Orient se prolonge trop longtemps après celui des soldats. Cette situation est surtout sensible pour les officiers spécia-

28. SHAT, 7 N 591, EMA, 1er Bureau, 6e section, lettre de Mme Yvonne Rohart, Épernay, 23 mars 1919.

29. Sur l'armée d'Italie, on peut se reporter au mémoire de maîtrise de Patrick Facon, « Le 12e Corps français en Italie, une étude du moral, 1917-1918 », Université Paris-X-Nanterre, 1973, ainsi qu'à sa communication sur « Les soldats expatriés : Orient et Italie, 1915-1918 », in Jean-Jacques Becker et Stéphane Audoin-Rouzeau (sous la dir. de), *Les Sociétés européennes et la Guerre de 1914-1918*, Presses de l'université Paris-X-Nanterre, 1990, p. 385-409.

30. SHAT, 20 N 267, rapport du général Henrys sur l'AFO, 17 décembre 1918.

listes et les officiers de réserve : ceux-ci craignent d'être distancés dans la préparation de l'après-guerre par les camarades du front français qui ont toutes les facilités pour renouer dès à présent les relations d'affaires qu'ils avaient avant la guerre[31]. » « La situation actuelle ne peut se prolonger longtemps. Il y a intérêt à accorder le plus tôt possible des permissions tous les 6 mois si l'on ne peut en donner tous les 4 mois comme en France[32] », conclut le commandant Darde.

En tardant à se mettre en place, le rapatriement des soldats de l'armée d'Orient contribue à les enfermer dans un statut de marginaux[33], méprisés par un État-major qui ne leur sait gré ni de leur vaillance au combat ni de leur victoire contre les Bulgares et les Turcs. C'est dire la valeur fortement symbolique que revêt la démobilisation, qui n'est pas simplement l'organisation du retour des soldats, mais la mise en œuvre de rituels destinés à leur manifester la reconnaissance de la nation.

L'économie morale de la démobilisation

« Ils ont des droits sur nous. » Cette formule célèbre de Georges Clemenceau résume l'état d'esprit des hommes politiques, et sans doute d'une immense partie des Français, à l'égard des vétérans de retour de guerre. La question des droits

31. SHAT, 20 N 269, rapport du général de Lobit, 18 janvier 1919.
32. SHAT, 20 N 489, mission du commandant Darde, 8-12 février 1919.
33. Le caractère marginal de l'armée d'Orient est soigneusement analysé par Francine Roussane (« Un front méconnu : le front d'Orient », in *Histoire militaire de la France, op. cit.*, tome 3, notamment p. 189 *sq.*). Selon elle, les combats sur ces champs de bataille lointains passent pour des opérations de diversion, ce qu'illustre la formule de Clemenceau, qualifiant les combattants de l'armée d'Orient de « jardiniers de Salonique ». En outre, l'ennemi, qu'il s'agisse des Turcs ou des Bulgares, n'est pas aussi bien identifié que les envahisseurs allemands.

des anciens combattants est d'ailleurs un thème récurrent des discours parlementaires, un argument imparable lancé dans l'hémicycle lorsqu'il s'agit de couper court à un débat qui se prolonge ou mettre dans l'embarras un autre député. Certains en usent abondamment, surtout lorsqu'ils prétendent se faire les interprètes officiels du monde combattant. « J'ai été, croyez-le, assez le confident des poilus pour savoir les angoisses qui leur assiégeaient l'esprit à la pensée du grand retour », explique par exemple le député du Calvados, Camille Blaisot.

Toutefois, le caractère vague et incantatoire de la formule de Clemenceau (s'agit-il des droits moraux, matériels, politiques ?) masque la complexité des mécanismes à l'œuvre lors de la démobilisation. Comme le rappelle Claude Barrois dans son ouvrage classique sur la *Psychanalyse du guerrier*, « la *réparation* comprend la *compensation* des préjudices matériels et psychologiques, et la *reconnaissance* officielle des services rendus[34] ». Or ces deux aspects sont très différents l'un de l'autre. Dans un cas, l'État s'engage dans une politique de solidarité à l'égard des victimes de la guerre, ce qui pose le problème délicat de l'évaluation du préjudice subi et de la réparation égalitaire des dommages. Dans l'autre cas, la reconnaissance nationale est supposée donner un sens à l'engagement des combattants, et peut-être, plus fondamentalement, à la souffrance de guerre.

Dès 1918, Karl Abraham met l'accent sur l'importance de cette période de la sortie de guerre où se joue la reconnaissance, donc en partie la guérison, des traumatismes subis. Dans un article consacré à la psychanalyse des névroses, le psychanalyste allemand exprime son inquiétude devant ce qu'il appelle le « désir de rente » des blessés de guerre. « Le patient a le sentiment marqué d'une perte énorme » et la revendication d'une pension, ou plus globalement d'un

34. Claude Barrois, *Psychanalyse du guerrier, op. cit.*, 1993, p. 259-261.

dédommagement, est un appel à la communauté nationale pour qu'elle reconnaisse sa situation. Or aucune réparation matérielle ne saurait apaiser cette demande : « Le patient ne peut être dédommagé pour son appauvrissement en amour objectal », constate Karl Abraham[35]. Ce à quoi d'autres psychiatres, comme Louis Crocq dans un ouvrage récent, ajoutent qu'il est du devoir du thérapeute d'éclairer ses patients sur « cet aspect nécessairement insatiable de leur désir[36] ». En élargissant notre champ d'investigation au-delà des blessés de guerre, on peut suggérer qu'un certain nombre d'anciens combattants, à peine revenus du front, souffrent aussi de ce désir pathologique, inextinguible de reconnaissance. Leurs attentes ne sont-elles pas, alors, presque nécessairement, déçues ?

À l'inverse, les nombreux débats de la Chambre sur les réparations dues aux soldats semblent entachés d'une forme de culpabilité de la représentation nationale à l'égard des combattants. Ainsi, le député des Pyrénées-Orientales Pierre Rameil, plaidant, lors de la séance du 26 février 1919 en faveur d'un fonds de pensions pour les anciens combattants, alimenté financièrement par les Alliés proportionnellement aux dommages subis : « Nous sommes de ceux qui osent examiner en face leurs responsabilités, de ceux qui prétendent que [...] nous devons comme un honnête commerçant, faire notre bilan, envisager notre actif et notre passif. À notre passif, trois hypothèques sont attachées : la dette des mutilés, vous la payez très largement dans votre belle loi des pensions ; d'autre part, pour les dommages causés aux biens, vous avez voté une loi de justice ; enfin, que vous le vouliez ou non, il reste encore à accorder une réparation aux soldats

35. Karl Abraham, « Contribution à la psychanalyse des névroses de guerre », trad.fr. in *Œuvres complètes,* Paris, Payot, 1973, tome II, p. 172-180.

36. Louis Crocq, *Les Traumatismes psychiques de guerre, op. cit.*, p. 347.

qui ont permis à la France de résister et de triompher [...] Comment, nous aurions arraché nos hommes à leur tranquillité, gâché souvent leur situation, compromis leur avenir [...] et pour les remercier de tout cela, Messieurs, serait-il admissible que nous n'allions pas jusqu'aux extrêmes limites de nos possibilités ? » Les orateurs font alors volontiers référence à la tradition républicaine (« La République est juste », insiste Pierre Rameil. « Elle fera le geste de solidarité que nous attendons ») et ne manquent jamais une occasion de rappeler que les réparations actuelles engagent l'avenir (« Cet argent se transformera en blé et en raisins, grâce à ces soldats-paysans qui, pour une si large part, ont contribué à sauver la bonne terre de France »).

Enfin, à ceux qui rechignent encore à voter les crédits des indemnités de démobilisation en invoquant les contraintes budgétaires, des parlementaires comme le député Camille Blaisot opposent les gaspillages du temps de guerre et les facilités consenties aux « profiteurs de guerre » et aux « embusqués ». Le propos n'évite pas une certaine démagogie. Il est d'autant plus intéressant que, pour obtenir l'adhésion, il use avec habileté de la prétérition et engage un débat apparemment technique, le financement des indemnités, en des termes de morale publique. « Il faut bien nous dire que nous sommes réellement sur un très mauvais terrain pour parler économie, il fallait commencer plus tôt [...] Je ne parlerai pas de la gabegie qui s'est donné libre cours dans les marchés de la guerre ; je ne parlerai pas de l'abus des salaires élevés dont ont bénéficié les usines travaillant pour la guerre ; je ne parlerai pas de la promptitude avec laquelle on a accordé, promis ou réalisé les indemnités de licenciement dans les ateliers ou les administrations ; je ne parlerai pas de la facilité avec laquelle vous avez consenti des indemnités de vie chère successives de 3 francs, puis de 5 francs, puis de 7 francs par jour aux fonctionnaires pendant qu'au front le poilu, avec sa maigre solde, défendait de sa poitrine, au détriment de sa santé, les foyers de ceux à qui les nécessités de la situation, le hasard ou l'intrigue avaient réservé un sort plus heureux... »

Comment manifester la gratitude de la nation aux soldats démobilisés, à un moment qui représente pour eux une rupture avec le temps de la guerre et une tentative de réintégration dans la vie civile ? Quelles sont les attentes des combattants français, qui ont investi dans le retour au foyer des sentiments mêlés d'inquiétude et d'espoir ? Ces questions fondamentales, qui procèdent de l'échange du don et du contre-don, sont longuement abordées dans la correspondance des soldats étudiée par le contrôle postal, dans la presse nationale et locale, dans les débats parlementaires enfin où ils suscitent des échanges passionnés.

Certes, nul ne doute, à cette époque, que les manifestations matérielles de reconnaissance attachées à la démobilisation sont sans commune mesure avec les sacrifices consentis par les combattants. « Sans doute les chiffres que nous proposons sont une bien minime compensation à toutes les angoisses éprouvées, à tous les sacrifices consentis, aux inquiétudes légitimes que fera naître dans l'esprit de tous ceux dont la carrière ou la situation auront été brisées la perspective d'un avenir rempli d'incertitude », admet l'un des orateurs du débat sur l'indemnité de démobilisation. Qu'il soit question de reconnaissance ou de compensation, on se trouve en effet dans le domaine du symbolique, puisque l'argent et l'obtention de décorations en sont les seules formes d'expression. Pourtant, on commettrait une erreur en considérant que ces marques de reconnaissance sont négligeables aux yeux des anciens combattants, justement parce qu'elles restent symboliques. « Il est fréquent d'entendre l'opinion ironiser sur les témoignages de reconnaissance militaire (décorations, monuments, etc.). Il est néanmoins très grave, intellectuellement et moralement, de méconnaître la puissance symbolique de ces liturgies laïques qui entourent, parfois avec un grand retard, et quelquefois de façon peu égalitaire, le destin des guerriers après la guerre », note Claude Barrois.

« L'obtention d'une pension, d'une décoration, la mention d'un nom dans un document historique ou autre ne sont pas des satisfactions régressives, comme des récompenses à un élève méritant. Elles assurent aux anciens combattants que la collectivité reconnaît sa dette et que les années de souffrances, inscrites dans leur chair et leur esprit, reçoivent un sens[37]. »

Est-ce à dire que la réparation est jugée suffisante ? Ce n'est naturellement pas l'avis de tous les vétérans. Mais il faut se méfier, dans ce domaine, de l'impression déformante produite par les sources, qui vient de ce que le bonheur du retour à la normale ou la résignation devant la réalité entraînent rarement une prise de parole. Ceux qui se contentent de ce qu'on leur donne, anciens combattants fiers de porter la fourragère de leur régiment, soldats exposant leur casque Adrian au-dessus de la cheminée, vétérans touchant sans rechigner leur prime de démobilisation ou leur pension, ceux-là sont largement absents des archives que nous avons pu consulter. À l'inverse, tous ceux qui jugent l'État ingrat en regard de leur sacrifice, qui vilipendent le milieu parlementaire ou les anciens embusqués, sont abondamment cités dans les sondages établis par le contrôle postal ou dans les sources littéraires.

Le thème du soldat incompris, abandonné par sa femme, oublié par son employeur, poussé à la misère par une nation sans reconnaissance a inspiré Abel Gance pour la dernière séquence de *J'accuse*, dans sa version initiale de 1918-1919. Le héros, Jean Diaz, commence à perdre la tête et s'échappe de l'hôpital où il était soigné. Aux villageois qu'il rencontre sur sa route, il raconte un rêve. Des soldats morts, sortis de leurs tombes, errent sur les champs de bataille. Ils reviennent parmi les vivants, pour voir si le monde d'après-guerre mérite leur sacrifice. Ce qu'ils constatent s'avère accablant : des femmes infidèles au souvenir de leur mari, une société

37. Claude Barrois, *Psychanalyse du guerrier, op. cit.*, p. 261.

médiocre et égoïste, des anciens combattants méprisés ou incompris. Seule l'intervention de cette armée de fantômes, suggère le cinéaste, permettrait de construire un pays digne de ses soldats[38]. Cette condamnation de la trahison de la société civile est aussi l'un des lieux communs de la littérature du retour dans les années vingt. Ainsi, ce passage d'un roman de J. Valmy-Baysse, *Le Retour d'Ulysse*, publié en 1921, où un ancien combattant évoque l'hypocrisie des civils : « Oui mon vieux, c'est comme ça et ça ne peut pas être autrement. Le bloc des Français admire le poilu, mais chacun s'en fout ; la foule ne détaille ni son admiration ni sa reconnaissance, elle les donne en gros, ça lui coûte moins cher. Ils te disent tous : “Nous avons contracté envers vous une dette éternelle.” C'est trop long. Nous n'en verrons jamais l'échéance, mon gars… Les dettes collectives sont trop élevées ; elles ne se paient jamais… Il faudrait pour cela de l'entraînement, mais personne ne veut commencer… » Après de multiples mésaventures, Ulysse Taniau, l'ancien adjudant dit « Tête-en-or », ne s'en laisse plus conter : « La dette que [les civils] avaient contractée, ils l'acquittaient certes, mais avec cette monnaie qui n'a jamais eu cours chez les mercantis, et dont on paie également les artistes, les héros et les filles de joie : l'admiration[39] ! »

En dépit des critiques, il est frappant cependant que la fiction d'une démobilisation juste et égale pour tous perdure, pendant près de 18 mois, dans l'esprit de ceux qui sont chargés de l'organiser. Sur ce point, l'étude des débats parlementaires se révèle particulièrement éclairante. Qu'il s'agisse des indemnités de démobilisation, du remboursement du montant des carnets de pécule dont les démobilisés sont

38. À ce sujet, voir Jay Winter, *Sites of Memory, Sites of Mourning. The Great War in European Cultural History,* Cambridge, Cambridge University Press, 1995, chapitre 1 (« Homecomings : the return of the dead »).

39. Jacques Valmy-Baysse, *Le Retour d'Ulysse. Roman d'un démobilisé,* Paris, Albin Michel, 1921, p. 98-99 et 157.

titulaires, ou des effets d'habillement et objets commémoratifs donnés aux anciens combattants, les échanges à la Chambre des députés et au Sénat traduisent une préoccupation principale : comment proportionner au degré d'engagement dans le conflit les réparations accordées aux vétérans, sans remettre en cause la sacro-sainte unité des soldats de la Grande Guerre ? En d'autres termes, est-il préférable de privilégier les forces combattantes (un soldat sur deux environ) au risque de dévaluer le sacrifice de ceux qui ne se sont pas battus, mais ont souffert tout autant de conditions de vie rigoureuses et de l'éloignement de leurs proches ? Ou faut-il mettre en place un système de réparation parfaitement égalitaire, sans reconnaître le rôle primordial des soldats des tranchées[40] ? « Ce serait une erreur de croire que la guerre a renforcé sur le front le culte de l'égalité [...] Dans une compagnie, les hommes comprennent très bien que tous ne soient pas sur le même pied et que le capitaine ne fasse pas la même situation favorisée aux mauvais soldats qu'aux bons », avance le député Camille Blaisot, favorable à la première solution. « [...] La formule de l'égalité, c'est la suivante : "À tous la même chose." La formule de la justice est la suivante : "À chacun selon son mérite." Cette dernière formule est la nôtre. »

Une aide financière aux démobilisés est envisagée dès le mois de décembre 1918, à l'occasion de la discussion des crédits militaires. Dans l'esprit des députés et des sénateurs, il s'agit essentiellement de faciliter le retour des vétérans à la vie active, en leur donnant une somme qui devrait leur permettre de vivre avant d'avoir retrouvé un emploi. Pourtant, la discussion s'éternise. Deux mois plus tard, rien n'est encore réglé. Certains parlementaires s'insurgent contre le retard accumulé. Ils reprochent à l'État d'avoir moins tardé à

40. Bruno Cabanes, « La démobilisation des soldats français », in *Finir la guerre,* Actes du colloque de Verdun, 12-13 novembre 1999, *Les Cahiers de la Paix,* n° 7, 2000, p. 55-65.

envoyer les feuilles d'impôts aux démobilisés qu'à régler la question de leur indemnisation[41]. Le député Drivet fait remarquer qu'il va falloir « payer la prime à près d'1,5 million d'hommes déjà démobilisés [et que] forcément la presque totalité des démobilisés la toucheront fort tard ». « Rentrant dans leurs foyers, ils se sont trouvés souvent sans vêtements, obligés de garder leur tenue militaire, ce qui les a mis aux prises avec de très graves difficultés pour trouver du travail », ajoute le député de la Seine Louis Puech. Et pourtant, cette somme versée aux vétérans de la Grande Guerre avait pour fonction de faciliter leur retour à la vie civile. « L'indemnité de démobilisation ne doit avoir, à aucun titre, le caractère d'une aumône. C'est en quelque sorte une indemnité de licenciement », avait précisé Camille Blaisot. « Elle est la réplique de l'indemnité d'entrée en campagne et c'est pourquoi je l'avais qualifiée dans mon contre-projet : indemnité de retour de campagne. » Elle aurait dû « donner [aux soldats] à leur retour au foyer les moyens de se reposer avant de rentrer à l'usine ou de retourner aux champs », confirme le député Drivet.

L'article 1 du projet de loi sur les allocations de démobilisation, examiné finalement le 26 février 1919, ne suscite pas de débat particulier : « Tout militaire des armées de terre ou de mer servant ou ayant servi au titre français [...] recevra

41. Il faut attendre le 31 mars 1919 pour que soit voté le dégrèvement des démobilisés, à la suite de deux propositions des députés Nadi et Jobert, et suivant les conclusions de Vincent Auriol au nom de la Commission de la législation fiscale. L'article 15 de la loi précise que la « remise intégrale et d'office de leur contribution personnelle mobilière, due pour les années 1914 à 1919 inclus, sera accordée, si leur revenu net total annuel, au titre de l'impôt global sur le revenu, ne dépasse pas 5 000 francs : à tous les mobilisés, pour chaque année au cours de laquelle ils auront été présents sous les drapeaux, aux militaires des armées de terre et de mer, renvoyés dans leur foyer par suite d'infirmités résultant de la guerre, ainsi qu'aux veuves, orphelins et ascendants directs de ceux qui sont "morts pour la France" » (*JO*, Chambre des députés, séance du 31 mars 1919, p. 1680).

une indemnité fixe de 250 francs[42], payable le jour de son renvoi dans ses foyers ou dès la promulgation de la loi, s'il a été libéré antérieurement, à condition d'avoir 3 mois de services effectifs entre le 2 août 1914 et la date de la signature de la paix. » Sont également concernés les mobilisés en usine, les sursitaires, les militaires détachés sans solde, ainsi que les engagés si leur contrat est arrivé à expiration ou a été résilié avant la date de signature de la paix. Compte aussi comme service effectif le temps passé soit en permission, soit à l'hôpital ou en convalescence, soit en captivité ou en internement dans un pays neutre, soit en instance de réforme. En d'autres termes, le temps pendant lequel le militaire aurait eu droit à la solde ou aux frais de déplacement. Il faut noter toutefois que la durée de service de 3 mois n'est pas exigée des militaires réformés à la suite de blessures ou de maladies contractées aux armées. Lors de leur passage au dépôt démobilisateur, les hommes reçoivent donc, au vu de leur certificat de cessation de paiement, un ordre de paiement de 250 francs qui leur est versé en espèces dès leur arrivée dans leur foyer, par les soins du percepteur ou par un bureau militaire, s'il s'en trouve dans la commune de retour.

Les avis des députés divergent en revanche au sujet des primes supplémentaires accordées aux soldats. Suivant la loi, les militaires ont droit à une prime supplémentaire de 15 francs par mois de service accompli. À gauche, le député Paul Poncet demande que cette prime supplémentaire soit portée à 20 francs pour les unités combattantes. À titre indicatif, rappelle Antoine Prost, pour un soldat qui aurait passé un an dans une unité combattante, la prime de démobilisation représente alors 490 francs, soit, au coût moyen de la vie, à peu près 2 mois de subsistance[43]. Le député des

42. Dans le projet initial, cette somme avait été calculée comme l'équivalent de l'indemnité de congédiement d'une ouvrière.

43. Antoine Prost, *Les Anciens Combattants et la Société française*, *op. cit.*, tome 1, p. 7.

Basses-Pyrénées, M. Ibarnigaray, soutient lui aussi cette proposition. « Il y a deux manières de faire son devoir : donner son temps, ses forces, et donner son temps, ses forces et en plus risquer sa vie », explique-t-il. « Les drapeaux qui flottaient du côté de Verdun ou dans les marnières de Champagne ou dans les marécages de l'Aisne abritaient d'autres souffrances que le drapeau qui ornait le fronton d'une caserne de l'intérieur », renchérit le député Camille Blaisot.

Cette distinction opérée entre les anciens combattants suscite cependant de vifs remous. Ne remet-elle pas en cause l'unité fictive du monde combattant ? « Nous n'avons pas voulu diviser la France en deux catégories de soldats », s'indigne le député socialiste du Rhône Étienne Rognon, rapporteur de la commission de l'armée. « Nous avons l'indemnité de démobilisation comme un dédommagement de l'usure, de l'éloignement du foyer. Que l'homme ait été au front, qu'il ait passé son temps dans les ateliers de chargement, qu'il ait risqué pendant quatre ans et demi l'empoisonnement par le maniement de produits nocifs [...], il est resté le même temps éloigné de son foyer et de son travail. »

Deux idées sont exprimées ici, qui alimentent les débats sur l'économie morale de la démobilisation. Selon de nombreux députés, anciens combattants pour la plupart, il est sacrilège d'opérer des distinctions, fussent-elles symboliques, au sein de la société des soldats démobilisés – une fraternité imaginaire, où tous se confondent en un seul corps. Les soldats n'ont-ils pas tous contribué, à leur manière, à la victoire finale ? Par ailleurs, pour bien comprendre la nature de ces scrupules, il faut prendre en compte une certaine mauvaise conscience des députés qui doit moins au complexe de culpabilité fréquent chez les survivants qu'à l'intuition de l'incommensurabilité entre la souffrance des soldats et les indemnités qui leur sont attribuées. « Quel que soit votre désir et le nôtre également, il est impossible d'accorder une indemnité pour ces sacrifices. Jamais nous ne pourrons payer l'héroïsme du soldat du front », reconnaît le député Étienne Rognon. « La pensée qui nous a dicté [cette proposition de loi] est une pensée de justice et de considération envers le poilu [...] Cette indemnité n'est pas une récompense. »

Un autre argument est invoqué pour repousser la distinction faite entre combattants et non-combattants : l'indemnité de démobilisation n'est pas une récompense pour les services rendus, rappellent certains députés, c'est une prime à la reconstitution du foyer. Faut-il considérer alors que le retour à la vie civile est plus difficile pour les hommes qui ont combattu que pour ceux qui ont servi dans la Territoriale ou comme mobilisés industriels ou agricoles ? Selon Camille Blaisot, « les hommes qui sont restés à l'intérieur pour des raisons diverses ont pu, s'ils ont été maintenus à proximité de leur domicile, administrer leurs affaires, surveiller leurs enfants, vivre en famille, coucher chez eux ». « J'estime que plus le foyer était éloigné et plus l'homme était séparé de sa famille, plus au contraire il a droit à une prime spéciale », conclut-il. À l'inverse, pour le rapporteur du projet de loi, André Paisant, les difficultés sont les mêmes pour tous : « Un homme, par le fait de la guerre, a été séparé de son foyer. Ce foyer, surtout s'il s'agit d'un homme d'un certain âge, où sa présence était indispensable, est resté sans soutien. Tout s'y est perdu, usé, détérioré. Lorsqu'il rentrera chez lui, il ne trouvera plus rien ; il sera obligé, à quelque arme, à quelque unité qu'il appartienne, de reconstituer ce foyer, de se refaire l'existence d'avant-guerre. Cet homme, quel qu'il soit, encore une fois, de quelque coin de l'horizon qu'il vienne, qu'il ait été ou qu'il n'ait pas été combattant, a servi son pays, car il ne faut pas dresser ici les Français les uns contre les autres [Très bien ! très bien !] Qu'il l'ait servi au front ou à l'intérieur, il se trouvera, au retour, en présence des mêmes obligations, des mêmes charges et des mêmes difficultés. Puisque vous avez parlé de vêtements, le vêtement coûtera-t-il moins cher à celui qui aura fait trois ans de services à l'intérieur qu'à celui qui aura fait trois ans de services en campagne ? »

En fin de compte, la loi sur les allocations de démobilisation aboutit à une distinction entre les forces combattantes et les autres soldats mobilisés. Tandis que les seconds bénéficient de 15 francs par mois de service accompli, les premiers voient leur prime supplémentaire portée à 20 francs « pour chaque mois de présence dans une grande unité (corps d'armée, division) ou dans une unité combattante d'armée [...], pour chacun des mois de service effectif accompli par les militaires des vieilles classes (classe 1888 à 1892) avant la date d'appel normal de leurs classes [...] ou pour chacun des mois au cours desquels les intéressés ont perçu l'indemnité de combat après le 11 novembre 1918 ». Ces primes supplémentaires sont payées mensuellement par fractions de 100 francs. Pour les obtenir, les hommes doivent se présenter chaque mois chez le percepteur ou au bureau militaire proche de leur domicile, avec le titre de paiement ou les bons provisoires mensuels qui leur ont été remis, à leur départ, par leur commandant de dépôt. Toutefois, ils peuvent aussi demander le paiement intégral de la somme qui leur est due et ils reçoivent dans ce cas des bons de la Défense nationale à un an.

Certaines catégories de démobilisés ne bénéficient pas automatiquement des primes supplémentaires. C'est le cas des pensionnés et fonctionnaires de l'État qui ont droit à l'indemnité fixe dans les mêmes conditions que les autres, mais qui touchent une prime supplémentaire seulement pour les mois au cours desquels les sommes perçues par eux, pension, traitement ou solde, n'ont pas dépassé le 1/12 de 5 000 francs. Cette disposition vise naturellement à éviter le cumul d'une rémunération régulière de l'État et d'une prime. Elle met bien l'accent aussi sur la raison d'être de la prime supplémentaire, destinée à aider financièrement les anciens combattants à la recherche d'un emploi, les fonctionnaires devant retrouver leur place sitôt leur retour de l'armée[44]. Les

44. Dans le projet de loi initial (12 décembre 1918), les fonctionnaires étaient même exclus du bénéfice de l'indemnité, puisqu'ils avaient touché leur traitement pendant la guerre. Voir le rappel du député Camille Blaisot, Chambre des députés, 2e séance du 26 février 1919 (*JO*, p. 865).

mobilisés en usine et les sursitaires ne peuvent avoir de prime supplémentaire que dans le cas où ils ont servi effectivement pendant 18 mois au moins entre la déclaration de guerre et la date de leur radiation des contrôles. Peut-être s'agit-il de satisfaire ceux qui, assez nombreux dans la France de l'immédiat après-guerre, considèrent les mobilisés en usine comme des « planqués » ? Quant aux engagés, ils ne touchent de prime supplémentaire que pour la période commençant à l'expiration de leur contrat.

Les militaires démobilisés bénéficient également du remboursement du montant total des carnets de pécule dont ils sont titulaires. « L'argent qui est porté au carnet de pécule est de l'argent qui a été gagné par le combattant pendant qu'il était engagé dans le combat, lorsqu'il était sous les marmites ou exposé aux rafales des mitrailleuses », rappelle le député Camille Blaisot. Une partie de l'indemnité de combat a été versée en numéraire, l'autre, pour des raisons de trésorerie et pour éviter de mettre entre les mains des combattants des sommes trop importantes, inscrite en timbres sur le carnet de pécule. « Cette indemnité versée au pécule, c'est l'épargne du poilu », dit-on à l'époque. À cette somme s'ajoutent des majorations, destinées à favoriser les pères de famille nombreuse, et calculées à raison de 20 % par enfant à charge de moins de 16 ans. Pour faire valoir leurs droits, les hommes doivent faire inscrire, au moment du départ, par le commandant de leur unité d'origine ou, à défaut, celui du dépôt démobilisateur, la mention suivante sur leur carnet de pécule : « Je soussigné déclare que...... a été définitivement rendu à la vie civile le...... (signature). » Les carnets de pécule ainsi arrêtés doivent être conservés soigneusement par les anciens combattants, durant tout leur parcours de démobilisé. Ce sont eux qu'il faudra présenter au percepteur ou au bureau militaire de la commune d'arrivée pour être payé. La loi définit les modalités d'attribution du pécule des militaires décédés, qui revient prioritairement à leur veuve et à défaut, aux enfants ou aux ascendants les plus proches. Les enfants naturels sont mis sur le même pied que les enfants légitimes. Par ailleurs, précise la loi, « toute personne, même étrangère à la famille, qui se serait comportée à l'égard du défunt comme une épouse, un enfant ou un ascendant peut demander au tribunal de première instance de son domicile ou de celui du défunt, que le pécule lui soit dévolu ».

Afin d'aider les familles des soldats tués à l'ennemi, ou décédés des suites d'une blessure ou d'une maladie contractées au front, le paiement du pécule s'accompagne du versement d'une somme complémentaire, pour obtenir un total de 1000 francs minimum. Une majoration de 20 % sur le montant du pécule complété à 1000 francs est acquise pour chaque enfant de moins de 16 ans, qui était à la charge du militaire au moment de son décès. Le cas des disparus, nombreux à la fin de la Première Guerre mondiale, est prévu par la loi. Dès la fin de février 1919, les familles ont droit au remboursement du carnet de pécule et au paiement des majorations calculées à raison de 20 % pour chaque enfant de moins de 16 ans. Mais il leur faut attendre la constatation du décès du disparu pour prétendre au pécule complété de 1000 francs et aux majorations correspondantes. Signe de prudence, sans doute, de la part de l'État qui craint les fraudes, mais également espoir laissé aux familles de retrouver un jour leur proche.

À ces rétributions financières s'ajoutent des dons en nature. En principe, les soldats démobilisés auraient dû recevoir les vêtements qu'ils avaient laissés en dépôt lors de leur incorporation. Mais, à l'hiver 1918-1919, la réalité est tout autre. La guerre avait duré plus de quatre ans, les hommes avaient changé maintes fois de régiment, et les souris ou les mites s'étaient attaqués, de manière souvent irréparable, aux effets personnels des quelque 8 millions de mobilisés. À l'exception des adjudants et des détachés agricoles ou industriels, les démobilisés reçoivent donc gratuitement, à leur départ, trois catégories d'objets et de vêtements, destinés à remplacer ceux qu'ils avaient lors de leur entrée sous les drapeaux et à faciliter leur réintégration dans la vie civile.

Une première série d'effets comporte des habits de première nécessité, deux chemises, deux caleçons, une paire de bretelles, deux mouchoirs, une paire de brodequins de marche et un chandail, qui sont remis par le corps d'origine ou, à défaut, par le dépôt démobilisateur. S'y ajoutent des accessoires et des vêtements de rechange ou des habits d'hiver, une ceinture de flanelle, deux paires de chaussettes, une cravate, une trousse de couture, un cache-nez, une paire de gants, un quart, un bidon complet de un ou deux litres, une paire de brodequins de repos, deux étuis-musettes. Enfin, l'armée fournit à chacun un pardessus, un veston, un pantalon-culotte, une casquette et une paire de bandes molletières ou de jambières.

À la Chambre, le sous-secrétaire d'État à l'Administration de la guerre, Léon Abrami, vante la prévoyance du gouvernement : « Plutôt que de laisser à nos mobilisés cette tenue glorieuse qu'ils ont illustrée sur tous les champs de bataille du monde pendant quatre ans, mais qui, dans les travaux de la Paix, leur rappellerait une période où ils furent loin de leur famille, il nous a paru préférable de leur fournir un vêtement de travail qui les protégera contre les rigueurs de l'hiver », explique-t-il. « Le Gouvernement entend d'ailleurs que les poilus démobilisés soient vêtus des pieds à la tête. » L'intention est louable, d'autant que les services concernés cherchent à s'adapter à la diversité des anciens combattants : ainsi, les vêtements civils remis aux militaires indigènes nord-africains sont du modèle européen, mais la chechia remplace avantageusement la casquette. Pourtant, sur le terrain, l'intendance ne suit pas. Comment le pourrait-elle d'ailleurs ? On ne confectionne pas plusieurs millions de costumes en l'espace de quelques mois. Le résultat s'avère ridicule. Les « costumes Abrami » suscitent la moquerie des soldats et surtout des civils. « Longtemps après la guerre, dans les campagnes, on dira d'un homme qui portait ce costume le dimanche ou à l'occasion d'une cérémonie : “Il a mis son Clemenceau”, rappelle Antoine Prost[45]. Seuls les plus démunis se contentent de ces habits mal taillés, qui sont parfois de simples effets militaires, transformés et teints.

À défaut de ces vêtements donnés par l'armée, les soldats peuvent recevoir une somme forfaitaire de 52 francs, payable au dépôt démobilisateur, ou un bon d'habillement d'une valeur équivalente. Dans la première phase de la démobilisation, jusqu'en avril 1919, l'indemnité a plus de succès que le « costume Abrami ». Mais, ultérieurement, les soldats démobilisés, estimant ne pouvoir rien acheter de décent avec une somme aussi dérisoire, préfèrent, tout compte fait, les vêtements qui leur sont proposés. Toujours transparaît, dans les témoignages de ces « militaires déguisés en civils[46] » que sont les démobilisés, un sentiment d'humiliation, les dons matériels de l'armée étant perçus comme des marqueurs sociaux discriminants plutôt que comme un moyen de reprendre pied dans la vie civile. Ainsi, une chanson de 1919, intitulée « Les cinquante-deux francs de Monsieur Abrami » moque le cynisme du gouvernement en des termes amers : « Il trouva qu'pour 52 francs/L'on pouvait s'habiller richement/Ah ! quelle astuce !/Car costume, bottines et chapeau/À c'prix ne peuvent se trouver qu'au/Marché aux puces.//À moins qu'on aille, ce serait meilleur/De sa part, trouver un tailleur/Pour notr'costume/Car c'est certain'ment près de lui/Qu'Monsieur Abrami eut ce prix/Je le présume [...] »

Par ailleurs, la demande est telle que les collections de vêtements distribuées par l'armée sont disparates, certains effets sont introuvables, ici les grandes tailles manquent, ailleurs les

45. Antoine Prost, communication au colloque sur la démobilisation, Londres, Institut historique allemand, 21-23 mai 1981, actes non publiés.

46. L'expression est d'Antoine Roisin, *La Démobilisation de l'armée française après le premier conflit mondial,* mémoire de maîtrise soutenu sous la direction de Stéphane Audoin-Rouzeau, Université de Picardie-Jules-Verne, octobre 1998.

petites. Les rapports des inspecteurs de la démobilisation se font l'écho du mécontentement, mais que faire lorsque le nombre des démobilisés est tout simplement trop important pour que chacun soit satisfait ? « Ce sont là promesses dans l'air, à seule fin d'essayer de contenter le pauvre poilu de la zone des armées combattantes comme moi, qui a risqué sa g… de 1914 à 1918 et qui rentre chez lui sans habits, sans linge de corps, sans rien, rien… proprement dit, victime d'un pillage complet… Et dire que nous, bonnes poires, pauvres sinistrés, presque nus, en lambeaux, nous serons obligés de travailler le reste de notre vie pour payer tous ces frais… », se plaint le soldat Charles Campion, originaire de Douai, dans une lettre du 29 janvier 1919. Dans un courrier adressé au ministère de la Guerre, un commandant de dépôt démobilisateur, impuissant devant l'afflux des démobilisés, résume l'état d'esprit général : « Tous les soldats réclament et manifestent un vif mécontentement. » Et, à le lire, on sent bien qu'il n'est pas loin de leur donner raison.

L'un des souhaits des démobilisés portait également sur la possibilité de garder avec eux des objets qui leur rappelleraient leur participation au conflit, comme des trophées. On ne pouvait envisager de leur laisser leurs armes. Les uniformes étaient souvent en piteux état. On se décida donc pour le casque Adrian et une plaque commémorative. Un décret du 18 décembre 1918 stipule qu'un « casque-souvenir sera remis à tout militaire et à la famille de tout militaire décédé ayant appartenu à une formation des armées. Les inscriptions prévues par le décret seront portées sur une plaquette à fixer sur le casque. » Ces objets sont donnés aux soldats par les soins de leur dépôt démobilisateur et aux familles des militaires décédés ou disparus par l'intermédiaire du maire de leur commune et de la Direction générale des pensions.

À la lecture de travaux de psychologues ou de psychiatres militaires, on se rend compte, sans doute mieux à l'heure actuelle que dans les années vingt, des enjeux d'un tel geste. « Ces témoignages de reconnaissance, souvent arborés de façon très discrète (par les anciens combattants), ou quelquefois totalement cachés, ne signifient absolument pas un sentiment de supériorité sociale, mais au contraire, la réassurance que le lien entre la nation et l'État est clairement affirmé », écrit le psychiatre Claude Barrois. « Cette reconnaissance est une condition fondamentale pour la réintégration du combattant dans la vie du temps de paix ; elle renforce sa cohérence existentielle, c'est-à-dire psychosociale, qui a été ébranlée par l'expérience *inoubliable* de la guerre[47]. »

De fait, le don aux poilus de leur casque Adrian et d'une plaque commémorative portant la mention « soldat de la Grande Guerre » a d'abord une fonction de reconnaissance du sacrifice consenti. Le casque que rapportent chez eux les anciens combattants a été introduit en 1915, sur le modèle élaboré par le sous-intendant Adrian, en remplacement du simple képi, parfois doublé d'une calotte de métal, qui servait de protection rudimentaire au début du conflit. Parallèlement, les soldats britanniques et allemands se sont dotés d'un casque d'acier, généralisé seulement au début de l'année 1916 pour les seconds. « Le casque, c'était l'ancienne *bourguignotte*, réinventée par l'intendant Adrian, créateur aussi des baraques préfabriquées [...] Peint à la couleur de la tenue, le casque, en tôle d'acier, ne constituait pas une protection sans valeur. Les balles, les petits éclats d'obus ou de grenades ricochaient souvent contre le métal », rapporte Jacques Meyer[48]. Les historiens sont, à l'heure actuelle, plus circonspects sur l'efficacité du casque Adrian, notamment du fait que près d'un tué sur cinq pendant la Grande Guerre l'a été des suites d'une blessure à la tête. « Les casques n'avaient limité qu'en partie le nombre des blessures au visage ou au crâne : contre des impacts directs, on peut remarquer qu'ils ne furent jamais en mesure d'offrir une protection suffisante », assure Stéphane Audoin-

47. Claude Barrois, *Psychanalyse du guerrier, op. cit.*, p. 261.
48. Jacques Meyer, *Les Soldats de la Grande Guerre,* Paris, Hachette, 1966, rééd. 1998, p. 80

Rouzeau[49]. Quoi qu'il en soit, en laissant aux démobilisés la possibilité de garder un casque, vestige matériel des dangers du front, symbole de virilité, la nation reconnaît les risques que les soldats ont encourus, le courage dont ils ont fait preuve, donc la dette contractée à leur égard.

Les objets conservés par les poilus facilitent en outre la resocialisation des anciens combattants. Tel casque peint et exposé sur un mur, ou rangé au grenier et retrouvé lors d'un déménagement, suscitera parfois les commentaires du vétéran, les questions de ses proches, la résurgence d'un souvenir. L'un racontera le jour où son casque d'acier lui a sauvé la vie. Un autre, les fragments de métal qu'il peignait ou sculptait pour lutter contre l'ennui et l'abrutissement, dans les tranchées. Certes, on rétorquera que l'expérience de guerre est indicible ou que la société des années vingt se montre peu réceptive aux souvenirs des anciens combattants, n'ayant qu'une hâte, celle de tourner la page. Pourtant, il semble bien que, dans les familles, les objets commémoratifs gardés par les poilus aient facilité la mise en discours, sinon la transmission, de l'expérience de guerre, parfois de nombreuses années après le conflit. À propos du carnet de pécule, le député du Calvados Camille Blaisot expliquait déjà : « Par le seul fait que vous inscrirez sur leur reçu le détail des indemnités de base qui témoigneront de la place qu'ils tenaient à la guerre, les poilus conserveront ce document par-devers eux comme leur plus beau titre de gloire. À ceux qui les interrogeront, à leurs enfants plus tard, ils pourront le montrer avec orgueil et ils diront : "Voyez, les combattants de la Grande Guerre, j'en étais". »

Enfin, il ne faut pas oublier la fonction symbolique que revêt le casque Adrian durant la Première Guerre mondiale ou dans l'immédiat après-guerre. Placé sur les croix de bois des champs de bataille pour marquer l'emplacement d'une

49. Stéphane Audoin-Rouzeau, *Combattre,* Amiens, CRDP de Picardie/Historial de la Grande Guerre, 1995, p. 22

sépulture ou utilisé pour protéger le visage du défunt lors des inhumations d'urgence, il est représenté sur de nombreux monuments aux morts et ajouté à la stèle commémorative à des fins décoratives, comme les anciens obus[50]. Le casque est également, au même titre que l'uniforme, un marqueur de l'origine nationale du combattant. Le casque Adrian se distingue notamment, par sa forme, du casque des combattants allemands, symbole, quant à lui, des « hommes de fer » de la bataille de Verdun ou de la bataille de la Somme. Il reste donc l'un des symboles les plus connus de la Grande Guerre.

Parce qu'elles participent de cette économie de l'honneur, dont Lucien Febvre a montré depuis longtemps qu'elle est indissociable du fait militaire[51], les décorations facilitent enfin la réinsertion des anciens combattants dans la vie civile. Au même titre que les objets commémoratifs, elles permettent à certains soldats de donner un sens à la souffrance subie (peut-être même à la souffrance infligée ?), tandis que d'autres disent les considérer avec détachement ou mépris. Combien de démobilisés attachèrent de l'importance à cette forme de reconnaissance officielle ? Combien n'y virent que vanité en regard du désastre humain occasionné par le conflit ? Il est impossible de le dire, et le contrôle postal montre ici ses limites, tant sont diverses des attitudes individuelles qui ne sont pas toujours dénuées d'ambiguïté : le refus des décorations, par exemple, peut être interprété aussi bien comme une marque d'humilité que comme le

50. À ce sujet, voir Annette Becker, *Les Monuments aux morts. Mémoire de la Grande Guerre*, Paris, Errance, 1988 ; Annette Becker et Philippe Rivé (sous la dir. de), *Monuments de mémoire, Monuments aux morts de la Grande Guerre*, Paris, Mission permanente aux commémorations et à l'information historique, 1991, « Les monuments aux morts de la Première Guerre mondiale », *Guerres mondiales et Conflits contemporains*, n° 167, 1992, et les travaux d'Antoine Prost, notamment « Les monuments aux morts, culte républicain ? culte civique ? culte patriotique ? », in Pierre Nora, *Les Lieux de mémoire*, Paris, Gallimard, tome 1, *La République,* 1984, p. 195-225.

51. Lucien Febvre, *« Honneur et patrie »,* Paris, Perrin, 1996.

signe d'une marginalisation volontaire et d'un orgueil exacerbé.

De manière certaine, la Première Guerre mondiale représente cependant un tournant dans l'histoire des décorations militaires françaises. Jamais sans doute depuis le Premier Empire, tant d'hommes ont été décorés et tant de nouvelles décorations créées. Si l'on excepte la Légion d'honneur et la médaille militaire, toutes les autres décorations sont récentes, la croix de guerre ayant été instituée par une loi du 8 avril 1915 pour commémorer les citations individuelles, la fourragère le 21 avril 1916 pour les citations collectives, l'insigne des blessés le 27 juillet 1916. Par ailleurs, le nombre des décorés s'accroît rapidement, passant par exemple, pour la Légion d'honneur, de 45000 au début du siècle à 100000 (dont 75000 à titre militaire) en 1918. De 1914 à 1920, 2065000 citations ont été accordées, ce qui, compte tenu des citations multiples pour un seul homme, des citations à titre collectif et à titre posthume, représente près d'un million de croix de guerre, pour 8 millions d'hommes mobilisés[52].

Dans cette conjoncture favorable au développement des décorations, il faut distinguer deux temps successifs. Au moment où le conflit s'achève, les décorations semblent prendre de l'importance : sur le champ de bataille, on savait reconnaître le soldat courageux et méritant du pleutre ou du vantard ; mais, en temps de paix, qui viendra dire aux civils celui qui s'est « bien battu » ? Les réactions d'hostilité ou d'indifférence mises à part, les combattants attendent donc des décorations qu'elles les valorisent auprès de civils qui ne savent rien de la guerre. Certes, il se trouve bien des articles de la presse des tranchées pour affirmer que les combattants sont devenus des êtres humains d'une essence supérieure, et que les civils ne pourront pas manquer de s'en apercevoir :

52. Je dois ces évaluations chiffrées au travail d'Yves Bizouard, *Les Décorations dans la Grande Guerre,* mémoire de maîtrise soutenu à l'université d'Amiens en octobre 1997.

« Lorsqu'il sera rentré dans ses foyers et qu'il entendra [les « embusqués »] causer des péripéties de la guerre, [le soldat] aura sur eux tous une supériorité écrasante : il saura ce que c'est, l'ayant vu de près, il n'en parlera pas seulement par ouï-dire et son prestige n'en sera que plus grand », affirme un journal du front[53]. Pour autant, il est préférable d'arborer ses décorations, si l'on veut être certain de bénéficier d'un peu de reconnaissance.

Dans l'immédiat après-guerre et jusqu'au milieu des années trente, la problématique est sensiblement différente. D'autres décorations voient le jour, répondant à une ambition essentiellement commémorative : la Médaille interalliée ou « médaille de la Victoire », créée par la Conférence de la Paix le 24 janvier 1919, la Médaille commémorative le 23 juillet 1920, la médaille d'Orient le 15 juin 1926, la médaille des Évadés le 20 août 1926, la croix du Combattant le 28 juin 1930 et la croix du Combattant volontaire le 4 juillet 1935, auxquelles on pourrait ajouter les décorations créées par des villes et des associations, la médaille de Verdun (20 novembre 1919), celle de la Somme, celle de Saint-Mihiel (15 février 1936), celle de la Marne (21 août 1937).

Pour prolonger la réflexion sur l'économie morale de la démobilisation, ce sont naturellement les décorations du temps de guerre, moins nombreuses que celles créées dans les années vingt et trente, qui nous intéressent, et, en premier lieu, la fourragère. Créée le 21 avril 1916, cette distinction a pour fonction de commémorer les citations collectives obtenues par les unités combattantes. Elle est donc particulièrement populaire, puisqu'elle valorise le monde combattant – au détriment des non-combattants – tout en respectant un principe d'égalité entre les hommes d'un même régiment, quel que soit leur grade. Selon le contrôle postal, de

53. *Face aux Boches,* février 1916, cité par Stéphane Audoin-Rouzeau, *14-18. Les combattants des tranchées,* Paris, Armand Colin, 1986, p. 167.

nombreuses lettres expriment la satisfaction des soldats lorsqu'ils obtiennent cette reconnaissance collective. Toutes disent, à cette occasion, la fierté d'appartenir à un régiment valeureux : « Nous venons de décrocher la fourragère aux couleurs de la Croix de guerre. C'est un bien grand bonheur pour le régiment », écrit par exemple un soldat de la 56e DI en octobre 1918. « Je suis tombé dans un régiment glorieux. Je veux être digne de sa renommée », témoigne un autre. Même les plus sceptiques paraissent sensibles à une décoration qui vient récompenser le sacrifice d'un groupe d'hommes, toutes générations et conditions confondues : « La journée a été très belle, car le général commandant en chef est venu et a accroché la croix de guerre à notre drapeau, tout le monde est heureux. On a beau faire le malin, cela vous fait quand même quelque chose » (un combattant du 127e RI).

De surcroît, la fourragère est à la fois la décoration la moins attribuée (peu de régiments en furent décorés) et la plus portée (puisque chaque soldat de l'unité pouvait l'arborer). Sa rareté et sa renommée dans le monde combattant expliquent largement l'une des revendications des soldats : garder le droit de porter la fourragère, à leur retour dans leurs foyers, en souvenir de leur ancien régiment. Lors de la deuxième période de démobilisation, une note du 4 juillet 1919 donne raison aux anciens combattants et décide que « la fourragère sera comprise dans la catégorie des effets qui sont abandonnés aux hommes démobilisés qui les réclament ». Or, même si nous ne disposons d'aucune information précise sur le nombre d'insignes ainsi attribués, on imagine sans peine le succès remporté par cette mesure symbolique. Insigne particulièrement voyant, la fourragère se matérialise par une cordelette de couleur portée à l'épaule gauche, sur la veste, sur la capote, en toutes occasions, ou par une barrette de ruban ou de métal. Elle peut être arborée lors des cérémonies du 11 Novembre, à l'occasion de réunions d'anciens combattants, exposée chez soi à côté d'autres objets commémoratifs de la Grande Guerre. Décoration donnée à titre collectif, elle est par essence un vestige de la vie au front. Conférée avec parcimonie, au même titre que les citations à l'ordre de l'armée, elle reste, comme le rappelle un slogan publicitaire du journal *La Fourragère*, « celle qu'on n'achète pas ».

Faire un bilan de la démobilisation au moment où disparaît le sous-secrétariat d'État confié à Louis Deschamps, à la fin novembre 1919, s'avère beaucoup plus complexe que prévu. Du point de vue des autorités politiques et militaires, le résultat est satisfaisant, puisqu'elles sont parvenues à rendre à leurs foyers 5 millions d'anciens combattants en moins d'un an. Et cela en dépit de l'encombrement et des destructions du réseau ferroviaire, des erreurs dans l'organisation des convois, des multiples étapes du parcours du démobilisé. Même s'il faut aussi se préoccuper de réinsérer ces hommes dans la société, les aider à retrouver un travail, les loger et reconstruire leur cadre de vie, les opérations militaires de démobilisation sont donc indéniablement couronnées de succès.

Pour autant, peut-on se contenter d'évaluer la démobilisation d'un point de vue strictement technique, sans confronter la situation aux attentes des anciens combattants ? Assurément pas. Quelles que soient les limites des études d'opinion pour des hommes aux origines et aux expériences de guerre si diverses, dont les projets diffèrent considérablement selon l'âge et le degré d'intégration dans la société, il est indispensable de préciser l'attitude des soldats lors des opérations de démobilisation, ne serait-ce que pour essayer de ne pas faire perdre à cette gigantesque entreprise sa dimension concrète et individuelle. Sur ce point, le contrôle postal et les rapports des commandants d'unité sont utiles, même s'ils tendent naturellement à surévaluer les expressions d'hostilité au détriment de la lassitude, ou simplement du mécontentement muet.

Utilisées avec la précaution qui s'impose, ces sources, que viennent compléter de rares témoignages littéraires, offrent du démobilisé l'image d'un homme désenchanté par l'attente et les tracasseries administratives, déçu par l'attitude des civils qu'il juge ingrats – mais ne disait-il pas la même chose de

« l'arrière » durant le conflit ? –, n'aspirant somme toute qu'à une seule chose : se replier sur la « sphère privée ». Pour lui, la démobilisation suscite autant d'inquiétudes que de joies. Elle fait disparaître un monde auquel il avait fini par s'acclimater, celui de la guerre, avec ses rituels, ses amitiés et son vocabulaire, pour en faire resurgir un autre, dont il craint qu'il lui soit devenu étranger – et qu'il imagine même, parfois, hostile.

L'économie morale de la démobilisation est alors vécue par les combattants comme un élément essentiel. On attend de l'État qu'il fournisse des compensations qui seront autant de signes de reconnaissance des souffrances subies. De manière générale, les réparations matérielles (argent, costume…) se révèlent très insuffisantes et suscitent des mécontentements. En revanche, dans le domaine symbolique (décorations, casque commémoratif), l'État parvient à mieux comprendre les attentes des anciens combattants, peut-être justement parce qu'il n'est de réparation autre que symbolique aux souffrances occasionnées par le conflit.

Par ailleurs, l'impossibilité du dialogue entre ceux du front et ceux de l'arrière, l'incompréhension supposée du monde politique, celle des anciens employeurs, lorsqu'ils sont encore vivants, lorsque l'entreprise n'a pas fermé : ces difficultés que vont rencontrer nombre d'anciens combattants sont déjà présentes dans les correspondances des démobilisés, à l'état embryonnaire de l'inquiétude. À ces craintes, parfois explicites, parfois sous-entendues, s'ajoutent vraisemblablement d'autres sentiments, même si les documents manquent pour l'attester : la fatigue de la guerre, l'usure, la lassitude, une aspiration à la quiétude, ou tout simplement la joie fondamentale de s'en être sorti vivant – des dispositions psychologiques qui suffiraient à expliquer que le rythme lent et chaotique de la démobilisation n'ait pas été contrarié, quelles qu'aient été ses exaspérantes imperfections.

Chapitre 5

Oubliés de la victoire. Le retour des prisonniers de guerre

Par l'originalité de leur expérience de guerre, le soupçon pesant sur les circonstances de leur capture, l'ignorance par la plupart de leurs compatriotes des conditions d'incarcération, les prisonniers de guerre français de 1914-1918 ne sont pas des combattants comme les autres. Ne viennent-ils pas d'un monde, celui des camps, où la rumeur des combats n'est parvenue qu'assourdie et confuse, où les civils se sont souvent mêlés aux militaires et les nationalités les unes aux autres : un univers largement incompréhensible dans leur pays d'origine ? Marginalisés durant le conflit, éloignés de leur patrie – et surtout de leur patrie *en guerre*, comme le rappelle Annette Becker[1] –, ces hommes ne bénéficient que d'une reconnaissance discrète, en un temps où les survivants de la Première Guerre mondiale n'ont d'existence sociale que par leurs faits d'armes. Dans un contexte général d'héroïsation des soldats de la Grande Guerre, leur souffrance, comme celle d'ailleurs des civils des régions envahies, est irrecevable par la France victorieuse de 1918. C'est justement dans la période qui s'étend de l'armistice à la démobilisation qu'apparaît le plus nettement le fossé existant entre les prisonniers de guerre et les forces combattantes. Le retour entraîne une relecture de l'expérience de guerre. Elle révèle le

1. Annette Becker, *Oubliés de la Grande Guerre. Humanitaire et culture de guerre. Populations occupées, déportés civils, prisonniers de guerre,* Paris, Éd. Noésis, 1998, p. 91.

décalage entre ce que les anciens combattants et les anciens prisonniers ont vécu.

« Un chagrin qui ne se terminera qu'avec ma vie et dont je ne pense pas devoir rencontrer jamais d'aussi profond ni d'aussi amer m'étreint en ce moment plus directement que jamais. Être inutile aussi totalement, aussi irrémédiablement que je le suis dans les heures que nous traversons, quand on est de toutes pièces construit pour agir, et l'être par surcroît dans la situation où je me trouve et qui pour un homme et un soldat est la plus cruelle qu'on puisse imaginer[2] ! » Nul mieux que le capitaine de Gaulle, sans doute, n'a su dire le désarroi moral des prisonniers de guerre, « privés » de conflit, de la possibilité de faire son devoir et de défendre les leurs. Dans des lettres à ses parents, le jeune officier, blessé et fait prisonnier le 2 mars 1916 à Douaumont, confesse avec pudeur un sentiment de frustration qui s'estompe partiellement lorsque la victoire finale se rapproche : « En dépit de ma situation personnelle lamentable, je savoure en ce moment les plus douces journées de ma vie. Il n'y a point de chagrins, de souffrances, de déceptions, de sacrifices, qui vaillent de loin ces satisfactions-là et celles qui vont suivre[3]. » Mais la souffrance réapparaît, dès le retour de De Gaulle sur le sol français, comme en témoigne un courrier adressé, cinq jours après son arrivée à Lyon, au colonel Boud'hors, qui commandait le 33e RI à Verdun : « À l'immense joie que j'éprouve avec vous des événements, se mêle, il est vrai pour moi, plus amer que jamais, le regret indescriptible de n'y avoir pas pris une meilleure part [...] N'avoir pu assister à cette Victoire, les armes à la main, c'est pour moi un chagrin qui ne s'éteindra qu'avec ma vie[4]. »

2. Charles de Gaulle, lettre à ses parents du 19 décembre 1917, in *Lettres, Notes et Carnets, 1905-1918,* Paris, Plon, rééd. 1980, cité par Annette Becker, « Charles de Gaulle prisonnier », in *De Gaulle soldat, 1914-1918,* Paris, Martelle/Historial de la Grande Guerre, 1999, p. 109.

3. Lettre à sa mère, 15 octobre 1918, *ibid.*, p. 524.

4. Lettre au colonel Boud'hors, 8 décembre 1918, *ibid.*, p. 527.

La frustration décrite par le capitaine de Gaulle est partagée par la plupart de ses camarades de détention. Durant la période de captivité, de nombreux journaux de prisonniers en témoignent : « Que dire de la situation de celui qui non seulement ne peut être utile aux siens, mais encore est réduit à l'impuissance lorsque la Patrie a besoin du concours de tous ses enfants. Tel est cependant le sort qui nous est échu, sort dont ceux-là seuls qui l'auront subi peuvent connaître et mesurer la tristesse », rapportent des officiers français du camp de Reisen, en avril 1917[5]. Quelles que soient les conditions de détention, ce sentiment d'inutilité est accru par l'isolement, la subordination forcée à une armée étrangère, l'ennui surtout, ainsi évoqué par un soldat français dans un poème publié en mars 1916 : « Monotones, les jours passent, jours de marasme / À la joie, au malheur, ils font le même accueil / Morte la flamme ardente et mort l'enthousiasme / L'ennui pèse sur eux comme un manteau de deuil. »

Pour comprendre l'état d'esprit des prisonniers de retour des camps, il faut aussi tenir compte de l'éthique militaire des armées de la Grande Guerre – et de la manière dont les prisonniers sont considérés par l'État-major. Soupçonnés d'être des déserteurs, ils sont menacés explicitement de sanctions par l'ordre général du général Joffre, en novembre 1914 : « Tout soldat fait prisonnier par suite de son insouciance ou de sa négligence, tout chef qui, par manque de fermeté, laisse prendre une partie de sa troupe par l'ennemi, commet une faute des plus graves. Le Commandant en chef décide que tout militaire non blessé fait prisonnier sera, à son retour de captivité, l'objet d'une enquête à l'effet de déterminer s'il y a lieu de prendre, envers lui, des sanctions disciplinaires… notamment pour capitulation, désertion à l'ennemi ou abandon de poste en présence de l'ennemi. » En conséquence, au mois de septembre 1915, une note de Millerand, ministre de la Guerre, précise que

5. Uta Hinz, « Fuir pour la patrie : officiers prisonniers de guerre en Allemagne, 1914-1918 », *De Gaulle soldat*, *op. cit.*, p. 53.

« les titres à une récompense des militaires évadés d'Allemagne ou rapatriés comme grands blessés appartenant à des unités ou à des formations faites prisonnières [...] ne seront en principe examinés qu'après la fin des hostilités ». En décembre 1915, le général Joffre confirme ce moratoire, car certains soldats avaient été décorés « pour des faits qui souvent se rapportaient directement aux circonstances dans lesquelles ils étaient tombés dans les mains de l'ennemi ». Il est d'ailleurs tout à fait significatif que seule une conduite héroïque des soldats évadés, puis réintégrés dans les troupes combattantes, puisse éventuellement leur valoir une décoration. « Leur manière de servir après leur retour permettra au commandement de se prononcer en connaissance de cause sur l'opportunité de leur attribuer une récompense pour l'acte méritoire qu'ils ont accompli en s'évadant d'Allemagne », tranche une directive du GQG en mai 1916. En d'autres termes, une évasion réussie ne suffit pas à laver l'ancien prisonnier de guerre de tout soupçon ; il lui faut encore faire ses preuves sur le champ de bataille.

Rares sont ceux qui prennent la défense des prisonniers de guerre. Parmi eux, Léon Pasqual, lors du débat parlementaire du 11 janvier 1918 : « Ils restent les hommes qui, le 2 août 1914, à l'appel de la patrie en danger, se sont dressés pour se serrer autour d'elle, pour la défendre sous les plis de notre beau drapeau tricolore. Comme les autres ils ont oublié ce qui pouvait diviser les Français dans le passé pour ne se souvenir que d'une chose, c'est que tous ils étaient les fils d'une même patrie, les apôtres d'une même idée, les soldats d'un même drapeau. Tombés, blessés la plupart du temps, entre les mains de l'ennemi, ils n'ont qu'une seule pensée, celle qui s'envole vers la France, celle qui s'envole vers les êtres chers ; ils n'ont, malgré leurs souffrances, qu'un idéal : la patrie ; un but : la victoire des armées de la République ! [Vifs applaudissements.] Voilà nos prisonniers [Nouveaux applaudissements][6]. » Il est vrai que

6. *JO,* Chambre des députés, intervention de Léon Pasqual, 11 janvier 1918, p. 26

le député du Nord se sent particulièrement solidaire de tous ces hommes, puisqu'il a été fait prisonnier lui-même après la chute du fort de Maubeuge en 1914, avant d'être échangé contre un officier allemand.

À l'hiver 1918, lorsqu'ils prennent le chemin du retour, les anciens prisonniers sont restés fidèles à une culture de guerre qui tend à les culpabiliser d'être tombés entre les mains de l'ennemi. Le pays qui les accueille le fait sans enthousiasme : depuis septembre 1917, les rapatriés comme grands malades perdent le rappel de solde pour le temps de captivité comme pour l'internement éventuel en France[7]. Le seul moyen de recouvrer son honneur en captivité étant l'évasion, on imagine les difficultés que les anciens prisonniers, évadés récidivistes mais malheureux, rencontrent pour faire valoir leurs tentatives aux yeux de l'opinion publique. C'est dire aussi avec quelle satisfaction est accueillie la création, en 1926, de la médaille des évadés. Il ne faut pas plus de quatre mois pour que le capitaine de Gaulle demande cette décoration, avec un récit complet de ses cinq tentatives d'évasion, assorti de croquis descriptifs et de certificats de témoins[8].

Isolés du reste des combattants par leur expérience de la guerre, les prisonniers sont en outre destinés, dans les derniers mois du conflit et lors des négociations, à servir de monnaie d'échange. Leur sort est étroitement subordonné à l'évolution des pourparlers entre les belligérants, tant il est vrai que « la manière de traiter les prisonniers est encore une manière de faire la guerre[9] ». Aux sentiments mêlés de frustration et de honte s'ajoute alors l'humiliation d'être utilisés comme otages durant les négociations de paix.

7. Bernard Delpal, « Prisonniers de guerre en France (1914-1920) », *Les Exclus en Europe, 1830-1930*, Paris, Éd. de l'Atelier, 1999, p. 155.

8. « Récits d'évasion », *Lettres, Notes et Carnets, 1919-Juin 1940*, *op. cit.*, p. 295-310.

9. Bernard Delpal, art. cité. Voir aussi François Cochet, *Soldats sans armes. La captivité de guerre : une approche culturelle*, Bruxelles, Bruylant, 1998.

Au début du conflit, les prisonniers de guerre bénéficient pour toute protection de textes relativement anciens, les règlements de La Haye des 29 juillet 1899 et 18 octobre 1907[10], mais aucun système de surveillance ni tribunal international n'est chargé de veiller à leur application. On ne trouve en Allemagne aucune directive générale du ministère de la Guerre concernant les prisonniers, et, en France, les textes réglementaires remontent à mars 1893. Certes, le Comité international de la Croix-Rouge (CICR) reçoit mission de visiter les lieux de détention et de distribuer des secours. Mais l'administration des camps relève souvent de la seule autorité de leur commandant, dans un climat d'improvisation, d'urgence et d'arbitraire. D'après l'ambassadeur des États-Unis à Berlin, James W. Gerard, les chefs des régions militaires laissent la plus grande latitude aux commandants[11]. Les gardiens, avec lesquels les prisonniers sont en rapports étroits, font exécuter les ordres selon leur humeur du moment.

Au printemps 1918, après plusieurs mois de négociations bilatérales entre Français et Allemands, sont signés à Berne des accords portant sur l'amélioration des conditions de vie des prisonniers et leur rapatriement ou leur internement en Suisse. Un an plus tôt, le 26 avril 1917, le CICR avait adressé aux belligérants un appel en faveur du rapatriement des pri-

10. Le règlement de La Haye de 1899 sur les « lois et coutumes de guerre sur terre » est une tentative de réaction à l'ouverture par les Britanniques de camps de concentration destinés aux populations civiles lors de la guerre des Boers.

Complété le 18 octobre 1907 à l'occasion de la IVe Conférence de la Paix (articles 4 et 20), il assure aux prisonniers de guerre, combattants et civils, un traitement humain, des conditions de détention satisfaisantes, une totale liberté religieuse, le droit de recevoir des paquets et d'écrire à leurs proches dans la limite de 2 lettres et 4 cartes par mois. À leur rapatriement, les prisonniers sont censés rentrer en possession des biens qui leur auraient été confisqués durant la période de détention (voir François Cochet, *ibid.*, p. 13-15, 17 *sq.*).

11. James W. Gerard, *Mes quatre années en Allemagne*, Paris, 1918.

sonniers de guerre : « Toutes les nations ont un égal intérêt à voir revenir leurs enfants sains de corps et d'esprit. La conscience s'élève avec force contre la prolongation d'une détention qui priverait peut-être l'Europe de millions de créatures humaines. » Ce message aurait-il été entendu ? En fait, à l'automne 1918, les mesures décidées en mars-avril 1918 restent encore largement lettre morte, alors que, dans le même temps, le CICR et le Vatican diffusent des nouvelles alarmantes sur la situation sanitaire dans les camps : « Comité international Croix-Rouge se permet d'insister auprès de vous pour que dans conditions d'armistice le rapatriement des prisonniers soit stipulé sur la plus large échelle possible [...] Il y a un puissant intérêt à épargner à tous les prisonniers un cinquième hiver de captivité. Si transports par chemins de fer trop lents, examiner possibilité de rapatriement immédiat par rupture fronts », signale un télégramme de la Croix-Rouge à tous les belligérants[12].

Au moment de l'armistice, la situation de l'ensemble des prisonniers de guerre est donc extrêmement préoccupante, du fait de l'instabilité politique en Allemagne, des problèmes de ravitaillement (qui touchent cruellement les prisonniers russes et roumains) et de l'épidémie de grippe espagnole. Pour autant, un sort différent attend les prisonniers selon qu'ils appartiennent au camp des vainqueurs ou à celui des vaincus. L'article X des clauses de l'armistice impose un « rapatriement immédiat, sans réciprocité, dans des conditions de détail à régler, de tous les prisonniers de guerre, y compris les prévenus et condamnés, des Alliés et des États-Unis ». Cette mesure « annule les conventions antérieures au sujet de l'échange des prisonniers, y compris celle de juillet 1918 en cours de ratification ». En revanche, « le rapatriement des prisonniers de guerre allemands sera réglé à la conclusion des préliminaires de paix ». L'article XVIII ajoute aux prisonniers

12. ACICR, 475 II AA (carton 77), 1er novembre 1918, télégramme du CICR aux belligérants.

alliés précédemment cités « les internés civils, y compris les otages, les prévenus ou condamnés », libérables dans un délai maximal d'un mois. Dans les familles françaises, le soulagement est grand, même si les rumeurs les plus inquiétantes circulent sur le traitement imposé aux prisonniers français. Beaucoup gardent en mémoire les campagnes de presse qui font le récit, régulièrement depuis 1915, des atrocités allemandes et présentent par exemple le camp de Wittenberg en Saxe comme la « cité des morts [13] ». Mais plus vive encore est l'inquiétude des proches des soldats allemands internés en France. De nombreux témoignages reçus à Genève par le CICR indiquent que des milliers de familles qui espéraient voir enfin se réaliser les prescriptions des accords de Berne du 26 avril 1918, concernant le rapatriement des soldats captifs depuis 18 mois, se voient déçus dans leurs attentes. De surcroît, de nombreux articles de la presse française annoncent par avance l'emploi des prisonniers allemands à la reconstruction des régions dévastées par les combats ou l'occupation : une tâche qui, par son ampleur, repousse à longue échéance le retour dans les familles.

L'archipel des camps allemands

Le nombre des prisonniers français en Allemagne durant la période 1914-1918 demeure imprécis. Annette Becker et Odon Abbal avancent le chiffre de 600000 prisonniers français, capturés durant les quatre années de guerre. À la date du 1er février 1917, certains les évaluent à 367124 hommes de troupe et 6287 officiers. Un an plus tard, la Commission parlementaire de la Chambre des députés donne le chiffre de 844000 prisonniers (toutes catégories confondues), dont 574000 en Allemagne centrale et en Allemagne du Nord. Or,

13. Odon Abbal, « Les prisonniers de la Grande Guerre », *Guerres mondiales et Conflits contemporains*, juillet 1987, n° 147, p. 5-30, 15.

selon la mission sanitaire de la Croix-Rouge, présente en Allemagne en décembre 1918-janvier 1919, ils ne seraient plus que 475000 au moment de l'armistice (ce qui représente l'équivalent de 10 % des démobilisés) et 200000 à Noël 1918[14]. Quoi qu'il en soit, l'ampleur du nombre des prisonniers et la durée de leur détention marquent une rupture dans l'histoire militaire de l'Europe. En Allemagne, où affluent les prisonniers en raison du double front occidental et oriental, on compte près d'un million de soldats captifs à l'été 1915, et 2,4 millions en octobre 1918, issus de 13 nationalités. Sur cette masse considérable, les Français constituent, après les Russes (1,4 million), le deuxième plus grand groupe.

Tardivement, le texte de l'accord du 26 avril 1918 prévoit le rapatriement de tous les prisonniers ayant plus de 18 mois de captivité, sans considération de grade. Seront en outre renvoyés dans leurs foyers les hommes de plus de 40 ans et pères de plus de 3 enfants, ou ceux qui ont plus de 45 ans. Le but est d'éviter aux prisonniers de guerre ce que les psychiatres militaires désignent sous les termes de « psychasthénie » ou « psychose des barbelés », qui intervient souvent au bout d'un an et demi de détention[15]. Or plus d'un captif français sur deux a été fait prisonnier entre août 1914 et

14. Comité international de la Croix-Rouge, *Rapports de divers délégués en Allemagne, Russie, Pologne, Bohême, Hongrie et Roumanie. Décembre 1918-juin 1919*, Genève, Librairie Georg et Cie, 1919.

15. Le terme « psychose des barbelés » a été lancé par Vischer en Allemagne, selon E. Carrot, J. Paraire, A. Charlin, M. Bachet, « Les réactions psychologiques en captivité », *Ann. méd.-psychol.*, 107, II, novembre 1949, 4, p. 369-401. Il est repris en France par Stewart, qui en précise les symptômes (dysmnésie, baisse de la concentration, insomnie, irritabilité, apathie mentale...), tout en notant qu'ils tendent à disparaître avec le rapatriement. D'où le concept de « réaction », employé par Karl Jaspers dans son *Traité de psychopathologie générale*, 1919, trad. fr., Paris, Alcan, 1933, et confirmé, après la Seconde Guerre mondiale, par E. Carrot, J. Paraire et A. Charlin. Voir Louis Crocq, *Les Traumatismes psychiques de guerre*, Paris, Éd. Odile Jacob, 1999, p. 171-172.

décembre 1915, trois prisonniers français sur quatre avant la fin de l'année 1916. Au printemps 1918, la plupart d'entre eux ont donc déjà deux ou trois années de détention derrière eux. Pour autant, l'accord d'avril 1918 n'est appliqué que partiellement. Les prisonniers français rapatriés sont surtout de grands malades, blessés et invalides de guerre, qui n'entrent pas spécifiquement dans le cadre des pourparlers du printemps 1918, puisqu'ils ont fait l'objet de discussions bilatérales depuis l'hiver 1914-1915. En avril-mai 1918, les convois sont « composés de débiles, de malingres, de tuberculeux dans une proportion de plus de 31 % », rapporte le député Gratien Candace. Combien de prisonniers sont déjà morts en captivité ? Sur ce point aussi, les évaluations divergent. Jay Winter considère que le taux de mortalité est de 70 ‰, soit environ 170000 hommes, dont 40000 Français. Annette Becker pense que le « chiffre des morts en captivité [...] s'élèverait probablement à 20000 », tout en reconnaissant qu'il est « difficile à donner exactement comme pour tout ce qui concerne les prisonniers ».

La seule lueur dans la monotonie du quotidien reste la perspective d'une évasion. Les maigres chances de réussite, le risque d'être tué, les peines encourues en cas d'échec ne découragent pas les plus audacieux, qui fuient généralement seuls, après avoir minutieusement planifié leur entreprise. Sur ce point encore, les évaluations chiffrées sont incertaines. Selon Léon Bocquet, 16000 Français s'évadent des camps allemands durant la Première Guerre mondiale[16]. Quand ils sont repris, les fugitifs sont généralement regroupés dans des camps jugés particulièrement sûrs, comme le Fort IX du camp bavarois d'Ingolstadt, où le capitaine de Gaulle est interné à plusieurs reprises entre 1916 et 1918. Cette mesure disciplinaire suscite de violentes protestations de la part des prisonniers, qui « accablent les sentinelles d'injures, ne veulent se plier à aucune discipline ». Le

16. Léon Bocquet, *Courages français*, Paris, Payot, 1921.

regroupement des « experts en évasion » et des « fauteurs de troubles » n'obtient pas non plus l'assentiment des officiers allemands, qui le jugent risqué et discutable.

Brosser un tableau exhaustif des lieux de vie des prisonniers français en Allemagne relève de l'impossible, tant la diversité l'emporte sur toute règle générale. Au début du conflit, les belligérants, qui tablaient sur une guerre courte, n'avaient pas prévu le logement et l'entretien de ces milliers d'hommes. « Inutile d'aménager de vastes camps, inutile de créer un service, d'utiliser pour son fonctionnement des compétences, inutile de rechercher un emploi des forces inoccupées », note Georges Cahen-Salvador. « Le prisonnier de guerre n'est que passagèrement aux mains de l'ennemi[17]. » Lors de l'hiver 1914-1915, les prisonniers ont donc pour seul abri des tentes, dressées à la hâte, où le froid et le manque d'hygiène sont difficilement supportables. Quelques mois plus tard, à partir du printemps 1915, des camps sont enfin aménagés, parfois dans d'anciennes casernes ou des usines désaffectées, le plus souvent à l'écart des villes : « à vingt kilomètres de Munich dans un ancien terrain d'aviation » (pour le camp de Puchheim), « à cinquante kilomètres de Berlin, sur l'emplacement d'une grande ferme dans laquelle sont les locaux de l'administration » (pour le camp de Muncheberg)... Mais l'immense majorité des prisonniers n'y vit pas. Selon le CICR, deux tiers d'entre eux sont affectés dans l'un des 100000 détachements de travail, qui parsèment le territoire du Reich : usines, mines, camps situés dans des zones marécageuses ou boisées, lieux de détention et de bagne. Les prisonniers sont immatriculés dans le camp principal. C'est là que sont envoyés à l'occasion paquets et courrier. Ce sont aussi ces quelque 120 camps qui reçoivent la visite des délégués des pays neutres ou de la Croix-Rouge.

17. Georges Cahen-Salvador, *Les Prisonniers de guerre (1914-1919)*, Paris, 1929, p. 28. L'auteur était directeur du Service général des prisonniers de guerre au ministère de la Guerre.

Quant aux véritables lieux d'internement et de travail, ils échappent à tout contrôle : les « camps de parade peuvent être vus par tout le monde. On est content de les montrer. Ils couvrent avantageusement ce qui se passe derrière les coulisses[18] ».

Le décor ? Un ensemble de baraques de bois, entourées de fils de fer barbelés, rarement électrifiés. Les nationalités sont mêlées les unes aux autres, mais, la plupart du temps, les officiers, les sous-officiers et les soldats sont séparés. Le même camp peut regrouper des soldats faits prisonniers lors des combats, des otages venus des régions envahies, des repris de justice. Une tour de Babel, où les destins les plus variés s'entrecroisent, témoins d'une guerre totale qui n'épargne plus personne. La réalité ? Si les officiers sont théoriquement exemptés de tout travail, les hommes de troupe effectuent en revanche des tâches variées : les uns sont répartis dans des *Kommandos* agricoles qui vivent au contact des paysans allemands, souvent en bonne intelligence ; les autres travaillent pour de grands groupes industriels, spécialisés dans les mines, les chemins de fer ou l'armement, dans des conditions extrêmement pénibles, tant d'un point de vue moral (les prisonniers ont le sentiment d'alimenter la machine de guerre allemande) que physique (les hommes, affaiblis par la malnutrition et l'usure psychologique, effectuent des tâches auxquelles ils ne sont pas préparés).

Qu'arrive-t-il en octobre-novembre 1918 lorsque le pouvoir politique allemand chancelle ? Les récits publiés par d'anciens prisonniers nous permettent globalement de le savoir. Sans doute doit-on les considérer avec prudence, dans la mesure où ils sont l'œuvre d'officiers, de médecins ou de membres des clergés, qui échappent au travail forcé et au sort le plus pénible. Mais leurs témoignages, recoupés avec ceux recueillis par la mission du CICR envoyée en Allemagne en

18. Dr. de Christmas, *Le Traitement des prisonniers français en Allemagne*, Paris, 1917.

décembre 1918, sont révélateurs de la situation dans les camps principaux. Quant à l'évolution des conditions de vie et de la discipline dans les autres lieux de détention, à l'approche de la défaite allemande, elle nous est généralement connue par les rapports établis par le CICR, au passage des trains de prisonniers rapatriés. La Première Guerre mondiale voit en effet le développement d'une collecte de témoignages par les personnels humanitaires, la Croix-Rouge se chargeant non seulement de venir en aide aux prisonniers, mais également de recueillir les récits de captivité.

Tous les témoins s'accordent sur l'état d'anarchie qui prévaut dans des camps de détention déjà caractérisés par une mauvaise organisation. « À partir de la signature de l'armistice, la discipline s'est relâchée de plus en plus. Les Conseils de soldats (*Soldatenrat*) ont destitué les commandants, ont pris leurs places ou les ont laissé vacantes », indiquent les archives du CICR. « Les officiers ne sont tolérés que s'ils se soumettent au contrôle des Conseils de soldats », ajoute le rapport de la mission d'enquête dépêchée en Allemagne en décembre 1918. En conséquence, après une légère amélioration des conditions de détention à la mi-novembre, les prisonniers « se sont retrouvés presque sans nourriture ». Au camp de Puchheim, ils ont « pris d'assaut le dépôt de vivres et colis, mais ce dernier a été trouvé à peu près vide. Le pillage aurait été fait par des femmes employées à la Kommandantur ou venant même de Munich ». Certains en sont réduits à tenter de faire du trafic avec des civils qui viennent rôder autour du camp. À Stuttgart, « les prisonniers vont et viennent à leur gré hors du camp, et de nos yeux nous avons vu des attroupements de civils devant le camp, attendant les soldats pour trafiquer avec eux, soit des provisions qu'ils vendent, soit de leurs effets et même des couvertures allemandes », rapportent des délégués de la Croix-Rouge. « Un soldat italien ayant voulu sortir de nuit pour vendre un pantalon volé et ayant résisté violemment aux soldats de garde qui essayaient de l'incarcérer fut tué d'un coup de feu alors qu'il s'enfuyait. »

Dans ces conditions, l'état d'hygiène des camps devient rapidement insupportable. Il est impossible de trouver des prisonniers pour toutes les corvées, et l'ordre et la propreté des camps s'en ressentent d'une façon désastreuse. Les malades manquent de soin. Les épidémies se développent. « Les prescriptions relatives à l'hygiène, à la distribution de vivres et de vêtements, à l'ordre ont été mal connues, l'anarchie s'est étendue de jour en jour », résume le CICR.

Dans des lettres conservées aux archives de la Croix-Rouge, à Genève, certains prisonniers font le récit du chaos qui s'est abattu sur les camps à l'automne 1918. Parfois l'encadrement commence à se désagréger dès le mois d'octobre, par lassitude de la guerre, peur de la défaite ou simple anticipation de l'armistice. Il arrive notamment qu'un groupe national prenne le pouvoir et se substitue au commandement. « Les Polonais ont expulsé les Allemands du camp de Skalmierschutz sans attendre la fin de l'armistice. Nous avons dû choisir entre nous remettre entre les mains des uns ou des autres et nous – ou plutôt notre comité – avons choisi de nous confier pour le rapatriement à la nouvelle Pologne libre », raconte un soldat français dans un courrier du 21 novembre 1918. À la mi-novembre, on assiste à une disparition brutale de l'encadrement, qui met en lumière la fragilité de l'organisation interne des lieux de détention.

Avec la disparition des corvées dans de nombreux camps, les conditions d'hygiène tendent à se dégrader, et les épidémies connaissent une recrudescence : typhus exanthématique (qui avait occasionné des ravages en 1915), tuberculose, diphtérie… La grippe espagnole, qui sévit en Allemagne à l'été 1918, fait encore de nombreuses victimes en octobre-décembre. L'évaluation des pertes est difficile. La morbidité atteint par endroit 90 % des prisonniers, et la mortalité s'élève jusqu'à 25 % pour des cas de grippe compliquée de pneumonie. Fatalité de l'épidémie ou incompétence de l'encadrement médical ? Il ne faut pas oublier que les sources médicales qui nous renseignent sur la situation sanitaire sont souvent des thèses de médecine publiées juste après la guerre, dans une perspective de réquisitoire contre les méthodes anti-scientifiques et barbares des puissances centrales. « Médecins et prisonniers ordinaires ont fait de leurs témoignages une arme de propagande puissante contre les Allemands, pendant le conflit, et dans les années qui suivent », note Annette Becker. Ce que confirment des propos comme ceux du Dr Marie-Joseph Dautrey dans une thèse soutenue à l'université de Nancy en 1919 et consacrée à deux épidémies de typhus : « On peut dire d'une façon générale que les épidémies, les souffrances et les privations de nos malheureux prisonniers étaient uniquement attribuables à la cruauté et à la négligence systématique des fonctionnaires allemands[19]. »

Cela dit, les enquêtes établies par le Comité international de la Croix-Rouge relèvent également les limites des traitements mis en œuvre par les médecins allemands. « La révulsion qui joue chez nous [*i. e.* en Suisse et en France] un rôle de premier plan n'est pas appliquée [...] Les ventouses qu'on peut se procurer facilement restent inutilisées. Beaucoup de médecins évitent par principe l'administration des boissons chaudes, ne prescrivant que des liquides froids [...] Les maillots, nécessitant un personnel nombreux et stylé, n'ont pu être appliqués que dans quelques hôpitaux. » Parfois, les soins sont confiés à des prisonniers russes ou polonais, censément des médecins, dont les traitements sont encore pires que le mal : « Les Allemands nous ont remis à Skalmierschutz aux mains de médecins (?) russes, prisonniers, qui nous ont

19. Marie-Joseph Dautrey, *Deux épidémies de typhus exanthématique dans les camps de prisonniers d'Allemagne, Langensalza et Cassel, 1915*, thèse pour le doctorat en médecine, Nancy, 1919, p. 48. Sur l'utilisation des sources médicales, voir Annette Becker, *Oubliés de la Grande Guerre, op. cit.*, p. 107 *sq.* En fait, une prudence analogue s'impose plus généralement dans l'utilisation des témoignages imprimés ou des sources littéraires, plus d'une cinquantaine, publiés pour un tiers d'entre eux lors de la seule année 1919, dont les titres sont évocateurs : *Chez eux, Les Geôles allemandes, Le Bagne allemand, Au pays des fourbes...*

littéralement massacrés », raconte un prisonnier. « Je suis un des moins abîmés par hasard, mais ma jambe est tout de travers : elle s'est raccommodée toute seule, sans plâtre, sans réduction, comme la patte d'un chien. Si je veux une jambe propre, il faudra me la recasser. »

Par ailleurs, la mission d'enquête du CICR juge sévèrement l'inconséquence des conseils de soldats, qui se sont substitués aux officiers. « Les sanitaires et les médecins ayant été débordés et surmenés par une recrudescence de cas graves, le médecin auxiliaire se plaignit de cette situation au Conseil des soldats, qui lui répondit par une menace de destitution ! », rapporte un délégué de la Croix-Rouge. Les mesures d'hygiène indispensables ne sont plus respectées : « Les locaux d'infirmerie, comme le service sanitaire, ont été débordés. L'encombrement de certaines salles, où les malades légèrement atteints coudoient ceux qui présentent des formes graves, la présence dans certaines infirmeries de lits superposés comme on en trouve du reste dans de nombreuses casernes allemandes nous ont péniblement frappés. À Parchim (Mecklembourg), les malades ont été entassés dans quelques baraques pour économiser le combustible, alors que de grands locaux restaient inutilisés », accusent les enquêteurs, tout en reconnaissant que « l'Allemagne est dépourvue d'un certain nombre de produits essentiels pour le traitement de la grippe, et dont les succédanés sont loin de donner des résultats équivalents ». De leur côté, les médecins allemands se défendent en constatant que certains soldats tardent à se déclarer malades, de peur de manquer le train de rapatriement. « Déjà bien atteints, ils restent dans leur lit au camp, où ils propagent l'épidémie, et ne viennent à l'infirmerie que déjà gravement malades quelquefois, ce qui augmente le nombre des cas de grippes graves. »

En décembre 1918, la délégation française à Berlin commandée par le général Dupont réagit en répartissant dans les camps les plus touchés par l'épidémie des médecins et des infirmières venus de France ou encore en captivité, ainsi que des médicaments. Mais il faut aussi rétablir le ravitaillement, car la plupart des captifs souffrent de malnutrition. Depuis 1915, divers rapports du CICR mettent l'accent sur les ravages de la faim et sur les souffrances endurées dans les camps de détention. Or, selon les accords de La Haye de 1907, « à défaut d'une entente spéciale entre les belligérants, les prisonniers de guerre seront traités pour la nourriture, le couchage et l'habillement, sur le même pied que les troupes du gouvernement qui les aura capturés » (article 7). En fait, la situation alimentaire des captifs ne cesse de se détériorer entre 1915 et 1918, notamment à cause du blocus allié (qui n'est levé qu'en mars 1919) et des mauvaises récoltes[20]. À la veille de la guerre, l'Allemagne importait près de 19 % de ses ressources alimentaires ; à l'automne 1916, le manque d'engrais et de main-d'œuvre ainsi que des conditions météorologiques médiocres provoquent l'effondrement de la production de pommes de terre – qui ne représente plus que la moitié de celle de 1913.

Pour Richard B. Speed, le blocus économique est essentiellement responsable de la dégradation des conditions d'alimentation dans les camps, et cela d'autant que l'Allemagne est le principal pays détenteur de soldats captifs[21]. Selon d'autres historiens, l'Allemagne n'a poursuivi la guerre qu'au prix d'une dégradation sensible des conditions d'existence de la population civile. « Le blocus allié de l'Allemagne eut une emprise plus forte sur les puissances centrales que le blocus allemand sur les Alliés. Mais la défense du niveau de vie dépend à la fois du succès du ravitaillement et de la distribution des produits. Et c'est

20. Charles Paul Vincent, *The Politics of Hunger. The Allied Blockade of Germany, 1915-1919*, Ohio University Press ; Avner Offer, *The First World War : An Agrarian Interpretation*, Oxford, Claidon Press, 1989.

21. Richard B. Speed III, *Prisoners, Diplomats and the Great War. A Study in the Diplomacy of Captivity*, *Military Studies*, n° 97, Londres, 1990.

d'abord la nature chaotique du système de répartition des biens et des services – y compris le travail – qui mina de l'intérieur l'économie de guerre allemande», affirme Jay Winter[22]. Quel que soit le type d'interprétation retenu (responsabilité primordiale du blocus économique ou manque d'organisation de l'administration allemande), il va de soi que les prisonniers de guerre sont les premières victimes de la guerre économique. Dans un cas, les captifs sont des otages à qui il convient de faire subir les conséquences de la «politique de la faim» menée par leurs pays d'origine à l'encontre des puissances centrales. Dans l'autre, ils ne sont pas prioritaires dans la répartition des vivres.

La situation diffère sensiblement selon les lieux de captivité, ainsi que le montre un rapport remis par la Croix-Rouge en 1915 : dans 7 camps étudiés, «la moyenne s'établit autour de 2441,8 calories par jour, mais [...] le camp de Quedlinburg alloue 3 021,7 calories à ses pensionnaires et celui de Rastatt [n'en donne que] 1850,2 ». Encore faudrait-il ajouter que les enquêtes dont nous disposons ne portent pas sur les détachements de travail où vivent réellement les captifs dans leur immense majorité. Ainsi, on peut supposer que la dureté du travail dans les mines ou les usines est aggravée par une mauvaise alimentation. À l'inverse, il est vraisemblable que les prisonniers qui travaillent dans les fermes, aux travaux des champs, sont également mieux nourris, comme les agriculteurs eux-mêmes.

Le 15 mai 1918, à Berne, Allemands et Français conviennent de normes d'hébergement pour les officiers et les hommes de troupe, ainsi que des rations alimentaires quotidiennes : elles s'élèvent à 2000 calories par jour pour un non-travailleur et 2850 pour un travailleur de force. Cet accord, qui ressemble à celui passé entre Allemands et Britanniques en juillet 1917,

22. Jay M. Winter, «Some paradoxes of the Great War», in Jean-Jacques Becker et Stéphane Audoin-Rouzeau (sous la dir. de), *Les Sociétés européennes et la Guerre de 1914-1918*, Presses de l'université Paris-X-Nanterre, 1990, p. 465.

s'inscrit dans le contexte des pourparlers du printemps 1918 qui organisent le rapatriement des prisonniers ayant plus de 18 mois de captivité. Mais les rations minimales fixées par les belligérants ne doivent pas faire oublier que, dans les camps principaux surtout, l'alimentation des soldats captifs repose sur les colis de vivres envoyés par les familles ou les œuvres. Depuis juillet 1916, le gouvernement français envoie des paquets collectifs de 2 kilos de pain hebdomadaires par prisonnier. À la fin du conflit, les 75 millions de colis individuels adressés par les familles représentent une valeur de plus d'un milliard de francs. « Il est incontestable que les prisonniers ne peuvent subsister que grâce aux envois qui leur sont faits par leurs gouvernements ou leurs familles. Les Anglais, les Belges et les Français sont les plus favorisés », précise une note pour la Conférence des Croix-Rouge neutres, à Genève, en 1917. « D'une façon générale, ces prisonniers sont ravitaillés par leur pays et, en ce qui les concerne, le problème n'est pas de leur envoyer des secours plus abondants, mais d'assurer la bonne arrivée et la bonne répartition des envois qui leur sont faits et dont ils ne peuvent se passer. » Contrôle du contenu des paquets et pillages ne suffisent pas à expliquer ces difficultés. La plupart des captifs vivant dans leurs détachements de travail, parfois à plusieurs dizaines de kilomètres du camp central où sont reçus les colis, les vivres ne leur arrivent qu'avec plusieurs semaines de retard.

Or, dans le climat troublé de l'automne 1918, le courrier n'est plus acheminé régulièrement. Les tensions entre groupes nationaux s'accroissent. Russes et Roumains, qui ne reçoivent aucun colis ni aucun secours de leurs gouvernements, sont réduits à la disette[23]. Le traité de Brest-Litovsk (3 mars1918)

23. *La Captivité et les Prisonniers de guerre : aspects politiques, sociaux et psychologiques de l'histoire de la Première Guerre mondiale*, colloque de Moscou, décembre 1997, à paraître, notamment T. Islamov, « Le problème des prisonniers de la Première Guerre mondiale dans l'historiographie russe », et J. Nouzille, « Le calvaire des prisonniers de guerre roumains dans les camps d'Alsace et de Lorraine ». À l'inverse, la situation des prisonniers de guerre allemands et austro-hongrois sur le

avait réglé théoriquement le cas des prisonniers russes et ukrainiens. Mais l'échange des prisonniers est rapidement interrompu à la suite des événements politiques et militaires. Hommes politiques et diplomates se désintéressent de leur cas, à tel point que l'armistice du 11 novembre 1918 ne statue rien sur leur compte. « Dans certains camps, la misère des Russes et des Roumains est si grande qu'ils tâchent d'être employés au transport des résidus de cuisine et des eaux grasses afin de pouvoir retirer des tonneaux les matières épaisses qui se trouvent au fond et les mettre de côté pour les dévorer », relatent des enquêteurs du CICR.

Par rapport à eux, les prisonniers français passent pour privilégiés. Toutefois, si leurs rations alimentaires sont globalement meilleures, il faut aussi tenir compte que ce qui était toléré au quotidien durant les années de captivité devient d'autant plus intolérable que la délivrance se rapproche. L'impatience grandit quand vient la perspective du rapatriement. Aux yeux des soldats capturés au début de la guerre, rentrer dans le deuxième hiver de captivité, fin 1915, avait déjà été insupportable. Mais, en comparaison, ce sont certainement les dernières semaines de détention qui sont les plus pénibles : de nombreux cas de « psychose des barbelés » sont relevés par les médecins de la Croix-Rouge ; les hommes souffrent de dépression, se laissent peu à peu mourir ou sombrent dans la démence. Certains prisonniers décident alors d'anticiper le rapatriement et de revenir en France par leurs propres moyens.

Le retour de captivité

« Alors que la plupart des camps continuaient à être gardés, certains ne l'étaient plus, ou à peine. Les prisonniers pouvaient sortir, se répandre dans les localités voisines, chercher

---

front oriental a été étudiée par Alon Rachamimov, *POWs and the Great War : Captivity on the Eastern Front*, Oxford, Berg, 2002.

même à rejoindre la France [...] ce qui n'était pas sans danger pour eux, devant le désordre général, et la crainte qu'avaient les habitants des excès des bandes indisciplinés », rapporte le général Dupont en charge de la mission militaire française à Berlin depuis le 30 novembre 1918. « Dans l'ignorance de ce qui se préparait, beaucoup d'hommes s'évadaient isolément, errant à travers l'Allemagne, se heurtant aux frontières neutres barrées ou arrivant sur le Rhin, épuisés de faim, de fatigue et de froid. J'ai vu des soldats qui, partis de la Prusse orientale, étaient parvenus aux frontières de Suisse et, refoulés, avaient fini par venir échouer à Berlin me demander protection, et secours. Un autre jour, le ministre me disait que trois cent cinquante officiers s'étaient révoltés, avaient menacé de tout brûler dans la ville voisine de leur camp, avaient exigé un train et s'étaient fait diriger vers un port de mer. Le rapport était exagéré, mais le ministère affolé ne savait plus que faire de ce train en détresse dans une gare de campagne, chargé d'officiers sans couvertures, sans vivres et sans argent[24]. »

Comme en témoigne ce récit rétrospectif, publié dans *La Revue des deux mondes* en mai 1920, le problème de l'évacuation des prisonniers de guerre, à l'automne 1918, se révèle rapidement beaucoup plus complexe que prévu. Une convention du 28 novembre 1918, annexée à la convention d'armistice, spécifie l'installation à Berlin auprès du ministre de la Guerre d'une commission interalliée, afin d'établir un contact permanent avec les autorités allemandes en charge des opérations de rapatriement. Rappelons en effet que jusqu'au moment où ils seraient remis aux autorités militaires de leurs pays d'origine les prisonniers alliés devaient être alimentés et pris en charge par les Allemands qui en conservaient l'entière responsabilité[25]. Cette commission

24. Général Dupont, « Une mission en Allemagne : le rapatriement des prisonniers », *La Revue des deux mondes*, mai 1920, p. 144-166.

25. Georges Cahen-Salvador, *Les Prisonniers de guerre, op. cit.*, p. 273 *sq.*

interalliée, placée sous le couvert de la Convention de Genève, avait pour mission de « rassembler les renseignements concernant les mouvements de prisonniers et les transports d'alimentation, d'assurer les échanges de communications entre les gouvernements de l'Entente et les autorités du Reich, de diriger et contrôler les opérations des commissions de réception ». En réalité, note Georges Cahen-Salvador, « devant la défaillance des autorités allemandes, [elle] est amenée à prendre en main toute la direction du rapatriement ». Ainsi le général Dupont, pour la France, se trouve en charge de l'ensemble des opérations, assisté pour le ravitaillement du baron d'Anthouard, qui coordonne l'action de la Croix-Rouge française, du Comité de secours de Berne, de l'Œuvre du pain et de diverses sociétés caritatives françaises.

Mais, à l'arrivée des deux hommes en Allemagne, fin novembre 1918, il est souvent trop tard : « Une partie notable des prisonniers internés dans les camps, principalement ceux à proximité de la vallée du Rhin, sont en route pour la France. Beaucoup atteignent les lignes françaises, mais d'autres, épuisés par la fatigue ou la maladie, restent en chemin au hasard des refuges », rapporte la Fédération nationale d'assistance aux prisonniers de guerre militaires et civils. « L'Allemagne avait-elle le droit de lâcher sur toutes les routes les prisonniers sans vivres ni vêtements ? », s'indigne le député Paul Laffont dans une séance à la Chambre des députés, le 27 novembre 1918, sans tenir compte que ce sont les prisonniers eux-mêmes qui, le plus souvent, ont pris l'initiative de rentrer en France. « Il ne faut plus qu'ils soient jetés sur les routes, désemparés et sans aide ; il faut les habiller, les recevoir, les soigner », ajoute le député Charles Bernard.

La première tâche qui incombe à la mission Dupont est donc de localiser, de comptabiliser et d'identifier les prisonniers de guerre qui attendent leur rapatriement. « Les officiers français ont, entre autres missions, celle de se renseigner sur les effectifs des camps, mais ils ne possèdent aucune liste à jour, et, dans certains camps, l'importance de la population, sa dispersion, son mélange avec les prisonniers d'autres nationalités ne permettent point d'en dresser », se plaint-on. « Ils ont beaucoup de peine à connaître les détachements dépendant de leur camp et ne pourront tous les visiter, vu les distances. Il y en a qui sont éloignés de leur camp principal de 80, 100, 200 et jusqu'à 800 kilomètres. Des camps de Prusse orientale ont des détachements dans la vallée du Rhin. En principe, chaque camp doit avoir dans ses archives la liste de ses *Kommandos* avec les noms des hommes qui y sont employés. Dans la pratique, tel n'est pas le cas. » Ainsi Lamsdorf, qui a détaché 6000 hommes en *Kommandos*, principalement dans les mines, et qui n'en possède aucune liste. Ces opérations de recensement ont naturellement pour but de faciliter l'organisation des convois vers la France, mais aussi de répondre aux demandes des familles, sans nouvelles de leurs proches depuis l'armistice.

Le chaos est tel en effet que les informations arrivent au compte-gouttes. En France, des rumeurs inquiétantes circulent sur le sort des soldats en captivité, souvent transmises par l'intermédiaire de prisonniers revenus par leurs propres moyens. « Tous ceux de ces isolés qui parvinrent en France, étant partis au moment où la pénurie de vivres et l'absence de nouvelles sévissaient au maximum, firent une peinture de la situation d'autant plus terrifiante qu'ils devaient excuser leur désobéissance », explique le commandant de la mission française à Berlin.

À diverses reprises, le général Dupont insiste donc sur la nécessité de rétablir l'ordre dans les camps et les détachements de travailleurs agricoles et industriels où, depuis plusieurs semaines, le ravitaillement, les soins médicaux et l'hygiène ne sont plus assurés. Après avoir reçu des délégués de prisonniers, venus à sa demande à l'ambassade de France à Berlin pour rendre compte de la situation dans leurs régions, il dépêche sur place des officiers volontaires, chargés de « servir de trait d'union, d'intermédiaires entre le commandement allemand défaillant et les prisonniers ». Considérant cet envoi comme une garantie de retour à l'ordre, le gouvernement allemand donne son accord, mais les transports sont lents, les télégrammes venus de Berlin n'arrivent pas toujours à destination, et des résistances locales à ce transfert d'autorité se font sentir. Trop d'avantages matériels cesseraient avec l'arrivée d'officiers français dans les camps. « [Nous] avons constaté que les autorités allemandes volaient de 30 à 40 et quelquefois 60 % des vivres allemands qu'elles devaient donner aux soldats et cela explique pourquoi ces prisonniers se virent si souvent refuser l'autorisation de gérer leur cuisine eux-mêmes. S'ils l'avaient obtenue, il leur eût été facile de constater les déficits dans les rations », rapporte le baron d'Anthouard, envoyé en mission à Berlin par la Croix-Rouge française. « Signalons que des plaintes nous sont transmises, émanant des prisonniers français du camp allemand de Werben-sur-Elbe. Ils déclarent être presque sans vivres et totalement sans nouvelles des leurs », confirme *Le Petit Parisien*.

Il faut attendre la mi-décembre 1918 pour que tous les camps bénéficient de la présence d'une autorité française responsable. « Les soldats se rangèrent avec joie sous l'autorité de leurs chefs retrouvés [...] La vie militaire renaissait. L'officier, dans son bureau improvisé, reprenait tout naturellement son autorité d'autrefois. Les sous-officiers viennent au rapport, transmettent les ordres, les soldats saluent, obéissent avec empressement, revivent », se félicite le général Dupont, qui sous-estime sans doute l'impatience des hommes, pressés de retourner dans leurs foyers, et la déliquescence des liens d'autorité.

Le ravitaillement rencontre également des difficultés pratiques. Les voies ferrées qui permettent d'acheminer nourriture et médicaments sont souvent endommagées, les wagons de marchandises en nombre insuffisant. Et, dans un pays affamé, les transports de vivres présentent le risque d'être pillés par la population. Il faut donc organiser le convoyage des trains sous escorte gardée. Vers le 20 décembre, le ravitaillement est régularisé. Les envois de la Croix-Rouge cessent d'être volés systématiquement, comme c'était le cas jusqu'à la fin novembre. Les colis en souffrance dans les dépôts des camps, soit qu'ils eussent été confisqués par les officiers allemands, soit que leur destinataire ait été introuvable, sont distribués aux hommes, dans l'attente de leur départ.

Une fois l'ordre rétabli et l'aide sanitaire et alimentaire fournie aux prisonniers, il faut encore gérer le rapatriement des hommes. Or beaucoup pensent qu'ils pourront rentrer directement chez eux, dès leur retour sur le sol français. Les officiers de la mission Dupont ont la lourde tâche d'organiser des convois susceptibles de transporter dans un délai de quelques semaines un grand nombre de civils et de militaires – et également de convaincre ces derniers qu'ils doivent se plier aux démarches, souvent longues, de la démobilisation. Début décembre 1918, les plans officiels sont les suivants : la Bavière se videra par la Suisse. Les corps d'armée en bordure du Rhin et le 11e corps d'armée par la Hollande. Tout le reste, plus de 150000 hommes, par les ports allemands.

Les soldats détenus pendant la guerre en Allemagne septentrionale et centrale sont donc regroupés le long des grands fleuves, la Vistule, l'Oder, l'Elbe, la Weser et le Rhin, et transportés par bateaux jusqu'aux ports de Koenigsberg, Dantzig, Stettin, Hambourg, Brême ou Rotterdam, d'où ils doivent rembarquer pour Dunkerque, Le Havre, Cherbourg, Saint-Malo et Brest. Dans chacun des ports est installée une base comprenant une commission interalliée chargée de recevoir les anciens prisonniers, une autre pour assurer les mesures de prophylaxie et d'hygiène et un comité de secours, qui fournit des vivres et des cartes postales soustraites au contrôle postal. Mais autant les évacuations vers la Hollande se déroulent sans trop de difficultés, autant l'acheminement dans les ports allemands traîne en longueur. L'Allemagne manque de bateaux en bon état, et le nombre des prisonniers évacués par la Hollande est tel qu'il absorbe tous les navires disponibles. Par ailleurs, la rigueur de l'hiver 1918-1919 fait craindre que les fleuves ne gèlent avant la fin des opérations.

Il faut donc recourir aux chemins de fer pour acheminer les hommes, et cela assez rapidement, pour prendre de vitesse les militaires ou les civils allemands qui achètent la complaisance des conducteurs de trains et organisent des réseaux parallèles de rapatriement. « C'est dans les trains pour Cologne que se passait surtout ce trafic. Tant que nous ne fûmes pas sur le Rhin, les trains arrivaient à Cologne et y débarquaient leurs prisonniers qui y attendaient tranquillement l'arrivée des Alliés. Mais le plus grave, c'est qu'ils écrivaient de là, et que leurs lettres excitaient leurs camarades demeurés au camp à suivre leur exemple », rapporte le général Dupont. Le 19 décembre 1918, le général commandant la mission militaire française à Berlin interdit ces retours individuels, jugés dangereux. Quelques jours plus tard, le gouvernement allemand fait fermer *manu militari* l'agence clandestine la plus florissante.

Ces mesures ne suffisent pas cependant à assurer la bonne organisation des retours. Selon de nombreux témoignages, le personnel allemand, chargé de conduire et de protéger les convois ferroviaires, fait preuve, parfois, de mauvaise volonté. Partis de Sennelager le 22 novembre 1918, 300 soldats français, 200 militaires et près de 1000 civils belges en font la pénible expérience. « Au beau milieu du voyage, le long convoi s'arrête en plein champ ; au moment où il repart, gardiens et convoyeurs filent comme des lièvres... » Or ce sont eux qui conservent les pièces d'identité, d'état civil, de matricules des prisonniers. « Après quelque temps, le convoi s'arrête de nouveau : cette fois, ce sont les machinistes et les chauffeurs qui manifestent l'intention de partir. Mais les nôtres sont sur leurs gardes ; ils accourent en force, menacent, et intiment aux grévistes l'ordre de rester à leur poste... », rapporte un journaliste de *La Nation belge* (13 décembre 1918). « Le convoi repart et stoppe dans une gare qui se trouvait, paraît-il, aux environs de Cologne. Le chef de gare pousse des cris d'orfraie ; il n'a pas d'instructions et refuse de recevoir le convoi. Nos hommes ont recours à l'éloquence du nombre et le Boche cède à son tour. Bref, après deux jours d'un voyage mouvementé, le train arrive à Metz. »

Pour les prisonniers de la rive gauche du Rhin, les plus proches des lignes françaises, la tentation d'un départ isolé est, naturellement, plus grande encore. Les forces militaires françaises organisent dès lors 8 camps de regroupement à Karlsruhe, Rastatt, Mannheim, Darmstadt, Francfort, Wahn, Friedrichsfeld et Heidelberg, qui seront évacués parallèlement à l'avancée des Alliés. Les prisonniers de l'Allemagne du Sud, quant à eux, sont rapatriés par voie ferrée *via* la Suisse, « à raison de 15000 par jour », précise le sous-secrétaire d'État à la justice militaire, à la fin novembre 1918. Plus rapide que la voie fluviale et maritime, ce moyen de transport n'en demeure pas moins très inconfortable. En témoignent des responsables du CICR, qui voient arriver les trains de prisonniers dans les gares de Berne ou Genève. « Nous avons pu constater qu'ils étaient tout à fait défectueux, c'est-à-dire qu'ils étaient non chauffés, non éclairés, sans aucun confort (même point de cabinets) », dit l'un d'eux. « Comme ces hommes avaient été dans ces wagons depuis la veille soit depuis quatre heures de l'après-midi, c'est une véritable torture pour eux d'être obligés de voyager dans de telles conditions, surtout que plusieurs d'entre eux étaient malades [...] Pour tout leur rapatriement, ils ont reçu une tasse de café à Berne[26]. »

Le 16 janvier 1919, le commandement français évalue à 520579 le nombre de captifs français rendus à leur pays, dont 338373 à travers les zones tenues par les armées, 129382 par voie maritime, 48666 par la Suisse et 4158 par l'Italie[27]. Ces

26. ACICR, 475 II AA, lettre des responsables de la Commission romande des internés à M. d'Espine, vice-président du CICR, 12 décembre 1918.

27. Georges Cahen-Salvador, *Les Prisonniers de guerre, op. cit.*, p. 281.

chiffres peuvent être contestés dans le détail, certains soldats ayant été comptabilisés à deux ou trois reprises, d'autres ayant regagné la France par leurs propres moyens. Ils sont sensiblement supérieurs, par exemple, aux estimations du nombre des prisonniers de guerre français, données à la Chambre par le sous-secrétaire d'État à la Justice militaire, le 29 novembre 1918. À cette date, M.Ignace avançait le chiffre de « 844000 prisonniers de guerre alliés, dont 464000 Français[28] ». Quoi qu'il en soit, il est significatif qu'une opération aussi lourde que le rapatriement des prisonniers de guerre ait été accompli, malgré tant de difficultés, en l'espace de deux mois.

À leur arrivée en France, les anciens prisonniers ne sont pas pour autant libres de leurs mouvements. Ils sont dirigés vers des centres de rapatriement, qui coordonnent les opérations administratives et sanitaires, puis ils sont adressés à des dépôts de leur région d'origine, où ils reçoivent un congé de détente de 30 jours. Ancien instituteur originaire de Toulouse, Georges Caubet avait été fait prisonnier en juin 1918 et incarcéré au camp de Dülmen, puis de Cottbus, au sud-est de Berlin. Libéré le 9 janvier 1919, il rentre en France par le train et arrive à Forbach quatre jours plus tard. « À Forbach, on nous classe par régions. Nous sommes à la 17e », explique-t-il. Le 20 janvier, il est à Toulouse, où il reçoit une permission d'un mois. Il n'est envoyé en congé illimité que le 20 mars 1919, comme les soldats de sa classe d'âge[29]. Cette attribution de 30 jours de permission suscite toutefois de vives contestations. Qui tiendra compte des permissions accordées aux militaires du front, pendant les quatre années de guerre, et auxquelles les prisonniers, eux, n'ont pas eu droit ? En revendiquant une compensation du temps passé en détention (à titre symbolique, naturellement), les anciens pri-

28. *Le Petit Parisien*, 29 novembre 1918.

29. Georges Caubet, *Instituteur et sergent. Mémoires de guerre et de captivité*, Carcassonne, FAOL et mairie du Fenouillet, 1991.

sonniers assimilent leur expérience de captivité à une expérience de guerre et soulignent leur souhait d'être traités de la même manière que les autres anciens combattants.

Mais, alors, est-il légitime de donner les mêmes permissions à ceux qui ont été faits prisonniers dès l'automne 1914 et à ceux qui n'ont connu que quelques mois d'emprisonnement ? Une circulaire du 25 décembre 1918 accorde aux anciens prisonniers un supplément de permission proportionnel à la durée de la captivité. Ainsi aux militaires rentrés en France après la conclusion de l'armistice, une augmentation de 30 jours pour un séjour en captivité de plus de 2 ans, 10 mois ; de 15 jours, pour un séjour en captivité de plus d'un an, 10 mois. Pour les évadés et les prisonniers de guerre rapatriés avant le 11 novembre 1918, ces avantages sont consentis en fonction de la durée du séjour en captivité, et non d'après la date de la capture.

Fait prisonnier le 28 avril 1918, Edmond Laville est représentatif de ces prisonniers qui ont bénéficié de l'anarchie de la mi-novembre 1918 pour fuir l'univers des camps. Les circonstances de cette « évasion » en disent long sur la désorganisation des camps à cette date. « Quelques prisonniers, dix à la fois, furent ce soir-là [*i. e.* le 12 novembre 1918], autorisés à sortir accompagnés d'une sentinelle. Ils ne retournaient jamais tous au camp, mais comme le camp n'était approvisionné que pour deux jours ou trois et risquait de manquer de ravitaillement, les chefs fermaient les yeux », explique-t-il. « En retournant au camp, je vis une file de prisonniers qui passaient à travers la barrière de barbelés que l'on avait coupée pour passer à l'aise, gagner la campagne devant le nez de la sentinelle qui surveillait une porte de sortie, mais ne s'occupait pas de ce qui se passait à dix mètres. Je rentrais au camp où je repris ma capote et aussitôt je pris place à la queue vers la sortie à travers les barbelés[30]. » Parvenu à

30. Edmond Laville, *1918, Mémoires d'un poilu*, Ardèche, Saint-Priest, 1962.

s'échapper avec quelques-uns de ses camarades, Edmond Laville erre dans la campagne mosellane et découvre, au hasard du chemin, le spectacle d'une armée allemande désarmée, se repliant en bon ordre. « Nous n'avions pas fait deux kilomètres qu'une colonne de troupes allemandes nous croisa. Les hommes marchaient en ordre en colonne par trois mais sans fusil. Ceux-ci étaient groupés tous les cent mètres environ dans des voitures qui suivaient [...] À mi-chemin de Longuyon, nous pûmes voir des avions, alignés à dix pas de la route dans un pré. Ils étaient là en exécution des conventions d'armistice (et près de la place centrale de Longuyon) une cinquantaine de canons d'un peu tous les calibres [...] Même des pièces de marine dont le tube avait près de huit mètres de long. »

Nulle marque d'hostilité à l'encontre de l'ennemi, dans ces souvenirs publiés, il est vrai, près d'un demi-siècle plus tard. Seulement quelques notations, qui permettent de saisir, par bribes, l'état d'hébétude d'hommes rendus à une vie ordinaire, après de longs mois de captivité. « Nous n'avions aucune envie de nous éloigner, il nous fallait réapprendre la liberté : nous ne savions plus nous en servir », signale le témoin, avec une qualité d'analyse qui trahit la reconstruction rétrospective. Pour décrire avec précision l'expérience du rapatriement des anciens prisonniers, il faudrait ajouter l'impression « du bon pain blanc dont [les soldats avaient] oublié la couleur », « le demi-quart de bon vin de France qu'[ils n'avaient] pas goûté pur depuis longtemps », « le vrai lit dans lequel [Edmond Laville] put s'étendre bien au chaud, dans de vrais draps, chose qui ne [lui] était pas arrivée depuis huit mois » : cette sensation de sécurité et de confort qui dit moins la fin du voyage (revient-on jamais complètement de la guerre ?) que la certitude d'être de nouveau chez soi.

En prenant ses fonctions à Berlin à la fin de novembre 1918, le général Dupont avait eu à cœur de régler le plus rapidement possible la question du rapatriement. Ainsi avait-il refusé que les malades et les blessés soient évacués « en dernier lieu »,

« après les prisonniers valides », comme le prescrivaient les conventions d'armistice, ce qui aurait retardé leur retour sans avancer en rien celui des autres hommes. Mais, du point de vue de ces soldats, les rapatriements se font toujours trop lentement, et l'attente est vécue douloureusement. « Chère petite femme, certainement tu dois me croire mort depuis que tu es sans nouvelles de moi. Maintenant tous mes camarades sont partis, il y a même longtemps que tu as dû avoir de mes nouvelles par eux. À présent, nous sommes une centaine ici qui attendons qu'on veuille bien nous rapatrier, mais pour cela on ne semble guère pressé », confie André Tahon, retenu à Wittenberg, dans un courrier du 17 janvier 1919. « Ici, nous sommes libres depuis le commencement de l'armistice, mais ma maladie m'avait empêché de profiter de cette liberté, à présent je sors tous les jours, cela m'aide à attendre le retour. L'Angleterre nous a ravitaillés avec les paquets destinés à ses prisonniers qui eux sont partis depuis très longtemps ; heureusement pour nous, car de la France nous n'avons rien reçu que du riz, comme tu peux le voir, c'est un peu maigre [...] Aujourd'hui on nous a dit que nous partirions lundi prochain mais nous n'en croyons rien. On devait déjà partir samedi dernier. »

En dehors des cas de malades atteints par des épidémies ou trop faibles pour être transportés, la cause principale des retards dans les évacuations est l'insurrection polonaise de novembre 1918. Cette renaissance de la Pologne, grâce à l'effondrement de l'Empire russe et des empires centraux, s'accomplit dans un désordre inextricable, où une armée improvisée de quelques dizaines de milliers d'hommes s'efforce de s'assurer un territoire, de contrôler des frontières, toutes contestées. Une insurrection générale éclate en Posnanie le 27 décembre 1918 ; Ruthènes et Polonais luttent pour le contrôle de la ville de Lvov. Les affrontements sont d'une telle violence qu'à la fin de janvier 1919 une mission interalliée est chargée d'y mettre un terme. Certains prisonniers se trouvent alors dans l'incapacité de rejoindre leur camp d'affectation, du fait des combats. D'autres échappent au joug allemand pour passer sous l'autorité de la nouvelle Pologne libre. Les témoignages recueillis par l'intermédiaire de la Croix-Rouge sont significatifs de l'absurdité de la situation. « Tous nos camarades valides sont partis pour la France en faisant un tour énorme. Pour le moment, ils sont partis par Varsovie et doivent passer par la Hongrie, l'Italie et la Suisse », rapporte l'un d'eux, détenu au camp de Skalmierschutz. « Quant à nous, invalides, qui ne pouvons supporter un aussi long voyage dans un train non aménagé et non chauffé, on nous a rassemblés à Kalisch [*i. e.* en Pologne] où nous sommes bien soignés par des charmantes Polonaises qui aident nos infirmiers. Malheureusement tout manque ici, chirurgiens capables, médicaments, etc. Et je crois que j'ai grand besoin qu'on m'enlève l'éclat d'obus que je possède dans la poitrine et qui me fait souffrir depuis quelque temps. J'ai de la fièvre, peu d'appétit, mais j'espère toutefois tenir jusqu'au rapatriement qui aura lieu soit par l'Allemagne soit par la Hongrie, comme nos camarades, mais quand ? »

Le cas de ces quelques centaines de retardataires (peu nombreux, somme toute) suscite néanmoins en France des interrogations sur l'existence de soldats encore retenus contre leur gré en Allemagne. Les familles qui sont sans nouvelles tentent de se raccrocher à cet espoir, si ténu soit-il. La rumeur enfle, se diffuse dans tout le pays. Des fausses nouvelles circulent aussi sur le compte des disparus allemands en France, comme l'indique une lettre adressée en avril 1920 au délégué de la Haute-Commission dans le district de Wiesbaden : « Dans l'opinion populaire, la croyance est toujours répandue que des camps de prisonniers allemands se trouvent soit sur le continent soit dans les colonies, et qu'aucune nouvelle ne peut parvenir d'eux jusqu'à nous. Toutes les affirmations contraires près des gens restent généralement sans résultat. » Exemple est donné d'un article du *Weilburger Anzeiger* « révélant » l'existence en Indochine d'un camp de PG allemands, disparus lors de la bataille de la Marne !

« En France, on compte 3 ou 400000 disparus. Le bruit court, parmi les familles, qu'il y a eu 20, 30, 40000 séquestrés en Allemagne », rapporte le baron d'Anthouard, en janvier 1919. « Évidemment, il est assez vraisemblable que les Allemands ne désirent pas conserver des prisonniers, mais personne ne peut affirmer qu'il n'y a pas des Français qui ont été retenus malgré eux, pour une raison quelconque. Il peut y avoir des aliénés, des malades, des illettrés qui sont perdus quelque part, et peut-être aussi, des témoins gênants que l'on veut faire disparaître. » Le ministère de la Guerre, la Mission militaire française à Berlin, le Comité international de la Croix-Rouge à Genève reçoivent des lettres d'épouses ou de parents qui exigent que tel ou tel prisonnier soit libéré dans les meilleurs délais – ou que la lumière soit faite sur son sort. Face à cet afflux de courrier, les autorités militaires ou civiles avouent leur désarroi, d'autant que les demandes émanent parfois de familles dont un proche n'a pas donné signe de vie depuis de longs mois. Rien ne prouve alors qu'il ait été fait prisonnier, et qu'il ne fasse pas partie de ceux dont les corps, détruits par les tirs d'artillerie, ne seront jamais retrouvés.

Les lettres adressées au Bureau des renseignements aux familles sur les prisonniers de guerre, au ministère de la Guerre, témoignent de la difficulté du « travail du deuil[31] » dans les mois, et souvent les années, suivant l'armistice. Sans le cadavre du soldat mort, l'habillement de la dépouille, la veillée du corps, les visites de la famille et des proches, la cérémonie d'adieu et l'inhumation ne peuvent avoir lieu. Et

31. L'expression « travail du deuil » n'est pas encore popularisée dans la France des années 1920, comme elle le sera par la suite, avec la vulgarisation des termes psychanalytiques. Elle est présente cependant dans *Deuil et Mélancolie* (1915). Dans cet essai, Freud en donne la définition suivante : « La réalisation en détail de chacun des ordres édictés par la réalité est le travail du deuil. » Sur ce sujet, dans une bibliographie abondante, voir Peter Homans, *The Ability to Mourn*, Chicago, The University of Chicago Press, 1989, et Paul Ricœur, *La Mémoire, l'Histoire, l'Oubli*, Paris, Éd. du Seuil, 2000, notamment p. 86 *sq.*

l'absence de ces pratiques, qui scandent le temps du deuil immédiat, révèle à de nombreuses familles toute leur importance : il ne s'agit pas seulement de rituels permettant de rendre hommage au défunt, de communier dans une douleur partagée ou de faire acte de foi dans un au-delà de la mort, mais d'étapes nécessaires d'un cheminement personnel, qu'exige l'épreuve de la réalité. Sans dépouille visualisée (même symboliquement, au moyen d'un cercueil) et inhumée, le défunt a toute chance de rester dans l'esprit de ceux qui l'ont connu un disparu, susceptible de revenir parmi les siens. Que demandent alors ceux qui écrivent au ministère de la Guerre pour retrouver la trace d'un des leurs ? La certitude d'une survie, à laquelle eux-mêmes ne croient qu'*à moitié*[32] ? La preuve de la mort de leur proche, et dans ce cas avec un surcroît de détails : circonstances du décès, état psychologique du défunt avant de mourir, absence de souffrance physique au moment de la mort, dernières paroles et message éventuel à sa famille ? Ou comme le pressent le baron d'Anthouard en janvier 1919, « que tout ce qui était humainement possible de faire [pour retrouver les disparus] a été fait » ?

Conscient que sur cette question douloureuse il faut faire au plus vite, le général Dupont met en place, au début de l'année 1919, une commission composée de 2 officiers et de 2 sous-officiers français, chargée d'enquêter dans toute l'Allemagne sur le sort des disparus. À partir du 12 juillet 1919, il fait diffuser quatre ordres successifs, indiquant aux éventuels retardataires qu'ils doivent se faire connaître des autorités militaires et regagner la France, sous peine d'inculpation pour refus d'obéissance. L'enquête permet de localiser 5133 tombes de prisonniers décédés en captivité, dont 688 étaient considérés comme « disparus ». Elle aboutit également

32. Sur cette notion, sur la pluralité des modes de vérité et les modalités de croyance, voir l'essai remarquable de Paul Veyne, *Les Grecs ont-ils cru à leurs mythes ?,* Paris, Éd. du Seuil, 1983.

au rapatriement volontaire de 91 militaires français, parmi lesquels Eugène Plazenet, un jeune homme originaire du Mans, dont l'inculpation devant le conseil de guerre est longuement relatée par les quotidiens nationaux : « La mère d'Eugène Plazenet, une marchande des Halles, qui attendait avec impatience le retour de son fils, fut, il y a quelque temps, mise au courant de tous ces détails par un soldat revenu de captivité. C'était un de ses compagnons, mais lui n'avait pas cru aux racontars des Allemands (qui prétendaient que les retardataires allaient être fusillés) et il était rentré. Après un voyage en Allemagne plein de péripéties, [Mme Plazenet] put joindre son fils : il lui déclara qu'il ne tenait pas à revenir en France, “ne voulant pas être fusillé comme déserteur”. Sa mère sut le convaincre, ainsi que deux autres soldats français. Il y en avait une vingtaine dans le même cas. De retour en France, Eugène Plazenet et ses deux camarades rejoignirent leur dépôt respectif. Sous quelle inculpation ? Ces trois soldats ont été faits prisonniers dans des conditions normales. Si on leur reproche simplement de ne pas être rentrés aussitôt après le 11 novembre 1918, il y a certainement une erreur d'interprétation de la loi d'amnistie », s'émeut un journaliste du *Lyon républicain* (13 décembre 1919).

Durant toute l'année 1919, la presse populaire multiplie les histoires de prisonniers retenus dans les geôles allemandes pour répondre aux attentes de ses lecteurs. « Fait prisonnier le 6 juin 1918, au combat de Villers-Bretonneux, je fus envoyé à Wiesbaden. Une tentative d'évasion, au cours de laquelle je blessai une sentinelle boche, me valut dix ans de détention. On m'enferma dans la prison de Dantzig. Je vivais là sans aucune relation avec le monde extérieur, lorsqu'une commission d'officiers français me découvrit (le 20 octobre 1919) », peut-on lire dans un quotidien français. « La vérité est tout simplement qu'il y a en Allemagne un certain nombre de déserteurs qui n'osent pas rentrer en France », accuse *Le Journal français* (3 janvier 1920). « De temps en temps, l'un d'eux se décide à revenir et pour se justifier, raconte des histoires romanesques que tous les journaux ne manquent pas de reproduire. » Une enquête publiée à la fin de décembre 1919 par *Le Matin* confirme qu'un certain nombre de « prisonniers volontaires » ont en fait déserté durant la guerre. Les témoignages de ces hommes révèlent le besoin de se disculper, en invoquant des circonstances atténuantes ou en prétextant l'impossibilité de revenir en France. Eux aussi ont « leur » guerre à raconter. « J'ai déserté en 1917 », dit l'un d'eux. « Au front depuis le début de la guerre, j'ai été blessé quatre fois. Un soir, j'eus le "cafard" et je partis vers les lignes allemandes. J'ai beaucoup souffert. Je suis condamné à vivre en exil. » « Malade et pas reconnu, j'ai déserté un soir de relève », déclare un autre. « C'était en juillet 1918. À l'armistice, j'ai essayé de gagner la Suisse, mais j'ai été refoulé sur le territoire allemand. Je travaille comme manœuvre dans une fabrique de tuiles et gagne juste de quoi ne pas mourir de faim » (*Le Matin*, 28 décembre 1919).

D'autres articles rapportent que des soldats français ont eu une liaison, durant leur période de captivité, avec de jeunes Allemandes, et qu'une fois la guerre finie il n'est pas question pour eux de les abandonner. Retourner en France avec elles se révèle tout aussi difficile. Les uns étaient fiancés ou mariés avant la guerre. Les autres craignent l'hostilité de leurs compatriotes. Le problème est plus pénible encore lorsqu'ils sont pères de famille. « Les parents de mon amie m'affirmèrent que si j'abandonnais l'enfant et sa mère, tous deux seraient jetés en prison. Ne pouvant emmener en France celle que j'avais compromise, ému, je restai », confesse l'un d'eux à un journaliste de *La Tribune de Genève* (29 décembre 1919). À la fin de décembre 1919, ils sont encore 730, selon le général Dupont, à souhaiter rester en Allemagne. Les autorités françaises choisissent alors de fermer les yeux, prenant en compte la complexité de certains cas individuels, ou hésitant à laisser ouvert le dossier des prisonniers « disparus ». « Il n'est pas un prisonnier qui soit resté en Allemagne contre son gré. Il n'en est pas un qui n'ait pu soit se faire connaître à la mission française, soit écrire ou donner de ses nouvelles à ses parents », déclare le général Dupont, manifestant ainsi le désir de mettre un terme au rapatriement des prisonniers français.

Un échange inégal : prisonniers français et prisonniers allemands dans l'immédiat après-guerre

Pour comprendre la situation des prisonniers français après l'armistice, il est indispensable d'étudier parallèlement le sort des prisonniers allemands. Non pas tellement pour opposer des conditions de vie, qui ne sont pas meilleures, comme nous venons de le voir, pour les vainqueurs, mais afin de montrer comment les négociations de paix et plus fondamentalement les représentations que les belligérants ont forgées de leurs ennemis influent sur le rapatriement des soldats captifs.

Depuis le moment de leur capture, les prisonniers font l'objet de diverses formes de manipulation et cessent d'être, à proprement parler, des acteurs du conflit. Exhibés par les pays qui le détiennent[33], tournés en ridicule ou utilisés comme « boucliers humains[34] », ils sont des gages de l'application des conventions de La Haye (leur non-respect par l'un des belligérants entraîne des mesures de rétorsion contre ses prisonniers de guerre) et éventuellement des moyens de négociation pour une évolution de la législation internationale (comme dans le cas des accords de Berne du printemps 1918). Mais, en novembre 1918, l'instrumentalisation des prisonniers se renforce. D'abord parce que la convention signée à Rethondes introduit, avec l'article X, une clause discriminatoire : les prisonniers de guerre des Alliés et des

33. François Cochet, *Soldats sans armes, op. cit.*, chapitre VII.
34. Des cas de ce type sont étudiés par Annette Becker, « L'utilisation des prisonniers de guerre comme boucliers humains », in *La Captivité et les Prisonniers de guerre*, colloque de Moscou, cité.

États-Unis sont libérés immédiatement, sans contrepartie, tandis que le sort des prisonniers allemands ne sera réglé qu'après la conclusion des préliminaires de paix – à l'exception des internés en Suisse ou en Hollande dont le rapatriement se poursuit. Par ailleurs, les sentiments d'hostilité, accumulés durant quatre années, se cristallisent sur ces quelques centaines de milliers de détenus allemands, que l'opinion publique française tend à juger responsables des crimes de guerre et des destructions dans les zones de combats ou les régions envahies. Le sort réservé aux prisonniers après l'armistice est majoritairement perçu comme un moyen de venger les morts français, de réparer les dommages matériels et, d'une certaine manière, d'évacuer la frustration de ne pas avoir pu porter la guerre sur le territoire ennemi.

Or cette sévérité exigée par de nombreux Français à l'égard des soldats allemands retenus en France rompt assez largement avec le traitement qui avait été le leur durant la guerre. Selon Richard B. Speed, « les prisonniers souffraient du froid, du manque de nourriture, de traitements pénibles. Pour autant, en général, ils n'en souffraient pas durement. Les conditions de vie dans les camps français pouvaient être spartiates, rarement intolérables ». Cela s'explique, selon lui, par le nombre assez faible de prisonniers allemands en France[35]. Ils ne posent pas d'insurmontables problèmes de prise en charge, à la différence des prisonniers alliés en Allemagne, et sont répartis, durant le conflit, dans des camps ou des prisons

35. Au printemps 1917, les autorités françaises évaluent le nombre des prisonniers allemands et autrichiens à un peu plus de 200000 ; en janvier 1919 à 350000. Dans une note du 14 janvier 1919, le CICR estime pour sa part que plus de 400000 prisonniers de guerre allemands et environ 15000 Austro-Hongrois (venant de Serbie) sont aux mains des autorités françaises (ACICR, 475 II AA). La Croix-Rouge ajoute par ailleurs que la France détient le plus grand nombre d'anciens prisonniers de guerre. Ces chiffres, pour imprécis qu'ils soient, sont nettement inférieurs à ceux des prisonniers alliés en Allemagne – de l'ordre de 2400000 à la fin de la guerre – et même à ceux des prisonniers français outre-Rhin – environ 475 000 au moment de l'armistice.

militaires, mais également dans des bâtiments civils affectés à cet usage : au couvent des Ursulines à Cholet, dans une manufacture de coton à Roanne, dans une propriété réquisitionnée au Puy. Regroupés essentiellement dans l'Ouest de la France ou sur la côte méditerranéenne, les prisonniers allemands ont été également incarcérés en Corse et en Afrique du Nord, où ils effectuaient les travaux les plus variés, labours, terrassement des oasis et même dégagement de ruines archéologiques romaines en Tunisie. « L'entretien des prisonniers eut un coût moindre en France qu'en Allemagne. De ce fait, il n'est pas surprenant que les conditions de détention y aient été meilleures », résume Richard Speed.

Pourtant, ce n'est pas l'avis des autorités allemandes qui transmettent à l'Agence internationale des prisonniers de guerre à Genève des avis alarmistes. Après l'armistice, elles sont relayées par les familles des détenus ou des associations d'anciens prisonniers de guerre, dont les lettres s'accumulent au siège du CICR. « Au nom de plus de 500 officiers et soldats allemands, nous nous adressons à vous afin que, de la manière la plus pressante, vous fassiez tout ce qui est en votre pouvoir pour libérer nos malheureux camarades retenus en France. À nous tous qui avons eu la chance, après de longues et dures années passées en détention, [...] de recouvrer la liberté et la santé, il revient d'aider nos compagnons d'infortune et de montrer que nous n'oublions ni les privations ni les déceptions qu'ils doivent endurer », écrit à la Croix-Rouge un collectif d'anciens prisonniers, fin novembre 1918, avec une insistance qui révèle une forme de « culpabilité du survivant ». « Songez combien ils souffrent sous la pression redoublée de l'ennemi et dans l'angoisse pour leur patrie et leur avenir. Rendez à ces milliers d'hommes la liberté et la lumière, avant qu'il ne soit trop tard ! »

Une association de familles de Glogau, en Silésie, tient un discours analogue et met le CICR devant ses responsabilités. « Nous ne pouvons nous libérer de l'angoisse que les conditions de détention en France soient très mauvaises. Au mois de décembre, par exemple, trois soldats de notre région sont décédés dans des hôpitaux français. Et nous entendons dire un peu partout que c'est le cas d'un assez grand nombre de détenus. Nous vous prions donc de faire en sorte que des délégations de pays neutres puissent visiter les camps français. Ainsi nous saurons ce qu'il advient réellement de nos prisonniers allemands. » La Croix-Rouge se trouve mise en demeure de jouer son rôle d'assistance aux prisonniers et, au-delà, de contribuer à la reconnaissance publique des souffrances subies par les détenus allemands.

Cette mission d'enquête réclamée à grands cris est finalement mise sur pied au printemps 1919 et confiée à deux responsables de la Croix-Rouge. Théodore Aubert a déjà accompli 7 voyages en 1917 et 1918 dans près de 150 camps en France et visité, en décembre 1918, des lieux d'internement de soldats alliés près de Berlin ; le lieutenant-colonel Bordier a enquêté quant à lui à trois reprises en France en 1917-1918 : l'un et l'autre connaissent donc bien le monde des prisonniers de guerre. Leur voyage débute par la visite de la région d'Amiens le 23 mai 1919, d'où ils gagnent Lille, puis Reims et Verdun. « Les loueurs d'automobiles mettaient peu d'empressement à aventurer leurs voitures dans un pays dévasté par la guerre », écrivent-ils dans leur rapport. « Il fallait également prévoir l'éventualité d'un bivouac, éventualité qui s'est réalisée puisque nous avons dû, une fois au moins, passer la nuit au grand air, la route que nous avions prise étant coupée par une tranchée infranchissable ; le retour en pleine obscurité était impossible à cause de nombreux trous de mines. » Finalement, après avoir parcouru près de 2 600 kilomètres à travers des paysages bouleversés par les combats, Aubert et Bordier sont en mesure de décrire assez précisément la situation de ces hommes dont les quatre cinquièmes, répartis jusqu'à l'armistice dans le Centre, l'Ouest et le Midi, sont désormais employés à la reconstruction du Nord de la France.

Selon les enquêteurs, la situation s'est nettement améliorée dans les semaines précédant leur visite, avec l'arrivée du général Anthoine, qui a été chargé des 200 000 à 300 000 prisonniers de guerre. Les installations précaires mises en place pour l'hiver ont fait place à des camps mieux équipés. L'encadrement est assuré par des officiers ou des soldats qui ont été eux-mêmes prisonniers, mais « n'ont pas été choisis parmi ceux qui ont le plus souffert de leur captivité ». Seuls les rapports entre employeurs et prisonniers de guerre laissent parfois à désirer, « les civils ayant plus facilement que les soldats du mépris et manifestant avec moins de retenue leur haine pour l'ennemi ». Les Allemands sont soumis à un travail parfois pénible, mais jamais dangereux : « L'ordre qui n'est malheureusement pas observé partout est que les prisonniers de guerre doivent se borner à repérer les obus et qu'il leur est interdit de les toucher. Ce sont seuls les artificiers français qui doivent procéder à leur éclatement[36]. » L'impression générale de la mission Aubert-Bordier est bonne. « Délivré de ce sentiment oppressant que les prisonniers de guerre français se trouvaient par centaines de mille exilés en Allemagne, le Français gardien de prisonniers regarde ses captifs avec une âme plus libre et un sentiment plus juste de ses devoirs vis-à-vis d'eux », concluent les enquêteurs, sans doute avec un excès d'optimisme.

Mais, au-delà des conditions de détention, c'est la date du retour des prisonniers qui inquiète leurs proches. « Comme ils doivent être tristes, ces prisonniers (parmi lesquels mon jeune frère détenu dans un camp français depuis le 10 septembre 1914 !) qui attendaient avec enthousiasme le jour où ils seraient rapatriés. Après l'annonce des conditions de

36. La différence avec le déminage de la France après la Seconde Guerre mondiale apparaît nettement à la lecture de Danièle Voldman, *Le Déminage de la France après 1945*, Paris, Éd. Odile Jacob, 1998, et des Mémoires de Raymond Aubrac, *Où la mémoire s'attarde,* Paris, Éd. Odile Jacob, 1996.

l'armistice qui ont été imposées à l'Allemagne, tous leurs espoirs se sont évanouis. Et avec eux, la joie d'innombrables femmes et enfants, qui espéraient le retour d'un mari ou d'un père », écrit au CICR une habitante de Wesel-sur-le-Rhin. « J'ai eu l'occasion d'observer le soulagement de prisonniers français et anglais qui préparaient leur retour chez eux, et je songeais avec sympathie aux réactions des prisonniers allemands, s'ils avaient pu voir comme moi le rapatriement de milliers de soldats alliés. »

Dès l'hiver 1918-1919, nombre de familles s'organisent donc en associations, publient des appels dans la presse, lancent des pétitions en faveur du retour immédiat de tous les combattants allemands. Dans toute l'Allemagne, des associations déploient une activité de plus en plus intense. La Ligue de protection des prisonniers militaires et civils (*Volksbund zum Schutz der deutschen Kriegs- und Zivilgefangenen*) est créée à Berlin au mois de décembre 1918. Avec ses 3000 sections en Allemagne, elle regroupe plusieurs milliers d'adhérents, publie un journal hebdomadaire dont le titre, *Lâchez nos prisonniers* (*Heraus mit unseren Gefangenen*), sonne comme une adjuration.

« Dans cette époque de démonstrations populaires en Allemagne, nous nous trouvons en face d'un mouvement qui augmente continuellement et qui est en train d'acquérir même une importance supérieure aux desiderata économiques de l'Allemagne, parce qu'il s'agit de 800000 hommes [*sic*] que les familles enfin veulent voir délivrés après tant de douloureuses années de captivité », confirme un courrier adressé au président du CICR, à la fin de janvier 1919. « Imaginez, Monsieur le Président, ce que ces familles doivent penser quand elles entendent que beaucoup de journaux français proposent de garder 200000 de ces malheureux longtemps après la conclusion de la paix pour les travaux de reconstruction dans les départements dévastés. L'Allemagne sait qu'elle doit réparer, mais elle se demande anxieusement pourquoi on voudrait employer à ce travail ses fils captifs, pourquoi, quand un jour la paix sera faite et la ligue des peuples sera, comme nous l'espérons tous, devenue une réalité bienfaisante, on ne rendrait pas tous les prisonniers allemands et l'on ne demanderait pas à l'Allemagne des ouvriers libres qui n'ont jamais été prisonniers de guerre, pour finir le travail de reconstruction en France. »

Or, pour beaucoup de familles allemandes, la signature de l'armistice représente, de manière certaine, une régression. « De nombreux témoignages reçus à Genève par le CICR démontrent qu'une anxiété et une agitation extrêmes règnent dans les esprits des familles des prisonniers », signale une note du 14 janvier 1919. « Des milliers de familles qui espéraient voir enfin se réaliser les prescriptions de l'accord de Berne du 26 avril 1918, concernant le rapatriement des prisonniers captifs depuis 18 mois, se voient déçus dans leurs espoirs [...] Les malades et les blessés y compris ceux qu'avaient désignés les dernières commissions n'ont même plus maintenant la perspective de l'internement en pays neutre. Les milliers d'internés civils surtout, tous internés de la première heure, se voient empêchés, par suite de l'arrêt des transports au mois d'août dernier, de bénéficier des termes de l'accord d'avril ainsi que l'ont fait leurs camarades rapatriés. »

Dans le même temps, les autorités militaires françaises signalent une détérioration de la discipline dans les camps. À diverses reprises, des incidents éclatent, manifestant l'impatience des prisonniers, qui ne comprennent plus pourquoi ils sont encore retenus en France. À Lux (Côte-d'Or), le 31 décembre 1918, 300 prisonniers refusent d'aller travailler, sous prétexte que la nourriture est insuffisante. « À l'arrivée du commandant de section au camp, les prisonniers sont rangés par sections », rapporte un gendarme, appelé en renfort. « Devant eux et leur faisant face, sont placés sur un rang une dizaine de soldats français, armés de fusils, baïonnette au canon. Le capitaine de Salabert est au milieu, le revolver à la main et vient de faire une deuxième sommation aux mutins d'avoir à retourner au travail. Après une troisième sommation, les prisonniers se rendent au travail, escortés par les tirailleurs par lesquels ils seront gardés toute l'après-midi [...] C'est le peu d'hommes de garde qui les aurait incités à la révolte. » « L'effectif de la garde des prisonniers de guerre est trop faible, et les inconvénients résultant de cette faiblesse vont aller en s'accentuant », confirme le général Debeney, commandant la Ire armée. « Je dois toutefois signaler l'impression, chez les officiers commandant des Prisonniers de Guerre, que certains soldats américains ont, vis-à-vis des P-G, une attitude des plus douteuses. Dans le secteur de Verdun, par exemple, des soldats américains, aussi bien de race blanche que de race noire, s'arrêtent au passage des prisonniers allemands, entament avec eux des conversations, leur offrent des cigares, cigarettes, imperméables... ou bien encore des friandises telles que figues, noix, et cela est fait par les gradés aussi bien que par les hommes. Si une sentinelle ou un gradé intervient, un groupe l'entoure en proférant des paroles dont le ton sent la menace ; les prisonniers, satisfaits de l'incident, ricanent, obéissent plus difficilement et commettent des actes d'indiscipline. » Par ailleurs, de manière significative, une recrudescence des évasions est signalée à l'hiver 1918-1919 par de nombreux commandants de compagnies, notamment lorsque les prisonniers de guerre travaillent de nuit et en groupes réduits.

Soumis à la pression croissante des familles et à l'impatience des détenus allemands, les militaires français ne songent pourtant à aucun moment qu'il serait souhaitable de hâter les opérations de rapatriement. Bien au contraire. Le général Dupont, par exemple, fait la sourde oreille aux appels pressants de la population. « Je ne comprends pas l'émotion allemande. Du moment que les prisonniers doivent travailler, qu'importe qu'ils soient là ou ailleurs », explique-t-il avec une certaine mauvaise foi. « Il semblerait que l'on craigne de les voir mettre au régime du bagne... » Moins d'un an plus tard, Clemenceau balaie d'un revers de main les mêmes revendications de libération des soldats allemands : « La responsabilité du triste sort des prisonniers ne pèse pas sur la France mais sur les auteurs de la guerre. »

Cette conviction que l'Allemagne doit expier ses fautes et que les prisonniers sont un moyen de réparation comme un autre influe sur les négociations de paix. Georges Clemenceau, qui préside la Conférence, fait preuve d'une intransigeance qui lui vaut l'hostilité d'une bonne partie de la presse allemande. « Se servir de ces pauvres gens comme d'otages, d'objets d'échanges et de marchandages, est une indigne barbarie qui rappelle non seulement les pires méthodes militaires qui sont aujourd'hui l'objet de la réprobation universelle mais les pratiques bolchevistes que M. Clemenceau combat », écrit le *Berliner Tageblatt*.

Dans une note adressée au gouvernement français, le chargé d'affaires Haguenin, dont le témoignage est une des meilleures sources sur cette période, établit une chronologie fine de l'évolution de l'opinion publique allemande. Selon lui, l'agitation en faveur des prisonniers de guerre commence à s'étendre au mois d'avril 1919, notamment dans un cadre associatif, et sous la forme de réunions ou de manifestations de plus en plus nombreuses. Elle se renforce avec la signature du traité de Versailles, à la fin juin, puis se calme après la publication de la note du 29 août 1919, dans laquelle le Conseil suprême des puissances alliées annonce sa décision d'anticiper le rapatriement des prisonniers : les Alliés n'attendront pas la ratification définitive du traité pour commencer à renvoyer chez eux les internés civils ou militaires, à cette condition toutefois que « le gouvernement et le peuple allemands accomplissent toutes les obligations qui leur incombent ». La formule reste assez vague pour que les Anglais et les Américains commencent la libération des prisonniers tandis que la France la refuse unilatéralement. « Vous pouvez signaler au gouvernement allemand que malgré les engagements formels depuis six semaines nous n'obtenons que 50 % des livraisons de charbon promises. Que, de plus, le *Kohlen-Syndicat* fait preuve de la plus mauvaise volonté et d'une insigne mauvaise foi », avance le ministre de la Reconstruction industrielle dans une lettre au secrétaire général de la Conférence de la Paix. Quelques mois plus tard, dans une note gouvernementale en date du 15 novembre 1919, Clemenceau fait valoir d'autres griefs contre l'Allemagne qui expliquent que le rapatriement soit retardé : la propagande allemande contre les Alliés menée dans le monde entier, le refus de livrer des officiers accusés d'avoir violé les lois de la guerre, le retard dans l'exécution des clauses de la convention d'armistice.

C'est à cette époque sans doute que l'émotion est à son comble. « Il n'est pas de jour où des femmes ne nous apportent leurs doléances au nom des familles de prisonniers et ne nous fassent entendre des supplications parfois émouvantes », écrit Haguenin. « Les déceptions successives ont propagé parmi la population féminine un désespoir qui relève presque de la pathologie. Les femmes vont jusqu'à réclamer de nous que nous soutenions des interventions tout à fait déraisonnables. Envoi de délégués auprès des associations féministes françaises, près du gouvernement français, etc. Le grand cœur de Monsieur Clemenceau inspire à beaucoup d'entre elles une confiance mystique. Elles veulent “lui parler”. Il en est d'ailleurs ainsi de beaucoup d'hommes. Des membres du parti indépendant, modérés ou radicaux, viennent nous trouver régulièrement tous les quinze jours pour nous demander quand enfin nous leur procurerons les moyens de “parler avec M. Clemenceau”. »

L'idée selon laquelle tout se réglerait par une conversation avec le président de la Conférence de la Paix est l'exact opposé de la diabolisation de Clemenceau, dont use abondamment la presse d'outre-Rhin. Dans un cas, l'homme d'État français est censé ignorer la détresse que suscite l'absence prolongée de maris, de pères de famille, de fils dans les foyers. L'informer de cette réalité douloureuse aboutirait inévitablement à une modification de la politique française. « L'amour d'une femme pour son mari, celui d'un père pour ses enfants, d'une mère pour ses fils, ce sont des sentiments communs à tous. Nous ne renonçons pas à croire que nous pourrons célébrer la fête de Noël avec nos frères allemands, en terre allemande, sous le sapin », déclare un député lors d'une réunion le 10 novembre 1919, à la Bourse de Berlin. Au regard d'autres contemporains, Clemenceau passe au contraire pour l'instigateur d'une diplomatie violemment antiallemande, qui ne s'explique que par sa perversité personnelle. Ainsi, la note du 15 novembre est « animée de cette haine irréconciliable que nous connaissons depuis l'armistice », explique le *Vorwärts*. En d'autres termes, qu'il soit tenu pour responsable ou pour innocent, Clemenceau est la clé du dysfonctionnement du pouvoir, que la presse allemande croit reconnaître dans le traitement réservé à ses prisonniers.

Dans le même temps, Haguenin plaide avec force, dans chacun de ses rapports, en faveur d'une diplomatie qui tiendrait compte de la vie politique en Allemagne. « Autour de cette question des prisonniers, la nation s'est un instant groupée dans un élan de protestation unanime. Il est certain qu'en retenant les prisonniers, nous nous assurons une garantie et un moyen de pression », admet-il. « Mais, d'autre part, nous préparons aux réactionnaires allemands plus de 400000 propagandistes, et, dès maintenant, la question des prisonniers contribue gravement à refaire contre nous l'unité du sentiment national que la révolution et les conflits de partis avaient depuis un an profondément troublée. » Pour éviter le pire, le chargé d'affaires français multiplie les contacts avec les hommes du parti indépendant et des ligues de gauche (*Bund Neues Vaterland, Friedensgesellschaft, Friedensbund ehemaliger Kriegsteilnehmer*), il reçoit les journalistes de la *Welt am Sonntag*, des représentantes de la Ligue des femmes pour l'assistance aux prisonniers de guerre. « Nous avons tout intérêt à attirer à nous les partis de gauche, à l'exclusion et au détriment des extrémistes, à nous y assurer une influence contre les communistes et contre les réactionnaires. La question des prisonniers est d'une telle importance que le moindre succès remporté sur ce point par les associations que domine l'esprit libéral et antimilitariste, le moindre signal de bienveillance du gouvernement français leur procurerait un ascendant extraordinaire. »

Le rapatriement des prisonniers est devenu un problème profondément politique. Haguenin l'a bien compris, lui qui cherche à utiliser ce levier pour que la France puisse peser sur la vie intérieure allemande. La droite nationaliste attribue au gouvernement le dessein de la priver le plus longtemps possible d'un contingent de propagandistes exaltés, l'extrême gauche suppose qu'il cherche à éloigner des centaines de milliers d'ouvriers voués au chômage et au spartakisme. Selon le chargé d'affaires, il faut donc favoriser les mouvements mieux disposés à l'égard de la France : tous ceux qui sont « prêts à soutenir des exigences françaises, comme la réduction de la Reichswehr, et imposer au gouvernement de réprimer plus vigoureusement les menées nationalistes ».

Rencontrant des déléguées de la Ligue des femmes pour l'assistance aux prisonniers de guerre le 19 novembre 1919, Haguenin prend soin ainsi de leur indiquer que le « ton agressif d'une certaine presse justifie toutes les mesures de précautions » prises par le gouvernement français, dont la « bonne volonté est encore l'objet de bien des doutes ». L'« agitation militariste » entretenue par les activistes allemands explique le retard dans la restitution des soldats allemands retenus en France. Ses interlocutrices se laissent-elles convaincre ? Le chargé d'affaires assure qu'elles se sont engagées, au terme de leur entretien, à « s'opposer à la renaissance du militarisme allemand ». Les termes du récit qu'il fait de cette rencontre le révèlent toutefois sensible au désespoir des femmes de prisonniers.

« Entourée d'autres déléguées, la présidente de la Ligue m'a lu sa requête en tremblant et en versant des larmes : "Le 11 novembre, il y a eu un an que les hostilités ont cessé entre les deux peuples. Nous avons dès cette époque conformément aux prescriptions de l'Armistice, immédiatement renvoyé d'Allemagne dans leur patrie les prisonniers civils et militaires [...] De France, depuis la ratification de la paix, il n'est pas un train de rapatriés qui ait passé la frontière [...] Nous nous permettons donc de demander : Est-ce qu'au 24 décembre 1919, au terme d'une année de paix, on devra entendre le message : 'Paix sur la terre aux hommes de bonne volonté', tandis que des milliers de nos maris et de nos fils resteront encore en captivité, l'amertume et la haine au cœur, que chez nous des parents se consumeront vainement dans le chagrin, les angoisses, la détresse ? Est-ce que tous ces malheureux privés de leur liberté, est-ce que leurs familles séparées de celui qui les soutient et les nourrit, innocents les uns et les autres, devront expier les fautes de cette épouvantable guerre [et] être aujourd'hui, au mépris du droit des gens et de l'humanité, retenus comme otages, comme un simple objet de commerce, alors que la France a toujours affirmé que la justice et l'humanité devraient être les bases de la future paix des peuples ?". Une grande jeune fille blonde vêtue de noir s'est levée ensuite pour lire les lignes suivantes : "Requête d'une fiancée allemande au nom des centaines de mille de jeunes filles qui sont ses compagnes de douleur [...] La guerre est terminée, la paix est signée [...] Quand reviendra mon fiancé ? La plupart de mes compagnes de souffrance sont brisées par le chagrin et la détresse [...] Je voudrais pouvoir crier au peuple français : Pensez seulement à ce que seraient les souffrances de vos femmes, si elles se trouvaient dans notre situation !" »

Aux interventions de la Ligue des femmes allemandes, transmises par Haguenin au gouvernement français s'ajoutent celles du cardinal Gasparri, secrétaire d'État du pape Benoît XV. Par l'intermédiaire de Mgr Amette, archevêque de Paris, le Vatican s'est déjà adressé au gouvernement français pour obtenir des libérations individuelles, ayant parfois satisfaction, mais se heurtant surtout à des refus. « J'ai pu agir quand des gens méritaient un intérêt particulier », avance Denys Cochin dans un courrier du 19 novembre 1919. « Mais si vous saviez comme ces PG allemands sont bien traités ici

– et travaillent peu et sont presque tous gros et gras ! Tel n'a pas été le sort des nôtres en Allemagne, où les camps de prisonniers recevaient des femmes, des enfants, des vieillards. Si tous ces Allemands s'ennuient chez nous, qu'ils prient leur gouvernement de mettre un peu plus de hâte à tenir ses engagements et à réparer les criminels méfaits de l'Allemagne ! »

L'argumentaire opposant le traitement des prisonniers de guerre allemands en France à celui des prisonniers français en Allemagne est, à cette date, très fréquent. Il vise tout d'abord à alimenter les accusations contre la terreur germanique et à prolonger, dans l'immédiat après-guerre, le combat entre la Civilisation et la Barbarie, caractéristique de la « culture de guerre » du premier conflit mondial. La période de sortie de guerre est l'occasion pour les Français de rappeler les raisons qui fondent, en droit, leur lutte durant la Première Guerre mondiale : l'agression de l'Allemagne, les crimes de guerre de ses soldats et de ses officiers, les atteintes contre les droits des prisonniers et contre les civils. Ainsi lorsque, à l'approche de la fête de Noël 1919, le cardinal Gasparri se fait l'écho des demandes émanant des catholiques allemands, qui souhaitent la libération rapide des prisonniers de guerre. Cette démarche s'inscrit dans la continuité de l'action du Souverain Pontife « dont le cœur paternel n'a cessé de s'apitoyer sur les pauvres victimes de la guerre et qui s'est efforcé de soulager, dans la plus large mesure possible, la longue série des maux apportés par le conflit européen ». Mais la réponse de Clemenceau à l'archevêque de Paris coupe court à toute discussion : « La dévastation systématique du Nord de la France, la cruauté des traitements imposés à la population des régions envahies et les profanations [*sic*] infligées sans aucune justification aux malheureuses familles françaises ne permettent pas au gouvernement de consentir des mesures de faveur sur ce point. »

Vanter les conditions de détention en France en comparaison de la situation dans les camps allemands, c'est aussi dénier à la diplomatie germanique tout droit de regard sur la vie des détenus. Présidée par le Français Georges Cahen-

Salvador, la Commission des prisonniers de guerre de la Conférence de la Paix affirme avec force, lors de ses débats, que, puisque la France a toujours accordé aux prisonniers « un régime facile à supporter et conforme aux lois d'humanité et aux conventions internationales », il ne saurait être question de répondre aux courriers du comte von Brockdorff-Rantzau, qui demande un « adoucissement » des conditions de vie dans les camps français. Aux diplomates allemands qui s'inquiètent de ce que la restitution des biens de leurs prisonniers et l'aide à la recherche des disparus ne soient pas précisées dans le traité de paix, la réponse est cinglante : « Il ne serait jamais venu à la pensée d'un Gouvernement allié ou associé de garder des objets appartenant à des prisonniers allemands ou de refuser de donner tous les renseignements possibles sur les disparus allemands. Ils ont toujours agi ainsi pendant toute la durée des hostilités et ils continuent à le faire. Par contre, l'expérience a prouvé que le gouvernement allemand, malgré les engagements qu'il avait pris, gardait les biens des prisonniers. Il a empêché certains d'entre eux de correspondre avec leurs familles, au mépris des conventions internationales. De ce fait, l'opinion publique s'est émue et elle a cru, à tort ou à raison[37], qu'il pouvait encore y avoir des prisonniers de guerre alliés tenus au secret dans les prisons allemandes. Dans ces conditions, les Gouvernements alliés et associés ont dû insérer dans le traité de paix une clause pour imposer à l'Allemagne le respect de ses engagements et lui rappeler les obligations d'humanité et du droit international » (Commission des prisonniers de guerre, séance du 12 mai 1919). En d'autres termes, pour les défenseurs de la Civilisation, tout ce qui reste implicite dans le traité de paix est sous-entendu par les règles élémentaires du droit et de la morale ; mais, pour les tenants de la Barbarie,

37. Le doute est soigneusement entretenu par la Commission des PG. Rappelons qu'il ne sera dissipé qu'à l'hiver 1919, à la suite du travail des enquêteurs envoyés sur le terrain par le général Dupont.

toutes les obligations de l'immédiat après-guerre doivent être explicitées, aucune zone d'ombre ne doit subsister, car l'Allemagne vit naturellement hors de la morale commune.

Finalement, la France commence à rapatrier, le 21 janvier 1920, les premiers prisonniers de guerre. Menées en un peu plus d'un mois, les opérations sont placées sous la responsabilité de l'armée allemande, qui en supporte également le coût. « Nous avons en France 300000 prisonniers de guerre allemands que nous ne pouvons rapatrier que par terre. Cela représente au moins 500 trains de 25 à 30 wagons. Si le traité de paix prévoit un maximum de temps pour lequel le rapatriement de tous les prisonniers devra être accompli, cela immobiliserait en France un matériel roulant considérable, de sorte que pour libérer les prisonniers ennemis nous allons priver la population française d'une partie des moyens de transport très réduits qui lui restent », avait avancé le président de la Commission des prisonniers de guerre (séance du 22 avril 1919). Il est donc convenu que les Allemands fourniront le matériel de transport et le paquetage que les prisonniers de guerre reçoivent à leur départ, un complet, un pardessus, une paire de souliers et 350 marks environ.

Le rapatriement semble se dérouler dans le calme. À diverses reprises, le général Mangin adresse pourtant des mises en garde au maréchal Foch, afin qu'on évite de faire transiter par la zone non occupée les prisonniers rhénans, qui vont rejoindre une région sous administration française. « Cette manière de faire présente un grave inconvénient en raison de la propagande préparée dans les camps de passage allemands. Cette propagande signalée de tous côtés ne pourra avoir qu'une très mauvaise influence sur l'état d'esprit des PG des territoires occupés. Ce serait créer ainsi, en pays rhénans, de véritables foyers d'agitation, voire même de troubles », prévient le commandant de la Xe armée. Par ailleurs, le général Mangin souhaiterait que le sort privilégié des Sarrois, libérés en priorité, soit étendu à l'ensemble des prisonniers originaires de la rive gauche du Rhin. « Je rappelle que j'ai réclamé à plusieurs reprises la libération des prisonniers rhénans avant celle des autres prisonniers allemands [...] Notre influence dans ce pays en profiterait certainement. Le retard apporté au retour des prisonniers est un des arguments que nos ennemis exploitent le plus pour exciter l'hostilité des populations contre nous. » Une fois encore, l'instrumentalisation des prisonniers apparaît clairement, avec la perspective de peser, à travers eux, sur l'opinion publique allemande. Dans une note du 29 février 1920, le haut-commissaire de la République française dans les provinces du Rhin confirme les inquiétudes de Mangin, en insistant sur la volonté de revanche des soldats allemands libérés. « La grande majorité des prisonniers de guerre rapatriés déclare avoir constaté avec un certain plaisir que toute la région Nord-Est de la France était annihilée pour une longue période et se vante de s'être efforcé d'aider aussi peu que possible à sa remise en état », écrit-il. En fait, peu d'incidents sont signalés à l'arrivée. Dans le camp de transit de Düren, des pierres sont lancées sur l'escorte française qui accompagne les prisonniers. Mais cette altercation reste isolée. Le rapatriement des prisonniers s'est effectué avec méthode, et assez rapidement.

Au printemps 1920, il ne reste plus que 600 soldats allemands en France, dont près de 400 condamnés à des peines de prison. Les autres sont des blessés ou des hommes qui ont fait leur vie en France et ne souhaitent pas retourner dans leur pays d'origine. Le sort des derniers prisonniers allemands va cependant attirer l'attention du Saint-Siège, qui intervient en septembre 1920 pour qu'ils puissent bénéficier de la loi d'amnistie prévue pour la fin de l'année. Mais l'article 15 de cette loi du 14 décembre 1920 exclut formellement de l'amnistie les citoyens des pays qui ont été en guerre contre la France. Des mesures de grâce individuelles règlent donc le sort de quelques centaines de détenus en mai 1921. À l'été 1921, la polémique renaît pourtant à l'occasion de la publication d'articles de presse dénonçant les conditions de vie des 115 soldats encore détenus à Avignon. Le sort des « martyrs allemands » victimes de la « terreur française » suscite des manifestations un peu partout en Allemagne, 3000 personnes défilent à Dresde et à Leipzig le 12 juin 1921, 5000 à Hambourg le lendemain, autant à Brême le 15 juin. Ces chiffres qui peuvent paraître modestes ne doivent pas masquer l'importance de la mobilisation antifrançaise, qui s'exprime sous des formes variées, campagnes de presse, publication de libelles, affiches dans les rues. De manière caractéristique, la dénonciation des conditions de détention dans la prison d'Avignon s'efface peu à peu au profit de rumeurs sur les atrocités commises dans les camps ou par la population civile contre les citoyens allemands pendant la guerre. Avec complaisance, G.Monglowsky décrit par exemple, dans ses articles du *Fränkischer Kurier*, les sévices dont auraient été victimes ses concitoyens, à l'été 1914 : un cocher de fiacre aurait frappé ses clients allemands à coups de fouet et les aurait jetés dans la Seine ; à Sèvres, la foule aurait arraché les ongles à un Allemand et l'aurait pendu à une lanterne ; un homme âgé aurait eu la moitié de la barbe arrachée

La narration de pratiques de cruauté, fondées manifestement sur une animalisation de l'ennemi (les coups de fouet réservés aux chevaux) et sur des pulsions sadiques visant à prolonger la souffrance (la barbe arrachée), fait resurgir l'été 1914 dans le temps de l'après-guerre. Cet anachronisme est délibéré. Sans doute permet-il tout d'abord de faire oublier l'humiliation de la défaite en affirmant que le combat de l'Allemagne était juste, à défaut d'avoir été couronné de succès. La cruauté supposée de la population française, à l'occasion de la déclaration de guerre (donc avant même que les combats ne soient engagés), contre des civils allemands sans défense justifierait à elle seule l'engagement militaire d'un pays, l'Allemagne, qui semble voler au secours de ses citoyens. Par ailleurs, entre les « atrocités » de l'été 1914 et le sort malheureux des prisonniers allemands dans la prison d'Avignon, les chroniqueurs cherchent naturellement à établir un parallèle. Le point commun de ces épisodes révoltants, c'est la « barbarie française », sur laquelle les journalistes et les pamphlétaires dissertent à longueur de pages en cet été 1921. Le ministère français de la Guerre peut bien chercher à leur répondre, par voie de presse, en publiant des démentis dans *Le Gaulois*, *L'Éclair*, *La Lanterne*. Le seul fait que l'évocation des condamnations des détenus allemands, souvent pour des affaires de vols, soit peu à peu éclipsée par un débat plus large sur la guerre de civilisation qui s'est jouée entre 1914 et 1918 témoigne que la sortie de guerre est encore lourde de cette culture de la haine, par laquelle beaucoup de combattants ont consenti au conflit.

Un besoin de reconnaissance

« Avoir été prisonnier de guerre est un titre de gloire militaire [...] Avoir été prisonnier de guerre est la preuve irréfutable pour un poilu qu'il n'a pas été embusqué, qu'il était dans la tranchée. » Cet éditorial de Jean Segonzac-Volney dans l'*Almanach du combattant et des victimes de la guerre* de 1922 ne doit pas nous abuser sur l'accueil officiel que reçoivent les anciens prisonniers de guerre à leur retour en France. Le titre d'ancien combattant ne leur est pas acquis d'emblée, loin s'en faut, et avec lui les signes de reconnaissance symbolique et les avantages matériels que la nation réserve à ses soldats démobilisés. Cette « preuve irréfutable » que l'ancien prisonnier a combattu avec vaillance, il la lui faut apporter par lui-même, car c'est plutôt le soupçon inverse qui pèse sur lui, celui de s'être laissé prendre, d'avoir déserté, d'avoir cherché à échapper aux rigueurs de la vie de tranchées. Et même lorsque les prisonniers de guerre ne se voient pas suspectés de ne pas avoir assez résisté aux assauts de l'ennemi avant d'être capturés, le déni de leur souffrance dans les camps suffit à leur interdire la reconnaissance officielle de la nation victorieuse.

Décrire la situation psychologique des anciens prisonniers dans l'immédiat après-guerre se révèle malheureusement impossible. La psychiatrie de guerre, alors balbutiante, ne parvient pas à prendre la mesure des traumatismes des combattants, qu'elle peine à diagnostiquer et plus encore à soulager. *A fortiori,* un silence complet entoure les souffrances des anciens prisonniers, incomprises, ignorées, méprisées, et il nous faut nous contenter de les imaginer, par analogie, donc prudemment, avec des conflits ultérieurs[38]. L'accueil réservé aux hommes de retour de captivité, dans leurs familles ou leurs communautés d'origine, est également d'une grande complexité. On aurait tort par exemple de sous-estimer la joie des retrouvailles, le soulagement des proches, certes différents du sentiment de fierté qui entoure les poilus victorieux,

38. Les prisonniers français de la Seconde Guerre mondiale ont été étudiés, dès 1949, par E. Carrot, J. Paraire, A. Charlin et M. Bachet, « Les réactions psychopathologiques en captivité », *Ann. méd.-psychol.,* 107, II, novembre 1949, p. 369-401. Trente ans plus tard, des travaux américains ont paru sur les séquelles psychologiques des survivants des camps japonais, notamment F.B. Gibberd et J.P. Simmonds, « Neurological diseases in the ex-Far East prisoners of war », *Lancet*, 1980, 2, p.135-137 ; R. Langer, « Post-traumatic stress disorders in former POWs », et S. Oboler, « American prisoners of war. An overview », in T. Williams, *Post-Traumatic Stress Disorders : A Handbook for Clinicians*, Cincinnati, Disabled American Veterans éd., 1987. Les prisonniers de la guerre de Corée, les soldats français et les aviateurs américains tombés entre les mains du Viêt-minh (J. Marblé, « Prisonniers du Viêt-minh », *Médecine et Armées*, 1991, 19, 5, p. 279-281 ; R.J. Ursano, « Vietnam era prisoners of war : Study of US Air Force prisoners of war », in S.M. Sonnenberg *et al.*, *The Trauma of War. Stress and Recovery in Vietnam Veterans*, Am. Psychiatric Press, Washington DC, 1985, chapitre 17, p. 339-357) ont également fait l'objet de recherches récentes. Au-delà des différences entre les cas individuels et les contextes spécifiques à chaque conflit, qui imposent aux chercheurs les précautions d'usage, les anciens prisonniers présentent des formes d'agressivité chronique après leur libération, s'expliquant notamment par une libération de la tension nerveuse accumulée durant la captivité. Par ailleurs, les psychiatres mettent en évidence que la dépression, inacceptable pendant la captivité parce qu'elle aurait immanquablement conduit le détenu à la mort, revient sur le tard.

mais sensibles cependant dans les fêtes organisées par certaines communes, comme la ville de Jœuf en Meurthe-et-Moselle, au retour de *leurs* prisonniers[39]. Le sentiment de culpabilité, exprimé par certains soldats revenus des camps de détention, ne doit pas conduire à négliger les efforts entrepris localement pour les réintégrer dans leurs communautés d'origine. Dans tous les cas, cette histoire des sensibilités est une histoire fragile, sans cesse menacée par le risque de l'anachronisme, par la rareté des sources (ni le bonheur ni le retour aux habitudes retrouvées n'ont d'histoire), par la tentation de décréter que ce qui n'est pas exprimé n'existe pas et que ce qui est exprimé est ressenti par la majorité des contemporains.

L'étude de la question du statut des prisonniers à travers les débats parlementaires permet cependant de combler, en partie du moins, les silences que nous ont laissés les hommes de retour chez eux. Lorsqu'elles débattent, souvent avec passion, des signes de reconnaissance (médailles, mention « mort pour la France ») ou des rétributions matérielles (primes de démobilisation, pensions diverses) attribués aux anciens prisonniers ou à leurs proches, veuves et ayants droit, les deux assemblées traduisent en effet à la fois les attentes des électeurs, celle d'un règlement équitable des dettes contractées par la nation à l'égard de ses soldats[40], et l'embarras du monde politique face à cette question. Ni rejet comme ce fut le cas par exemple pour les prisonniers italiens étudiés par

39. Sur ce point, voir *Les Chroniques joviciennes,* et Annette Becker, « Le retour des prisonniers », in *Finir la guerre,* Actes du colloque de Verdun, 12-13 novembre 1999, *Les Cahiers de la Paix,* n° 7, Presses universitaires de Nancy, 2000, p. 74. Voir aussi, pour le cas des prisonniers languedociens, Odon Abbal, *Soldats oubliés. Les prisonniers de guerre français*, Le Vigan, Études et Communication Éditions, 2001, notamment p. 207-213.

40. Certains parlementaires, anciens prisonniers, ont eu l'occasion de témoigner devant la Chambre de leurs conditions de détention. Ainsi Henri Coutant, député socialiste unifié d'Ivry, à la tribune de la Chambre le 3 décembre 1918 (*JO,* du 4 décembre 1918).

Giovanna Procacci[41], ni empressement à manifester aux anciens détenus de la reconnaissance : l'attitude quasi générale des députés et des sénateurs, ce « club d'anciens combattants » dans l'immédiat après-guerre, est la méfiance[42].

En témoigne par exemple la réaction du ministre de la Guerre Lefebvre qui, lors de débats sur la Médaille interalliée en mars 1920, assure que le « gouvernement n'a aucun préjugé contre les prisonniers », mais que le « fait d'avoir été prisonnier ne constitue pas à lui seul un titre ». Il faut faire une distinction, explique-t-il en substance, non seulement entre combattants et non-combattants, mais aussi entre ceux qui se sont battus au moins trois mois avant d'être capturés, et les autres. Suivant le projet de loi de mars 1920, les uns ont droit au port de la Médaille interalliée ; les autres, ceux qui ont été capturés, et ils furent nombreux, à la fin de l'été 1914 ou lors de leurs premiers engagements, en sont exclus. Cette disposition, qui ne sera modifiée qu'en 1922 grâce aux efforts du député Vallat devant la Commission aux armées, retient le critère d'un trimestre symbolique pour évaluer les mérites des anciens prisonniers. Comment ne pas l'expliquer, même partiellement, par le mythe, largement diffusé après-guerre, de l'*expérience du feu*, qui transfigure, au sens religieux du terme, les civils en soldats de la Grande Guerre[43] ?

41. Giovanna Procacci montre bien l'hostilité que rencontrent les prisonniers de guerre italiens, qui ne seront libérés, pour la plupart, qu'à la fin de l'année 1920. Qualifiés par le poète D'Annunzio d'« embusqués derrière les Alpes », ils sont assimilés par un décret de 1919 à des territoriaux, c'est-à-dire à des soldats non combattants. Voir « Les prisonniers italiens : mémoire de la captivité », in Jean-Jacques Becker *et al.*, *Guerre et Cultures, 1914-1918*, Paris, Armand Colin, 1994, p. 322-328.

42. Le développement qui va suivre doit beaucoup à Odon Abbal, « Un combat d'après-guerre : le statut des prisonniers », *Revue du Nord*, n° 325, avr.-juin 1998, tome 80, p. 405-416.

43. Voir George L. Mosse, *Fallen Soldiers*, trad. fr. : *De la Grande Guerre au totalitarisme. La brutalisation des sociétés européennes*, Paris, Hachette Littératures, 2000. Sur la ligne du feu, voir aussi Évelyne Desbois, « Vivement la guerre qu'on se tue ! », *Terrain*, 19, octobre 1992, p. 65-80

En deçà de trois mois, nul ne peut prétendre à la participation au corps collectif des anciens combattants, donc à la reconnaissance nationale. Au-delà, même ceux qui ont connu la captivité sont d'authentiques anciens combattants, puisqu'ils ont survécu au baptême du feu.

De même, il faut attendre près de sept ans pour que soit modifiée une loi du 2 juillet 1915 qui n'accordait la mention « mort pour la France » qu'aux soldats ayant succombé à la suite de blessures ou de maladies *contractées au front*, excluant ainsi l'essentiel des prisonniers de guerre. Dans la loi du 22 janvier 1922 en revanche, l'article 3 confère la mention « mort pour la France » à « tout prisonnier de guerre mort en pays ennemi ou neutre, des suites de ses blessures, de mauvais traitements, de maladies contractées ou aggravées en captivité, d'un accident de travail ou fusillé par l'ennemi ». Cette évolution juridique, qui a des conséquences matérielles non négligeables pour les familles (les enfants des prisonniers de guerre décédés ont le droit d'être pupilles de la nation comme les autres[44]), indique aussi très clairement que la mort au champ d'honneur n'est plus la seule mort héroïque.

Sans doute faut-il risquer un autre type d'interprétation. La terre française qui a enseveli les corps des combattants fait l'objet, durant le conflit et après la guerre, d'un culte collectif, tant de la part des touristes-pèlerins qui affluent dans les années vingt et trente pour visiter les champs de bataille[45] que de la part des artistes pour qui elle symbolise la France

44. Olivier Faron, *Les Enfants du deuil. Orphelins et pupilles de la nation de la Première Guerre mondiale (1914-1941)*, Paris, La Découverte, 2001.

45. Susanna Brandt, « Le voyage aux champs de bataille », et Modris Ekstein « Michelin, Pickfords et la Grande Guerre : le tourisme sur le front occidental : 1919-1991 », in Jean-Jacques Becker *et al., Guerre et Cultures, op. cit.*, p. 411-416 et 417-428 ; David William Lloyd, *Battlefield Tourism : Pilgrimage and the Commemoration of the Great War in Britain, Australia and Canada,* Oxford, Berg, 1998.

martyrisée[46] ou des hommes politiques qui hésitent entre la nécessité de reconstruire et celle de préserver les stigmates des combats. Cette terre sacralise la mort des soldats qui sont tombés *en la défendant*, elle est elle-même sacralisée par les corps des martyrs qui se sont battus pour elle. Or si, dans un premier temps, les prisonniers de guerre morts en captivité n'ont pas eu droit à la mention « mort pour la France », c'est parce qu'ils n'ont pas été tués en défendant la terre française, couchés sur elle, souvent mêlés à elle par les explosifs. À l'inverse, leur corp repose en terre étrangère, c'est-à-dire sur un territoire impur. « Français, ne croyez-vous pas que la terre allemande soit trop froide et trop lourde pour garder de tels corps ? », s'écrie Eugène-Louis Blanchet dans *En représailles*, qui date de 1919. « Nous ne voudrons pas que des mères françaises, des femmes françaises aillent chaque année, le jour des morts, pleurer dans des cimetières allemands au milieu de ceux qui assassinèrent leurs pères, leurs fils, leurs maris… Ils ont le droit de "rentrer en France", de reposer sous les trois couleurs victorieuses[47]. »

Corps héroïsés des combattants de la Grande Guerre, corps des prisonniers de guerre souillés par le contact avec l'ennemi : la principale préoccupation du gouvernement est de ne pas mêler le bon grain et l'ivraie dans une même glorification. « Il faut reconnaître le mérite des prisonniers de guerre, et je sais combien le plus grand nombre furent méritants, mais il faut nous garder de certaines erreurs », explique par exemple le député Jean Fabry lors de cette même séance du 16 mars 1920. « La plus grave serait de donner une

46. Parmi de très nombreux exemples, il faut noter celui du cinéaste Raymond Bernard qui envoie chercher de la terre des champs de bataille et des arbres calcinés pour les décors de son film *Les Croix de bois* (1931). Sur ce sujet, Laurent Veray, « La mise en scène du discours ancien combattant dans le cinéma français des années 1920 et 1930 », *Les Cahiers de la Cinémathèque*, nº 69, novembre 1998, p. 53-66.

47. Eugène-Louis Blanchet, *En représailles*, Paris, Payot, 1919, p. 64.

médaille, quelle qu'elle soit, à un homme appartenant à une unité qui s'est rendue. Il est extrêmement douloureux de le dire, mais le débat nous y oblige : il y a des unités qui se sont rendues. » Le colonel Vandame : « Et les défenseurs de Douaumont, qu'est-ce que vous en faites ? » Jean Fabry : « Il faut trouver un texte pour que les hommes appartenant à ces unités ne reçoivent aucune médaille, quelle qu'elle soit. »

Ce sont en fait les mêmes arguments qui avaient été avancés, durant la guerre, pour refuser le rappel de solde aux prisonniers rapatriés, à l'exception des évadés (décret du 14 août 1917) et de ceux qui pouvaient « justifier être tombés aux mains de l'ennemi après avoir été atteints au cours de la lutte par une blessure ou par une affection les mettant hors de combat » (mars 1918). Pour les autres, « il y a présomption qu'ils se sont rendus sans combattre », affirmait-on à l'époque. Sur ce point, il faut attendre le dépôt d'un projet de résolution par Albert Thomas, le 28 décembre 1918, pour que la situation soit régularisée.

Trois mois plus tard pourtant, la marginalisation des anciens prisonniers est confirmée lors du versement des primes de démobilisation en mars 1919. Tous les mobilisés ont droit au versement de primes mensuelles de vingt francs, mais la loi assimile les anciens prisonniers aux non-combattants et leur attribue une somme mensuelle de 15 francs. Il est vrai que les prisonniers rapatriés bénéficient dans le même temps d'un rappel de solde non négligeable, de l'ordre de 423 francs pour un soldat et 1033 francs pour un caporal, et ils se trouvent donc avantagés par rapport aux combattants démobilisés, qui reviennent sans rien. Mais, aux yeux de nombreux soldats, ce rappel de solde n'est que justice. Et le classement des prisonniers de guerre « à l'arrière » depuis le jour de leur capture, puis l'évaluation de leurs primes sont ressentis comme une insulte : « Songez aux souffrances des malheureux captifs qui n'avaient que le secours des parents, qui étaient voués à de pénibles travaux, à la dure discipline du militarisme allemand, à une nourriture insuffisante et à des logements malsains.

Pourquoi nous a-t-on assimilés pour les primes supplémentaires à de vils embusqués de l'arrière ? », proteste un lecteur du *Petit Méridional*, dans une lettre ouverte au président du Conseil, en décembre 1919.

Il paraît donc impossible, dans cette période d'après-guerre, de distinguer artificiellement les droits moraux des anciens prisonniers et leurs droits matériels, les « apaisements d'ordre moral[48] » et les dédommagements financiers, tant les uns et les autres participent manifestement du même domaine symbolique. Les débats parlementaires sont aussi vifs sur la question des décorations que sur celle des pensions, en partie parce que les associations de prisonniers revendiquent un traitement analogue à celui des anciens combattants, auxquels ils cherchent à être assimilés, tandis que le législateur s'ingénie de son côté à multiplier les cas qui les excluent du bénéfice de la loi.

Par ailleurs, le combat de la Fédération nationale des prisonniers de guerre[49] et du groupe parlementaire de défense des Anciens PG[50] ne se limite pas à obtenir des droits semblables pour tous les anciens combattants. Les prisonniers cherchent aussi à faire reconnaître leurs revendications en tant que victimes de guerre. Qui remboursera les colis de vivres envoyés par les familles, dont le coût quotidien est évalué à 5 francs par le député Léon Pasqual ? Est-il équi-

48. L'expression est de Georges Cahen-Salvador, *Les Prisonniers de guerre, op. cit.*, p. 307.

49. Pour l'étude de la Fédération nationale des anciens prisonniers de guerre, voir Antoine Prost, *Les Anciens Combattants et la Société française, 1914-1939,* Paris, Presses de la Fondation nationale des sciences politiques, 1977, vol.1. Selon Antoine Prost, cette association qui compte environ 60 000 membres en 1935 est largement apolitique. De nombreux anciens combattants adhèrent à la Fédération nationale des anciens prisonniers de guerre en même temps qu'à un groupe de l'Union nationale des combattants (UNC) ou de l'Union fédérale (UF).

50. À titre indicatif, le groupe parlementaire de défense des Anciens Prisonniers de guerre (APG) est composé de 293 députés au printemps 1923. Voir Odon Abbal, « Un combat d'après-guerre : le statut des prisonniers », art. cité, p. 411.

table que l'État laisse supporter à ces familles une si lourde charge et ne lui appartient-il pas de les dédommager ? « Les familles des combattants des tranchées ont également envoyé des colis, et nul ne songe à les indemniser », avance le gouvernement. « Sans doute, mais dans un cas il s'agissait d'améliorer l'ordinaire des soldats, ravitaillés par l'armée française, de l'autre le but était d'assurer la survie de prisonniers dépourvus de tout », répondent en substance certains députés, qui ne manquent pas de suggérer, d'ailleurs injustement, que l'État a abandonné ses prisonniers à leur triste sort durant le conflit.

Soutenu par l'Union nationale des combattants (UNC), le principe d'une indemnisation des prisonniers trouve un nouvel écho avec la signature du traité de Versailles, le 28 juin 1919. Le paragraphe 4 de l'annexe 1 de la partie VIII prévoit en effet qu'une « compensation peut être réclamée de l'Allemagne conformément à l'article 232 pour la totalité des dommages rentrant dans les catégories ci-après : [...] dommages causés par toute espèce de mauvais traitements aux prisonniers de guerre[51] ». Cette disposition redonne confiance aux soldats revenus de captivité, elle apaise leurs inquiétudes. Les services du ministère de la Guerre vont jusqu'à évaluer les préjudices subis, qui s'élèvent à un milliard 261 millions de francs !

En fait, les débats portant sur l'indemnisation des anciens prisonniers vont s'éterniser. Une proposition de loi émanant du groupe parlementaire de défense des APG voit le jour au printemps 1923, le premier accord avec l'État sur une

51. *Traité de paix entre les puissances alliées et associées et l'Allemagne et Protocole signé à Versailles le 28 juin 1919,* Paris, Imprimerie nationale, 1919, p. 104-109. Sur la contradiction des articles 231 et 232, qui demandent réparation à l'Allemagne pour les prisonniers, les civils ou les familles des blessés et des morts, mais restent silencieux sur le tournant que représente, de ce point de vue, la Première Guerre mondiale, voir Stéphane Audoin-Rouzeau et Annette Becker, *14-18. Retrouver la guerre*, Paris, Gallimard, 2000, p. 259 *sq.*

indemnité des prisonniers intervient en 1926, les modalités de versement sont prévues… dans le budget de 1928 ! Plus de huit ans se sont écoulés depuis la signature du traité de Versailles. De quoi s'agit-il d'ailleurs ? L'article 46 de la loi de finances indique qu'une « somme de 100 francs sera allouée, à titre d'indemnités de vivres et d'entretien, à tout ancien militaire détenu par l'ennemi comme prisonnier de guerre pendant 3 mois au moins […] à l'exception des militaires condamnés pour désertion et non amnistiés. […] Les paiements seront échelonnés sur plusieurs exercices, d'après l'âge des intéressés et en commençant par les classes les plus anciennes ». Or les termes de la loi demeurent assez ambigus. Est-ce une indemnité définitive, qui viendrait clore les revendications des anciens prisonniers, ce dont s'indigne par avance le député communiste Jacques Duclos ? Ou bien un début de législation plus ambitieuse, et alors à combien va se monter le coût final de l'indemnisation ?

Si les débats parlementaires du 22 décembre 1927 sont intéressants du point de vue de la situation des anciens prisonniers dans la France d'après-guerre, c'est parce qu'ils montrent que les arguments favorables ou hostiles à leur indemnisation restent inchangés. En défendant son projet en première lecture devant le Sénat, le ministre des Pensions Louis Marin s'efforce de minimiser, avec d'ailleurs un certain cynisme, le coût de l'indemnité compensatrice : « Monsieur le Président du Conseil a fait observer que nous inscrivions 5 millions cette année au budget, et qu'on verrait ensuite les possibilités. Or, quand la Chambre et le Sénat auraient voté les années suivantes le chiffre nécessaire à poursuivre l'attribution de cette indemnité de 100 francs, où cela nous conduirait-il au grand maximum ? À une somme totale de 40 millions pour l'ensemble des 400000 prisonniers de guerre, à la condition encore que tous réclament l'indemnité et que l'échelonnement des crédits ne fasse pas disparaître, hélas ! un grand nombre d'entre eux et de leurs ayants droit. » Autrement dit, il suffit de faire preuve d'un peu de doigté et de patience pour mettre un terme aux exigences des prisonniers. Le sénateur André Chéron, rapporteur du projet de loi, se montre plus circonspect. Selon lui, « les anciens prisonniers de guerre reconnaissent que le crédit de 5 millions n'est qu'une amorce. Ce qu'ils veulent, c'est une réparation [...] D'ailleurs, 100 francs attribués à titre d'indemnité de vivres et d'entretien, ce ne serait qu'une poussière insignifiante ». Or l'équilibre budgétaire n'autorise pas des dépenses beaucoup plus importantes à l'avenir et « les anciens prisonniers de guerre ne sauraient, si intéressant que soit leur cas, tirer du traité de Versailles plus de droits que les autres anciens combattants eux-mêmes ».

À partir d'un argument financier – le risque de faire peser une dépense trop lourde sur les exercices ultérieurs – le rapporteur général réintroduit la fiction d'une gestion équitable des réparations de guerre. « Votre vote ne sera pas moins grave au point de vue moral qu'au point de vue budgétaire », avance-t-il. Et l'équité, c'est d'abord admettre, au moins implicitement, que les prisonniers ont moins souffert que leurs camarades sur le front. « On a dit que les prisonniers avaient souffert. C'est vrai et il n'est personne ici qui ne s'incline devant leurs souffrances. Mais n'est-il pas permis d'évoquer comparativement la vie des combattants du front, une vie infernale au milieu de tous les périls que vous savez ? [Applaudissements sur tous les bancs] Vous serez dans l'impossibilité de ne pas faire pour les combattants de la tranchée ce que vous aurez fait pour les anciens prisonniers de guerre : vous ne pouvez pas commettre une pareille injustice. Vous apercevrez facilement, dès lors, quelles seront les répercussions budgétaires de votre décision. »

Pour emporter l'adhésion, le sénateur se lance donc dans un « classement des souffrances de guerre », celle des combattants servant en quelque sorte de mètre étalon, et il cite longuement une lettre de l'Union des évadés de guerre, qui se déclare défavorable au principe d'une indemnité. Trop généreuse à l'égard des seuls prisonniers de guerre, une telle réparation risquerait de compromettre gravement l'équilibre du budget.

« Et vous, ayant à choisir entre les évadés et les autres, c'est à la voix de l'élite que vous demeureriez sourds ! », lance André Chéron. « Ayant à choisir entre le groupement de ceux qui, sacrifiant leur intérêt personnel, élèvent la voix en faveur du Trésor et ceux qui formulent une revendication qui se traduira dans l'avenir par un sacrifice de plusieurs centaines de millions, vous décideriez de repousser le noble geste des hommes qui parlent en faveur de l'intérêt général de la France et vous leur préféreriez les autres ! Cela me paraît impossible. » Finalement, le Sénat repousse l'article 46 et le chapitre 24 du projet de loi de finances, en première et en seconde lecture.

Il n'est pas dans notre objectif de retracer l'ensemble des débats sur l'indemnité réclamée par les anciens prisonniers. Les arguments qui lui sont hostiles restent semblables : coût financier, injustice de traitement en comparaison des autres combattants, soupçon sur les conditions exactes de la capture des prisonniers (du moins pour certains d'entre eux), inégalité entre les évadés et ceux qui « se sont contentés » d'attendre la fin de la guerre dans les camps. Même lorsque la Commission des finances de la Chambre décide, en 1928, d'attribuer une subvention aux œuvres pour les anciens prisonniers ayant souffert de mauvais traitements durant leur captivité, il se trouve encore des parlementaires pour protester : « Il y aura une discrimination à faire entre les prisonniers qui ont souffert, qui ont été pris parce qu'ils ne pouvaient pas ne pas l'être, comme les blessés par exemple, et ceux qui ont agi d'une autre façon. Il n'est pas un de nos collègues de la législature de 1919 qui n'ait été chargé par certains prisonniers de guerre rentrés en France de leur faire rembourser les marks qu'ils avaient gagnés en travaillant en Allemagne », accuse le colonel Picot. « Dans les villages, on connaît bien ceux qui ont été des héros et ceux qui ont été des pleutres. Si on négligeait de faire cette discrimination, ceux qui sont allés se faire "casser la gueule" pourraient se demander s'ils sont bien des héros. » Notons au passage qu'Yves Picot, député de la Gironde, n'est autre que le président de l'Union des blessés de la face.

Année après année, le débat se radicalise. Selon les uns, comme le député Armand Chouffet en 1929 et 1931, l'indemnité est une question de principe : les prisonniers ne peuvent pas se contenter de subventions à des associations ni de la seule allocation du combattant[52] ; il faut mettre en place pour eux un véritable système de pensions. Selon les autres, comme le général Hirschauer au Sénat, « si misérable qu'ait été l'existence des prisonniers, peut-on la comparer à celle des soldats, qui étaient au front les pieds dans la boue, la tête dans le feu ? [...] Conserver sa vie, cela vaut bien de souffrir un peu de la faim. Ceux des prisonniers qui ont contracté dans les camps de concentration des maladies graves sont pensionnés. Les autres n'ont pas couru les dangers de ceux qui combattaient » (séance au Sénat, le 31 mars 1931). Finalement, c'est la crise économique qui se charge d'enterrer le projet d'une indemnité propre aux anciens prisonniers. Dans un discours brutal, le président du Conseil Pierre Laval met un terme aux réclamations et juge qu'il « n'y a aucune raison d'accorder un avantage » à ces hommes qui bénéficient déjà de l'allocation du combattant. Quant à la créance qu'ils exigent en invoquant l'article 232 du traité de Versailles, « c'est la France qui la détient et c'est elle qui l'exerce, quitte à elle de venir en aide aux prisonniers dans les conditions qui dépendent de sa souveraineté et de sa loi intérieure ». De fait, nul n'en parle plus lors de la discussion de la loi de finances pour 1933.

Il est évident qu'à partir de 1922 les anciens prisonniers de guerre ont été de plus en plus assimilés aux autres combattants. Ainsi, la mention « mort pour la France » est accordée depuis le mois de janvier 1922 aux soldats décédés en pays ennemi, la Médaille interalliée est attribuée, au mois de juillet, à tous les

52. Le principe de l'allocation du combattant est adopté par la Chambre le 11 mars 1930. Il s'applique à tous les titulaires de la carte d'ancien combattant (donc aussi aux anciens prisonniers) qui reçoivent une allocation de 500 francs de 50 à 55 ans et de 1200 francs au-dessus de 55 ans.

hommes revenus des camps. Évoquant avec éloquence le sort des anciens prisonniers de retour chez eux, le député Roux-Freissinenq notait justement : « Cet homme, s'il revient chez lui, et qu'on lui refuse la médaille commémorative, sera méprisé par tous ses voisins, on dira qu'il n'a pas fait son devoir, c'est un châtiment qu'il subira. Vous le mettrez dans une situation telle qu'il se produira un sentiment de protestation parmi ceux qui auront reçu la médaille. » Pour autant, la représentation nationale a toujours évité de reconnaître une souffrance spécifique des prisonniers de guerre, notamment à travers la question de l'indemnité qui aurait pu leur être versée. Par ailleurs, elle ne se préoccupe pas des veuves de guerre ou des ayants droit des soldats morts en captivité, qui se voient refuser le versement du pécule de 1000 francs dont bénéficient les proches des autres combattants tués au champ d'honneur. Cette somme n'est versée, précise le décret d'application de la loi du 29 décembre 1918, paru le 6 février 1919, que si la mort est intervenue durant les combats, ou à la suite de blessures ou de maladies contractées sur le front. Et les débats parlementaires de l'hiver 1918-1919 traduisent avec quelle désinvolture est abordé ce problème vital pour de nombreuses familles, le rapporteur du budget Defos du Rau, se contentant de déclarer que la question est « virtuellement réglée ». En d'autres termes, même si les associations d'anciens prisonniers ont obtenu gain de cause sur bien des points, il reste, dans la France d'après-guerre, des victimes dont la souffrance n'est pas reconnue, notamment celle des femmes en deuil d'un prisonnier de guerre.

« La question des prisonniers n'est point encore close. Et ce n'est pas une des particularités les moins dignes de remarque que sa survivance dix ans après la conclusion de la paix », écrivait en 1929 Georges Cahen-Salvador, dans une synthèse consacrée aux prisonniers de guerre[53]. Nul ne s'étonnera de trouver ce témoignage sous la plume de celui

53. Georges Cahen-Salvador, *Les Prisonniers de guerre*, *op. cit.*, p. 309.

qui a été, durant tout le conflit, le directeur du Service général des prisonniers de guerre au ministère français de la Guerre. Aveu d'impuissance face à l'ampleur de la tâche à accomplir ? Sans doute. Mais, dans son chapitre conclusif, Georges Cahen-Salvador esquisse une autre explication : « Les violations du droit des gens blessent à ce point la conscience humaine qu'il semble que le temps lui-même ne réussisse pas à les effacer. »

Effectivement, ce qui est en jeu dans le rapatriement des prisonniers ne se résume pas simplement à l'organisation du transport de quelque 500000 Français de retour d'Allemagne, ni même à leur réintégration dans la vie économique du pays. En assistant au retour de leurs prisonniers de guerre, les Français sont aussi confrontés aux multiples visages de cette guerre totale que fut la Première Guerre mondiale. Jamais dans l'histoire militaire de l'Europe tant d'hommes et de femmes, civils et militaires confondus, n'avaient été déportés, parfois à des milliers de kilomètres de chez eux, pour une durée souvent supérieure à quatre ans. Et cela, les Français ne sont pas particulièrement aptes ni disposés à le comprendre.

Face à cette réalité, la réaction dominante est le déni de la souffrance spécifique des prisonniers. Le contexte général de la sortie de guerre peut naturellement l'expliquer : l'héroïsation des soldats des tranchées, qui laisse peu de place aux prisonniers de guerre ; le monopole du témoignage de guerre par les anciens combattants ; l'incapacité à comprendre les traumatismes de ces hommes revenus de captivité – ou, tout simplement, une « concurrence des victimes[54] » entre anciens prisonniers et anciens combattants. Mais il faut sans doute chercher plus loin les raisons du silence gêné qui accueille souvent les prisonniers français. Si la Première Guerre mondiale revêt tous les attributs d'une guerre de civilisation (confusion du religieux et du politique, ferveur mystique du

54. Jean-Michel Chaumont, *La Concurrence des victimes : génocide, identité et reconnaissance*, Paris, La Découverte, 1997.

discours patriotique, diabolisation de l'ennemi, résurgences de millénarismes), quelle peut être la place, dans une société d'après-guerre encore marquée par la mobilisation culturelle[55], de tous ceux qui, durant des mois, ont côtoyé l'ennemi, foulé son sol, servi parfois ses intérêts économiques ? La société française des années 1920 et 1930 n'a pas su dispenser la reconnaissance due aux prisonniers ni les laver de l'impureté et du soupçon qui pesaient sur eux.

55. John Horne, éd., *State, Society and Mobilization in Europe during the First World War*, Cambridge, Cambridge University Press, 1997.

Chapitre 6

Les vivants et les morts. Les fêtes du retour des régiments

1918-1919

La dernière étape du retour des soldats français est sans doute la plus difficile à saisir. L'étude du processus de démobilisation permet en effet de présenter le cadre général dans lequel les combattants sont rendus à la vie civile, de décrire les étapes parcourues, d'en évaluer la durée et éventuellement la difficulté. Mais le retour, en lui-même, nous échappe assez largement, notamment parce que l'institution militaire cesse de produire des sources sur un moment qui ne la concerne plus. Notre principal fonds documentaire représenté par les archives du contrôle postal disparaît avec les correspondances. Beaucoup d'historiques de régiments s'arrêtent à la date du 11 novembre 1918. Quant à la réintégration concrète et personnelle des soldats dans leur foyer, elle ne serait perceptible qu'à travers une hypothétique écriture de soi, qui semble peu probable dans ce type de circonstances, les combattants et leur famille étant plus occupés à vivre l'événement qu'à le décrire.

Moment difficile à saisir, et pourtant essentiel, c'est à travers les rituels festifs auxquels il donne lieu, donc légèrement en amont de la réinsertion dans les foyers, que le retour peut être étudié. Et cela, au moyen d'une source privilégiée : la presse locale. En effet, les journaux décrivent longuement les préparatifs des fêtes réservées aux combattants, les débats qu'elles suscitent au sein des conseils municipaux, les modalités de leur déroulement, le parcours des défilés et les discours prononcés en ces occasions. Ils laissent percevoir à la fois certaines des attentes des populations civiles, l'engagement des élites locales, la mobilisation des énergies citoyennes, le partage des rôles et le choix des symboles dans un répertoire largement emprunté aux fêtes républicaines[1]. La presse permet également de comprendre la signification *locale* du retour des combattants qui sont fêtés non seulement comme des vainqueurs, mais comme des « enfants prodigues », des héros de la « petite patrie » dont ils sont originaires. Les cérémonies ne sont pas de simples cadres liturgiques, reproduits à l'identique dans toute la France. Ce sont d'abord des occasions pour les communautés d'origine de manifester, *à leur manière*, la joie de retrouver *leurs* soldats, de leur exprimer gratitude et fierté d'avoir été représentées si glorieusement sur les champs de bataille, chaque ville de garnison s'identifiant à *son* régiment[2].

Dans un article sur l'articulation de la dimension locale et de la dimension nationale dans l'immédiat après-guerre, Antoine Prost insiste sur la nécessité de prendre en compte le rôle de la population dans l'édification des monuments aux morts, si stéréotypés soient-ils. « Le monument est offert aux morts par ceux qu'ils ont sauvés, c'est un témoignage de reconnaissance... », écrit-il. « Inscrire le monument dans ce

1. Pour une approche d'ensemble, Olivier Ihl, *La Fête républicaine*, Paris, Gallimard, « Bibliothèque des Histoires », 1996, ainsi que A. Corbin, N. Gérôme et D. Tartakowski (sous la dir. de), *Les Usages politiques de la fête*, Actes du colloque organisé les 22-23 novembre 1990 à l'université Paris-I, Publications de la Sorbonne, 1994.

2. Cette représentation du régiment est largement fictive dans la mesure où elle néglige les remaniements incessants opérés durant le conflit, le brassage des hommes, la recomposition des unités. Pour autant, il est vrai qu'on ne peut comprendre les fêtes du retour sans les ancrer dans leur dimension locale : en ce début de siècle, la ville de garnison est fière du régiment local, de son histoire qui est aussi un peu celle de la cité, de son drapeau présenté à l'occasion des 14 Juillet. De nombreux habitants y ont fait leur service militaire. Sur la dimension territoriale de la conscription, voir Philippe Boulanger, *La France devant la conscription. Géographie historique d'une institution républicaine, 1914-1922,* Paris, Economica, 2001.

rapport des vivants aux morts qui ne sont pas n'importe quels morts mais *leurs* morts, renvoie évidemment beaucoup plus qu'à une procédure administrative ou à un geste officiel : il faut que la population tout entière soit associée à l'érection du monument, et que chacun apporte sa contribution, d'où les très nombreuses souscriptions publiques[3]. » Ainsi en est-il des fêtes du retour, qui renouent un lien entre les survivants des champs de bataille et ceux pour qui ils se sont battus, et qui expriment un sentiment de dette des civils à l'égard des combattants. Elles peuvent donc être lues comme un moment inaugural dans la construction d'une mémoire locale de la Grande Guerre[4].

Par ailleurs, ces cérémonies constituent une sorte de temps à part, entre l'arrivée des soldats dans leur région d'origine pour être démobilisés, et la réintégration dans les familles. Un temps qui participe de la vie publique et déjà un peu de la vie privée : les fêtes du retour peuvent être considérées en effet comme une forme de culte patriotique des vainqueurs, une commémoration de leurs hauts faits, mais aussi comme une étape décisive dans la réinsertion des combattants dans la sphère familiale. À l'ordonnancement des fêtes qui est collectif s'ajoutent des pratiques de la fête qui sont individuelles : tel habitant accroche un drapeau tricolore au balcon de sa maison, tel autre attend de voir passer son fils qui défile, tel autre surtout se trouve retranché de la cérémonie par le deuil qui l'a frappé et par son incapacité à participer à la joie collective. C'est naturellement cette dimension personnelle des

3. Antoine Prost, « Mémoires locales et mémoires nationales : les monuments de 1914-1918 en France », *Guerres mondiales et Conflits contemporains*, 1992, n° 167, p. 41-50, p. 49.

4. Nous empruntons cette expression à Daniel J. Sherman, *The Construction of Memory in Interwar France*, The University of Chicago Press, 1999, notamment le chapitre VI – même si ses travaux portent moins sur le retour des soldats que sur la période ultérieure et sur l'étude des tensions à l'œuvre dans les processus de commémoration de l'entre-deux-guerres.

fêtes du retour qui échappe le plus à l'investigation. La presse locale trouve ici sa limite, et on sent bien intuitivement que la complexité des sentiments des combattants et de leurs familles est comme occultée par l'impression d'enthousiasme général, transmise dans les journaux.

« Une des premières manifestations [des nouvelles associations d'anciens combattants] est souvent l'organisation de "fêtes du retour des poilus". Banquet, concert, bal, rien n'y manque. Désir de rattraper le temps perdu, d'affirmer le retour à la vie normale ou reprise de la tradition du bal des conscrits ? », s'interroge Antoine Prost. « Peu importe [...] L'apparition de fêtes témoigne d'un climat original, où la satisfaction d'en avoir fini l'emporte sur l'expression du mécontentement et ferait même parfois douter de sa réalité. Au vrai, le mécontentement et la satisfaction coexistent[5]. » Cette analyse de la fête comme moment fédérateur, qui pose le problème en des termes politiques (le mouvement combattant contribue-t-il à la consolidation de l'ordre social ?), ne doit pas conduire à sous-estimer le deuil qui est le sentiment dominant dans la France de l'immédiat après-guerre. Celui des familles dont les proches ne sont pas revenus de la guerre, celui des soldats eux-mêmes qui ont perdu leurs compagnons d'armes durant les combats.

Afin de rester fidèle au projet d'étude qui est le nôtre, au plus près de l'expérience des combattants, il est impossible de passer sous silence la variété et parfois le caractère contradictoire des émotions que le temps du retour fait naître chez les soldats. Un sentiment de soulagement d'être revenu sain et sauf, la fin de l'incertitude sur la date de libération, le bonheur de retrouver ses proches et un cadre de vie familier, mais aussi l'inquiétude de l'avenir et de la réintégration dans la vie civile, la mélancolie liée aux deuils subis et parfois la

5. Antoine Prost, *Les Anciens Combattants et la Société française, 1914-1939*, Paris, Presses de la Fondation nationale des sciences politiques, 1977, 3 vol., vol. 1, p. 57.

culpabilité d'avoir survécu. Cette complexité des sentiments ressentis apparaît notamment dans la littérature de l'immédiat après-guerre, celle des « survivants-écrivains », pour reprendre l'expression de Carine Trevisan qui insiste sur le fait que l'expérience de guerre semble avoir retranché les anciens combattants du monde des vivants[6]. Il faut souvent recourir à des sources littéraires pour percevoir la difficile réintégration dans les communautés d'origine, qui tient à la fois à l'incompréhension par les civils de la réalité du conflit, au sentiment de frustration qu'éprouvent les soldats, et à cette sorte d'impureté qui les entoure encore au moment où ils reviennent de la guerre, peut-être du fait de leur fréquentation trop longue de la mort. La distance entre les combattants qui reviennent chez eux et les civils qui les accueillent n'a jamais été aussi grande, paradoxalement, qu'au moment où les uns et les autres se retrouvent. Les uns reviennent d'un monde où le meurtre est autorisé, où les repères moraux ont été sensiblement modifiés ; les autres vivent dans une société marquée par la guerre, mais où les normes sociales sont inchangées.

Cette joie grave des combattants démobilisés apparaît aussi lorsque le retour est représenté, d'ailleurs assez rarement, sur les monuments aux morts. À Villefranche-de-Rouergue (Aveyron), une épouse accueille par un baiser le soldat qui rentre chez lui. À Valognes (Manche), c'est une femme plus âgée – sa mère ? – qui se penche vers lui. À Escales (Aude) et à Terrasson (Dordogne), le combattant retrouve toute sa famille. À Meximieux (Ain) et à Argenton-sur-Creuse (Indre), il serre sa petite fille dans ses bras. Mais si les sculpteurs ont cherché à saisir le mouvement qui porte les familles vers les soldats rescapés, les visages n'expriment aucune allégresse. Ainsi, à Escales, c'est dans un geste de réconfort que le combattant, encore revêtu de son uniforme, pose délicatement sa

6. Carine Trevisan, *Les Fables du deuil. La Grande Guerre : mort et écriture*, Paris, PUF, 2001, notamment la 3e partie.

main sur l'épaule de son épouse, tandis qu'à Villefranche-de-Rouergue le long drapé dans lequel la jeune femme est enveloppée a l'apparence d'une robe de deuil. Si difficile qu'il soit de rendre compte des sentiments mitigés des soldats et des civils en ces jours de fête, il faut se souvenir de l'ampleur des lassitudes pour ne pas se laisser abuser par des sources trop enthousiastes. Les hommes célébrés à leur retour sont des soldats en deuil, ce sont aussi, selon l'expression d'Antoine Prost, des « héros fatigués » qui ne rêvent que de trouver refuge dans la sphère privée.

Les fêtes du retour ont une chronologie propre. Du mois de décembre 1918 au mois d'avril 1919, elles sont encore peu nombreuses et relativement discrètes. La multiplication des retours individuels, le manque d'organisation dont se plaignent de nombreux soldats démobilisés à l'hiver 1918-1919, l'absence d'informations précises sur les dates des retours, l'improvisation qui prévaut dans un pays traumatisé par quatre ans de guerre expliquent la froideur apparente des civils dont certains historiques de régiments portent témoignage. Celui du 19e régiment d'infanterie de Brest (Finistère), dissous en janvier 1924, est particulièrement intéressant, puisqu'il met en parallèle la déception consécutive à l'armistice (les hommes ne sont pas envoyés en occupation en Allemagne comme ils l'auraient souhaité) et l'amertume du retour en Bretagne, qui passe presque inaperçu. « Le 11 novembre, le régiment quitta donc le champ de bataille et se rendit à Sedan, Carrignan et Rossignol (Ardennes) à la frontière luxembourgeoise ; mais alors que certains se voyaient dirigés en territoire d'occupation, pour le 19e, les désillusions commencèrent, et jusqu'en avril 1919, employé à des travaux agricoles, il séjourna dans les régions de Montmédy (Meuse) et de Longuyon (Meurthe-et-Moselle). Embarqué à Spincourt (Meuse) le 18 avril, le régiment fut dirigé sur Landerneau (Finistère), ses casernes de Brest étant encore occupées par les Américains [...]. Les troubles sociaux qui marquèrent l'année 1919 appelèrent à Brest diverses fractions du régiment qui cantonnèrent aux abords immédiats de la ville ; puis au fur et à mesure du départ de nos alliés, le 19e réintégra ses casernes, sous les ordres du lieutenant-colonel Gauthier. Aucune réception officielle ne marqua le retour du régiment… » Aux yeux des soldats du 19e RI, le retour est vécu comme une double dépossession : les civils pour qui ils se sont battus ne les attendent pas, et ce sont les alliés américains qui occupent encore leurs casernements.

Peut-être faut-il rappeler que cette première période de la démobilisation se caractérise globalement par sa désorganisation, ce que les combattants regrettent dans les lettres visées par le contrôle postal. Les retards sont nombreux, l'inconfort des wagons de marchandises dans lesquels voyagent généralement les démobilisés est l'objet de nombreuses récriminations, la lenteur des formalités dans les dépôts tend à enrayer l'ensemble de la chaîne de démobilisation. Les hommes arrivent donc plusieurs jours après la date initialement prévue, épuisés, agacés par les innombrables tracas administratifs qu'ils ont dû subir. Dès lors, le plus souvent, ni leurs proches ni les communes n'ont été en mesure d'organiser leur accueil. Seuls les premiers arrivés ou les groupes de démobilisés plus importants donnent lieu parfois à une petite cérémonie à la gare. Mais comment fêter une armée en pleine démobilisation, c'est-à-dire en constante réorganisation ? La libération des hommes par classes d'âge bouleverse profondément la structure des régiments autant qu'elle rend impossible, dans un premier temps du moins, une célébration concertée des retours.

À l'inverse, à partir de l'été 1919, lorsque la démobilisation reprend, les cérémonies sont mieux organisées et plus suivies. C'est le cas dans une période qui correspond à la fois aux grandes fêtes patriotiques que sont le 14 juillet (fête nationale), le 3 août (fête de la reconnaissance nationale au soldat français) et le 11 novembre 1919 (commémoration de l'armistice), mais aussi au retour des régiments dans leur ensemble. Quelle est la place des combattants et des soldats déjà démobilisés dans ces liturgies ? Et que fête-t-on à travers eux, la patrie, la nation, la République ? C'est ce que nous chercherons à expliquer en comparant des exemples pris dans divers départements français, notamment la Somme, le Puy-de-Dôme, l'Yonne, la Sarthe et la Loire-Inférieure qui ont fait l'objet de travaux spécifiques, dessinant ainsi le contexte idéologique des fêtes du retour.

En ce qui concerne les festivités liées à l'arrivée des régiments, nous avons dû nous résoudre à les analyser à une échelle plus réduite, pour des raisons d'efficacité. Ainsi nous avons mené une étude approfondie de la presse locale des 10e et 11e régions militaires, qui correspondent globalement à la Bretagne, une partie des pays de la Loire et à la Vendée. La première regroupe les subdivisions de Guingamp et Saint-Brieuc, Rennes, Vitré, Saint-Malo et Brest ; la seconde celles de Nantes, Ancenis, La Roche-sur-Yon, Fontenay-le-Comte, Vannes, Quimper, Lorient et Cholet. L'objectif est très différent de l'étude des fêtes d'ampleur nationale, puisqu'il s'agit de montrer précisément comment les hommes sont réintégrés dans leur commune d'origine, comment ils sont reçus et célébrés, ce qui impose un changement du niveau d'analyse afin de suivre les combattants au plus près.

De fait, l'économie de la reconnaissance à l'œuvre dans les fêtes du retour trouve une expression variable selon les endroits. Toutes les communes ne disposent pas des mêmes moyens financiers pour accueillir les combattants, mais surtout, toutes n'assistent pas à un retour groupé des soldats. Les villes de garnison sont celles qui connaissent les arrivées les plus massives, à la différence des petites villes et des villages où les retours sont souvent individuels et peu anticipés par les habitants. Nous nous intéresserons donc à la manière dont la nouvelle du retour est apprise, et les festivités organisées, ces questions conduisant à s'interroger sur les transformations du paysage urbain auxquelles donnent lieu les fêtes du retour, à la symbolique des décorations et à celle des parcours qui révèlent à la fois le sens que l'on cherche à donner à la fête et l'unité d'une communauté soudée derrière ses soldats.

Vient alors le temps où les soldats pénètrent dans la ville. À la différence des villes d'Alsace-Lorraine libérées à l'hiver 1918 ou de Rhénanie occupée par les troupes françaises, les défilés n'ont aucune signification de reconquête ou de soumission. Hommages aux survivants, mais aussi, à travers eux, aux morts qui sont restés sur les champs d'honneur, ils font entrer la guerre dans l'espace civique. Les défilés des fêtes du retour sont la première occasion pour certains civils de prendre contact non plus avec des permissionnaires ou des blessés en convalescence, mais avec une armée qui a combattu et qui revient victorieuse. C'est un moment fort, qui frappe l'imagination, et dit à la fois le triomphe de la victoire et la violence des combats.

Pour autant, dans les corps redressés des soldats qui défilent, dans les uniformes de parade, comment reconnaître encore l'œuvre destructrice de la guerre ? Ce sont les discours qui jouent un rôle décisif dans l'évocation concrète de l'expérience de guerre. Paroles de bienvenue, de réintégration dans le corps civique, mais aussi de remémoration du conflit et de ses victimes. À travers elles, le deuil apparaît avec vigueur, aussi bien d'ailleurs dans les cérémonies proprement religieuses que dans les cérémonies laïques. Cette séquence est celle où commencent à émerger une mémoire locale de la guerre – forgée à partir des faits d'armes des régiments de retour au pays – et des interrogations sur le sens de la victoire : celle de l'Union sacrée, du régime républicain, de la nation en armes ? Enfin, avant que les soldats démobilisés ne rentrent chez eux, le dernier temps est celui des festivités populaires qui prennent diverses formes : kermesses, compétitions sportives, concerts, bals. Véritable libération des corps, c'est aussi le moment où les civils et les militaires se mêlent enfin, renouant avec les jeux de la séduction, avec les plaisirs simples de la vie.

La sortie de guerre et ses cérémonies

Le temps de la fête

Lors de la première phase de la démobilisation, du mois de novembre 1918 au mois d'avril 1919, la désorganisation des transports, celle des unités redistribuées en formations nouvelles, les retours individuels ou par petits groupes et le retard avec lequel les familles apprennent l'arrivée imminente de leurs proches rendent particulièrement difficile l'organisation de cérémonies. Les soldats rentrent souvent chez eux dans l'indifférence générale, sans que la moindre fête vienne marquer l'importance de l'événement. Et même lorsque des régiments entiers sont de retour, l'accueil qui leur est réservé est très modeste.

La presse locale s'en inquiète parfois, à l'exemple de ce journaliste du *Progrès de la Somme* (12 décembre 1918) qui regrette que l'accueil du 8e bataillon de chasseurs à pied (BCP) par la population d'Amiens n'ait pas été plus chaleureux : « Nos braves petits vitriers ont gagné de leurs pas toujours alertes leur ancienne caserne de la citadelle. Ils sont arrivés sans prévenance. » D'ailleurs, « la population amiénoise, qui aime ses soldats, aurait été heureuse de les accueillir ». Cinq mois plus tard, en Ille-et-Vilaine, *Ouest-Éclair* (18 mai 1919) s'en prend beaucoup plus violemment aux civils dont il stigmatise l'indifférence : « Tous ces brillants défilés, ces chevauchées superbes, ces foules emplissant de leurs acclamations les avenues triomphales, ne serait-ce qu'une simple illusion ? Le beau rêve, le moment est venu de le réaliser. Or que voyons-nous ? Des régiments rentrent, personne pour les recevoir. On dirait un retour de manœuvre. Pas de programme établi, pas de défilé ! Ni décorations, ni ovations ! Les unités arrivent presque inopinément. Elles passent, attirant seulement les regards de ceux qui se trouvent là par hasard, et c'est tout ! On nous cite un régiment breton qui s'est particulièrement distingué au cours de la campagne et dont la rentrée offrit un spectacle désolant. On n'avait même pas sorti de sa gaine le drapeau, un drapeau promené sur tous les champs de bataille, tout noir de poudre, tout déchiqueté, une loque, mais quelle loque ! Il arriva enfermé dans un fourgon. » On aimerait disposer, dans ces circonstances, des réactions des soldats, qui restent difficilement perceptibles en l'absence de contrôle postal. Seuls quelques historiques de régiments, certes rétrospectifs, permettent de se faire une idée de la déception des hommes. Ainsi le récit que trois anciens combattants, démobilisés en avril 1919, font du retour du 19e RI : « Aucune réception officielle ne marqua le retour du régiment », expliquent-ils. « Le souvenir [de la Grande Guerre], hélas, était déjà bien loin. »

À l'inverse, dans la deuxième période de la démobilisation, qui reprend le 9 juillet 1919 après la signature du traité de Versailles, les réactions des civils évoluent sensiblement. Dans une étude consacrée au sentiment républicain et à la victoire de 1918 dans le Puy-de-Dôme, Aline Fryszman relève par exemple que, dans les 470 communes du département, près de 210 fêtes ont donné lieu à un article de presse dans les quotidiens départementaux *L'Avenir* et *Le Moniteur* ou à une demande de subvention à la préfecture, pour les années 1919 et 1920[7] – et, sur ces 210 fêtes, une centaine célèbrent spécifiquement le retour des hommes. Il s'agit bien entendu d'une évaluation approximative, mais elle permet de conclure à une « intense activité festive » entre le mois de juillet 1919 et le mois de juin 1920. Dans le département de la Somme, l'accueil fait au 72e RI à Amiens, en février 1919, est déjà beaucoup plus chaleureux que celui du

7. Aline Fryszman, *Le Sentiment républicain et la Victoire de 1918*, mémoire de DEA soutenu sous la direction d'André Gueslin et de Stéphane Audoin-Rouzeau, Université de Clermont-Ferrand II, 1990, p. 87 *sq.*

8e BCP, et la situation s'améliore encore dans les six mois qui suivent[8].

Il est vrai que, durant cette deuxième phase, le retour des régiments se produit dans un contexte de fêtes nombreuses, avec la fête nationale le 14 juillet 1919, la « fête de la reconnaissance nationale envers le soldat français » fixée par le gouvernement le 3 août 1919, et la fête de la Toussaint. Les cérémonies du retour marquent donc une sorte d'apothéose dans une trame festive très dense, où se mêlent à la fois célébrations patriotiques, commémorations des disparus et fêtes traditionnelles. Dans certains cas, les régiments sont célébrés en même temps que l'inauguration du monument aux morts, comme dans la petite ville du Cendre (Puy-de-Dôme). Ailleurs, on profite de la fête religieuse locale pour se réjouir du retour des soldats de la commune, lors de la fête de Jeanne d'Arc le 16 mai 1919 pour Saint-Pierre-Roche, lors de la Saint-Jean à Saint-Amand-Tallende, lors de la « fête de la Descente » le 28 décembre 1919 à Besse. Qu'il s'agisse de donner une solennité particulière à l'arrivée des anciens combattants ou de remercier spécifiquement le saint patron de la commune d'avoir protégé ses enfants, le retour des soldats s'inscrit dans un maillage festif qui a surtout une dimension locale et traditionnelle.

L'espace de la fête

À cette saturation du temps en fêtes de toutes sortes s'ajoute une recomposition de l'espace dans lequel se déroule le retour des soldats. Les régions proches des zones de combats constituent naturellement un cas très particulier. Parfois, les destructions sont telles qu'elles ont bouleversé la vie des

8. Mickaël Rusé, *Le Retour des combattants en Picardie après le premier conflit mondial*, mémoire de maîtrise sous la direction de Stéphane Audoin-Rouzeau, Université d'Amiens, juin 2002, p. 50-51.

combattants et de leurs familles et qu'il n'y a plus guère de place pour les réjouissances collectives. C'est le cas au lendemain de l'armistice, mais encore bien des mois plus tard. Le 18 juin 1919, à Verzenay, dans l'arrondissement de Reims (Marne), le président de la Commission municipale fait afficher cet avis à l'adresse de ses administrés : « Avant même que la paix soit signée avec l'Allemagne, qui a tué cent cinquante enfants de Verzenay et a détruit nos vignes et nos maisons, des jeunes gens ont demandé l'autorisation d'ouvrir un bal. Cette autorisation leur a été refusée. *On ne danse pas sur les ruines*. Aucune autorisation de bal ou de réjouissances publiques ne sera accordée dans les circonstances actuelles[9]. » En Picardie, la presse locale rapporte régulièrement les cas les plus dramatiques. En mars 1919, à Authie, au nord-est d'Amiens, un soldat récemment démobilisé découvre son commerce dévasté. Dans un premier temps, le malheureux parvient à dissimuler son désespoir à ses proches, puis il se suicide[10]. À une vingtaine de kilomètres de là, à Doullens, le mois suivant, un de ses camarades met fin à ses jours. Son entourage le décrit profondément « affecté par la mort de sa femme » et « sans nouvelles de ses enfants réfugiés à Péronne au moment de l'invasion[11] ». Dans ces régions, la quête désespérée d'un retour à l'avant-guerre modifie complètement les conditions psychologiques du rapatriement et rend plus difficile encore toute réintégration. Par ailleurs, la destruction d'une maison – tout à la fois abri, ancrage de souvenirs personnels et composante du patrimoine familial – enferme le soldat démobilisé dans le provisoire, alors qu'il n'aspire justement qu'à rompre avec la précarité matérielle et à retrouver une certaine sérénité. Les

9. *Journal de la Marne*, 19 juin 1919, cité par Stéphane Tison, *Guerre, Mémoire et Traumatisme. Comment Champenois et Sarthois sont-ils sortis de la guerre ? 1870-1940*, thèse soutenue à l'université Paris-III, janvier 2002, 3 tomes, tome 1, p. 261.

10. *Le Petit Doulennais*, 29 mars 1919.

11. *Ibid.*, 26 avril 1919.

paysages de la sortie de guerre ne sont donc pas un simple décor pour le retour des soldats et ses fêtes. Ils déterminent la tonalité générale des cérémonies.

Ce qui est vrai des régions sinistrées l'est aussi, dans une moindre mesure, pour celles qui n'ont pas connu de combats sur leur sol. Pas plus qu'en Picardie ou dans le Nord-Est de la France, l'espace urbain de la France de l'intérieur dans lequel reviennent les combattants et dans lequel ils sont fêtés n'est semblable à ce qu'il était avant le conflit. La guerre, ici encore, est partout, mais symboliquement, avec de nouveaux noms de rues et l'édification de monuments commémoratifs.

L'exemple de la ville de Nantes est très caractéristique[12]. Après avoir appelé certaines rues, dès 1916, par des noms de victoires françaises – la Marne, Verdun –, la municipalité dirigée par Paul Bellamy entreprend en décembre 1918 de rebaptiser d'un seul coup plus de 12 voies de circulation, dont 5 avenues en périphérie de la ville et 7 en plein centre. Certaines rendent hommage aux Alliés : le boulevard de La Chézine devient le boulevard des Anglais, le boulevard Saint-Donatien prend le nom de boulevard des Belges, tandis qu'une voie nouvelle ouverte entre la route de Rennes et la route de Vannes s'appelle le boulevard des Américains ; d'autres dénominations célèbrent les chefs militaires : une rue prend le nom du maréchal Joffre, une autre, en plein centre historique, du maréchal Foch, derrière la cathédrale. Le boulevard de La Colinière s'appelle désormais le « boulevard des Poilus[13] », dans la continuité du boulevard des

12. Ulrich Bréheret, *Novembre 1918-novembre 1919. Le patriotisme français et la victoire en Loire-Inférieure*, mémoire de maîtrise soutenu sous la direction de Stéphane Audoin-Rouzeau, Angers, Université catholique de l'Ouest, 1999.

13. Le conseil municipal de la ville d'Ancenis (Loire-Inférieure), qui procède au baptême de 5 rues du centre-ville, ne suit pas l'exemple nantais. Un conseiller propose de baptiser une voie « rue des Poilus », on lui rétorque que ce nom « fait charlatan », et on lui préfère le terme neutre de « Combattants ».

Belges. Dans le contexte des négociations de Versailles, les conseillers municipaux décident aussi de donner le nom de rue de la Paix à l'ancienne rue de la Poissonnerie, près de la place Royale.

Par ailleurs, en mars 1919, un rapport de l'architecte municipal s'interroge sur la possibilité de mener à bien plusieurs projets de monuments commémoratifs, d'abord envisagés à la pointe de l'île Feydeau – mais l'emplacement serait trop discret –, puis, « s'élevant comme une clameur de triomphe », sur la butte Sainte-Anne – mais elle jugée finalement trop éloignée du centre et mal orientée –, enfin sur le cours Saint-André, près de la mairie, de la préfecture et de la cathédrale. Un monument aux morts, associé à celui de la guerre de 1870 qui serait déplacé pour la circonstance, une « porte de la gloire » et un « parc des héros » : tout un ensemble architectural verrait le jour dans le cœur historique de la cité, sur une esplanade où les troupes, venues des casernes toutes proches, pourraient se rassembler et défiler. On suggère aussi de créer un musée de la Grande Guerre dans l'un des monuments les plus connus de la ville, le château des ducs de Bretagne, qui abriterait des armes, des maquettes de tranchées et d'abris, un historique du conflit… et les portraits des maires et des adjoints de la ville de Nantes de 1914 à 1918. Enfin, des maisons de la Paix devaient être fondées dans le but à la fois de perpétuer la mémoire des morts – dont les noms seraient gravés en lettres d'or dans certaines salles – et de susciter une convivialité comparable à la camaraderie des soldats sur le front, avec des salles de réunions et de jeux, une bibliothèque populaire, un jardin d'enfants. « Ainsi la vie commune, "la grande amitié" comme disait Michelet, pousserait ses racines dans la terre du passé. Ainsi les traditions se maintiendraient vivantes. Ainsi les morts resteraient mêlés intimement à l'activité et aux espoirs de la cité laborieuse », s'enthousiasme l'architecte municipal. Parmi tous ces projets nantais, seul le monument aux morts a été érigé sur le cours Saint-André, et encore neuf ans après l'armistice. Pourtant, au-delà des transformations apportées réellement au paysage urbain dans l'immédiat après-guerre et qui ont modifié le décor dans lequel les régiments défilent à leur retour, il faut aussi prendre en compte l'utopie révélée par un tel programme architectural : une société régénérée par la guerre, rendue plus fraternelle, et inquiète d'oublier les sacrifices de ses soldats.

Le sens de la fête

Quels sont dès lors les thèmes qui dominent cette succession de cérémonies et de fêtes de toutes sortes entre la fin du printemps 1919 et l'été 1920 ? En d'autres termes, que célèbre-t-on lorsqu'on fête le retour des soldats : la victoire de la nation, le triomphe de la République, la mémoire des morts ? Ces questions sont d'autant plus complexes que les réponses nécessitent des nuances selon la période et selon la région. Mais, en comparant les cérémonies organisées en Bretagne à d'autres exemples régionaux, qui ont fait l'objet de recherches antérieures comme dans les départements de la Somme (Hervé Leroy[14] et Mickaël Rusé[15]), de la Sarthe et de l'Yonne (Stéphane Tison[16]) et du Puy-de-Dôme (Aline Fryszman[17]), plusieurs points communs apparaissent de manière récurrente.

La première constatation que l'on peut faire est l'importance du thème de l'union sacrée dans les cérémonies de 1919 et 1920. Les soldats démobilisés en sont présentés comme les dépositaires, et les fêtes du retour viennent consacrer, en quelque sorte, cette réconciliation des Français avec eux-

14. Hervé Leroy, *La Perception de la victoire dans le département de la Somme de l'armistice du 11 novembre 1918 aux cérémonies du 11 novembre 1920*, maîtrise soutenue à l'université de Picardie, 1993.

15. Mickaël Rusé, *Le Retour des combattants en Picardie, op. cit.*

16. Stéphane Tison, *Guerre, Mémoire et Traumatisme, op. cit.*

17. Aline Fryszman, *Le Sentiment républicain et la Victoire de 1918, op. cit.*

mêmes. « Il faut remercier les poilus d'avoir fait taire les mesquines et stériles questions politiques et d'avoir su une fois de plus réaliser *l'union sacrée* », se félicite l'hebdomadaire auvergnat *L'Avenir du dimanche* (8 février 1920). « En ce jour du souvenir où toutes les familles de la commune ont pris part, *l'union la plus parfaite* n'a cessé de régner », confirme *L'Indépendant d'Issoire* (28 février 1920). On assiste donc à une véritable mise en scène de l'unanimité, sensible notamment dans l'organisation de souscriptions pour offrir des cadeaux aux soldats, de cortèges pour les accueillir et encadrer leur progression dans la ville en fête. Relatant le retour du 62e RI à Lorient, *L'Ouest maritime* insiste : « Des cérémonies comme celle-ci sont faites pour *rapprocher les esprits* et réchauffer les cœurs. Elles nous disent d'être tous égaux par la bonne volonté, la simplicité, le dévouement à la patrie » (22 juillet 1919). Les discours officiels eux-mêmes abordent explicitement cette question. Ainsi, le maire de Vitré recevant à l'hôtel de ville les hommes du 70e RI, le 14 septembre 1919 : « *L'union la plus étroite* s'est établie d'elle-même, sans effort, entre les citoyens, autour de notre régiment, comme elle s'est établie au front entre tous les combattants autour de la Patrie menacée. C'est à elle que nous devons la victoire, ne l'oublions pas [...]. Je bois à la victoire qui, grâce à vous tous, officiers et soldats, nous vaudra de vivre dans une France nouvelle, plus grande, plus belle, *plus unie*, à l'*union* et à la *réconciliation* de tous les bons citoyens pour l'amour de la Patrie. »

Par ailleurs, cette obsession de prolonger l'Union sacrée lors de la sortie de guerre s'accompagne à la fois d'une exaltation de la nation et d'un oubli délibéré du régime républicain, qui est comme éclipsé lorsque les articles de presse ou les discours officiels parlent de la victoire. À lire les descriptions de cérémonies ou les comptes rendus de discours, c'est la France qui a triomphé en 1918, et non pas la République. « À travers cet extraordinaire foisonnement commémoratif et festif, on cherche à conserver l'esprit d'Union sacrée. Et plus que la République victorieuse, ce sont les poilus que l'on honore, porteurs de ce message patriotique et unitaire », écrit Aline Fryszman[18] à propos des fêtes dans le Puy-de-Dôme, ce que confirment aussi les recherches d'Hervé Leroy sur le département de la Somme[19].

Le meilleur lieu d'observation de cet effacement des références républicaines est naturellement le 14 juillet 1919, véritable « apothéose des armées[20] ». S'il ne s'agit pas à proprement parler d'une fête du retour, la fête nationale est souvent pour les soldats une étape sur le chemin qui les ramène chez eux : certains régiments qui défilent le 14 juillet s'apprêtent à être démobilisés et à rejoindre leurs garnisons d'origine. Par ailleurs, la grammaire festive du 14 juillet 1919 – l'usage des symboles, la rhétorique des discours… – influe sensiblement sur celle qui est mise en œuvre lors du retour des régiments. Or il apparaît très nettement que l'accent est mis, en cette occasion, sur la commémoration de la victoire et non pas sur le régime politique de la France victorieuse[21]. Et c'est surtout en comparaison avec la rhétorique des fêtes d'avant 1914 que le contraste est le plus grand.

À Clermont-Ferrand (Puy-de-Dôme), seul le préfet rappelle l'origine historique du 14 Juillet : dans un discours prononcé lors de l'inauguration d'un arbre de la Victoire, il félicite la municipalité « d'avoir eu l'heureuse idée de réunir par un même symbole, la plantation d'un arbre, les deux plus grandes dates de notre histoire, le 14 juillet 1789, la fête de la liberté,

18. *Ibid.*, p. 87.

19. Hervé Leroy, *La Perception de la victoire dans le département de la Somme, op. cit.*

20. Rosemonde Sanson, *Les 14 Juillet, fête et conscience nationale, 1789-1975*, Paris, Flammarion, p. 108 *sq.*

21. Je reprends ici l'argumentation développée par Aline Fryszman, *Le Sentiment républicain et la Victoire de 1918, op. cit.* Voir également Stéphane Audoin-Rouzeau, « La Grande Guerre », in *Dictionnaire critique de la République*, sous la direction de Christophe Prochasson et Vincent Duclert, Paris, Flammarion, 2002, p. 538-545.

et le 14 juillet 1919, la fête de la victoire de la France et de la libération des peuples ». Dans le même temps, le maire de Clermont-Ferrand se contente de faire référence aux valeurs républicaines et salue « le peuple fidèle à la grande devise de nos pères : Liberté, Égalité, Fraternité » sans prononcer le mot de « République ». Le thème de la prise de la Bastille est mis lui aussi au goût du jour : l'éditorialiste du *Moniteur* évoque ainsi « le militarisme prussien, cette nouvelle Bastille, [qui] s'effondre sous le poids de ses crimes » (14 juillet 1919). Mais la Révolution française n'est pas explicitement rappelée. Il n'y a bien que dans la presse radicale et socialiste que l'on trouve encore quelques allusions à la République.

L'été 1919 nous donne un autre exemple de ce reflux du républicanisme avec « la fête de la reconnaissance nationale envers le soldat français » qui a lieu le 3 août, cinq ans jour pour jour après la mobilisation de 1914. Organisée à l'échelle nationale, cette journée est d'autant plus révélatrice qu'elle se déroule sensiblement de la même manière dans toutes les communes de France, même si, dans certains cas, la fête a été repoussée de quelques jours pour coïncider avec le retour du régiment local[22]. Un modèle de cérémonie a été proposé à toutes les municipalités par les préfets (discours du maire, lecture devant la population des déclarations du président de la République et du président du Conseil lors des fêtes organisées la veille à Paris...), cette reproduction à l'identique d'un modèle festif suggérant une forme de « rituel fédératif[23] » destiné à réunir tous les citoyens dans un même état d'esprit. Or justement, dans ces circonstances, ce n'est pas le régime républicain qui fédère la population française, mais le culte du soldat français. « Au lendemain de la signature de la

22. Par exemple à Riom (Puy-de-Dôme) où l'on célèbre en même temps la fête de la reconnaissance nationale et le retour du 105e régiment le 31 août 1919. Voir Aline Fryszman, *Le Sentiment républicain et la Victoire de 1918, op. cit.*, p. 94.

23. L'expression est d'Olivier Ihl, *La Fête républicaine, op. cit.*, p. 208.

paix, fondée sur le triomphe du droit, il importe de payer à nos poilus, à ceux qui sont morts comme à ceux qui vivent, le tribut de notre reconnaissance unanime», prescrit le sous-secrétariat à la présidence du Conseil dans une lettre aux préfets. «Le but de cette journée est d'adresser un immense témoignage d'enthousiasme et de gratitude aux morts et aux vivants, à tous les héroïques combattants français de la Grande Guerre», explique à ses lecteurs un journal picard, *Le Marquenterre et le Ponthieu* (26 juillet 1919).

L'iconographie du diplôme adressé à toutes les communes de France à l'occasion du 3 août 1919 est elle aussi révélatrice du culte de la victoire et de l'effacement des thèmes républicains. Au sommet d'une sorte d'arc de triomphe, est représenté un lion couché, au-dessous duquel on peut lire la mention suivante: «Toute la France debout pour la victoire du droit». Sur les deux colonnes qui encadrent l'édifice, plusieurs médaillons font l'éloge du «sacrifice» et du «devoir», tandis que sur leurs bases sont rappelés les grands principes défendus par les soldats: la «liberté» et le «droit». Trois personnages sont figurés dans ce décor. Adossé à la colonne de droite, un poilu, appuyé sur son fusil, regarde une femme en face de lui. Celle-ci (la France?) inscrit sur un tableau d'honneur le nom de ceux qui sont morts durant la guerre. Elle est couronnée de lauriers, en mémoire de la victoire de 1918. Au premier plan, une femme en deuil semble perdue dans ses pensées – représentation de *mater dolorosa* plutôt que figure symbolique de la République. D'ailleurs, elle ne porte aucun attribut spécifiquement républicain, ni cocarde, ni bonnet phrygien. La République est absente – à l'exception de la mention «R.F.» qui apparaît discrètement sur ce diplôme. C'est la France elle-même qui pleure ses enfants morts.

Au moment où les hommes reviennent chez eux, l'effacement de la République est encore très sensible. La rhétorique patriotique est partout présente, les soldats mis au centre des cérémonies, la victoire exaltée. En revanche, les poilus sont plus souvent présentés comme les défenseurs d'un pays agressé sur son sol que comme ceux de la République en danger. De manière caractéristique, note Aline Fryszman, le retour des régiments de la garnison de Clermont-Ferrand qui se déroule le 21 septembre 1920 ne suscite aucune allusion à la proximité entre cette date et celle de Valmy[24]. D'ailleurs, le cinquantenaire de la République est éclipsé, deux mois plus tard, par le deuxième anniversaire de l'armistice : le 11 novembre 1920 ne donne pas lieu à une résurgence de la rhétorique républicaine, il est présenté un peu partout comme « la fête des poilus ».

La dernière constatation que l'on peut faire à propos du cycle de fêtes qui commence au printemps 1919, trouve son apogée durant l'été et s'achève en novembre 1920, est le poids du deuil dans toutes ces cérémonies. En témoigne un climat psychologique pesant, décrit parfois par la presse, qui s'explique par la coexistence lors de la sortie de guerre, au sein d'une même communauté civique, d'une même famille, parfois chez la même personne, de sentiments très forts de joie et de douleur.

Pour ceux qui ont entrepris de faire le deuil d'un proche tué à la guerre, les fêtes de la victoire, et *a fortiori* celles qui marquent le retour définitif des soldats constituent une épreuve difficilement surmontable, qui est parfois vécue comme une régression dans la lente déprise avec l'objet du deuil. Ainsi, dans le récit qu'elle fait de son chemin de croix après la disparition de son fils Primice, tué le 23 avril 1917, l'écrivain Jane Catulle-Mendès confie progressivement son appréhension face à une victoire des troupes françaises, jadis tant espérée[25]. Dès le mois de juin 1917, elle note :

24. Aline Fryszman, *Le Sentiment républicain et la Victoire de 1918*, *op. cit.*, p. 98.

25. Je m'inspire ici de l'étude de cas faite par Stéphane Audoin-Rouzeau dans *Cinq Deuils de guerre, 1914-1918*, Paris, Éd. Noésis, 2001, p. 241 *sq*. Jeune volontaire de guerre, Primice Catulle-Mendès est le fils cadet du poète Catulle Mendès et de Jane Catulle-Mendès, sa seconde femme, elle aussi écrivain. Né en juillet 1897, il a été blessé à mort lors de l'offensive du Chemin des Dames, le 23 avril 1917. Le

« La victoire ne peut plus m'être un bonheur. Elle n'est plus qu'un droit, si grand, si triste. » Et un mois plus tard, à la date du 14 juillet 1917 : « Je n'irai pas. La seule pensée de ces beaux soldats, pareils à lui, qu'on acclamera dans la lumière, me fait effondrer d'irrépressible désespoir. » En comparaison du manque que la disparition de Primice fait naître au cœur de son existence, les cérémonies patriotiques donnent à Jane Catulle-Mendès une impression de trop-plein : trop d'agitation, trop de bonheur collectif qu'elle refuse en se réfugiant dans son deuil. « Larmes... Larmes... », écrit-elle le 11 novembre 1918. Et tandis que les soldats défilent le 14 juillet 1919, Jane préfère déposer sur la tombe de son fils, quelques jours plus tôt, deux palmes d'argent, « ailes droites et blanches de la Victoire ». Une manière pour elle de subvertir le calendrier officiel, en célébrant l'anniversaire de Primice, le 10 juillet, pour s'enfermer ensuite chez elle, le jour de la fête nationale.

Les témoignages de ce type sont exceptionnels, et l'historien reste souvent assez dépourvu face à la dimension personnelle de la souffrance des endeuillés. Que dire par exemple des réactions des familles qui ne peuvent se résoudre à accepter les blessures d'un invalide de guerre, lorsqu'elles assistent au retour triomphal d'autres soldats, apparemment épargnés par les combats ? Ou de celles qui voient revenir les enfants de leurs amis, les camarades de régiment de leur fils, et qui vivent dans l'attente d'avoir de ses nouvelles, parce qu'il est porté disparu ? La ville en fête perd alors toute signification. Elle est celle que, sans doute, « ils ne verront pas », un « signe de demain sans eux[26] », comme l'a écrit Marguerite

---

parcours de deuil de sa mère nous est connu grâce aux écrits laissés par Jane, notamment *La Prière sur l'enfant mort*, un témoignage exceptionnel, sans doute édité à compte d'auteur en 1921.

26. L'un des plus beaux textes sur l'attente dans l'immédiat après-guerre est le récit autobiographique de Marguerite Duras, *La Douleur*, Paris, POL, 1985, où l'écrivain guette le retour des camps de son compagnon Robert Antelme, en avril 1945.

Duras dans un texte consacré justement à l'attente dans l'immédiat après-guerre.

Cette douleur diffuse dans le corps social transparaît dans les fêtes de la victoire et dans celles du retour. De nombreux observateurs soulignent que la guerre a donné aux cérémonies un caractère plus grave, plus solennel. Décrivant la fête du 3 août 1919, un quotidien catholique d'Amiens (Picardie) souligne la tristesse qui s'est emparée de l'assistance. Les enfants « oublient leur légèreté », remarque *La Chronique picarde* (12 août 1919). « Quelle différence avec les fêtes d'antan. » Même s'il s'agit d'accueillir des soldats de retour dans leurs foyers, les fêtes patriotiques semblent comme désenchantées par l'expérience de guerre.

Il suffit d'ailleurs de remarquer l'importance prise par la commémoration des morts dans les rituels festifs de 1919 et 1920. En Loire-Inférieure, chaque fête laisse une place au recueillement et au souvenir : une messe rassemble le conseil municipal au grand complet, le régiment et les familles des soldats, les enfants des écoles, les sociétés de secours mutuel, les associations. On se dirige ensuite en procession vers le cimetière pour fleurir les tombes et se recueillir devant les premiers monuments aux morts, érigés durant l'année 1919 : leur grande majorité est située, en Bretagne comme dans les régions de forte pratique religieuse, soit dans l'enceinte d'une église, soit dans celle d'un cimetière[27]. Dans le département de la Sarthe étudié par Stéphane Tison, « les commémorations sont à la fois tristes et joyeuses, ces deux sentiments ayant chacun leur moment privilégié d'expression : une partie de la cérémonie est en effet réservée aux morts (avec messe, dépôt de fleurs au cimetière et au monument), une autre partie, l'après-midi, est consacrée aux poilus, aux vivants (avec

27. Selon Ulrich Bréheret, (*Novembre 1918-novembre 1919. Le patriotisme français et la victoire en Loire-Inférieure, op. cit.*), 235 des 292 monuments aux morts de Loire-Inférieure sont édifiés dans un espace religieux.

un banquet, un bal, une projection de film, une retraite aux flambeaux)[28] ».

Dans la Somme, si l'on excepte la Toussaint 1919 où le souvenir des morts est naturellement très présent, les cérémonies patriotiques comportent elles aussi une dimension de commémoration des disparus et de deuil : appels des morts aux cimetières, dépôts de gerbes, remises de diplômes aux familles endeuillées. Lors du 14 juillet 1919 et dans d'autres fêtes patriotiques, la presse locale signale même l'aménagement dans le chœur de l'église d'une tombe fictive : « un tertre de gazon surmonté d'une simple croix avec un casque de poilu et un bouquet de fleurs », explique *La Chronique picarde* (29 juillet 1920). Cette figuration symbolique d'une sépulture improvisée – qui suggère aussi par métonymie le cadavre d'un combattant – met la mort au centre du dispositif festif. Au lieu de masquer la violence de guerre sous les fastes d'une célébration de la victoire, elle donne à voir au contraire la réalité du conflit.

Culte de l'Union sacrée, affaiblissement des références républicaines et commémoration des morts en même temps que des vivants : telles sont donc les principales composantes idéologiques des cérémonies de 1919 et 1920, en particulier des fêtes du retour. À ce constat, il faut ajouter qu'en accueillant leurs soldats les habitants ont souvent le sentiment de payer un tribut à leurs défenseurs. Sans prendre en compte cette dimension de dette morale, on s'interdit de comprendre la signification profonde de cérémonies qui permettent aux soldats de se réintégrer dans le corps social et à la société d'entamer son deuil.

28. Stéphane Tison, « Les commémorations de la Grande Guerre dans la Sarthe, 1918-1922 (étude du quotidien *La Sarthe*, du 11 novembre 1918 au 31 décembre 1922), *Revue d'histoire et d'archéologie du Maine*, 1993, n° 13, p. 145-160, p. 153.

Préparer la fête

L'organisation des cérémonies du retour revient généralement au conseil municipal, qui se charge d'alerter la population, de trouver les financements, de coordonner les préparatifs, parfois en liaison avec les premières associations d'anciens combattants. Toutefois, la presse met aussi l'accent sur la participation spontanée des habitants, sur la dimension collective des retrouvailles entre une ville et ses combattants. Témoignage de cet état d'esprit, un comité d'organisation voit le jour, généralement quelques semaines avant le retour des hommes. Il est composé pour l'essentiel de notables qui représentent les autorités civiles, religieuses et militaires, mais aussi les élites économiques de la cité. À Saint-Malo (Ille-et-Vilaine), un mois avant l'arrivée des soldats du 47e RI, « de nombreuses personnalités ont répondu à l'appel lancé à la population pour la constitution d'un comité des fêtes destiné à grouper toutes les bonnes volontés ». Le quotidien régional *Ouest-Éclair* en détaille la composition : « On procède à la nomination du bureau du comité dont MM. le sous-préfet, le colonel Garçon, le maire et l'adjoint, et le curé de Saint-Malo seront présidents d'honneur » (4 août 1919). La perspective d'une fête d'une telle importance met au jour les réseaux de notabilité à l'échelle locale, les jeux d'influence, la place de chaque famille et sans doute les rivalités entre elles.

Dans les plus grandes villes, ce sont de véritables comités de quartier qui se développent, souvent à l'initiative d'un particulier. La presse locale ne manque pas d'insister sur leur importance pour le succès des festivités : « Que le plus tôt possible, on s'organise dans chaque rue, dans chaque quartier pour faire à nos héroïques poilus une réception digne d'eux et aussi de Rennes ! », lance *Ouest-Éclair*. À la fin août 1919, « le mouvement s'accentue. Dans les quartiers, on commence à s'organiser. Partout ou presque des comités se forment, sont en formation pour donner à la fête l'éclat le plus brillant ».

Plusieurs semaines avant l'événement, on réunit des fonds, on organise des quêtes, des kermesses au profit des comités des fêtes, on réfléchit aux divers projets de décorations.

Il reste en effet à trouver suffisamment d'argent pour faire une fête digne des soldats démobilisés. La plupart des conseils municipaux s'en sortent en faisant voter des crédits supplémentaires pour financer le pavoisement des rues et les réceptions officielles. À Guingamp (Côtes-du-Nord), « une somme de 1000 francs est allouée par la ville » à l'organisation des cérémonies, ce qui semble peu quand on sait qu'à Saint-Malo (Ille-et-Vilaine), 500 francs sont consacrés à la simple rénovation d'un arc de triomphe érigé en 1896 à l'occasion de la visite du président de la République Félix Faure. À titre de comparaison également, le village de Beauregard-Vendon (Puy-de-Dôme), qui se situe à dix kilomètres au nord de Riom et qui compte seulement une centaine d'habitants, attribue lui aussi 1000 francs à l'organisation d'un banquet offert aux démobilisés. À chaque fois, les termes de la délibération précisent l'importance que le conseil municipal accorde à ces fêtes et « tout l'éclat qu'il y a lieu de leur donner en pareilles circonstances », insiste la municipalité de Courpière (Puy-de-Dôme).

Pour autant, les dépenses excèdent souvent les moyens financiers des communes. Certaines petites villes s'associent pour faire face aux frais engagés, à l'exemple de Saint-Malo, Saint-Servan, Paramé et Dinard en Ille-et-Vilaine. Par ailleurs, elles lancent des souscriptions publiques qui connaissent un certain succès, comme à Saint-Malo qui double ainsi ses ressources : « Le budget initial a atteint la somme de 15000 francs, grâce aux efforts des quêteurs qui, tant en ville qu'en banlieue, n'ont pas ménagé leur peine », se félicite la presse locale. « Les plans de MM. Hémar et Moriceau demanderont 7000 francs, le feu d'artifice s'élèvera à 3000, frais d'assurance compris, et l'installation électrique de la voie triomphale nécessitera une dépense de 2800 francs. Il restera donc une somme de 2000 francs pour les imprévus. » Ailleurs, ce sont les comités de quartier qui font appel à la générosité publique, comme celui de la place Sainte-Anne, à Rennes, qui publie cet avis dans *Ouest-Éclair :* « À côté des cérémonies officielles, des réjouissances auront lieu dans les diverses parties de la ville et vos quartiers se doivent à eux-mêmes d'y participer largement [...]. Le comité vous demande de réserver bon accueil aux quêteurs et aux quêteuses qui viendront solliciter votre générosité pour couvrir les frais de cette fête » (27 août 1919).

Il faut en outre trouver à loger les soldats avant qu'ils soient passés par les dépôts démobilisateurs et qu'ils puissent rentrer chez eux. L'idée la plus évidente consiste à utiliser les casernes dans lesquelles les régiments logeaient avant la guerre. Mais les choses ne sont pas aussi simples, d'abord parce que ce n'est plus un contingent de conscrits qu'il faut héberger comme avant 1914, mais, au plus fort de la démobilisation, plusieurs classes d'âge. À titre d'exemple, 19 des 22 régiments bretons (10e et 11e régions militaires) sont démobilisés entre juillet et septembre 1919. Dans la seule journée du 8 août 1919, plus de 500 hommes du 505e régiment d'artillerie d'assaut et du 41e régiment d'infanterie arrivent en gare de Rennes (Ille-et-Vilaine). Les détachements reviennent à quelques jours, parfois à quelques heures d'intervalle.

Or les casernes ne sont pas toujours en état pour les accueillir. À Amiens (Somme), un premier contingent du 72e RI est envoyé dès le 21 novembre 1918 à la caserne Friand pour préparer les lieux. À Beauvais (Oise), ce sont les premiers hommes du 51e RI qui se chargent de remettre en état la caserne Vuatrin, début décembre 1918. Dans les villes de garnison proches de la ligne de front, il faut réhabiliter les locaux détruits ou laissés à l'abandon. À Brest (Finistère), le problème est différent, puisque la caserne du 19e RI est occupée par les Américains. Pour faire face à cette situation de crise, les municipalités font de leur mieux. Les unes, comme la mairie de Dinan (Côtes-du-Nord), font paraître des avis dans la presse : « L'importance de la garnison dont on nous annonce le retour est telle que, pour la loger, écoles, collèges, logements et écuries vides vont être réquisitionnés. Tout le monde mettra la meilleure volonté à favoriser le bon logement des troupes. » D'autres, comme celle de Rennes, font bâtir à la hâte des baraquements provisoires. « Chaque nuit, des poilus arrivent nombreux en gare pour être démobilisés. Les casernements sont déjà pleins à craquer et à pareille heure, comment songer à conduire tous ces braves à travers les rues plongées dans l'obscurité ? On a décidé d'en loger le plus possible sur la Butte. Les baraquements, à leur intention, ont été mieux aménagés, pourvus de lavabos et de water-closets », signale *Ouest-Éclair*. D'autres encore décident d'installer les hommes dans des villes proches de leur centre démobilisateur : un premier détachement du 1er RAC se heurte à la saturation des casernes de Lorient (Morbihan), il est orienté vers les communes voisines de Ploemeur et Quéven. À Brest, les soldats du 19e RI sont « dirigés sur Landerneau, leurs casernes étant occupées par les Américains ». Les sources manquent malheureusement pour saisir l'état d'esprit des combattants face à de telles conditions de logement. Mais on peut supposer qu'il s'apparente à celui des démobilisés qui rentrent chez eux, durant la première phase de la démobilisation du moins, dans des wagons de marchandises. Le contrôle postal nous dit qu'ils sont épuisés par la guerre, exaspérés par les lenteurs de la démobilisation, impatients de revoir leurs proches et furieux de ne pas être traités décemment dans leur propre région.

Ces difficultés matérielles ne signifient pas que les civils se désintéressent du sort des soldats démobilisés. En fait, avant même leur arrivée, les civils sont acquis à l'idée qu'ils doivent leur donner des témoignages exceptionnels de reconnaissance. Certains décorent les façades de leur maison, d'autres versent de l'argent pour l'organisation d'un concert, d'un bal ou d'un banquet, d'autres pour l'achat collectif d'un fanion ou d'une palme qui seront offerts au régiment. À Nantes (Loire-Inférieure), un ancien combattant de la guerre de 1870 lance l'idée d'une souscription pour offrir au 65e RI une couronne civique en or. *Le Populaire de Nantes* reprend l'initiative à son compte et appelle ses lecteurs à lui envoyer de l'argent. À Rennes (Ille-et-Vilaine), c'est *Ouest-Éclair* qui suggère de donner une palme à chacun des deux régiments locaux : « Tous seront heureux de prouver leur affection à nos soldats – les vivants et les morts – en s'inscrivant en grand nombre sur notre liste de souscription, en si grand nombre même que cette souscription soit vraiment ce que nous voulons qu'elle soit : un hommage de la population entière de la ville de Rennes. » En fait, le quotidien précise même l'usage qui sera fait de ce cadeau : « La palme devra prendre place dans la salle d'honneur des régiments. Elle y sera conservée avec un soin précieux par les générations de jeunes gens qui viendront s'initier au métier des armes. » En étant exposé dans la salle de réception de la caserne, ce présent de la population de Rennes à ses soldats est comme sacralisé, d'autant qu'il trouve place généralement au côté du drapeau du régiment, qui est lui-même considéré comme une relique des champs de bataille. Quatre mois plus tard, le même quotidien local entreprend de faire acheter par les habitantes de la préfecture d'Ille-et-Vilaine un fanion d'honneur qui serait remis au troisième bataillon du 41e régiment d'infanterie. Il s'agit dans ce cas de rivaliser avec les femmes d'Épernay et de Metz qui ont offert un fanion aux deux autres bataillons, lors de leur entrée triomphale dans ces villes.

Au-delà du geste du contre-don, qui entre dans une économie de la dette contractée par les civils à l'égard des combattants, au-delà même du caractère symbolique des cadeaux – palmes et couronnes sont des symboles de la victoire et du triomphe –, c'est la participation populaire à ces souscriptions qui est la plus significative. À la lecture des listes de dons, soigneusement répertoriés dans le journal lorsque la somme versée est supérieur à 20 centimes, on se rend compte de la diversité sociale des souscripteurs. Certaines ouvrières se cotisent pour que leurs noms puissent être publiés dans la presse, un enfant donne 50 centimes sur ses économies pour l'achat du fanion du 41e RI. En fait, *Ouest-Éclair* cherche à promouvoir l'image d'un peuple uni dans la reconnaissance pour ses soldats.

La date de la fête est elle-même soigneusement choisie pour que la population, en fin de semaine, puisse venir saluer les hommes. Dès qu'elle est connue avec précision, le maire annonce la nouvelle du retour par un courrier adressé aux membres de son conseil municipal, puis par voie de presse. Ainsi, lors de l'arrivée du régiment de Pontivy (Morbihan), l'hebdomadaire local publie cette convocation du premier magistrat de la commune : « Il est du devoir de la Municipalité et du Conseil municipal de recevoir les Chasseurs à la gare, à leur retour dans leur ville de garnison. Je vous prie en conséquence de bien vouloir venir demain, samedi et dimanche à 9 heures 25 à la gare d'Orléans pour assister à la réception de nos vaillants chasseurs » (*Le Journal de Pontivy*, 20 juillet 1919). C'est aussi la municipalité qui appelle les habitants à décorer les rues et lance le début des festivités. À Lorient (Morbihan), « le maire invite les habitants à pavoiser. Il recommande instamment aux Lorientais qui habitent les rues parcourues par le défilé à faire flotter patriotiquement leurs drapeaux », rapporte *Le Nouvelliste morbihannais*. « Les sociétés patriotiques qui étaient invitées à la revue du 14 Juillet sont priées de bien vouloir se trouver groupées sur la place Alsace- Lorraine à 17 heures 30 pour recevoir le régiment. » À Cholet (Maine-et-Loire), l'Union nationale des combattants s'associe à la mairie dans cette démarche, comme c'est souvent le cas pour les comités provisoires des premières associations d'anciens combattants.

Aussi, lorsque les régiments reviennent en semaine, pendant les heures de travail, les protestations se font entendre, toujours par l'intermédiaire de la presse et de son courrier des lecteurs. « Nombreuses, très nombreuses sont les lettres que nous avons reçues et qui déplorent avec nous qu'on n'ait pas donné à Rennes l'occasion d'applaudir, d'ovationner en foule un dimanche nos glorieux poilus ! », souligne *Ouest-Éclair*. « Il semble inadmissible qu'une partie de la population soit obligatoirement retenue à l'écart d'une manifestation qui eût été imposante et devait laisser dans le souvenir de tous, de nos vaillants poilus comme de nos concitoyens, une trace ineffaçable » (2-3 août 1919).

Par ailleurs, la tâche de la municipalité n'est pas facile : puisqu'elle ne décide pas du moment où reviennent les soldats et qu'elle en est prévenue assez tardivement, il lui faut aussi attendre le retour de plusieurs régiments avant d'organiser une cérémonie collective. À Rennes (Ille-et-Vilaine), le 41e régiment d'infanterie, le 110e régiment d'artillerie lourde et le 505e régiment d'artillerie d'assaut reviennent à des dates différentes qui s'échelonnent sur la seconde quinzaine d'août 1919. « L'autorité militaire désire que le plus grand nombre possible de poilus puisse participer à la fête triomphale », souligne *Ouest-Éclair*. « Et comme, dès la rentrée du 41e, la démobilisation se poursuivra activement, mieux vaudrait dans ce cas que la réception eût lieu à la date la plus rapprochée. » À lire ces recommandations dans la presse locale, on sent bien l'importance de telles cérémonies, en particulier le moment le plus spectaculaire : la traversée de la ville. Les civils attendent avec curiosité de voir défiler leurs soldats, tout auréolés de la gloire qu'ils se sont acquise sur les champs de bataille. À cela s'ajoutent, bien sûr, l'impatience et la fierté de retrouver des proches, et une sorte d'exigence morale d'offrir aux combattants un accueil à la mesure de leur sacrifice. Pour les soldats démobilisés, le défilé entre aussi dans une économie morale de la reconnaissance où l'absence de gratification officielle serait vécue comme une humiliation.

Retrouver sa ville

Le défilé est donc l'un des moments clés des fêtes du retour. C'est lui qui permet de réintégrer concrètement les soldats à la communauté civique, qui donne à voir la force de l'armée et manifeste la cohésion de l'espace urbain en reliant entre eux les quartiers suivant une hiérarchie soigneusement étudiée. La topographie du parcours mérite une attention particulière. Son élaboration revient traditionnellement à l'État-major de la garnison locale, mais, en réalité, il semble que les habitants de certains quartiers exercent des pressions par l'intermédiaire de la presse pour que les régiments passent devant chez eux, souvent à titre de reconnaissance des pertes subies durant le conflit.

« Plusieurs habitants du quai Émile-Zola nous ont écrit pour nous demander si l'autorité militaire ne pourrait cette fois, à l'occasion du défilé du 41e et du 110e, modifier légèrement l'itinéraire et faire passer les régiments par le quai Émile-Zola et non par le quai Chateaubriand », rapporte un journaliste de *Ouest-Éclair*, à propos du retour de deux régiments à Rennes (Ille-et-Vilaine) le 31 août 1919. À Dinan (Côtes-du-Nord), c'est le maire qui intervient auprès de l'autorité militaire pour faire modifier le parcours initialement prévu, en favorisant les « rues Saint-Malo, de L'Horloge et de Léhon, plus éprouvées par la guerre ». Il faut encore ajouter l'avenue Flaud qui « compte à elle seule plus de cinquante morts », suggère *L'Union malouine et dinannaise* les 20 et 21 septembre 1919.

Préoccupation de rendre hommage aux quartiers les plus touchés (qui témoigne de l'existence, à l'échelle la plus réduite, d'une mémoire locale du conflit), mais aussi de faire adhérer massivement la population locale aux cérémonies militaires. Ainsi, à Nantes (Loire-Inférieure), la revue du 14 juillet 1919 n'a pas lieu sur le terrain du Petit-Port, comme le veut la tradition, mais à travers toute la ville. Parti de la place Louis-XVI où se trouve le corps d'armée, le défilé militaire se rend d'abord place Saint-Pierre avec la cathédrale, en plein cœur de ce que Julien Gracq appelle un Nantes « balzacien[29] », franchit l'Erdre pour rejoindre les quartiers du XVIIIe siècle : la place Royale, la place Graslin avec son théâtre municipal, et les quartiers du XIXe siècle : la place

29. Julien Gracq, *La Forme d'une ville*, Paris, José Corti, 1985, p. 83 *sq*.

Delorme et la place Lafayette, où sont situés le palais de justice et le temple protestant. Puis il s'éloigne vers le Nord, traverse des quartiers plus populaires avec leurs maisons basses, la rue Jean-Jaurès, la rue Jeanne-d'Arc, la rue de Rennes et les quais de l'Erdre, avant de franchir de nouveau la rivière et de rejoindre la place de la préfecture, à quelques centaines de mètres de son point de départ. Pour le maire, qui écrit à ce sujet au général commandant la 11e région militaire, il faut faire en sorte que les régiments soient admirés par « une partie plus importante de la ville ». Paul Bellamy préconise en outre que les charges et les calibres des canons soient augmentés pour les traditionnelles salves d'artillerie, et que les pièces soient installées sur la butte Sainte-Anne qui domine le port.

Le point de départ du cortège est alors défini avec soin. Parfois, le défilé fait suite à une revue des troupes qui a lieu sur une place d'armes, comme à Lorient (Morbihan), le 13 février 1919, pour l'entrée officielle des fusiliers marins. Mais, souvent, c'est à la gare que se réunissent les soldats, dans un décor qui tient lieu de porte d'entrée symbolique de la ville et qui rappelle aussi les adieux du départ au front à l'été 1914. En fait, la gare fait alors fonction de seuil, entre l'espace local et l'espace national, entre le temps de la guerre et celui de la paix.

C'est généralement le jour même de l'arrivée en ville du dernier détachement du régiment démobilisé qu'ont lieu les cérémonies. À Lorient (Morbihan), deux bataillons du 62e RI sont revenus les 18 et 19 juillet. Le 20 juillet enfin arrivent les derniers hommes. « Les organisateurs du défilé étaient bien anxieux toute l'après-midi. Les trains étaient arrivés avec des retards considérables la veille et l'avant-veille. En serait-il de même aujourd'hui ? Le défilé aurait-il lieu sans le troisième bataillon ? », s'interroge *L'Ouest maritime*. « À 5 heures 12, lentement, majestueusement, le train décoré de verdure arrivait en gare, acclamé au passage à niveau par une foule qui se pressait aux barrières. À peine arrêté, les poilus, tout heureux de revoir, pour de bon cette fois, la petite patrie, descendent rapidement, et en bon ordre, sac au dos, vont se ranger à la suite des deux autres bataillons. »

La reconstitution du régiment dans son ensemble est inséparable de la fête, car il faut honorer toutes les troupes locales, et non pas tel ou tel groupe de démobilisés, qui n'ont en commun que leur classe d'âge. Symboliquement, le retour du drapeau marque souvent cette étape décisive et suscite de la part des autorités civiles et militaires une attention soutenue. L'étendard du régiment est entouré du plus grand respect puisqu'il incarne l'identité commune des soldats démobilisés et rappelle leurs faits d'armes. Ainsi, lorsque le drapeau du 28e d'artillerie revient à Vannes (Morbihan) le 25 mars 1919, une garde d'honneur composée des détachements des différentes armes de la garnison vient à sa rencontre, à sa descente du train. « Le commandant Pilven prend alors la parole. D'une voix forte, il salue les trois couleurs qui reviennent de la terre d'Alsace délivrée après avoir été à la peine durant plus de quatre années », écrit un correspondant de *L'Union morbihannaise*. Le passage par l'Alsace-Lorraine libérée apparaît très nettement dans sa fonction gratifiante. « Succinctement, il fait l'historique du régiment, signalant les principales batailles où il s'est signalé. Les trompettes saluent une fois encore le glorieux emblème qui défile à travers les rues de la ville avant de regagner le quartier Foucher-de-Careil. » À Lorient (Morbihan), ce sont les drapeaux du 262e et du 88e territorial qui sont déployés pour saluer l'arrivée de l'emblème du 62e RI, cité deux fois à l'ordre de l'armée, décoré de la croix de guerre et de la fourragère.

Il arrive toutefois que les cérémonies aient lieu plusieurs jours après le retour effectif des soldats. Il est frappant de noter que, dans pareil cas, le défilé part aussi de la cour de la gare, point de départ obligé d'une mise en scène qui cherche à suggérer que le régiment *en entier* vient d'arriver et qu'il est fêté *dès son retour* par une population impatiente de le recevoir. À Quimper (Finistère), la municipalité organise le 14 septembre

1919 une réception à la gare en l'honneur du 118e RI, dont les hommes sont tous rentrés depuis le 9. À Cholet (Maine-et-Loire), dès le matin du 14 septembre, les rues présentent une animation extraordinaire : à 9 heures, l'avenue Gambetta est noire de monde, les spectateurs « arrivent de tous les coins de l'arrondissement par trains bondés ». Les cérémonies sont pourtant prévues pour le début de l'après-midi. Vers 13 heures, les sociétés de gymnastique se rassemblent devant la gare, bientôt rejointes par le maire de Cholet, le sous-préfet et le préfet du Maine-et-Loire. Un quart d'heure plus tard, 500 soldats du 77e RI débouchent, musique en tête, de la rue du Paradis et viennent les rejoindre pour que commence le défilé, depuis la place de la gare.

Cette première phase des festivités s'accompagne d'une prise de parole assez brève par le commandant du dépôt du régiment ou par un représentant de la municipalité qui accueille les hommes, salue leurs officiers et s'incline devant le drapeau. C'est l'occasion aussi de rappeler l'entrée en guerre de l'été 1914. « Je n'oublierai pas les nuits du mois d'août 1914 où la municipalité vint dans cette gare dire adieu à nos régiments vendéens : 93e, 83e et 293e. Non, je ne pourrai jamais oublier les départs de ces soldats pleins d'entrain et d'enthousiasme. Que sont-ils devenus ces brillants officiers, ces vaillants troupiers qui partaient si courageusement combattre l'ennemi héréditaire ? », s'interroge un adjoint au maire de La Roche-sur-Yon (Vendée) le 21 septembre 1919. « Mon colonel, vous ne les ramenez point tous. Hélas ! Combien sont tombés glorieusement sur le champ de bataille ? Combien sont restés sur la Marne, à Hébuterne, et dans nombre d'autres combats où le régiment s'est illustré ? » À Cholet (Maine-et-Loire), le maire de la ville, M. Marie-Baudry, tient des propos comparables : « Combien en est-il revenu de ces officiers d'élite, de ces braves soldats dont un grand nombre étaient des enfants de Cholet, et que nous avions vus partir, l'air calme et souriant et comme pénétrés du grand acte qu'ils allaient accomplir. Hélas, je n'oserais les compter. »

Décrivant les cérémonies organisées à Vannes (Morbihan), le 18 juillet 1919, *L'Union morbihannaise* évoque elle aussi le souvenir d'un départ à la guerre que le temps a contribué à idéaliser : « Il y a cinq ans sur le même quai, de longues files de wagons emmenaient vers la frontière nos beaux régiments d'infanterie, 116e et 316e. Tous nos concitoyens étaient allés les voir partir et les saluer. L'enthousiasme était grand. La besogne terminée, nos poilus rentrent dans leur garnison et la foule acclame les vainqueurs. » Les premières cérémonies, organisées sur les lieux mêmes du départ au front à l'été 1914, viennent donc clore symboliquement le cycle de la guerre. Elles le transforment en événement historique, en faisant de la gare, véritable « lieu de mémoire » du conflit, à la fois le point de départ et le point d'arrivée d'une épopée collective.

À ce stade de la fête, le commandant du dépôt est souvent secondé par les autorités civiles, le préfet, le maire et les conseillers municipaux, ainsi que par des représentants de la population locale. À Lorient (Morbihan), le 20 juillet, « le chef de bataillon Brier, entouré de nombreux officiers, [est] sur les quais pour souhaiter la bienvenue au lieutenant-colonel Javel, commandant du 62e, à ses officiers et à ses soldats, à qui d'aimables Lorientaises [remettent] des fleurs, témoignage de gratitude envers nos sauveurs », écrit le journaliste de *L'Ouest maritime*. Sont parfois associées aux cérémonies des sociétés de gymnastique, dont la composante patriotique et le lien traditionnel avec l'armée sont ainsi rappelés. À Cholet (Maine-et-Loire), lors du retour triomphal du 77e RI le 14 septembre 1919, les Enfants de Cholet et l'Étoile de Saint-Pierre se regroupent devant la gare. Leur rôle est essentiellement d'ajouter de l'éclat à la cérémonie et de contenir la foule, en formant une haie d'honneur pour les troupes démobilisées. Cette répartition des tâches selon le genre montre bien la polysémie des fêtes du retour, tout à la fois cérémonies militaires de reprise en ordre des soldats avant la démobilisation, cérémonies civiles de reconnaissance envers les défenseurs du sol et du pays, cérémonies populaires d'accueil et de réintégration dans la sphère privée.

À Nantes (Loire-Inférieure), lors de la réception des 411e et 265e RI, la cour de la gare d'Orléans, décorée avec des guirlandes de verdure, des drapeaux et un arc de triomphe, rassemble toutes les autorités civiles et militaires – le maire, le conseil municipal au grand complet, le préfet, les officiers supérieurs de la 11e région – ainsi que des sociétés locales et les enfants des écoles, réunis par l'inspection académique. « Leur patriotisme naissant a pu être fortifié », affirme une directrice d'école dans son rapport annuel. « [Les enfants] étaient émus à la rencontre de rapatriés d'Allemagne circulant en ville [...], la figure ravagée par les privations endurées. » La participation à l'accueil des soldats et des anciens prisonniers n'est donc pas seulement un hommage qui leur est rendu. Aux yeux de certains instituteurs, elle a une valeur pédagogique et quasi cathartique, puisque c'est le contact visuel avec des anciens combattants qui est censé donner aux enfants le sens du devoir et de l'amour pour la patrie.

Dans certaines villes, la réception des troupes à la gare est aussi l'occasion de servir à manger et à boire, ce qui apparaît comme une manière de remercier les soldats, mais aussi de recréer des liens, par l'entrechoquement des verres et le partage de nourriture, entre la population et ses soldats. À Rennes (Ille-et-Vilaine), une collation est servie dans le baraquement du ravitaillement avec, écrit *Ouest-Éclair*, « café, champagne, tartines savoureuses et pour terminer une excellente cigarette ». À Fontenay-le-Comte (Vendée), le sous-préfet fait distribuer aux hommes du 137e des cigares, des biscuits et du champagne, envoyés par le préfet au nom du Comité départemental de secours. Certaines entreprises locales en profitent aussi pour se faire mieux connaître, comme l'indique cette lettre envoyée par les Biscuiteries nantaises au préfet de Vendée : « Nous vous adressons un paquet cartonné de "Petit caporal", le seul biscuit sec que nous fabriquions en ce moment. Nous vendons cet article 1,80 franc le kilo et vu le but dans lequel vous avez l'intention de l'utiliser, nous vous ferions sur ce prix une remise de 30 %. »

Après l'accueil à la gare, le régiment est dirigé vers la caserne et traverse la ville. Cette marche solennelle dans les rues est décrite par la presse locale comme une occasion de grande émotion et d'intense communion. « Un tel enthousiasme ne se décrit pas ; il faut fermer les yeux pour revoir cette marche triomphale des troupes », se souvient le maire de Nantes. Ferveur religieuse, élan patriotique et manifestations d'affection tendent à se confondre dans un moment hors du temps, dont les journaux cherchent à rendre, souvent avec emphase, le caractère exceptionnel. Le compte rendu que *L'Ouest maritime* fait du défilé du 62e RI dans les rues de Lorient (Morbihan) est très caractéristique : « Sur tout le parcours où était massée une foule débordante d'enthousiasme, que le service d'ordre avait peine à maintenir sur la chaussée, chacun voulant contempler et acclamer les héros du 62e de plus près, c'était *un long cri d'amour*, où tous étaient confondus, soldats et chefs, morts et vivants » (22 juillet 1919).

Pourtant, ce premier défilé est rarement le plus spectaculaire. Après avoir regagné leur casernement et pris du repos, les hommes participent à des festivités beaucoup plus grandioses, quelques heures plus tard ou le lendemain. Entre-temps, les rues où passeront les régiments ont été décorées, le plus souvent par les services municipaux, mais parfois par les commerçants à qui le journal local fait distribuer des calicots. Les autorités militaires se chargent de pavoiser les casernes. Parallèlement, les municipalités, les premières associations d'anciens combattants et la presse mobilisent la population pour qu'elle manifeste sa reconnaissance et son enthousiasme. « Nous voudrions que toutes les artères de la ville soient ornées, décorées [...] Des fleurs, de la verdure, des drapeaux, des oriflammes ! Une décoration de rue n'est pas bien compliquée. Il suffit d'avoir du goût et de la bonne volonté. Pensons-y sans cesse ! », lance un journaliste de *Ouest-Éclair*.

Dans toutes ces réalisations qui embellissent le parcours des soldats, certains motifs reviennent avec insistance. Le drapeau national est partout, accroché aux fenêtres des immeubles, ou, comme à Lorient (Morbihan), pendu en haut de grands mâts que la municipalité a fait placer tout le long du cours Chazelles. « Dans la nuit, des gamins et des bambocheurs ont trouvé malheureusement spirituel d'enlever une partie des petits drapeaux qui ornent les cartouches placés à mi-hauteur. Les pirates ne manquent jamais une occasion de faire le mal », s'indigne *L'Ouest maritime.* Cette unité que le pavoisement tricolore des bâtiments publics et des rues donne au centre-ville est agrémentée d'une grande diversité de banderoles dont les textes ponctuent la progression des troupes : « Soyez les bienvenus ! », peut-on lire sur le cours Chazelles ; « Vivent les combattants » et « honneurs aux braves » à chaque extrémité de la rue du Morbihan ; « Aux défenseurs de la patrie » sur le cours de la Bôve et « Gloire aux vainqueurs » à l'entrée de la rue des Fontaines. L'espace de la fête est comme rythmé par ces slogans, qui dictent le sens des cérémonies (accueil des soldats, exaltation de leur rôle défensif) et mettent les combattants au centre du dispositif festif : *L'Ouest maritime* évoque à ce sujet des « voiles de gloire, déroulés pour honorer les poilus ».

L'impression décrite par de nombreux correspondants est aussi celle d'une saturation des sens, provoquée notamment par l'omniprésence des trois couleurs. À Cholet (Maine-et-Loire), la rue du Paradis est vue comme « une longue charmille où se détache sur le vert pâle des lauriers la tonalité violente des drapeaux, des écussons, des banderoles frissonnantes ». La place Gambetta « disparaît sous la verdure et les fleurs », des guirlandes de lauriers où s'allumeront « mille lucioles électriques ». La rue Nationale, quant à elle, est « comme une coulée de verdure ». À Nantes (Loire-Inférieure), au moment du défilé du 411e et du 265e RI, la population a tellement pavoisé les rues que, « du sol aux toits, les maisons sont revêtues [de guirlandes vénitiennes et de drapeaux tricolores]. » À Vitré (Ille-et-Vilaine), « toutes les rues, de la plus petite à la plus grande, sont, le soir, illuminées à profusion de petits verres et lanternes ».

Sur le chemin emprunté par les soldats, des édifices plus imposants contribuent aussi à dramatiser l'événement. À Nantes, les services municipaux ont édifié des arcs de triomphe aux points stratégiques du parcours, notamment place Graslin et place Royale. Le centre-ville de Vitré, de dimension pourtant modeste, en est parsemé. Les différents quartiers ont édifié ces gigantesques monuments, souvent dans un esprit d'émulation. Certains portent simplement les mentions « 1914-1918 » et « Vivent les poilus », comme celui de la rue Garengeot, ou « Vivent les poilus des 70e, 270e, 76e et 276e » pour celui de la rue Hellerie. Mais d'autres, imitant la pierre et décorés à leur base de parterres de fleurs, sont surchargés de symboles. Ainsi celui de la rue Bertrand-d'Argentré : un « splendide arc de triomphe portant comme devise : "Honneur à nos poilus", encadrée de la phrase célèbre : "On les a". Des casques boches sont traversés par des baïonnettes. Au milieu, un obus de 75 surmonte une croix de guerre avec palmes. Au-dessus, le coq gaulois domine un bâton de maréchal et une épée. Les piliers sont garnis d'écussons et de panoplies ». Place du Marchix, « un grandiose arc de triomphe imitant la pierre, dont les soubassements sont entourés de parterres fleuris ; chaque montant porte un casque ; il est surmonté d'une terrasse où se tiennent des enfants jetant des fleurs, et d'un motif allégorique représentant l'aigle boche terrassé par le coq gaulois ».

De tels monuments appellent une lecture détaillée, même si la complexité du dispositif architectural les rendait sans doute difficilement compréhensibles par les troupes qui défilaient et par la population[30]. Sur ces arcs qui ponctuent la progression

30. Il s'agit donc d'une certaine manière d'un « monument-cérémonial », pour reprendre l'expression de Paul Veyne : il n'est pas fait pour être vu dans les détails, mais pour exprimer la gloire des combattants par sa seule présence. Sur cette notion, voir Paul Veyne,

des troupes, les représentations les plus attendues dans le contexte des fêtes patriotiques sont naturellement celles qui font directement référence au triomphe des soldats, soit sous une forme allégorique (le coq gaulois qui parvient à écraser l'aigle germanique[31]), soit sous une forme symbolique plus abstraite (les décorations, notamment la croix de guerre avec palmes sur l'arc de triomphe de la rue Bertrand-d'Argentré, les feuilles de laurier sur celui du boulevard du Presche, les deux couronnes de palmes au pont de Paris).

Pour autant, au-delà de ces représentations héroïques, la violence de la guerre est très présente. Ainsi, les casques allemands, figurés sur les monuments, sont transpercés de part en part avec des baïonnettes, une manière classique de signifier l'écrasement de l'ennemi qui apparaît aussi sur certains monuments aux morts[32]. Le casque français, quant à lui, est inscrit sur les montants de l'arc de triomphe, mais on le déposait aussi, après la bataille, sur les tombes provisoires des soldats pour en marquer l'emplacement. Ces représentations de casques ont, d'une certaine manière, valeur de trophées, comme dans la tradition antique qui voulait que les guerriers donnent aux dieux les armes des vaincus ou plus généralement des objets qui avaient été en contact avec la guerre, à des fins de reconnaissance, mais aussi de

---

« Propagande expression roi, image idole oracle », *L'Homme*, n° 114, avr.-juin 1990, repris dans *La Société romaine*, Paris, Éd. du Seuil, 1991, p. 311-342.

31. Sur les aléas de cet emblème, d'abord subi, puis assumé à partir de la fin du Moyen Âge, Michel Pastoureau, « Le coq gaulois », in Pierre Nora, *Les Lieux de mémoire*, Paris, Gallimard, rééd. « Quarto », 1997, tome 3, p. 4297-4319. Notons que le coq triomphateur rappelle aussi le coq des clochers et contribue donc à enraciner la victoire dans une dimension locale.

32. Sur le monument aux morts de Saint-Yrieix-la-Perche (Haute-Vienne), œuvre de J. Pollachi, une Victoire armée piétine un casque allemand ; à Bozouls (Aveyron), c'est un poilu qui fait de même, sur le monument de Denys Puech (voir Jacques Bouillon et Michel Petzold, *Mémoire figée, Mémoire vivante. Les monuments aux morts,* Paris, Citédis Éditions, 1999, p. 51-52).

purification[33]. Ainsi en est-il aussi de l'obus de 75 au centre de l'arc de triomphe de la rue Bertrand-d'Argentré : symbole de la première guerre industrielle, « objet de mort devenu objet décoratif [...] qui donne une signification belliqueuse au monument[34] ».

Rue Beaudrairie, sur un autre arc de triomphe, sont gravées deux croix de guerre, « l'une à la cocarde tricolore, celle d'un blessé, et l'autre crêpée de deuil, celle de son frère, victime de la barbarie teutonne », explique le journal local. La souffrance, la haine de l'ennemi, le deuil sont donc ouvertement évoqués dans cette synthèse iconographique que représentent les monuments des fêtes du retour. D'ailleurs, les morts sont autant célébrés que les survivants : « Honneur aux Poilus et à ceux tombés au champ d'honneur », dit l'arc de triomphe de la rue Beaudrairie. « Gloire à notre France immortelle ! Gloire à ceux qui sont morts pour elle ! », déclare celui de la rue d'Embas.

Par les inscriptions qu'ils portent, ces monuments contribuent enfin à lier indissolublement mémoire nationale et mémoire locale de la guerre, en rappelant notamment les hauts faits des régiments fêtés : « Verdun, Sambre, Marne » sont mentionnés sur des cartouches de l'édifice élevé rue de Paris ; « Verdun, Salonique, Soissons » sur l'arc de la rue d'Embas. Parallèlement aux discours prononcés lors des fêtes du retour, ces noms de batailles, visibles au fronton des arcs de triomphe ou sur les banderoles tendues au passage des soldats, manifestent concrètement aux yeux de tous la participation des soldats locaux à la Grande Guerre – donc la dette contractée à leur égard non seulement par la nation dans son ensemble, mais également par la « petite patrie » : « Gloire, reconnaissance aux poilus vainqueurs rendus à leurs foyers »,

33. Claude Barrois, *Psychanalyse du guerrier*, Paris, Hachette, « Pluriel », 1993, p. 258.

34. Annette Becker, *Les Monuments aux morts. Mémoire de la Grande Guerre*, Paris, Errance, 1988, p. 11.

résume la banderole suspendue au-dessus du portail de la caserne du 70e. Dans le même temps, la presse locale ne manque pas une occasion de faire valoir la contribution des régiments de la ville à l'effort de guerre. « Sans être taxé de particularisme outrancier, on peut dire en toute vérité que le 65e RI est un de ceux qui trinquèrent le plus et qui contribuèrent dans la mesure la plus large à la Victoire de la France », écrit un journaliste de *L'Écho de la Loire.* Le maire de La Roche-sur-Yon va même plus loin : à l'occasion du retour du 93e RI, il fait distribuer à plusieurs milliers d'exemplaires un résumé de l'historique du régiment pendant la Grande Guerre « afin que chaque famille pût posséder et transmettre aux générations futures le libellé des principaux faits d'armes [de ses soldats] », explique *L'Étoile de la Vendée.*

Cette communion entre la foule et ses soldats apparaît sous une forme paroxystique dans les descriptions que la presse locale offre des défilés. « Avec le même enthousiasme que les Vannetais et les Lorientais, les Alréens ont applaudi, acclamé, les deux compagnies du 116e de leur garnison et les Pontivyens, le glorieux 2e chasseurs à cheval, si aimé de tous, enfin revenu avec son étendard, salué autant par les cœurs des habitants vibrant à l'unisson que par les trompettes et les fanfares du régiment [...] », écrit un journaliste de *L'Union morbihannaise*. À Lorient (Morbihan), l'empressement de la population est si grand que « des gendarmes à cheval ouvrent la marche [devant le défilé du 62e] et par moments ont à frayer un chemin aux vainqueurs ». Dans cette mise en scène de l'unanimité, les enfants jouent un rôle particulier : ce sont eux notamment qui font pleuvoir sur les soldats des pétales de fleurs, en signe d'accueil et de bénédiction. La parade militaire s'en trouve métamorphosée, et l'on peut s'interroger sur la manière dont la guerre se trouve édulcorée par cette profusion de fleurs, de feuillages, qui finissent par faire disparaître les uniformes et les armes des soldats. « Place du Marchix, des enfants costumés, montés sur un imposant arc de triomphe, jettent des fleurs au passage des troupes, dont les vêtements, les armes et les casques sont bientôt ornés », écrit un journaliste de *Vitré-Journal.* « C'est un véritable défilé fleuri, aux accents entraînants de la musique et des tambours et clairons alternant. »

De manière plus surprenante, ce sont « des fillettes costumées en Alsaciennes, munies de corbeilles de fleurs » qui, du haut d'une estrade surmontée du mot « Merci », « en arrosent copieusement les soldats à leur passage ». Ce bricolage ethnologique qui voit de jeunes Bretonnes adopter les habits folkloriques des Alsaciennes – eux-mêmes relativement récents puisqu'ils ne remontent guère au-delà du XIXe siècle – peut naturellement surprendre. Il révèle l'appropriation par les spectateurs d'un certain nombre de symboles patriotiques, et sans doute l'imitation de pratiques, de rituels, de postures, découverts dans la presse depuis la libération des départements occupés. Les défilés en Alsace et en Lorraine ont eu lieu dix mois plus tôt, et ce sont encore eux qui, aux yeux de certains habitants de Vitré, symbolisent le mieux la victoire des troupes françaises – et peut-être la signification ultime du conflit.

On aimerait disposer de témoignages de soldats qui ont participé aux fêtes du retour, comme nous en avons pour les cérémonies alsaciennes et lorraines par le biais du contrôle postal. Chacun peut imaginer la joie des hommes de retrouver les quartiers où ils vivaient avant la guerre, leur étonnement devant les transformations d'une ville devenue quelque peu étrangère, l'admiration suscitée par les décorations des rues, une certaine fierté de défiler devant leurs compatriotes, sans doute mâtinés de lassitude, du désir de revenir au plus vite à la vie normale, et d'un besoin viscéral d'oublier les souffrances de la guerre. Pourtant, il faut nous contenter de ce qu'en dit la presse, qui oppose généralement la ferveur de la foule à l'impassibilité des combattants. « Ce défilé des poilus, puisque c'est ainsi que l'Histoire nommera désormais tous ces cultivateurs, commerçants, bourgeois, étudiants, ouvriers, rapins, pékins [...] qui ont vaincu à force de patience et d'héroïsme –, il fut beau d'une beauté simple et antique. D'une allure si libre, si "bonhomme" mais si magnifique et émouvante », rapporte *L'Ouest maritime* à propos du retour du 62e RI à Lorient. « [...] Ce ne sont pas des mots qui peuvent rendre, comme il le faudrait, les impressions de ce retour triomphal des soldats aux rudes visages de Français, contents, après la tâche faite, d'en recevoir le remerciement » (22 juillet 1919). Décrivant pour sa part l'arrivée des soldats du 330e RI à Rennes, *Ouest-Éclair* souligne : « Ce qui frappait dans cet assemblage harmonieux d'hommes, de chevaux et de canons, c'était d'abord la tenue magnifique, vraiment militaire des poilus, puis la propreté, le bon état des bêtes et l'astiquage savant des cuivres, des harnachements. Tout reluisait au radieux soleil de mai ! » (20 mai 1919).

En fait, cette évocation de l'apparence physique des soldats va bien au-delà de la simple description. Vanter l'apparence extérieure qu'offrent les combattants, c'est exalter un certain nombre de valeurs morales : la modestie, la sobriété, l'austérité – attribuées dans la tradition classique à l'homme d'État et au chef de guerre. Pour être dignes de l'admiration que les civils leur portent, les troupes qui sont au centre du dispositif festif et émotionnel de ces cérémonies doivent se montrer simples dans le triomphe, semblables à l'image idéalisée du combattant, qui fait la guerre avec méthode et application : « Les poilus passent simples et beaux, comme ils le furent dans la bataille », résume le journaliste de *L'Ouest maritime*. Puis, décrivant un des officiers supérieurs du 62e RI, il ajoute : « Voici le lieutenant-colonel Javel, aussi impassible, aussi noble, aussi guerrier sous les ovations et les fleurs que dans les tranchées de Souain et de Somme-Py, sous les rafales d'obus allemands. »

Autant de vertus que certains commentateurs s'empressent de rapprocher des qualités supposées de leur région d'origine : « Lorsqu'on prend contact avec l'âme bretonne, l'on est ravi des nuances exquises et délicates de ses sentiments », assure un journaliste de Vitré. « Parmi les enfants de France qui ont fait l'admiration de nos alliés et de nos ennemis, les fils de l'Armor peuvent prétendre à la première place. » Quant à l'historique du 137e RI, il ne manque pas d'expliquer les hauts faits de ses soldats durant la Grande Guerre par leur enracinement dans une région particulièrement valeureuse : « C'est à Fontenay-le-Comte, au cœur du pays vendéen, que le régiment a, pendant près de quarante ans, fixé sa tradition et acquis ses solides qualités actuelles ; qualités liées à la race bretonne et vendéenne, éprise de tradition, de fidélité au devoir, de respect absolu pour la mémoire de ses morts, passionnément attachée à la défense de la Patrie. »

Mais les soldats ne sont pas les seuls à défiler. C'est toute une ville, souvent, qui marche avec ses combattants, les soutient, les encadre, comme le montre bien la description des cérémonies qui marquent le retour du 70e RI à Vitré : « Tambours et clairons de toutes les sociétés présentes, musique municipale, porteurs de couronnes et de gerbes, les autorités religieuses, civiles et militaires, la société de secours des blessés militaires, l'Union des femmes de France, etc., Orphelins et orphelines de guerre, nos glorieux mutilés, les vétérans de 1870-1871, la gymnastique "La Vitréenne", les hommes de la classe 1901, nos poilus, la gymnastique "L'Aurore", divers groupements, notamment de démobilisés, l'Harmonie "Notre-Dame", les médaillés militaires, le Secours mutuel, la Compagnie des Sapeurs-pompiers. »

Ces hommes que les journaux décrivent fiers et droits sont précédés du drapeau de leur régiment, qui se tient en tête du défilé, entouré d'une garde d'honneur. Les termes avec lesquels la presse évoque l'emblème tricolore pourraient s'appliquer à une relique : « glorieux drapeau percé de balles et noirci de poudre » (*L'Union morbihannaise*, 27 juillet 1919), « loque formidable, mutilée, frangée à peine de charpie sublime » (*L'Ouest maritime*, 22 juillet 1919). Cette sacralité vient d'abord de ce que le drapeau incarne ce pour quoi les soldats se sont battus, par-delà les générations qui se sont succédé, comme l'explique un journaliste de *L'Ouest maritime :* « Le voici qui passe ce vieux drapeau ! Ah ! Comme il unit par une chaîne invisible et éternelle les vivants et les morts ! Si tous ceux qui, depuis cinq ans, ont eu l'honneur de combattre sous ses plis glorieux, avaient pu être présents à ce grand jour, ce n'est pas mille hommes, mais au moins quinze mille. Quinze mille hommes que la population lorientaise aurait acclamés comme ses héros et ses libérateurs !... » Symbole national et symbole de l'unité d'un régiment cimentée dans les combats, le drapeau passe pour avoir été sacralisé au contact du champ de bataille. Comme les combattants, il apparaît transfiguré par l'expérience de guerre, à la fois atteint par la violence des combats (même s'il est peu probable qu'aucun de ces drapeaux ait été transporté sur les champs de bataille) et rendu invincible par le fait même d'en avoir réchappé.

Cette évocation quasi religieuse de l'emblème du régiment – martyr de la Grande Guerre, ultime protection pour les soldats qui combattent « sous ses plis glorieux », signe de ralliement pour les vivants et les morts – ne doit pas suggérer toutefois que le drapeau est toujours accueilli avec la même ferveur. À Nantes, le retour des premiers soldats territoriaux du 81e RT ne donne lieu qu'à une brève prise d'armes, organisée conjointement sur le cours Saint-Pierre, « quartier de peu de bruit et de peu de mouvement » (Julien Gracq) par Paul Bellamy, le maire de la ville, et le général commandant la 11e région militaire. *Le Télégramme des provinces de l'Ouest* s'indigne : « On s'est plaint que tous les Français n'avaient peut-être pas tous également conscience de la Victoire que nos Armées ont remportée, après quatre ans d'efforts incessants sur un adversaire aussi fort que déloyal. Si on veut réagir contre cette mentalité de certains déprimés, pourquoi ne pas rehausser actuellement l'éclat de ces cérémonies militaires qui se déroulent, paisibles, dans les garnisons de l'intérieur, et surtout comment ne songe- t-on pas mieux à glorifier le retour des drapeaux qui reviennent de là-bas, déchirés par la mitraille [*sic*], mais combien glorieux ? »

En revanche, lorsque le drapeau du 411e RI revient le 20 février, les cérémonies, organisées pourtant dans l'urgence, sont fastueuses. Deux portiques de drapeaux et de lauriers ont été dressés à l'entrée de la cour de départ de la gare d'Orléans. Tout le parcours emprunté par le cortège est également pavoisé d'emblèmes tricolores. Le drapeau « rescapé des champs de bataille » est quant à lui salué par *La Marseillaise*, escorté par une garde d'honneur, longuement salué par les discours des autorités militaires, et finalement déposé dans la salle principale de la caserne Chanzy, qui en devient une sorte de sanctuaire. Dans le cas du retour du drapeau du 265e RI, le 27 février 1919, l'accueil fait à l'emblème tricolore est beaucoup plus spectaculaire, puisqu'il est transporté à travers toute la ville : il emprunte le quai Richebourg, les rues de Strasbourg, de Verdun, de la Marne (dont les noms ajoutent encore à la sacralité du rituel), de La Barillerie, d'Orléans, rejoint la place Royale, puis la rue Crébillon et la place Graslin, où a lieu une première station avec un « salut au drapeau » devant les fédérations d'anciens combattants. Puis il suit la rue Franklin, atteint la place Louis-XVI et termine son parcours à la caserne Chanzy.

Le caractère solennel de ces défilés se lit également dans les étapes choisies par les organisateurs : lieux où les troupes font halte, où se concentre la population pour les saluer, où l'on prend la parole pour réaffirmer la signification de l'événement qui est en train de se dérouler, où l'on décore certains soldats pour leurs faits d'armes durant le conflit. À Cholet (Maine-et-Loire), c'est au cimetière que se rendent d'abord les soldats, en cortège, avant de parcourir la ville. Chacun dépose une gerbe au carré militaire, les officiels (le maire, le député…), des associations (le Souvenir français, l'Union des femmes de France…), mais aussi des entreprises (la maison Dersoir et ses ouvriers) et certains quartiers (le quartier Châteaubriant, le quartier rue Poterie, le quartier du Rachapt…). À Lorient (Morbihan), sur la place Alsace-Lorraine, les soldats du 62e RI sont rassemblés en carré et confrontés à la population.

Il y a là, « avec leurs drapeaux, les sociétés de médaillés militaires, des vétérans et la société de gymnastique la “Patriote Lorientaise”, ainsi que des “délégations des anciens combattants démobilisés” », rappelle *L'Ouest maritime.*

La figure qui s'impose nettement dans ce type de rassemblement est celle de l'unité retrouvée : unité des anciens combattants de la guerre de 1870 qui font face à leurs successeurs de la Première Guerre mondiale, réunification du régiment revenu dans sa ville d'origine, puisque les soldats déjà démobilisés sont représentés. À Cholet (Maine-et-Loire), les troupes du 77e RI qui se sont regroupées devant la gare remontent le boulevard Faidherbe et longent les voies de chemin de fer, qui marquent la limite de la ville du XIXe siècle. Dans le cortège dont le commandant et les officiers supérieurs du régiment ont pris la tête, les soldats sont accompagnés de L'Harmonie choletaise, des sociétés de préparation militaire (Les Enfants de Cholet, l'Étoile Saint-Pierre, la Jeune France) et de la compagnie des sapeurs-pompiers, qui ponctuent le défilé par leur présence et renforcent l'idée que les combattants se trouvent réintégrés dans la communauté civique. À 14 heures 30, tous se retrouvent place de la République et font halte face au groupe funèbre *« Gloria Victis »,* voilé de noir et érigé quelques années auparavant pour commémorer les habitants de Cholet morts lors de la guerre de 1870. L'hommage des vainqueurs de 1918 aux vaincus de 1870 se manifeste alors par le dépôt d'une gerbe de chrysanthèmes, par une minute de silence et par le chant d'un hymne de Victor Hugo : *Aux morts pour la patrie*, entonné par l'Orphéon Sainte-Cécile. Puis le 77e reprend sa progression, pénètre dans la vieille ville et stationne place Travot, au cœur de la cité, là où une tribune a été dressée pour les autorités civiles et religieuses, que le général Rondeau vient saluer, seul, à cheval. Les deux étapes du parcours festif ont un sens très précis : dans un cas, il s'agit de replacer la Première Guerre mondiale dans la continuité historique de la guerre de 1870, et de réactiver sa signification de Revanche – alors que

Jean-Jacques Becker a bien montré dans sa thèse qu'elle était largement absente lors de l'entrée en guerre de l'été 1914[35]. Le cortège longe les limites de la ville, fait un détour pour signifier ce lien entre les deux conflits. Par ailleurs, le second rassemblement dans le cœur historique de la ville, la place Travot, vient en quelque sorte consacrer la réintégration des soldats dans l'espace urbain. Ces pratiques d'espace (lieux de rassemblement, itinéraires, étapes...) n'acquièrent toutefois toute leur force qu'illustrées par des prises de parole, qui viennent ponctuer, enrichir et souvent commenter les cérémonies en cours.

Parler aux soldats, parler aux civils

Après un événement traumatique comme le fut cette guerre de quatre ans, le besoin de parler semble impérieux. Les fêtes du retour sont bavardes, même si l'abondance des paroles publiques ne doit pas conduire à négliger le mutisme dans lequel s'enferment certains anciens combattants. Cette propension à se réunir, à prendre la parole dans l'immédiat après-guerre s'explique en partie par ce que certains spécialistes de psychologie sociale appellent le « partage social de l'émotion ». Lorsque survient un événement émotionnel majeur comme un conflit, avec son lot de souffrances physiques et morales, de deuils, de difficultés à se réinsérer dans la vie civile, les sociétés tendent souvent à multiplier les discours et les rituels collectifs afin de donner à chacun le sentiment que le monde a encore une certaine cohérence[36]. Toutefois, à partir du corpus des discours tenus à l'arrivée

35. Jean-Jacques Becker, *1914 : comment les Français sont entrés dans la guerre*, Paris, Presses de la Fondation nationale des sciences politiques, 1977 (notamment le début du chapitre 2, « Les limites du renouveau nationaliste »).

36. Olivier Luminet, *Psychologie des émotions, confrontation et évitement,* Bruxelles-Paris, De Bœck Université, 2002.

des régiments à Nantes (31 janvier, 20 et 27 février, 28 août et 19 septembre 1919), Rennes (13 février, 19 mai, 5 août et 31 août 1919), Ancenis (25 février 1919), Lorient (13 février, 20 et 28 juillet 1919), Vitré (7 septembre 1919), Cholet (14 septembre 1919), Quimper (14 septembre 1919), La Roche-sur-Yon (21 septembre 1919) et Dinan (15 au 17 septembre 1919), les fonctions de ces prises de parole semblent variées. Fonction d'accueil des soldats et rite de passage pour les réintégrer dans la vie civile ; discours d'institution qui visent à réaffirmer leur place et celle des civils dans l'économie morale de la reconnaissance à l'œuvre dans l'immédiat après-guerre ; fonction cathartique face à l'ampleur des pertes et des souffrances ; fonction mémorielle enfin, à travers le rappel des hauts faits des régiments et l'oraison funèbre des disparus.

L'accueil des enfants du pays

En manifestant la joie et la fierté de voir revenir « leurs » soldats, les civils s'efforcent d'abord de rétablir le contact avec des hommes que l'expérience de la guerre a isolés, un temps, de leur communauté d'origine. Ces discours prennent place dans une série complexe de rituels d'hospitalité, au même titre que le défilé festif, le banquet ou le bal par exemple. Ils réaffirment les liens qui unissent chaque ville à sa garnison, même si les quatre années de guerre ont contribué nécessairement à les distendre. « Je suis heureux de pouvoir vous exprimer la joie que nous ressentons tous de pouvoir revoir dans notre ville votre beau régiment, *notre* cher 93e », lance un adjoint au maire de La Roche-sur-Yon (Vendée) (*L'Étoile de la Vendée*, 21 septembre 1919). C'est presque avec nostalgie que les notables de ces villes moyennes évoquent la vie de garnison d'avant-guerre, organisée autour de la caserne, laissée largement sous-occupée durant le conflit, ou réaménagée pour d'autres fonctions, notamment hospitalières. « Votre retour au bercail, messieurs les dragons, nous a d'autant plus touchés qu'il ressemble beaucoup à celui de l'enfant prodigue au foyer familial », se félicite le maire de Dinan (Côtes-du-Nord), qui profite de l'occasion pour se plaindre de la dissolution de l'autre « régiment dinannais qu'était le 13e hussards » (*L'Union malouine et dinannaise*, 27-28 septembre 1919). Et le maire de Rennes (Ille-et-Vilaine) confirme : la cérémonie qui marque la rentrée triomphale du 41e d'infanterie, du 505e d'artillerie d'assaut et du 110e d'artillerie lourde est une « fête de famille ». D'ailleurs, pour le maire d'Ancenis, « le 264e régiment d'infanterie est nôtre, les hommes qui le composent sont de notre région [...] Ancenis est fière de son 264e. Honneur à lui, à ses officiers et à ses soldats ! La gloire qu'il s'est acquise, nous la considérons comme notre gloire » (*Le Populaire de Nantes*, 27 février 1919).

La joie privée, celle des parents, des femmes et des enfants retrouvant un proche, est donc éclipsée par l'expression d'une joie collective – qui tient un peu de la fierté de clocher. Si les civils se réjouissent, c'est au nom d'une solidarité à laquelle ils assurent n'avoir jamais manqué durant le conflit, et leurs propos traduisent une représentation des rapports entre le front et l'arrière qui rompt radicalement avec les soupçons perceptibles notamment dans la presse des tranchées pendant la guerre[37]. L'arrière a tenu bon, disent en substance tous ces discours, et c'est dans une communauté civique inchangée que les soldats retrouvent leur place naturelle. Miracle de la parole officielle qui cherche à abolir la distance entre les combattants et le monde de l'arrière, et à travers laquelle il faut deviner, à l'inverse, une vraie difficulté à rapprocher les soldats des civils, à rassurer les hommes de retour dans leurs foyers. « Nous avons lu, avec une émotion chaque jour plus poignante, les communiqués, les journaux, les ordres du jour,

37. Sur ce point, voir Stéphane Audoin-Rouzeau, *À travers leurs journaux : 14-18, les combattants des tranchées*, Paris, Armand Colin, 1986, p. 125 *sq*.

les citations, qui nous apportaient le récit de vos hauts faits », rappelle le maire de Vitré (Ille-et-Vilaine). « Notre fierté patriotique était grande en constatant que nos grands régiments de Vitré, par leur bravoure et la vaillance de leurs chefs, s'étaient placés, dès la première heure, au premier rang des combattants de la grande armée et justifiaient toutes les espérances que le pays avait mises en eux. » De son côté, le colonel de La Barthe semble avoir reconnu dans la ferveur de l'accueil reçu par le 70e régiment d'infanterie la confirmation de cette solidarité qui n'a jamais cessé d'exister, selon lui, entre l'arrière et le front : « La réception familiale de la ville de Vitré fait ressortir quels liens intimes nos angoisses communes et nos douloureux sacrifices ont créés entre la cité et son régiment » (*Vitré-Journal* et *Journal de Vitré*, 14 septembre 1919)

Une guerre défensive

Dans cette perspective, il n'est pas étonnant que la Grande Guerre soit présentée avant tout comme un combat pour la défense du sol. À l'été 1914, « la nécessité de défendre contre la convoitise des rapaces la terre des aïeux, la pudeur des foyers, le berceau des enfants, l'obligation en un mot de vaincre pour que ne disparaisse point la patrie, exaltait bientôt chez tous la foi dans les vertus viriles de la race », se souvient le colonel Dizot, qui commande le 118e RI de Quimper (Finistère). Saluant le retour du 70e régiment d'infanterie à Vitré (Ille-et-Vilaine), le sous-préfet esquisse un parallèle avec « Tolbiac, Poitiers, et Bouvines » – trois batailles qui symbolisent dans l'imaginaire collectif à la fois « l'arrêt du barbare au seuil de la patrie » et, pour la dernière d'entre elles, l'émergence d'un sentiment national en France[38]. Dans

38. Voir Georges Duby, *Le Dimanche de Bouvines*, Paris, Gallimard, 1973, et Colette Beaune, *Naissance de la nation France*, Paris, Gallimard, 1985.

ce contexte, les Allemands (on utilise surtout le terme de « boches[39] ») sont toujours présentés comme les agresseurs : le 41e RI de Rennes a fait « des efforts inouïs pendant cinq années pour bouter l'étranger hors de France[40] », assure le sénateur d'Ille-et-Vilaine ; le 70e RI de Vitré s'est porté au secours de la patrie « si sauvagement assaillie et si hideusement souillée par la criminelle et barbare Allemagne », déclare le député.

La solidarité entre les départements bretons et leurs soldats vient de ce sentiment très fort que de la vaillance des uns a dépendu la survie de tous. En défendant la France, les combattants bretons ont eu à cœur de défendre leur région d'origine : « Il est un petit coin de terre, un hameau, un clocher, [...] cette petite patrie dans la grande, pour laquelle nos morts glorieux sont tombés sans murmure », explique le colonel Oré, au retour du 24e dragons à Dinan (Côtes-du-Nord) (*L'Union malouine et dinannaise*, 27-28 septembre 1919). Et cela d'autant plus que la Première Guerre mondiale a revêtu l'apparence d'une guerre totale. Selon le maire de Rennes, les combattants du 41e d'infanterie sont de « vaillants soldats de la Civilisation et de l'Humanité qui ont sauvé le Monde » (*Ouest-Éclair*, 1er septembre 1919). L'arrière est donc redevable aux soldats pour la manière dont ils se sont battus, ainsi que l'illustrent certaines anecdotes soigneusement reprises : « D'une endurance splendide, je vous ai vus à Verdun barrer stoïquement la route aux formidables attaques allemandes de 1917 », rapporte le général de Boissoudy qui s'adresse à ses hommes du 7e d'artillerie. « Je ne compte pas ses pertes effroyables. C'est pour la vieille Bretagne ! C'est

39. Par exemple, l'adjoint au maire de La Roche-sur-Yon qui déclare : « Combien ont trouvé la mort dans les tranchées pendant cette guerre voulue par les Boches alors qu'ils savaient bien depuis la Marne qu'ils ne pouvaient être victorieux. »

40. On notera la référence implicite à Jeanne d'Arc, dont Gerd Krumeich souligne l'importance durant la Grande Guerre dans *Jeanne d'Arc à travers l'histoire*, Paris, Albin Michel, 1993.

pour la France ! Hardi les gars !... » (*Ouest-Éclair*, 6 août 1919). De leur côté, les civils ont rempli la tâche que l'on attendait d'eux, comme le dit M. Le Herissé, sénateur d'Ille-et-Vilaine, à l'occasion du retour des 41e d'infanterie, 505e d'artillerie d'assaut et 110e d'artillerie lourde à Rennes : « [Les laborieuses populations de nos régions], à l'arrière, ont fait leur devoir ; les vieillards, les femmes, les enfants eux-mêmes, fournirent un effort colossal pour arracher au sol et à l'usine tout ce qui vous était nécessaire pour vaincre. Elles aussi ont droit avec vous à la reconnaissance du pays » (*Ouest-Éclair*, 1er septembre 1919). On notera au passage que la métaphore de la terre matricielle est aussi utilisée pour signifier l'héroïsme quotidien de l'arrière : c'est du sol, défendu par les soldats, exploité par les paysans et les ouvriers, que sont sorties les richesses nécessaires à la guerre.

Pour expliquer cet esprit de résistance jusque dans des régions si éloignées de la menace ennemie, certains n'hésitent pas à vanter des vertus qu'ils prêtent généreusement aux habitants de l'Ouest français : la ténacité, le courage, la fidélité[41]. « Vous vous êtes tous conduits en vrais et crânes rejetons de notre vieille Armorique et la victoire est venue à nous comme une mère vient à ses fils », explique le député de Vitré. Et le colonel de La Barthe lui répond en ces termes : « Je n'oublie pas que si nos braves soldats ont montré pendant cette longue lutte les qualités guerrières du soldat français, ils ont donné des preuves particulières d'abnégation et de persévérance, vertus spéciales qu'ils doivent à l'âme bretonne et à l'esprit de devoir inculqué surtout par leurs

41. La situation est assez semblable dans d'autres régions de France. À titre de comparaison, lors du retour du 72e RI à Amiens, en février 1919, le général Philippot fait l'éloge de « ce glorieux régiment, recruté en majeure partie dans la région » et dont « les traditions soutenues de bravoure, d'endurance, de belle attitude, les résultats obtenus en de nombreuses circonstances, le classent parmi les meilleurs des régiments de notre armée ». Cité par Mickaël Rusé, *Le Retour des combattants en Picardie, op. cit.*, p. 51-52.

excellentes mères » (*Vitré-Journal* et *Journal de Vitré*, 14 septembre 1919). Outre les valeurs transmises par l'éducation, certaines qualités intrinsèques à la « sève de la vieille race bretonne » (général de Boissoudy, *Ouest-Éclair*, 1er septembre 1919) semblent avoir été mises à profit, comme le suggère le sous-préfet de Vitré : « Nos soldats bretons montrèrent qu'aucune attaque ne pouvait faire reculer leurs poitrines, aussi résistantes que le granit de leur pays natal. » C'est de la terre natale elle-même que les héros sont sortis pour la défendre, comme dans les légendes antiques qui fondaient l'autochtonie d'Athènes[42] : « Du sol même de Vendée, du souvenir lointain de ses soldats, est née et s'est développée l'âme du régiment faite d'amour du sacrifice, de volonté, de patriotisme discret et fidèle[43] », avance un historique du 137e RI de Fontenay-le-Comte (Vendée).

On trouve d'ailleurs une évocation explicite de ce lien entre identité civique et ferveur guerrière, que l'historien américain Victor Hanson a qualifié de « modèle occidental de la guerre[44] » et dont l'idéal-type est sans aucun doute la phalange athénienne[45], dans un discours tenu par le colonel Dizot, lors du retour de ses hommes à Quimper, le 14 septembre 1919 : « Jadis, lorsque le jeune Athénien arrivait à l'âge d'homme, on lui faisait prêter le solennel serment qu'il

42. Sur le thème de l'autochtonie comme topos du discours civique, Nicole Loraux, « L'Autochtonie : une topique athénienne. Le mythe dans l'espace civique », *Annales ESC*, janv.-février 1979, p. 3-26, reproduit dans *Les Enfants d'Athéna. Idées athéniennes sur la citoyenneté et la division des sexes*, Paris, La Découverte, 1981, rééd. Paris, Éd. du Seuil, « Points Essais », 1990.

43. Archives départementales de Vendée (ADV), Lt Besset, *Historique du 137e pendant la Grande Guerre*, édité par l'Amicale des régiments fontenaisiens, 1919.

44. Victor Davis Hanson, *The Western Way of War*, trad. fr. : *Le Modèle occidental de la guerre. La bataille d'infanterie dans la Grèce classique*, Paris, Les Belles Lettres, 1990.

45. Lors de la cérémonie d'accueil du 330e régiment d'artillerie lourde, le général de Boissoudy salue la « phalange héroïque des morts » (*Ouest-Éclair*, 20 mai 1919).

vivrait avec honneur et ne transmettrait pas à ses successeurs une patrie moins grande ni moins forte que celle qu'il avait reçue. Ainsi était tracé le devoir de chacun. Messieurs, gloire à vos frères, à vos enfants, à ceux qui furent les soldats de cette grande guerre, car c'est un devoir sacré qu'ils ont accompli, c'est l'honneur du pays qu'ils ont maintenu haut et ferme, c'est la sécurité et la grandeur de la France qu'ils ont assurées par la définitive victoire » (*Le Progrès du Finistère*, 20 septembre 1919).

Le serment auquel le commandant du 118e régiment d'infanterie fait allusion est celui que les éphèbes athéniens devaient prononcer chaque année : « Je ne déshonorerai pas mes armes sacrées et je n'abandonnerai pas mon voisin là où je serai en rang ; je défendrai ce qui est saint et sacré, et ne remettrai pas à mes successeurs la patrie amoindrie, mais plus grande et plus forte, agissant seul ou bien avec tous, j'obéirai à ceux qui, tour à tour, gouverneront sagement, aux lois établies et à celles qui sagement seront établies. Si quelqu'un entreprend de les détruire, je ne laisserai pas faire, agissant seul ou bien avec tous, et j'honorerai les cultes ancestraux. » Au-delà de la culture classique, somme toute assez banale à l'époque, qu'elle révèle, l'intérêt de cette référence dans les circonstances de l'immédiat après-guerre tient à l'idéologie politique qu'elle illustre : la cohésion du groupe de combattants, l'importance de la défense du sol, la protection des frontières. Les combattants de la Grande Guerre sont présentés comme des soldats-citoyens, envoyés depuis leur Bretagne natale pour combattre aux marges du territoire national.

L'absence de « démobilisation culturelle »

Le caractère sacré du combat mené durant quatre ans est exprimé alors de multiples manières. La diabolisation de l'ennemi contribue à faire de la Première Guerre mondiale « une lutte titanesque » entre le Bien et le Mal, suivant les termes du général de Boissoudy au retour des régiments rennais. « La tâche formidable a été magnifiquement remplie. L'ennemi est en déroute. Le droit triomphe au-dessus de la Barbarie vaincue », assure le maire de Lorient (*L'Ouest maritime*, 22 juillet 1919). Pour beaucoup, la défaite était déjà inscrite dans les « excès atroces » auxquels l'Allemagne s'était livrée lors de l'entrée en guerre. « Grisés par leur succès d'antan, ces Allemands insatiables ne visaient à rien de moins qu'à s'assurer l'hégémonie du monde [...] Ces hommes qui avaient violé la neutralité belge et semé partout la désolation et la ruine durent subir l'effondrement inéluctable auquel ils s'étaient exposés », explique le maire de Cholet. « Quelle leçon pour la race germanique que cet enchaînement de faits imprévus qui fatalement dut conduire à sa perte l'un des plus grands Empires modernes » (*Le Réveil choletais*, 14 septembre 1919).

On ne sera pas étonné de la présence récurrente, dans ces discours, du thème de la souillure, qui exprime lui aussi la sacralité de la guerre menée par les Français. À la terre « hideusement souillée par la criminelle et barbare Allemagne » (*Vitré-Journal* et *Journal de Vitré*, 14 septembre 1919) s'oppose la terre fertilisée par le sang des soldats, celle des champs de bataille ou celle du « grand foyer breton » (*Ouest-Éclair*, 1er septembre 1919) dans laquelle les combattants viennent reprendre leur place. Par la grâce du sacrifice consenti par les soldats, la mort elle-même est présentée comme féconde par certains orateurs : « Demain sur les tombeaux, les blés seront plus beaux », assure le député de Vitré, tandis que le sénateur de Rennes déclare que « chacune des petites tombes qui jalonnent la terre d'Europe de la mer du Nord à la mer Égée est un *berceau* d'honneur, de dévouement et d'espérance » (*Ouest-Éclair*, 1er septembre 1919).

Les discours des fêtes du retour viennent donc expliciter le changement d'époque que de nombreux anciens combattants ont le sentiment de vivre. Le poids des morts est trop lourd et le sentiment de dette à leur égard trop fort pour que la société d'après-guerre ne s'en trouve pas totalement bouleversée. « Chacun de nos morts, entrouvrant sa tombe en montrant les blessures qui l'ont conduit là, pourra dire à tout Français de l'avenir, heureux et tranquille : c'est à moi que tu le dois ! », avertit le doyen de Notre-Dame de Vitré (*Vitré-Journal* et *Journal de Vitré*, 14 septembre 1919). Le thème du retour des morts est d'ailleurs assez classique dans l'immédiat après-guerre[46]. Il vise généralement à culpabiliser les survivants pour que, dignes de ceux qui sont morts, « ils restent toujours lors de la paix ce qu'ils se sont montrés dans la guerre », comme l'explique l'amiral Aubry à Lorient lors du retour des fusiliers marins, le 13 février 1919. Parallèlement, les défunts sont héroïsés jusqu'à devenir des soldats-Christ. Des « crucifiés de la guerre », des « rédempteurs », des « sauveurs », assure le chanoine Garnier. « Pauvres soldats martyrs, immolés à la plus sainte des causes », ajoute le préfet d'Ille-et-Vilaine (*Ouest-Éclair*, 1er septembre 1919). La fonction sacrificielle remplie par les soldats tués au feu n'aboutit en fait qu'à renforcer le sentiment du devoir chez les survivants et les civils.

On n'assiste donc dans ces discours à aucune esquisse de « démobilisation culturelle », pour reprendre les termes du programme d'étude défini par John Horne dans un colloque récent[47]. L'évocation de l'incompatibilité entre Français et Allemands, fondée jusque dans des différences de races ; le sentiment que la défaite de l'ennemi est une juste réponse à sa

46. Par exemple dans le film d'Abel Gance, *J'accuse,* qui se termine par une spectaculaire résurrection des morts, à proximité de l'ossuaire de Douaumont. Sur ce thème, Jay Winter, *Sites of Memory, Sites of Mourning. The Great War in European Cultural History*, Cambridge, Cambridge University Press, 1995, notamment p. 15 *sq*.

47. Le colloque « Demobilizing the Mind. Culture, politics and the legacy of the Great War, 1919-1933 » s'est tenu à Dublin du 16 au 28 septembre 2001. Avant la publication des actes et pour une première approche, certaines communications ont été publiées dans la revue *14-18 Aujourd'hui*, Paris, Éd. Noésis, mai 2002. Voir notamment l'introduction de John Horne, p. 45-53.

pratique perverse de la guerre ; la dimension eschatologique du combat entre la France et l'Allemagne rappelée à diverses reprises : toute cette thématique qui revient de manière lancinante dans les discours des fêtes du retour indique bien que si les soldats sont revenus de la guerre, les communautés qui les accueillent n'en sont pas encore tout à fait sorties.

Comment expliquer cette persistance de la « culture de guerre » dans les cérémonies de réception des régiments ? Sans verser dans une dérive psychologisante, on peut suggérer que les autorités civiles adressent aux combattants le discours qu'ils sont supposés attendre d'elles : des mots attestant une fermeté intacte envers l'ennemi, afin que les anciens combattants n'aient pas le sentiment de s'être battus pour rien. En outre, si la thématique de la Revanche est assez largement absente au moment de l'entrée en guerre de l'été 1914, l'effondrement militaire de l'ennemi en 1918 est présenté comme la revanche sur la guerre de 1870. D'ailleurs, les associations d'anciens combattants sont souvent représentées dans les cérémonies d'accueil des régiments, comme à Cholet au retour du 77e RI. « Cette victoire à laquelle, nous les vaincus de 1870, nous attachions le plus grand prix, nous l'avons enfin ! », assure l'un d'eux. Les soldats « ont restitué à la France ses provinces tant regrettées, qui gémissaient sous l'occupation allemande » et « libéré ces malheureux départements français foulés aux pieds et souillés par de féroces envahisseurs ».

Des communautés en deuil

Pour comprendre cette absence de « démobilisation culturelle » dans les discours d'accueil, il faut aussi rappeler le poids des deuils qui frappent les communautés civiques au lendemain du conflit[48]. Comment fêter les anciens combat-

48. La notion de « communautés en deuil » est définie par Jay Winter dans *Sites of Memory, Sites of Mourning*, *op. cit.*, p. 29-53.

tants sans négliger le souvenir des morts ? Manifester la joie des retrouvailles sans indécence pour les familles des victimes ? Les orateurs s'en sortent tant bien que mal en refusant de dissocier les survivants de ceux qui sont morts et en les associant dans la commémoration de leurs hauts faits. « En ces jours de gloire et de joie profonde, où tant des vôtres manquent à l'appel, notre souvenir ne se détache pas de ceux qui sont tombés au champ d'honneur », assure le maire de Lorient. « C'est en élevant vers eux nos pensées et en contemplant la mâle attitude et le regard fier de ceux qui nous reviennent que, les confondant tous dans un même sentiment de gratitude, nous demeurons émerveillés devant la page superbe qu'ils ont inscrite dans l'histoire de la Guerre mondiale » (*L'Ouest maritime*, 22 juillet 1919)…

Les cérémonies religieuses sont évidemment l'occasion de réaffirmer la signification du sacrifice des soldats tombés au champ d'honneur, la dette collective contractée envers d'eux. Lors des messes qui marquent le retour des combattants, les autorités civiles et militaires occupent généralement les premiers rangs de la nef centrale, les soldats sont assis derrière eux, tandis que les bas-côtés sont destinés aux familles. Dans une région de forte tradition catholique comme la Bretagne, c'est la ville tout entière qui se presse à l'église pour célébrer ses soldats et la mémoire de ses morts. À Lorient (Morbihan), le 16 février 1919, à l'heure de la grand-messe, « les cloches de l'église Saint-Louis, sonnant à toute volée, appelaient à la prière tous ceux qui – et ils sont légion – ont fidèlement au cœur le culte du souvenir », rapporte la presse locale. À Vitré (Ille-et-Vilaine), « l'église Saint-Martin était comble, et nombreux furent ceux qui durent renoncer à être les témoins de cette belle cérémonie ». Parfois, c'est à l'échelle d'un quartier qu'est organisée une cérémonie. Ainsi, à Rennes (Ille-et-Vilaine), un service religieux est prévu en la basilique de Bonne-Nouvelle le 1er septembre 1919, au lendemain du retour du 41e régiment d'infanterie, du 110e régiment d'artillerie lourde et du 505e régiment d'artillerie d'assaut, pour tous les poilus de la place Sainte-Anne morts au champ d'honneur.

Les églises sont alors décorées à profusion : « Pavois, drapeaux, oriflammes multicolores cependant que devant l'autel, tout drapé de tentures tricolores sur lesquelles se détachaient des trophées militaires, deux faisceaux de fusils, la baïonnette au bout du canon, étaient destinés à encadrer le célébrant au cours des premières prières de l'office divin », décrit *L'Ouest maritime* (18 février 1919). Souvent, c'est l'aumônier du régiment qui dit la messe, silhouette familière pour les soldats, compagnon des bons et des mauvais jours, intercesseur des espérances et des angoisses des combattants[49]. Il a vécu parmi eux durant le conflit et connu personnellement certains des disparus. Il a écrit aux familles endeuillées pour les assurer, suivant l'usage, que leur parent n'avait pas souffert et qu'il s'était comporté vaillamment. Pour les journalistes de la presse locale qui décrivent les cérémonies, il apparaît donc comme une figure marquante de la vie du régiment, comme un témoin privilégié de la réalité de la guerre. Ainsi, pour la messe célébrée à l'église Saint-Louis de Lorient, le 16 février 1919, *L'Ouest maritime* évoque « l'abbé Pouchard, un héros de la Brigade dont il est l'aumônier aussi populaire que vénéré, sur le front depuis la première heure et dont les brillants services sont éloquemment établis par les nombreuses décorations qui s'épinglent sur sa noire soutane, parmi lesquelles, croix de guerre et autres, rutile le glorieux ruban de la Légion d'honneur ». C'est lui qui peut, mieux que tout autre, rappeler les pertes subies par le régiment dont il est, en quelque sorte, la mémoire spirituelle.

49. Sur la figure de l'aumônier catholique au front, Xavier Boniface apporte de nombreux éléments dans *L'Aumônerie militaire française (1914-1962)*, Paris, Éd. du Cerf, 2001, chapitre II. Il insiste notamment sur la proximité des aumôniers et des soldats et sur leur statut qui leur donne une certaine liberté dans la hiérarchie militaire. Voir aussi, sur ce sujet, Nadine-Josette Chaline, « Les aumôniers catholiques dans l'armée française », in Nadine-Josette Chaline (sous la dir. de), *Chrétiens dans la Première Guerre mondiale*, Paris, Éd. du Cerf, 1993.

Ne pas oublier les morts dans la liesse des retrouvailles, c'est aussi l'une des préoccupations qu'exprime bien le maire de Vitré (Ille-et-Vilaine), en faisant commencer justement les festivités par une visite au cimetière, le matin, avant le défilé qui a lieu l'après-midi. Le temps du recueillement est alors nettement distinct du temps de la fête. « Vous avez compris qu'il n'était pas de devoir plus pressant que de venir affirmer sur ces tombes que nous n'oublions pas nos morts », explique-t-il solennellement. « Qui donc de nous pourrait ne pas se rappeler en ce jour la part qui leur revient dans la victoire que nous fêtons ! Qui donc de nous pourrait demeurer insensible à la douleur de ceux qui les pleurent, si nombreux dans notre région bretonne et dans notre commune ! » (*L'Ouest maritime*, 18 février 1919). À Saint-Malo, mais aussi dans les petites communes de Saint-Servan, Paramé et Dinard qui se sont regroupées pour fêter leurs soldats, une cérémonie au cimetière précède la réception des régiments.

Mais, au fait, sur quelles tombes vient-on se recueillir ? Notons en effet le caractère strictement symbolique de ce type de cérémonies qui ont lieu en juillet 1919, alors que le rapatriement des corps du champ de bataille vers l'arrière n'est pas encore autorisé : il ne le sera qu'à partir de l'été 1920[50]. S'agit-il des caveaux familiaux qui attendent encore d'accueillir les dépouilles des soldats ? De monuments aux morts érigés dans les cimetières ? Quoi qu'il en soit, on retrouve dans ces initiatives toute l'ambiguïté des fêtes patriotiques, à la fois cérémonies publiques et manifestations privées, scènes de liesse et

50. Le rapatriement des corps des soldats français vers l'arrière n'est autorisé qu'à la suite de la loi du 31 juillet 1920 et du décret gouvernemental du 28 septembre, et l'acheminement des dépouilles des soldats ne commence en fait qu'à l'été 1922. Cette attente d'une législation adaptée et l'énergie déployée par certaines familles pour récupérer le corps de leurs enfants sont étudiées par Stéphane Audoin-Rouzeau dans « Stabat Mater », in *Les Morts, Le Fait de l'analyse*, n° 7, octobre 1999, p. 57-88, et *Cinq Deuils de guerre*, *op. cit.*, notamment p. 220 *sq.* pour le cas de Primice Catulle-Mendès.

isolements dans le deuil, omniprésence des démobilisés et poids perceptible de trop d'absences.

Une mise en ordre de l'histoire du conflit

Les discours prononcés lors des cérémonies du retour ont un autre but : celui d'ébaucher une histoire ordonnée du conflit. Élément central du dispositif rhétorique à l'œuvre dans les cérémonies, le panégyrique adressé aux soldats s'apparente à une récapitulation des combats auxquels ils ont participé, sous une forme narrative stylisée qui privilégie certains épisodes clés. Les discours ont alors aussi une fonction de remémoration, de mise en ordre d'une histoire de la guerre, et assez largement de transformation du conflit en épopée collective.

Première étape, le départ sur le front, au mois d'août 1914. Les orateurs le présentent généralement comme un moment d'enthousiasme, presque d'allégresse : « [Les hommes] étaient pleins d'entrain et de gaieté. Une flamme patriotique, ardente, brillait en leurs yeux et leur belle attitude créait au-dessus de nous une atmosphère d'espoir et de confiance », croit se souvenir le maire de Lorient (*L'Ouest maritime*, 22 juillet 1919). Ce qu'il y a d'intéressant dans ce type d'évocation ne vient pas seulement de la distorsion entre une représentation mythique – le départ « la fleur au fusil » – et la réalité de l'été 1914, bien connue grâce aux travaux de Jean-Jacques Becker : un mélange de ferveur patriotique, de résignation et de détermination. En fait, en parlant de « flamme patriotique » et en décrivant l'influence que l'attitude des combattants exerce sur la foule, le maire de Lorient n'est pas loin d'évoquer une forme d'autorité charismatique, qu'il prête aux combattants français. « Quels seraient dans ces jeunes troupes les d'Assas des futurs combats, les Bobillot des résistances prochaines ? », ajoute le colonel commandant le 118e RI de Quimper. « Nul ne le savait, mais nul ne doutait qu'il surgirait certainement des héros, aux heures graves » (*Le Progrès du Finistère*,

20 septembre 1919). L'image forgée rétrospectivement est celle d'une armée confiante dans son destin et prête à faire preuve de bravoure, comme ses lointains prédécesseurs. C'est aussi cette armée d'hommes exceptionnels qui est censée régénérer la France dans l'immédiat après-guerre.

Dans les semaines qui suivent l'entrée en guerre, le conflit s'est caractérisé par de lourdes pertes, qui trouvent aussi leur place dans les discours des fêtes du retour. Elles ne font que valoriser, aux yeux des orateurs, le courage des combattants : « Les premiers chocs, cruels et sanglants, ne purent les déconcerter. Alors que votre pensée anxieuse se portait au loin sur notre drapeau, après nos premiers échecs, vos fils, vos frères, vos compatriotes luttaient avec ténacité contre l'envahisseur, sans que s'affaiblisse leur moral », rappelle le commandant du 118e RI de Quimper. Par ailleurs, les orateurs s'arrêtent généralement sur la bataille de la Marne, usant du ton épique qui sied aux tournants spectaculaires : « À l'immortelle Marne, nous eûmes cette vision d'une masse d'hommes recrus de fatigues, qui s'arrête, se retourne, fait face à l'ennemi et dans un sursaut d'énergie dont seuls pouvaient être capables nos admirables poilus, bouscule le Boche, le force à s'enfuir, à se terrer. Victoire qui sauva la France et la Civilisation [...] » (*Vitré-Journal* et *Journal de Vitré*, 14 septembre 1919). Les esprits les plus religieux considèrent cette victoire comme un signe d'élection divine. « Si ce sont les hommes qui bataillent, c'est Dieu qui donne la victoire », assure par exemple le doyen de Notre-Dame de Vitré. « Et de fait, pour s'en convaincre, il suffira de considérer les reprises merveilleuses de la fortune aux heures les plus sombres de la guerre. Malgré toutes les explications stratégiques, à la Marne par exemple, il reste une part de mystère qui est la part de Dieu. »

Suit le plus souvent un bref historique des faits d'armes de ces soldats, qui reprend la liste des noms de batailles reproduits sur le drapeau du régiment et que la plupart des participants connaissent sans doute de mémoire. « Comment oublierions-nous la conduite héroïque du 77e à Mondement, Ypres, Verdun, à la Somme, à la cote 304, etc. ? J'en puis dire autant du brave 277e qui se distingua surtout à Nomény, à Verdun et à l'offensive de l'Aisne », déclare le maire de Cholet (Maine-et Loire). « Partout ils se sont couverts de gloire et l'Histoire redira ce que furent ces fils de la Vendée angevine qui sont l'honneur de notre pays » (*Le Réveil choletais*, 14 septembre 1919). À Rennes (Ille-et-Vilaine), le rappel des engagements du 241e d'infanterie et la présentation de son drapeau s'accompagnent de la lecture des trois citations que le régiment a acquises durant le conflit.

En retraçant l'itinéraire du 70e d'infanterie, le sous-préfet de Vitré prend soin, pour sa part, de mettre en scène l'inquiétude de l'arrière, l'attention au sort des combattants : toute une ville qui vit au rythme des exploits de son régiment. « Avec angoisse, mais aussi avec fierté, nous voyons votre drapeau flotter dans la terrible et malheureuse bataille de Charleroi, à Guise, à l'immortelle Marne [...] Puis, nous vous suivons en 1915 et 1916 dans ces petits villages, dans ces hameaux, dont les noms, grâce à vos hauts faits, demeurent à jamais glorieux dans les fastes de l'histoire : Wailly, Roclincourt, la Haute-Chevauchée, La Harazée », explique-t-il. « Enfin, ce fut la défense héroïque de Verdun[51], cette inoubliable bataille de sept mois, aussi extraordinaire par sa longueur que par son acharnement [...] Lorsqu'à notre tour, après la ruée de l'ennemi sur Paris, nous attaquâmes afin de réduire la hernie formée par l'avance allemande jusqu'à Château-Thierry, nous voyions de nouveau le 70e aux postes d'honneur, c'est-à-dire aux endroits où le combat était le plus acharné, où la bataille faisait rage : sur la Somme et sur la Vesle » (*Vitré-Journal* et *Journal de Vitré*, 14 septembre 1919).

51. Sur la transmission de l'expérience de Verdun dans l'après-guerre, voir Antoine Prost, « Verdun », in Pierre Nora, *Les Lieux de mémoire*, *op. cit.*, rééd. 1997, collection « Quarto », tome 2, p. 1755-1780.

Cette mémoire locale est l'un des socles fondamentaux sur lequel se construit, lors de la sortie de guerre, l'histoire du conflit. Elle commence à apparaître dès le moment où les régiments reviennent dans leur ville d'origine. Et c'est à la transmission de cette mémoire que les orateurs consacrent souvent la fin de leurs discours. « Maintenant que vous rentrerez dans vos foyers après ces luttes ardentes, il vous sera permis de vous enorgueillir d'y avoir pris part. Vous vous rappellerez ces combats mémorables auxquels vous avez assisté et vous vous représenterez par la pensée les différentes phases de ce drame sans précédent », explique le maire de Cholet devant les hommes du 77e RI. « Quand vous serez vieux, vous raconterez vos campagnes à vos petits enfants émerveillés, et vous ferez passer dans ces jeunes cerveaux cette foi patriotique qui vous inspirait et vous contenait sur le champ de bataille ; et ce sera le plus noble enseignement que vous puissiez leur donner » (*Le Réveil choletais*, 14 septembre 1919). En fait, outre la crainte que le souvenir des combats ne finisse par disparaître, il faut œuvrer pour que les civils s'approprient la mémoire combattante, de sorte que les régiments n'en soient pas les seuls dépositaires. La distance déjà soulignée entre les combattants de retour chez eux et les civils doit être comblée. C'est ce à quoi s'emploie le maire de La Roche-sur-Yon (Vendée) au mois de septembre 1919 : il fait imprimer en plusieurs milliers d'exemplaires un résumé de l'historique du 93e pendant la guerre et les fait distribuer.

La fonction sociale des anciens combattants

« Que deviennent les héros lorsque la patrie n'est plus en danger, lorsque la nation ne réclame plus son lot de vies sacrifiées ? », s'interrogent les anthropologues Pierre Centlivres, Daniel Fabre et Françoise Zonabend, dans l'introduction d'un ouvrage collectif consacré à *La Fabrique des héros*[52]. La réponse qu'offrent les discours des fêtes du retour est sans équivoque : dès le moment où ils réintègrent leur ville d'origine, les soldats sont présentés comme les garants d'une régénération nationale et comme des messagers de l'idéal d'unité forgé dans les combats. « Grâce à la victoire que vous lui avez donnée, la France, glorifiée dans la personne de ses enfants, avec les souvenirs de son incomparable histoire, avec le labeur de reconstitution de ses concitoyens plus ardents que jamais et aussi plus unis, continuera à grandir dans la paix comme elle a grandi dans l'épreuve », prédit le général de Boissoudy, à l'arrivée de trois régiments à Rennes, le 31 août 1919. « Ce sera la gloire du passé, le triomphe du présent, le gage d'un avenir toujours meilleur » (*Ouest-Éclair*, 1er septembre 1919). Et le sénateur Le Herissé ajoute : « Grâce à vous, la France a retrouvé sa gloire, elle n'a plus désormais sa mentalité d'avant-guerre, sa mentalité de vaincue ! S'appuyant sur ses morts, elle est maintenant unie, une et indivisible dans ses vivants ! Vous voici revenus dans la petite patrie et vous allez reprendre définitivement contact avec les laborieuses populations de nos régions. »

À la représentation eschatologique de la Grande Guerre qui devine un monde meilleur sur les ruines du monde ancien s'ajoute plus concrètement une évocation de la fonction sociale des anciens combattants, qui passe non pas par le repli dans la sphère privée, mais, à l'inverse, par un engagement citoyen. « Après quatre années de privations de tout ordre, vous avez un désir légitime de mordre au fruit savoureux de la vie et cependant la patrie vous demande de ne consacrer au plaisir qu'un temps strictement limité ; vous avez subi des fatigues innombrables et vous aspirez légitimement au repos et la France vous demande, après un court répit, de tendre de

52. Pierre Centlivres, Daniel Fabre, Françoise Zonabend, *La Fabrique des héros*, Paris, Éd. de la Maison des Sciences de l'homme, 1998, p. 4.

nouveau vos forces vers le travail ; vous avez vécu courbés sous une discipline militaire sévère, vous avez une soif bien légitime d'indépendance et de liberté, et cependant il vous est demandé de vous courber volontairement sous une discipline sociale, aussi indispensable à la victoire économique que la discipline militaire a pu l'être aux victoires du front. » Cet appel du préfet du Morbihan aux régiments de Rennes le 31 août 1919 rejoint celui du maire de Dinan (Côtes-du-Nord) qui accueille le 24e régiment de dragons et le 10e régiment d'artillerie quelques jours plus tard : « Vous avez gagné la guerre, il nous reste à gagner la paix. Travaillons et produisons, toute la politique de l'heure présente est là, si nous voulons doubler le cap des difficultés » (*L'Union malouine et dinannaise*, 27 et 28 septembre 1919). En réaffirmant le rôle dévolu aux anciens combattants dans la société d'après-guerre, les discours d'accueil entreprennent aussi de fixer les limites de la fête.

Finir la fête

Avec la fin des cérémonies militaires, soldats et civils entrent dans un temps de délassement où le cycle de la guerre semble peu à peu se refermer et la vie quotidienne reprendre ses droits. Bals, concerts, spectacles ont avant tout une fonction de restauration d'un ordre social antérieur, puisqu'ils rapprochent les soldats de la population locale et renouent les sociabilités de quartier autour des survivants. La fête vient rompre le strict ordonnancement des parades militaires, elle envahit l'espace urbain, déborde des boulevards où les défilés l'avaient cantonnée pour gagner peu à peu toute la ville. Elle affranchit le soldat de la discipline corporelle imposée par les cérémonies et cherche à éblouir les sens dans le crépitement des feux d'artifice et la multiplication des concerts publics. À Cholet (Maine-et-Loire), au retour du 77e RI, « une foule énorme assiste au concert de la musique de Saint-Pierre et admire les illuminations ». À Nantes (Loire-Inférieure), ce ne sont pas moins de huit spectacles qui sont donnés le 13 juillet 1919, place Canclaux et place Saint-Similien par les Enfants de Doulon, place de la République par la Concorde, au Jardin des plantes par la Musique militaire, place du Commerce et place Graslin par la Musique municipale, place Royale par l'harmonie Sainte-Cécile et cours de la République par la Chorale nantaise – témoignant de l'importante activité des sociétés musicales dans la France provinciale du début du siècle.

Les municipalités ont à cœur de contenir les débordements et de ne pas laisser se reproduire les incidents qui avaient émaillé l'annonce de l'armistice dans certaines villes. À Nantes (Loire-Inférieure), un arrêté municipal du 20 novembre 1918 avait interdit tout jet de confetti, de pétards, de serpentins et de feux d'artifice, à la suite d'accidents provoqués par des pétards lancés dans la foule. « Nous ne saurions oublier que, particulièrement dans notre ville, la Victoire que nous fêtons a été payée d'un lourd tribut de sang et nous ne pouvons, sans manquer à la respectueuse reconnaissance que nous devons à nos Morts héroïques et à ceux qui les pleurent, laisser les manifestations d'une allégresse générale dégénérer en mascarade », avertit la municipalité.

En réalité, il apparaît que la fête est surtout l'occasion pour les autorités municipales d'affirmer l'importance de leur commune. À Rennes (Ille-et-Vilaine), le maire faire décorer le pavillon des Lices – les anciennes halles – pour un banquet de plusieurs milliers de convives. À Fontenay-le-Comte (Vendée), un repas de plusieurs centaines de couverts réunit les combattants du 137e RI et des soldats délégués de toutes les communes environnantes. À Lorient (Morbihan), c'est au théâtre municipal que se rassemblent les soldats et leurs officiers. On y joue des airs patriotiques – *Aux armées de la Victoire* ou *Alsace-Lorraine* –, des extraits d'opéras – *Hamlet* ou *Tosca* – et d'opérettes – *Les Fiançailles de guerre*... – et le chant du régiment. Pour *L'Ouest maritime*, le succès de la soirée s'explique par la participation de « l'une des plus brillantes étoiles de l'Opéra de Nice » et d'une « délicieuse cantatrice que Paris a particulièrement fêtée » l'hiver précédent. Ces temples de la « culture de masse » que sont les opéras et théâtres municipaux sont aussi des bâtiments de prestige qui ouvrent à l'influence culturelle de Paris et s'intègrent dans la compétition entre villes voisines.

En rendant compte de ces spectacles, la presse locale s'efforce généralement de replacer les soldats au centre du dispositif festif. « C'est devant la plus magnifique chambrée, devant un parterre de héros, ceux-là mêmes qui, le 11septembre encore, enlevaient d'un seul bond les défenses du moulin de Laffaux, que s'est déroulée, avec un plein et légitime succès la représentation [au théâtre de Lorient] », écrit le journaliste de *L'Ouest maritime*. Dans ces circonstances, la presse laisse transparaître une idéalisation de la camaraderie combattante, qu'elle suppose forgée dans les combats et apte à régénérer la société française. À propos du banquet organisé pour fêter le retour des régiments rennais, *Ouest-Éclair* note par exemple qu'il « y aura de la place pour tout le monde, et officiers et soldats pourront une fois de plus fraterniser, comme aux jours pénibles de la vie de tranchées et aux heures tragiques de l'attaque ». L'incompréhension fondamentale de la réalité du front est encore plus perceptible quand le chroniqueur commence à imaginer le déroulement du festin : « À cette fête toute cordiale, le maire inviterait les autorités civiles et militaires. Il y aurait des toasts émus, mais très courts, le poilu étant habitué à l'extrême concision des ordres du jour et des citations » (*Ouest-Éclair*, 4 mai 1919). On imagine sans peine l'étonnement et l'agacement des démobilisés à la lecture d'une telle prose.

Les anciens combattants sont donc perçus d'emblée comme des êtres à part, qui ont été transfigurés par la guerre. Moralement, ils ont besoin de divertissement, mais ils resteraient marqués par la sobriété, l'austérité, la rigueur de la vie des tranchées. Physiquement, en dépit des souffrances qui leur ont été infligées, ils se distinguent, pense- t-on, par leur courage, leur vaillance, leur force physique. Ainsi, lorsqu'un quotidien nantais décrit les régates organisées sur l'Erdre le 14 juillet 1919, il ne manque pas l'occasion de saluer l'exceptionnelle résistance des soldats de la Grande Guerre. Quatre courses ont lieu entre l'île de Versailles et le pont de la Tortière, sous le patronage du Cercle de l'Aviron et de l'Hélice Club de l'Ouest. La dernière, qui marque particulièrement les esprits, oppose une équipe composée de six jeunes conscrits de la classe 1920 à une autre équipe de huit rameurs, qui sont tous des anciens combattants. L'intérêt vient notamment de ce qu'il s'agit d'une course à handicap, avec une avance de 30 secondes pour le premier équipage. Malgré tous leurs efforts, s'enthousiasme *Le Populaire de Nantes*, « les conscrits ont eu du mal à tenir tout le parcours devant ceux qui ont si bien tenu pendant quatre ans ». En d'autres termes, nul ne peut vaincre aisément ceux qui ont mis l'ennemi en déroute.

Dès lors, dans les derniers moments de ces fêtes du retour, la guerre est encore très présente, même si tout est fait, semble-t-il, pour la mettre à distance. Les compétitions sportives, nombreuses à l'issue des cérémonies, n'empruntent pas simplement à des traditions de kermesse : courses à pied, courses à bicyclette, courses en sac… Elles opposent généralement deux classes d'âge, les anciens combattants et les conscrits, et constituent, de cette manière, une sorte de rite d'initiation infligé aux plus jeunes par ceux qui ont connu l'épreuve du feu. Les concerts font surtout entendre des airs militaires, et toutes les manifestations, jusqu'aux récitals d'opérette organisés pour les soldats, s'achèvent immanquablement par une vibrante *Marseillaise*, entonnée par les spectateurs. Les défilés de chars, traditionnels durant l'été dans de nombreuses communes françaises, prennent à leur tour une autre apparence, avec l'arrivée des régiments. À Saint-Philbert-de-Grandlieu, modeste chef-lieu de canton de Loire-Inférieure, les habitants décident de donner un éclat particulier aux chars qu'ils ont construits : le premier représente l'Alsace et la Lorraine, personnifiées par deux femmes, accompagnées de soldats et d'enfants ; le deuxième, la France, une femme qui abrite sous les plis de son drapeau des enfants des provinces reconquises ; le troisième une sorte de synthèse de l'histoire nationale, des Gaulois à nos jours, avec des personnages caractéristiques.

En fait, au moment où les soldats n'aspirent qu'à rejoindre l'intimité de leurs foyers, les manières traditionnelles de faire la fête sont comme subverties par la présence de la Grande Guerre, avec ce mélange de mauvaise conscience de la population, d'incompréhension pour les anciens combattants, et cette impossibilité pour les uns et pour les autres d'assumer *en même temps* le poids des deuils, l'usure des combats et la joie de la victoire. Les festivités organisées en l'honneur des régiments ne doivent pas faire oublier la distance qui sépare encore les combattants de leur famille. Les civils semblent prisonniers de représentations héroïques de la guerre et d'une obsession de se montrer, dans leurs gestes de reconnaissance, à la hauteur du sacrifice des soldats. De leur côté, les poilus sont exaspérés souvent de leur incompréhension de la vie au front. Pour ces derniers, tout malentendu est ressenti comme une blessure. La fête est-elle particulièrement éclatante qu'elle semble indécente en période de deuil collectif. Est-elle trop terne, en revanche, que les soldats se plaignent de l'indifférence des civils, et cela avec d'autant plus de vigueur que ces récriminations s'enracinent dans un ancien contentieux entre l'avant et l'arrière durant le conflit.

Les fêtes du retour ne rapprochent donc pas définitivement les soldats des civils, elles ne sont qu'une étape sur la voie de la réinsertion. Et d'abord parce que les hommes portent encore l'uniforme, défilent au pas, sont soumis à la discipline militaire. Il faut attendre quelques jours encore et la démobilisation pour que d'autres fêtes, appelées généralement « fêtes des poilus », célèbrent ceux qui sont redevenus des civils. On ne commémore pas la victoire comme dans les fêtes du retour, mais le simple fait de s'en être sorti vivant. On retrouve ses proches, ses amis, tout en éprouvant sans doute le sentiment d'être là à la place d'un camarade, d'avoir survécu au prix d'une autre vie. Quelques brèves dans la presse locale décrivent les réjouissances : un banquet copieux, une retraite aux flambeaux, un feu d'artifice et quelques tours de valse au bal des démobilisés. Les fantômes des compagnons d'armes sont encore là, mais le cycle de la guerre s'est achevé.

Conclusion

L'impossible retour de guerre

Cinq millions d'hommes rendus à leur foyer en un peu moins de 18 mois : le succès de la démobilisation de l'armée française mérite d'abord d'être relevé. Après quatre années d'une guerre brutale qui a sacrifié toute une génération de combattants et détruit beaucoup de ses richesses, la France est loin d'être désorganisée. Elle révèle même une forme de maturité bureaucratique alors qu'elle est confrontée à des situations inédites par leur ampleur. Il lui faut assurer le retour d'une armée beaucoup plus nombreuse que lors de la mobilisation et le ravitaillement des troupes stationnées en Alsace-Lorraine et en Rhénanie, préparer la reconstruction des régions dévastées par le conflit ou libérées de leurs occupants allemands, redistribuer les hommes et le matériel avec des réseaux de chemins de fer encombrés. À tous ces problèmes dont dépendent la stabilité sociale et l'avenir économique du pays, les responsables politiques et militaires répondent avec une incontestable efficacité.

Mais, comme toute sortie de guerre, les mois qui suivent l'armistice font apparaître des enjeux plus complexes encore : il faut rendre aux combattants leur place dans la société, entendre le besoin de reconnaissance et parfois celui d'une compensation des souffrances endurées, inculquer des normes à des hommes habitués depuis longtemps à l'anomie de la violence de guerre. Il s'agit alors non plus seulement de démobilisation militaire, mais d'une démobilisation culturelle et psychique – si difficile à étudier en raison du caractère lacunaire de la documentation et d'évidentes difficultés méthodologiques. Grâce aux rapports du contrôle postal – une source particulièrement riche et cependant négligée pour cette période – croisés avec d'autres fonds documentaires, c'est cette histoire des sensibilités combattantes que nous avons cherché à faire pour la période qui va de l'été 1918, lorsque les soldats poursuivent une armée allemande en retraite, jusqu'en 1919 et 1920, au moment du retour de leurs régiments.

Paradoxalement, la sortie de guerre se caractérise d'abord par sa violence. Une violence verbale plus que physique, puisque les combats ont cessé, mais dont l'intensité frappe l'observateur. En fait, c'est un peu comme si cette période charnière portait à son paroxysme toutes les composantes de la culture de guerre de 14-18 : héroïsation des morts, ferveur patriotique, détestation de l'ennemi. À une vision simplificatrice qui voit dans les combattants français de l'hiver 1918-1919 des hommes à bout de forces, assez compréhensifs à l'égard des Allemands qui ont autant souffert qu'eux, se substitue, à l'analyse du contrôle postal, une réalité très différente : celle de soldats fatigués certes, mais résolus, majoritairement haineux à l'égard de l'ennemi et hostiles à toute paix hâtive. Ainsi, la chronologie traditionnelle de la guerre s'en trouve subvertie. Le 11 novembre 1918 n'est plus cette césure nette entre le temps de la guerre et celui de l'après-guerre. Comme l'entrée en guerre, la sortie de guerre est un processus lent, complexe, où la normalisation des rapports avec l'ennemi n'a lieu qu'au terme d'une « démobilisation culturelle » encore imperceptible dans les correspondances des soldats démobilisables.

Par ailleurs, autre paradoxe, la distance entre le monde des soldats et celui des civils n'a jamais été aussi grande que durant cette période. Ce sentiment d'incompréhension mutuelle est perceptible à de multiples reprises dans les rapports du contrôle postal : l'armistice n'est pas vécu de la même manière sur le front et à l'arrière ; les soldats sont beaucoup plus conscients de la lenteur inhérente à toute démobilisation que leur famille ; plus fondamentalement encore, les soldats ont le sentiment que leur expérience ne peut pas être comprise par les civils. Dès lors, l'une des questions les plus épineuses est la reconnaissance due aux soldats. « Ils ont des droits sur nous », avait déclaré Clemenceau dans un discours célèbre, sans dire pour autant de quels droits il était question. Afin de préserver l'apparence d'une démobilisation juste et égale, l'armée française choisit de libérer les soldats à l'ancienneté. Mais faut-il mettre sur le même plan tous les soldats ? Quelle attitude adopter à l'égard des prisonniers de guerre dont beaucoup considèrent qu'ils n'ont pas autant souffert que les combattants dans les tranchées ? Les débats parlementaires à ce sujet sont nombreux et se résument souvent à un impossible choix entre la justice et l'égalité. Dans cette « économie morale de la démobilisation », les questions matérielles acquièrent une importance considérable. L'inconfort des trains de marchandises dans lesquels ils sont rapatriés scandalise les soldats. Le montant de l'indemnité de démobilisation les ulcère. Le don d'un costume les humilie, puisque, par manque de tissu, il se résume souvent à un habit militaire teint pour la circonstance. En ce qui concerne les fêtes du retour, elles font l'objet d'un examen soupçonneux. Apparaissent-elles trop fastueuses et on considère que les civils ont trop vite oublié la dureté de la guerre. Sont-elles trop discrètes et on accuse l'arrière de se montrer ingrat.

Enfin, ce qui résume sans doute le mieux la sortie de guerre, c'est le deuil qui pèse sur l'ensemble de la société française, du fait des pertes militaires et de la grippe espagnole. L'ensemble de la société, c'est-à-dire aussi les soldats. On oublie trop souvent que l'armée française, victorieuse en 1918, est une armée en deuil. Cette douleur de l'absence, qui exclut tant de familles des fêtes de la Victoire, est violemment ressentie par les compagnons d'armes. Elle transparaît au détour d'une lettre, dans le discours d'un chef de section juste après l'armistice, dans les activités des hommes au lendemain du 11 novembre : repérer les cadavres, ensevelir les morts, planter des croix de bois. Et peut-être finalement, après avoir exploré jusqu'au bout cette piste de recherche sur la « démobilisation culturelle » des combattants de la Grande Guerre, découvrira-t-on qu'elle épouse les aléas du deuil, qu'elle évolue avec lui ?

De surcroît, à leur retour dans leurs foyers, les soldats démobilisés doivent se réintégrer à des sociétés profondément traumatisées qui ne parviennent pas toujours à leur faire la place qu'ils attendent. Cette place, c'est d'abord celle qu'ils occupaient dans un avant-guerre qu'ils espèrent, sans trop y croire sans doute, voir restauré à plus ou moins long terme. Les débats qui entourent la reconstruction à l'identique des régions détruites par le conflit indiquent combien la nostalgie d'un âge d'or est présente dans les esprits. Mais les anciens combattants aspirent aussi à une meilleure position sociale qui tiendrait compte de leurs sacrifices et saurait répondre à ce qu'ils estiment leur être dû. L'obsession d'une démobilisation équitable, dont nous avons relevé les multiples formes d'expression dans les mois qui suivent l'armistice, fait place peu à peu à l'exigence d'une juste compensation des souffrances subies, un thème récurrent dans les années 1920.

En amont de l'œuvre d'Antoine Prost sur la genèse du mouvement combattant[1], l'histoire de cette réinsertion des vétérans de la Grande Guerre reste encore à écrire, *a fortiori* dans une perspective d'histoire comparée qui serait sans doute la meilleure manière d'en saisir la complexité. Comment les sociétés européennes ont-elles réintégré en leur sein des hommes déphasés par quatre années de guerre et qu'est-il advenu de cette violence portée à une telle intensité durant

1. Antoine Prost, *Les Anciens Combattants et la Société française, 1914-1939*, Paris, Presses de la Fondation nationale des sciences politiques, 1977, 3 vol.

le conflit ? À l'heure actuelle, seules quelques pistes de recherche peuvent permettre de percevoir l'ampleur du chantier qui s'ouvre pour les historiens et les difficultés posées par une documentation lacunaire ou fragile.

La question du travail est certainement l'un des thèmes à explorer, non pas simplement dans sa dimension strictement économique (reconversion des industries de guerre), ni du point de vue des rapports entre les sexes (avenir du travail féminin)[2], mais plutôt dans la perspective de la resocialisation qu'offre une activité professionnelle. Un peu partout, ce sont les agriculteurs qui sont les plus favorisés, car ils retrouvent sans trop de peine leurs exploitations. Or reprendre son travail à la ferme, c'est aussi retrouver un rôle au sein d'une structure familiale, sa place à table aux côtés des siens, renouer avec un rythme de vie adapté aux saisons, avec des rituels et une sociabilité de village. Encore faut-il faire la part des régions qui ont subi une déprise rurale importante et dont les paysages sont peu à peu revenus à l'état sauvage[3]. Mais la majeure partie des exploitations agricoles a bénéficié de l'activité des femmes, des enfants, des vieillards et des prisonniers employés aux travaux des champs, de telle sorte que la réinsertion économique des paysans se fait sans trop de difficultés.

En comparaison, les salariés n'ont pas la même chance. Certes, en France, une loi du 22 novembre 1918 oblige l'ancien employeur à reprendre les soldats de retour du front. Mais une demande doit lui être adressée par lettre recommandée dans les quinze jours qui suivent la démobilisation, ce qu'oublient de faire beaucoup de démobilisés, trop

2. Laura Lee Downs, *Manufacturing Inequality*, trad. fr. : *L'Inégalité à la chaîne. La division sexuée du travail dans l'industrie métallurgique en France et en Angleterre*, Paris, Albin Michel, « L'évolution de l'Humanité », 2002, notamment le chapitre 6 sur la démobilisation et le reclassement de la main-d'œuvre.

3. Hugh Clout, « Rural reconstruction in Aisne after the Great War », *Rural History*, 1993, tome IV, p. 165-185.

occupés à retrouver leurs proches. Par ailleurs, dans les petites entreprises, le soldat parti à la guerre a souvent été remplacé, et son patron fait valoir, d'un air embarrassé, qu'il lui est impossible de mettre à la porte celui qui occupe cet emploi depuis plusieurs années. Pour les commerçants, le problème est encore différent : il faut parvenir à reconstituer une clientèle et rénover un fonds de commerce qui a vieilli. Même les fonctionnaires, qui retrouvent leur poste, ne rattrapent pas pour autant les années d'avancement perdues et se voient placés sous l'autorité de personnes qui, entre-temps, ont obtenu des promotions. Beaucoup vivent comme une humiliation cette régression sociale, alors qu'ils ont le sentiment d'avoir déjà tant donné à leur pays. « La vie a marché pendant que tu t'immobilisais dans les ravins et les tranchées », explique un personnage d'un roman de J. Valmy-Baysse. « Elle a pris de l'avance ; tu n'as qu'à mettre les bâtons pour la rattraper[4]. »

Dans les différents pays, la réadaptation de l'économie au contexte de l'après-guerre et notamment le ralentissement de la production d'armement combiné avec le retour progressif des démobilisés imposent une nouvelle organisation du marché de l'emploi, qui passe par une réduction de l'activité rémunérée des femmes dans l'industrie. On fait alors appel de diverses manières à leur patriotisme pour faciliter la transition économique. « En retournant à vos anciennes occupations ou en vous employant à d'autres travaux de temps de paix, vous serez utiles à votre pays, comme vous l'avez été en vous consacrant depuis quatre ans aux œuvres de guerre », explique une circulaire de Louis Loucheur, ministre de l'Armement puis de la Reconstruction, en date du 13 novembre 1918. L'image positive de la femme engagée dans les industries de guerre fait place peu à peu à celle de l'ambitieuse, sensible à l'appât du gain, qui occupe abusive-

4. Jacques Valmy-Baysse, *Le Retour d'Ulysse. Roman d'un démobilisé*, Paris, Albin Michel, 1921, p. 161.

ment un poste de travail qui devrait revenir à un démobilisé. À cette question de l'emploi s'ajoutent aussi une crise du logement[5], du fait des destructions liées à la guerre, du manque d'investissements, du retour massif des démobilisés, et le coût des loyers, dont le paiement avait été suspendu pendant le conflit, mais que réclament désormais les propriétaires.

Ces problèmes, qui n'ont jamais été étudiés pour la France dans leur globalité, ne sauraient être envisagés simplement dans une perspective socio-économique. Sur le plan individuel, les anciens combattants sont des hommes affaiblis psychologiquement, qui éprouvent plus de difficultés à faire face aux soucis matériels. Les traumatismes psychiques des vétérans ont été vraisemblablement sous-évalués, à la fois parce qu'on ne disposait pas à cette époque des moyens d'identification adéquats (d'où la difficulté qu'entraîne l'utilisation de notions de psychologie ou de psychiatrie modernes) et parce que les troubles psychiques étaient mal vus en comparaison des blessures physiques tenues pour plus glorieuses. Mais tout semble prouver que la proportion de soldats blessés psychiquement n'a guère été inférieure à celle des grandes guerres modernes (guerre du Vietnam, guerres israélo-arabes) : un quart de sujets traumatisés à des degrés divers, dont une moitié avec des névroses de guerre plus ou moins invalidantes[6]. Qu'ils aient développé des traumatismes lourds (avec des médicaments, de longues périodes d'arrêt de travail) ou simplement manifesté des symptômes de temps en temps (cauchemars, agressivité), beaucoup de vétérans ne sont pas sortis indemnes de la Première Guerre mondiale. « Je suis allé dans un magasin de nouveautés faire

5. Susanna Magri, « Housing », in *Capital Cities at War, Paris, London, Berlin, 1914-1919*, sous la direction de Jay Winter et Jean-Louis Robert, Cambridge, Cambridge University Press, 1997, p. 374-417, notamment p. 406 *sq*.

6. Louis Crocq, *Les Traumatismes psychiques de guerre*, Paris, Éd. Odile Jacob, 1999.

quelques courses avec ma femme. La foule, les lumières, le bruissement de la soie, les couleurs des marchandises – tout était un délice des yeux, un contraste après la misère de nos tranchées », rapporte un ancien combattant français en 1919. « Tout à coup, j'ai senti mes forces m'abandonner. J'ai cessé de parler ; j'ai éprouvé une sensation désagréable dans le dos ; j'ai senti mes joues se creuser. Mon regard est devenu fixe et le tremblement est revenu, en même temps qu'un immense sentiment d'inconfort. Dans le tramway ou le métro, je sens que les gens me regardent, et cela me donne un sentiment terrible. Je sens que je leur fais pitié. Telle femme m'offrira sa place. Je suis profondément touché ; mais ils me regardent et ne disent rien. Que pensent-ils de moi[7] ? »

Dès lors, pour un certain nombre d'anciens combattants, le retour à la vie civile s'accompagne d'abord de mal-être et de nouvelles difficultés dans les relations avec leur entourage. Dans son autobiographie, le philosophe Louis Althusser se souvient des crises nocturnes de son père, à son retour du front : « La nuit, très souvent, [mon père] émettait en dormant de terribles hurlements de loup en chasse ou aux abois, interminables, d'une violence insoutenable, qui nous jetaient au bas du lit. Ma mère ne parvenait pas à le réveiller de ses cauchemars. Pour nous, pour moi du moins, la nuit devenait terreur et je vivais sans cesse dans l'appréhension de ses cris de bête insoutenables que jamais je n'ai pu oublier[8]. » L'historien est malheureusement embarrassé face à ces traumatismes qui laissent peu de traces utilisables et entraînent le risque de faire de la psychologie historique sans grande rigueur.

7. Cette citation d'un soldat anonyme est tirée d'E. Southard, *Shellshock and Other Neuropsychiatric Problems*, Boston, W.M. Leonard, 1919.

8. Louis Althusser, *L'avenir dure longtemps,* suivi de *Les Faits*, Paris, Stock/IMEC, 1992, p. 39.

Une première approche possible consiste à comptabiliser le nombre des divorces et à voir dans le conflit la cause principale de ces désunions : mais s'agit-il de violences conjugales, de situations d'adultère ou tout simplement de l'incapacité à vivre comme avant la guerre ? En France, le nombre des divorces pour 10 000 mariages passe de 561 en 1913 à 1235 en 1920. Par ailleurs, et c'est sans doute plus intéressant, les séparations de 1918 n'ont plus les mêmes causes que quelques années plus tôt. Selon l'*Annuaire statistique de la France*, les femmes sont majoritairement à l'origine des divorces (58,5 %) en 1913. Or ce n'est plus le cas en 1919, où 61 % des demandes émanent des maris, souvent après la découverte de l'infidélité de leur femme[9]. En dépit des tendances qu'ils semblent dessiner, ces chiffres bruts ne peuvent fournir, en eux-mêmes, de conclusion parfaitement convaincante au sujet de l'impact de la guerre sur la vie conjugale des Français.

À partir des archives judiciaires et des mains courantes des commissariats, ou en lisant la rubrique des faits divers des journaux, on peut aussi tenter d'esquisser une histoire de la violence quotidienne dans l'immédiat après-guerre. Certains drames sont édifiants. Le 23 juin 1919, à Sartrouville, un lieutenant blesse sa jeune femme d'un coup de revolver au cœur. Elle décède quelques jours plus tard. « Devant le 1er Conseil de guerre, le lieutenant Oudin affirme qu'après avoir recueilli les plus déplorables renseignements sur la conduite de sa femme, il venait cependant lui offrir d'oublier tout le passé et reprendre la vie commune », rapporte *Le Matin*. « Et comme elle refusait de répondre, il aurait tiré, dans une minute d'affolement. Sur réquisitoire du commandant Requier et après plaidoirie de Maître Eugène Lamour, le lieutenant Oudin a été acquitté » (8 août 1919). Une mise en série de tels événements est une source trop fragile pour tirer des conclusions sur

9. Jean-Yves Le Naour, *Misères et Tourments de la chair durant la Grande Guerre. Les mœurs sexuelles des Français, 1914-1918,* Paris, Aubier, 2002, p. 245 *sq*.

l'accroissement de la criminalité lié au retour des anciens combattants, même si la tentation est grande d'y voir un signe de cette « brutalisation » des sociétés européennes suggérée par George L. Mosse[10]. En revanche, elle pourrait permettre d'étudier la manière dont la société d'après-guerre se représente ces crimes[11] et dont elle disculpe les auteurs, la plupart du temps, lorsqu'il s'agit d'anciens combattants.

Bien sûr, le risque de surévaluer la dimension pathologique du retour n'est pas négligeable, car nombreux sont les démobilisés qui n'aspirent somme toute qu'à une chose : se replier dans la « sphère privée », et qui parviennent à mener une vie apparemment semblable à celle qu'ils avaient avant la guerre. Ce bonheur du retour au foyer ne laisse aucune trace, à l'exemple du paysan qui retrouve ses bêtes et son champ, ses parties de pêche ou de chasse… Aussi est-il relativement facile de le passer sous silence. Cela dit, lorsqu'ils étudient le retour des vétérans de la Grande Guerre, les historiens ne peuvent ignorer ce que les études des psychiatres militaires leur apprennent pour des conflits récents, notamment le poids du deuil sur les soldats, lié à la perte d'un parent ou des compagnons d'armes.

Cette question du deuil de guerre, jusqu'alors circonscrite par les historiens de la Grande Guerre à l'étude des monuments aux morts[12], a connu récemment un profond renou-

10. George L. Mosse, *Fallen Soldiers*, trad. fr. : *De la Grande Guerre au totalitarisme. La brutalisation des sociétés européennes,* Paris, Hachette, 1999. Dans le cas de la Seconde Guerre mondiale, l'impact de la violence de guerre sur les sociétés d'après-guerre est étudié par Alice Förster et Brigit Beck, « Post-traumatic stress disorder and World War II. Can a psychiatric concept help us understand postwar society », *in* Richard Bessel et Dick Schumann, *Life After Death*, Cambridge, Cambridge University Press, 2003, p. 15-35.

11. En s'inspirant des travaux de Dominique Kalifa ou Anne-Claude Ambroise-Rendu sur le XIXe siècle.

12. Sur cette question, les travaux sont extrêmement nombreux. La thèse d'Antoine Prost, *Les Anciens Combattants et la Société française, op. cit.,* tome 3, en est l'ouvrage pionnier ; voir aussi Antoine Prost, « Les monuments aux morts », in Pierre Nora, *Les Lieux de mémoire*,

vellement d'approche et de documentation. Avec la notion de « communautés en deuil », l'historien Jay Winter invite à une histoire sociale du deuil de masse, parfaitement adaptée au monde anglo-saxon où toutes les structures sociales (établissements d'enseignement, entreprises, clubs sportifs) ont entretenu le deuil de leurs soldats défunts, pendant et après la Première Guerre mondiale[13]. Jusqu'ici, ce travail d'enquête a été mené surtout en Angleterre, mais pourquoi ne pas l'étendre à la France et à d'autres belligérants ? Ainsi, pour la période de l'immédiat après-guerre, les usages sociaux du deuil peuvent parfaitement être étudiés pour certains grands lycées qui ont souvent procédé à un recensement de leurs pertes avant la construction de leur monument aux morts et développé à cette occasion une sociabilité spécifique, ou pour certaines entreprises qui ont cherché à entretenir la mémoire de leurs disparus dans les années 1920.

Dans les travaux de Stéphane Audoin-Rouzeau, c'est plutôt une perspective micro-historique qui est privilégiée, avec le postulat que des « histoires de deuil », sans caractère représentatif, peuvent mettre en lumière certaines caractéristiques de la souffrance de guerre (liées notamment à l'absence des corps des soldats), certaines temporalités du travail de deuil et certains types de réinvestissement des endeuillés dans la

---

op. cit., tome 1, *La République,* 1984, p. 195-225. Ce champ de recherche a été profondément renouvelé par Annette Becker, *Les Monuments aux morts. Mémoire de la Grande Guerre*, Paris, Errance, 1988, en particulier pour l'interprétation symbolique des monuments ; voir également Annette Becker et Philippe Rivé (sous la dir. de), *Monuments de mémoire*, Paris, Secrétariat d'État aux Anciens Combattants et La Documentation française, 1991, et plus récemment, pour une approche locale, la thèse de Pierrick Hervé, *Le Deuil, la Patrie, construire la mémoire communale de la Grande Guerre, l'exemple du département de la Vienne*, Université de Poitiers, 1998, 3 vol.

13. Jay Winter, *Sites of Memory. Sites of Mourning. The Great War in European Cultural History*, Cambridge, Cambridge University Press, 1995, chapitre 2.

création artistique ou le militantisme[14]. La notion nouvelle de « cercle de deuil » indique les ambitions de cette piste de recherche : montrer les liens entre le soldat mort et ses proches, parents et amis, puis esquisser le cheminement du deuil, en fonction de la proximité affective avec le défunt. Les enquêtes de ce type ne pourront sans doute pas être multipliées, puisqu'elles dépendent de l'existence de sources très spécifiques et relativement rares : journaux intimes, récits autobiographiques, où le deuil est relaté en détail.

En outre, on ne sait pas encore très bien comment se terminent les deuils de guerre, et ce qui peut déterminer la déprise avec l'objet du deuil. À l'échelle collective, la « démobilisation culturelle » esquissée récemment par John Horne comme un vaste champ d'investigation pour les historiens[15] ne résulte-t-elle pas finalement de l'achèvement du deuil dans lequel la Première Guerre mondiale a plongé la quasi-totalité des Européens ? Par ailleurs, certains usages sociaux ont pu transformer des souffrances en deuils pathologiques. On n'a jamais signalé par exemple les incidences psychologiques qu'avait pu avoir, à grande échelle, l'habitude de « refaire les morts » comme on le disait à l'époque moderne, c'est-à-dire de redonner le prénom d'un mort à un fils cadet ou à un neveu au lendemain du conflit. L'un des exemples les plus intéressants est celui de Louis Althusser (1918-1990), auquel sa mère avait donné le prénom de son fiancé mort à la guerre. Le philosophe fait une auto-analyse d'une clairvoyance exceptionnelle dans *L'avenir dure longtemps*. Il écrit : « Ma mère m'aimait profondément, mais ce n'est que beaucoup plus tard, à la lumière de mon analyse, que je compris comment. En face d'elle et hors d'elle je me

14. Stéphane Audoin-Rouzeau, *Cinq Deuils de guerre, 1914-1918*, Paris, Éd. Noésis, 2001.

15. John Horne, introduction au numéro spécial de *14-18 Aujourd'hui*, « Démobilisations culturelles après la Grande Guerre », Paris, Éd. Noésis, mai 2002, p. 45-53.

sentais accablé de ne pas exister par moi-même et pour moi-même. J'ai toujours eu le sentiment qu'il y avait eu maldonne, et que ce n'était pas vraiment moi qu'elle aimait ni même regardait. Je ne l'accable nullement, notant ce trait : la malheureuse, elle vivait comme elle le pouvait ce qui lui était advenu : d'avoir un enfant qu'elle n'avait pu se retenir de baptiser Louis, du nom de l'homme mort qu'elle avait aimé et aimait toujours en son âme. Quand elle me regardait, ce n'était sans doute pas moi qu'elle voyait, mais, derrière mon dos, à l'infini d'un ciel imaginaire à jamais marqué par la mort, *un autre*, cet *autre* Louis dont je portais le nom, mais que je n'étais pas, ce mort dans le ciel de Verdun et le pur ciel d'un passé toujours présent. J'étais ainsi comme traversé par son regard, je disparaissais pour moi dans ce regard qui me survolait pour rejoindre dans le lointain de la mort le visage d'un Louis qui n'était pas moi, qui ne serait jamais moi. »

À condition de ne pas reporter abusivement sur le passé les traits psychologiques ou les pratiques sociales de nos contemporains, les questions que nous venons d'esquisser permettent d'entrevoir la complexité d'une sortie de guerre comme celle du premier conflit mondial. La temporalité propre à la démobilisation, elle-même très longue puisqu'elle se prolonge sur plus d'un an, n'est pas celle de la réinsertion sociale des anciens combattants, ni celle des deuils de guerre. Les rituels mis en œuvre pour se déprendre collectivement de la guerre sont variés et complexes, de même que les modes de construction de la mémoire du conflit. Et peut-être finalement, dans cette infinie diversité des situations individuelles, est-ce un impossible retour de guerre qui constitue l'expérience vécue par des millions de combattants.

Postface

« Sortir de la guerre » : naissance d'un champ de recherche

« La guerre donne le temps fort, le temps vrai, le temps peuplé de vrais événements, a écrit Pierre Chaunu dans sa contribution aux *Essais d'Ego-Histoire*. C'est lui qui accroche le reste de la durée, la durée molle des avant et des après-guerres [1]. » Pour ce grand historien né en 1923, à proximité des champs de bataille de la Meuse, c'était une évidence. Qu'on imagine les forêts ravagées, le sol creusé de trous d'obus, les villages en ruine : la Grande Guerre dominait le temps de son enfance, comme elle en avait bouleversé les paysages. Un siècle plus tard, toutefois, nul ne croit plus que la Première Guerre mondiale forme un bloc homogène, soigneusement distinct de ce qui la précède et de ce qui la suit. L'« après-guerre » qui prévalait encore, il y a peu, comme un repère chronologique ou une notion juridique venue du droit international, a fait place à un concept nouveau, issu du renouvellement récent de l'histoire culturelle : la « sortie de guerre » [2].

1. Pierre Chaunu, « Le fils de la morte », in Pierre Nora (sous la dir. de), *Essais d'Ego-Histoire*, Paris, Gallimard, 1987, p. 61-107.

2. La notion de « sortie de guerre » a été largement diffusée en France à la fin des années 2000. Pour une synthèse des travaux sur la sortie de la Première Guerre mondiale : Stéphane Audoin-Rouzeau et Christophe Prochasson (sous la dir. de), *Sortir de la Grande Guerre. Le monde et l'après-1918*, Paris, Tallandier, 2008. Carl Bouchard (Université de Montréal) reprend cette problématique pour son étude des correspondances adressées par des « citoyens ordinaires » au président Wilson. Pour une approche comparative ou pour d'autres conflits : « Sorties de guerre au XXe siècle », *Histoire@Politique*, novembre-décembre 2007 ;

Au bilan matériel des guerres, d'ailleurs toujours incomplet, s'est substituée une étude des mécanismes de démobilisation, d'autant plus complexes qu'ils juxtaposent des temporalités variées selon les différents champs du social (espace public ou espace privé par exemple) et la perception qu'en ont les acteurs sociaux (soldats démobilisables, familles endeuillées, habitants des régions dévastées...). Ainsi le temps de la démobilisation combattante est-il différent du temps de la « démobilisation culturelle »[3], lui-même distinct du temps des reconstructions, qui diffère du temps des narrations sur le conflit ou du temps du deuil.

S'il fallut un peu moins de deux ans pour que tous les soldats français de la Grande Guerre soient rendus à la vie civile, dix ans furent nécessaires pour que les anciens ennemis soient réhabilités et que l'idéal pacifiste s'impose dans l'opinion, et sans doute une quinzaine d'années pour que la France soit à peu près relevée de ses ruines. Des décennies après la fin de la guerre, on trouvait encore des survivants – anciens combat-

---

Youenn Le Prat (sous la dir. de), *Sorties de guerre*, Rennes, Presses universitaires de Rennes, 2008 ou « Sortie de guerre. L'URSS au lendemain de la Grande Guerre patriotique », *Cahiers du monde russe*, 2009, n° 49. À titre d'exemple, dans son livre *Vertiges de la guerre, Byron, les philhéllènes et le mirage grec* (Paris, Les Belles Lettres, 2013, p. 397-441), Hervé Mazurel étudie le retour de Grèce des volontaires européens comme une épreuve identitaire et une « sortie de guerre ». La notion de « sortie de guerre » est difficile, toutefois, à traduire dans d'autres langues. L'historiographie anglo-saxonne utilise généralement les termes « *postwar* » ou « *aftermath of war* ». Voir par exemple Richard Bessel et Dirk Schumann (sous la dir. de), *Life after Death. Approaches to a Cultural and Social History of Europe during the 1940s and 1950s*, Washington D.C., The German Historical Institute et Cambridge, Cambridge University Press, 2003 ; Frank Biess, « Defining the Postwar », in Frank Biess et Robert G. Moeller (sous la dir. de), *Histories of the Aftermath. The Legacies of the Second World War in Europe*, New York et Oxford, Berghahn Books, 2010, p. 1-10 ou Tony Judt, *Postwar. A History of Europe since 1945*, New York, Penguin Press, 2005 ; trad. fr. : *Après-guerre. Une histoire de l'Europe depuis 1945*, Paris, Armand Colin, 2007.

3. John Horne, « Démobilisations culturelles après la Grande Guerre », *14-18 aujourd'hui*, Paris, Éd. Noésis, mai 2002, p. 45-53.

tants, veuves de guerre ou orphelins – qui évoquaient la Première Guerre mondiale, non pas au passé, mais comme une sorte de présent éternel. Combien de nouveau-nés reçurent le prénom d'un fiancé, d'un oncle, d'un grand frère tué au champ d'honneur, cette pratique de « refaire les morts » exprimant elle-même l'impossibilité ou le refus de sortir du conflit ?

Porosité de la frontière entre guerre et paix, multiplicité des rythmes des « sorties de guerre », alternance de périodes de démobilisation et de remobilisation : étudier cette période clé revient à subvertir la chronologie traditionnelle de la fin de la Première Guerre mondiale pour en faire apparaître toutes les nuances et toute la complexité.

Le temps de la guerre

Travailler sur la sortie de la Première Guerre mondiale – et plus largement, sur les « sorties de guerre » – équivaut à déplier un temps que l'histoire diplomatique et l'histoire militaire avaient refermé sur lui-même. Nul tournant décisif en cette date symbolique du 11 novembre 1918 à 11 heures, restée pourtant dans les mémoires nationales des pays victorieux comme « l'heure sacrée »[4]. Au lendemain de l'Armistice, le temps parut même se dilater, condamnant les soldats démobilisables à attendre, avec des sentiments mêlés d'impatience et d'ennui, le retour au foyer.

Mais revenons quelques mois en arrière. Au lendemain de la bataille d'Amiens (8-12 août 1918), on assista à une intensification des violences sur le front occidental. Aux routes et voies ferrées dynamitées par les Allemands pour des raisons stratégiques s'ajoutaient les puits de mines noyés, les villages

4. Antoine Prost, *Les Anciens Combattants et la Société française, 1914-1939*, Paris, Presses de la Fondation nationale des sciences politiques, 1977, vol. 3, p. 52-75 ; Adrian Gregory, *The Silence of Memory, Armistice Day, 1919-1946*, Exeter, Berg, 1994.

pillés, les évacuations forcées de populations, qui ne pouvaient s'expliquer simplement par la nécessité de ralentir la progression des Alliés[5]. À mesure que les combattants français avançaient, ils découvraient les dévastations infligées par l'ennemi lors de sa retraite. « La vue des villages détruits systématiquement, des arbres fruitiers sciés stupidement, des églises sautées à la dynamite ou transformées en écuries, excite notre colère et soulèvent dans nos âmes de violents désirs de vengeance », reconnaît un officier de la IVe armée dans une lettre du 11 octobre 1918. Dans les courriers des soldats français, ce sont souvent les mêmes thèmes : le fantasme d'une Allemagne épargnée à qui il faudrait faire goûter les rigueurs du conflit ; l'ennemi, son entourage conjugal et familial, son intimité ; le lien indissoluble entre enjeux nationaux (la libération du territoire) et motivations d'ordre privé (venger un mort, faire payer aux Allemands les souffrances endurées).

Ce que révèlent ces motifs récurrents, c'est le retour en force en 1918 de la mémoire de l'été 1914[6]. Dans le champ culturel, l'entrée en guerre des Américains en 1917 avait donné une seconde vie à la question des « atrocités allemandes », à travers des films ou des affiches d'emprunts représentant les exactions commises contre les Belges et les Français du Nord. À l'automne 1918, les soldats français eurent, eux aussi, le sentiment d'un retour aux violences du début de la guerre. D'où cette conviction que l'invasion de l'Allemagne serait en réalité une *contre-invasion*. On a parfois présenté, à juste titre, les politiques d'occupation comme une forme de « guerre après la guerre » : elle s'exerça surtout dans le champ symbolique (destruction de monuments, humi-

5. Michael Geyer, « Insurrectionary Warfare : The German Debate about a *Levée en Masse* in October 1918 », *The Journal of Modern History*, vol. 73, nº 3, septembre 2001, p. 459-527.

6. John Horne et Alan Kramer, *German Atrocities, 1914. A History of Denial*, New Haven et Londres, Yale University Press, 2001 ; trad. fr : *Les Atrocités allemandes, 1914. La vérité sur les crimes de guerre en France et en Belgique*, Paris, Tallandier, 2005.

liations diverses contre les populations occupées), mais put aussi déboucher sur des violences physiques. La frontière entre temps de la guerre et temps de la paix est poreuse[7].

Les démobilisations combattantes ont aussi leur propre temporalité. En étudiant la lente transformation des soldats démobilisables en anciens combattants, je me situai en amont de l'œuvre monumentale d'Antoine Prost, publiée à la fin des années 1970[8]. Mais comment aborder cette période de dix-huit mois, où les Français furent rendus à la vie civile, classe d'âge par classe d'âge, en commençant par les plus âgés, au nom d'une égalité de traitement entre compagnons d'armes ?

Une histoire de la démobilisation doit d'abord être attentive aux « rites de réincorporation » qui scandent le retour des hommes. Ce qui caractérise cette période, c'est la place du symbolique. Nous avons oublié, par exemple, l'importance des défilés dans les villes d'Alsace-Lorraine, dans les villes allemandes silencieuses et écrasées par la défaite puis dans les villes de garnison[9]. Véritables « sas de décompensation

7. Les travaux sur la présence française en Allemagne au lendemain de la guerre ont été profondément renouvelés depuis plusieurs années : histoire des occupations du point de vue des civils occupés ; réinterprétation des occupations comme une « guerre après la guerre » ; renouvellement de perspectives sur la campagne dite de la « Honte noire » visant les troupes coloniales en Rhénanie, à partir des perspectives ouvertes par les *gender studies* (les accusations allemandes contre les soldats coloniaux portaient notamment sur des affaires de viols) et les « études postcoloniales ». Nicolas Beaupré apporte une mise au point historiographique dans son article « Occuper l'Allemagne après 1918. La présence française en Allemagne avant l'apaisement de Locarno ou la continuation de la Grande Guerre par d'autres moyens », *Revue historique des armées*, 2009, n° 254, p. 9-19.

8. Antoine Prost, *Les Anciens Combattants et la Société française, 1914-1939*, *op. cit.*

9. Fêtes du retour et fêtes de la victoire ont fait l'objet de recherches récentes : Aline Fryszman, *La Victoire triste ? Espérances, déceptions et commémorations de la victoire dans le département du Puy-de-Dôme en sortie de guerre, 1918-1924*, thèse de doctorat soutenue à l'EHESS en 2009 ; Stéphane Tison, *Comment se sortir de la guerre ? Deuil, mémoire, traumatisme (1870-1940)*, Rennes, Presses universitaires de Rennes, 2011 ; Victor Demiaux, *La Construction rituelle de la victoire dans les*

psychique », ils jouèrent un rôle décisif au moment où les démobilisés devaient se forger une nouvelle identité. Il en fut de même, d'ailleurs, pour toutes les autres manifestations de l'« économie morale de la reconnaissance » (médailles, casque commémoratif distribué à tous les vétérans français de la Grande Guerre, etc.). À travers ces rituels apparaît, en fait, l'ambiguïté fondamentale des attentes des vétérans, en quête à la fois d'une *reconnaissance* de leurs sacrifices et d'une *compensation*, évidemment impossible, et qui ne pouvait donc être que symbolique, pour les souffrances passées[10].

Entre le mois de novembre 1918 et le printemps de 1920, les soldats rentrèrent au pays dans des wagons de marchandises, et les anciens prisonniers de guerre le plus souvent à pied, au terme de marches interminables à travers l'Allemagne. Ce temps long, suspendu, permettait de se préparer à la vie civile ; ce n'est plus le cas aujourd'hui – et cet écart signale à lui seul combien le rythme des démobilisations est important. Toute étude de la « sortie de guerre » doit en tenir compte.

Dans son témoignage sur la guerre du Vietnam, *If I Die in a Combat Zone*, Tim O'Brien note ainsi l'atmosphère « aseptisée et artificielle » qui règne dans l'avion du retour – il y a là une rupture majeure avec les vétérans de la Première Guerre mondiale, la *Greatest Generation* ou les anciens de la guerre de Corée qui étaient revenus aux États-Unis en bateaux : « On atterrit au Japon et on fait le plein de fuel, écrit-il. Ensuite vol sans escale jusqu'à Seattle. Vous arrivez sur une base militaire. Vous vous inscrivez pour le dîner, vous dites le *Pledge of Allegiance* et vous quittez l'armée en taxi. Quand vous survolez le Minnesota, vous traversez des espaces silencieux, vides, indifférents, purifiés. En dessous de vous, la neige est épaisse et laisse apparaître d'anciens

---

capitales européennes après la Grande Guerre (Bruxelles, Bucarest, Londres, Paris, Rome), thèse de doctorat soutenue à l'EHESS en 2013.

10. Claude Barrois, *Psychanalyse du guerrier*, Paris, Hachette Littératures, « Pluriel », 1993, p. 259.

champs de maïs et des routes. À mille lieues de toute la terreur que vous avez vécue, les prairies s'étendent, immuables et arrogantes [11]. » Retour accéléré des démobilisés qui tend à banaliser l'expérience de guerre, évacuation des cadavres qui dissimule la réalité des combats. Les morts disparaissent avant même que leurs compagnons d'armes réalisent ce qui leur est arrivé [12]. Le rythme du retour des morts et des vivants pèse sensiblement sur le développement de syndromes post-traumatiques, et plus largement sur la manière dont les sociétés sortent de la guerre.

Correspondances de guerre et narrations

Autre perspective de recherche : les récits du retour [13]. Pour mon livre, j'avais travaillé essentiellement à partir des fonds du contrôle postal aux armées, une source encore peu étudiée à l'époque [14]. Dans leurs lettres, civils et combattants anticipaient souvent la vie civile comme un simple retour à la vie d'avant-guerre : illusion collective ou manière de forcer le destin ? Les démobilisables se mettaient en scène : ils exaltaient leur statut de vainqueurs, dépeignaient longuement l'accueil des populations libérées, menaçaient l'ennemi de représailles et ne manquaient pas de manifester, au passage, le souhait de reprendre le contrôle de leur propre famille.

11. Tim O'Brien, *If I Die in a Combat Zone : Box Me Up and Ship Me Home*, New York, Delacorte Press/Seymour Lawrence, 1973, p. 208.

12. Jonathan Shay, *Achilles in Vietnam. Combat Trauma and the Undoing of Character*, New York, Simon and Schuster, 1995, et *Odysseus in America. Combat Trauma and the Trials of Homecoming*, New York, Scribner, 2003.

13. Sur le rapport entre littérature de guerre et identités combattantes, Leonard V. Smith, *The Embattled Self. French Soldiers' Testimony of the Great War*, Ithaca et Londres, Cornell University Press, 2007.

14. Bruno Cabanes, « Ce que dit le contrôle postal », in Christophe Prochasson et Anne Rasmussen (sous la dir. de), *Vrai et Faux dans la Grande Guerre*, Paris, La Découverte, 2004, p. 55-75.

Certaines correspondances de novembre 1918 surprennent le lecteur d'aujourd'hui par leur extrême violence, comme celles où des combattants français promettent, dans des lettres adressées à leurs fiancées, de violer des femmes allemandes : « Ah, si jamais nous allons en Bochie, nous allons leur faire voir un peu à ces salauds de quel bois on se chauffe, ils ont violé nos filles, déshonoré nos femmes, nous en ferons autant » (un artilleur de la IIe armée). L'expression « traquer le gibier boche » revient, elle aussi, assez régulièrement. J'ai repris ailleurs cette question des correspondances de soldats sous l'angle des rapports de genre et de la masculinité, et montré comment les échanges de courrier avaient une valeur performative, en réorganisant les rapports familiaux au moment même où les combattants se préparaient à retrouver leurs proches [15].

Il reste encore beaucoup à faire, me semble-t-il, sur les correspondances de guerre comme genre littéraire, d'autant que le fonds documentaire publié est beaucoup plus abondant aujourd'hui qu'il ne l'était il y a dix ou quinze ans. On pourrait par exemple interroger la question de l'autocensure dans les lettres de soldats – l'attention des chercheurs s'est trop longtemps polarisée sur la censure –, la construction de modèles moraux et comportementaux à travers les correspondances [16], la notion d'« expérience de guerre [17] », le statut affectif de la lettre comme « objet tran-

15. Bruno Cabanes, « Un temps d'incertitude et d'attente : une lecture des relations épistolaires entre combattants et civils lors de la sortie de guerre (1918-1920) » in Jean-François Chauvard et Christine Lebeau (sous la dir. de), *Éloignement géographique et cohésion familiale (XVe-XXe siècle),* Strasbourg, Presses universitaires de Strasbourg, 2006, p. 207-221.

16. Laurence Housman (sous la dir. de), *War Letters of Fallen Englishmen*, Philadelphie, Pine Street Books, 2002, avec une préface de Jay Winter, et *German Students' War Letters*, Philadelphie, Pine Street Books, 2002.

17. Bernd Ulrich, *German Soldiers in the Great War. Letters and Eyewitness Accounts*, Barnsley, Pen and Sword Books, 2011.

sitionnel » pour reprendre le mot de Michael Roper citant Winnicott[18], sa matérialité propre, jusqu'aux mutations récentes introduites par Internet qui dématérialise les échanges entre le front et l'arrière, modifie les codes de l'écriture de soi, bouscule les temps d'attente (les militaires et leurs familles peuvent échanger plusieurs messages par jour) et favorise l'intrusion croissante de la sphère privée dans le quotidien des soldats.

Par ailleurs, les récits du retour attendent encore leurs historiens. C'est pourtant la condition même pour comprendre les cadres dans lesquels nous travaillons. N'avons-nous pas tendance à reprendre toujours les mêmes stéréotypes hérités de la guerre du Vietnam ? On en fit le reproche, par exemple, à l'historien américain Eric T. Dean qui repérait des symptômes de stress post-traumatique chez les vétérans de la guerre de Sécession[19]. Et comment étudier les retours dans d'autres espaces culturels, comme le Japon et l'URSS de 1945 ou le Vietnam des années 1970[20] ? En revenant invariablement au modèle homérique, en faisant d'Ulysse le stéréotype même du vétéran, Jonathan Shay, Samuel Hynes, Lawrence Tritle et beaucoup d'autres ont utilisé une grille de

18. Michael Roper, *The Secret Battle. Emotional Survival in the Great War*, Manchester, Manchester University Press, 2009.

19. Eric T. Dean Jr., « The Myth of the Troubled and Scorned Vietnam Veteran », *Journal of American Studies*, vol. 26, n° 2, avril 1992, p. 59-74 et son livre : *Shook Over Hell, Post-Traumatic Stress, Vietnam, and the Civil War*, Cambridge Mass., Harvard University Press, 1997.

20. Voir toutefois les travaux pionniers de John Dower, *Embracing Defeat. Japan in the Wake of World War II*, New York, W.W. Norton, 1999 ; Mark Edele, *Soviet Veterans of the Second World War. A Popular Movement in an Authoritarian Society, 1941-1991*, Oxford, Oxford University Press, 1998 ; Beate Fieseler, *« Arme Sieger » : Die Invaliden des « Großen Vaterländischen Krieges » der Sowjetunion 1941-1991*, Vienne / Cologne / Weimar, Böhlau, 2013 ; Heonik Kwon, *Ghosts of War in Vietnam*, Cambridge, Cambridge University Press, 2013 ; Aaron William Moore, *Writing War. Soldiers Record the Japanese Empire*, Cambridge Mass., Harvard University Press, 2013.

lecture occidentale, au risque de simplifier considérablement l'analyse[21].

Jeux d'échelle

L'histoire des « sorties de guerre » est complexe. Elle invite à varier les échelles d'analyse, depuis l'histoire transnationale[22] jusqu'à l'histoire locale[23], et à multiplier les perspectives. En voici quelques exemples : l'histoire d'un espace (le camp de réfugiés), d'un concept (le « témoin moral », le « syndrome du survivant », le « droit des victimes de guerre »), d'une génération (la « génération du feu », la *Greatest Generation*, les anciens de la guerre d'Algérie), d'une œuvre (*J'accuse* d'Abel Gance, *Après* d'Erich Maria Remarque, le Vietnam Veterans Memorial de Maya Lin) ou des associations d'anciens combattants[24]. Dans mon livre, le retour à l'intime formait, quant à lui, une sorte de ligne de fuite que je n'avais abordée qu'en conclusion, abandonnant les soldats français dès leur retour dans leur famille, au moment où les archives du contrôle postal se tarissaient[25].

21. Jonathan Shay, *Achilles in Vietnam...*, *op. cit.*, et *Odysseus in America...*, *op. cit.* ; Samuel Hynes, *The Soldiers'Tale : Bearing Witness to Modern War*, New York, Allen Lane / Penguin Press, 1998 ; Lawrence A. Tritle, *From Melos to My Lai. War and Survival*, Londres, Routledge, 2000.

22. Bruno Cabanes, *The Great War and the Origins of Humanitarianism, 1918-1924*, Cambridge, Cambridge University Press, 2014.

23. Adam Seipp, *The Ordeal of Peace : Demobilization and the Urban Experience in Britain and Germany, 1917-1921*, Farnham, Angleterre, Burlington VT, Ashgate, 2009.

24. Par exemple les travaux en cours d'Angel Alcalde Fernandez (European University Institute) sur les vétérans franquistes, de Paul Lenormand (Institut d'études politiques de Paris) sur les vétérans en Tchécoslovaquie après 1945 ou d'Olivier Burtin (Princeton University) sur l'*American Legion*.

25. Les témoignages de soldats récemment démobilisés sont rares. Dans sa thèse *Sherman was Right : the Experience of AEF Soldiers*

L'intime, c'est cet ensemble composite de relations aux autres et à soi-même, de gestes et de pratiques corporelles, d'affects investis dans des lieux et des objets, de filiations réelles ou imaginaires. On ne peut qu'esquisser ici les bouleversements entraînés dans ce domaine par la sortie d'un conflit. Pour les combattants : la restauration du sentiment de sécurité, de nouveaux rythmes biologiques et un changement des normes comportementales. Pour les civils envahis, déplacés ou sinistrés : la reconstruction d'un espace domestique et des conditions d'une vie en temps de paix[26]. On songe à ce mot de l'historien Gabriel Hanotaux, originaire de l'Aisne, un département détruit à près de 90 % pendant la Grande Guerre : « Rien n'a été laissé, tout a été pillé avant l'incendie. Je ramasse un carreau de faïence et j'ai dit aux miens en rentrant : voilà votre maison[27]. »

Depuis la fin des années 2000, les pistes de recherche esquissées sur l'histoire de l'espace privé et les figures de l'intime ont été abordées à leur tour par les historiens de la guerre, dans une grande diversité de perspectives d'ailleurs : le retour des blessés et des mutilés – un champ en plein développement outre-Atlantique (les *disability studies*[28]) ;

---

in the First World War, The University Press of Kansas, 2014, Edward Gutiérrez a pu utiliser un fonds remarquable : des questionnaires distribués, en 1919, par plusieurs États américains (Connecticut, Virginie, Minnesota, Utah) à leurs vétérans de la Première Guerre mondiale.

26. Bruno Cabanes et Guillaume Piketty (sous la dir. de), *Retour à l'intime au sortir de la guerre*, Paris, Tallandier, 2009.

27. Gabriel Hanotaux, *L'Aisne dans la Grande Guerre*, Paris, Berger-Levrault, 1919.

28. Pour une introduction générale, David A. Gerber (sous la dir. de), *Disabled Veterans in History*, Ann Arbor, University of Michigan Press, 2012. Le retour des blessés et des mutilés a été abordé de diverses manières, sous l'angle d'une histoire de la masculinité (par exemple Joanna Bourke, *Dismembering the Male. Men's Bodies, Britain and the Great War*, Londres, Reaktion Books, 1996 ou Sabine Kienitz, « Body Damage. War Disability and the Constructions of Masculinity in Weimar Germany », in Karen Hagemann et Stefanie Schüler-Springorum (sous la dir. de), *Home/Front. The Military, War and Gender in Twentieth-Century Germany*, Oxford-New York, Berg,

les deuils nationaux et familiaux[29], les orphelins de guerre et les pupilles de la nation[30], les relations au sein des couples[31] et les rapports hommes-femmes[32] ; les troubles psychiques de guerre, leurs représentations culturelles, la nosographie (du *shell-shock* de la Première Guerre mondiale jusqu'au trouble de stress post-traumatique actuel), la prise en charge thérapeutique et les lieux de soins.

Ce dernier champ d'étude a connu un développement très important, aussi bien en Europe qu'aux États-Unis, pour des raisons qui tiennent à l'intérêt soutenu pour ce qu'on appelle maintenant les « blessures invisibles de la guerre »[33].

2002, p. 181-204), de la prise en charge par les pouvoirs publics et les organisations caritatives (Deborah Cohen, *The War Come Home : Disabled Veterans in Britain and Germany, 1914-1939*, Berkeley, University of California Press, 2001), du point de l'impact sur les familles (Marina Larsson, *Shattered Anzacs. Living with the Scars of War*, Sydney, University of New South Wales Press, 2009) ou à travers une histoire de la médecine et des institutions médicales (Beth Linker, *War's Waste. Rehabilitation in World War I America*, Chicago, The University of Chicago Press, 2011).

29. Stéphane Audoin-Rouzeau, *Cinq Deuils de guerre (1914-1918)*, Paris, Éd. Noésis, 2001 ; Joy Damousi, *The Labour of Loss. Mourning, Memory and Wartime Bereavement in Australia*, Cambridge, Cambridge University Press, 1999 ; Erica Kuhlman, *Of Little Comfort : War Widows, Fallen Soldiers and the Remaking of the Nation after the Great War*, New York, New York University Press, 2012 ; Jay Winter, *Sites of Memory, Sites of Mourning. The Great War in European cultural History,* Cambridge, Cambridge University Press, 1995 ; trad. fr : *Entre deuil et mémoire : la Grande Guerre dans l'histoire culturelle de l'Europe*, Paris, Armand Colin, 2008.

30. Olivier Faron, *Les Enfants du deuil. Orphelins et pupilles de la nation, 1914-1941*, Paris, La Découverte, 2001.

31. Dominique Fouchard, *Le Poids de la guerre*, Rennes, Presses universitaires de Rennes, 2013 ; Clémentine Vidal-Naquet, *Te reverrai-je ? Le lien conjugal pendant la Grande Guerre*, thèse de doctorat, soutenue à l'EHESS en 2013.

32. Mary Louise Roberts, *Civilization Without Sexes : Reconstructing Gender in Post-War France, 1918-1928,* Chicago, The University of Chicago Press, 1994.

33. Jean-Paul Mari, *Sans blessures apparentes. Enquête sur les damnés de la guerre*, Paris, Robert Laffont, 2008.

L'actualité des retours de guerre d'Irak et d'Afghanistan invite en effet les historiens à prendre en compte d'autres démarches – celles des psychiatres militaires, des sociologues, des responsables des politiques publiques concernant les vétérans. Elle engage à poser la question des « retours de guerre » comme un *problème global*, celui de la société dans son ensemble, et non pas seulement pour l'armée et les militaires. Mais dans le même temps, tous les « retours de guerre » ne doivent pas être étudiés comme une sorte de dérèglement social systématique, comme l'illustre l'usage massif de la notion de « brutalisation », forgée par George L. Mosse avec une signification différente[34]. L'histoire du

34. En France, la question des violences d'après-guerre a été abordée surtout à partir de la notion de « brutalisation », introduite par George L. Mosse dans son livre *Fallen Soldiers. Reshaping the Memory of the World Wars* ; trad. fr. : *De la Grande Guerre au totalitarisme. La brutalisation des sociétés européennes*, Paris, Hachette, 1999 ; réédition Hachette Littératures, « Pluriel », 2003. On a parfois oublié le sens que Mosse donnait à la « brutalisation » dans l'édition en langue anglaise parue en 1990 : une « indifférence croissante » (des vétérans) à la violence, provoquée par l'expérience du front, et la « poursuite dans la paix des attitudes agressives de la guerre ». Sans doute cette notion (qui n'est d'ailleurs que l'un des concepts du livre) est-elle trop vague pour emporter complètement l'adhésion : s'agit-il d'un phénomène collectif observable dans les sociétés et les cultures politiques d'après-guerre ou d'un trait comportemental perceptible chez certains vétérans – mais alors, dans quelle proportion et sous quelle formes ? Même si l'ambition de George L. Mosse a toujours été de faire une « histoire culturelle comparée », ses exemples sont tirés pour l'essentiel de l'histoire politique allemande. La thèse de la « brutalisation » est reprise également par Adrian Lyttelton pour l'Italie, dans « Fascism and Violence in Post-War Italy : Political Strategy and Social Conflict », in Wolfgang J. Mommsen et Gerhard Hirschfeld (sous la dir. de), *Social Protest, Violence and Terror*, Londres, Palgrave Macmillan, 1982. Pour Antoine Prost, en revanche, la « brutalisation » s'applique mal au cas français (voir ses articles « The Impact of War on French and German Political Cultures », *The Historical Journal*, mars 1994, vol. 37, nº 1, p. 209-217 et « Les limites de la brutalisation. Tuer sur le front occidental, 1914-1918 », *Vingtième Siècle. Revue d'histoire*, 2004/1, nº 81, p. 5-20). Pour Jon Lawrence (« Forging a Peaceable Kingdom : War, Violence and Fear of Brutalization in Post-First World War Britain », *Journal of Modern*

bonheur ordinaire, de la banalité du retour ou même de l'ennui représente peut-être le véritable défi des historiens qui travaillent sur les « retours de guerre ».

La « sortie de guerre » reste donc une notion fragile. Par définition, ses contours sont imprécis. Comment rendre compte, par exemple, de l'emboîtement de plusieurs conflits – comme lorsque la guerre gréco-turque (1919-1922) succéda à la Première Guerre mondiale, qui prolongeait elle-même les guerres balkaniques de 1912 et 1913, ou lorsque la Grèce, dans la continuité de la Seconde Guerre mondiale, sombra dans la guerre civile[35] ? À ces questions d'ordre chronologique s'ajoute un problème méthodologique : comment lier l'immense champ de recherche sur la mémoire des guerres, des violences collectives ou des génocides avec une histoire des politiques de démobilisation et de pacification, une histoire sociale des survivants et une histoire culturelle de l'avenir de la violence ?

History, vol. 75, nº 3, septembre 2003, p. 557-589), la « brutalisation » en Grande-Bretagne relève plutôt de la « peur collective » que de la réalité. Il reste à déterminer alors pourquoi une expérience des combats à peu près similaire n'a pas abouti partout à un même processus de « brutalisation ». Est-ce l'une des conséquences de la défaite ? Le poids des traditions politiques d'avant-guerre, comme la tradition républicaine en France (Antoine Prost) ? Ou selon Dirk Schumann (« Europa, der erste Weltkrieg und die Nachkriegszeit. Eine Kontinuität der Gewalt ? », *Journal of Modern European History*, 2003/1, p. 24-43), un effet du réinvestissement de la violence de guerre dans l'espace colonial français et britannique, impossible dans le cas de l'Allemagne qui perd ses colonies en 1918 ? Une fois ces nuances nationales posées, la « sortie de guerre » a été marquée par le réemploi dans les années 1920 et 1930, notamment en Europe centrale et en Russie, de pratiques de violences expérimentées en 1914-1918. C'est à l'heure actuelle le champ de recherche le plus prometteur : voir notamment Robert Gerwarth et John Horne (sous la dir. de), *War in Peace. Paramilitary Violence in Europe after the Great War*, Oxford, Oxford University Press, 2012.

35. Mark Mazower (sous la dir. de), *After the War was over. Reconstructing the Family, Nation and State in Greece, 1943-1960*, Princeton, Princeton University Press, 2000.

Dans tous les cas, un travail plus efficace sur les « sorties de guerre » passe par la mise en contact d'historiographies qui s'ignorent largement. L'histoire du droit humanitaire a été souvent laissée aux juristes ou aux historiens des relations internationales, celle de la psychiatrie de guerre à des historiens de la médecine, les récits du retour aux spécialistes de littérature, l'histoire de l'environnement à des géographes ou des économistes. En apportant leur connaissance propre de la violence de guerre, leur expertise sur les modes de combat, leur approche des cultures de guerre, les historiens de la guerre doivent réinvestir ces champs de recherche qu'ils ont délaissés, en collaboration avec des historiens de périodes et champs géographiques variés[36]. C'est à cette condition seulement – une large ouverture interdisciplinaire – que l'histoire des « sorties de guerre » portera tous ses fruits.

36. Ainsi les travaux sur la sortie de la guerre de Sécession sont peu utilisés par les historiens français, par exemple ceux de David Blight, *Race and Reunion. The Civil War in American Memory*, Cambridge Mass., Harvard University Press, 2001, ou Brian Jordan, *Marching Home. Union Veterans and their Unending Civil War*, New York, Liveright, 2015. De même, la dimension raciale des sorties de guerre est encore méconnue en France. Sur ce sujet, le livre d'Alice Kaplan, *The Interpreter*, Chicago, The University of Chicago Press, 2005 ; trad. fr. : *L'Interprète. Dans les traces d'une cour martiale américaine, Bretagne 1944*, Paris, Gallimard, 2007.

Sources et bibliographie

Sources

Archives publiques

SERVICE HISTORIQUE DE LA DÉFENSE (SHD)
CHÂTEAU DE VINCENNES

Fonds particuliers
Série 6 N

Fonds Clemenceau. Dossiers personnels du président du Conseil, ministre de la Guerre (1917-1919).

6 N 53 : Période postérieure à l'armistice.

6 N 55 : Papiers personnels du général Mordacq.

6 N 111 : Prisonniers de guerre (1915-1918).

État-major de l'Armée (EMA)
Série 7 N

• 1er Bureau

7 N 75-82 : Organisation générale des troupes coloniales.

7 N 139 : Tableau général de démobilisation des classes 1887 à 1919.

7 N 162 : Démobilisation des animaux.

7 N 164 : Centres de placement des démobilisés ; centres de rapatriement des prisonniers de guerre français.

7 N 449-450 : Démobilisation (1) : études pour les opérations à envisager en vue de la démobilisation, démobilisation à l'étranger.

7 N 464-465 : Mobilisation et démobilisation des chevaux.

7 N 520-532 : Dépôts démobilisateurs.

7 N 588-592 : Notes, instructions, correspondance de la 6e section du 1er Bureau chargée de la démobilisation jusqu'à la fin de 1919.

7 N sup. 13 (dossier 3) : Circulaires et instructions relatives à la démobilisation (1919-1921).

7 N sup. 58 (dossier 1) : Instructions concernant la démobilisation (1918-1919).

Attachés militaires en Grande-Bretagne
Série 7 N

7 N 1297 : Démobilisation de l'armée anglaise.

Direction du contrôle
Série 8 N sup.

8 N sup. 43 : Rapports particuliers sur les opérations de démobilisation (1919).

Direction du service de santé
Série 9 N sup.

9 N sup. 978 : Traitement des affections transmissibles dans le cadre des opérations de démobilisation.

9 N sup. 992 (dossier 2) : Circulaire du 13 août 1919 au sujet de la visite sanitaire de démobilisation.

Grand Quartier général (GQG)
Série 16 N

• 1er Bureau et Bureau du personnel

16N 51-56 : Décisions de principe (septembre 1918-octobre 1919).

16N 112-127 : Organisation du personnel (12 novembre 1918-19 octobre 1919).

16N 177-179 : Organisation du matériel (novembre 1918-octobre 1919).

16N 180-183 : Organisation de la démobilisation.

16N 200 : Alsaciens-Lorrains.

16N 265 : Armistice : notes, ordres et instructions reçus des 2e et 3e bureaux du GQG et du GQCA.

16N266 : Prisonniers de guerre : correspondance générale (novembre 1918-octobre 1919).

16N 535 : Démobilisation : principes (novembre 1918-août 1919).

16N 578 : Démobilisation du personnel de l'artillerie.

• 2e Bureau, Subdivisions de la Section de renseignements aux Armées (SRA)

1 : Contrôle postal

16N 1380-1381 : Organisation et fonctionnement des commissions de contrôle postal.

16N 1382-1387 : Personnel des commissions de contrôle postal.

16N 1389-1390 : Rapports des commissions de contrôle postal de la Ire armée (juillet 1917-janvier 1919).

16N 1397 : Rapports des commissions de contrôle postal de la IIe armée (août 1918-février 1919).

16N 1404 : Rapports des commissions de contrôle postal de la IIIe armée (novembre 1918-mars 1919).

16N 1409-1410 : Rapports des commissions de contrôle postal de la IVe armée (mai 1918-mars 1919).

16N 1415-1416 : Rapports des commissions de contrôle postal de la Ve armée (mai 1918-janvier 1919).

16N 1422-1423 : Rapports des commissions de contrôle postal de la VIe armée (avril 1918-avril 1919).

16N 1430-1431 : Rapports des commissions de contrôle postal de la VIIe armée (avril 1918-février 1919).

16N 1438 : Rapports des commissions de contrôle postal de la VIIIe armée (septembre 1918-septembre 1919).

16N 1444-1445 : Rapports des commissions de contrôle postal de l'armée d'Italie (janvier 1918-février 1919).

16N 1446-1447 : Rapports des commissions de contrôle postal de la Xe armée (mai 1918-septembre 1919).

16N 1448-1470 : Rapports des commissions de contrôle postal : correspondance civile et militaire.

2.1 : <u>Service spécial : Service du moral</u>

16N 1485-1486 : Rapports généraux de quinzaine puis mensuels sur l'état moral de l'armée (1916-1918).

16N 1529 : Opinions exprimées par les combattants sur l'offre d'armistice ; état d'esprit des populations, notamment en Lorraine, après l'armistice.

16N 1530-1534 : Comptes rendus des chefs d'unité sur le moral des troupes en 1919.

2.2 : <u>Service spécial : « Affaires politiques »</u>

16N 1558-1559 : Occupation des pays rhénans (novembre 1918-août 1919) : renseignements du contrôle postal ; occupation administrative de la Rhénanie ; état de l'opinion vis-à-vis des Français.

3 : <u>Section des relations avec les administrations civiles (SRAC)</u>

16N 1665-1669 : Pays rhénans.

• <u>3e Bureau</u>

16N 1702 : Modalités d'exécution de l'armistice.

• <u>Direction de l'arrière</u>

16N 2386-2391 : Démobilisation (novembre 1918-septembre 1919).

Armée française du Rhin
19 N sup.

Commandement des Armées alliées en Orient
Série 20 N

20N 266-269 : Rapports sur la situation morale des unités de l'armée française d'Orient.

20N 489 : Démobilisation.

20N 536 : Contrôle postal, moral des troupes.

Armée du Danube (le 10 septembre 1919, lors de la dissolution de l'armée de Hongrie, l'armée du Danube reçoit la dénomination d'« armée française d'Orient » (AFO) ; elle est dissoute le 25 janvier 1920).

20N 692-693 : Démobilisation, dissolution, rapatriements.

Archives du ministère français des Affaires étrangères
Quai d'Orsay, Paris

Série A Paix, volumes 52, 80, 81, 227, 231, 252-253.

Série Z Europe 1918-1929, Allemagne, Z 154 à 159 (incidents militaires), Z 169 et 170 (mémoires allemands sur les actes de violence commis par les troupes d'occupation), Z 177 à 189 (dossiers généraux sur les troupes noires), Z 191 (documentation sur la propagande).

Recueil des actes de la Conférence de la Paix, Commission des PG.

Archives nationales (CARAN)

La sous-série AJ/9 est composée des archives interalliées conservées par la France et des archives du Haut-Commissariat français dans les territoires rhénans.

Cotes AJ/9/5324-5327 : Campagne contre les troupes noires.

Archives privées

Archives du Comité international de la Croix-Rouge (ACICR), Genève

475 A I

475 II AA

FAW 140, Fonds d'archives de Watteville, 1919-1921.

Sources imprimées

Publications officielles

Journal officiel de la République française : Lois et décrets ; Débats parlementaires.

Périodiques

L'Écho de la Loire
L'Écho de Paris
L'Étoile de la Vendée
L'Express de l'Ouest
L'Illustration
Le Journal de Pontivy
Le Matin
Le Nouvelliste morbihannais
Ouest-Éclair
L'Ouest maritime
Le Petit Parisien
Le Populaire de Nantes
Le Progrès du Finistère

Le Réveil choletais
Revue internationale de la Croix-rouge, Comité international de la Croix-Rouge
Le Télégramme des provinces de l'Ouest
Le Temps
L'Union malouine et dinannaise
L'Union morbihannaise
Vitré-Journal et *Journal de Vitré*

CORRESPONDANCES ET CARNETS DE GUERRE

ARNOUX (Jacques d'), *Paroles d'un revenant*, Paris, Plon, 1923, 232 pages.

BARRUOL (Jean), *Un Haut-Provençal dans la Grande Guerre : Jean Barruol (correspondance 1914-1920)*, Forcalquier, Les Alpes de lumière, 2004, 256 pages.

BARTHAS (Louis), *Les Carnets de guerre de Louis Barthas, tonnelier, 1914-1918,* introduction et postface de Rémy CAZALS, Paris, La Découverte/Poche, rééd. 2003 (1re édition, Paris, François Maspero, 1978), 564 pages.

BEUMELBURG (Werner), *La Guerre de 14-18 racontée par un Allemand*, Paris, Bartillat, 1998, rééd. 2001, 588 pages.

BLOCH (Marc), *Écrits de guerre, 1914-1918*, textes réunis et présentés par Étienne BLOCH, introduction de Stéphane AUDOIN-ROUZEAU, Paris, Armand Colin, 1997, 196 pages.

–, *L'Histoire, la Guerre, la Résistance*, édition établie par Annette BECKER et Étienne BLOCH, Paris, Gallimard, « Quarto », 2006, 1095 pages.

BOUIS (Jacques), *Notes d'un agent de liaison de la classe 1918 (12 juillet-11 novembre 1918),* Paris, Berger-Levrault, 1922, 213 pages.

CONGAR (Yves), *Journal de la guerre 1914-1918,* présenté par Stéphane AUDOIN-ROUZEAU, Paris, Éd. du Cerf, 1997, 287 pages.

DÉTRIE (Général Paul), *Lettres du front à sa femme, 5 août 1914-26 février 1919,* Grenoble, Point Com'Éditions, 1995, 583 pages.

DROZ (A.), « Le carnet de route d'un caporal de la compagnie du capitaine Edmond Reuss », *Alsace française*, 1931, p. 773 *sq*.

FAUCONNIER (Henri), *Lettres à Madeleine, 1914-1919,* Paris, Stock, 1998, 373 pages.

GAULLE (Charles de), *Lettres, Notes et Carnets, 1905-1918*, Paris, Plon, rééd. 1980.

GRAPPE (Étienne), *Carnets de guerre, 1914-1919*, Paris, L'Harmattan, 2002, 197 pages.

HALÉVY (Daniel), *L'Europe brisée. Journal de guerre, 1914-1918,* préface de Jean-Pierre HALÉVY, texte établi et annoté par Sébastien LAURENT, Paris, Éd. de Fallois, 1998, 392 pages.

HAVET (Mireille), *Journal 1918-1919*, Paris, Éditions Claire Paulhan, 2003, 254 pages.

JACOBZONE (Alain) (publié par), *Sang d'encre. Lettres de normaliens à leur directeur pendant la guerre, 1914-1918,* Vauchrétien (Maine-et-Loire), Ivan Davy Éditeur, « Faits et gestes », 1998, 198 pages.

LEROUGE (Marcelle), *Journal d'une adolescente dans la guerre, 1914-1918*, Paris, Hachette Littératures, 2004, 495 pages.

LOTI (Pierre), *Soldats bleus. Journal intime, 1914-1918*, Paris, La Table ronde, 1998, 309 pages.

MARÉCHAL (Dr Philippe), *Mon voyage à Strasbourg, 7-10 décembre 1918*, Mâcon, Protat Frères Imprimeurs, s.d., 28 pages.

RIOTOR (Léon), *Journal de marche d'un bourgeois de Paris, 1914-1919*, Paris, Charles-Lavauzelle, 1934, 346 pages.

TUFFRAU (Paul), *1914-1918, quatre années sur le front. Carnets d'un combattant,* avant-propos de Françoise CAMBON et une préface de Stéphane AUDOIN-ROUZEAU, Paris, Imago, 1998, 244 pages.

VERNEJOUL (Pierre de), *Des tranchées aux pavés. Carnets de route de Robert de Vernejoul (1914-1918),* Anglet, Atlantica, 2002, 244 pages.

MÉMOIRES DE COMBATTANTS ET DE CIVILS

BARRÈS (Maurice), *La France dans les pays rhénans, une tâche nouvelle*, Paris, Société littéraire de France, 1919, 98 pages.

BARRÈS (Philippe), *La Guerre à vingt ans,* Paris, Plon, 1924, 316 pages.

BEDEL (Philippe), *Journal de guerre, 1914-1918*, Paris, Tallandier, 2013, 661 pages.

BELLAMY (Paul), *Guerre 1914-1918 : la municipalité et son œuvre. Rapport présenté au conseil municipal*, 1920, 460 pages.

BESSIÈRES (Albert), *Cavaliers de France*, Paris, Perrin, 1920, 212 pages.

BOCQUET (Léon), *Courages français*, Paris, Payot, 1921, 255 pages.

BORDEAUX (Henry), *Sur le Rhin*, Paris, Plon, 1919, 328 pages.

BOUCHARD (Paul), *En Alsace avec l'armée Gouraud*, Paris, 1919, 54 pages.

BRIDOUX (André), *Souvenirs du temps des morts*, Paris, Albin Michel, 1930, 249 pages.

BUGNET (Lt-col. Charles), *En écoutant le maréchal Foch (1921-1929)*, Paris, Grasset, 1929.

–, *Mangin*, Paris, Plon, 1934, 335 pages.

CAUBET (Georges), *Instituteur et sergent. Mémoires de guerre et de captivité*, Carcassonne, FAOL et Mairie de Fenouillet, 1991, 135 pages.

CLEMENCEAU (Georges), *Grandeurs et Misères d'une Victoire,* Paris, Plon, 1930, IV-375 pages.

DESBOS (Clément), *Un médecin au front de 1914 à 1918*, textes réunis et présentés par Claire FOURNEL et Stéphane MUZELLE, Joué-les-Tours, Éd. Alan Sutton, 2000, 128 pages.

DUCASSE (André), *La Guerre racontée par les combattants*, Paris, Flammarion, 1930, 2 vol.

DUPONT (Général), « Une mission en Allemagne. Le rapatriement des prisonniers », *La Revue des deux mondes*, 1920, 3, p. 144-166.

FLEUTIAUX (E.), *Souvenirs d'Alsace : notes de guerre*, Tulle, 1925, 373 pages.

FOCH (Ferdinand), *Mémoires pour servir à l'histoire de la guerre de 1914-1918*, Paris, Plon, 1931, 2 vol., 283 et 339 pages.

GAUCHER (Général de division) et LAPORTE (Capitaine), *La Division du dragon (164e), novembre 1916-janvier 1919*, Paris, Charles-Lavauzelle, 1924, 202 pages.

GENEVOIX (Maurice), *Trente Mille Jours*, Paris, Éd. du Seuil, 1980, 279 pages.

–, *La Ferveur du souvenir*, Paris, La Table ronde, 2013, 212 pages.

GERARD (James W.), *Mes quatre années en Allemagne*, Paris, Payot, 1918, 352 pages.

GIRARD (Lt-col. Louis), *Sur le front occidental avec la 53e division d'infanterie*, Paris, Berger-Levrault, tome IV, 1937, 372 pages.

GRASSET (Colonel Alphonse), *La Guerre en action. L'armistice sur le champ de bataille*, Paris, Berger-Levrault, 1938, 183 pages.

GRENADOU (Ephraïm) et PRÉVOST (Alain), *Grenadou, paysan français*, Paris, Éd. du Seuil, 1966, 216 pages.

GUITTON (Abbé Georges), *La Poursuite victorieuse*, Paris, Payot, 1919, 256 pages.

HARCOURT (Robert d'), *Souvenirs de captivité et d'évasion (1915-1918)*, Paris, Payot, 1936, 287 pages.

HARTMAN (Laurent), *Leur défaite, notre victoire. L'Alsace et la Lorraine libérées*, Nancy, Imprimerie Lorraine-Rigot & Cie,1919, 32 pages.

HÉLIAS (Pierre-Jakez), *Le Cheval d'orgueil. Mémoires d'un Breton du pays bigouden*, Paris, Plon, 1975, 574 pages.

HÉRICOURT (Pierre), *Le 418e, Un régiment. Des chefs. Des soldats,* Paris, Nouvelle Librairie Nationale, 1922, 304 pages

HUSSER (Philippe), *Un instituteur alsacien. Entre France et Allemagne, 1914-1951*, Paris, Hachette, La Nuée bleue/Les Dernières Nouvelles d'Alsace, 1989, 428 pages.

INGOLD (Général François), *Sous l'ancre d'or. Hommes et gestes d'outre-mer*, Paris, Éd. Colbert, 1947, 128 pages.

ISAAC (Jules), « Nous les revenants », in *Paradoxe sur la science homicide et autres hérésies*, Paris, Éditions Rieder, 1936.

JACQUOT (Commandant Paul), *Le Général Gérard et le Palatinat*, Éditions Imprimerie du Nouveau Journal de Strasbourg, 1919, 211 pages.

LAPONCE (Fernand), *Journal de marche d'un artilleur de campagne*, Bois-Colombe, à compte d'auteur, 1971, volume 2, 144 pages.

LAURENTIN (Maurice), *La Victoire des Morts, récits de guerre d'un officier de troupe (14 juin 1918-11 novembre 1918),* Paris, Bloud et Gay, 221 pages.

LAVILLE (Edmond), *1918, Mémoires d'un poilu*, Ardèche, Saint-Priest, 1962, 107 pages.

LELIÈVRE (Abbé Pierre), *Le Fléau de Dieu (notes et impressions de guerre)*, Paris, Ollendorf, s.d. (1920), 281 pages.

LISSORGUES (Abbé Marcellin), *Notes d'un aumônier militaire*, Aurillac, Imprimerie moderne, 1921, VIII-237 pages.

MAC ORLAN (Pierre), *La Fin. Souvenirs d'un correspondant aux armées en Allemagne*, Paris, L'Édition française illustrée, 1919, 159 pages.

MADELIN (Louis), *Les Heures merveilleuses d'Alsace et de Lorraine*, Paris, Hachette, 1919, 247 pages.

MALRAUX (Clara), *Le Bruit de nos pas*, Paris, Grasset, 1966, 286 pages.

MANGIN (Général Charles), « Lettres de Rhénanie », *Revue de Paris*, avril 1936.

MARE (André), *Carnets de guerre, 1914-1918,* présentés par Laurence GRAFFIN, Paris, Herscher, 1996, 135 pages.

MEYER (Jacques), *La Guerre, mon vieux... (avec le 239e d'infanterie),* Paris, Albin Michel, 1931, 245 pages.

MICHEL (Albert), *Deux Journées mémorables dans l'histoire de Mulhouse. L'entrée des Français le 17 novembre 1918, la visite du président de la République le 10 décembre 1918*, Mulhouse, Imprimerie Ernest Meininger, 1919, 31 pages.

MILLERAND (Alexandre), *Le Retour de l'Alsace-Lorraine à la France*, Paris, Éd. Fasquelle, 1923, 248 pages.

MORDACQ (Général Henri), *La Vérité sur l'armistice,* Paris, Tallandier, 1929, 125 pages.

–, *L'Armistice du 11 novembre 1918. Récit d'un témoin,* Paris, Plon, 1937, 247 pages.

MORIN (Émile), *Lieutenant Morin. Combattant de la guerre 1914-1918,* Besançon, Cêtre, 2002, 335 pages

NUDANT (Général), « À Spa, l'armistice, 1918-1919 », *Revue de France*, avr. 1925-janvier 1926.

PEYRILLER (Édouard), *L'Armistice inconnu. Souvenirs vécus,* Le Puy, Imprimerie La Haute-Loire, 1934, 19 pages.

POINCARÉ (Raymond), *Au service de la France. Neuf années de souvenirs,* tome 10, *Victoire et Armistice*, Paris, Plon, 1933, 466 pages.

PRÉVOST (Jean), *Notre temps*, Paris, 1933.

RENAUD (Jean), *Aux pays occupés,* Paris, Librairie E. Chiron, 1920.

SCHMIDT (Paul), *Les Belles Journées de la délivrance : 19-27 novembre 1918*, Paris, Librairie Fischbacher, 1920, 46 pages.

SPINDLER (Charles), *L'Alsace pendant la guerre*, Strasbourg, Librairie Treutell et Würtz, 1925, 763 pages.

TESSAN (François de), *De Verdun au Rhin*, Paris, Éd. La Renaissance du livre, 1929, 240 pages.

THELLIER de PONCHEVILLE (Abbé), *La France à Metz*, Paris, J. de Gigord éditeur, 1919, 55 pages.

TISSERANT (Jeanne-Berthe), *En glanant,* Metz, 1936, 126 pages.

VIGUIER (Louis), *Journal de Marche d'un biffin, 2 août 1914-19 février 1919*, Portet-sur-Garonne, Éditions Loubatières, 2013, 284 pages.

WEBER (Jean-Julien), *Sur les pentes de Golgotha. Un prêtre dans les tranchées*, texte établi par Jean-Noël GRANDHOMME, Strasbourg, Éd. La Nuée bleue, 2001, 320 pages.

WEISS (René), *Le Premier Voyage officiel en Alsace-Lorraine française, 8, 9, 10 décembre 1918*, Paris, Imprimerie nationale, 1919, 182 pages.

–, *La Ville de Paris et les Fêtes de la victoire. 13-14 juillet 1919,* Paris, Imprimerie nationale, 1920, 132 pages.

WEYGAND (Général Maxime), « Le maréchal Foch et l'armistice », *La Revue des deux mondes*, 1er et 15 novembre 1938.

–, *Le 11 Novembre*, Paris, Flammarion, 1958, 128 pages.

LIVRES, BROCHURES, ARTICLES CONTEMPORAINS

Anonyme, *L'Afrique sur le Rhin*, Berlin, Éd. Engelmann, 1921.

Anonyme, *L'Après-guerre, Organisation nationale de la démobilisation*, Paris, 1919, 23 pages.

Anonyme, *Le Carnet de la victoire,* Paris, J. Cussac Imprimeur, 1919, 16 pages.

Anonyme, *Distribution des prix, Thann, 8 août 1918,* 8 pages.

Anonyme, *Farbige Franzosen am Rhein*, Berlin, Éd. Engelmann, 1920, 64 pages.

Anonyme, *Français de couleur sur le Rhin*, Mayence, Éd. G. Maréchal et Cie, 1921, 24 pages.

Anonyme, *The French Terror. The Martyrdom of the German People on the Rhine and Ruhr (from Official Documents and Reports),* Munich, R. Oldenbourg Verlag, 1923, 35 pages.

Anonyme, *Guide du démobilisé dans la vie civile,* Paris, Imprimerie nationale, 1919, 8 pages.

Anonyme, *Notice sur les mesures à prendre dans les localités d'Alsace-Lorraine au moment de l'arrivée des troupes,* GQG des armées françaises, EMA, 1er Bureau, décembre 1916.

Anonyme, *Notre retour en Alsace et en Lorraine*, Éditions d'Alsace-Lorraine, 1918, 4 pages.

Anonyme, *Opuscule à l'usage des démobilisés relatif aux formalités à remplir pour pouvoir percevoir l'indemnité de démobilisation et le pécule et pour recevoir les effets d'habillement,* Paris, Imprimerie nationale, 1919, 33 pages.

Anonyme, *Rapport sur l'organisation du Territoire de Thann*, Thann, Administration militaire de l'Alsace, 1917, 463 pages.

Bulletin de l'Office d'information, *Office d'information des Œuvres de secours aux prisonniers de guerre rattaché à l'Agence des prisonniers de guerre de la Croix-Rouge française*, 1918.

BABELON (Ernest), *Le Rhin dans l'Histoire*, Paris, E. Leroux, 1916 et 1917, 2 vol., 476 et 526 pages.

BATIFFOL (Louis), *Les Anciennes Républiques alsaciennes*, Paris, Flammarion, 1918, 311 pages.

–, *L'Alsace est française, par ses origines, sa race, son passé*, Paris, Flammarion, 1919, 247 pages.

BÉHÉ (Martin), *Heures inoubliables. Recueil des relations des fêtes de libération, des discours prononcés dans plus de 80 villes et villages d'Alsace et de Lorraine en novembre et décembre 1918 et des impressions personnelles des maréchaux et généraux,* Strasbourg, F.-X. Le Roux et Cie, 1920, 447 pages.

BERTRAND (Louis), « Le retour en Lorraine », *La Revue des deux mondes*, 15 janvier 1919, p. 311-315.

BESSET (Lieutenant), *Historique du 137e pendant la Grande Guerre*, édité par l'Amicale des régiments fontenaisiens, 1919.

BLANCHET (Eugène-Louis), *En représailles*, Paris, Payot, 1919, 64 pages.

BLONDEL (Georges), *La Rhénanie, son passé, son avenir*, Paris, Plon, 1921, 260 pages.

CAHEN-SALVADOR (Georges), *Les Prisonniers de guerre (1914-1919)*, Paris, 1929, 316 pages.

CHAMBE (R.), « En Alsace retrouvée », *La Revue des deux mondes*, novembre 1933, p. 327-351.

CHRISTMAS (Dr. de), *Le Traitement des prisonniers français en Allemagne*, Paris, 1917.

Comité international de la Croix-Rouge, *Rapport général du Comité international sur son activité de 1912-1920*, Genève, Librairie Georg et Cie, 1921.

–, *Rapports de divers délégués en Allemagne, Russie, Pologne, Bohême, Hongrie et Roumanie. Décembre 1918-juin 1919*, Genève, Librairie Georg et Cie, 1919.

CRU (Jean Norton), *Témoins. Essai d'analyse et de critique des souvenirs de combattants édités en français de 1915 à 1928*, Presses universitaires de Nancy, rééd. 2006 (1re édition, Paris, Les Étincelles, 1929), 727 pages.

–, *Du témoignage*, Paris, Gallimard, 1930, 271 pages.

DÉCHELETTE (François), *L'Argot des poilus. Dictionnaire humoristique et philologique du langage des soldats de la Grande Guerre de 1914*, préface de G. LENÔTRE, Paris, Joue et Cie, 1918, 258 pages.

DELAHACHE (Georges), *Les Débuts de l'administration française en Alsace et en Lorraine*, Paris, Hachette, 1921, 332 pages.

DIETRICH (Albert de), *Alsaciens, corrigeons notre accent*, Paris, Berger-Levrault, 1917, 98 pages.

FRIBOURG (André), *Les Semeurs de haine. Leur œuvre en Allemagne avant et depuis la guerre*, Paris, Berger-Levrault, 1922, 468 pages.

FRIEDEL (Victor-Henri), *L'Accent alsacien-lorrain. Les inconvénients, le remède*, Paris, Comité d'études économiques et administratives relatif à l'Alsace-Lorraine, 1917, 14 pages.

GAUTIER (Dr.), « Le traitement des prisonniers de guerre en Allemagne », *Revue internationale de la Croix-Rouge*, 1920, p. 689-692.

GAZIER (Georges), « L'armistice du onze novembre sur le front », *Mémoires de la Société d'émulation du Doubs*, tome 10, *1919-1920*, Besançon, 1921, p. 1-19.

GUILLAUMAT (Commandant), *Historique sommaire de l'occupation des territoires rhénans par les armées alliées,* Bureau cartographique de l'AFR, juin 1930.

HUGUET (Pierre), *Le Droit pénal de la Rhénanie occupée*, Paris, PUF, 1923, 247 pages.

KREUTZER (Guido), *Le Roman de l'Allemagne outragée*, Berlin, Vogel und Vogel, 1921.

LANG (Joseph), *Die schwarze Schmach im besetzten deutschen Gebiet*, Berlin, Neudeutscher Verlag, 1921, 16 pages.

LAROQUE (André), *L'Occupation des territoires rhénans au point de vue du droit des gens*, Paris, Éd. La Vie universitaire, 1924, 179 pages.

LAVISSE (Ernest) et PFISTER (Christian), *La Question d'Alsace-Lorraine*, Paris, Armand Colin, 1918, 24 pages.

LÉVY (Paul), *Histoire linguistique d'Alsace et de Lorraine*, Paris, Les Belles Lettres, 1929, tome 2, 563 pages.

MADELIN (Louis), *La Bataille de France (21 mars-11 novembre 1918),* Paris, Plon, 1920, 379 pages.

MASSÉ (Pierre), *Le 19e Régiment d'infanterie à travers l'Histoire*, Paris, Les Étincelles, 1928, 95 pages.

MORDACQ (Général Henri), *Pouvait-on signer l'armistice à Berlin ?,* Paris, Grasset, 1930, 240 pages.

Un officier alsacien, *Appel au poilu !*, Éd. d'Alsace-Lorraine, 1918.

PLESSIS (Commandant DU), *Le Régiment rose. Histoire du 265e R.I., 1914-1919*, Nantes, 1920, 207 pages.

SCHMECK (Hermann), *Dem französischen Sadismus entronnen*, Dorsten i. W., Majert, 1921, 96 pages.

TEILHARD DE CHARDIN (Pierre), « La nostalgie du front », in *Écrits du temps de la Guerre (1916-1919)*, Paris, Grasset, « Les Cahiers Rouges », 1996, p. 173-184.

TIRARD (Paul), *La France sur le Rhin. Douze années d'occupation rhénane*, Paris, Plon, 1930, 520 pages.

TOURNEUR-AUMONT (Jean-Médéric), *L'Alsace et l'Alémanie, origine et place de la tradition germanique dans la civilisation alsacienne (études de géographie historique)*, Nancy-Paris-Strasbourg, Berger-Levrault, 1919, 227 pages.

ŒUVRES DE FICTION

ARAGON (Louis), *Aurélien*, Paris, Gallimard, 1944, 519 pages.

CHAMPION (Pierre), *Françoise au calvaire*, Paris, Grasset, 1924, 171 pages.

CHEVALLIER (Gabriel), *La Peur*, Paris, Stock, 1930, 319 pages.

CONSTANTIN-WEYER (M.), *La Salamandre*, Paris, Les Étincelles, « Témoignages de combattants français », n° 3, 1930, 91 pages.

DE LA PORTE (René), *Nés de la guerre*, Paris, Librairie Valois, 1928, 190 pages.

DE RICHAUD (André), *La Douleur*, Paris, Grasset, 1931, 259 pages.

DELAW (Georges), *Le Retour au foyer*, Paris, Devambez, 1918.

DORGELÈS (Roland), *Les Croix de bois*, Paris, Albin Michel, 1919, 384 pages (prix Fémina 1919).

–, *Le Réveil des morts*, Paris, Albin Michel, 1923, 313 pages.

DRIEU LA ROCHELLE (Pierre), *La Comédie de Charleroi*, Paris, Gallimard, 1934, rééd. Paris, Gallimard, « L'imaginaire », 1996, 230 pages.

FLAMANT (Paul), *Le Réveil des vivants*, Paris, Éditions du Nord-Est, 1924, 134 pages.

GIONO (Jean), *Le Grand Troupeau*, Paris, Gallimard, 1931, 268 pages, rééd. Paris, Gallimard, « Folio », 1997, 252 pages.

GUÉHENNO (Jean), *La Mort des autres*, Paris, Grasset, 1968, 215 pages.

HANSI (Jean-Jacques WALTZ), *Le Paradis tricolore. Petites villes et villages de l'Alsace déjà délivrée*, Paris, Éd. Floury, 1918, rééd. Paris, Éditions Herscher, 1993, 38 pages.

MÉZIÈRES (P.-J.), *La Voix des morts*, Paris, Eugène Figuière Éditeur, 1926, 191 pages.

MOREAU (Abel), *Le Fou*, Amiens, Edgar Malfère, « Le hérisson », 1926.

NAEGELEN (René), *Jacques Féroul*, Paris, Éditions Baudinière, 1927, 255 pages.

POULAILLE (Henry), *Les Rescapés,* Paris, Grasset, 1938, 325 pages.

REMARQUE (Erich Maria), *Der Weg zurück,* 1931 ; trad. fr. : *Après,* Paris, Gallimard, 1931, 351 pages, rééd. Paris, Gallimard, « Folio », 1977.

RÉMI (Henriette), *Hommes sans visage*, Lausanne, Éditions Spes, 1942.

SANFORD (A.P.) (éd.), *Armistice Day : An Anthology of the Best Prose and Verse. Patriotism, the Great War, the Armistice*, Détroit, Omnigraphics, 1998, 457 pages.

VALMY-BAYSSE (Jacques), *Le Retour d'Ulysse. Roman d'un démobilisé,* Paris, Albin Michel, 1921, 191 pages.

VERCEL (Roger), *Capitaine Conan*, Paris, Albin Michel, 1934 (prix Goncourt), rééd. 1988, 255 pages.

Bibliographie

Ouvrages généraux

Sur les combattants

AUDOIN-ROUZEAU (Stéphane), *À travers leurs journaux. 14-18, les combattants des tranchées,* Paris, Armand Colin, 1986, 223 pages.

–, *Combattre. Une anthropologie historique de la guerre moderne, XIXe-XXIe siècle*, Paris, Éd. du Seuil, 2008, 327 pages.

–, *Les Armes et la Chair. Trois objets de mort en 1914-1918*, Paris, Armand Colin, 2009, 173 pages.

BEAUPRÉ (Nicolas), *Écrire en guerre, écrire la guerre : France, Allemagne, 1914-1920*, Paris, CNRS, 2006, 292 pages.

BECKER (Jean-Jacques), *1914. Comment les Français sont entrés dans la guerre*, Paris, Presses de la Fondation nationale des sciences politiques, 1977, 637 pages.

–, *Les Français dans la Grande Guerre*, Paris, R. Laffont, 1980, 317 pages.

BOULANGER (Philippe), *La France devant la conscription. Géographie historique d'une institution républicaine, 1914-1922,* Paris, Economica, 2001, 391 pages.

COCHET (François), *Survivre au front, 1914-1918*, Saint-Cloud, Éditions 14-18, 2005, 263 pages.

CRONIER (Emmanuelle), *Permissionnaires dans la Grande Guerre*, Paris, Belin, 2013, 350 pages.

FACON (Patrick), « Les soldats expatriés : Orient et Italie, 1915-1918 », in Jean-Jacques BECKER et Stéphane AUDOIN-ROUZEAU (sous la dir. de), *Les Sociétés européennes et la Guerre de 1914-1918*, Presses de l'université Paris-X-Nanterre, 1990, p. 385-409.

GAMBIEZ (Général Fernand), « Le combattant de 1918 », *Revue historique de l'armée*, 1968, nº 4, p. 7-16.

GILLES (Benjamin), *Lectures de poilus, 1914-1918. Livres et journaux dans les tranchées*, Paris, Autrement, 2013, 336 pages.

HADDAD (Galit), *1914-1919. Ceux qui protestaient*, Paris, Les Belles Lettres, 2012, 436 pages.

HORNE (John), « L'impôt du sang. Republican Rhetoric and Industrial Warfare in France, 1914-1918 », *Social History*, 14/2, 1989, p. 201-223.

HORNE (John) (sous la dir. de), *State, Society and Mobilization in Europe during the First World War*, Cambridge, Cambridge University Press, 1997, 312 pages.

LEED (Eric), *No Man's Land : Combat and Identity in World War I*, Cambridge, Cambridge University Press, 1979, 272 pages.

LOEZ (André), *14-18. Les Refus de la guerre : une histoire des mutins*, Paris, Gallimard, 2010, 690 pages.

MAURIN (Jules), *Armée-Guerre-Société. Soldats languedociens (1889-1919)*, Paris, Publications de la Sorbonne, 1982, 750 pages.

MEYER (Jacques), *Les Soldats de la Grande Guerre*, Paris, Hachette, 1966, rééd. 1998, 373 pages.

PURSEIGLE (Pierre), *Mobilisation, sacrifice et citoyenneté. Angleterre-France, 1900-1918*, Paris, Les Belles Lettres, 2013, 450 pages.

RIDEL (Charles), *Les Embusqués*, Paris, Armand Colin, 2007, 349 pages.

ROUSSEAU (Frédéric), *La Guerre censurée, une histoire des combattants européens de 14-18*, Paris, Éd. du Seuil, 1999, 412 pages.

ROYNETTE (Odile), *Les Mots des tranchées : l'invention d'une langue de guerre, 1914-1919*, Paris, Armand Colin, 2010, 286 pages.

SAINT-FUSCIEN (Emmanuel), *À vos ordres ? La relation d'autorité dans l'armée française de la Grande Guerre,* Paris, Éditions de l'École des Hautes Études en sciences sociales, 2011, 310 pages.

SMITH (Leonard V.), *Between Mutiny and Obedience. The Case of the Fifth Infantry Division during World War I*, Princeton, Princeton University Press, 1994, 296 pages.

–, *The Embattled Self. French Soldiers' Testimony of the Great War*, Ithaca et Londres, Cornell University Press, 2007, 214 pages.

L'OPINION ET LA RUMEUR

AUDOIN-ROUZEAU (Stéphane), « Bourrage de crâne et information en 1914-1918 », in Jean-Jacques BECKER et Stéphane AUDOIN-ROUZEAU (sous la dir. de), *Les Sociétés européennes et la Guerre de 1914-1918*, Presses de l'université de Paris-X-Nanterre, 1990, p. 163-174.

BLOCH (Marc), « Réflexions d'un historien sur les fausses nouvelles de la guerre », *Revue de synthèse historique*, 1921, rééd. in Marc BLOCH, *Écrits de guerre, 1914-1918*, Paris, Armand Colin, 1997, 196 pages, p. 169-184.

CABANES (Bruno), « Ce que dit le contrôle postal », in Christophe PROCHASSON et Anne RASMUSSEN (sous la dir. de), *Vrai et Faux dans la Grande Guerre*, Paris, La Découverte, 2004, p. 55-75.

–, « Un temps d'incertitude et d'attente : une lecture des relations épistolaires entre combattants et civils lors de la sortie de guerre (1918-1920) », in Jean-François CHAUVARD et

Christine LEBEAU (sous la dir. de), *Éloignement géographique et cohésion familiale (XVe-XXe siècle),* Strasbourg, Presses de l'université de Strasbourg, 2006, p. 207-221.

COCHET (Annick), *L'Opinion et le Moral des soldats en 1916 d'après les archives du contrôle postal*, thèse soutenue à l'université Paris-X-Nanterre, 1986, 541 pages, 2 vol.

HORNE (John), « Les mains coupées : "atrocités allemandes" et opinion française en 1914 », in Jean-Jacques BECKER *et al.* (sous la dir. de), *Guerre et Cultures, 1914-1918,* Paris, Armand Colin, 1994, p. 133-146.

HORNE (John) et KRAMER (Alan), *German Atrocities, 1914. A History of Denial*, New Haven et Londres, Yale University Press, 2001, 608 pages ; trad. fr. : *Les Atrocités allemandes, 1914*, Paris, Tallandier, 2005, 640 pages.

JEANNENEY (Jean-Noël), « Les archives du contrôle postal aux armées (1916-1918). Une source précieuse pour l'étude contemporaine de l'opinion et des mentalités », *Revue d'histoire moderne et contemporaine*, janv.-mars 1968, tome XV, p. 209-233.

KRAMER (Alan), « Les atrocités allemandes : mythologie populaire, propagande et manipulations dans l'armée allemande », in Jean-Jacques BECKER *et al.* (sous la dir. de), *Guerre et Cultures, 1914-1918,* Paris, Armand Colin, 1994, p. 147-164.

SUR LES CORRESPONDANCES COMME PRATIQUE SOCIALE ET CULTURELLE PENDANT LA GRANDE GUERRE

HANNA (Martha), « A Republic of Letters : the epistolary tradition in France during World War I », *American Historical Review*, 108/5, 2003, p. 1338-1361.

–, *Your Death Would be Mine. Paul and Marie Pireaud in the Great War*, Cambridge, Mass., Harvard University Press, 2006, 352 pages.

HUSS (Marie-Monique), *Histoires de famille, 1914-1918 : cartes postales et culture de guerre*, Paris, Éd. Noésis, 2000, 237 pages.

ROPER (Michael), *The Secret Battle. Emotional Survival in the Great War*, Manchester, Manchester University Press, 2009, 348 pages.

ULRICH (Bernd) et ZIEMANN (Benjamin) (sous la dir. de), *German Soldiers in the Great War : Letters and Eye-Witness Accounts*, Barnsley, Pen and Sword, 2011, 224 pages.

CULTURES DE GUERRE ET VIOLENCES DE GUERRE

AUDOIN-ROUZEAU (Stéphane), *L'Enfant de l'ennemi (1914-1918). Viol, avortement, infanticide pendant la Grande Guerre*, Paris, Aubier, 1995, 223 pages ; rééd. Flammarion, « Champs », 2013, 266 pages.

–, *La Guerre des enfants, 1914-1918*, Paris, Armand Colin, 1993, 188 pages ; réédition 2004, 253 pages.

AUDOIN-ROUZEAU (Stéphane), BECKER (Annette), INGRAO (Christian), ROUSSO (Henry) (sous la dir. de), *La Violence de guerre, 1914-1945. Approches comparées des deux conflits mondiaux*, Paris et Bruxelles, Complexe/IHTP/CNRS, 2002, 348 pages.

BECKER (Annette) et AUDOIN-ROUZEAU (Stéphane), « Violence et consentement : la "culture de guerre" du premier conflit mondial », in Jean-Pierre RIOUX et Jean-François SIRINELLI (sous la dir. de), *Pour une histoire culturelle*, Paris, Éd. du Seuil, 1997, 456 pages, p. 251-271.

–, *14-18. Retrouver la guerre*, Paris, Gallimard, 2000, 272 pages.

BECKER (Jean-Jacques), WINTER (Jay Murray), KRUMEICH (Gerd), BECKER (Annette), AUDOIN-ROUZEAU (Stéphane) (sous la dir. de), *Guerre et Cultures, 1914-1918*, Paris, Armand Colin, 1994, 445 pages.

HORNE (John), « Remobilizing for total war : France and Britain, 1917-1918 », in John HORNE (éd.), *State, Society and Mobilization in Europe during the First World War*, Cambridge, Cambridge University Press, 1997, p. 195-211, 292 pages.

–, « Corps, lieux et nation. La France et l'invasion de 1914 », *Annales. Histoire, Sciences sociales (HSS)*, janv.-février 2000, n° 1, p.73-109.

JEISMANN (Michaël), *La Patrie de l'ennemi. La notion d'ennemi national et la représentation de la nation en Allemagne et en France de 1792 à 1918*, trad. fr., Paris, CNRS Éditions, 1997, 344 pages.

MOSSE (George L.), *Fallen Soldiers. Reshaping the Memory of the World Wars*, trad. fr. *De la Grande Guerre au totalitarisme. La brutalisation des sociétés européennes*, Paris, Hachette, 1999, 291 pages ; rééd. « Hachette Pluriel », 2003, 293 pages.

PROCHASSON (Christophe), *14-18. Retours d'expériences*, Paris, Tallandier, « Texto », 2008, 431 pages.

PROCHASSON (Christophe) et RASMUSSEN (Anne), *Au nom de la patrie. Les intellectuels et la Première Guerre mondiale (1910-1919)*, Paris, La Découverte, 1996, 303 pages.

SUR LE TRAITÉ DE VERSAILLES

BECKER (Jean-Jacques), *Le Traité de Versailles*, Paris, PUF, 2002, 128 pages.

BOEMECKE (Manfred F.), FELDMAN (Gerald D.) et GLASER (Elisabeth) (sous la dir. de), *The Treaty of Versailles. A Reassessment after 75 Years*, Washington D.C., German Historical Institute ; Cambridge U.K., Cambridge University Press, 1998, 674 pages.

KRUMEICH (Gerd) (sous la dir. de), *Versailles 1919. Ziele, Wirkung, Wahrnehmung*, Essen, Klartext Verlag, 2001.

MACMILLAN (Margaret), *Paris 1919. Six Months that Changed the World,* New York, Random House, 2002, 560 pages ; trad. fr. : *Les Artisans de la paix*, Paris, Le Grand Livre du mois, 2006, 660 pages.

MIQUEL (Pierre), *La Paix de Versailles et l'Opinion publique française*, Paris, Flammarion, 1971, 610 pages.

RENOUVIN (Pierre), *Le Traité de Versailles*, Flammarion, « Questions d'histoire », 1969, 141 pages.

SUR LES ANCIENS COMBATTANTS

CABANES (Bruno), « Génération du feu : aux origines d'une notion », *Revue historique*, 309, janvier 2007, p. 139-150.

–, « Les vivants et les morts : la France au sortir de la Grande Guerre », in Stéphane AUDOIN-ROUZEAU et Christophe PROCHASSON (sous la dir. de), *Sortir de la Grande Guerre. Le monde et l'après-1918*, Paris, Tallandier, 2008, p. 27-45.

–, *The Great War and the Origins of Humanitarianism (1918-1924)*, Cambridge, Cambridge University Press, 2014, 397 pages.

INGRAM (Norman), *The Politics of Dissent. Pacifism in France, 1919-1939*, Oxford, Clarendon Press, 1991, 366 pages.

MILLINGTON (Chris), *From Victory to Vichy. Veterans in Inter-war France*, Manchester, Manchester University Press, 2012, 243 pages.

PAOLI (François-André), *L'Armée française de 1919 à 1939*, Paris, Service historique de l'armée de terre, tome 1, *La Reconversion,* s.d.

PROST (Antoine), *Les Anciens Combattants et la Société française, 1914-1939*, Paris, Presses de la Fondation nationale des sciences politiques, 1977, 765 pages, 3 vol.

WARD (Stephen) (sous la dir. de), *The War Generation. Veterans of the First World War*, Port Washington NY., Kennikat Press, 1975, 192 pages.

BLESSURES PHYSIQUES ET TRAUMATISMES PSYCHIQUES

BINNEVELD (Hans), *From Shell Shock to Combat Stress : A Comparative History of Military Psychiatry*, Amsterdam, Amsterdam University Press, 1997, 220 pages.

BOURKE (Joanna), *Dismembering the Male. Men's Bodies, Britain and the Great War,* Londres, Reaktion Books, 1996, 336 pages

COHEN (Deborah), *The War Come Home. Disabled Veterans in Britain and Germany, 1914-1939*, Berkekey, University of California Press, 2001, 298 pages.

CROCQ (Louis), *Les Traumatismes psychiques de guerre*, Paris, Odile Jacob, 1999, 422 pages.

DELAPORTE (Sophie), *Les Gueules cassées. Les blessés de la face de la Grande Guerre*, Paris, Éd. Noésis, 1996 et 2001, 231 pages.

GERBER (David) (sous la dir. de), *Disabled Veterans in History*, Ann Arbor, University of Michigan Press, 2000, 410 pages.

GUIGNARD (Laurence), GUILLEMAIN (Hervé) et TISON (Stéphane) (sous la dir. de), *Expériences de la folie. Criminels, soldats, patients en psychiatrie (XIX*e*-XX*e* siècle)*, Rennes, Presses universitaires de Rennes, 2013, 327 pages.

JONES (Edgar) et WESSELY (Simon), *Shell Shock to PTSD. Military Psychiatry from 1900 to the Gulf War*, Hove et New York, Psychology Press, 2005, 300 pages.

KENT (Susan Kingsley), *Aftershocks. Politics and Trauma in Britain, 1918-1931*, Basingstoke, Palgrave Macmillan, 2009, 232 pages.

KIENITZ (Sabine), « Body Damage. War Disability and Constructions of Masculinity in Weimar Germany », in Karen HAGEMANN et Stefanie SCHULER-SPRINGORUM (sous la dir. de), *Home/Front. The Military, War and Gender in Twentieth-Century Germany*, Oxford, Berg, 2002, p. 181-203.

Le Naour (Jean-Yves), *Le Soldat inconnu vivant*, Paris, Hachette, 2002, 222 pages.

Lerner (Paul), *Hysterical Men. War, Psychiatry and the Politics of Trauma in Germany, 1890-1930*, Ithaca, Cornell University Press, 2003, 344 pages.

Linker (Beth), *War's Waste. Rehabilitation in World War I America*, Chicago, The University of Chicago Press, 2011, 304 pages.

Meyer (Jessica), *Men of War. Masculinity and the First World War in Britain*, Basingstoke, Palgrave Macmillan, 2009, 216 pages.

Micale (Mark) et Lerner (Paul) (sous la dir. de), *Traumatic Pasts. History, Psychiatry and Trauma in the Modern Age, 1870-1930*, Cambridge, Cambridge University Press, 2001, 316 pages.

Montès (Jean-François), *1915-1939, (re)travailler ou le retour du mutilé : une histoire de l'entre-deux guerres*, Office national des Anciens combattants et victimes de guerre, 1991, 2 volumes, 438 pages.

Mosse (George L.), « Shell Shock as a Social Disease », *Journal of Contemporary History*, vol. 35, n° 1, janvier 2000, p. 101-108.

Shephard (Ben), *A War of Nerves : Soldiers and Psychiatrists in the Twentieth Century*, Cambridge, Mass., Harvard University Press, 2001, 512 pages.

Thomas (Gregory), *Treating the Trauma of the Great War. Soldiers, Civilians and Psychiatry in France, 1914-1940*, Baton Rouge, Louisiana State University Press, 2009, 259 pages.

Tison (Stéphane) et Guillemain (Hervé), *Du front à l'asile, 1914-1918*, Paris, Alma éditeur, 2013, 417 pages.

DEUILS ET MÉMOIRES DU CONFLIT

BECKER (Annette), *Les Monuments aux morts. Mémoire de la Grande Guerre*, Paris, Errance, 1988, 158 pages.

–, *La Guerre et la Foi. De la mort à la mémoire, 1914-1930*, Paris, Armand Colin, 1994, 141 pages.

CAPDEVILLA (Luc) et VOLDMAN (Danièle), *Nos morts. Les sociétés occidentales face aux tués de la guerre,* Paris, Payot, 2002, 282 pages.

FARON (Olivier), *Les Enfants du deuil. Orphelins et pupilles de la nation de la Première Guerre mondiale (1914-1941)*, Paris, La Découverte, 2001, 338 pages.

INGLIS (Ken), « Entombing Unknown Soldiers : From London and Paris to Baghdad », *History and Memory*, automne-hiver 1993, p. 7-31.

JAUFFRET (Jean-Charles), « La question du transfert des corps : 1915-1934 », *Traces de 14-18*, Carcassonne, Les Audois, 1997, p. 133-146.

LAQUEUR (Thomas W.), « Memory and Naming in the Great War », in GILLIS (John R.) (sous la dir. de), *Commemorations : The Politics of National Identity*, Princeton, Princeton University Press, 1994, p. 150-167.

–, « Names, bodies and the anxiety of erasure », in SCHATZKI (Theodore R.) et NATTER (Wolfgang) (sous la dir. de), *The Social and Political Body*, New York, Guildford Press, 1996, p. 123-141.

LLOYD (David), *Battlefield Tourism : Pilgrimage and Commemoration of the Great War in Britain, Australia and Canada, 1919-1939*, Oxford, Berg, 1998, 251 pages.

NICHOLSON (Virginia), *Singled Out. How Two Million British Women Survived Without Men after the First World War*, Oxford, Oxford University Press, 2008, 328 pages.

PAU-HEYRIES (Béatrix), « Le marché des cercueils, 1918-1924 », *Revue historique des armées, Mélanges*, n° 3, 2001, p. 65-80.

POURCHER (Yves), « La fouille des champs d'honneur. La sépulture des soldats de 14-18 », *Terrain*, nº 20, 1993, p. 37-56.

PROST (Antoine), « Les monuments aux morts, culte républicain ? culte civique ? culte patriotique ? », in Pierre NORA (sous la dir. de), *Les Lieux de mémoire*, Paris, Gallimard, tome 1, *La République*, 1984, p. 195-225.

–, « Verdun », in Pierre NORA (sous la dir. de), *Les Lieux de mémoire*, Paris, Gallimard, 1984, tome 3, p. 111-141.

–, « Mémoires locales et mémoires nationales : les monuments de 1914-1918 en France », *Guerres mondiales et Conflits contemporains*, juillet 1992, nº 167, p. 41-50.

–, *Republican Identities in War and Peace : Representations of France in the 19th and 20th Century*, Oxford, Berg, 2002, 288 pages.

SHERMAN (Daniel J.), *The Construction of Memory in Interwar France*, Chicago, The University of Chicago Press, 1999, 414 pages.

TREVISAN (Carine), *Les Fables du deuil. La Grande Guerre : mort et écriture*, Paris, PUF, 2001, 219 pages.

WINTER (Jay), « Communities in Mourning », in Franz COETZEE et Marilyn Shevin COETZEE (éd.), *Authority, Identity, and the Social History of the Great War*, Oxford, Berghahn Books, 1995.

–, *Sites of Memory, Sites of Mourning. The Great War in European Cultural History*, Cambridge, Cambridge University Press, 1995, 310 pages ; trad. fr : *Entre deuil et mémoire : la Grande Guerre dans l'histoire culturelle de l'Europe*, Paris, Armand Colin, 2008, 309 pages.

WINTER (Jay) et SIVAN (Emmanuel) (sous la dir. de), *War and Remembrance in the Twentieth Century*, Cambridge, Cambridge University Press, 2000, 272 pages.

Ouvrages spécialisés

L'armistice du 11 novembre 1918 et le silence de la paix

Armistice et Paix, 1918-1919, catalogue de l'exposition, Château de Vincennes, Pavillon de la Reine, 1968.

L'Europe en novembre 1918, *Revue d'histoire moderne et contemporaine*, janv.-mars 1969.

Beaupré (Nicolas), « Les écrivains combattants français et allemands, témoins de la fin de la guerre », *Revue du Nord*, tome 80, n° 325, avr.-juin 1998, p. 383-391.

Becker (Jean-Jacques), « Les Français à l'heure de l'armistice », *Historiens et Géographes,* n° 321, décembre 1988, p. 283-290.

–, (sous la dir. de), *La Fin de la guerre dans le monde en 1918, Historiens et Géographes*, n° 4, 1998, numéro spécial.

Bernachot (Général), *Les Armées françaises en Orient après l'armistice du 11 novembre 1918. L'armée française d'Orient et l'armée de Hongrie, 11 novembre 1918-10 septembre 1919*, Paris, Imprimerie nationale, 1970, 445 pages.

–, *Les Armées françaises en Orient après l'armistice du 11 novembre 1918. L'armée du Danube, l'armée française d'Orient, 28 octobre 1918-25 novembre 1920,* Imprimerie nationale, Paris, 1970, 355 pages.

–, *Les Armées françaises en Orient après l'armistice du 11 novembre 1918. Le Corps d'occupation de Constantinople*, Imprimerie nationale, Paris, 1970, 424 p.

Cabanes (Bruno), « Le 11 novembre des soldats français », in Stéphane Audoin-Rouzeau, Annette Becker *et al.* (sous la dir. de), *La Politique et la Guerre. Pour comprendre le xxe siècle européen. Hommage à Jean-Jacques Becker*, Paris, Éd. Noésis, 2002, 655 pages, p. 316-327.

CECIL (Hugh) et LIDDLE (Peter) (éd.), *At the Eleventh Hour: Reflections, Hopes and Anxieties at the Closing of the Great War, 1918*, Barnsley, Leo Cooper, 1998, 412 pages.

DEIST (Wilhelm), « The Military Collapse of the German Empire: the Reality behind the Stab-in-the-Back Myth », *War in History*, 3, (1996), p. 186-207.

DELMAS (Général Jean), « Les opérations en 1918 », *Historiens et Géographes*, n° 321, décembre 1988, p. 183-201.

DUPPLER (Jörg) et GROSS (Gerhard P.) (éd.), *Kriegsende 1918: Ereignis, Wirkung, Nachwirkung*, Munich, R. Oldenburg Verlag, 1999, 398 pages.

FACON (Patrick), *Le 12e Corps français en Italie, une étude du moral, 1917-1918*, mémoire de maîtrise sous la direction de René Rémond, Université Paris-X-Nanterre, 1972-1973, 220 pages dact.

–, « Les mutineries françaises en Russie septentrionale (décembre 1918-avril 1919) », *Revue d'histoire moderne et contemporaine*, tome 24, 1977, p. 455-474.

–, *Soldats français de l'armée d'Orient, 1915-1919. Recherches sur le moral et approche des mentalités*, thèse de doctorat de 3e cycle, sous la direction de René Girault, Université Paris-X-Nanterre, 1977-1978, 711 pages, 3 vol.

FRANÇOIS (Pierre), « La victoire de 1918 en Orient, de la Cerna au Danube », *Revue historique des armées*, 1969-2, p. 56-71.

GEYER (Michael), « Insurrectionary Warfare: The German Debate about a *Levée en Masse* in October 1918 », *The Journal of Modern History*, vol. 73, n° 3, septembre 2001, p. 459-527.

GHÉON (Henri), « 11 novembre 1918: la paix de saint Martin », *Revue historique des armées*, n° 212, septembre 1998, p. 111-122.

GREGORY (Adrian), *The Silence of Memory, Armistice Day, 1919-1946*, Exeter, Berg, 1994, 245 pages.

JOHNSON (John Henry), *1918: The Unexpected Victory*, Londres, Arms and Armour, 1998, 208 pages.

LAURENT (André), *1918 en Picardie*, Amiens, Martelle, 1998, 196 pages.

LOWRY (Bullitt), *Armistice 1918*, Kent, Ohio, Kent State University Press, 1996, 245 pages.

MEYER (Jacques), *Le 11 Novembre,* Paris, Hachette, « L'histoire par l'image », 1964, 157 pages.

NOBÉCOURT (René-Gustave), *L'Année du 11 novembre 1918*, Paris, Robert Laffont, 1968, 437 pages.

PALMER (Alan), *Victory 1918,* Londres, Weidenfeld and Nicolson, 1998, 268 pages.

RENOUVIN (Pierre), *11 Novembre 1918. L'armistice de Rethondes,* Paris, Gallimard, « Trente Journées qui ont fait la France », 1968, 468 pages ; rééd. avec une postface d'Antoine PROST, 2006.

UNE FRATERNITÉ IMAGINAIRE. LE RETOUR À LA FRANCE DE L'ALSACE ET DE LA LORRAINE

BAAS (Geneviève), *Le Malaise alsacien, 1919-1924*, Strasbourg, Imprimerie « Développement et communauté », 1972, 152 pages.

BAECHLER (Christian), *Les Alsaciens et le Grand Tournant de 1918*, Strasbourg, Imprimerie « Développement et communauté », 1972, 158 pages.

BOSWELL (Laird), « From Liberation to Purge Trials in the "Mythic Provinces" : Recasting French Identities in Alsace and Lorraine, 1918-1920 », *French Historical Studies*, 23 : 1, 2000, p. 129-162.

CARON (Vicky), *Between France and Germany. The Jews of Alsace-Lorraine, 1871-1918,* Stanford, Stanford University Press, 1988, 278 pages.

CRAIG (John E.), *Scholarship and Nation Building : The Universities of Strasbourg and Alsatian Society, 1870-1939*, Chicago, The University of Chicago Press, 1984, 515 pages.

DOLLINGER (Philippe), *L'Alsace de 1900 à nos jours*, Toulouse, Privat, 1979, 399 pages.

DREYFUS (François-Georges), *La Vie politique en Alsace, 1919-1936*, Paris, Armand Colin, Cahiers de la Fondation nationale des sciences politiques, 1969, 328 pages.

DUNLOP (Catherine), *Cartophilia. Maps and the Search for Identity in the French-German Borderland*, Chicago, University of Chicago Press, 2015.

GRANIER (Jacques), *Novembre 1918 en Alsace. Album du cinquantenaire,* Strasbourg, Éditions des Dernières Nouvelles d'Alsace, 1969, 160 pages.

HARP (Stephen L.), *Learning to be Loyal. Primary Schooling as Nation Building in Alsace and Lorraine, 1850-1940*, DeKalb, Northern Illinois University Press, 1998, 292 pages.

HARVEY (David Allen) « Lost children or enemy aliens ? Classifying the population of Alsace after the First World War », *Journal of Contemporary History*, vol. 34, 1999, p. 537-554.

RICHEZ (Jean-Claude), « Ordre et désordre dans la fête : les fêtes de réception des troupes françaises en Alsace en novembre 1918 », *Revue des sciences sociales de la France de l'Est*, 1983, n°s 12 et 12 *bis*, p. 157-175.

ROTH (François), *La Lorraine annexée. Étude sur la présidence de Lorraine dans l'Empire allemand (1870-1918)*, *Annales de l'Est* publiées par l'université de Nancy-II, 1976, 765 pages.

–, « Le retour de l'Alsace-Lorraine à la France », in *Finir la guerre*, Actes du colloque de Verdun, 12-13 novembre 1999, *Les Cahiers de la Paix*, n° 7, Presses universitaires de Nancy, 2000, p. 30-51.

SILVERMAN (Dan P.), *Reluctant Union : Alsace-Lorraine and Imperial Germany, 1871-1918*, University Park London, Pennsylvania State University Press, Philadelphie, 1972, 262 pages.

ZAHRA (Tara), « The Minority Problem : National Classification in the French and Czechoslovak Borderlands », *Contemporary European History* 17, mai 2008, p. 137-165.

LA « GUERRE APRÈS LA GUERRE » : POLITIQUES D'OCCUPATION ET VIOLENCES ANTI-ALLEMANDES APRÈS 1918.

BARIETY (Jacques), *Les Relations franco-allemandes après la Première Guerre mondiale. 10 novembre 1918-10 janvier 1925*, Paris, Pedone, 1977, 797 pages.

BEAUPRÉ (Nicolas), « Occuper l'Allemagne après 1918. La présence française en Allemagne avant l'apaisement de Locarno ou la continuation de la Grande Guerre par d'autres moyens », *Revue historique des armées*, n° 254, 2009, p. 9-19.

CABANES (Bruno), « Die französischen Soldaten und der Verlust des Sieges », in Gerd KRUMEICH (éd.), *Versailles 1919. Ziele, Wirkung, Wahrnehmung*, Essen, Klartext Verlag, 2001, 390 pages.

–, « La guerre après la guerre : détestation de l'ennemi et violences anti-allemandes chez les soldats français (1918-1920) », in Stéphanie CLAISSE et Thierry LEMOINE (sous la dir. de), *Comment (se) sortir de la Grande Guerre*, Paris, L'Harmattan, 2005, p. 99-100.

EICHNER (Karsten), *Briten, Franzosen und Italiener in Oberschlesien 1920-1922*, St. Katharinen, Scripta Mercaturae Verlag, 2002, 299 pages.

FOHR-PRIGENT (Estelle), « La "Honte noire". Racisme et propagande allemande après la Première Guerre mondiale », *Relations internationales*, n° 106, 2001, p. 165-177.

GODFROID (Anne), « Une fureur "belgica" en Rhénanie occupée : réalité ou fantasme », in Raphaëlle BRANCHE et Fabrice VIRGILI (sous la dir. de), *Viols en temps de guerre*, Paris, Payot, 2011, p. 95-106.

GUESLIN (Julien), *La France et les petits États baltes : réalités baltes, perspectives françaises et ordre européen : 1920-1932*, thèse de doctorat, Université de Paris I-Sorbonne, 2004

HUDEMANN (Rainer), « L'occupant français et la population allemande après les deux guerres mondiales », *Relations internationales*, n° 80, hiver 1994, p. 471-489.

JEANNESSON (Stanislas), *Poincaré, la France et la Ruhr (1922-1924). Histoire d'une occupation*, Strasbourg, Presses universitaires de Strasbourg, 1998, 432 pages.

KIENITZ (Sabine), « L'occupation française et la construction culturelle des différences nationales dans le Palatinat de 1918 à 1930 », *Histoire et sociétés. Revue européenne d'histoire sociale*, n° 17 (2006), p. 32-43.

KOLLER (Christian), « Enemy Images. Race and Gender Stereotypes in the Discussion on Colonial Troops. A Franco-German Comparison, 1914-1923 », in Karen HAGEMANN et Stefanie SCHULER-SPRINGORUM, (sous la dir. de), *Home / Front. The Military, War and Gender in Twentieth-Century Germany*, Oxford, Berg, 2002, p. 139-157.

KUHLMAN (Erika), « American Doughboys and German Fraüleins : Sexuality, Patriarchy and Privilege in the American Rhineland, 1918-1923 », *The Journal of Military History*, 71, 2007, p. 1077-1107.

LEBZELTER (Gisela), « Die "Schwarze Schmach". Vorurteile. Propaganda. Mythos », *Geschichte und Gesellschaft*, 11, 1985, p. 37-58.

LE NAOUR (Jean-Yves), *La Honte noire*, Paris, Hachette Littératures, 2004, 277 pages.

MARKS (Sally), « Black Watch on the Rhine : A Study in Propaganda, Prejudice and Prurience », *European Studies Review*, 13, 1983, p. 297-334.

MASS (Sandra), *Weiße Krieger, schwarze Helden. Zur Geschichte kolonialer Männlichkeit in Deutschland, 1918-1964,* Cologne, Böhlau, 2006, 370 pages.

NELSON (Keith L.), « The "Black Horror on the Rhine" : Race as a factor in Post-War I Diplomacy », *Journal of Modern History*, vol. 42, nº 4, décembre 1970, p. 606-627.

SCHWENGLER (Walter), *Völkerrecht, Versailler Vertrag und Auslieferungsfrage. Die Strafverfolgung wegen Kriegsverbrechen als Problem des Friedenschlusses 1919/1920*, Stuttgart, Deutsche Verlags-Anstalt, 1982, 402 pages.

STEINMEYER (Gitta), *Die Grundlagen der französischen Deutschandspolitik, 1917-1919*, Stuttgart, Klett-Cotta, 1979, 209 pages.

TOOLEY (T. Hunt), « German Political Violence and the Border Plebiscite in Upper Silesia, 1919-1921 », *Central European History*, 21, 1988, p. 56-98.

–, *National Identity and Weimar Germany. Upper-Silesia and the Eastern Border, 1918-1922*, Lincoln, University of Nebraska Press, 1997, 320 pages.

VOELKER (Judith), *« Unerträglich, unerfüllbar und deshalb unannehmbar » : Kollektiver Protest gegen Versailles im Rheinland in den Monaten Mai und Juni 1919 »*, in Jost DULFFER, Gerd KRUMEICH (sous la dir. de), *Der Verlorene Frieden. Politik und Kriegskultur nach 1918*, Essen, Klartext, 2002, p. 229-242.

WEIN (Franziska), *Deutschlands Strom-Frankreichs Grenze. Geschichte und Propaganda am Rhein, 1919-1930*, Essen, Klartext, 1992, 184 pages.

WIGGER (Iris), *Die « Schwarze Schmach am Rhein ». Rassistische Diskriminierung zwischen Geschlecht, Klasse, Nation und Rasse,* Münster, Westfällisches Dampfboot, 2006, 347 pages.

LES DÉMOBILISATIONS COMBATTANTES

La France

CABANES (Bruno), « La démobilisation des soldats français », in *Finir la guerre*, Actes du colloque de Verdun, 12-

13 novembre 1999, *Les Cahiers de la Paix*, n° 7, Presses universitaires de Nancy, 2000, p. 55-65.

–, « Démobilisations et retour des hommes », in Stéphane AUDOIN-ROUZEAU et Jean-Jacques BECKER (sous la dir. de), *Encyclopédie de la Grande Guerre*, Paris, Bayard Éditions, 2004, p. 1047-1062.

FACON (Patrick), *Soldats français de l'armée d'Orient, 1915-1919 : recherche sur le moral et approche des mentalités,* thèse soutenue devant l'université de Paris-X-Nanterre, 1978, 3 vol.

ROISIN (Antoine), *La Démobilisation de l'armée française après le premier conflit mondial,* mémoire de maîtrise soutenu sous la direction de Stéphane AUDOIN-ROUZEAU, Université de Picardie-Jules Verne, octobre 1998, 95 pages.

ROUSSANE (Francine), « Un front méconnu : le front d'Orient (1915-1918) », in *Histoire militaire de la France*, sous la direction d'André CORVISIER, Paris, PUF, 1992, tome 3, p. 186-201.

Les autres belligérants

BESSEL (Richard), « Unemployment and demobilization in Germany after the First World War », in Richard EVANS et Dick GEARY (éd.), *The German Unemployed Experiences and Consequences of Mass Unemployment from the Weimar Republik to the Third Reich,* Londres, Sydney Croom Helm, 1987, XVIII-314 pages.

–, *Germany after the First World War*, Oxford, Clarendon Press, 1993, 325 pages ; rééd. 2002.

ENGLANDER (David), « Die Demobilmachung in Grossbritannien nach dem Ersten Weltkrieg », *Geschichte und Gesellschaft,* 9, 1983, p. 195-210.

FELDMAN (Gerald D.), « Economic and social problems of the German demobilization, 1918-1919 », *Journal of Modern History*, vol. 47, 1975.

–, « Die Demobilmachung und die Sozialordnung der Zwischenkriegszeit in Europa », *Geschichte und Gesellschaft*, 9, 1983, p. 156-177.

GRAUBARD (S.R.), « Military demobilization in Great Britain following the First World War », in Ian BECKETT et Keith SIMPSON (éd.), *A Nation in Arms : A Social Study of the British Army in the First World War,* Manchester University Press, 1985, 276 pages.

KEENE (Jennifer), *Doughboys, The Great War and the Remaking of America*, Baltimore, Johns Hopkins University Press, 2003, 320 pages.

MOMMSEN (Wolfgang J.), *Die Organisierung des Friedens : Demobilmachung 1918-1920*, Göttingen, Vandenhoeck & Ruprecht, 1983, 330 pages.

REULECKE (Jürgen), « Barmen and the returning soldiers : A case study on demobilisation in Germany after the First World War », in *Social Processes of Demobilisation after the First World War in Germany, France and Great Britain*, colloque organisé à Londres par l'Institut historique allemand, mai 1981, actes non publiés.

SEIPP (Adam R.), *The Ordeal of Peace : Demobilization and the Urban Experience in Britain and Germany, 1917-1921*, Farnham, England, Burlington VT, Ashgate, 2009, 306 pages.

SUMPF (Alexandre), « Une société amputée : les retours des invalides russes de la Grande Guerre, 1914-1929 », *Cahiers du Monde russe*, 51, 2010, p. 35-64.

VINSON (A.J.), « Demobilisation and unemployment in the Southampton region after the First World War », in *Social Processes of Demobilisation after the First World War in Germany, France and Great Britain*, colloque organisé à Londres par l'Institut historique allemand, mai 1981, actes non publiés.

WETTE (Wolfram), « Die militärische Demobilmachung in Deutschland 1918/1919 unter der besonderen Berücksichtigung der revolutionären Ostseestadt Kiel », *Geschichte und Gesellschaft*, 12, 1986, p. 63-80.

Wroclaw (Karol Jonca) « Social change and demobilisation in Upper Silesia in the early post-war years, 1918-1922 », in *Social Processes of Demobilisation after the First World War in Germany, France and Great Britain*, colloque organisé à Londres par l'Institut historique allemand, mai 1981, actes non publiés.

Oubliés de la victoire. Le retour des prisonniers de guerre

Abbal (Odon), *Les Prisonniers de guerre 1914-1918 : prisonniers du Gard et de l'Hérault*, thèse de 3e cycle soutenue à l'Université de Montpellier sous la direction de Jules Maurin, 1984.

–, « Les prisonniers de la Grande Guerre », *Guerres mondiales et Conflits contemporains*, juillet 1987, nº 147, p. 5-30.

–, « 1918-1919 : l'heure des rapatriements. Les cas français et italien », *Les Cahiers de la Grande Guerre*, Verdun, nº 25, 1998, p. 31-37.

–, « Un combat d'après-guerre : le statut des prisonniers », *Revue du Nord*, nº 325, avr.-juin 1998, tome 80, p. 405-416.

–, *Soldats oubliés. Les prisonniers de guerre français*, Le Vigan, Études et Communication Éditions, 2001, 262 pages.

Becker (Annette), *Oubliés de la Grande Guerre. Humanitaire et culture de guerre, 1914-1918. Populations occupées, déportés civils, prisonniers de guerre*, Paris, Éd. Noésis, 1998, 405 pages.

–, « Charles de Gaulle prisonnier », in *De Gaulle soldat, 1914-1918*, Paris, Martelle/Historial de la Grande Guerre, 1999, 216 pages, p. 96-115.

–, « Le retour des prisonniers », in *Finir la guerre*, Actes du colloque de Verdun, 12-13 novembre 1999, *Les Cahiers de la Paix*, n° 7, Presses universitaires de Nancy, 2000, p. 67-78.

COCHET (François), *Soldats sans armes. La captivité de guerre : une approche culturelle*, Bruxelles, Bruylant, 1998, 463 pages.

DAGAN (Yaël), « La démobilisation de Jacques Rivière, 1917-1925 », *Cahiers du Centre de Recherches historiques*, 31, 2003, p. 131-153.

DELPAL (Bernard), « Prisonniers de guerre en France (1914-1920) », *Les Exclus en Europe, 1830-1930*, Paris, Éd. de l'Atelier, 1999, 480 pages.

–, « Entre culpabilité et réparation : la douloureuse situation des prisonniers de guerre allemands maintenus en France au temps du traité de Versailles », in *Marginaux, Marginalité, Marginalisation, 14-18 Aujourd'hui,* Paris, Éd. Noésis, 2001, p. 124-137.

HINZ (Uta), « Fuir pour la patrie : officiers prisonniers de guerre en Allemagne, 1914-1918 », in *De Gaulle soldat, 1914-1918,* Paris, Martelle/Historial de la Grande Guerre, 1999, 216 pages, p. 48-57.

–, *Gefangen im Großen Krieg. Kriegsgefangenschaft in Deutschland, 1914-1921*, Essen, Klartext Verlag, 2006, 392 pages.

JONES (Heather), *Violence against Prisoners of War in the First World War. Britain, France and Germany, 1914-1920*, Cambridge, Cambridge University Press, 2011, 468 pages.

SE DÉPRENDRE DE LA GUERRE : FÊTES DU RETOUR, RECONSTRUCTIONS ET RETOUR À L'INTIME

AUDOIN-ROUZEAU (Stéphane) et PROCHASSON (Christophe) (sous la dir. de), *Sortir de la Grande Guerre. Le monde et l'après-1918*, Paris, Tallandier, 2008, 511 pages.

HORNE (John) « Démobilisations culturelles après la Grande Guerre », *14-18 Aujourd'hui,* Paris, Éd. Noésis, mai 2002, p. 45-53.

–, « Demobilizing the Mind : France and the Legacy of the Great War, 1919-1939 », *French History and Civilization*, 2, 2009, p. 101-119.

MOSSE (George L.), *Fallen Soldiers. Reshaping the Memory of the World Wars* ; trad. fr. : *De la grande Guerre au totalitarisme. La brutalisation des sociétés européennes*, Paris, Hachette, 1999, 29 pages ; réédition Hachette Pluriel, 2003, 293 pages.

PROST (Antoine), « The Impact of War on French and German Political Cultures », *The Historical Journal*, vol. 37, n° 1, mars 1994, p. 209-217.

STOVALL (Tyler), *Paris and the Spirit of 1919, Consumer Struggles, Transnationalism and Revolution*, Cambridge, Cambridge University Press, 2012, 342 pages.

WIRSCHING (Andreas), « Political Violence in France and Italy after 1918 », *Journal of Modern European History*, 75, 2003, p. 60-79.

Fêtes et cérémonies

AGULHON (Maurice), *Les Métamorphoses de Marianne. L'imagerie et la symbolique républicaine de 1914 à nos jours*, Paris, Flammarion, 2001, 317 pages.

BECKER (Annette), « Du 14 juillet 1919 au 11 novembre 1920. Mort, où est ta victoire ? », *Vingtième Siècle. Revue d'histoire*, n°49, janv.-mars 1996, p. 31-44.

DEMIAUX (Victor), *La Construction rituelle de la victoire dans les capitales européennes après la Grande Guerre (Bruxelles, Bucarest, Londres, Paris, Rome)*, thèse de doctorat, Paris, École des hautes études en sciences sociales, 2013.

FRYSMAN (Aline), *La Victoire triste ? Espérances, déceptions et commémorations de la victoire dans le département du Puy-de-Dôme en sortie de guerre, 1918-1924,* thèse de doctorat, Paris, École des hautes études en sciences sociales, 2009.

TISON (Stéphane), *Comment sortir de la guerre ? Deuil, mémoire et traumatisme, 1870-1940*, Rennes, Presses universitaires de Rennes, 2011, 428 pages.

Destructions et reconstructions

AMAT (Jean-Paul), « L'inscription de la guerre dans les paysages ruraux du Nord-Est de la France », in Jean-Jacques BECKER et Stéphane AUDOIN-ROUZEAU (sous la dir. de), *Les Sociétés européennes et la Guerre de 1914-1918,* Paris, Presses de l'université Paris-X-Nanterre, 1990, p. 411-438.

BECKER (Jean-Jacques), « Les destructions de la guerre de 1914-1918 : coût, ampleur, conséquences démographiques… », in *Reconstructions et Modernisation. La France après les ruines. 1918…1945…*, catalogue d'exposition, Paris, Archives nationales, 1991, p. 16-24.

CLOUT (Hugh), *After the Ruins. Restoring the Countryside of Northern France after the Great War,* Exeter, University of Exeter Press, 1996, XVIII-332 pages.

–, « War and recovery in the countryside of North Eastern France. The example of Meurthe-et-Moselle », *Journal of Historical Geography,* volume 23, n° 2, 1997, p. 164-186.

Collectif, *Reconstruction et Modernisation. La France après les ruines. 1918…1945…,* catalogue d'exposition, Paris, Archives nationales, 1991, 310 pages.

Collectif, *Reconstructions en Picardie après 1918,* Paris, Réunion des musées nationaux, 2000, 311 pages.

DE SOUSA (David), *La Reconstruction et sa mémoire dans les villages de la Somme,* Woignarue, Éd. La Vague verte, 2001, 210 pages.

DUMÉNIL (Anne) et NIVET (Philippe), (sous la dir. de), *Les Reconstructions en Picardie*, Amiens, Encrage, 2003, 254 pages.

LOBRY (Gérard), *Les Conséquences de la Grande Guerre dans le département de l'Oise*, Diplôme d'Études Approfondies, Amiens, Université de Picardie-Jules Verne, 1995.

MAGRI (Susanna), « Housing », in Jay WINTER et Jean-Louis ROBERT (éd.), *Capital Cities at War : Paris, London, Berlin, 1914-1919*, Cambridge, Cambridge University Press, 1997, 622 pages, p. 374-417.

NIVET (Philippe), « Le retour des réfugiés ou la violence des ruines », *Reconstructions en Picardie après 1918,* Paris, Réunion des musées nationaux, 2000, p. 22-33.

–, *Réfugiés français de la Grande Guerre (1914-1920). Les « Boches du Nord »*, Paris, Economica, 2004, 598 pages.

–, *La France occupée, 1914-1918*, Paris, Armand Colin, 2011, 480 pages.

PEARSON (Chris), *Mobilizing Nature. The Environmental History of War and Militarization in Modern France*, Manchester et New York, Manchester University Press, 2012, 336 pages.

VÉZIAT (Emmanuel), *La Reconstruction dans le département de l'Aisne à l'issue de la Première Guerre mondiale*, Diplôme d'études approfondies, Université d'Artois, Arras, 2000.

VOLDMAN (Danièle), « Comment réparer les dommages de la guerre ? », in *Finir la guerre*, Actes du colloque de Verdun, 12-13 novembre 1999, *Les Cahiers de la Paix*, n° 7, Presses universitaires de Nancy, 2000, p. 67-78.

Retours à l'intime

AUDOIN-ROUZEAU (Stéphane), « Corps perdus, corps retrouvés. Trois exemples de deuils de guerre », *Annales,*

Histoire, Sciences sociales, n° 1, janvier-février 2000, p. 47-71.

–, *Cinq deuils de guerre*, Paris, Éd. Noésis, 2001, 260 pages.

BECKER (Annette), *Les Cicatrices rouges, 14-18, France et Belgique occupées*, Paris, Fayard, 2010, 373 pages.

BETTE (Peggy), « Veuves et veuvages de la Première Guerre mondiale, Lyon, 1914-1924 », *Vingtième Siècle. Revue d'histoire*, 98, avril-juin 2008, p. 191-202.

BOURKE (Joanna), *An intimate history of Killing. Face to face Killing in 20th Century Warfare*, Basic Books, 1999, 509 pages (en particulier le chapitre 11 : « Return to Civilian Life »).

CABANES (Bruno), « Negotiating Intimacy in the Shadow of War (France, 1914-1920) », *French Politics, Culture and Society*, 31, printemps 2013, p. 1-23.

CABANES (Bruno) et PIKETTY (Guillaume) (sous la dir. de), *Retour à l'intime au sortir de la guerre*, Paris, Tallandier, 2009, 315 pages.

COX (Caroline), « Invisible Wounds. The American Legion, Shell Shocked Veterans and American Society, 1919-1924 », in Mark S. MICALE et Paul LERNER (sous la dir. de), *Traumatic Pasts. History, Psychiatry and Trauma in the Modern Age, 1870-1930*, Cambridge, Cambridge University Press, 2001, p. 280-305.

DAMOUSI (Joy), *The Labour of Loss. Mourning, Memory and Wartime Bereavement in Australia*, Cambridge, Cambridge University Press, 1999, 222 pages.

DELAPORTE (Sophie), « Le retour des mutilés : de la douleur », in *Finir la guerre*, actes du colloque de Verdun, 12-13 novembre 1999, in *Les Cahiers de la Paix*, n° 7, Nancy, Presses universitaires de Nancy, 2000, p. 90-100.

FOUCHARD (Dominique), *Le Poids de la guerre. Les poilus et leurs familles après 1918*, Rennes, Presses universitaires de Rennes, 2013, 288 pages.

KIENITZ (Sabine), *Beschädigte Helden. Kriegsinvalidität und Körperbilder 1914-1923*, Paderborn, Ferdinand Schöningh Verlag, 2008, 381 pages.

KUHLMAN (Erica), *Of Little Comfort : War Widows, Fallen Soldiers and the Remaking of the Nation after the Great War*, New York, New York University Press, 2012, 235 pages.

LARSSON (Marina), *Shattered Anzacs. Living with the Scars of War*, Sydney, University of New South Wales Press, 2009, 320 pages.

LE NAOUR (Jean-Yves), *Misères et tourments de la chair durant la Grande Guerre. Les mœurs sexuelles des Français, 1914-1918*, Paris, Aubier, 2002, 411 pages

PETIT (Stéphanie), *Les Veuves de la Grande Guerre : d'éternelles endeuillées*, Paris, Éditions du Cygne, 2007, 165 pages.

PIGNOT (Manon), *Allons enfants de la patrie. Génération Grande Guerre*, Paris, Éd. du Seuil, 2012, 444 pages.

ROBERTS (Mary Louise), *Civilization Without Sexes : Reconstructing Gender in Postwar France, 1917-1927*, Chicago, The University of Chicago Press, 1994, 337 pages.

ROPER (Michael), *The Secret Battle. Emotional Survival in the Great War*, Manchester, Manchester University Press, 2009, 348 pages.

TRÉVISAN (Carine), *Aurélien d'Aragon, un « nouveau mal du siècle »*, Besançon, Annales littéraires de l'Université de Besançon, 1996, 283 pages.

–, « Le silence du permissionnaire » in Catherine MILKOVITCH-RIOUX et Robert PIKERING (sous la dir. de), *Écrire la guerre*, Clermont-Ferrand, Presses de l'Université Blaise-Pascal, 2000, p. 201-210.

VIDAL-NAQUET (Clémentine), *« Te reverrai-je ? Le lien conjugal pendant la Grande Guerre*, thèse de doctorat, Paris, École des hautes études en sciences sociales, 2013.

Index

Table

RÉALISATION : IGS-CP À L'ISLE-D'ESPAGNAC
IMPRESSION : NORMANDIE ROTO IMPRESSION S.A.S. (LONRAI)
DÉPÔT LÉGAL : SEPTEMBRE 2014. Nº 118254 (1403132)
IMPRIMÉ EN FRANCE

Éditions Points

Collection Points Histoire

H327. Histoire politique du monde hellénistique *par Edouard Will*
H328. Le Saint Empire romain germanique, *par Francis Rapp*
H329. Sparte, histoire politique et sociale jusqu'à la conquête romaine, *par Edmond Lévy*
H330. La Guerre censurée, *par Frédéric Rousseau*
H331. À la guerre, *par Paul Fussel*
H332. Les Français des années troubles, *par Pierre Laborie*
H333. Histoire de la papauté, *par Yves-Marie Hilaire*
H334. Pouvoir et Persuasion dans l'Antiquité tardive *par Peter Brown*
H336. Penser la Grande Guerre, *par Antoine Prost et Jay Winter*
H337. Paris libre 1871, *par Jacques Rougerie*
H338. Napoléon. De la mythologie à l'histoire *par Nathalie Petiteau*
H339. Histoire de l'enfance, tome 1 *par Dominique Julia et Egle Becchi*
H340. Histoire de l'enfance, tome 2 *par Dominique Julia, Egle Becchi*
H341. Une histoire de l'édition à l'époque contemporaine XIXe-XXe siècle, *par Elisabeth Parinet*
H342. Les enjeux de l'histoire culturelle, *par Philippe Poirrier*
H343. Le Monde des révolutions en Amérique et en Europe à la fin du XVIIIe siècle, *par Jacques Solé*
H345. Histoire culturelle de la France, tome 3, *par Antoine de Baecque et Françoise Mélonio*
H346. Histoire culturelle de la France, tome 4, *par Jean-Pierre Rioux et Jean-François Sirinelli*
H347. L'État chez lui, l'Église chez elle *par Jean-Paul Scot*
H348. La Résistance française : une histoire périlleuse *par Laurent Douzou*

H349. Histoire culturelle de la France, tome 2,
par Jean-Pierre Rioux & Jean-François Sirinelli
H350. La France et les Juifs de 1789 à nos jours
par Michel Winock
H351. Historiographie de la guerre d'Algérie,
par Raphaëlle Branche
H352. L'Armée de Vichy, *par Robert O. Paxton*
H353. La Guerre froide 1917-1991, *par André Fontaine*
H354. Le Modèle politique français, *par Pierre Rosanvallon*
H355. Les Origines religieuses de la Révolution française
par Dale Van Kley
H356. Une histoire du Chat, *par Laurence Bobis*
H357. À la recherche du Moyen Âge, *par Jacques Le Goff*
H358. Les Quatre Parties du monde, *par Serge Gruzinski*
H359. Histoire des peurs alimentaires, *par Madeleine Ferrières*
H360. Le Grand Voyage de l'Obélisque, *par Robert Solé*
H361. La Vie à en mourir. Lettres de fusillés 1941-1944
par Guy Krivopissko
H362. Bleu. Histoire d'une couleur, *par Michel Pastoureau*
H363. Mitterrand, une histoire de Français, *par Jean Lacouture*
H364. Le Siècle des intellectuels, *par Michel Winock*
H365. Histoire des paysans français
par Emmanuel Le Roy Ladurie
H366. La Plus Vieille Cuisine du monde, *par Jean Bottéro*
H367. Histoire de la France politique 1. Le Moyen Âge
par Philippe Contamine
H368. Histoire de la France politique 2.
La Monarchie, entre Renaissance et Révolution
par Joël Cornette
H369. Histoire de la France politique 3.
L'Invention de la démocratie
par Serge Berstein, Michel Winock
H370. Histoire de la France politique 4.
La République recommencée
par Serge Berstein, Michel Winock
H371. Le Fascisme en action, *par Robert O. Paxton*
H372. Louis XIV. Les Stratégies de la gloire, *par Peter Burke*
H373. Ressentiment et Apocalypse, *par Philippe Burrin*
H374. Jésuites. Une multibiographie, t. 1, Les Conquérants
par Jean Lacouture
H375. Jésuites. Une multibiographie, t. 2, Les Revenants
par Jean Lacouture
H376. Sexe et pouvoir à Rome, *par Paul Veyne*
H377. Le Petit Livre des couleurs
par Michel Pastoureau & Dominique Simonnet

H378. Les Droites aujourd'hui, *René Rémond*
H379. Les Chamanes de la Préhistoire
par Jean Clottes & David Lewis-Williams
H380. Chronologie du XXe siècle, *par Bernard Phan*
H381. S'amuser au Moyen Âge, *par Jean Verdon*
H382. La Conversion d'Hermann le Juif
par Jean-Claude Schmitt
H383. Une histoire de pirates, *par Jean-Pierre Moreau*
H384. Histoire de la beauté, *par Georges Vigarello*
H385. Chronologie du Moyen Âge
par Michel Zimmermann
H386. L'Étoffe du diable, *par Michel Pastoureau*
H387. La Bataille de Paris, *par Jean-Luc Einaudi*
H388. 1515 et les grandes dates de l'histoire de France
par Alain Corbin
H389. Les Origines intellectuelles du IIIe Reich,
par George L. Mosse
H390. La Légende de Napoléon, *par Sudhir Hazareesingh*
H391. La Prostitution à Paris au XIXe siècle
par Alexandre Parent-Duchatelet
H392. La Guérilla du Che, *par Régis Debray*
H393. L'Orgasme et l'Occident, *par Robert Muchembled*
H394. *Mon* histoire des femmes, *par Michelle Perrot*
H395. La Reine scélérate, *par Chantal Thomas*
H396. La Pierre de Rosette, *par Robert Solé et*
Dominique Valbelle
H397. Mal et modernité, *par Jorge Semprun*
H398. Mémorial de Sainte-Hélène, t. 1
par Emmanuel de Las Cases
H399. Mémorial de Sainte-Hélène, t. 2
par Emmanuel de Las Cases
H400. Le Siècle des communismes, *Collectif*
H401. Histoire de la Bretagne et des Bretons, t. 1
par Joël Cornette
H402. Histoire de la Bretagne et des Bretons, t. 2
par Joël Cornette
H403. Héros et merveilles du Moyen Âge, *par Jacques Le Goff*
H404. Les Templiers, *par Alain Demurger*
H405. La Suisse, l'or et les morts, *par Jean Ziegler*
H406. Chronologie de la Rome antique, *par Yann Rivière*
H407. Les Fondations de l'islam, *par Alfred-Louis de Prémare*
H408. Rois et reines de France, *par Bernard Phan*
H409. Histoire de la décolonisation, *par Bernard Droz*
H410. L'Égypte, passion française, *par Robert Solé*
H411. Les Druides, *par Jean-Louis Brunaux*

H412. Chronologie de la France au XXe siècle *par Bernard Phan*
H413. Brève histoire du fascisme, *par Renzo De Felice*
H414. La Guerre du Rif *par Vincent Courcelle-Labrousse, Nicolas Marmié*
H415. Histoires grecques, *par Maurice Sartre*
H416. Les Origines de la solution finale *par Christopher R. Browning*
H417. Batailles, *par Hervé Drevillon*
H418. Les Juifs américains, *par André Kaspi*
H419. 2000 ans d'histoire gourmande, *par Patrice Gélinet*
H420. Nourritures canailles, *par Madeleine Ferrières*
H421. La Croix et le Croissant, *par Richard Fletcher*
H422. Bagnards, *par Marion F. Godfroy*
H423. Chronologie de la Seconde Guerre mondiale *par Bernard Phan*
H424. Pierre Mendès France, *par Jean Lacouture*
H425. La Vie sexuelle à Rome, *par Géraldine Puccini-Delbey*
H426. Chronologie de la Grèce antique, *par Paulin Ismard*
H427. Histoire des révolutions, *par Martin Malia*
H428. Histoire de la Prusse, *par Michel Kerautret*
H429. Histoire du débarquement en Normandie *par Olivier Wieviorka*
H430. Les Voix de la liberté, *par Michel Winock*
H431. L'Europe est-elle née au Moyen Âge ? *par Jacques Le Goff*
H432. L'Invention de la drague, *par Jean Claude Bologne*
H433. Bonaparte à la conquête de l'Égypte, *par Robert Solé*
H434. Chronologie de la Première Guerre mondiale *par Bernard Phan*
H435. Aux origines de l'histoire des religions *par Philippe Borgeaud*
H436. La Religion flamboyante, *par Jacques Chiffoleau*
H437. L'Ivrogne et la Marchande de fleurs, *par Nicolas Werth*
H438. L'Expérience de l'histoire, *par Reinhart Koselleck*
H439. Chronologie des États-Unis, *par Pierre Sicard*
H440. Parlez-vous sans-culotte ?, *par Michel Biard*
H441. Comment notre monde est devenu chrétien *par Marie-Françoise Baslez*
H442. Bêtes de somme, *par Éric Baratay*
H443. La Société médiévale, *par François Icher*
H444. La Mer, *sous la direction d'Alain Corbin et Hélène Richard*
H445. 1939. Demain, la guerre, *par Richard Overy*
H446. Noir, *par Michel Pastoureau*

H447. Histoire du corps, t. I, De la Renaissance aux Lumières *sous la direction de Georges Vigarello*
H448. Histoire du corps, t. II, De la Révolution à la Grande Guerre, *sous la direction d'Alain Corbin*
H449. Histoire du corps, t. III, Les Mutations du regard. Le XXe siècle *sous la direction de Jean-Jacques Courtine*
H450. Histoire de l'Europe urbaine, t. I, La Ville antique *par Xavier Lafon, Jean-Yves Marc et Maurice Sartre*
H451. Histoire de l'Europe urbaine, t. II, La Ville médiévale *par Patrick Boucheron et Denis Menjot*
H452. Histoire de l'Europe urbaine, t. III, La Ville moderne *par Olivier Zeller*
H453. Histoire de l'Europe urbaine, t. IV La Ville contemporaine jusqu'à la Seconde Guerre mondiale, *par J.-L. Pinol, F. Walter*
H454. Histoire de l'Europe urbaine, t. V, La Ville coloniale *par Odile Goerg et Xavier Huetz de Lemps*
H455. Histoire de l'Europe urbaine, t. VI La Ville contemporaine après 1945, *par Guy Burgel*
H456. L'Allemagne nazie et les Juifs, t. I, Les Années de persécution (1933-1939) *par Saul Friedländer*
H457. L'Allemagne nazie et les Juifs t. II, Les Années d'extermination (1939-1945) *par Saul Friedländer*
H458. Régimes d'historicité, *par François Hartog*
H459. L'Empire gréco-romain, *par Paul Veyne*
H460. La Formation de la classe ouvrière anglaise *par Edward P. Thompson*
H461. Mitterrand. Une histoire de Français t. II, Les Vertiges du sommet, *par Jean Lacouture*
H462. Nos ancêtres les Gaulois, *par Jean-Louis Brunaux*
H463. Une histoire de la violence *par Robert Muchembled*
H464. Einsatzgruppen, *par Michaël Prazan*
H465. Une histoire symbolique du Moyen Âge occidental *par Michel Pastoureau*
H466. Choix fatidiques. Dix décisions qui ont changé le monde (1940-1941), *par Ian Kershaw*
H467. Le Siècle juif, *par Yuri Slezkine*
H468. Les Empires coloniaux *sous la direction de Pierre Singaravélou*
H469. La Maison Dieu, *par Dominique Iogna-Prat*
H470. 1940. L'année noire, *par Jean-Pierre Azéma*

H471. La Mémoire désunie, *par Olivier Wieviorka*
H472. L'Ours, *par Michel Pastoureau*
H473. La Guerre de Cent Ans, *par Christopher Allmand*
H474. L'Intégration des jeunes, *par Ivan Jablonka*
H475. Histoire du christianisme, *sous la direction d'Alain Corbin*
H476. Les Métamorphoses du gras, *par Georges Vigarello*
H477. Histoire de chambres, *par Michelle Perrot*
H478. Giotto et les humanistes, *par Michael Baxandall*
H479. Les Héros de l'histoire de France, *Alain Corbin*
H480. L'Islam, l'islamisme et l'Occident
par Gabriel Martinez-Gros et Lucette Valensi
H481. L'Empire portugais d'Asie
par Sanjay Subrahmanyam
H482. Histoire de l'Afrique du Sud
par François-Xavier Fauvelle-Aymar
H483. Histoire des grands-parents que je n'ai pas eus
par Ivan Jablonka
H484. Du nouveau sous le soleil, *par John R. Mc Neill*
H485. Mélancolie ouvrière, *par Michelle Perrot*
H486. Stèles. La Grande Famine en Chine (1958-1961)
par Jisheng Yang
H487. Histoire des Carolingiens. VIIIe-Xe siècle (inédit),
par Marie-Céline Isaia
H488. La Querelle des universaux, *par Alain de Libera*
H489. La Guerre de Vendée, *par Jean-Clément Martin*
H490. Les Écrans de l'ombre, *par Sylvie Lindeperg*
H491. La Fin. Allemagne, 1944-1945, *par Ian Kershaw*
H492. Vasco de Gama. Légende et tribulations
du vice-roi des Indes, *par Sanjay Subrahmanyam*
H493. Une histoire politique du pantalon
par Christine Bard
H494. Vingt destins dans la Grande Guerre.
La beauté et la douleur des combats, *par Peter Englud*
H.495 L'Empire des français, 1799-1815.
La France contemporaine, t. 1, *par Aurélien Lignereux*
H496. Monarchies postrévolutionnaires, 1814-1848.
La France contemporaine, t. 2, *par Bertrand Goujon*
H497. Le Crépuscule des révolutions ? 1848-1871.
La France contemporaine, t. 3, *par Quentin Deluermoz*
H498. La Victoire endeuillée. La sortie de guerre
des soldats français (1918-1920), *par Bruno Cabanes*
H499. Les Vérités inavouables de Jean Genet
par Ivan Jablonka
H500. L'Histoire à parts égales. Récits d'une rencontre,
Orient-Occident (XVIe-XVIIe siècle), *par Romain Bertrand*